Walter A. Oechsler, Christopher Paul
Personal und Arbeit

Walter A. Oechsler, Christopher Paul

Personal und Arbeit

Einführung in das Personalmanagement

11., überarbeitete und aktualisierte Auflage

DE GRUYTER
OLDENBOURG

ISBN 978-3-11-054138-0
e-ISBN (PDF) 978-3-11-054152-6
e-ISBN (EPUB) 978-3-11-054188-5

Library of Congress Control Number: 2018958305

Bibliografische Information der Deutschen Nationalbibliothek
Die Deutsche Nationalbibliothek verzeichnet diese Publikation in der Deutschen
Nationalbibliografie; detaillierte bibliografische Daten sind im Internet über
http://dnb.dnb.de abrufbar.

© 2019 Walter de Gruyter GmbH, Berlin/Boston
Umschlaggestaltung: AndreyPopov/iStock/Getty Images Plus
Satz: le-tex publishing services GmbH, Leipzig
Druck und Bindung: CPI books GmbH, Leck

www.degruyter.com

Vorwort zur 11. Auflage

Im Jahre 2015 konnte das Lehrbuch „Personal und Arbeit" mit der 10. Auflage das 30-jährige Jubiläum feiern. Die anhaltend positive Aufnahme bei Studierenden, Lehrenden und Praktikern hat nur knapp drei Jahre nach Erscheinen der Jubiläumsausgabe die nun vorliegende 11. Auflage möglich gemacht.

In der Neuauflage wurde weiterhin auf einen konsistenten Aufbau, auf die Nachvollziehbarkeit der Argumentation, auf eine kritische Grundhaltung und auf eine durchgängige Illustration durch Abbildungen geachtet. Dadurch soll es möglich werden, einen schnellen und verständlichen Überblick über den Lehrstoff zu erhalten.

Eine wesentliche Neuerung der 11. Auflage stellt das erstmalig erscheinende Übungs- und Arbeitsbuch dar. Das Übungs- und Arbeitsbuch ist integraler Bestandteil des Lehrbuchs und orientiert sich im Aufbau und Inhalt an der 11. Auflage von „Personal und Arbeit". Es enthält zu jedem Kapitel Wiederholungs-, Reflexions- und Anwendungsaufgaben, die die Studierenden zum einfacheren und tieferen Verständnis des umfangreichen Lehrstoffs führen sollen. Zusätzlich enthält das Arbeits- und Übungsbuch eine Sammlung von Multiple-Choice-Fragen, die auf dem Inhalt des Lehrbuchs aufbauen und für die Studierenden eine kompakte Möglichkeit darstellen, ihren Wissensstand zu überprüfen.

Mein Dank gilt der Familie Oechsler für das in mich gesetzte Vertrauen sowie Dr. Stefan Giesen, Senior Acquisitions Editor bei De Gruyter Oldenbourg, für die Zusammenarbeit und seine Unterstützung bei der Umsetzung des Buchprojekts. Ebenso möchte ich mich bei den Studierenden bedanken, die mich durch kritische Rückmeldungen und Hinweise in den Vorlesungen dazu zwingen, den Inhalt des Lehrbuchs und dessen Vermittlung immer wieder zu überarbeiten und zu verbessern.

Mannheim, April 2018   Christopher Paul

https://doi.org/10.1515/9783110541526-201

Inhalt

1 Einleitung

Die Bedeutung der Beschäftigten hat sich in der betriebswirtschaftlichen Diskussion seit einigen Jahren grundlegend verändert. Während die Personalabteilungen früher auf die Lohn- und Gehaltsabrechnung und Verwaltung der Personalakten reduziert wurde, so soll das Personalmanagement heute dazu beitragen, die Ressource Mensch so zu aktivieren, dass sie im Zusammenspiel mit den übrigen Unternehmensressourcen einen Beitrag zur Umsetzung der Unternehmensziele leistet.

Daher überrascht es auch nicht, dass kaum ein Geschäftsbericht oder Managementlehrbuch ohne den Hinweis auf die „zentrale unternehmensstrategische Bedeutung" der Mitarbeiter oder das Bekenntnis „die Mitarbeiter sind unsere wertvollste Ressource" auskommt.

Auch wenn diese Aussagen zunächst trivial und selbstverständlich erscheinen, ist die tatsächliche Aktivierung des Menschen als wertvollste Ressource eines Unternehmens doch alles andere als leicht. Das hierfür zur Verfügung stehende **personalwirtschaftliche Instrumentarium** deckt ein sehr breites Spektrum ab, lässt sich aber nicht allgemeingültig ein- und umsetzen. Die Ausgestaltung eines Personalmanagements muss dabei vielmehr betriebsindividuell erfolgen, da nicht jedes personalwirtschaftliche Instrument in jeder Situation den gewünschten Mehrwert bringt.

Deshalb besteht das generelle **Ziel dieses Lehrbuchs** darin, das verfügbare personalwirtschaftliche Wissen aufzubereiten und zu differenzieren, sodass die Leser in die Lage versetzt werden, situationsadäquate Handlungen zu verfolgen und sinnvolle Entscheidungen im Kontext von Personal und Arbeit zu treffen.

Im Folgenden sollen daher personalwirtschaftliche Problemstellungen und mögliche Lösungsentwürfe vorgestellt und ihre Möglichkeiten und Grenzen diskutiert werden. Damit soll ein grundlegendes Verständnis für
- die Ideengeschichte und die Organisation der Personalarbeit (Kap. 1),
- die theoretischen Grundlagen personalwirtschaftlicher Aktivitäten (Kap. 2),
- die Rahmenbedingungen des Personalmanagements (Kap. 3),
- die strategischen Optionen (Kap. 4) und
- das personalwirtschaftliche Instrumentarium (Kap. 5 bis Kap. 12)

geschaffen werden.

1.1 Ideengeschichte des Personalmanagements

Eine umfassende Darstellung der Ideengeschichte des Personalmanagements fehlt bisher. Für den deutschsprachigen Raum haben sich stattdessen Darstellungen etabliert, die die Entwicklung des Personalmanagements in aufeinanderfolgenden Epochen skizzieren.

https://doi.org/10.1515/9783110541526-001

Akademische Entwicklung des Fachs

Frühe Spuren personalwirtschaftlicher Überlegungen lassen sich in den Diskussionen des 1872 gegründeten „Vereins für Socialpolitik" finden. Dort wurden schon in den Anfangsjahren Themen diskutiert, die viele Jahrzehnte später den Kernbereich der betrieblichen Personalwirtschaft ausmachen sollten (bspw. Konfliktlösung zwischen Arbeitnehmern und Arbeitgebern, Wege zur Produktivitätssteigerung, Arbeitszeitmodelle oder Systeme der Lohnfindung). Die vielfältigen Diskussionen und Themen wurden aber nicht konzeptionell zusammengeführt, sondern immer nur anlassbezogen diskutiert (vgl. Drumm, 2008).

Die Vorstellung, die Themen könnten in einer betriebswirtschaftlichen Funktion „Personalwirtschaft" gebündelt werden, lag noch in weiter Ferne. Selbst in den 1898 neu gegründeten Handelshochschulen (als Vorläufer der modernen BWL-Ausbildung), die das Fach Betriebswirtschaftslehre erst in den Kanon der Sozialwissenschaften aufgenommen haben, wurde „Personal" als betriebswirtschaftliche Funktion zunächst nicht angeboten.

Kurz vor und besonders nach dem Ersten Weltkrieg verbreiteten sich erste systematische Instrumente zur Leistungsentlohnung (insb. Akkord- und Prämienlöhne). Das hierzu erforderliche Anwendungswissen lag aber weiterhin bei Meistern oder Produktionsleitern (und damit außerhalb der kaufmännischen Betriebsführung). Auch andere Themenkomplexe, wie bspw. Arbeitsleistung, menschliches Verhalten oder Arbeitszuweisung, wurden bis Mitte der 1950er-Jahre entweder außerhalb der Betriebswirtschaftslehre, bspw. in der Soziologie, Arbeitswissenschaft oder Psychologie, behandelt oder im Rahmen der (volkswirtschaftlichen) Mikroökonomik als ein Faktor von vielen gesehen.

Erst die Vertreter der **katholischen Soziallehre** führten die unterschiedlichen Themengebiete zusammen und etablierten „Personalwirtschaft" als betriebswirtschaftliche Fachdisziplin. Rückblickend wird das Jahr 1961 als das Geburtsjahr der akademischen Personalwirtschaft bezeichnet (vgl. Gaugler, 2004):

- Der Verband der Hochschullehrer für Betriebswirtschaft e. V. organisiert in seiner Jahrestagung an der Wirtschaftshochschule Mannheim das Rahmenthema „Arbeit und Lohn als Forschungsprojekt der Betriebswirtschaftslehre".
- Der erste Lehrstuhl mit der Bezeichnung „Personalwesen und Arbeitswissenschaft" wird an der Universität Mannheim eingerichtet und mit August Marx besetzt. Dieser setzt sich erfolgreich dafür ein, Personalwesen als Spezielle Betriebswirtschaftslehre in die Prüfungsordnung BWL aufzunehmen.
- Das erste Lehrbuch für das Personalwesen wird von Kolbinger (1962) fertiggestellt.

Die Entwicklung des Personalmanagements als Spezielle Betriebswirtschaftslehre blieb nicht ohne Widerspruch. Fachvertreter argumentierten, „Arbeit und Personal kämen in der Bilanz nicht vor" und seien daher als Spezielle BWL abzulehnen (Gaugler, 1996, S. 7). So blieb im Laufe des darauffolgenden Jahrzehnts die Zahl der

Tab. 1.1: Entwicklung der Professuren im Fachbereich Personalwirtschaft (vgl. Gaugler, 1996, S. 25).

	BWL-Professuren mit der Ausrichtung „Personal"	BWL-Professuren insgesamt	Anteil
1977	22	418	5,3 %
1980	28	482	5,8 %
1983	31	554	5,6 %
1989	40	639	6,3 %
1992	44	715	6,8 %
1995	58	823	7,0 %
1998	62	804	7,7 %
2008	65	1150	5,7 %

BWL-Professuren mit dem Schwerpunkt Personalwesen zunächst relativ gering. Erst Mitte der 1970er-Jahre vervielfachte sich die Anzahl der personalwirtschaftlich ausgerichteten Lehrstühle (häufig mit dem Schwerpunkt „Personal und Organisation"). In den folgenden Jahrzehnten stabilisierte sich der Anteil der Professuren mit dem Schwerpunkt Personalwirtschaft und liegt seit Jahren beständig zwischen 5 und 7 % der BWL-Professuren (vgl. Tab. 1.1).

Die Entwicklung der Professuren im Fachbereich Personalwirtschaft lässt sich aber nicht nur an den geschaffenen Strukturen, sondern auch an unterschiedlichen Forschergenerationen festmachen (vgl. hierzu und im Folgenden Scholz 2014, S. 47 ff.; Abb. 1.1).

Die historischen Ursprünge lassen sich auf die **erste Generation** der Personalforscher zurückführen. Hier sind insb. der schon erwähnte August Marx, der zusammen mit anderen Vertretern der katholischen Sozial- und Morallehre (bspw. Wilhelm Hasenack oder Guido Fischer) das Verständnis von Personalwirtschaft prägte. Ebenfalls zu den Personalforschern der ersten Generation zählen Karl Hax, der als Initiator der Forschung auf dem Gebiet der Mitbestimmung gilt, und Franz Goossens, der über viele Jahre hinweg das „Personalleiter-Handbuch" herausgegeben und damit eine pragmatische Hilfestellung für viele Fragen der Praxis der Personalverwaltung geschaffen hat.

Abb. 1.1: Forschergenerationen in der Personalforschung (vgl. Scholz, 2014, S. 50).

Die **zweite Generation** der Personalforscher versuchte erste Verknüpfungen zwischen den Praxisinhalten und Theoriebezügen herzustellen und diese empirisch zu fundieren. Exemplarisch sind hier Eduard Gaugler, Hans Drumm, Wolfgang Staehle oder Gerhard Reber zu nennen.

Die **dritte Generation** der Personalforscher führte den begonnen Weg der theoretischen und empirischen Fundierung weiter und dehnten das Verständnis von Personalmanagement aus. So betonten bspw. Christian Scholz oder Jürgen Berthel den Management-Aspekt des Personalmanagements und ließen sich so von der zeitlich parallel entstehenden Management- und Strategieforschung leiten. Andere konzentrierten sich auf Aspekte der Führung (bspw. Rolf Wunderer), der Kommunikation (bspw. Michael Domsch oder Joachim Hentze), allgemeiner Fragestellungen (bspw. Hans-Gerd Ridder) oder der Personal- und Organisationsentwicklung (bspw. Wolfgang Weber oder Dudo von Eckardstein). Forscher wie Walter A. Oechsler, Rainer Marr, Dieter Sadowski, Berndt Keller oder Walther Müller-Jentsch griffen das Feld der Industrial-Relation-Forschung auf (vgl. hierzu Kap. 2.9).

Die dritte Generation führte eine zuweilen scharf ausgetragene Diskussion um den Theoriegehalt personalwirtschaftlicher Forschung. So wurden der Personalforschung regelmäßig Theoriedefizite unterstellt. Die Kritiker forderten daher mehr Bezüge zur Mikroökonomik und der Neuen Institutionenökonomik (vgl. Kap. 2.3). Andere hingegen verwiesen in der Diskussion auf die in der Personalforschung schon lange genutzte, breite Palette verhaltensorientierter Theorien, die neben der Personalökonomik wertvolle Beiträge zum theoretischen und empirischen Verständnis liefern.

Die **vierte Generation** hat diese Diskussion scheinbar hinter sich gelassen. Sie nutzt die theoretische Breite des Faches (unter Einbezug benachbarter Disziplinen wie Psychologie, Informatik oder der Volkswirtschaft) und arbeitet empirisch mit einem ausgefeilten statistischen Methodenarsenal. Zur vierten Generationen zählen bspw. Torsten Biemann, Dirk Sliwka oder Rüdiger Kabst.

Entwicklung des Personalmanagements in der Praxis

Die Entwicklung des Personalmanagements in der Praxis lässt sich in mehrere Phasen unterteilen (vgl. hierzu Scholz, 2014, S. 59 f., und Wunderer/v. Arx, 2002, S. 25 ff.; Tab. 1.2).

Bis in die 1960er-Jahre (**Bürokratiephase**) existierte die Personalabteilung lediglich als Anhängsel an die Finanz- und Buchführung, dessen Leiter die Aufgabe der Bestandspflege von Personalakten und Auszahlung der Löhne übernahm. Nachdem die ersten Lehrstühle geschaffen wurden und Studenten die Spezielle Betriebswirtschaftslehre Personalwirtschaft durchlaufen konnten, hat sich das neue Berufsbild des Personalleiters herausgebildet, der fortan für die Verwaltung von Personalakten, die Lohnauszahlungen, das Vertragswesen und juristische Konfliktlösungen verantwortlich war (**Phase der Institutionalisierung**).

Tab. 1.2: Phasen des Personalmanagements (vgl. Wunderer/v. Arx, 2002, S, 25 ff.).

Phase	bis ca. 1960 Bürokratisierung	ab ca. 1960 Institutionalisierung	ab ca. 1970 Humanisierung	ab ca. 1980 Ökonomisierung	ab ca. 1990 Unternehmertum	ab ca. 2000 HR Business Partner
Verantwortung	Kaufmännische Leitung	Kaufmännische Leitung	Juristisch geprägte Personalleitung	Ökonomisch geprägte Personalleitung	Ökonomisch geprägte Personalleitung	Finanzökonomisch geprägte Personalleitung
Strategie	Aufbau vorwiegend administrativer Personalfunktionen	Professionalisierung der Personalleiter, Zentralisierung des Personalwesens	Spezialisierung und Ausbau	Dezentralisierung, Rationalisierung	Zentralisierung, konzeptionelles Personal-management	Ausdifferenzierung und Spezialisierung
Aufgaben	Verwaltung der Personalakten	Verwaltung, Einstellung, Einsatz, Entgeltfindung	Ausbau der qualitativen Funktionen (Aus- und Weiterbildung)	Flexibilisierung der Arbeit, Aufbau quantitativer Funktionen (Controlling)	Auflösung des Klassenkonflikts, strategische Anbindung	Rekrutierung, Change Management, HR-Controlling

Die sozialpolitischen Debatten der 1970er-Jahre setzten sich in den Unternehmen fort (**Humanisierungsphase**). Das Betriebsverfassungsgesetz von 1972 und zahlreiche weitere neu geschaffene Arbeitsgesetze stärkten Betriebsräte und Gewerkschaften in ihren Partizipationsrechten. Die Mitarbeitervertreter konfrontierten die Unternehmensführung mit neuen Konzepten und wissenschaftlichen Erkenntnissen (wie bspw. das Belastungs-Beanspruchungs-Konzept oder die „Humanisierung der Arbeit"-Bewegung, vgl. Kap. 2.4.1 und Kap. 7.3). Als Gegengewicht und Anlaufpunkt für die nun aufkommenden betriebsverfassungsrechtlichen Diskussionen und Verhandlungen (bspw. über Auswahlrichtlinien, Entgeltfindung oder Personalentwicklung) wurde die Personalarbeit juristisch geprägt und deren Leitung häufig mit Juristen besetzt.

Der sich verschärfende weltweite Wettbewerbsdruck veranlasste Unternehmen zu Rationalisierungsprogrammen und Prozessoptimierung, die auch die Personalabteilungen erfasste (**Phase der Ökonomisierung**). Inspiriert von amerikanischen und japanischen Vorbildern, entstanden erste Ansätze einer Personalstrategie. Die vormals mit Juristen besetzten Personalleitungen wurden in der Folge häufiger von betriebswirtschaftlich ausgebildeten Personalleitern ersetzt. Der wirtschaftliche Druck (insb. die im internationalen Vergleich hohen Personalkosten) zwang die Personalleitungen dazu, neue Konzepte zur Flexibilisierung der Arbeitszeit, des Arbeitsorts, der Personalkosten und des Personaleinsatzes auszuarbeiten.

Die Phase der 1990er-Jahre (**Unternehmertum**) war geprägt von einer zweiten Professionalisierungswelle der Personalleiter. Diese neue Generation von Personalleitern wurde nun von der zweiten Generation der Personal-Professoren ausgebildet, die ihrerseits die strategische Funktion des Personalmanagements herausstellten, die Ausbildung international und an Best-Practice-Konzepten ausrichteten sowie die damals neuen Managementtools (bspw. Benchmarking, SWOT-Analysen, Lean Management oder Balanced Scorecard) auch für die Personalarbeit nutzbar machten. Als äußeres Zeichen der Modernisierung wurde der zunehmend als verstaubt empfundene Begriff „Personalwesen" oder „Personalwirtschaft" durch den Begriff „Human Resource Management" ersetzt.

Die 2000er-Jahre waren von der Umsetzung des **HR-Business-Partner**-Konzepts (vgl. Kap. 1.2.4) geprägt. Nachdem sich die Personalfunktion im oberen Management als eigenständige Unternehmensfunktion verortet hatte, begann eine Zeit, in der sich die Personaler konzeptionell mit sich selbst beschäftigten. In dieser Zeit nahm die Anzahl der externen Berater und Dienstleister zu, die durch placeboartiges Verabreichen von inhaltsleeren Konstrukten und Diskussionen (welche Rolle hat HR, welche Tätigkeiten sollen in einem Shared Service Center ausgeführt werden, welche Aufgabe kommt dem Business Partner oder dem Center of Competence zu?) die Ideenlosigkeit der Akteure nur mühsam verschleiern konnten (vgl. Scholz, 2014, S. 60).

Führt man die Einteilung in Dekaden fort, so stellt sich die Frage, welche Bezeichnung die Phase für die Zeit nach 2010 einnehmen wird. Zwar gibt es an möglichen Herausforderungen keinen Mangel, doch könnte man pessimistisch prognostizieren,

Abb. 1.2: Themen der Zukunft für das Personalmanagement (vgl. BCG, 2015).

die **Nabelschau** bei der Umsetzung des HR-Business-Partner-Konzepts wird die Personalabteilungen in den nächsten Jahren weiter prägen (vgl. Abb. 1.2).

Alternativ könnte man die Auswirkungen der Weltwirtschaftskrise und der personalpolitische Umgang damit als Startpunkt für eine neue Schwerpunktsetzung ansehen. So sind viele Personalabteilungen dazu übergegangen, den Aufbau personalpolitischer **Flexibilität** wieder in den Mittelpunkt ihrer Aktivitäten zu stellen.

1.2 Organisation der Personalarbeit

Personalwirtschaftliche Aktivitäten verteilen sich auf viele Akteure (bspw. Führungskräfte, Betriebsrat, Gewerkschaften, Mitarbeiter und Personalabteilungen). Während das Personalmanagement in Kleinbetrieben meist von der Unternehmensleitung ausgeht, institutionalisiert sich das Personalmanagement mit zunehmender Mitarbeiteranzahl als eigener Fachbereich. Vor allem in großen Betrieben bestehen in der organisatorischen Ausgestaltung des Personalmanagements zahlreiche Optionen. So lassen sich mit dem Organisationstyp der funktionalen Spezialisierung und des objektorientierten Referentensystems zwei idealtypische Ausgestaltungsformen benennen (vgl. Kap. 1.2.1).

Da die Frage der organisatorischen Ausgestaltung die Praxis schon seit mehreren Jahren begleitet, haben sich auch immer wieder neue Organisationsformen herausgebildet. So war die Diskussion in den 1990er-Jahren von der Idee des „Personalmanage-

ments als Wertschöpfungs-Center" geprägt (vgl. Kap. 1.2.2). Ende der 1990er- und Anfang der 2000er-Jahre entstand die Idee des „virtuellen Personalmanagements" (vgl.
Kap. 1.2.3), die von der Diskussion des Konzepts des „HR als Business Partners" abgelöst wurde und aktuell noch andauert (vgl. Kap. 1.2.4).

1.2.1 Funktionale Spezialisierung oder Referentensystem

Die Organisationsform der **funktionalen Spezialisierung** (vgl. Abb. 1.3) bündelt
gleichartige personalwirtschaftliche Tätigkeiten in Stellen oder organisatorischen
Teileinheiten (Gruppen, Abteilungen, Hauptabteilungen). Der jeweilige Funktionsbereich übernimmt dann die Bearbeitung der personalwirtschaftlichen Teilfunktion
(bspw. Personalbeschaffung, Entgeltabrechnung, Personalentwicklung) für das gesamte Unternehmen (vgl. Berthel/Becker, 2017).

Die Vorteile dieser Organisationsform liegen in den erzielbaren Spezialisierungs-
effekten, die durch die gleichförmige Bearbeitung gleicher Sachverhalte erzielt werden kann. Ebenso werden die aufkommenden Sachverhalte weitgehend einheitlich
bearbeitet.

Gegen eine solche Organisationsform spricht das Herausbilden von Teilbereichs-
spezialisten, die zwar ihr Spezialgebiet fundiert bearbeiten können, sich für übergreifende Probleme aber nicht interessieren. Für die einzelnen Linienführungskräfte heißt
das, dass sie jedes personalwirtschaftliche Detailproblem mit anderen Ansprechpart-
nern klären müssen. Übergreifende Probleme können dann nur durch den Rückgriff
auf die Hierarchie (also bspw. die nächsthöhere Stelle, die für die einzelnen Teilberei-
che zuständig ist) gelöst werden. Darüber hinaus neigen die spezialisierten Teilberei-
che zu einer „Abschottung" gegenüber den Anforderungen der anderen unternehmerischen Funktionen. Dadurch kann sich ein Eigenleben entwickeln, das unerwünschte
bürokratische Strukturen herausbildet.

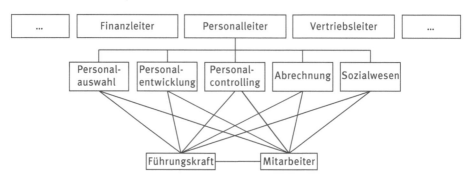

Abb. 1.3: Funktionale Spezialisierung als Organisationsprinzip.

Die Gliederung der Personalarbeit nach objektbezogenen Kriterien (bspw. Divisionen,
Unternehmensbereiche, Mitarbeitergruppen oder Geschäftseinheiten) wird als **Referentensystem** bezeichnet (vgl. Abb. 1.4).

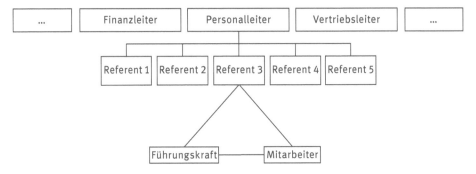

Abb. 1.4: Referentensystem als Organisationsprinzip.

Die Referenten betreuen ein ihnen zugewiesenes Objekt in allen personalwirtschaftlichen Fragestellungen bzw. stehen zumindest als Ansprechpartner für alle Fragestellungen zur Verfügung. In der Praxis haben sich in Abhängigkeit der Unternehmensgröße bestimmte Referatskonstellationen herausgebildet. Hierzu zählen bspw. die Einteilung in kaufmännische, technische und gewerbliche Mitarbeiter oder die Einteilung in kaufmännische Mitarbeiter, Vertrieb und Produktion, die Einteilung nach Regionen (Europa, Amerika, Asien) oder die hierarchische Einteilung (Obere Führungskräfte, AT-Mitarbeiter und Beschäftigte) (vgl. Berthel/Becker, 2017).

Als Vorteil dieser Organisationsform wird die Nähe des Referenten zur betreuenden Gruppe gesehen. So kann der Referent Kenntnisse über die Arbeitsplätze, das Qualifikationsniveau, spezifische Probleme und Bedürfnisse der betreuten Gruppe (bspw. haben Mitarbeiter aus Entwicklungsabteilungen häufig andere personalwirtschaftliche Probleme und Fragen als Vertriebsmitarbeiter oder Monteure) erwerben und fallspezifische Lösungen finden. Darüber hinaus tritt der Referent als zentraler Ansprechpartner auf, der auch Schnittstellenprobleme einer Lösung zuführt.

Auf der anderen Seite treten auch immer Situationen auf, in der ein Sachverhalt in verschiedenen Referaten unterschiedlich gelöst wird. Dadurch entstehen häufig einzelfallbezogene Lösungen, die in jedem Referat neu gefunden und anders bearbeitet werden. So wird zudem das Aufgabenspektrum sehr breit, sodass sich nur sehr langsam Lerneffekte für den Referenten einstellen. Tab. 1.3 zeigt die jeweiligen Vor- und Nachteile der idealisierten Organisationsformen.

In der Praxis lassen sich häufig Mischformen der funktionalen Spezialisierung und der objektorientierten Referentenorganisation finden. So kann eine primäre Referentenorganisation durch einzelne bereichsübergreifende Zentralbereiche (bspw. eine unternehmensweite Entgeltabrechnung oder ein einheitliches Personalcontrolling) ergänzt werden. In sehr großen Unternehmen werden häufig personalwirtschaftliche Aktivitäten in einer mehrdimensionalen Matrixorganisation abgebildet. So können Organisationsformen entstehen, in denen bspw. die landesweite Betreuung durch Personalreferenten sichergestellt wird, Zentralbereiche in der Konzernzentrale fach-

Tab. 1.3: Vor- und Nachteile der Organisationsformen.

Funktionale Spezialisierung	Kriterium	Referentensystem
Einheitliche Bearbeitung	Einheitlichkeit der Aufgabenbearbeitung	Unterschiedliche Bearbeitung gleicher Sachverhalte
Mehrere Ansprechpartner	Ansprechpartner	Ein Ansprechpartner
Gegeben, aber keine Kenntnisse über Vor- Ort-Situation	Spezialisierung und Effizienzvorteile	Bauen sich nur langsam auf, dafür aber Kenntnisse des Betreuungsfelds
Innerhalb der Personalabteilung gegen andere Unternehmensbereiche	Abschottungsgefahr	Zwischen Referent und Personalabteilung
Koordinationsaufwand zwischen Spezialisten führt häufig zur Bürokratie	Bürokratisierung	Referent koordiniert und löst Probleme eigenständig

spezifische Grundsatzentscheidungen treffen und regional verteilte Kompetenzzentren, die für einzelne Regionen (Asien, Europa, ...) abweichende oder ergänzende Vorgaben machen.

1.2.2 Center-Organisation

In den 1990er-Jahren erlebten die Personalabteilungen einen Bedeutungszuwachs. Die Personalleiter drängten in die Geschäftsführung und übernahmen die Verantwortung für unternehmerische Prozesse. Daher war es auch nur konsequent, die beiden vorgestellten Grundformen der Personalorganisation (funktionale Spezialisierung und Referentensystem) durch eine unternehmerische Perspektive zu erweitern. Die Personalabteilungen sollten nun ihren Beitrag zur Wertschöpfung leisten.

Wertschöpfung ist die Eigenleistung einer Organisation (entspricht der Differenz zwischen der für den Kunden erbrachten Leistung und den übernommenen Leistungen der Lieferanten).

Die Analyse der Personalarbeit aus der Perspektive der Wertschöpfung ging demnach der Frage nach, welche Beiträge des Personalmanagements wertschöpfungserhöhend (für die Hauptleistungsprozesse) sind. Zur Beantwortung dieser Frage wird eine Marktfiktion angenommen: Die Personalabteilung wird dabei als Dienstleister gesehen, der für seine Kunden (interne Kunden wie bspw. andere Abteilungen, Divisionen, Business Units, Führungskräfte, ...) personalwirtschaftliche Aufgaben gegen eine interne Vergütung bearbeitet und löst.

Diese Grundidee lässt sich in unterschiedlicher Konsequenz umsetzen (vgl. Wunderer/v. Arx, 2002). Die Bandbreite reicht dabei von der Umrechnung der mit der Personalarbeit verbundenen Aufwands- und Kostengrößen auf die Gesamtorganisation als Gemeinkosten (bis heute der Normalfall einer Organisation der Personalabteilung

Tab. 1.4: Merkmale der Wertschöpfungs-Center (vgl. Wunderer/v. Arx, 2002, S. 38).

	Cost Center	Service Center	Profit Center
Autonomiegrad der Personalfunktion	Gering Herstellpflicht	Mittel Angebot orientiert sich an Nachfrage, kein externer Verkauf	Hoch Angebot orientiert sich am internen und externen Markt keine Herstellpflicht
Autonomiegrad des internen Kunden	Gering Abnahmepflicht	Mittel Zugang zu externen Dienstleister kann eingeschränkt sein	Hoch Zugang zu externen Dienstleistern
Verantwortung des Leiters	Budgetverantwortung	Kosten-, Umsatz- und Qualitätsverantwortung	Gewinnverantwortung
Erfolgskriterium	Geringe Kostenabweichung	Umsatz ggf. Vergleich mit externern Leistungen (Benchmark)	Erfolg

als **Cost Center**) bis hin zur Ausgestaltung der Personalabteilung als eigenständige Geschäfteinheit, die marktfähige Leistungen zu marktfähigen Preisen am Markt anbieten soll (**Profit Center**). Konzeptionell unterscheiden Wunderer/v. Arx (2002) drei Typen von Wertschöpfungs-Centern (vgl. Tab. 1.4):

- **Cost Center:** Die Personalabteilungen bieten auf Basis eines vorgegebenen Budgets Leistungen für interne Kunden an. Die entstehenden Kosten werden als Gemeinkosten nach einem Verteilungsschlüssel (bspw. Mitarbeiteranzahl) auf die einzelnen Abteilungen umgelegt.
- **Service Center:** Die Personalabteilung bietet ihren Kunden Leistungen (bspw. die Personalbeschaffung und -auswahl eines Vertriebsingenieurs) an, die dem jeweiligen Leistungsbezieher (bspw. die Vertriebsabteilung) verursachungsgerecht über Transferpreise auf der Basis von Selbstkosten in Rechnung gestellt werden.
- **Profit Center:** Die Leistungserstellung und -nachfrage wird zu marktfähigen Preisen abgerechnet. Die internen Kunden und das personalwirtschaftliche Profit Center unterliegen (in einer extremen Ausprägungsform) keinem Bezugs- oder Lieferungszwang (bspw. könnte die Vertriebsabteilung auch einen externen Dienstleister zur Beschaffung eines Vertriebsingenieurs beauftragen). Steuerungsgröße ist hier der Gewinn der selbstständigen Geschäfteinheit.

Die Vor- und Nachteile einer Profit-Center-Organisation wird in Tab. 1.5 dargestellt.

Grundsätzlich ist es denkbar, dass (fast) alle personalwirtschaftlichen Funktionen als marktfähig definiert werden. So können bspw. die Entgeltabrechnung, juristische Beratung, Entwicklung von Personalstrategien, Personalbeschaffung und

Tab. 1.5: Vor- und Nachteile der Profit-Center-Organisation.

Vorteile	Nachteile
– Konzentration auf marktgerechte Dienstleistungen – Erhöhung der Anpassungsfähigkeit und -bereitschaft – Nachfrageorientierung als Prinzip verankert – Rationale Entscheidungen über Eigen- und Fremdbezug möglich – Verursachungsgerechte Verteilung der Kosten (Senkung der Gemeinkosten) – Motivationsförderung der Personalabteilung (durch Erzeugen von Gewinn)	– Gefahr der Vernachlässigung zukunftssichernder Bereiche – Motivationsverlust der Personalabteilung (durch Verluste) – Strategische Wettbewerbsvorteile und sensible Informationen werden auf dem Markt gehandelt

-auswahl oder die Durchführung von Maßnahmen der Personalentwicklung über den Markt als Dienstleistung bezogen werden.

Trotzdem können bestimmte Einschränkungen aus strategischer Perspektive vorgenommen werden. So könnte das Management bspw. entscheiden, die Personalplanung nicht von einem externen Dienstleister durchführen zu lassen, da die dort gewonnenen Erkenntnisse als wettbewerbskritisch angesehen werden und nicht nach außen dringen sollen.

1.2.3 Virtuelle Personalarbeit

Nachdem die Idee der ökonomischen Verwertbarkeit personalwirtschaftlicher Aktivitäten (bspw. in Profit Centern) an ihre praktischen Grenzen gestoßen ist, kam die grundsätzliche Frage auf, was eine „richtige" Personalabteilung überhaupt leisten kann und wie sie organisiert sein soll. Die Antwort auf die Frage entlieh man sich bei der Ende der 1990er-Jahre und Anfang der 2000er-Jahre stattfindenden Diskussion um das sog. virtuelle Unternehmen.

Zu Beginn einer Auseinandersetzung mit der Organisationsform der Virtuellen Personalarbeit steht die Frage, welche (abstrakten) Aufgaben einer Personalabteilung zugewiesen sind. Als Antwort auf diese Frage wurden die folgenden Charakteristika identifiziert (vgl. im Folgenden Scholz, 2014):
– Sicherstellung aller personalwirtschaftlicher Aufgaben (bspw. Personalbeschaffung, Vergütung, Führung, Personalentwicklung, ...), ohne diese zwingend auch alleine ausführen zu müssen,
– Übertragung personalwirtschaftlicher Kenntnisse und Aufgaben an die Linienmanager,
– Ansprechpartner für personalwirtschaftliche Konflikte und Probleme und
– Definition von wenigen, aber notwendigen Kernprozessen, die zur Umsetzung des Produkt-Markt-Konzepts dienen.

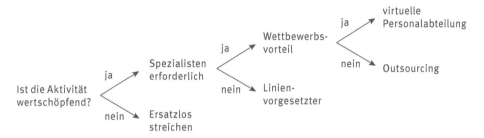

Abb. 1.5: Entscheidungsbaum zur Kernkompetenzdifferenzierung (vgl. Scholz, 1999, S. 240).

Verfolgt man die grundlegende Idee – Personalarbeit soll bei den Führungskräften vor Ort stattfinden – konsequent weiter, so können sowohl die räumliche Verbundenheit der Einheit „Personalabteilung" als auch die Zuordnung von Personalmitarbeitern zu Mitarbeitergruppen (bspw. im Rahmen des Referentensystems) aufgelöst werden. Übrig bleiben wenige Mitarbeiter im Personalwesen, die als Ansprechpartner für alle nicht vom Linienmanager lösbaren Probleme dienen.

Analytisch wurde die Idee von Scholz konzeptualisiert. Er definierte **drei Dimensionen der Virtualisierung**, die auf dem Weg zur virtuellen Personalabteilung geklärt werden müssen (vgl. Abb. 1.5):

- **Kernkompetenzdifferenzierung:** Identifikation der notwendigen Kernkompetenzen, mit denen das Unternehmen Wettbewerbsvorteile auf dem Markt umsetzen möchte. Definition einer darauf aufbauenden Kernkompetenzstrategie (Personalstrategie). Entscheidung, wie die personalwirtschaftlichen Aufgaben verteilt werden (bspw. auf Führungskräfte, externe Anbieter, Verbleib bei der Personalabteilung, …).
- **Weiche Integration:** Definition gemeinsamer Standards, Aufbau eines Netzwerks, in dem die verteilten Aufgaben koordiniert werden.
- **Informationstechnologie:** Abbildung von Zielen, Prozessen und Aufgaben durch die Informationstechnologie (bspw. Genehmigungsrichtlinien, Workflows, …).

Abb. 1.6 zeigt den dreidimensionalen Raum auf, der auf dem Weg zur Virtualisierung der Personalabteilung beschritten wird. Die traditionelle Personalabteilung befindet sich dabei links unten, die vollständig virtualisierte Personalabteilung rechts oben.

Die möglichen Vorteile der virtuellen Personalabteilung werden im permanenten Wettbewerb der personalwirtschaftlichen Aktivitäten um den Status als „wertschöpfend" gesehen. Nicht wertschöpfende Prozesse sollen so gar nicht erst entstehen bzw. werden im Laufe der Zeit abgebaut. Darüber hinaus werden mit der Virtualisierung Effizienzvorteile verbunden (bspw. durch den Abbau von Hierarchien und die „schlanke" Organisationsform).

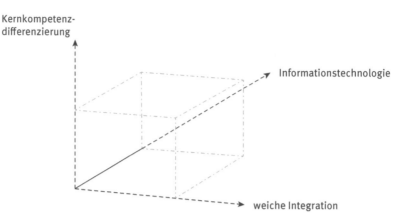

Abb. 1.6: Dimensionen der Virtualisierung (vgl. Scholz, 2014, S. 234).

Auf der anderen Seite setzt das Konzept eine hohe Professionalisierung der Führungskräfte voraus, die neben ihrer fachlichen Aufgabe nun vermehrt personalwirtschaftliche Aufgaben übernehmen müssen. Gleichzeitig muss ein Koordinations- und Überwachungsinstrument etabliert werden, sodass die Personalstrategie nicht durch die einzelnen Führungskräfte und deren Auslegung zerfasert wird.

1.2.4 HR Business Partner

Die Idee „HR als Business Partner" (häufig verkürzt zu „HR Business Partner") wurde durch Dave Ulrich (1997) populär. Dave Ulrich sieht die Personalabteilung als Entwickler, Gestalter, Träger und Umsetzer der Unternehmensstrategie. Um dieses (selbst gesteckte) hohe Ziel greifbar zu machen, formuliert er vier Rollen, die das Personalmanagement einnehmen soll:

– **Strategischer Partner** (strategic partner): In dieser Rolle soll die Personalabteilung Sorge dafür tragen, dass die unternehmensstrategischen und personalstrategischen Aktivitäten miteinander verbunden sind und sich gegenseitig positiv beeinflussen. Dies erfordert eine Personalabteilung, die über ein substanzielles Verständnis für das unternehmerische Produkt-Markt-Konzept verfügt.
– **Administrativer Experte** (administrative expert): Die Personalabteilung soll die anfallenden Verwaltungsvorgänge so effizient wie möglich abwickeln.
– **Mitarbeiter Champion** (employee champion): Die Personalabteilung kennt die Bedürfnisse und Probleme ihrer Mitarbeiter und kümmert sich um die Verbesserung bzw. Aufrechterhaltung der Mitarbeitermotivation.
– **Change Agent**: Die Gestaltung von Veränderungsprozessen wird durch die Personalabteilung angeregt, geleitet und zum Abschluss gebracht.

Abb. 1.7: Rollenmodell von Ulrich (1997).

Ulrich ordnete die vier Rollen in zwei Dimensionen (strategisch – operativ; Orientierung an Prozessen – Orientierung an Menschen) an (vgl. Abb. 1.7). Er diagnostizierte, dass die operativen Rollen vom Personalmanagement in der Praxis häufig und gerne wahrgenommen werden, während die strategischen Rollen kaum oder gar nicht existent seien.

Die vier Rollen überführte Ulrich in ein Organisationskonzept (Service-Delivery-Modell), das auf drei Säulen beruht (vgl. Abb. 1.8) und als Vorbild für viele Umstrukturierungen in den Personalabteilungen weltweit gilt (vgl. hierzu Scholz, 2014).

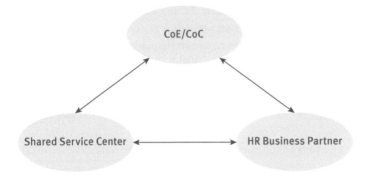

Abb. 1.8: Drei Säulen des Organisationsmodells von Ulrich (1997).

Die erste Säule des Organisationsmodells ist der **HR Business Partner**. Die Funktion des HR Business Partners entspricht weitgehend (auch wenn das von den Verfechtern des Ansatzes oftmals verneint wird) dem Verständnis des Personalreferenten. Er soll Ansprechpartner für Führungskräfte sein und Vermittlertätigkeiten zwischen der Unternehmens- und Personalstrategie ausüben. Bspw. kann das Personalmanagement helfen, kritische Ressourcenkombinationen, die zur Umsetzung diverser Geschäftsstrategien und strategischer Initiativen unerlässlich sind, zu identifizieren und geeignete Entwicklungs- und Bindungsstrategien abzuleiten.

Da der Begriff HR Business Partner zwar schillernd ist, gerade in den Anfangsjahren aber unscharf blieb, haben sich mittlerweile Kriterienkataloge herausgebildet,

	Kriterien für den Business Partner	Ablesbar an …
Einfluss/Macht	– Einbindung in wesentliche Entscheidungsprozesse	– Teilnahme, Frequenz und „Stimmberechtigung" in Strategie-Meetings
Akzeptanz	– Anerkennung der Personal-Akteure – Vertrauen der Führungskräfte	– Häufigkeit der Konsultationen – Gesprächsthemen
Organisation	– thematische und organisatorische Verankerung in den Geschäfts-bereichen	– Organigramm
Aufgaben	– Realisierung strategischer Themen	– Aufgabenbeschreibung – Ausübung der konkreten Funktion
Wertbeitrag	– Beitrag zum Unternehmenserfolg	– HR-Controlling – HR-Strategie ausformuliert

Abb. 1.9: Erkennungsmerkmale des HR Business Partners (vgl. Claßen/Kern, 2010, S. 91).

die die Funktion des HR Business Partners charakterisieren (vgl. Claßen/Kern, 2010; Abb. 1.9).

Die zweite Säule ist das **Competence Center** (häufig auch: Center of Expertise/ CoE oder Center of Competence/CoC). Das Competence Center erarbeitet Leitlinien für die Ausgestaltung personalwirtschaftlicher Funktionen (bspw. Vergütungsrichtlinien, Richtlinien für die Personalbeschaffung und -auswahl oder Personalentwicklungs-konzepte), übernimmt Reportingaufgaben, versorgt die Business Partner mit Wissen und Hintergrundinformationen und steht für Detailfragen (bspw. zur Auslegung einer Richtlinie, zur IT-Unterstützung oder bei der Beratung in rechtlichen Zweifelsfällen) zur Verfügung.

Das **Shared Service Center** (häufig abgekürzt als SSC) bildet die dritte Säule des Konzepts.

Shared Service Center bieten Dienstleistungen (**Services**) in einer zentralen Einheit (**Center**) an, die von allen genutzt werden können (**shared**) (vgl. Armutat et al., 2015, S. 11).

Hier werden die administrativen Funktionen (bspw. Entgeltabrechnungen, Reisekos-tenmanagement, Führen von Personalakten, Terminkoordination, Bescheinigungs-wesen, …) gebündelt und zu möglichst geringen Kosten unternehmensweit ausge-führt.

Folgende Vorteile werden sich von der Einrichtung eines Shared Service Centers versprochen:

– **Effizienzgewinne** (insb. durch Professionalisierung und Routinisierung wieder-kehrender Aufgaben),

Tab. 1.6: Mögliche Prozesse für ein Shared Service Center (vgl. Armutat et al., 2015, S. 28).

Massenprozesse	Spezialprozesse
– Entgeltabrechnung	– Betriebliche Altersvorsorge
– Zeitwirtschaft	– Expatriate Management
– Bescheinigungswesen	– HR-IT
– Reisekosten	– Sozialberatung
– Zeugnisse	– Mutterschutz, Altersteilzeit, Elternzeit
– Trainingsorganisation bzw. Seminarmanagement	– Weiterbildung
– Jubiläen, Geburten, Hochzeiten	– Betriebliches Vorschlagswesen

- **Konzentration auf die eigentliche Wertschöpfung** (die übrigen Geschäftseinheiten werden von Routine- und Verwaltungsarbeiten entlastet),
- **Marktvergleich** (Zwang zu Kostendisziplin und marktfähiger Qualität der Prozesse durch den einfachen Vergleich mit externen Anbietern),
- **Volumenvorteile** (durch Bündelung gleichartiger Tätigkeiten).

Die Bündelung von Dienstleistungen lassen sich in standardisierte Massenprozesse und in Spezialprozesse unterscheiden. Massenprozesse werden nach festen Regeln häufig für viele Mitarbeiter ausgeführt. Spezialprozesse hingegen erfordern Expertenwissen und betreffen wenige Mitarbeiter, die eine Beratung notwendig machen. Beide Prozesstypen lassen sich in SSC überführen, wobei für ein SSC für Spezialprozesse eine tendenziell höhere Mitarbeiteranzahl notwendig ist, um entsprechende Anfragehäufungen überhaupt erzielen zu können (vgl. Tab. 1.6).

Auf den ersten Blick scheint es, als ob es dem Konzept von Dave Ulrich gelingt, die **Vorteile** der in der Vergangenheit diskutierten Organisationsmodelle (bspw. das Referentenmodell, das Center-Modell oder das Spezialisierungsmodell) zusammenführen. So wird argumentiert, dass das Modell die Vorteile des Referentenmodells aufgreift und gleichzeitig die Routinegewinne des Modells der funktionalen Spezialisierung sichert, in dem es Shared Service Center errichtet. Die übergeordnete Klammer bildet dann das Center of Expertise, die die beiden Akteure HR Business Partner und Shared Service Center berät und konzeptionell steuert.

In einer **kritischen Würdigung** des Konzepts scheinen sich aber die Vorteile nicht realisieren zu lassen, ohne neue Nachteile in Kauf zu nehmen (vgl. Tab. 1.7).

Es wird konstatiert, dass die Personalfunktion bei der Umsetzung des Konzepts (und der damit einhergehenden Fokussierung auf die Vorgesetzten) die Nähe zu den Beschäftigten aufgegeben hat (vgl. hierzu Kadel, 2017, S. 10). Diese Vernachlässigung der Beschäftigten resultiert aus Ulrichs Kernforderungen, wonach die Personalfunktion für die Umsetzung der Geschäftsstrategie verantwortlich ist, sich zudem als Business Partner der Führungskräfte profiliert und das Tagesgeschäft in großen Fallzahlen in Service Centern abgearbeitet wird. Wer, wie die Mehrzahl der Beschäftigten, nicht

Tab. 1.7: Probleme bei der Ein- und Durchführung des Konzepts „HR Business Partner".

HR Business Partner	Shared Service Center	Competence Center
– Aufspaltung der vorher in der Funktion des Personalreferenten zusammengeführten Aufgaben – Verteilungskonflikte – Unverständnis über neue Aufgabe (im Vergleich zum Personalreferenten)	– Zusammenführung der Standards – Spannungsfeld zwischen Bedarfsbefriedigung und Synergieeffekten – Sorge vor Outsourcing führt zur schleichenden Aufgabenausweitung	– Schleichende Abkopplung vom Produkt-Markt-Konzept – Selbstzweck (Produktion von Instrumenten, Richtlinien, Reportinganforderungen ohne Mehrwert)

zu den Führungskräften zählt, steht nicht länger im Fokus der Akteure im Personalbereich (vgl. Huf, 2018, S. 2).

Daneben gibt es auch übergeordnete Probleme. Mit der Einführung des Business-Partner-Konzepts verband man die Hoffnung, dass durch die Neuorganisation der Personalarbeit, die Anerkennung und Wertschätzung der Personalabteilungen durch die anderen Unternehmenseinheiten gestärkt wird. Nach Jahren der Umsetzung stellen heute viele Unternehmen fest, dass die Anerkennung eher über Kompetenz und Nähe zu den Problemen der Beteiligten hergestellt werden kann und weniger über die endlose personalinterne Diskussion über Rollenverständnis und organisatorische Prozessfragen.

Die konzeptionelle Kritik wird erweitert durch Probleme, die typischerweise bei der Ein- und Durchführung auftreten können. So müssen bspw. die vorher in der Person des Personalreferenten zusammengefassten Aufgabenbündel identifiziert und auf die drei Säulen verteilt werden, was häufig zu Verteilungskonflikten innerhalb der Personalabteilung führt.

Vor der Einrichtung eines Shared Service Centers, das bereichsübergreifend Verwaltungsdienstleistungen ausführen soll, steht die Vereinbarung von sog. Service Level Agreements, die sicherstellen sollen, dass die vom Service Center erbrachten Leistungen auch den Anforderungen der Geschäftsbereiche entsprechen. Allerdings sehen die Geschäftsbereiche ihre bisherigen Standards und Abläufe meist als unverrückbar und notwendig an, sodass der neue Prozess durch viele bereichsspezifischen Varianten und Konzessionen an die bisherigen Geschäftsbereiche aufgebläht und dadurch ineffizient wird.

Werden die Prozesse trotzdem vereinheitlicht, kann es dazu kommen, dass die in der Vergangenheit gefundenen, funktionierenden Lösungen aufgegeben werden bzw. sich nur auf einen kleinsten gemeinsamen Nenner geeinigt werden kann; werden aber die bisherigen bereichsspezifischen Lösungen beibehalten, die Prozesse also nicht vereinheitlicht, so ergeben sich kaum Synergieeffekte, was die Einrichtung eines Shared Service Centers ad absurdum führt.

Darüber hinaus wehren sich viele Mitarbeiter, ihre Tätigkeit nun für ein Shared Service Center auszuüben. Dahinter steckt die Befürchtung, dass das SSC nur eine Vorstufe zum Outsourcing darstellt, da die isolierten Leistungen nun mit Marktanbietern konkurrieren müssen.

Durch die Neuordnung der Competence Center kann es passieren, dass sich die dortigen Mitarbeiter langsam von ihrer vorher als Personalreferenten erworbenen Produkt-Markt-Kenntnis entfernen und vom aktuellen Marktgeschehen abkoppeln. Dies kann dazu führen, dass die Kompetenzcenter ein „Eigenleben" entwickeln, ohne die Bedürfnisse der Divisionen, Bereiche oder Geschäftseinheiten zu berücksichtigen (bspw. in dem sie fortwährend neue Leitlinien, Instrumente und Reportinganforderungen entwickeln, die in sich zwar konzeptionell ausgefeilt sind, aber keinen Mehrwert für die Geschäftstätigkeit bieten).

2 Theoretische Ansätze zu Personal und Arbeit

Leider gibt es nicht die eine „Personaltheorie", die gleichzeitig menschliches und organisatorisches Handeln auf unterschiedlichen Ebenen (bspw. individuelles Handeln, Gruppen-, unternehmerisches oder gesellschaftliches Handeln) und in unterschiedlichen Kontexten (bspw. in Führungsbeziehungen, im internationalen Vergleich oder in entpersonalisierten Beziehungen) erklären kann. Selbst der Begriff „Personaltheorie" ist noch ungebräuchlich (vgl. Scherm/Süß, 2010).

Vor dem Hintergrund der Komplexität der Realität wird es auch künftig keine allgemeingültige Theorie geben, die alle denkbaren Kontexte erfasst. Daraus zu schließen, dass Probleme und Fragestellungen im personalwirtschaftlichen Kontext theorielos beantwortet werden, wäre aber falsch. Wie alle Sozialwissenschaften bedient sich auch die Personalwirtschaft verschiedener theoretisch-konzeptioneller Ansätze, mit denen die Realität abgebildet werden soll. In den vergangenen Jahrzehnten wurden daher eine Vielzahl von Theorien entwickelt, die je nach Fragestellung unterschiedliche Erklärungspotenziale besitzen.

Theorien sind konsistente Bündel von Wenn-dann-Hypothesen, die die Wirklichkeit beschreiben, erklären oder prognostizieren sollen.

Die folgende Darstellung versucht die Vielzahl von theoretischen Ansätzen zu verwandten Theoriesträngen oder -familien zusammenzuführen. Da aber keine von allen geteilte Einteilung in übergeordnete Theoriefamilien existiert, erfolgt die konkrete Zuordnung im Folgenden hauptsächlich aus didaktischen Gründen oder aus Gründen der Praktikabilität:

- Die **klassischen Ansätze** tragen zum historischen Verständnis der personalwirtschaftlichen Theoriebildung bei (vgl. Kap. 2.1).
- Die „Psychologisierung" des Faches wurde durch den Human-Relations-Ansatz und die in den 1970er-Jahren populär gewordenen **verhaltenswissenschaftlichen Ansätze** vorangetrieben (vgl. Kap. 2.2).
- Mit Beginn der 1990er-Jahre kam die Forderung auf, personalwirtschaftliche Forschung zu „ökonomisieren". Die Ökonomisierung erfolgte durch die Anwendung **institutionenökonomischer** Ansätze auf Personalprobleme (vgl. Kap. 2.3).
- Abseits der beiden großen Theorieschulen (verhaltenswissenschaftliche und ökonomische Theorien) haben sich im Zeitablauf weitere Theorien herausgebildet. Hierzu zählt bspw. der **konflikt- und machtorientierte Ansatz** (Kap. 2.4), der die Gegensätzlichkeit von Interessen im Kontext von Personal und Arbeit betont.
- Die 2000er-Jahre waren von Theoriepluralität geprägt. So konnten sich die strategisch ausgerichteten **Ressourcenorientierten Ansätze** etablieren (Kap. 2.5).

https://doi.org/10.1515/9783110541526-002

- Eine Perspektivenerweiterung leistete die **Pfadabhängigkeitstheorie**, in dem sie Zeit als erklärenden Faktor einführte (Kap. 2.6).
- Als Teilgebiet der personalwirtschaftlichen Forschung hat sich die Industrial-Relations-Forschung (häufig auch: Industrielle Beziehungen oder Arbeitgeber-Arbeitnehmer-Beziehungen) herausgebildet. Da die meisten anderen Theoriefamilien das Zusammenwirken der im Personalbereich relevanten Akteure Arbeitgeber, Arbeitnehmer, Arbeitnehmervertreter (Gewerkschaften und Betriebsrat) und Politik nicht explizit thematisieren, sollen auch diese Ansätze vorgestellt werden. **Institutionalistische Ansätze** stellen dabei die Beziehungen innerhalb und zwischen Organisation in den Mittelpunkt des Interesses. Zentrale Annahme ist dabei, dass die Legitimität personalwirtschaftlicher Aktivitäten erst durch die soziale Konstruktion der Wirklichkeit erreicht wird (vgl. Kap. 2.7). Die ebenfalls soziologisch ausgerichteten **Theorien der Industriellen Beziehungen** werden in Kap. 2.9 vorgestellt.
- Die Ansätze des **Human Resource Managements** gelten heute schon als moderne Klassiker und werden in Kap. 2.8 dargestellt.

Eine Übersicht über die im Lehrbuch angesprochenen Theorien ist in Abb. 2.1 dargestellt. Daneben wird eine Vielzahl weiterer Konzepte und Ansätze kontextbezogen in den jeweiligen Kapiteln vorgestellt und diskutiert.

klassische Ansätze	volkswirtschaftliche Theorien	verhaltenswissenschaftliche Theorien II

– Max Webers Bürokratiemodell (2.1.1)
– Scientific Management (2.1.2)
– Produktionsfaktor-Ansatz (2.1.3)
	– neoklassisches Modell (9.1.3)
	– Effizienzlohntheorie (9.1.3)
	– Insider-Outsider-Modell (9.1.3)
	– Theorie der impliziten Kontrakte (9.1.3)
	– Theorie der langen Wellen (10.5.1)
		– Lerntheorien
		  – klassische Lerntheorie (10.1.1)
		  – behavioristische Lerntheorie (10.1.2)
		  – kognitive Lerntheorien (10.1.3)
		  – Konstruktivismus (10.1.4)
		  – organisationales Lernen (10.1.5)
		– Führungstheorien
		  – Eigenschaftstheorie (8.2.1)
		  – charismatische Führung (8.2.1)
		  – Iowa-Studien (8.2.2)
		  – Führungskontinuum (8.2.2)
		  – Entscheidungsbaum (Vroom) (8.2.2)
		  – Ohio-Studien (8.2.2)
		  – Verhaltensgitter (8.2.2)
		  – Reifegrad-Modell (8.2.2)
		  – Kontingenz-Ansatz (Fiedler) (8.2.3)
		  – Weg-Ziel-Theorie (Evans) (8.2.4)
		  – implizite Führungstheorie (8.2.4)
		  – LMX-Theorie (8.2.4)
		  – transformationale Führung (8.2.5)
		  – Full Range of Leadership (8.2.5)
		  – Theorie X, Theorie Y (8.3.1)
		  – Substitutionstheorie (8.3.2)
		– Gruppentheorien
		  – Lebenszyklus-Konzept (8.4.2)
		  – Social-Loafing-Konzept (8.4.2)
		  – Kohäsion (8.4.2)
		  – Groupthink (8.4.2)
		  – Riskyshift (8.4.2)

ökonomische Theorien – Transaktionskostentheorie (2.3.2) – Principal-Agent-Theorie (2.3.3) – Property-Rights-Theorie (2.3.4)	**sonstige Theorien** – Gerechtigkeitstheorie (9.1.2) – evolutionstheoretischer Ansatz (10.1.5)	
ressourcenorientierte Ansätze – Resource-based View (2.5.1) – Dynamic-Capabilities-Ansatz (2.5.2) – Kernkompetenz-Ansatz (2.5.3)	**Konflikt- und Machttheorien** – AOEWL (2.4.1) – konfliktorientierte Personalw. (2.4.2) – mikropolitische Ansätze (2.4.3) – Strukturationstheorie (2.4.4)	

soziologisch ausgerichtete Theorien
– Pfadabhängigkeitstheorie (2.6)
– Neoinstitutionalismus (2.7)
– Theorie der Werte (3.2.2)
– Unternehmenskultur (Schein) (4.2.2)
– Cultural Dynamics Model (Hatch) (4.2.1)
	verhaltenswissenschaftliche Theorien I
	– Human-Relations-Ansatz (2.2.1)
	– Entscheidungstheorie (2.2.2)
	– Motivationstheorien
	  – Bedürfnispyramide (9.1.1)
	  – ERG-Theorie (9.1.1)
	  – gelernte Bedürfnisse (9.1.1)
	  – Zwei-Faktoren-Theorie (9.1.1)
	  – Job Characteristics Model (9.1.1)
	  – VIE-Theorie (9.1.1)
	  – Weg-Ziel-Modell (9.1.1)
	  – Zielsetzungstheorie (9.1.1)
	  – Intrinsische Motivation (9.1.1)
	  – Equity-Theorie (9.1.1)	

Ansätze der industriellen Beziehungen – Ansatz von Dunlop (2.9.1) – Strategic-Choice-Ansatz (2.9.2) – Comparative-Employment-R.-A. (2.9.3)		
Kommunikationstheorien – Social Presence Theory (3.3.2) – Media Richness Theory (3.3.2) – Self Disclosure Theory (3.3.2)		

Abb. 2.1: Übersicht über die im Lehrbuch vorgestellten Theorien, Modelle und Ansätze.

Exkurs: Zum Spannungsfeld zwischen Theorie und Praxis

Im Alltag werden Begriffe wie „Theorie" und „Praxis" häufig als Gegensatz betrachtet. Daher werden viele Praktiker dem Urteil „Das mag in der Theorie richtig sein, hilft aber nicht in der Praxis" zustimmen. Auch ist das Urteil nicht immer von vornherein falsch, doch lassen sich Gründe für die wahrgenommene Lücke zwischen theoretischem Anspruch und praktischer Wirklichkeit anführen.

Theorieverständnis

Wissenschaftlicher und Praktiker verbinden mit dem Begriff „Theorie" unterschiedliche Konzepte. Für Wissenschaftler beschreiben Theorien Ursache-Wirkungs-Beziehungen eines Realitätsausschnitts, die entweder wahr oder falsch sein können. Praktiker verbinden mit dem Begriff eher eine Richtlinie (oder einen Plan), die auf die Wirklichkeit anzuwenden ist. Die unterschiedliche Deutung des Begriffs wird im Alltag weiter verstärkt. So wird bspw. die Führerscheinausbildung in Theorie und Praxis unterteilt. Der Unterricht wird als „Theorie" bezeichnet, die Fahrstunden hingegen als „Praxis". Ein Wissenschaftler hingegen würde demgegenüber nur das „theoretisch" nennen, was kausal zwingend zusammenhängt (bspw. „Alles, was schwerer ist als Luft, fällt zu Boden") (vgl. Hanisch, 2009).

Aber selbst wenn Praktiker sich dem Begriffsverständnis der Wissenschaftler anschließen (oder umgekehrt), ist die Nutzung theoretischer Erkenntnisse nicht immer einfach umzusetzen.

Theorien gehen in das Alltagsverständnis über

Viele Theorien durchdringen Probleme und Sachverhalte (bspw. die Strukturationstheorie oder der Neoinstitutionalismus, vgl. Kap. 2.4.4 und Kap. 2.7), die dem Praktiker bei der Bewältigung des Alltags kurzfristig nur wenig Mehrwert bieten. Trotzdem leisten die Theorien einen wichtigen Beitrag zum Verständnis personalwirtschaftlicher Aktivitäten, der sich in der Praxis aber nur langsam durchsetzen kann (zur Erklärung, warum sich viele theoretisch gewonnene Erkenntnisse nicht durchsetzen, vgl. Kieser/Leiner 2009). Die theoretischen Erkenntnisse fließen nur langsam in das Alltagswissen ein, bis irgendwann die notwendige theoretische Vorarbeit nicht mehr gesehen wird (bspw. hat sich in der Praxis die Erkenntnis, dass Führungsbeziehungen einen Beitrag zur Produktivität und Zufriedenheit der Mitarbeiter leisten, nur sehr langsam durchgesetzt; heute würde kaum einer diese Erkenntnis infrage stellen bzw. bei der Umsetzung an die jeweiligen theoretischen Wurzeln denken).

Urteilskraft in Theorie und Praxis

Um eine Theorie in der Praxis nutzen zu können, wird Wissen aus zwei Erfahrungswelten benötigt. So sind zum einen umfangreiche Kenntnisse über die Theorie selbst notwendig (bspw. über Annahmen, Definitionen, Wirkungsweisen, Ausnahmen, …). Zum anderen bedarf es aber auch der Fähigkeit und Urteilskraft, eine gegebene Situation als Anwendungsfall einer Theorie richtig zu beurteilen (vgl. Hanisch, 2009).

Allerdings zeige die Erfahrung, so Hanisch weiter, dass es (exzellente und didaktisch ausgewiesene) Theoretiker gebe, die in ihrem Leben nie praktisch werden könnten, weil es ihnen an dieser Urteilskraft und praktischen Erfahrung fehle. Aber selbst wenn die entsprechende Urteilskraft vorhanden wäre, könnte die anzuwendende Theorie noch nicht ausgereift sein. Die Weiterentwicklung theoretischer Erkenntnisse kommt in der Realität dann meist den Theoretikern zu, die dadurch keine Erfahrung in der Praxis aufbauen können (vgl. Hanisch, 2009).

2.1 Klassische Ansätze

Bei den hier vorgestellten Ansätzen handelt es sich nicht um wissenschaftliche Theorien im engeren Sinne, sondern eher um Sammlungen von Erfahrungswissen, das in einem ideologischen Rahmen eingebettet wurde. Dennoch tragen die Ansätze zu einem breiteren Verständnis für die zeitlich nachfolgende personalwirtschaftliche Theoriebildung bei.

2.1.1 Max Webers Bürokratiemodell

Der Begriff „Bürokratiemodell" ist untrennbar mit Max Weber (1864–1920) verbunden. Weber (1922) untersuchte aus einer soziologischen Perspektive das neu aufkommende Phänomen der Bürokratien und die damit verbundenen Effizienzwirkungen, Funktionen und Arbeitsweisen.

Hintergrund und Zielsetzung
Einen Staat ohne eine nach bürokratischen Prinzipien aufgebaute Verwaltung ist heute kaum vorstellbar. Dabei verbreitete sich erst im 19. Jahrhundert ein Verwaltungsapparat, der den Bürgern das Gefühl gab, mit einer neuen, rationaleren Herrschaftsform konfrontiert zu sein (vgl. Kieser, 2014, S. 42). Max Weber wollte in diesem Kontext verstehen, (1) welche alternativen Herrschaftsformen neben der Bürokratie beschreibbar sind und (2) was funktionierende von nicht funktionierenden Bürokratien unterscheidet.

Alternative Herrschaftsformen
Weber identifizierte neben der Bürokratie (legale Herrschaft) zwei weitere Herrschaftsformen (charismatische und traditionelle Herrschaft) (vgl. im Folgenden Wolf, 2012, S. 64 ff.; Tab. 2.1).

Tab. 2.1: Alternative Herrschaftsformen (vgl. Wolf, 2012, S. 65).

	Charismatische Herrschaft	Traditionelle Herrschaft	Legale Herrschaft
Legitimierung des Herrschenden	Hingabe der Folgenden an die Person, die als Magier, Held, Redner oder Koryphäe gilt	Kraft Glaubens an die Heiligkeit der von jeher vorhandenen Ordnung	Kraft Satzung, Recht
Ausprägung	Herrschaft des Propheten, Kriegshelden, Demagoge	Herrschaft des Königs, Kaisers, Fürsten	Bürokratie
Typus des Befehlenden	Führer	Herr	Vorgesetzte
Typus des Gehorchenden	Jünger, Gefolgschaft	Untertanen	Bürger, Verbandsmitglieder
Typus des Verwaltungsstabs	Gemeinde (irrational vom Führer auserwählt)	Hausangehörige, Diener	Ernannte Beamte
Basis der Gehorsamspflicht	Charisma	Treue	Abgestufte Gehorsamspflicht
Nachfolge	Nachfolgerdesignation	Familienrangfolge	Durch Wahl oder Ernennung
Beispiel	Napoleon, Jesus, Gandhi, Hitler	König, Sippenchef	Stadtverwaltung

Die **charismatische Herrschaft** wird durch eine Führungsperson ausgeübt, die Legitimität dadurch beansprucht, dass sie als gottgesandt, auserwählt oder mit besonderen Fähigkeiten ausgestattet ist. Die der Führungsperson folgenden Mitglieder einer Organisation geben sich der Heldenkraft, Vorbildlichkeit oder Heiligkeit hin und akzeptieren die durch die Führungsperson geschaffenen Ordnungen. Die unter der Führungsperson tätigen Mitglieder werden von der Führungsperson ohne Rückgriff auf formale Kriterien, Dokumente oder Regeln ausgewählt. Als Beispiele werden in der Literatur unterschiedliche Personen wie Mahatma Gandhi oder Adolf Hitler angeführt.

In der **traditionellen Herrschaft** stützt sich die Legitimität der Herrschaft auf althergebrachte Regeln und Ordnungen. Bindungen beruhen auf geltenden Traditionen und auf dem Glauben an die Richtigkeit der übermittelten Werte. Die Führungspersonen folgen der Tradition, weil sie ihre Legitimität nicht verlieren wollen. Die Berufung von Mitgliedern erfolgt aus einem Personenkreis, der eine enge persönliche Verbundenheit mit der Führungsperson kennzeichnet. Als Beispiele werden die mittelalterliche Feudalherrschaft, Volksstämme Ostafrikas oder mongolische Staatsgebilde genannt.

Die **legale Herrschaft** beruht auf formalem Recht, das alle Organisationsmitglieder in gleichem Maße bindet. Die daraus abgeleiteten Verfahrensrichtlinien tragen den Verwaltungsapparat, der Entscheidungen ohne Ansehen der Person trifft.

Weber führt aus, dass charismatische und traditionelle Herrschaftsformen vorrationale Formen der Herrschaft darstellen, da diese nur Entscheidungen hervorbringe, die nicht kalkulierbar seien, von der Kraft einzelner Personen abhänge und keine stabile wirtschaftliche Umgebung schaffen könne.

Kennzeichen legaler Herrschaft

Das bürokratische Verwaltungssystem lässt sich durch Merkmale des **Amtsbetriebs** und des **Amtsinhabers** kennzeichnen (vgl. hierzu und im Folgenden Wolf, 2012, S. 64; Abb. 2.2).

In der Bürokratie findet sich ein **regelgebundener Amtsbetrieb**. Das heißt, Entscheidungsgrundlagen (bspw. Gesetze oder Verordnungen) und die damit verbundenen Entscheidungen sind von Beamten erlernbar, reproduzierbar und nachvollziehbar.

Die Bürokratie ist ferner durch eine **Kompetenzabgrenzung und Arbeitsverteilung** geprägt. Wer welche Aufgaben und Anfragen bearbeitet, ist im Vorfeld geregelt, sodass sich der Beamte darauf einstellen und die Arbeit mit hoher Wiederholungsfrequenz ausführen kann. Sobald die Zuweisung von Aufgaben personenunabhängig geschehen ist, besitzt jeder Beamte einen fachlich und sachlich abgegrenzten Bereich von Pflichten und Befehlsgewalt (Autorität und Sanktionsmittel). Die Ranghöheren sind nicht befugt, die Kompetenzen der Rangniedrigeren an sich zu ziehen.

Typisch für Bürokratien ist das Prinzip der **Amtshierarchie**, die durch einen streng vertikalen Aufbau des Verwaltungsapparats gestaffelt wird. Im Amtsbetrieb sind die Aufgaben im Instanzenzug (von oben kommenden Informationen werden durch die Hierarchien nach unten getragen) und Dienstweg (alle von unten kommenden Informationen sind durch alle Hierarchien nach oben zu tragen) zu bearbeiten.

Das Prinzip der **Aktenmäßigkeit** bezeichnet die Aufgabenbearbeitung durch Erstellung von Schriftstücken (intern durch Briefe, Formulare, Aktennotizen oder Vermerke und extern durch Briefe, Bescheide oder Formulare). Damit werden getroffene Entscheidungen intern und extern kontrollierbar.

Die **Trennung von Amt und Person** unterscheidet sich von früheren Herrschaftsformen dadurch, dass das Amt sich nicht im Privatleben fortführt (Trennung von privater und dienstlicher Meinung, Besitz, Arbeitsort oder Arbeitsmaterial). So können

Merkmale des Amtsbetriebs	Merkmale des Amtsinhabers
– Regelgebundenheit	– Hauptberuflichkeit
– Kompetenzabgrenzung	– Qualifikation
– Amtshierarchie	– Festgehalt
– Aktenmäßigkeit	– Laufbahnen
– Trennung von Amts-und Privatperson	– Amtsdisziplin

Abb. 2.2: Merkmale des Amtsbetriebs und des Amtsinhabers.

bspw. Richter nicht mehr außerhalb ihres Gerichtssaals und ihres überantworteten Rechtsgebiets Urteile sprechen.

Diese Merkmale bezeichnet Weber als notwendige Bedingungen für Bürokratien. Der Verwaltungsbeamte kann dann in einer so definierten Arbeitsumgebung das Wesen der Bürokratie ausfüllen. Hierzu sind an den Beamten bestimmte Voraussetzungen geknüpft (hinreichende Bedingungen).

Der Beamte ist auf Basis eines **Arbeitsvertrags** hauptamtlich ernannt (und nicht gewählt) und auf Lebenszeit tätig. Die Hauptamtlichkeit betont, dass der Beamte nicht ehrenamtlich tätig wird und seinen Lebensunterhalt alleine durch seine Arbeitsaufgabe bestreiten kann. Darüber hinaus wird er von einer höheren Behörde ernannt und nicht von Untergebenen gewählt (da so der Beamte sonst womöglich politische Kompromisse bei der Amtsausübung eingehen müsste). Die lebenslängliche Ernennung fördert zum einen den Aufbau eines persönlichen Wissensschatzes des Beamten und zum anderen die streng sachliche, von persönlich-finanziellen Überlegungen unabhängige Sachbearbeitung.

Der Beamte ist in seinem Arbeitsbereich **geschult**. Er kennt die einschlägigen Vorschriften, Gesetze und Definitionen. Er kommt in sein Amt durch den Nachweis von Qualifikation (und nicht, weil er der Sohn des Dorfrichters ist und damit die Richternachfolge seines Vaters antritt).

Sein **Gehalt** wird festgesetzt und hängt nicht von Mengen- oder Qualitätskriterien ab. Das Gehalt soll niedriger als in Wirtschaftsunternehmen sein, durch die langfristige Arbeitsbeziehung aber planbar und in den Ruhestand hineinwirken. Weber argumentierte, dass erst die Altersabsicherung die finanzielle Unabhängigkeit und damit die sachliche Aufgabenbearbeitung sicherstellt.

Die Karriere des Beamten entwickelt sich in fixierten **Laufbahnen** (Beförderungen hängen hauptsächlich vom Dienstalter und weniger von der Leistung ab). Damit sollten noch überkommene Vorstellungen von traditioneller Herrschaft (ein Beamter wird schneller befördert, weil er bspw. aus einer adligen Familie stammt) beseitigt werden.

Der Beamte internalisiert das Prinzip der strengen **Amtsdisziplin**. Der Beamte soll alle empfangenen Instruktionen ohne Rücksicht auf die persönliche Einstellung bedingungslos ausführen.

Würdigung

Weber hat es als einer der ersten geschafft, ein Maßstab für effiziente Verwaltungseinheiten zu erstellen. Dieses wurde von Forschern dankbar aufgenommen, da so ein akzeptierter Kriterienkatalog erstellt wurde, anhand dessen man Bürokratien auf der ganzen Welt und in historischen Vergleichen analysieren konnte (vgl. Wolf, 2012, S. 66 f.).

Diesen Vorzügen stehen zahlreiche Einwände gegenüber. Weber bezeichnete sein idealtypisches Modell mit einem Namen, der in der Alltagssprache anders (und überwiegend negativ) belegt ist. Die Realität bürokratischer Verhältnisse wird oftmals als lethargisch und in Routine erstarrt wahrgenommen. Ebenso werden die Beamten als demotiviert, korrupt, dekadent und ersetzungsbedürftig bezeichnet. Darüber hinaus wird Weber der Vorwurf gemacht, er habe nichts Neues gefunden. Bereits 2000 v. Chr. hätten in China Verwaltungsformen bestanden, die sämtliche Merkmale seines Bürokratiemodells aufweise.

Beide Vorwürfe laufen aber ins Leere. So hat Weber selbst auf die negativen Folgen der Bürokratie hingewiesen. Er beschrieb, wie Bürokratien ein Eigenleben entwickeln, und warnte vor den Dysfunktionen von Bürokratien, die darin bestehen, dass (vgl. hierzu v. d. Oelsnitz, 2005, S. 1386)

- Regeln zum **Selbstzweck** werden, die zur Starrheit und Entscheidungsschwäche führt,
- überhöhte Amtsdisziplin **flexibles** und **vorausschauendes Verhalten** verhindert,
- strikte Arbeitsteilung **Ressortdenken** fördert und die Berücksichtigung des Gesamtzusammenhangs verhindert,
- **rationale Irrationalität** droht, sodass Entscheidungen zwar aus einer inneren Sicht legitim und verlässlich getroffen werden, aus einer übergeordneten Perspektive aber falsch oder schädlich sind, und
- die sachliche und unpersönliche Aufgabenerfüllung zu Entscheidungen führt, die keine Rücksicht auf **menschliche Problemlagen** nimmt.

Max Weber bezeichnete die so verfestigten Verwaltungsstrukturen als „**stahlhartes Gehäuse**". Als Ausweg schlägt er vor, dass an der Spitze bürokratischer Strukturen charismatische Führer gestellt werden, die aus freier und persönlicher Wertvorstellungen verhindern, dass der bürokratische Apparat ein Eigenleben entwickelt. Dem Parlament traute Weber diese Rolle nicht zu. Vielmehr wollte er einen charismatischen Führer an der Spitze bürokratischer Organisationen sehen, der Leidenschaft, Augenmaß und Verantwortungsgefühlt vereint. Wie der Aufstieg Hitlers später zeigen sollte, ist Webers uneingeschränkte Bejahung des emotionalen (und schnell in die Demagogie abgleitenden) Elements nicht unproblematisch (vgl. Kieser, 2014a, S. 57).

Der zweite Vorwurf, Weber habe nichts substanziell Neues beschrieben, verblasst vor dem Hintergrund, dass erst durchs dessen Analyseschema die Identifikation von Bürokratien der Vergangenheit ermöglicht wurde.

2.1.2 Taylors „Scientific Management"

Frederick Winslow Taylors „Scientific Management" (1911) oder „wissenschaftliche Betriebsführung" (1917) gilt (neben Max Webers Bürokratiemodell) als eine der Urtheorien der modernen Unternehmensführung. Die Bedeutung Taylors wird dadurch deutlich, dass sein Name („Taylorismus" oder „Taylor-System") mittlerweile als Gattungsbegriff (und von seinen Gegnern häufig auch als Kampfbegriff) benutzt wird.

Hintergrund und Zielsetzung

Taylor wurde 1856 in eine asketisch-protestantische Quäkerfamilie geboren. Seine Pedanterie (so wird übermittelt, dass er vor dem Ballspielen immer erst das Spielfeld exakt vermaß), sein Erfindergeist (er konstruierte sog. Alptraum-Vermeidungs-Maschinen) und sein Hang zur Optimierung (beim Waldlauf experimentierte er mit seinen Schrittlängen, um mit minimalem Energieaufwand die beste Zeit zu erzielen) machten ihn zum Sonderling.

Er begann seine Karriere als einfacher Arbeiter, stieg schnell zum Maschinisten, Vorarbeiter und Techniker auf. Nebenbei absolvierte er ein Ingenieurstudium und wurde danach zum Chefingenieur befördert (vgl. Kieser, 2014b, S. 84). Er erlebte und beobachtete, dass Arbeitgeber und Arbeiter einen Konflikt austragen, der darin mündet, dass die Arbeitgeber die Ausbeutung der Arbeiter durch immer strengere Taktvorgaben vorantrieben und sich die Arbeiter, wo es Spielraum gab, in Drückebergerei und Bummelei flüchteten.

Er bemängelte zudem, dass die Arbeitgeber Ressourcen verschwendeten, da sie sich nur von ihrem (aus Sicht Taylors beschränkten) Erfahrungswissen, Willkür, Zufall oder durch einmal aufgestellte Faustregeln leiten ließen. Taylor verortete das Problem im Management, da dessen Mitglieder aufgrund ihrer Herkunft als Kaufleute nicht über produktionstechnisches Wissen verfügten, sodass Ineffizienzen vielfach erst bemerkt würden, wenn sie sich durch hohe Verluste zeigten (vgl. Wolf, 2012, S. 85).

In dieser Zeit führte Taylor das sog. wissenschaftliche Experiment in die Managementlehre ein. Damit wollte er Unternehmen eine Methode zur Steigerung der Effizienz an die Hand geben. Taylor ging davon aus, dass sich durch kontrolliertes Experimentieren die besten Arbeiter, die idealen Bewegungsabläufe, geeignete Arbeitsmittel und ein adäquates Entlohnungssystem identifizieren ließen (vgl. Kieser, 2014b, S. 80 f.; Abb. 2.3).

Ausgangslage

- Taylors Herkunft aus einer protestantisch-asketischen Quäker-Familie
- Aufstieg vom Hilfsarbeiter zum Chef-Ingenieur
- Taylors Beobachtungen von Bummelei und Leistungszurückhaltung bei Kollegen
- Taylors Beobachtungen von Ressourcenverschwendung durch das Management
- Konflikte zwischen Arbeitern und Arbeitgebern in den Anfängen der industriellen Produktion

Ziele

- Effizienzsteigerungen
- Gewinnsteigerungen
- Entschärfung des Konflikts zwischen Arbeitgeber und Arbeiter

Ansatz

- Scientific Management („wissenschaftliche Betriebsführung")

Abb. 2.3: Ausgangslage, Ziele und Ansatz des Taylorismus.

Vier Handlungsprinzipien

Aus seinen Erfahrungen und Beobachtungen leitete Taylor vier Handlungsprinzipien ab:

- Trennung von Hand- und Kopfarbeit
- Pensum und Bonus
- systematische Auslese und Anpassung
- Versöhnung von Arbeitern und Arbeitgebern durch Herrschaft von Experten

Abb. 2.4: Prinzipien des Scientific Managements nach Taylor.

(1) Trennung von Hand- und Kopfarbeit: Arbeiter bauen mit der Zeit Wissen über den Arbeitsprozess auf (bspw. indem sie Arbeitsabläufe planen, das Werkzeug auswählen oder Maschinen einrichten), das sie dann für Drückebergerei und Faulenzen missbrauchen. Hintergrund für diese Schlussfolgerungen waren seine Erfahrungen als Arbeiter.

> Hat […] ein Arbeiter erlebt, dass der Lohn pro Stück […] herabgesetzt wurde als Folge davon, dass er angestrengter gearbeitet […] hatte, so wird er den Vorsatz fassen, keine weiteren Lohnerniedrigungen mehr zuzulassen, wenn er sie durch Zurückhalten mit der Arbeit verhindern kann (Taylor, 1913, zit. nach Kieser, 2014b, S. 80).

Taylor empfahl daher, das Wissen der Arbeiter systematisch zu sammeln und auf der Ebene des Managements zusammenzuführen, sodass die Entscheidungen über die Arbeitsabläufe, Werkzeuge und Ausführungswege durch Experimente optimiert werden können.

Die Experimente wurden mit sog. Zeit- und Bewegungsstudien verwirklicht:

> Für einen […] Schaufler gibt es eine bestimmte Gewichtslast, die er jedes Mal mit der Schaufel heben muss, um die größte Tagesleistung zu vollbringen. […] Wird ein Arbeiter pro Tag mehr leisten können, wenn er jedes Mal zwei, drei, fünfzehn, fünfzehn oder zwanzig kg auf seine Schaufel nimmt? Das ist eine Frage, die sich nur durch […] Versuche beantworten lässt. Deshalb suchten wir erst zwei oder drei erstklassige Schaufler aus, denen wir einen Extralohn zahlten, damit sie zuverlässig und ehrlich arbeiteten. Nach und nach wurden die Schaufellasten verändert und […] beobachtet. So fanden wir, dass ein […] Arbeiter seine größte Tagesleistung mit einer Schaufellast von 9 1/2 kg vollbrachte (Taylor 1913, S. 68, zit. nach Kieser, 2014b, S. 79).

Bei Montagevorgängen vermaß er mit Stoppuhr und Fotoapparat jeden manuellen Vorgang, um für jeden Arbeitsschritt eine effiziente Arbeitsausführung und eine Zeitvorgabe zu ermitteln. Die einzeln aufgegliederten Vorgänge wurden von Taylor notiert, katalogisiert und später wieder zu einem komplexen, von Ineffizienzen bereinigten, Bewegungsablauf zusammengefügt. Die so ermittelten Zeitvorgaben für ein effizient erstelltes Produkt erhöhte er um einen Faktor für die Überwindung körperlicher Müdigkeit und Zuschläge für unvermeidbare Unterbrechungen (bspw. für den Toilettengang).

> Er hatte beobachtet, dass Drehbänke vom Bedienungspersonal für die gleiche Arbeit sehr unterschiedlich eingestellt wurden und […] meist suboptimale Leistungen erbrachten. Er experimentierte und protokollierte dabei 30.000 bis 40.000 Versuche […]. Zwölf Parameter wurden von ihm berücksichtigt: Materialqualität, […] Druck auf die Schneidefläche und Geschwindigkeits- und Vorschubwechsel der Maschine. Die aufgestellten Einstellungstabellen wurden […] in ein Gleichungssystem und schließlich in einen Spezialrechenschieber umgesetzt, der es den Arbeitern ermöglichte, die optimalen Einstellungswerte […] zu ermitteln. Die Kombination […] bedeuteten auf der Pariser Weltausstellung von 1900 eine Sensation, da sie eine Produktionssteigerung (des sog. Schnellstahls) um mehr als 100 % erbrachte (Kieser, 2014b, S. 81).

Taylor betonte, dass die bestehenden Arbeitsorganisationen meist unzureichend waren und nur eine extreme Arbeitsteilung (einfache, spezialisierte und kleinteilige Arbeitsausführungen) Effizienzgewinne erzeugen könne.

(2) Pensum und Bonus: Aus den durch die Zeit- und Bewegungsstudien ermittelten Werten soll ein Tagespensum abgeleitet werden. Erreichen oder überschreiten die Arbeiter das vorgegebene Pensum, sollen sie durch die Gewährung eines Bonus belohnt werden. Die Überwachung übernehmen die Vorarbeiter oder Meister, die, so Taylor, durch die wissenschaftlich ermittelten Vorgaben von geistiger Arbeit (dispositiver Arbeit) befreit waren und Zeit für Kontrollen hatten.

Das Unterschreiten des Pensums wird durch Strafen sanktioniert. Als Strafen schlägt Taylor Lohnkürzungen, Aussperrungen oder Geldstrafen vor. Die so gewonnenen Strafgelder sollten in Unfallkrankenkassen oder betriebliche Alterssicherungsvereine einbezahlt werden, damit ihr Zweck und Ziel nicht von den Arbeitgebern missbraucht und von Kollegen missbilligt werden konnte (vgl. Kieser, 2014b, S. 81).

(3) Auslese und Anpassung der Arbeiter: Taylor entwickelte Tests, mit denen die für die jeweilige Aufgabe geeigneten Arbeiter identifiziert werden sollten. So prüfte er bei Arbeitszuteilungen bspw. die individuelle Ermüdbarkeit, Belastbarkeit, Kraft, Geschicklichkeit oder die Fähigkeit, Lerneffekte durch Wiederholungen zu erzielen, ab.

> Um flinke Arbeiterinnen zu erkennen, werden Versuche angestellt, um den […] persönlichen Koeffizienten verschiedener Menschen zu bestimmen […]. Ein Buchstabe wird in Sehnähe des zu Untersuchenden gebracht, der im Augenblick, wo er den Buchstaben erkennt, eine bestimmte Handlung vorzunehmen, bspw. auf den Knopf einer elektrischen Klingel zu drücken, hat. Die Zeit […] wird durch ein Präzisionsinstrument aufgezeichnet (Taylor 1913, S. 93, zit. nach Kieser, 2014b, S. 82).

Wer sich nicht für eine bestimmte Art von Arbeit eignet, wurde zu seinem eigenen Vorteil einer anderen Arbeit zugeteilt. Taylor erläutert:

> Unter 75 Roheisenarbeitern war tatsächlich nur ein Mann von acht körperlich fähig, 47 1/2 t pro Tag zu verladen. Mit dem besten Willen konnten die anderen sieben nicht Schritt halten. Der achte war mehr vom Schlag eines Stiers, so einfältig, dass er für die meisten Arbeiten unbrauchbar war. Die sieben anderen fanden ohne Weiteres eine andere Tätigkeit im Stahlwerk […]. Es war für die anderen Leute eine Wohltat, von dieser Tätigkeit, zu der sie nicht taugten, befreit zu sein (Taylor, 1913, S. 64 f., zit. nach Kieser, 2014b, S. 84).

(4) Versöhnung von Arbeitern und Management durch den Einsatz von Experten: Taylor ging davon aus, dass der Konflikt zwischen Arbeitern und Management durch die wissenschaftliche Betriebsführung erzielten Effizienzsteigerungen (und den dadurch vergrößerten finanziellen Spielraum) entschärft werden kann.

> Ich kann mit Ihnen nicht darüber übereinstimmen, dass es zwischen Kapital und Arbeit einen Interessenkonflikt gibt. Ich bin fest davon überzeugt, dass beide Seiten in gegenseitigem Interesse handeln […] und auf eine angemessene Vergütung einigen können (Taylor, 1913, zit. nach Wolf, 2012, S. 90).

Wenn neutrale Experten (scientific managers) die Bestimmung von Vorgabezeiten, Leistungsentgelten und Arbeitszuweisungen vornehmen und Transparenz bezüglich der Mindest- und Höchstproduktionsmengen hergestellt wird, gibt es für keine Partei daran Zweifel, die beste Alternative gefunden zu haben.

Würdigung

Die „wissenschaftliche Betriebsführung" ist eine Wissenschaft **ohne Theorie.** Die Experimente dienen nicht der Überprüfung von Hypothesen, sondern der stichprobenartigen Lösung von Problemen der organisatorischen Gestaltung. Darüber hinaus entsprachen die Experimente und die damit erzielten Ergebnisse nicht wissenschaftlichen Ansprüchen. So wurden meist nur kleine Stichproben mit zwei oder drei ausgesuchten Arbeitern durchgeführt, deren gute oder sehr gute Ergebnisse dann als Bestätigung der wissenschaftlichen Betriebsführung genannt wurden. Zudem wurden die so ausgewählten Arbeiter in einem kurzen Zeitraum in eine Extremsituation gebracht, sodass sie sich verausgabten, um bestmögliche Ergebnisse zu erzielen (bspw. durch doppelten Lohn oder dem Versprechen, häufiger für solche Arbeiten ausgewählt zu werden) (vgl. hierzu und im Folgenden Kieser, 2014b, S. 94 f.).

Das **Menschenbild Taylors** war geprägt von der Annahme, dass Arbeiter faul und dumm seien und ihr Glück nur durch Konsum erreicht werden könnte. Dies entspricht nicht (mehr) dem Menschenbild westlich geprägter Arbeitsgesellschaften.

Ein weiterer Kritikpunkt betrifft den Glauben an einen mechanistischen „**one best way**" in einer Arbeitssituation, der nur durch Experimente, Studien und Nachdenken herausgefunden werden muss.

Die durch Taylors Prinzipien festgestellte optimale Arbeitsausführung entfaltet eine **vergangenheitsorientierte** und damit konservierende Wirkung. Veränderungen einer einmal als gut befundenen Arbeitsgestaltung, bspw. durch andere Materialien, Arbeitsausführungen oder Werkzeuge, waren zu unterlassen. Dadurch konnten sich keine neuen Techniken etablieren, die ggf. erst im Zeitverlauf Erfolg gezeigt hätten.

Die Verbreitung der Prinzipien des Scientific Managements führen zu monotoner, hochgradig spezialisierter Fließbandarbeit. Die Gewerkschaften kritisieren den Taylorismus auch heute noch dafür, dass durch die kleinteilige Arbeitsaufspaltung zu einer systematischen **Dequalifizierung** der Arbeiter führt und so der Weg eine für geringere Entlohnung bereitet wird.

Allerdings muss man bei der aus heutiger Sicht verständlichen Kritik an der Vernachlässigung sozialer Ziele die **damaligen Verhältnisse** berücksichtigen. So hat Taylor für die damaligen Verhältnisse vergleichsweise gute Arbeitsbedingungen mit nachvollziehbaren Arbeitstakten, ergonomischer Arbeitsgestaltung und eingeplanten Ruhepausen umgesetzt. Ebenso hat die wissenschaftliche Betriebsführung zu höheren Gewinnen und höheren Löhnen geführt, von denen sowohl Arbeitgeber als auch Arbeitnehmer profitiert haben.

Ist der Taylorismus noch aktuell?
Die Lehren Taylors galten spätestens seit den 1970er-Jahren als überholt und nicht mehr zeitgemäß. Dennoch findet sich das Vorgehen und die Prinzipien – wenn auch in modifizierter Form – in der heutigen Managementpraxis wieder (vgl. Abb. 2.5).

Die von Taylor propagierte Idee der **Trennung von Kopf- und Handarbeit** erlebt in der modernen Produktion eine Renaissance. Während mehrere Jahrzehnte das Konzept der teilautonomen Gruppen oder die Erweiterung des Handlungsspielraums die Produktion moderner Unternehmen prägte, lässt sich auch im deutschsprachigem Raum wieder die Umsetzung arbeitsteiliger und kleintaktiger Produktionsprozesse beobachten. Die Idee des **Pensums und Bonus** wird mittlerweile auf allen Hierarchieebenen umgesetzt. Leistungsabhängige Bezahlung (in Form von Leistungsbeurteilungen oder Zielvereinbarungen) finden sich nicht nur auf der Managementebene, sondern sind mittlerweile sogar Bestandteil von Tarifverträgen. Die Durchführung von Assessment Center entspricht der modernen Variante der von Taylor geforderten **systematischen Auslese und Anpassung** der Arbeiter. Dabei stellen die heute in Assessment Center durchgeführten Übungen (bspw. die Postkorbübung, Persönlichkeitstests, Gruppendiskussionen oder Präsentationen) nur eine moderne Variante der Taylor'schen Testbatterie dar. Die Idee der Versöhnung zwischen Arbeitern und Arbeitgebern durch die **Herrschaft von Experten** lässt sich ebenfalls beobachten. So werden Standardisierungsbemühungen nach dem Vorbild der ISO-9000-Normenreihe umgesetzt, Benchmarkings durchgeführt, REFA-Studien

– **Trennung von Hand- und Kopfarbeit** (Renaissance der Arbeitsteilung in der modernen Produktion)

– **Pensum und Bonus** (Leistungsentgelte, Zielvereinbarungen)

– **systematische Auslese und Anpassung** (Assessment Center, Bestenauslese, Leistungsdiagnostik, Persönlichkeitstests)

– **Versöhnung von Arbeitern und Arbeitgebern durch Herrschaft von Experten** (REFA-Studien, Benchmarking, Unternehmensberatungen, Managementkonzepte wie Lean Management oder ISO 9000)

Abb. 2.5: Prinzipien Taylors in der modernen Arbeitswelt.

zur Ermittlung von Vorgabezeiten initiiert, Wissensmanagement-Systeme eingeführt (Aneignung des Wissens der Arbeiter) oder Unternehmensberatungen engagiert, die ihr Expertenwissen als neutrale Instanz zur Verfügung stellen.

2.1.3 Produktionsfaktor-Ansatz von Gutenberg

Einer der ersten ökonomischen Ansätzen, der Produktionsfaktor-Ansatz, basiert im Wesentlichen auf dem Systementwurf von Erich Gutenberg (1975). Gutenberg interpretiert Unternehmen als System produktiver Faktoren, die so miteinander zu kombinieren sind, dass ein optimales Verhältnis von Faktoreinsatz und Faktorertrag gewährleistet wird.

Dabei unterscheidet er zwischen produktiven und dispositiven Faktoren. Das System der produktiven Faktoren besteht dabei aus Elementarfaktoren (menschliche Arbeitsleistung, Betriebsmittel, Werkstoffe) und dispositiven Faktoren (Geschäfts- und Betriebsleitung, Planung, Betriebsorganisation) (vgl. Gutenberg, 1975). Gutenberg teilt demnach die Arbeitsleistung von Personal in eine objektbezogene, ausführende und in eine dispositive, anweisende Arbeit ein. Mit steigender Hierarchie wächst der Anteil dispositiver Arbeitsleistung im Vergleich zur operativ-ausführenden Arbeitsleistung an.

Die Trennung zwischen ausführender und dispositiver Arbeit ist analytisch und macht vor allem deutlich, dass zwischen Produktionsfaktoreinsatz und Produktionsergebnis eine funktionale Abhängigkeit besteht, über die disponiert wird (vgl. auch Wächter, 1979, S. 56 f.; Abb. 2.6).

In die Produktionsfunktion geht somit nur ausführende Arbeit ein, während dispositive Elemente aus der produktionstechnischen Analyse eliminiert sind (vgl. Reichwald, 1977, S. 43). Damit wird analytisch im Produktionsfaktor-Ansatz (vgl. Abb. 2.7) die Trennung von Disposition und Ausführung, von „Denken" und „Tun", vollzogen.

Das hier zugrunde liegende Menschenbild, verbunden mit dem „Zwei-Klassen-Modell" von Disposition und Ausführung, lässt im Hintergrund den „Taylorismus" bzw. das „Scientific Management" erkennen (vgl. dazu Wächter, 1979, S. 58 ff.; ähnlich Antoni, 1982, S. 35). Hierin liegt auch heute noch der Wert seiner Darstellung. Die öko-

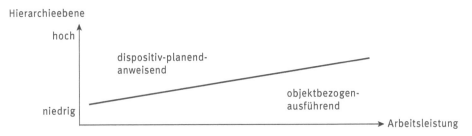

Abb. 2.6: Anteile dispositiver und objektbezogener Arbeit in Abhängigkeit von der Hierarchieebene.

Abb. 2.7: Einteilung der Produktionsfaktoren nach Gutenberg.

nomische Rekonstruktion von Personal und Arbeit lässt Einblicke in die Bedingungen und das Bewusstsein der Produktionsweise in den Anfängen moderner Betriebswirtschaftslehre zu.

2.2 Verhaltensorientierte Ansätze

Verhaltensorientierte Ansätze, die eng mit den Nachbarwissenschaften wie Organisationspsychologie und -soziologie verbunden sind, werden häufig als Bezugsrahmen für personalwirtschaftliche Aktivitäten herangezogen, um Aussagen über die Bedingungen und Wirkungen menschlicher Arbeit zu erreichen.

2.2.1 Human-Relations-Ansatz

Die heute als verhaltenswissenschaftlichen Ansätze bezeichnete Theoriefamilie wurde durch die sog. Human-Relations-Bewegung begründet, die gemeinhin als Gegenbewegung zum Scientific Management bezeichnet wird, eigentlich aber aus diesem hervorging.

Zeitlicher Kontext
In der Hochzeit des Taylorismus wurden die Nachteile der rein maschinistischen Betrachtung der Arbeiter deutlich. Die Arbeiter wollten sich nicht zu manipulierbaren Faktoren degradieren lassen, die zum Zweck der Produktivitätssteigerung ausgebeutet werden. Ein Großteil der Arbeiter empfand die tayloristische Arbeitsweise als monoton, wodurch sich langfristig die Leistungsfähigkeit und -bereitschaft verringerte. Auch die zunehmende Entfremdung vom Produkt (durch fortschreitende Arbeitsteilung) und die Entpersönlichung der Arbeit führten bei vielen Arbeitern zu einer Verringerung der Arbeitsleistung. Die Arbeiter hatten aufgrund einer einzelnen Tätigkeit, die keine besondere Qualifikation voraussetzte, das Gefühl, austauschbar zu sein. Auch der Aufbau sozialer Kontakte wurde durch den Taktzwang erschwert.

Häufige Reaktionen auf diese Belastungen waren deshalb Fluktuation, Absentismus, Wissens- und Leistungszurückhaltung, Streiks, mutwillige Beschädigung von Produktionsanlagen und in der Folge eine schlechtere Produktqualität sowie die aufkommende Sorge der Arbeitgeber, dass die weitere Fortführung des Taylor'schen Effizienzprogramms die Arbeiter in die Arme radikaler Gewerkschaften treiben würde.

Hawthorne-Experimente
Noch im Geiste Taylors initiierte 1923 das National Research Council ein Forschungsprogramm, in dem die Zusammenhänge zwischen Arbeitsplatzbeleuchtung und Arbeitsleistung untersucht werden sollten. Einige der Experimente fanden ab 1924 in den Hawthorne-Werken der Western Electric Company statt (vgl. Abb. 2.8). Interessanterweise ergab sich, dass sowohl bei der Arbeitsgruppe mit variierender Beleuchtung als auch bei der Kontrollgruppe, bei der die Beleuchtung nicht verändert wurde, die Produktivität etwa in gleicher Weise anstieg. In der Folgezeit experimentierte man mit unterschiedlichen Versuchsaufbauten (man erzählte der Testgruppe, dass die Beleuchtung gesteigert werde, tatsächlich reduzierte man die Beleuchtungsstärke; vor den Augen einer anderen Kontrollgruppe wurden zwar die Glühbirnen gewechselt, die Lichtstärke aber beibehalten, ...), deren Ergebnisse sich aber ähnelten: Die Produktivität stieg sowohl in der Versuchs- als auch in der Kontrollgruppe jeweils an (vgl. zur Beschreibung der Experimente ausführlich Kieser, 2014b, S. 119 ff.).

Die Versuchsleiter waren davon überzeugt, dass als einzige Erklärung für die widersprüchlichen Ergebnisse psychische Faktoren – damals noch als Störgröße bezeichnet – verantwortlich seien. Mit etwas Abstand erkannten die Forscher aber, welches Potenzial in ihren Erkenntnissen steckten und untersuchten fortan, wie Leistungssteigerungen durch psychologische Beeinflussung erzielt werden können.

Abb. 2.8: Montageraum für die Testgruppe in den Hawthorne-Werken (entnommen aus o. V., 2008, S. 164).

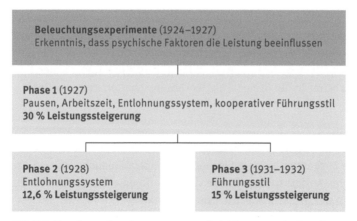

Abb. 2.9: Hawthorne-Forschungsprogramm (vgl. Kieser, 2014b, S. 117).

Sie experimentierten mit Arbeitszeiten, Arbeitspausen, kooperativen Führungs-stilen und „freundlichen Beziehungen" zu den Arbeitern und Arbeiterinnen ebenso wie mit Lohnsicherung und Gruppenentlohnung (vgl. Abb. 2.9). Die Forscher regis-trierten eine Leistungssteigerung um 30 % gegenüber einer Testgruppe, die zu unver-änderten Bedingungen arbeiten musste (Phase 1).

Die Interpretation der Ergebnisse bereitete jedoch Probleme, da zu viele Bedin-gungen in der Versuchsgruppe verändert wurden. Daher wollte man in der zweiten Phase herausfinden, welche der vielen Variablen für die Leistungssteigerung verant-wortlich war. Man verwarf (ohne weitere Erklärung) die Variablen Arbeitszeit und Ar-beitspausen als mögliche Einflussfaktoren und konzentrierte sich fortan auf die Va-riablen Lohnsystem und Führungsstil.

In Phase 2 der Experimente wurden einer Gruppe von Arbeiterinnen, bei ansons-ten unveränderten Arbeitsbedingungen, die neue Entlohnungsmethode (Lohnsiche-rung und Gruppenentlohnung) vorgestellt. Der Output der Gruppe steigerte sich in den Folgewochen um 12,6 %.

In Phase 3 der Hawthorne-Experimente wurde daher eine zu Phase 1 vergleich-bare Arbeitssituation (mit besonderem Augenmerk auf die kooperative Führung und der angenehmen Arbeitsatmosphäre) geschaffen, ohne aber die Anpassung der Ent-lohnungsmethode umzusetzen. Der Output der Gruppe stieg um 15 % an.

Die Forscher verglichen die Outputsteigerung um 30 % aus der ersten Phase mit den Steigerungsraten in Phase 2 und Phase 3 und kamen zum Schluss, dass sich so-wohl Lohnanreize als auch die Gestaltung angenehmer Führungsbeziehungen zu ei-nem Gesamteffekt addieren.

Der Beitrag der Forscher lag vor allem darin begründet, dass sie die ersten Ergeb-nisse, die nicht mit dem Taylor'schen Denkgebäude zu vereinbaren waren, genauer untersuchten. Sie erkannten, dass die Arbeitsproduktivität weniger von den organisa-torischen Bedingungen abhängt, sondern vor allem durch die herrschenden sozialen, zwischenmenschlichen Beziehungen (human relations) bestimmt sind.

Das heute als **Hawthorne-Effekt** bekannte Phänomen kennzeichnet Situationen, in denen alleine die besondere Zuwendung und Beachtung, die Probanden als Teilnehmer in einer Versuchssituation erfahren, zu einer Verhaltensänderung (bspw. zu einer Leistungssteigerung) führen.

Würdigung

Nach der Verbreitung der Erkenntnisse hielten die „menschlichen Beziehungen" Einzug in die Forschung und Praxis. Die Human-Relations-Bewegung löste den Taylorismus jedoch nicht ab, sondern setzten das Bestreben nach Rationalisierung und Effizienzsteigerung technokratisch mit anderen (psychosozialen) Mitteln weiter fort (vgl. hierzu und im Folgenden Kieser, 2014b, S. 120 ff.).

Kritiker bemängeln zudem, dass die Forscher ideologisch befangen waren und die „Zufälligkeit" der Ergebnisse nur vorgetragen war, tatsächlich aber bewusst gesteuert wurde. So wurden die einzelnen Arbeiterinnen gezielt ausgewählt und später ergebnissichernd entweder der Test- oder Kontrollgruppe zugeordnet. Ebenso wurden Arbeiterinnen während der Experimente ausgetauscht, wenn absehbar war, dass deren Leistung die angestrebten Ergebnisse beeinträchtigen würden. Zudem wurde mit Zwang und Druck (und nicht nur durch einen kooperativen Führungsstil) Leistungssteigerungen herbeigeführt.

Auch eine Jahrzehnte später durchgeführte statistische Überprüfung der noch verfügbaren Datensätze konnte die damaligen Erklärungen und Interpretationen nicht stützen.

All diese schwerwiegenden Einwände ändern nichts an der Tatsache, dass die Hawthorne-Experimente eine Wende in der Betrachtung, Erforschung und Gestaltung menschlicher Arbeit herbeigeführt hatte (vgl. Abb. 2.10).

> Sometimes an idea is more important than the evidence on which it is based.

Abb. 2.10: Ideologie oder Wissenschaft (Zitat von Brannigan/Zwerman, 2001, S. 59).

Der durch die Veröffentlichung der Hawthorne-Studien gewandelte (oder forcierte) Zeitgeist etablierte bspw. die Organisationspsychologie als neue Disziplin und lies neue Forschungsfelder entstehen (bspw. Organisationsentwicklung, Gruppenverhalten oder Führungstheorien).

2.2.2 Verhaltenswissenschaftliche Entscheidungstheorie

Hauptvertreter der verhaltenswissenschaftlichen Theoriebildung ist Herbert A. Simon (1916–2001) und James G. March (geb. 1928). In ihren Werken (Simon, 1948,

---

Der Homo oeconomicus kann …

- Zieldimensionen spezifizieren
- Nutzenfunktionen ableiten
- Alternativen und Umweltzustände abschließend identifizieren
- Konsequenzen für jede Alternative und jeden Umweltzustand berechnen
- alle Informationen kostenlos und unmittelbar verarbeiten
- Entscheidungen treffen, die ihm den größten Nutzen oder Gewinn einbringen

Abb. 2.11: Charakteristika des Homo oeconomicus.

March/Simon, 1958) untersuchten sie die Entscheidungsfindung von Managern in Unternehmen und setzte dem in der normativen Entscheidungstheorie (vielfach auch: präskriptive, formale oder klassische Entscheidungstheorie) modellierten Homo oeconomicus das Konzept der begrenzten Rationalität gegenüber (vgl. Wolf, 2012, S. 239; Abb. 2.11).

Die Abkehr vom Homo oeconomicus (der mit vollkommener Marktkenntnis rational seine Präferenzen und Alternativen abwägt und sich dann für die Alternative entscheidet, die ihm den größten Gewinn bzw. Nutzen einbringt und sein Verhalten stets allen verfügbaren Informationen anpasst) eröffnete eine neue Perspektive auf die handelnden Akteure.

Das Konzept der **begrenzten Rationalität** beschreibt Individuen, die zwar intentional rational handeln, aufgrund ihres unvollständigen Wissens, der Schwierigkeit, alle Handlungsoptionen zu erfassen, und ihrer instabilen Präferenzstruktur die eigentliche Ziel-Mittel-Ergebnis-Verbindung tatsächlich nicht überblicken können.

Trotz der Defizite, die den Individuen bewusst sind, treffen sie (häufig sogar richtige) Entscheidungen. Dies ist zum einen darauf zurückzuführen, dass sie durch das Unternehmen bei der Entscheidungsfindung unterstützt werden und liegt zum anderen darin begründet, weil sich Individuen auf gelernte Entscheidungsmuster (vgl. Tab. 2.2) verlassen können.

Unternehmen unterstützen die Individuen dabei durch folgende Entscheidungshilfen (vgl. hierzu Berger/Bernhard-Melich, 2014, S. 126 ff.):

- **Arbeitsteilung**: Organisationen teilen große Probleme auf viele unterschiedliche Mitarbeiter auf. So werden einzelne Sachverhalte (bspw. ein Auto bauen) in un-

Tab. 2.2: Entscheidungshilfen und Entscheidungsmuster.

Betriebliche Entscheidungshilfen	Individuelle Entscheidungsmuster
– Arbeitsteilung	– Satisficing
– Standardisierung	– Anspruchsniveaus
– Herrschaft und Hierarchie	– Situationsdefinition
– Kanalisierte Kommunikation	– Habituelles Verhalten

terschiedliche Subsysteme aufgeteilt, in Teilprobleme zergliedert und in funktionale Unterziele übersetzt. So leistet bspw. der Personalsachbearbeiter oder Rechnungseingangsprüfer einen indirekten Beitrag zur Herstellung und zum Verkauf eines Autos. Durch die Arbeitsteilung (und der damit verbundenen Aufspreizung des Oberziels in Unterziele) wird es für die Mitarbeiter leichter möglich, zumindest lokal rationale Entscheidungen zu treffen.

- **Standardisierung**: Durch Standardisierung (bspw. durch Handbücher, Skripte, Routinen oder Computerprogramme) wird die potenzielle Entscheidungsvielfalt auf wenige oder gar keine Alternativen verengt. So können schon einmal durchdachte Lösungen wiederholt durchgeführt werden, ohne dass immer wieder von unterschiedlichen Personen alternative Lösungswege gesucht werden müssen.
- **Herrschaft und Hierarchie**: Mitarbeiter akzeptieren Hierarchien und vorgegebene Berichts- und Lösungswege, sodass sie ohne überbordenden Entscheidungsdruck entpersönlicht Entscheidungen treffen können („ich würde es ja anders machen, aber wenn mein Vorgesetzter es sagt, dann mache ich es so").
- **Kommunikation**: Vorgegebene Kanäle filtern die potenziell verfügbaren Informationen, sodass jedes Mitglied (im besten Fall) nur die benötigten Informationen zur Entscheidungsfindung erhält. Berichtswege, Statistiken oder Anweisungen wandern entlang der in der Organisationsstruktur festgelegten Linien.

Individuen verlassen sich bei der Entscheidungsfindung auf (erlernte) Entscheidungsmuster (vgl. hierzu Berger/Bernhard-Melich, 2014, S. 126 ff.):
- **Satisficing**: Individuen begnügen sich bei der Suche nach der richtigen Entscheidung mit befriedigenden (und nicht den optimalen) Lösungen. In der Realität wird demnach eine der ersten brauchbaren Lösungen gewählt, sodass nicht alle denkbaren Lösungswege verglichen werden müssen. Als Beispiel dient die Suche nach Nadeln im Heuhaufen. Die optimale Lösung bestünde darin, alle Nadeln im Haufen zu suchen und dann die spitzeste auszuwählen; die befriedigende Lösung liegt im Auffinden einer Nadel, die spitz genug ist, um damit nähen zu können.
- **Anspruchsniveau**: Anspruchsniveaus sind nicht statisch, sondern variieren mit den von Individuen gemachten Erfahrungen. Bleibt ein Anspruchsniveau über längere Zeit unerfüllt, senkt der Entscheider meist seine Ansprüche; umgekehrt hebt er bei einfacher Anspruchsbefriedigung (bspw. aufgrund mehrerer aufeinanderfolgenden Erfolge) sein Anspruchsniveau weiter an.
- **Situationsdefinition**: Individuen vereinfachen durch selektive Wahrnehmung die Entscheidungssituation, in dem sie sich auf wenige, subjektiv bedeutende Aspekte konzentrieren und andere ausblenden. Dadurch ist die Situation leichter zu erfassen und lässt sich so ggf. per Analogieschluss analysieren (siehe habituelles Verhalten).
- **Habituelles Verhalten**: Ein bestimmter Stimulus löst eine bestimmte Reaktion aus, die durch bereits gemachte Erfahrung geformt wurde („das hat schon einmal funktioniert, dann machen wir es wieder so").

Würdigung

Die verhaltenswissenschaftliche Entscheidungstheorie übt bis heute einen starken Einfluss auf die Weiterentwicklung betriebswirtschaftlicher Forschung aus. Eine Vielzahl von empirischen Untersuchungen konnte die vorgestellten Entscheidungsmuster bestätigen und im Laufe der Zeit verfeinern.

Damit haben die Vertreter der verhaltenswissenschaftlichen Entscheidungstheorie die formalen Analysen der Mikroökonomik näher an die Realität herangeführt. Dabei waren die Ergebnisse anfangs umstritten. Vieles von dem, was heute als gegeben angesehen wird (bspw. die Grenzen des Homo-oeconomicus-Konzepts in der Realität), wurde erst durch die Verbreitung verhaltenswissenschaftlicher Forschungsergebnisse in die betriebswirtschaftliche Forschung eingebracht.

Allerdings hat sich aus der Vielfalt der Einzelerkenntnisse bisher noch keine geschlossene Theorie formen lassen. So finden sich viele interessante Antworten in den Nebensträngen verhaltenswissenschaftlicher Theoriefamilien (bspw. in den Motivations-, Führungs- oder Machttheorien).

2.3 Personalökonomische Ansätze

Aufbauend auf der mikroökonomisch ausgerichteten **Neuen Institutionenökonomie** hat sich ein Ansatz herausgebildet, der als **Personalökonomik** bezeichnet wird (vgl. Backes-Gellner/Lazear/Wolff, 2001). Im Vordergrund dabei steht die ökonomische Analyse personalwirtschaftlicher Probleme aus der Perspektive der im Folgenden zu behandelnden Ansätzen der Institutionenökonomie (Property-Rights-Ansatz, Transaktionskostenansatz und Principal-Agent-Ansatz).

2.3.1 Basisannahmen personalökonomischer Ansätze

Die Ursprünge der institutionenökonomischen Ansätze bildete das Theoriefundament der Mikroökonomik bzw. der Neoklassik. Hier werden Individuen als Homo oeconomicus modelliert und darauf aufbauend Entscheidungen formal-analytisch analysiert und prognostiziert. Allerdings galten die damit verbundenen Annahmen vielen praxisnahen Forschern als zu abstrakt, um einen Bezug zu realen organisations- und personalwirtschaftlichen Problemstellungen aufweisen zu können. Die Ursprünge der institutionenökonomischen Ansätze lassen sich auf das Theoriefundament der Mikroökonomik zurückführen, die um einige realitätsnähere Annahmen erweitert wurde (vgl. hierzu Scherm/Pietsch 2007, S. 44 f.):

– **Unvollständige Information der Akteure:** Die Neue Institutionenökonomik unterstellt eine ungleiche Informationsverteilung zwischen den weiterhin eigennützig agierenden Akteuren.

– **Berücksichtigung von Raum- und Zeitdifferenzen:** Die Beschaffung, Verarbeitung und Veränderung von Informationen verursacht Zeit und Kosten.
– **Opportunismus:** Die handelnden Akteure verhalten sich strategisch und setzen, wenn es nötig wird, ihre Interessen auch gegen die Interessen und auf Kosten anderer durch.
– **Begrenzte Rationalität der Akteure:** Die Vertreter der Neuen Institutionenökonomie greifen zwar das Konzept der begrenzten Rationalität auf, unterstützen damit aber nur die beiden vorangestellten Annahmen (bspw. dass keine vollständige Erfassung von Umwelt, Alternativen und Lösungswegen möglich ist). Eine weitergehende Integration verhaltenstheoretischer Erkenntnisse unterbleibt (bspw. das Satisficing oder das Senken und Heben von Anspruchsniveaus).

2.3.2 Transaktionskostentheorie

Die Transaktionskostentheorie besteht aus vier Bausteinen, die im Folgenden vorgestellt werden sollen.

Institutionelle Arrangements und Fragestellung
Die Grundannahme der Transaktionskostentheorie besteht darin, dass verschiedene Arten von institutionellen Arrangements (rechtliche Vertragsform bzw. Maßnahmen, die die Vertragspartner vereinbaren, um die Transaktion abzuwickeln) unterschiedliche Kosten verursachen.

So sind bspw. mit einem Arbeitsverhältnis (Vertragsform: Arbeitsvertrag) andere Kosten als mit einem ausgelagerten, externen Dienstleister (Vertragsform: Werkvertrag) verbunden. Die Grundfrage der Transaktionskostentheorie lautet demnach:

Welches institutionelle Arrangement ist das effizienteste (wobei sich das Effizienzkriterium am sparsamen Einsatz knapper Ressourcen orientiert)?

Kostenarten
Der Transaktionskostenansatz (vgl. Tab. 2.3) stellt mit der Unterscheidung von Kostenarten ein Analyseraster zur Verfügung, das zur Beurteilung unterschiedlicher institutioneller Arrangements genutzt werden kann. Der Transaktionskostenansatz kennt drei Kostenarten (**Ex-ante-Kosten, Ex-post-Kosten und Produktionskosten**).

Ex-ante-Kosten fallen vor einer Vereinbarung mit einem Vertragspartner an. Zu ihnen gehören bspw. Such-, Beurteilungs- und Abwicklungskosten (vgl. hierzu Scherm/ Pietsch, 2007, S. 52 ff.):
– **Suchkosten:** Kosten für die Informationssuche und -beschaffung (bspw. zur Beantwortung der Fragen, wie Leiharbeit überhaupt funktioniert, worauf man achten muss, welche Anbieter es gibt und wie hoch der Marktpreis für Leiharbeit ist)

Tab. 2.3: Transaktionskosten.

	Ex-ante-Kosten	**Ex-post-Kosten**	**Produktionskosten**
Zeitpunkt	vor Vertragsabschluss	während und nach Vertragsabschluss	während der Vertragslaufzeit
Charakteristika	Such-, Beurteilungs-, Vereinbarungskosten	Kontroll-, Anpassungs-, Auflösungskosten	Kosten der Erstellung von Gütern und Dienstleistungen

– **Beurteilungskosten**: Kosten, die bei der Beurteilung der infrage kommenden Vertragspartner entstehen (bspw. zur Beantwortung der Fragen, ob das ausgewählte Leiharbeitsunternehmen die Unternehmensvorgaben erfüllen kann oder wie zuverlässig der Vertragspartner sein wird)
– **Vereinbarungskosten**: Kosten für die Verhandlung und Vereinbarung von Vertragswerken (bspw. Rechtsanwaltskosten)

Transaktionskosten, die während oder nach Vertragsabschluss anfallen, werden als Ex-post-Kosten bezeichnet:
– **Kontrollkosten**: Kosten für die Überprüfung der zugesagten Leistungen (bspw. Termine, Qualität, Mengen, Preise oder sonstige Vereinbarungen)
– **Anpassungskosten**: Kosten für die Durchsetzung von vereinbarten Leistungen (bspw. für Rechtsanwälte, Nachverhandlungen, glaubwürdige Drohungen) oder Nachverhandlungen aufgrund geänderter Umstände
– **Auflösungskosten**: Kosten für die Beendigung der Austauschbeziehung (bspw. Vertragsstrafen oder Abfindungen)

Die Transaktionskostentheorie kennt als dritte Kostenkategorie die Produktionskosten. Dabei ist zu beachten, dass die Abgrenzung zu Transaktionskosten in den seltensten Fällen eindeutig ist:
– **Produktionskosten** bezeichnen die reinen Ausführungshandlungen zur Erstellung von Gütern und Dienstleistungen (bspw. der Stundensatz eines Leiharbeiters)

Transaktionsbedingungen

Die Kosten (insb. die Vereinbarungs- und Kontrollkosten) hängen davon ab, welche Transaktionsbedingungen (vgl. Tab. 2.4) herrschen. Hierbei wird zwischen Spezifität, Häufigkeit und Unsicherheit unterschieden (vgl. hierzu Scherm/Pietsch, 2007, S. 52 ff.).

Spezifität bezeichnet eine Situation, in der ein Transaktionspartner, wenn er ein Austauschverhältnis mit einem anderen Transaktionspartner eingeht, Investitionen tätigen muss, die für andere Transaktionen unbrauchbar sind. Der Nutzen der transaktionsspezifischen Bedingung hängt dann vom (Weiter-)Bestehen der Transaktions-

Tab. 2.4: Kostenwirkung der Transaktionsbedingungen (vgl. Ebers/Gotsch, 2014, S. 235).

	zunehmende Spezifität	zunehmende Unsicherheit	zunehmende Häufigkeit
Produktionskosten	–	○	–
Transaktionskosten	+	+	–

beziehung ab. Da ein Wechsel des Transaktionspartners mit dem Verfall der einmal getätigten Investition einherginge, bleibt ihm zur Vermeidung von „sunk costs" nur die Aufrechterhaltung der Transaktionsbeziehung (Lock-in-Effekt). Transaktionsspezifische Investitionen sind bspw. der Bau einer Maschine, die nur das *eine* Produkt herstellen kann, Schulungen, die nur für die Ausführung der Transaktion benötigt werden, oder Investition in Werkzeug, das nur für die Herstellung des transaktionsspezifischen Produkts benötigt wird. Während mit steigender Spezifität die Transaktionskosten ansteigen, sinken die Produktionskosten mit spezifischen Investitionen (da mit spezifischen Werkzeugen, Maschinen oder Wissen meist billiger produziert werden kann).

Die Transaktionsbedingung **Unsicherheit** bezieht sich auf die Unsicherheit über die situativen Rahmenbedingungen der Transaktion (wird die Transaktion Erfolg haben, wie wird sich das Umfeld verändern, wie wird sich mein Transaktionspartner verhalten). Mit steigender Unsicherheit steigen daher auch die Transaktionskosten (da sich Unternehmen dann eher gegen den Eintritt von Worst-Case-Szenarien absichern wollen). Steigende Unsicherheit hat dagegen keinen unmittelbaren Einfluss auf die Produktionskosten.

Das Merkmal der **Transaktionshäufigkeit** beeinflusst ebenfalls die Transaktionskosten. Mit zunehmender Häufigkeit gleichartiger Austauschhandlungen entstehen zum einen Größendegressionseffekte (für einen der Partner) und zum anderen ein Vertrauensverhältnis zwischen beiden Transaktionspartnern. Bei einer einmaligen Transaktion stehen sich die Partner noch als Fremde gegenüber, bei sich über Jahre erfolgreich durchgeführten Transaktionen entsteht ein wechselseitiger Reputationsaufbau, der vertrauensfördernd und damit kostensenkend (bspw. mit Blick auf Kontroll- oder Anpassungskosten) wirkt. Daher sinken die Transaktionskosten und Produktionskosten mit steigender Transaktionshäufigkeit.

Form der Zusammenarbeit

Die Akteure können entscheiden, in welche Form sie zusammenarbeiten wollen. Denkbar wäre, dass die Austauschbeziehung über

- **den Markt** (ein Unternehmen lässt bspw. eine Dienstleistung durch einen externen Marktteilnehmer aufgrund eines Werkvertrags durchführen),
- **die Organisation** (alternativ wird im Schrifttum im Kontext der Transaktionskostentheorie der Begriff die „Hierarchie" oder die „Linie" genutzt) (ein Unterneh-

men stellt einen Mitarbeiter ein, um die Dienstleistung durchführen zu lassen) oder

– **hybride Vertragsmodelle** (bspw. über einen Leiharbeitsvertrag mit langer Laufzeit)

abgewickelt wird. Jedes dieser institutionellen Arrangements führt zu unterschiedlichen Kosten (vgl. hierzu Scherm/Pietsch, 2007, S. 52 ff.).

Aussagen der Transaktionskostentheorie

Die generellen Überlegungen zum Einfluss der Transaktionsbedingungen auf die Transaktionskosten (Spezifität und Unsicherheit lassen die Transaktionskosten steigen, Transaktionshäufigkeit sinken) lassen sich noch weiter ausdifferenzieren (vgl. hierzu und im Folgenden Scherm/Pietsch, 2007, S. 52 ff.).

So lassen sich Aussagen über die Transaktionskosten in Abhängigkeit von der Form der Zusammenarbeit ableiten. Je höher die Spezifität oder die Unsicherheit einer Transaktion ist, desto höher werden die Transaktionskosten bei der Abwicklung über den Markt sein (sobald ein Transaktionspartner hohe Anfangsinvestitionen tätigen muss, wird er sich diese über den Marktpreis bezahlen lassen). Die Zusammenhänge zwischen Transaktionskosten und Spezifität und Unsicherheit hat Williamson (1985) verdeutlicht (vgl. Abb. 2.12).

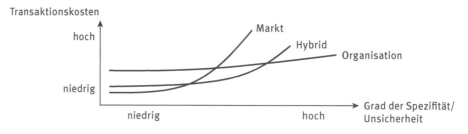

Abb. 2.12: Aussagen der Transaktionskostentheorie (verändert und übersetzt nach Williamson, 1985).

Würdigung

Mit der Transaktionskostentheorie lässt sich jedes in Vertragsform formulierbare Problem analysieren. So bietet die Theorie **vielfältige Ansatzpunkte** für die Untersuchung personalwirtschaftlicher Problemstellungen. Die Theorie lässt sich einfach modellieren und Gestaltungsempfehlungen ableiten.

Allerdings führen die Breite der potentiellen Problemfelder und die einfache Modellierung zu einem **Ausfransen** der verwendeten Begrifflichkeiten. So wird bemängelt, dass die Definition der Transaktionskosten als zentrales Element „zu Rätselraten und spekulativem Diskutieren" führt (Scherm/Pietsch, 2007, S. 54).

Bei Anwendung des Transaktionskostenansatzes auf personalwirtschaftliche Fragestellungen sind **Restriktionen** zu beachten. Der Extremfall der rein marktlichen Austauschverhältnisse ist mit dem Konstrukt des Arbeitsvertrages nur unter Inkaufnahme hoher Abstraktion zu vereinbaren, da weder eine völlige Integration des Transaktionspartners möglich ist (was eher dem Zustand der Sklaverei entsprechen würde) noch eine einseitig herbeigeführte Auflösung des Austauschverhältnisses möglich ist (das Arbeitsrecht verhindert bspw. Kündigungen ohne soziale Rechtfertigungen; unter Umständen lösen auch in Aussicht gestellte Abfindungszahlungen das Arbeitsverhältnis nicht). Die Analyseergebnisse der Transaktionskostentheorie stehen daher immer unter dem Vorbehalt der arbeitsrechtlichen Durchsetzbarkeit, was das Spektrum der zu untersuchenden Gestaltungsmöglichkeiten einschränkt.

Auch die Verhaltensannahme des **Opportunismus** stößt auf Kritik, da das dahinter liegende **Menschenbild** zu einem Tunnelblick auf den schlimmsten anzunehmenden Zustand führt und den Blick auf alternative, häufig auch wahrscheinlichere Verhaltensweisen versperre.

2.3.3 Principal-Agent-Theorie

Die Principal-Agent-Theorie ist eine der meistgenutzten Theorieansätze in der Betriebswirtschaftslehre. Als Hauptvertreter werden Jensen/Meckling (1976), Fama (1980) und Eisenhardt (1989) angesehen. Der Unterschied zwischen der Transaktionskostentheorie und der Principal-Agent-Theorie liegt darin, dass die Transaktionskostentheorie eher das Austauschverhältnis zweier (gleichberechtigter) Akteure in den Mittelpunkt stellt, die Principal-Agent-Theorie dagegen eher die Delegation bzw. die Probleme der Über- und Unterordnung der Akteure betrachtet.

Struktur und Erkenntnisinteresse der Principal-Agent-Theorie
Die Principal-Agent-Theorie (häufig auch: Agentur-Theorie, Prinzipal-Agenten-Theorie, Agency-Theory) befasst sich mit den wirtschaftlichen Folgen einer Delegation von Entscheidungskompetenzen durch einen Auftraggeber auf einen Beauftragten. Beispiele für solche Auftraggeber-Auftragnehmer-Beziehungen können bspw. sein (vgl. Meinhövel, 1999, S. 27 f.)
– Eigentümer (Prinzipal) und von ihnen beauftragte Manager (Agenten),
– Patient (Prinzipal) und der von ihm beauftragte Arzt (Agent),
– Unternehmen (Prinzipal) und die angestellten Mitarbeiter (Agenten) oder
– Versicherungsanbieter (Prinzipal) und der versicherte Versicherungsnehmer (Agent).

Eine exakte Definition zur Kennzeichnung der Beziehung zwischen den beiden Akteuren gestaltet sich, wie so häufig in den Wirtschaftswissenschaften, schwierig. In der

Literatur findet sich die folgende Definition als Grundkonsens (vgl. Meinhövel, 2004, S. 470):

Eine Principal-Agent-Beziehung ist durch eine vertragliche Beziehung zwischen einem Auftraggeber (**Prinzipal**) und einem Beauftragten (**Agenten**) gekennzeichnet, bei der der Beauftragte gegen einen Vergütungsanspruch die Verpflichtung zur Erfüllung einer Dienstpflicht für den Auftraggeber eingeht.

Dadurch wird deutlich, dass die beiden Akteure nicht gleichberechtigt nebeneinanderstehen, sondern sich in einer hierarchischen Über- bzw. Unterordnung befinden.

Zur Realisierung seiner Interessen überträgt der Prinzipal als Auftraggeber bestimmte Handlungen an einen Agenten. Die Übertragung von Aufgaben bietet für den Prinzipal den Vorteil, dass er die Spezialisierung und das Wissen des Agenten für seine Interessen nutzen kann. Allerdings wirft die Aufgabenübertragung auch Probleme auf. Je weniger Informationen der Prinzipal über Motive, Handlungsmöglichkeiten und Leistungsverhalten des Agenten hat, desto größer ist für ihn das Risiko, dass der Agent genau diese Eigenschaften dazu nutzt, eigene Interessen zum Nachteil des Prinzipals zu verfolgen (vgl. Ridder, 1996, S. 328).

Dieser Wissensvorsprung führt zu **Informationsasymmetrien** zwischen den beiden Akteuren. Dabei stellt sich für den Prinzipal das Problem, dass der Agent den aus der asymmetrischen Informationsverteilung resultierenden **diskretionären Handlungsspielraum** zum Nachteil des Prinzipals opportunistisch ausnutzen kann. Dieses kann Praktiken wie Leistungszurückhaltung oder die Anwendung von List, Betrug und Täuschung miteinschließen (vgl. Ebers/Gotsch, 2014, S. 210)

Der Prinzipal ist somit gezwungen, das Austauschverhältnis durch vertragliche Mechanismen so auszugestalten, dass die Leistungen des Agenten den Vereinbarungen bestmöglich entsprechen. Die Principal-Agent-Theorie untersucht daher die Gestaltung dieser Vertragsbeziehungen und analysiert dabei typische Probleme von Auftragsbeziehungen und erörtert, wie diese Probleme durch bestimmte Mechanismen effizient gehandhabt werden können.

Arten von Informationsasymmetrien

Das Basisproblem in Auftraggeber-Auftragnehmer-Beziehungen bilden demnach die Informationsasymmetrien der beiden Akteure. Die Principal-Agent-Theorie unterscheidet drei Typen von Informationsasymmetrien (vgl. Pietsch/Scherm, 2007, S. 58 f.; Tab. 2.5):

- **Hidden characteristics**: Vor Vertragsschluss kann der Prinzipal die verborgenen Eigenschaften des Agenten vielleicht erahnen, aber nicht mit abschließender Sicherheit erkennen. Dem Wunsch des Prinzipals nach vollständiger Offenlegung aller erfolgsrelevanten Eigenschaften wird der Agent regelmäßig nicht nachkommen. Der Agent wird nur da, wo es ihm nutzt, seine Qualitäten offenbaren. Er wird versuchen, negative Eigenschaften zu verdecken bzw. gewünschte Eigenschaften

Tab. 2.5: Informationsasymmetrien (vgl. Scherm/Pietsch, 2007, S. 56).

	Hidden characteristics	**Hidden intention**	**Hidden action**
Entstehung	vor Vertragsabschluss	vor oder nach Vertragsabschluss	nach Vertragsabschluss
Ursache	verborgene (Qualitäts-) Eigenschaften des Agenten	verborgene Absichten des Agenten	nicht beobachtbare Aktivitäten des Agenten
Gefahr	adverse selection	hold up	moral hazard shirking

vorzutäuschen. Dieses Verhalten erhöht die Wahrscheinlichkeit einer systematischen Auswahl eigentlich unerwünschter Vertragspartner (adverse selection). Kurioserweise erzeugt der Prinzipal die systematische Fehlauswahl selbst. Er bietet, weil er eben nicht die Qualitätseigenschaften des Agenten kennt, erstmal eine Vergütung mit einem Risikoabschlag an. Allerdings werden Agenten mit besonders nützlichen Eigenschaften nicht bereit sein, einen Vertragsabschluss mit einer Vergütung unterhalb des Marktniveaus zu akzeptieren. Daher werden nur Agenten mit unterdurchschnittlichen Eigenschaften bereit sein, diesen Vertrag abzuschließen (vgl. hierzu den „market for lemons", Akerlof 1970).

– **Hidden intention:** Sowohl vor als auch nach Vertragsabschluss hat der Prinzipal keinen Einblick in die verborgenen Absichten des Agenten. Der Prinzipal fürchtet die Möglichkeit, dass der Agent den einmal geschlossenen Vertrag (bspw. unter Ausnutzung arbeitsrechtlicher Grenzen) zu seinen Gunsten ausnutzt und ihn nachträglich ausbeutet oder erpresst (Hold-up-Situation).

– **Hidden action:** Nach Vertragsabschluss kann der Agent unter Ausnutzung seines Informationsvorsprungs den Arbeitseinsatz steuern. Der Prinzipal kennt zwar das Ergebnis, kann aber nicht eindeutig auf die dahinterliegende Leistung schließen (bspw. können die Umsätze aufgrund einer guten gesamtwirtschaftlichen Nachfrage, nicht aber aufgrund des überragenden Einsatzes des Agenten, gestiegen sein). Der Agent kann so nicht vertragskonformes Verhalten verdecken (moral hazard) und/oder seine Arbeitskraft ganz zurückhalten (shirking).

Lösungsmechanismen

Der Prinzipal ist sich der Problematik der interessenbezogenen Zielkonflikte zwischen Prinzipal und Agenten (vgl. Tab. 2.6) bewusst. Die naheliegende Lösung wäre, dass der Prinzipal alle Eventualitäten prüft und Vorsorge für Vertragsverletzungen durch den Agenten trifft. Dies würde allerdings zu unverhältnismäßig hohen Kosten für die Perfektionierung eines Vertragsabschlusses führen. Daher greift der Prinzipal auf Kontrollmechanismen zurück, die zu vertretbaren Kosten das für ihn nachteilige Verhalten und Entscheiden des Agenten einschränkt und den Agenten gleichzeitig zu einem auftragsgemäßen Leistungsverhalten veranlasst.

Bspw. kann der Prinzipal versuchen, die Probleme der Informationsasymmetrien durch die Vereinbarung von vertraglichen Anreizmechanismen einzugrenzen, um so

Tab. 2.6: Lösungsansätze für Principal-Agent-Probleme.

	Hidden characteristics	Hidden intention	Hidden action
Lösungsansätze	signalling	signalling	self selection
	screening	monitoring	monitoring
	self selection	Pfand	Anreizsysteme
	Anreizsysteme	Anreizsysteme	

die vertragsgemäße Aufgabenerfüllung durch den Agenten zu gewährleisten. Durch Anreizsysteme, bei denen der Agent am Ergebnis (bzw. am Erfolg) des Prinzipals beteiligt wird, können die Präferenzen von beiden Parteien verknüpft werden. Da die Erträge für beide von der gleichen Leistung abhängen, werden Zielkonflikte vermieden und für den Agenten ist ein Anreiz gegeben, die Interessen des Prinzipals zu vertreten.

Eine weitere Möglichkeit zur Lösung der Agenturprobleme ist die Verbesserung der Informationssysteme, wodurch der Prinzipal mehr Kenntnisse über das Leistungsverhalten des Agenten erhält (Monitoring). Mit steigender Information des Prinzipals verringern sich die Möglichkeiten des Agenten zur Täuschung des Prinzipals und zur opportunistischen Ausnutzung der Situation (vgl. Eisenhardt, 1988, S. 60).

Würdigung

Die Principal-Agent-Theorie lässt sich auf viele personalwirtschaftliche Problemfelder **übertragen**, da dort häufig Auftraggeber-Auftragnehmer-Beziehungen vorliegen. Dies hat zu einer intensiven theoretischen und empirischen Betrachtung zahlreicher personalwirtschaftlicher Probleme geführt.

Allerdings blendet die einfache und nachvollziehbare Theoriekonstruktion der Principal-Agent-Theorie aus, dass die Realität häufig nur durch mehrfache oder **wechselseitige** Auftraggeber-Auftragnehmer-Beziehungen beschrieben werden kann. In solchen Fällen greifen die von der Theorie vorgeschlagenen Lösungsmuster ins Leere, sodass nicht berücksichtigte Aspekte wie Vertrauen, Altruismus oder Verantwortungsübernahme übersehen werden.

Ebenso wie bei der Transaktionskostentheorie erweist sich die Fixierung auf die Gefahr **opportunistischer Verhaltensweisen** als einseitig und blendet bspw. aus, dass auch der Auftraggeber diskretionäre Handlungsspielräume gegenüber seinem Auftragnehmer hat.

2.3.4 Property-Rights-Theorie

Ausgangspunkt der Property-Rights-Theorie (häufig auch Verfügungsrechtetheorie) sind die Institution des Eigentums und die damit verbundenen Verfügungsrechte (Eigentumsrechte). Damit unterscheidet sich die Property-Rights-Theorie von den beiden erstgenannten Theorien der Neuen Institutionenökonomik dadurch, dass der Schwerpunkt der Analyse nicht in der Betrachtung der Handlungen der Akteure liegt, sondern auf den (gegenseitig) gewährten Verfügungsrechten. Als Hauptvertreter werden Autoren wie Alchian/Demsetz (1972) oder Furubotn/Pejovich (1972) angesehen.

Struktur und Erkenntnisinteresse der Property-Rights-Theorie

Grundannahme der Property-Rights-Theorie ist die Erkenntnis, dass im Wirtschaftsleben weniger das (juristische) Eigentum, sondern vielmehr die mit den Gütern verbundenen Rechte von Bedeutung sind. Die beiden Eigenschaften (Eigentum und die damit verbundenen Rechte) können, müssen aber nicht zusammenfallen.

Ausgehend von der Institution des Verfügungsrechts ist es Ziel des Property-Rights-Ansatzes, die Auswirkungen verschiedener Formen und Gestaltungen von Verfügungsrechten auf die Faktorallokation und das Verhalten der ökonomischen Akteure aufzuzeigen und Entstehung, Verteilung und Wandel von Verfügungsrechten zu erklären.

Dabei lassen sich Verfügungsrechte wie folgt differenzieren (vgl. Wolf, 2012, S. 340):

- **ius usus** (das Recht, eine Ressource oder ein Gut zu nutzen): So kann bspw. der Inhaber eines nicht verschuldeten Ein-Personen-Unternehmens frei darüber entscheiden, ob er auf seiner Maschine produzieren lässt, sie ungenutzt stehen lässt, sie verkaufen, verschrotten oder verschenken möchte.
- **ius usus fructus** (das Recht, die Erträge aus der Ressourcennutzung zu behalten): Der Gewinn aus der Geschäftstätigkeit steht dem Eigentümer eines nicht verschuldeten Ein-Personen-Unternehmens zu.
- **ius abusus** (das Recht, die Ressource oder das Gut zu ändern): Der Unternehmer hat das Recht, seinen Maschinenpark zu erweitern, zu modernisieren, Instandhaltungsarbeiten durchzuführen oder ihn für einen anderen Geschäftszweck umzuwidmen.
- **ius successionis** (das Recht, eines, mehrere oder alle genannten Rechte auf andere zu übertragen): Es steht dem Eigentümer frei, das Unternehmen zu vererben, zu veräußern, zu verschenken oder zu vernichten.

Damit stellt die Property-Rights-Theorie ein Analyseraster zur Verfügung, um unterschiedliche Fragestellungen zu untersuchen: Wie sind die Verfügungsrechte innerhalb einer Organisation verteilt? Warum sind die Verfügungsrechte so verteilt? Wie wandeln sich die Verfügungsrechte über die Zeit hinweg? Welche Effizienz weisen alternative Konstellationen von Verfügungsrechten auf (vgl. Wolf, 2012, S. 341)?

Ausgangspunkt der Analysen ist eine fiktive Konstellation, in der alle Verfügungsrechte in einer Person vereint sind. Von dort ausgehend werden die realen Ge-

gebenheiten untersucht und der Prozess der Verteilung (häufig auch: „Verdünnung")
der Verfügungsrechte auf unterschiedliche Akteure verfolgt.

Hypothesen der Property-Rights-Theorie

Die jeweilige Rechtsordnung legt fest, welche Akteure welche Ressourcen legitimer-
weise zu welchem Zeitpunkt, in welcher Weise und in welchem Umfang nutzen dürfen. So legt bspw. die deutsche Rechtsordnung fest, dass das Direktionsrecht des
Eigentümers ab einer gewissen Unternehmensgröße durch den Aufsichts- oder Betriebsrat eingeschränkt wird.

Vor diesem Hintergrund lässt sich die **Grundhypothese** ableiten: Akteure werden
in einer gegebenen Rechtsordnung solche Formen der Ressourcennutzung wählen,
die ihre Rechte (insb. ius usus fructus) maximieren.

Die Grundhypothese kann weiter verfeinert werden (vgl. Wolf, 2012, S. 342):
- Je verdünnter die **Verfügungsrechte** sind, desto höher sind die **Transaktionskosten** und umso geringer ist der **Ertrag** der Ressource. Wenn jeder Mitarbeiter
bspw. über die weitere Unternehmensentwicklung direkt mitbestimmen oder diese blockieren dürfte, entstünden zur Meinungsbildung hohe Transaktionskosten.
Das Unternehmen wäre für einen Investor weniger lukrativ als ein Unternehmen,
bei dem er direkt die Vorgaben machen dürfte.
- Je höher die **Transaktionskosten**, die bei der Bestimmung, Übertragung und
Durchsetzung der **Verfügungsrechte** an einer Ressource ausfallen, desto geringer ist der **Ertrag** einer Ressource. Dies erklärt bspw., warum viele Arbeitgeber
in einem stark regulierten Land wie Deutschland investieren, obwohl das Arbeitsrecht ihre Verfügungsrechte stark verdünnt. Die Investoren können sich in
Deutschland sicher sein, dass sie ihre normierten Eigentumsrechte auch juristisch
(ohne Bestechung, Manipulation oder politische Einflussnahme) durchsetzen
können.
- Je dünner die **Verfügungsrechte** sind, desto eher treten **externe Effekte** und
Fehlallokationen auf. So ist bspw. das Recht zur Straßennutzung äußerst verdünnt, sodass die Straßen ohne eigene Verfügungsrechte genutzt werden können. In der Folge wird das Gut der Straßennutzung übermäßig beansprucht und
es kommt zu Staus. Wäre es möglich, Verfügungsrechte für die Straßen einzu-
räumen, entstünde ein ökonomischer Preis (man ist erst bereit für eine Sache
zu zahlen, wenn man im Anschluss auch die Verfügungsrechte besitzt bzw. nutzen kann), der bei hohem Verkehrsaufkommen anstiege. Der Preismechanismus
würde dann dafür sorgen, dass die Straßenkapazität immer optimal ausgenutzt
würde.

Anwendungsbereiche

Mit Blick auf personalwirtschaftliche Fragestellungen bieten zwei Anwendungsgebie-
te der Property-Rights-Theorie interessante Erklärungsbeiträge. Mithilfe des Ansat-

zes lässt sich bspw. die Frage nach der Gestaltung von Unternehmensverfassungen und den Effizienzwirkungen von Mitbestimmungsregelungen (vgl. Kap. 3.1.5 und Kap. 3.1.6) untersuchen:

Im Vergleich zur klassischen Unternehmung, bei der alle Verfügungsrechte am Unternehmen in der Hand der Eigentümer konzentriert sind, stellt die Übertragung von Koordinationsrechte auf eigentumslose Manager, wie sie bspw. in einer managergeleiteten Aktiengesellschaft erfolgt, eine Verdünnung der Verfügungsrechte dar. Auf den ersten Blick führt das gemäß der Property-Rights-Theorie zu negativen Folgen bzgl. der allokativen Effizienz. Bezieht man jedoch Koordinations- und Transaktionskosten in die Betrachtung mit ein, so würde eine Beteiligung der einzelnen Aktionäre an der Unternehmensführung die Kosten erheblich in die Höhe treiben. Da es den durchschnittlichen Aktionären an erforderlichen betriebswirtschaftlichen Einsichten mangelt, entstünden für sie zunächst hohe Kosten für die Informationsbeschaffung. Zudem würde die Beteiligung einer großen Anzahl von Aktionären die Kosten für Willens- und Entscheidungsbildung erheblich steigern. Die Entscheidung, wichtige Kompetenzen bei der Leitung des Unternehmens auf Manager zu übertragen, kann somit durchaus rational sein. Zwar entstehen hierbei für die Manager Entscheidungsspielräume, die von den Eigentümern nur schwer zu kontrollieren sind, im Gegenzug können aber diese Nachteile durch die eingesparten Kosten für Informationsgewinnung und Willensbildung im Unternehmen überkompensiert werden (vgl. Gerum, 2004, Sp. 1570). Der Property-Rights-Ansatz liefert somit ein Analyseraster, das wichtige Einsichten bei Fragen nach der optimalen Machtverteilung zwischen Management und Kapitaleignern und den Auswirkungen von Restriktionen auf die Verfügungsrechtestruktur vermitteln kann.

Würdigung

Die Property-Rights-Theorie hat dazu beigetragen, einen anderen Blick auf unternehmensinterne und -externe Handlungen zu entwickeln. Auch dieser Ansatz der Neuen Institutionenökonomik wurde durch eine Vielzahl von Untersuchungen theoretisch und empirisch bestätigt.

Wie bei den beiden zuvor diskutierten Ansätzen führt die Betrachtung weniger Variablen (vier Kategorien der Verfügungsrechte und zwei Effizienzkriterien – Transaktionskosten und externe Effekte) zu einem Tunnelblick. Dies wird noch dadurch verstärkt, dass die Untersuchungen häufig auf hoch aggregierter und abstrakter Ebene der Verfügungsrechteverflechtung ansetzt (bspw. die Untersuchung des mitbestimmten Unternehmens, des Arbeitsrechts oder der Vergleich planwirtschaftlicher mit marktwirtschaftlicher Volkswirtschaften). Die innerhalb dieser Klassen bestehende Ausprägungsvielfalt lässt sich häufig und besser durch andere Einflüsse als die Verteilung von Verfügungsrechten erklären (vgl. Wolf, 2012, S. 344).

2.4 Konflikt- und machtorientierte Ansätze

In den folgenden Ansätzen stehen Interessengegensätze, Interessenangleichung und Prozesse der Interessendurchsetzung im Kontext von Personal, Arbeit und Kapital im Mittelpunkt der Betrachtung. Während sich die Konzeption der Arbeitsorientierten Einzelwirtschaftslehre (AOEWL) auf den Interessengegensatz von Kapital und Arbeit konzentriert (vgl. Kap. 2.4.1), formuliert die konfliktorientierte Betrachtung von Marr/ Stitzel den Wert der Interessenangleichung von Kapital und Arbeit (Kap. 2.4.2). Mikropolitische Theorien betrachten dagegen Konflikte und deren Austragung aus einer akteurszentrierten Perspektive (vgl. Kap. 2.4.3). Die Strukturationstheorie verbindet die akteurszentrierten Betrachtung mit der gesamtgesellschaftlichen Perspektive (Kap. 2.4.4).

2.4.1 Arbeitsorientierte Einzelwirtschaftslehre (AOEWL)

Der Ansatz der Arbeitsorientierten Einzelwirtschaftslehre (AOEWL) wurde in den 1970er-Jahren von Gewerkschaftsvertretern als Gegenentwurf zur traditionellen Betriebswirtschaftslehre konzipiert und vorgestellt.

Hintergrund
Die Vertreter der AOEWL diagnostizierten bei der in den 1970er-Jahren einsetzenden Theoretisierung der Betriebswirtschaftslehre mehrere Fehlentwicklungen (vgl. Koubek, 1973):
–   Die Entwicklung der BWL hin zur Entscheidungslehre für einen möglichst rentablen privatwirtschaftlichen Kapitaleinsatz.
–   Bei den für die Personalwirtschaft bedeutenden Theoriesträngen (bspw. der Neuen Institutionenökonomik) fehlt der Blick auf die Interessen des abhängig Beschäftigten.
–   Durch die Fokussierung auf das Unternehmen als theoretischer Kristallisationspunkt werden gesamtwirtschaftliche und einzelwirtschaftliche Interessen nicht berücksichtigt.
–   Alle betriebswirtschaftlichen Vorgängen werden auf Kapitalgrößen bezogen und Rationalität als alleiniges Effizienzkriterium betrachtet.

Darüber hinaus stellten sie damals mit Blick auf die Wirtschaftspolitik die aus ihrer Sicht folgenden Fehlentwicklungen fest:
–   Der Einfluss von Großunternehmungen bzw. Konzernen auf die einzelnen Märkte nimmt ständig zu.
–   Großunternehmen setzen ihre wirtschaftliche Macht und Planung durch, ohne dass sie von Konkurrenten oder der Wirtschaftspolitik kontrolliert werden.
–   Die Bevölkerung wird durch die Marktwirtschaft strukturell unterversorgt.

Konzeption der AOEWL

Mit dem theoretischen Konzept einer Arbeitsorientierten Einzelwirtschaftslehre (AO-EWL) wurde versucht, die Durchsetzung arbeitsorientierter Interessen in dem für die industrielle Gesellschaft zentralen Bereich der Unternehmungen bzw. Einzelwirtschaften zu erleichtern.

Da die „sozio-ökonomischen Machtstrukturen" aus Sicht der AOEWL-Vertreter eine Veränderung der Grundverhältnisse zwischen Kapital und Arbeit unmöglich machen, sollte die Gesellschaft und der abhängig Beschäftigte als Adressat für die Veränderung gewonnen werden. Dadurch sollten die gesellschaftlichen Grundverhältnisse zur „Emanzipation und Umformung des sozio-ökonomischen Systems führen" (vgl. Koubek, 1973).

Die Formulierung der arbeitsorientierten Interessen sollte in jeder Phase der Theoriebildung aufgenommen und für die einzelnen Handlungssysteme in den gesellschaftlichen Bereichen konkretisiert werden. Als Zielkriterium „zur Befreiung des Bürgertums" sollte die „emanzipatorische Rationalität" dienen, die der kapitalorientierten Rationalität gegenübergestellt wurde. Da der Einzelne aber keine Durchsetzungsmacht seiner Interessen hat, kann die gewonnene Erkenntnis nur durch „kollektiv-solidarische Orientierung" und in „sozialer Auseinandersetzung" durchgesetzt werden (vgl. AOEWL, 1974, S. 192 ff.).

Die Formulierung der Interessen und die darauf aufbauende Theoriebildung sollten in mehreren Schritten erfolgen (vgl. Koubek, 1972):
– Formulierung der Interessen des einzelnen abhängig Beschäftigten.
– Lässt sich das Interesse durch den Einzelnen durchsetzen, wird es als einzelwirtschaftliches Interesse formuliert.
– Lässt sich das Interesse nicht durch den Einzelnen durchsetzen, wird es als gesamtwirtschaftliches Interesse formuliert.
– Die Umsetzung erfolgt, sobald die Interessen konkret formuliert, mobilisierungsfähig und konfliktfähig sind.

Als einzelwirtschaftliche Interessen gelten bspw. Arbeitsplatzsicherheit, Sicherung und Steigerung der Einkommen sowie optimaler Gestaltung der Arbeit. Auf gesamtwirtschaftlicher Ebene wird die bedürfnisgerechte Versorgung und Verteilung der Güter und Einkommen formuliert.

Im Anschluss wurde jeder betriebswirtschaftliche Funktionsbereich (bspw. Einkauf, Produktion, Personalwirtschaft, Forschung und Entwicklung, Kosten, Preise oder Finanzierung) auf die Durchsetzung emanzipatorischer Rationalität untersucht.

Als Handlungsempfehlungen wurden bspw. ausgegeben (vgl. Koubek, 1972)
– Umgestaltung der Produktionsstruktur und der Arbeitsmärkte in regionale, sektorale und gesamtwirtschaftliche Einheiten,
– Mitbestimmung der Arbeitnehmer auf der Ebene des Arbeitsplatzes, des Betriebs, des Unternehmens, der Region, des Landes und des Bundes,
– Einrichtung sektoraler und regionaler Sozialfonds,

–   gesetzliche Verankerung von sozialen, ökologischen und personalwirtschaftlichen Zielen bei der Investitionsplanung von Unternehmen,
–   Arbeitnehmer sollten die gesetzlich verankerte Möglichkeit erhalten, Alternativplanungen in ihrem Unternehmen durchzuführen (bspw. durch eigene Planungs- und Entscheidungsstellen) und diese in einem paritätisch besetzten Gremium vorzustellen und abzustimmen.

Würdigung

1975 befand sich die AOEWL auf dem Höhepunkt ihrer öffentlichen Wahrnehmung, sowohl die Zustimmung als auch die Ablehnung waren zu dieser Zeit massiv und zwischen den Hauptprotagonisten auch persönlich geprägt. Trotzdem blieb die Konzeption aus historischer Perspektive nur eine Episode (vgl. hierzu und im Folgenden Wächter/Metz, 2010).

Betrachtet man die Idee aus heutiger Perspektive lassen sich auch Gründe für das Auslaufen der AOEWL-Welle finden. So wollten die Vertreter der AOEWL für die Praxis bessere Instrumente verfügbar machen, ohne zu berücksichtigen, dass diese Instrumente praktisch nicht nutzbar waren. Nicht die von der AOEWL gefürchtete Macht des Kapitals hat den Einsatz des Instrumentenkastens verhindert, sondern die fehlende Praktikabilität der Instrumente sowie die grundsätzliche Zustimmung der Mehrheit der Arbeiter zur geltenden Wirtschaftsordnung. Zudem erkannte man, dass die verfolgte Neuordnung der arbeitsorientierten Investitionsplanung, der arbeitsorientierten Personalwirtschaft oder der arbeitsorientierten Beschaffung gar keine so großen Unterschiede zur traditionellen Investitionsplanung, Personalwirtschaft oder Beschaffung bereithielt. Die AOEWL übersah, dass jede betriebswirtschaftliche Funktion ihre eigenen Rationalitäten und Zielsysteme besitzt (und nicht alle dem Zielsystem der ökonomische Rationalität folgen). Damit lief auch die Forderung nach einer arbeitsorientierten Parallelinstitution ins Leere.

Darüber hinaus führte die Konfrontationsstrategie der AOEWL dazu, dass die BWL eine Sensibilisierung bzw. Abwehrhaltung für ideologisch geprägte Aussagen und Zielsetzung entwickelte. Die von der AOEWL vertreten Ansicht, die Zielsetzung eines Unternehmens sollte normativ-praktisch von der Wissenschaft vorgegeben werden, konnte sich nicht durchsetzen

Trotzdem hatte die Diskussion um die AOEWL innerhalb des Wissenschaftsbetriebs eine neue Diskussionsebene eröffnet, die vorher nicht vorhanden war. Neue Ansätze, Modelle und Ideen werden heute nicht mehr pauschal abgelehnt, sondern deren Plausibilität und Wirksamkeit überprüft, verworfen oder bestätigt.

Darüber hinaus hatte die damalige Kritik an der traditionellen BWL wichtige Versäumnisse aufgezeigt. Die AOEWL war eine Antwort auf die von einer damaligen gesellschaftlich getragenen Reformstimmung überforderten BWL. So wurden tatsächlich die Ziele und Interessen der abhängig Beschäftigten nicht oder nur am Rande und in formaler Weise berücksichtigt. Ebenso waren gesamtwirtschaftliche Nutzenbetrachtungen alleine der VWL vorbehalten, das Aussagensystem der BWL richtete sich lediglich an der unternehmerischen Rendite aus.

Dies führte schließlich zu einer verhaltenswissenschaftlichen Öffnung der BWL (und hier insb. der Personalwirtschaft) und der Einbeziehung der Stakeholderinteressen. Die damalige Diskussion zur Ausgestaltung der unternehmerischen und betrieblichen Mitbestimmung (vgl. Kap. 3.1.5 und Kap. 3.1.6) wurde durch diesen Geist geprägt. Arbeitnehmer sollten nicht mehr länger bloße Anhängsel der „kapitalistischen Maschinerie" (so der damalige Duktus) sein, sondern ihre Interessen im ansonsten kapitalistisch verfassten Unternehmen zur Geltung bringen können.

2.4.2 Konfliktorientierte Personalwirtschaft (Marr/Stitzel)

Gegenüber dem breit angelegten arbeitnehmerorientierten **Interessendurchsetzungskonzept** der AOEWL haben Marr/Stitzel (1979) einen Bezugsrahmen gewählt, der Personalwirtschaft als Erklären und Handhaben von Konflikten interpretiert und auf ein **Interessenausgleichskonzept** abzielt (vgl. Abb. 2.13).

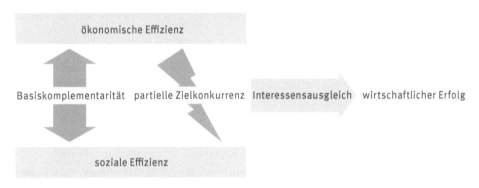

Abb. 2.13: Modell des Interessenausgleichs.

Als Begründung wird angeführt, dass gerade die Personalwirtschaft durch zwei Zielbestrebungen bestimmt ist (vgl. Marr/Stitzel, 1979, S. 57):
- **Ökonomische Effizienz** (wirtschaftlich optimierte Kosten-Leistung-Relation; Arbeitsproduktivität; Wertschöpfungsbeitrag der Personalarbeit zu Gewinn oder Rentabilität).
- **Soziale Effizienz** (Erfüllung der Mitarbeitererwartungen bspw. durch gute Bezahlung, Karrierechancen, angenehme Unternehmenskultur, ...).

Beide Zielesysteme weisen vielfältige und widersprüchliche Überschneidungen auf, die manchmal in partieller Konkurrenz zueinanderstehen, manchmal aber auch durch eine Basiskomplementarität gekennzeichnet sind:

- **Basiskomplementarität:** So sind bspw. Konstellationen vorstellbar, die erst durch die Verfolgung und Erreichung ökonomischer Effizienz Spielräume für Lohnsteigerungen oder Karrierechancen durch Wachstum eröffnen.
- **Partielle Zielkonkurrenz:** Ebenso sind Konstellationen vorstellbar, in der bspw. der Wunsch nach Lohnerhöhung und das Interesse an einer Gewinnentnahme durch die Eigentümer nicht vereinbar sind.

Die Grundannahme lautet, dass erst durch den gelungenen Ausgleich der Interessen unter Berücksichtigung der Basiskomplementarität und der partiellen Zielkonkurrenz erfolgreiches unternehmerisches Handeln ermöglicht wird.

2.4.3 Mikropolitische Ansätze

Hintergrund

Unternehmen verteilen die zu erfüllenden Aufgaben **arbeitsteilig** auf unterschiedliche Personen und fügen diese im Anschluss wieder zusammen. Auf diese Weise entstehen Abteilungen oder Bereiche, die zwar auf ein gemeinsames Ziel ausgerichtet sind, aber mit eigenen Methoden, Kompetenzen und Unterzielen agieren (vgl. hierzu und im Folgenden v. d. Oelsnitz, 1999).

So entstehen zwischen den arbeitsteiligen Stellen sowohl Ziel- als auch Verteilungskonflikte, deren Lösung derjenige am stärksten zu seinen Gunsten beeinflusst, dem es gelingt, im organisationalen Entscheidungsprozess am meisten Einfluss und Macht auf sich zu vereinen.

In diesem Prozess bilden sich Koalitionen, die sich entweder temporär für einen bestimmten Anlass oder auch überdauernd mit einer anderen Gruppierung zwecks Machtsteigerung und gemeinsamer Interessendurchsetzung zusammenfinden.

Zwar existieren formale Organisationsstrukturen, definierte Abläufe, fixierte Regelungen und Prozesse, doch werden diese aus mikropolitischer Perspektive lediglich als (temporär) eingependelter Machtbalance gesehen, die sich durch die in der Vergangenheit gezeigte Machtentfaltung herausgebildet hat.

Definition von Mikropolitik

Um sich dem Begriff der Mikropolitik zu nähern, ist es notwendig die Unterscheidung zwischen *policy* und *politics* zu betrachten. **Policy** beschreibt den inhaltlichen Aspekt der dokumentierten Unternehmensführung, bspw. durch Strategiepapiere, Regelwerke, Methoden, Abläufe oder Unterschriftenregelungen. **Politics** kennzeichnet dagegen den prozessorientierten Aspekt der Interessendurchsetzung und Konfliktaustragung. Mikropolitik konzentriert sich auf die zweite Sichtweise (politics), die ganz unterschiedliche Ursachen haben kann (vgl. v. d. Oelsnitz, 1999):

- Knappe Ressourcen und deren Verteilungssystem (Vorbringen von Forderungen, Mobilisierung und Unterstützung dieser Forderung),
- Methode der Konfliktlösung bei makropolitischer Zielsetzung (Durchsetzung eigener Ziele durch Ziel- und Prozessdefinition),
- Wunsch nach Ausdehnung der eigenen Autonomie (Ressourcennutzung zur Erweiterung der zur Verfügung gestellten Spielräume zur Verwirklichung von Unternehmenszielen),
- Selbstbedienungsverhalten (häufig auch: consumption on the job; eigene Interessen werden über gesamtunternehmerische Interessen gestellt).

Allen Ursachen ist gemeinsam, dass Mikropolitik nur durch bewusst kalkulierte Handlungen getragen wird und sich dadurch von eher unsystematisch vorgetragenen Bemühungen unterscheidet. Aus diesen Vorüberlegungen leitet sich die folgende Definition von Mikropolitik ab:

Mikropolitik ist das Management von Einfluss und Macht, welches systematisch eingesetzt wird, um entweder von der Organisation nicht sanktionierte Ziele oder aber sanktionierte Ziele mit nicht sanktionierten Mitteln zu erreichen (vgl. v. d. Oelsnitz, 1999).

Voraussetzungen für Mikropolitik

Mikropolitische Spielhandlungen sind an bestimmte Voraussetzungen geknüpft. Da ein vorbestimmtes System mit unveränderlichen Abfolgen keinen Spielraum für Mikropolitik lässt, kann Mikropolitik nur dann in Situationen Wirkung entfalten, wenn
- Ziele mehrdeutig sind oder Handlungsalternativen existieren,
- deren Priorisierung erst durch Interpretation möglich wird,
- Interessengegensätze vorherrschen,
- Handelnde voneinander abhängig sind und
- die Voraussetzung für die Erlangung der Verfügungsrechte nicht definiert ist.

Typischerweise treten solche politisierten Situationen bspw. bei Budgetverhandlungen, Beförderungen, Versetzungen, Einstellungen, Vergütungsentscheidungen, Prozessdefinitionen, Neueinführungen oder Wandelprozessen auf.

Taktiken und Wirkungen von Mikropolitik

Zu den typischen Spielhandlungen (vgl. Abb. 2.14) zählen vor allem Zwang oder Druck ausüben, Günstlinge belohnen, Opponenten bestrafen, Koalitionen bilden, höhere Autoritäten einschalten, täuschen, Informationen verzerren oder zurückhalten, „Geheimdiplomatie", das heißt im Hintergrund bleiben und andere für sich agieren lassen, einschmeicheln, blenden, aber auch: Humor, rational argumentieren, überzeugen oder durch Visionen inspirieren (vgl. hierzu und im Folgenden v. d. Oelsnitz, 1999).

abnehmende
soziale Akzeptanz

– Tatsachen schaffen
– positive Selbstdarstellung
– höhere Instanzen einschalten
– Informationskontrolle
– Schleimen
– Kontrolle von Agendas, Protokollen
– Günstlingswirtschaft
– Exempel statuieren
– Intrigen
– Löschen von Daten
– Sabotage
– Einschüchterung
– Mobbing/Rufmord

Abb. 2.14: Mikropolitische Spielhandlungen.

Die in der Regel negative Bewertung von Mikropolitik (vgl. Tab. 2.7) rührt von der sozialen Unerwünschtheit und der geringen gesellschaftlichen Akzeptanz der genannten Einflusstaktiken her:

– **Substitution von Leistung:** Wer sich sicher sein kann, dass er durch seine eigene Koalition („Seilschaft") auch bei reduziertem Engagement und minderer Leistung gedeckt wird, gerät in Versuchung, die tatsächliche Leistung zu reduzieren.
– **Aufgewendete Ressourcen:** Mikropolitik findet nicht nur in der Freizeit statt, sodass Arbeitszeit, Geld und Aufmerksamkeit für aufgabenfremde Aktionen verloren geht.
– **Partikularinteressen:** Langfristig dürften die meisten Mikropolitiker dazu tendieren, die Ziele und Interessen ihrer Koalition über diejenigen des Unternehmens zu stellen.
– **Verliererproblematik:** Mikropolitik erzeugt für die Verlierer mikropolitischer Spielhandlungen eine negative Arbeitsumgebung, die langfristig zu psychischen und physischen Leiden führen kann.

Auch wenn in der Diskussion um Mikropolitik meist auf die negativen Aspekte abgestellt wird, so kann Mikropolitik auch positive Effekte zeigen:

– **Gewinnerperspektive:** Mikropolitik schafft für diejenigen, die davon profitieren, eine förderliche Arbeitsumgebung (bspw. bei der Vergabe von Ressourcen, bei Karriereentscheidungen oder bei Ressourcenverteilungen).

Tab. 2.7: Positive und negative Effekte von Mikropolitik.

Negative Effekte	Positive Effekte
– Substitution von Leistung	– Gewinnerperspektive
– Aufgewendete Ressourcen	– Überwindung von Widersprüchen
– Partikularinteressen	– Innovationsfunktion
– Verliererproblematik	– Führungshilfe

- **Überwindung von Widersprüchen**: Mikropolitik kann bei unvermeidlich lückenhaften oder sogar widersprüchlichen Vorgaben die formale Handlungsunfähigkeit überbrücken.
- **Innovationsfunktion**: Organisatorischer Wandel kann zwar angeordnet werden, aber erst durch den Einsatz von Machtmitteln (bspw. Überzeugung oder Partizipation) vollzogen werden.
- **Führungshilfe**: Mikropolitik leitet Informationen. Aktive Mikropolitiker haben mehr Kontakt und damit Informationsquellen als politisch Passive. Diese Informationen können dazu bspw. genutzt werden, um negative Umweltänderungen zu antizipieren.

Mikropolitische Aktionen sind daher kein Störfall im ansonsten wohlgeordneten Betrieb. Den damit verbundenen Problemen kann man nicht dadurch begegnen, dass man das Phänomen ignoriert oder wegen seiner sozialen Unerwünschtheit leugnet. Mikropolitische Analysen zeichnen die vordergründig formale und sachlich-rationale Entscheidungsfindung nach.

2.4.4 Strukturationstheorie

Personalwirtschaftlich nutzbare Theorien sollen Aktivitäten in Organisationen erklären oder Hinweise zur Gestaltung liefern. Die Unterschiede der verfügbaren Theorien bestehen darin, welche Aspekte sie in den Blick nehmen. Während verhaltenswissenschaftliche Theorien (bspw. Motivationstheorien oder Führungstheorien) das individuelle Handeln und Verhalten in den Vordergrund stellen, untersuchen andere den gesellschaftlichen Kontext und leiten daraus Schlussfolgerungen ab (bspw. der Neoinstitutionalismus) (vgl. hierzu und im Folgenden Süß, 2009).

Lange Zeit standen die unterschiedlichen Theorierichtungen unverbunden nebeneinander. Erst die auf den britischen Soziologen Anthony Giddens (1984) zurückgehende Strukturationstheorie verbindet die Perspektiven der Organisation, des individuellen Handelns und des gesellschaftlichen Umfelds. Auch wenn die Strukturationstheorie als eine allgemeine sozialwissenschaftliche Theorie konzipiert wurde und die formulierten Wirkungszusammenhänge eine sehr hohe Abstraktion aufweisen, so liefert sie auch eine interessante Perspektive auf personalwirtschaftliche Handlungen.

Erkenntnisinteresse und Struktur der Strukturationstheorie

Das primäre Interesse der Strukturationstheorie gilt der Analyse sozialer Prozesse in Organisationen. Dabei geht sie von der Idee der „Dualität der Struktur" aus (vgl. Abb. 2.15). Giddens (1979, S. 357) liefert drei sich überschneidende Erklärungen für dieses Phänomen (vgl. hierzu und im Folgenden Süß, 2009):

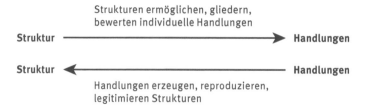

Abb. 2.15: Dualität von Struktur und Handlungen.

- Strukturen ermöglichen, gliedern und bewerten individuelle Handlungen, gleichzeitig erzeugen Handlungen eine Struktur.
- Handlungen erfolgen auf der Grundlage von gegebenen Strukturen und reproduzieren sie dabei gleichzeitig rekursiv, das heißt durch eine Bezugnahme auf diese Strukturen.
- Soziale Handlungen benötigen Strukturen, die die Handlungen einordnen, bewerten und sichtbar machen, gleichzeitig hängt die Existenz von sozialen Strukturen davon ab, dass Handlungen auf sie bezogen werden und so die Strukturen reproduzieren.

Vor dem Hintergrund dieser Annahmen analysiert die Strukturationstheorie, was soziales Handeln erzeugt und wie es den sozialen Rahmen, in den es eingebettet ist, immer wieder hervorbringt. Allerdings betont Giddens, dass kleine Verhaltensvariationen der Individuen eine ständig wandelnde Struktur erzeugt.

Der von kleinen Verhaltensvariationen erzeugte Reproduktionsprozess der Struktur wird als **Strukturation** bezeichnet.

Um die Dualität von Struktur und Handlung erfassen zu können, differenziert Giddens zwischen einer Handlungs- und Strukturanalyse.

Handlungsanalyse – das Menschenbild der Strukturationstheorie

Giddens legt der Strukturationstheorie ein komplexes Menschenbild zugrunde. Zwar wird der Mensch von Bedürfnissen und Motiven geleitet, doch kann er seine Handlungen erklären, sozial rechtfertigen und steuern. Dabei bezieht sich das Individuum auf den sozialen (kulturelle Codes, ungeschriebene Regeln oder allgemein verbindliche Wertvorstellungen) oder institutionellen (bspw. Gesetze, Verordnungen oder Unternehmensvorgaben) Handlungsrahmen (vgl. hierzu und im Folgenden Süß, 2009). Die Überprüfung ihrer Handlungen und der daraus resultierenden Handlungsfolgen nehmen Akteure auf Grundlage ihres impliziten Wissens (vermittelt durch Erziehung, Schule, Ausbildung oder Unternehmenskultur) über den sozialen Handlungsrahmen vor.

Erst wenn Situationen eintreten, die den Akteuren auf Grundlage des bisherigen Wissens über Regeln und Strukturen nicht bekannt vorkommen, stellen sie die gegebenen Strukturen infrage, variieren ihre Handlungen und modifizieren ggf. so die sozialen Strukturen.

Allerdings ist nicht jedes Individuum in der Lage, die sozialen Strukturen zu modifizieren. Der mögliche Wandel sozialer Strukturen wird demnach nur von machtvollen Akteuren getragen, die Macht und Kenntnisse zur Änderung gegebener Strukturen besitzen.

Strukturanalyse

Soziale Strukturen werden in der Strukturationstheorie sowohl im Sinne eines Rahmens als auch eines Ergebnisses von Handlungen verstanden. Giddens unterscheidet drei Dimensionen sozialer Strukturen (Struktur, Handlungen und die zwischen Struktur- und Handlungsebene vermittelnde Modalität) (vgl. hierzu und im Folgenden Süß, 2009; Abb. 2.16):

– Die Strukturdimension **Signifikation** (Sinnbildung) stellt den Akteuren Deutungsschemata zur Verfügung, die den Blick auf Prozesse innerhalb und außerhalb von Organisationen prägen. Diese Interpretationsschemata ermöglichen und begrenzen auf der Handlungsebene die Kommunikation und Interaktion der Akteure (bspw. Sprachen, organisationales Vokabular oder das Schulnotensystem); durch die individuellen Handlungen – bspw. durch Benutzen des betriebsindividuellen Vokabulars, durch die Besprechungsteilnahme oder die Ausrichtung des Handelns im Sinne der Leistungsbeurteilung – reproduzieren die Akteure das interpretative Schema (ggf. in modifizierter Form). Die Kernfrage der Signifikationsdimension lautet hier: Was bedeutet das Handeln?
– Die Strukturdimension **Legitimation** beinhaltet Normen und Vorgaben, die regulativen Charakter haben. Individuen richten ihre Handlungen an diesen Normen aus, da sie sich innerhalb der interpretativen Reichweite der Norm befinden. Bspw. richten sich die Individuen an Gesetzen oder Organisationsvorgaben aus (bspw. passen sie ihre Arbeits- und Verhaltensweise an den vorgegebenen

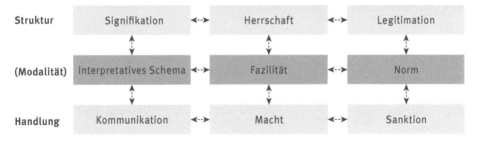

Abb. 2.16: Dimensionen der Strukturationstheorie (Süß, 2009, S. 460).

Kriterien einer Leistungsbeurteilung an); die Mitarbeiter richten ihr Verhalten vorausschauend an diesen Vorgaben oder Kriterien aus, da diese Grundlage für Sanktionen oder Belohnung sind. Durch die Bezugnahme der Handlungen auf die Normen, Vorgaben, Checklisten oder Leistungsbeurteilungskriterien wird die sie hervorbringende Struktur (ggf. in modifizierter Form) reproduziert. Die Kernfrage der Legitimitätsdimension lautet: Was oder wie soll man etwas tun bzw. was soll man nicht tun?

– Die Strukturdimension **Herrschaft** basiert auf der Verteilung von Ressourcen. Einige Akteure verfügen über Machtmittel (Fazilitäten), die sie einsetzen können, um ihre Ziele besser durchsetzen zu können. Bspw. hat ein Vorgesetzter die Macht, die gezeigte Leistung eines Mitarbeiters auf Basis der vorgegebenen Kriterien einer Leistungsbeurteilung zu bewerten. Durch die Verteilung der Ressourcen sichert er (über das so erzwungene Wohlverhalten seiner Mitarbeiter) seine eigene Zielerreichung ab. Durch die Bezugnahme auf bestimmte Ressourcen (bspw. Geld oder beruflicher Aufstieg) wird deren Verteilung (ggf. in modifizierter Form) reproduziert. Die Kernfrage der Herrschaftsdimension lautet: Welches Verhalten wird wie belohnt bzw. sanktioniert?

Würdigung

Der Strukturationstheorie gelingt es die in der Organisationstheorie vorherrschende Trennung von individuellen Handlungen und gesellschaftlichen Umfeld zu überwinden. Damit bietet sie neben der akteurszentrierten Betrachtung von Mikropolitik, Macht und Konfliktaustragung eine weitere Dimension (strukturelle Macht) als Erklärungsbeitrag an und verbindet diese.

Leider bleiben die zentralen Begriffe unscharf und deren Zusammenwirken sehr abstrakt, sodass sich die Theorie bisher nur auf plausible Überlegungen, aber nur sehr begrenzt auf empirische Befunde stützen kann (vgl. Süß, 2009). Ebenso lässt sich die Idee der Gleichzeitigkeit der Analyse analytisch nicht umsetzen, da die Handlungs- und Strukturanalyse trotzdem getrennt erfolgen muss.

2.5 Ressourcenorientierte Ansätze

In den 2000er-Jahren entwickelten sich die ressourcenorientierten Ansätze zu einer der dominierenden Theoriezugänge im Kontext personalwirtschaftlicher Überlegungen. Im Folgenden soll der Resource-based View als Ausgangs- und Referenzpunkt für die weiteren Varianten ressourcenorientierter Ansätze vorgestellt werden. Im Anschluss daran erfolgt die Darstellung des Dynamic-Capabilities- und des Kernkompetenz-Ansatzes.

2.5.1 Resource-based View

Der Resource-based View hat sich zur dominierenden Theorierichtung zur Erklärung personalwirtschaftlicher Aktivitäten entwickelt. Unter dem Begriff Resource-based View werden sämtliche Modelle und Ansätze subsumiert, die den individuellen Wettbewerbserfolg eines Unternehmens auf dessen Fähigkeiten zurückführen, unternehmensspezifische Ressourcen zu binden, zu nutzen und vor Imitation oder Substitution zu schützen (vgl. Wernerfelt, 1984; Barney, 1991; Freiling, 2002).

Hintergrund

Der Resource-based View entstand Anfang der 1990er-Jahre als Reaktion auf die damals dominierende Theorieperspektive des Market-based View (vgl. Tab. 2.8). Während der Market-based View Wettbewerbserfolge auf spezifische Marktkonstellationen zurückführt, kritisieren Vertreter der ressourcenorientierten Perspektive, dass eine marktseitige Betrachtung keine Erklärung dafür liefert, warum vergleichbare Unternehmen in einem vergleichbaren Marktumfeld (bspw. mit denselben Lieferanten, Kunden und Konkurrenten) trotzdem Wettbewerbserfolge erzielen können.

Tab. 2.8: Market-based View und Resource-based View im Vergleich (vgl. Wolf, 2012, S. 588).

Merkmal	Market-based View	Resource-based View
Denkfigur	Unternehmen geprägt von Beziehungen zur Umwelt	Unternehmen als Reservoir von Ressourcen
Perspektive	Outside-in-Perspektive	Inside-out-Perspektive
Wettbewerbsobjekt	Marktanteile (gegenüber Konkurrenten)	Chancenanteile (zur Sicherung wettbewerbsrelevanter Ressourcen)
Konkurrenzobjekt	Produkt- oder Kostenvorteile	Ressourcenvorteile
Charakter des Wettbewerbsvorteils	Zeitlich befristet	Dauerhaft, schwer angreifbar
Planungshorizont	Kurzfristig	Langfristig
Geschäftseinheiten	Profit Center	Center of Competence

Der Resource-based View liefert hierauf eine Antwort, indem er den Blick nach innen richtet und als Erklärung für Wettbewerbserfolg den Beitrag unternehmensinterner Ressourcen in den Vordergrund rückt (vgl. Freiling, 2002, S. 7).

Annahmen

Die Betrachtung interner Ressourcen als Quelle von Wettbewerbsvorteilen ist deshalb notwendig, weil die Ressourcen am Markt nicht gleich verteilt sind (**Ressourcenheterogenität**). Erfolgreiche Unternehmen können auf Ressourcen zurückgreifen, die andere Unternehmen nicht nutzen können.

Die Antwort auf die Frage, warum andere Unternehmen nicht die gleichen Ressourcen zur Erzielung der Wettbewerbsvorteile nutzen können (bspw. durch Ankauf oder Ausbildung) zielt auf die **unvollkommenen Ressourcenmärkte** für wettbewerbsrelevante Ressourcen. Bspw. sind bestimmte Qualifikationen nicht überall für alle Unternehmen zu jeder Zeit verfügbar (bspw. weil spezifisch ausgebildete Mitarbeiter ein Konkurrenzunternehmen nicht verlassen möchten oder aus persönlichen Gründen nicht umziehen möchten – **Ressourcenimmobilität**). Es sind auch Situationen vorstellbar, in denen spezifische Ressourcen außerhalb ihres häufig ebenfalls spezialisierten Verwendungszwecks ihren Wert verlieren (bspw. weil ein Team in einem besonderen Arbeitsumfeld gut zusammenarbeitet, in einem anderen Umfeld – bspw. in einer anderen Branche – nicht). Derartige Ressourcen können dann nicht über Märkte verkauft oder erworben werden, sondern müssen unternehmensintern im Zeitablauf erschaffen werden (bspw. durch Qualifizierung) (vgl. Welge/Al-Laham, 2012, S. 381 f.).

Ressourcenbegriff

Bei der Frage nach den Ressourcen, die Wettbewerbsvorteile versprechen können, wird zwischen materiellen und immateriellen Ressourcen unterschieden (vgl. Abb. 2.17).

Unter materiellen Unternehmensressourcen werden alle bilanziell erfassbaren Sach- und Finanzanlagen verstanden. Immaterielle Ressourcen lassen sich aufteilen in Humankapital (Fähigkeiten und Fertigkeiten der Mitarbeiter) und organisationale Ressourcen (Routinen, Praktiken oder Prozesse). Das Humankapital bezeichnet dabei die individuellen Fähigkeiten und Fertigkeiten der Mitarbeiter, das Organisationskapital hingegen die unternehmensspezifischen, Wert schaffenden Routinen und

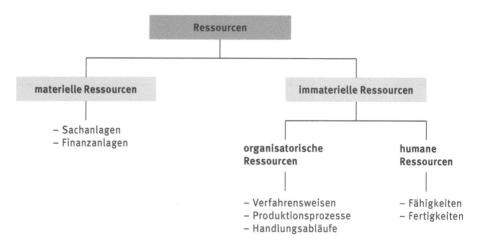

Abb. 2.17: Ressourcendefinition (vgl. Knaese, 1996, S. 16).

Praktiken, die einem Unternehmen eine im Vergleich zu Konkurrenten günstigere Faktorkombination erlauben (vgl. Schneider, 2008, S. 33).

Allerdings sind nicht alle potenziell infrage kommenden Ressourcen in der Lage, Wettbewerbsvorteile zu erzielen. Daher sind auch nicht alle Ressourcen, die in das Gliederungsschema (materiell – immateriell) passen, in gleichem Maße als gewinnstiftend anzusehen.

Für die Bestimmung von wettbewerbsrelevanten Ressourcen wurde ein **Kriterienkatalog** entwickelt, mit dessen Hilfe die Frage beantwortet werden soll, ob die jeweilige unternehmensindividuelle Ressource tatsächlich Wettbewerbsvorteile erzeugen kann. Als Kriterien gelten Spezifität (value), Seltenheit (rareness), Grad der Imitierbarkeit und Grad der Substituierbarkeit (vgl. Barney, 1991, S. 105 ff.) (als Akronym häufig auch: VRIO-framework).

- Eine Ressource besitzt dann einen **spezifisch-wertstiftenden** Charakter (value), wenn sie es dem Unternehmen ermöglicht, eine Strategie zu entwickeln, zu implementieren oder umzusetzen, die die unternehmerische Effizienz und Effektivität gegenüber anderen Unternehmen erhöht (vgl. Wolf, 2012, S. 574). So muss bspw. ein sehr gut ausgebildeter Mitarbeiter nicht notwendigerweise einen spezifischen Nutzen für das Unternehmen haben, da das Unternehmen die angebotene Fähig- und Fertigkeit aufgrund einer anderen strategischen Ausrichtung nicht benötigt. Daraus folgt, dass nicht jede Ressource (und sei sie noch so selten, gut ausgebildet oder nicht imitierbar) für jeden Unternehmenszweck spezifisch-wertstiftend sein muss.
- Die Ressource muss knapp bzw. relativ **selten** sein (rareness). Seltenheit kann zum einen dadurch entstehen, dass bestimmte Kompetenzen oder Qualifikationen auf den Arbeitsmärkten knapp werden oder schwer zu beschaffen sind. Zum anderen kann Seltenheit durch eine bestimmte Unternehmensspezifität, also durch den Grad der organisatorischen Eingebundenheit, hergestellt werden. Dies kann durch subtile, unternehmensindividuelle Verhaltensschemata (bspw. durch eine spezifische Unternehmenskultur) oder verfestigte Routinen (bspw. durch die Durchführung von bestimmten Produktionskonzepten) erfolgen, sodass eine Ressource in einem Kontext wertstiftend wirkt, in einem anderen Unternehmenskontext an Wert verliert (vgl. Ridder, 2002, S. 226).
- Ressourcen müssen (zumindest für einen gewissen Zeitraum) vor **Imitation** durch die Konkurrenz geschützt sein. Der Schutz vor Imitierbarkeit wird durch sog. Isolationsbarrieren gewährleistet. Hierzu zählen bspw. Historizität (Unternehmen können die Ressource von Konkurrenten nicht sofort imitieren, da sie Erfahrungsdefizite oder Know-how-Rückstände erst aufholen müssen), kausale Ambiguität (Unklarheit über die Kausalbeziehungen zwischen Ressourcenbasis und Wettbewerbsvorteil; Wettbewerber können von außen die erfolgreichen Ressourcen nicht eindeutig identifizieren) und soziale Komplexität (bspw. weil eine Ressource erst in der Interaktion mit anderen Ressourcen Wettbewerbsvorteile erbringt) (vgl. Ridder, 2002, S. 226; Wright/Dunford/Snell, 2001).

– Ressourcen müssen Schutz vor **Substituierbarkeit** genießen. Eine Ressource ist dann nicht substituierbar, wenn sich mit keiner anderen Ressourcenkombination dieselben Strategien formulieren lassen bzw. wenn mit identischen Ressourcenkombinationen keine analogen Ergebnisse erzielt werden können (bspw. indem ein Wettbewerber den bisherigen Erfolgsvorteil des Konkurrenten, der manuell Produkte fertigt, durch eine automatisierte Fertigung substituiert).

Je nachdem, welche Voraussetzungen eine Ressource erfüllt, kann sie zum Unternehmenserfolg Beiträge leisten (oder eben nicht). Der Zusammenhang ist in Abb. 2.18 dargestellt.

Ist die Ressource …

spezifisch?	selten?	vor Imitation geschützt?	vor Substitution geschützt?	Implikation für den Wettbewerb	Ausmaß des ökonomischen Erfolgs
nein	ja	ja	ja	Wettbewerbsnachteil	unterdurchschnittlich
ja	nein	nein	nein		
ja	ja	nein	nein		
ja	ja	ja	nein		
ja	ja	ja	ja	Wettbewerbsvorteil	überdurchschnittlich

Abb. 2.18: VRIO-Framework.

Wettbewerbsvorteile

Die erzielten Wettbewerbsvorteile lassen sich mikroökonomisch weiter differenzieren. Dabei werden vier Rentenarten (=Ursachen für Gewinne) unterschieden (vgl. Tab. 2.9), wobei die ersten beiden Rentenarten bei der Erklärung von Wettbewerbsvorteilen im Rahmen des Resource-based View das größere Gewicht zukommt (vgl. im Folgenden Wolf, 2012, S. 584 f.):

– Als **Ricardo-Renten** werden Renten bezeichnet, die dem Unternehmen aus der Verfügungsgewalt über knappe Ressourcen zufallen. Hierzu wird bspw. eine überlegene Humanressourcenausstattung gezählt, die es einem Unternehmen ermöglicht, bei einem marktlichen Gleichgewichtspreis zu niedrigeren Durchschnittskosten zu produzieren und somit entsprechende Renten abzuschöpfen. Ricardo-Renten werden inputorientiert begründet. Bspw. können Unternehmen im Silicon Valley leichter auf IT-Spezialisten zugreifen als ein vergleichbares Unternehmen auf der Schwäbischen Alb.

– Als **Quasi-Renten** werden Renten bezeichnet, die ihre Ursache in der Spezifität von Humanressourcen haben. Aufgrund von spezifischen Merkmalen hat jede Ressource eine optimale Verwendungsmöglichkeit, die, wenn sie nicht entsprechend eingesetzt wird, nur einen kleineren Beitrag zum Unternehmenserfolg liefert. Quasi-Renten verdeutlichen, dass die Wichtigkeit, die richtigen Mitarbeiter mit der richtigen Aufgabe zu betrauen. Quasi-Renten werden zwischen Input und

Tab. 2.9: Rentenarten.

	Ricardo-Renten	Quasi-Renten	Monopol-Renten	Schumpeter-Renten
Wirkung	Verfügungsgewalt über knappe Ressourcen, die es erlauben kostengünstiger zu produzieren	Spezifischer (optimaler) Einsatz von Ressourcen	Errichtung von Markteintrittsbarrierern durch Marktmacht	Innovationsfähigkeit schafft Pioniergewinne (und den Aufbau von Monopol-Renten)
Verortung	input-orientiert	intermediär	input- oder output-orientiert	output-orientiert
Beispiel	besserer Zugang zu High Potentials in Metropolregionen im Vergleich zu ländlichen Regionen Zugang zu billiger Energie (bei energieintensiven Unternehmen)	optimale Teamzusammenstellung überlegene Mitarbeiterauswahl Wissensmanagement- Systeme, die die benötigten Informationen an die richtigen Mitarbeiter weitergeben	Standortvorteile, Image, überdurchschnittliche Vergütung als Instrument des Personalmarketings Skaleneffekte	Change Management-Kultur innovationsfördernde Praktiken

Output verortet. Bspw. kann die optimale Teamzusammenstellung ein Wettbewerbsvorteil darstellen, der von Konkurrenten nur schwer imitiert werden kann.

- **Monopol-Renten** (auch Bain-Renten) entstehen durch Marktmacht (als Anbieter oder Nachfrager). Können Unternehmen, bspw. durch Reputation, Standortvorteile oder überlegenes Personalmarketing die geeignetsten Bewerber gewinnen, errichten sie für Konkurrenzunternehmen Markteintrittsbarrieren, die es ihnen erlaubt, günstigere oder bessere Kandidaten für sich zu gewinnen. Monopol-Renten können sowohl input- als auch outputorientiert sein.
- **Schumpeter-Renten** ergeben sich aus der Fähigkeit, immer wieder Innovationen am Markt einzuführen und so Pioniergewinne abzuschöpfen. Übertragen auf die ressourcenorientierte Sichtweise bedeutet dies, überlegene Ressourcenausstattungen, die es erlauben, beständig Innovationen umzusetzen, generieren Wettbewerbsvorteile. Schumpeter-Renten werden outputorientiert begründet.

Würdigung

Der Resource-based View hat dazu beigetragen, die Diskussion im Kontext von Personal und Arbeit um eine strategische Dimension zu bereichern. Damit wurden auch das jahrelange sog. Outside-in-Paradigma des Market-based Views aufgehoben und die Bedeutung interner Ressourcen als Quelle von Wettbewerbsvorteilen hervorgehoben.

Darüber hinaus hat sich der Resource-based View darum verdient gemacht, die Unvollkommenheit des Arbeitsmarktes aufzugreifen und innerhalb eines plausiblen Theoriegebäudes zu verorten.

Auf der anderen Seite blieb der Resource-based View nicht ohne Kritik. So bleibt bis heute die Frage der Bestimmung der Spezifität von Ressourcen ungeklärt. So wird erst aus einer Ex-post-Perspektive deutlich, welchen Wert eine Ressource(nkombination) hatte bzw. die Generalisierbarkeit der Aussagen durch einen Verweis auf unternehmensgebundene Spezifität relativiert wird. So entsteht eine gewisse Beliebigkeit, die eben erst ex post aufgelöst und mit Bedeutung versehen werden kann.

Die Weiterentwicklungen, bspw. der in Kap. 2.5.2 vorgestellte Dynamic-Capabilities-Ansatz, tragen eher zur Verwässerung der „terminlogischen Suppe" (Foss, 1997, zit. bei Wolf, 2012, S. 597) bei. So wird bspw. mit dem VRIO-Konzept ein Kriterienkatalog zur Benennung von wettbewerbsrelevanten Ressourcen geliefert, der Weg zur Bildung von strategischen Ressourcen bleibt aber ungenannt.

2.5.2 Dynamic-Capabilities-Ansatz

Der Resource-based View hat in den vergangenen Jahren eine inhaltliche Ausdifferenzierung erfahren. Der Dynamic-Capabilities-Ansatz stellt eine dieser Weiterentwicklungen dar, der die Herausbildung von Wettbewerbsvorteilen in einem dynamischen Wettbewerbsumfeld erklären kann.

Hintergrund der Weiterentwicklung
Das Problem bei der bisherigen statischen Perspektive des Resource-based View ist, dass sich Wettbewerbsvorteile immer auf eine bestimmte Markt- und Wettbewerbssituation zum Zeitpunkt t beziehen. Ändert sich dieser Unternehmenskontext zum Zeitpunkt t_{+1}, können bislang bestehende Wettbewerbsvorteile zu Wettbewerbsnachteilen werden.

Daher ist zu fragen, inwiefern der traditionelle Resource-based View auch Flexibilitätsaspekte des dynamischen Umfelds abbilden kann, da mit der Fokussierung auf die internen Ressourcen eines Unternehmens eine Vernachlässigung unternehmensdynamischer interner und externer Variablen einhergeht (vgl. Freiling, 2001, S. 49).

Die Forderung, Fähigkeiten zur raschen Veränderung von Ressourcenkombinationen zu theoretisieren, wurde von Teece, Pisano und Shuen mit dem Dynamic-Capabilities-Ansatz aufgegriffen (1997).

Annahmen und Konzeption der Dynamic Capabilities
Zur Konzeptualisierung dynamischer Fähigkeiten treffen Teece, Pisano und Shuen (1997) drei Annahmen (vgl. Schreyögg/Kliesch, 2006, S. 462, Burmann, 2002, S. 114 ff.; Abb. 2.19):
- **Positionen** sind firmenspezifische Ausstattungen mit Inputgütern, Ressourcen oder Kompetenzen (bspw. zur Verfügung stehende Technologien, finanzielle Ausstattung, Markt- und Branchenstruktur oder die rechtliche Eingebundenheit in

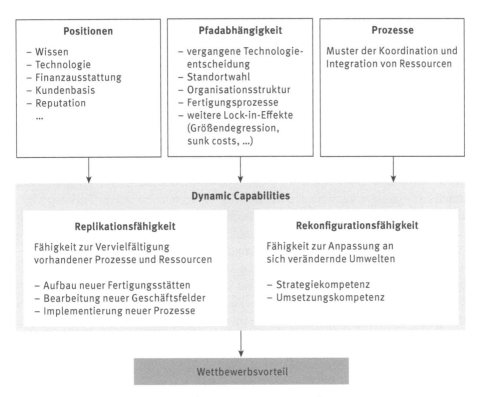

Abb. 2.19: Dynamic-Capabilities-Ansatz (vgl. Burmann, 2002, S. 114).

ein soziales System), die den möglichen Lösungsraum für Anpassungen an Umweltveränderungen determinieren und als Grundlage für den Aufbau von Wettbewerbsvorteilen dienen (können).

– Organisatorische Veränderungen werden als **pfadabhängige Entwicklungsprozesse** beschrieben, in denen (1) die Entwicklung neuer Fähigkeiten nur durch Fortentwicklung bereits vorhandener Fähigkeiten möglich ist und (2) diese neuen Fähigkeiten mit den vorhandenen Fähigkeiten akkumuliert werden (Parallelität von alten und neuen Fähigkeiten). Die Historizität eines Unternehmens begrenzen die Dynamic Capabilities dadurch, dass das Suchverhalten nach neuen Lösungen von den bereits existierenden Handlungsroutinen beeinflusst wird (bspw. durch die erfolgte Festlegung auf bestimmte Technologien, Fertigungsprozesse oder Standorte).

– Die Ressourcenkoordination und -integration vollzieht sich in unternehmensspezifischen Mustern bzw. **Prozessen.**

Vor dem Hintergrund dieser Annahmen lassen sich dynamische Fähigkeiten eines Unternehmens durch die Dimension der Replikationsfähigkeit und der Reproduktionsfähigkeit beschreiben:

Replikationsfähigkeit ist die organisationale Fähigkeit zur Vervielfältigung bereits vorhandener Prozesse. Voraussetzung ist dabei, dass das Unternehmen die eigenen Fähigkeiten kennt und koordinieren kann. Erst wenn es durch Wiederholungen und Experimentieren gelingt, Routinen entstehen zu lassen bzw. zu verfestigen, kann (bspw. beim Aufbau einer neuen Fertigungsstätte oder bei dem Bearbeiten neuer Geschäftsfelder) vorhandenes Wissen repliziert werden und so Zeit-, Erfahrungs- und Kostenvorteile gegenüber Unternehmen, die neu in den Markt treten, realisiert werden. Die Fähigkeit, auftretende Probleme mit einer bekannten Problemlösungsarchitektur zu bewältigen, lässt Wettbewerbsvorteile durch Ausnutzen von Schumpeter-Renten entstehen. Die Grenzen des Wettbewerbsvorteils werden dann erreicht, wenn durch das exzessive Ausschöpfen der Replikationsvorteile Imitationsbarrieren abgebaut werden. Je intensiver Unternehmen in die schnelle und kostengünstige Replikation ihrer Fähigkeiten investieren, desto leichter sind sie von anderen Firmen imitierbar (vgl. Schreyögg/Kliesch, 2006, S. 464; Burmann, 2002, S. 114 f.).

Die **Rekonfigurationsfähigkeit** eines Unternehmens wird durch die Fähigkeit beschrieben, (1) möglichst frühzeitig die Notwendigkeit einer durchgreifenden Veränderung in der Ressourcenausstattung zu erkennen („Strategiekompetenz") und (2) in der Lage zu sein, die notwendigen Ressourcen und Fähigkeiten zu erwerben (bspw. durch Zukauf von Wissen), zu erlernen (durch die Veränderungs- oder Lernbereitschaft der Mitarbeiter) oder abrufen zu können („Umsetzungskompetenz") (vgl. Burmann, 2002, S. 114 f.).

2.5.3 Kernkompetenz-Ansatz

Der Kernkompetenz-Ansatz (vgl. Abb. 2.20) beruht ebenfalls auf den Überlegungen zum Resource-based View. Er geht zurück auf einen Beitrag von Prahalad/Hamel (1990), der drei Merkmale von Kernkompetenzen identifiziert (vgl. Theuvsen, 2001):
- Eine Kernkompetenz eröffnet den **Zugang** zu einer Vielzahl von Märkten.
- Eine Kernkompetenz leistet einen wesentlichen Beitrag zu dem vom Kunden wahrgenommenen **Nutzen** eines Produkts.
- Eine Kernkompetenz ist für Wettbewerber schwer zu **imitieren**.

Die Definition zeigt, wie stark der kernkompetenzorientierte Ansatz im ressourcenbasierten Ansatz verwurzelt ist. Zwei der drei Merkmale finden sich auch im sog. VRIO-Kriterienkatalog (spezifischer Mehrwert bzw. Nutzen und Nichtimitierbarkeit).

Abb. 2.20: Kernkompetenz-Ansatz.

Der Ansatz fand weite Verbreitung, da er das abstrakte Aussagensystem des Resource-based View durch die Handreichung von Handlungsempfehlungen ergänzte (vgl. Theuvsen, 2001):

- **Regel 1 – Konzentration auf Kernkompetenzen**: Unternehmen sollen sich auf ihre Kernkompetenzen konzentrieren. Sie sollen sich nur auf Tätigkeitsfeldern bewegen, auf denen sie über Kernkompetenzen verfügen bzw. aus Geschäftsfeldern zurückziehen, in denen sie nicht über Kernkompetenzen verfügen (bspw. durch Verringerung des Diversifikationsgrads oder Outsourcing von Aktivitäten).
- **Regel 2 – Nutzung vorhandener Kernkompetenzen**: Unternehmen sollen systematisch nach neuen Einsatzfeldern für ihre vorhandenen Kernkompetenzen suchen (verfügt bspw. ein Versandhändler über Kernkompetenzen in der Logistik, soll er diesen Bereich ausbauen).
- **Regel 3 – Erwerb neuer Kernkompetenzen**: Unternehmen sollen gezielt Kernkompetenzen aufbauen (bspw. der Erwerb von Biotechnologieunternehmen durch etablierte Chemiekonzerne).
- **Regel 4 – Kein Outsourcing von Kernkompetenzen**: Unternehmen sollen sich nicht von ihren Kernkompetenzen trennen. Durch die Übertragung von Kernkompetenzen auf externe Zulieferer bzw. Dienstleister würde ein Unternehmen Wettbewerbsvorteile aus seinem Verfügungsbereich in den Markt geben.

Die Handlungsempfehlungen fielen auf fruchtbaren Boden. So konnte bspw. das Scheitern der damaligen Diversifikationsbemühungen, das Aufkommen von Unternehmensübernahmen oder die Outsourcing-Bemühungen vieler Unternehmen erklärt werden.

Zudem lieferte der Ansatz vielen europäischen und amerikanischen Manager mit dem Verweis auf die Nutzung eigener Stärken eine wichtige Argumentationsbasis, nicht das hohe Innovationstempo ihrer japanischen Wettbewerber folgen zu müssen.

2.6 Pfadabhängigkeitstheorie

Die Theorie der Pfadabhängigkeit (vgl. Schreyögg/Sydow/Koch, 2009) bricht mit herkömmlichen Argumentationsmustern, da sie die Zeit als neue Variable einführt und interessante Erklärungen aus der Vergangenheit für heute beobachtbare Phänomene findet.

Annahmen

Pfadabhängige Entwicklungen beruhen auf folgenden Annahmen (vgl. Duschek, 2010):

- **Nichtvorhersehbarkeit**: Anfänglich sind immer mehrere Problem- und Lösungsdefinitionen möglich, sodass eine Vorhersage eines späteren Gleichgewichts nicht möglich ist.

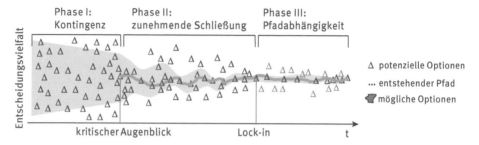

Abb. 2.21: Pfadabhängigkeit (vgl. Duschek, 2010, S. 231).

–   **Nichtzufälligkeit:** Trotzdem entwickelt sich das später realisierte Gleichgewicht nicht zufällig, sondern im Zeitablauf im Rahmen eines sequenziell-kumulativen Prozesses der Schließung. Damit sind die Ergebnisse weder zufällig, noch von vornherein determiniert.
–   **Inflexibilität:** Ab einem gewissen Zeitpunkt ist der gefundene Prozess irreversibel, sodass ein Wechsel von einem Handlungsmuster zu einem anderen ausgeschlossen ist.
–   **Potenzielle Ineffizienz:** Da der Prozess der Gleichgewichtsfindung von „small Events" beeinflusst wird, eingeschlagene Wege aber nicht verlassen werden können (bspw. um eine effizientere Lösung zu finden), kommt es potenziell zu ineffizienten Lösungen.

Die durch die Annahmen angedeutete zeitliche Abfolge von Entscheidungen wird durch Abb. 2.21 verdeutlicht.

Phasenschema

Phase 1 ist durch Kontingenz gekennzeichnet. Das heißt, in dieser Phase können Entscheidungen noch weitestgehend frei von Zwängen getroffen werden. Gleichwohl bedeutet dies nicht, dass überhaupt kein Rahmen vorgegeben ist, denn auch diese Phase ist nicht ahistorisch, sondern von früheren, ggf. situationsfremden Entscheidungen (ein wenig) vorbestimmt. Der Entscheidungs- und Handlungsspielraum gleicht einem anfänglichen Möglichkeitsraum (vgl. Duschek, 2010).
Damit wird eine Situation beschrieben, die

> hätte auch anders kommen können, aber natürlich nicht beliebig anders, sondern innerhalb eines mehr oder minder eingegrenzten Möglichkeitsraums (Ortmann, 1995, S. 23).

Der **Übergang von Phase 1 zu Phase 2** ist durch einen „kritischen Augenblick" (critical juncture) gekennzeichnet. Der kritische Augenblick verengt den folgenden Entscheidungskorridor bspw. mit der Wahl einer Technologie, eines Standorts, einer Investition oder einer Methode. Die Entscheidungsfindung für diejenige Alternative, die fortan bindend ist, kann, muss aber nicht rational erfolgen. Vielmehr führt eine Ex-post-Betrachtung häufig zu einer sachrationalen Erklärung, warum es so und nicht anders kam. Häufig sind es dann „small Events" oder „chance Events", die zum Status quo werden, aber eben nicht zwingend dazu führen mussten (vgl. hierzu und im Folgenden Duschek, 2010).

Als Beispiel dient die Entscheidung von IBM, ein Betriebssystem in ihre PCs zu integrieren. Die Entscheidung, ein fremdentwickeltes Betriebssystem der damals völlig unbekannten Softwarefirma Microsoft einzusetzen, war nicht rein zufällig, aber eben auch nicht sachlich-rational vorbestimmt. John Akers, ein früherer Manager von IBM, der mit der Integration eines Betriebssystems beauftragt war, war mit Mary Gates, der Mutter von Bill Gates, gut bekannt und stellte den Kontakt zwischen Microsoft und IBM her. Die Folge war eine wohlwollende Prüfung und der Zuschlag für die kleine „Garagenfirma".

Im Nachhinein lässt sich die Entscheidung von IBM sachrational begründen. IBM wollte als Erstes den möglichen Markt mit PCs besetzen. Für die Entwicklung eines eigenen Betriebssystems blieb keine Zeit, sodass eine Fremdvergabe angestrebt wurde. Da man aber das Marktpotenzial grob unterschätzte, schien ein zeitlich überschaubares Experiment mit Microsoft als Zulieferer mit wenig Risiko verbunden, insb. da IBM weiterhin davon ausging, noch genügend Zeit für die Entwicklung eines eigenen Betriebssystems zu haben.

In **Phase 2** erfolgt die zunehmende Schließung des möglichen Handlungs- und Entscheidungsspielraums durch eine sich entwickelnde Eigendynamik, die positive Rückkopplungseffekte erzielt.

Ursachen positiver Rückkopplungen können bspw. sein (vgl. Wolf, 2012, S. 615 ff.):

- **Skalenerträge**: Fixkostendegression durch große Stückzahlen oder effizientere Auslastung der Produktion;
- **Netzwerkeffekte**: Anstieg des eigenen Nutzens durch die Zunahme der Verbreitung bei weiteren Nutzern (bspw. ein Telefon ergäbe für den Anwender keinen großen Nutzen; erst die Verbreitung mehrerer Telefone lässt den eigenen Nutzen ansteigen);
- **Lerneffekte**: Gewöhnung an ein System (bspw. an die sog. QWERTY-Tastatur), die einen Umstieg auf ein anderes System behindert;
- **Komplementärstruktur**: Zunehmende Ausbreitung einer Technologie fördert die Entwicklung komplementärer Technologien (eng verwandt mit dem Netzwerkeffekt).

Im oben erwähnten Beispiel ergaben sich die Rückkopplungseffekte dadurch, dass sich der Wert einer Software für die Nutzer dadurch erhöht, je mehr kompatible Produkte verfügbar sind. Anfänglich profitierten sowohl IBM als auch Microsoft von steigenden Verkaufszahlen, was ein Auseinandergehen der beiden Partner unattraktiv erscheinen ließ.

Der **Übergang von Phase 2 zu Phase 3** kennzeichnet ein Ereignis, das die Entscheidung endgültig irreversibel werden lässt und die weitere Entwicklung determiniert. Durch die Herausbildung eines hyperstabilen Gleichgewichts, sind auch bekannte Ineffizienzen nicht mehr zu revidieren, da um die getroffene Entscheidung herum, viele andere stabilisierende Entscheidungen getroffen wurden (bspw. folgen der Entscheidung für einen Standort viele weitere Investitions-, Personal, Struktur- und Technologieentscheidungen, die die ggf. aus heutiger Sicht als ineffizient erscheinende Standortentscheidung trotzdem festigen) (vgl. Duschek, 2010).

Phase 3 ist dann dadurch gekennzeichnet, dass die Folgeentscheidungen immer auf den historischen Entscheidungen basieren und denkbare Alternativen zwar vorhanden wären, mit Blick auf die historisch getroffenen Entscheidungen aber nicht durchgeführt werden können.

Weiteres Beispiel: Umlageverfahren in der gesetzlichen Krankenkasse

Ein weiteres Beispiel, anhand dessen man die einzelnen Phasen der Pfadabhängigkeitstheorie beschreiben kann, ist die Festlegung des Finanzierungsverfahrens der gesetzlichen Krankenversicherung auf das Umlageverfahren (vgl. hierzu und im Folgenden Schreyögg, 2010).

Bei der Umsetzung der Krankenkassenstruktur in Deutschland standen zwei Verfahren zur Finanzierung zur Auswahl. Im Umlageverfahren zahlt die jüngere Generation, also die erwerbsfähige Bevölkerung, mehr Mittel in das Gesundheitssystem ein, als sie tatsächlich in Anspruch nimmt. Die ältere Generation verursacht hingegen wesentlich mehr Ausgaben, als sie einzahlt. Damit erfolgt keine Vermögensbildung, da in jeder Periode die Zahlungen von (jüngeren und gesunden) Mitgliedern an (ältere und kränkere) Mitglieder vollständig ausgeschüttet werden. Demgegenüber bildet beim Kapitaldeckungsverfahren jedes Individuum bzw. jede Alterskohorte im Zeitablauf durch die Einzahlungen einen eigenen Kapitalstock, um ihre (steigenden) Gesundheitsausgaben künftig finanzieren zu können.

Die Politiker standen damals vor der Aufgabe, die Gesundheitsfürsorge zu strukturieren. Dies wurde notwendig, da die Zünfte im Rahmen der Industrialisierung als Risikogemeinschaft zur Finanzierung von Gesundheitsleistungen zunehmend an Bedeutung verloren und so dem Staat die Fürsorgepflicht zufiel. **Phase 1** ist hier durch einen ungerichteten Suchprozess gekennzeichnet, in dem fast die gesamte Bandbreite der Möglichkeiten hätte realisiert werden können.

Der Zeitpunkt des Eintritts in **Phase 2** wird durch ein **kritisches Ereignis** hervorgerufen, dessen Eintritt nicht antizipierbar ist. Dieses Ereignis löst das erste Mal positive Rückkopplungswirkungen aus. Es kann den Beginn einer Pfadausbildung darstellen, alternative Möglichkeiten werden jedoch noch von den Akteuren in das Entscheidungskalkül miteinbezogen.

Das kritische Ereignis bei der Frage der Finanzierungsalternative war die Einführung des Bismarck'schen Krankenversicherungsgesetzes im Jahre 1883 nach dem Prinzip des Umlageverfahrens. Das neu eingeführte Verfahren löste eine Vielzahl von positiven Rückkopplungen aus, die eine Weiterentwicklung beförderten. So gelang es Bismarck mit geringen Mitteln, gemeinsame Interessenlagen der Bevölkerung und des

Staates herzustellen. Zum einen war durch die Wahl des Umlageverfahrens als Finanzierungsverfahren keine Initialkapitalisierung durch den Staat erforderlich; zum anderen wurden die Kommunen finanziell entlastet, da Bedürftige keine kommunalen Mittel in Anspruch nahmen. Die zahlende Bevölkerung profitierte durch die dadurch steigenden Kommunalvermögen, die ihrerseits zur Schaffung von Arbeitsplätzen beitrugen. Die positiven Rückkopplungen, die zu einer Verfestigung des Pfades beitrugen, wurden durch die Weltkriege und Inflationszeiten sogar noch verstärkt (so wären bspw. die aufgebauten Kapitalbestände durch die Weltkriege und die folgende Inflation entwertet worden). Darüber hinaus konnten sich die Akteure innerhalb des Systems einrichten (so beanspruchen bspw. Gewerkschaften und Arbeitgeberverbände Sitze in der Selbstverwaltung von umlagefinanzierten Krankenkassen), die in impliziter Einigkeit mögliche Alternativen als undenkbar erscheinen lassen.

In den letzten beiden Jahrzehnten zeigte sich, dass der eingeschlagene Pfad gegenüber festgestellten Ineffizienzen robust ist. Trotz der geringer werdenden Arbeitsproduktivität und des absehbaren demografischen Wandels werden Alternativen zum Umlageverfahren nur theoretisch diskutiert. Die Pfadabhängigkeit ist in **Phase 3** eingetreten.

Würdigung

Die Pfadabhängigkeitstheorie beleuchtet einen interessanten Bereich der Entscheidungsrekonstruktion, in dem es nicht die Effizienz, sondern die Historizität sozialer Phänomene in den Mittelpunkt stellt. Damit gelingt es das Auftreten von Spontanität, Zufällen, Singularitäten, Glück, Pech oder Sachzwängen bei Entscheidungssituationen zu rekonstruieren (vgl. Wolf, 2012, S. 616 f.).

Allerdings ergibt sich die Erklärungskraft der Theorie nur aus der Ex-post-Perspektive. Viele Zusammenhänge lassen sich erst im Nachhinein spezifizieren und den inhaltlich weiten Begrifflichkeiten zuordnen. Daher findet man zwar viele Beispiele, die die postulierten Wirkungszusammenhänge erklären können, doch bleiben sie allesamt anekdotisch (und blenden alle anderen Verlaufsformen durch Nichtberücksichtigung aus).

2.7 Neoinstitutionalismus

Der (soziologische) Neoinstitutionalismus stellt in der jüngeren Vergangenheit eine der populärsten Organisations- und Personaltheorien dar. Er bricht mit der klassischen Vorstellung, dass Strukturen oder personalwirtschaftliche Aktivitäten ausschließlich vor dem Hintergrund von Effizienzüberlegungen stattfinden. Der Neoinstitutionalismus bezieht, ähnlich wie die Strukturationstheorie, das gesellschaftliche Umfeld als Erklärung mit ein. Prägende Autoren waren hier Meyer/Rowan (1977), Zucker (1977) und DiMaggio/Powell (1983). Im deutschsprachigen Raum wird der Neoinstitutionalismus insb. mit Walgenbach (2000) in Verbindung gebracht. In der

Literatur wird zwischen einer makroinstitutionalistischen und einer mikroinstitutionalistischen Variante unterschieden. Im Folgenden wird das Aussagensystem des makroinstitutionalistischen Ansatzes mit Bezug zu personalwirtschaftlichen Aktivitäten vorgestellt.

Grundüberlegung

Die meisten Organisationstheorien analysieren und erklären das Verhalten von Organisationen vor dem Hintergrund eines **Effizienzkriteriums**. Dahinter steckt die Annahme, dass Unternehmen ihre Strukturen und Aktivitäten an Effizienzanforderungen ausrichten.

Stellt sich die Frage, warum das Personalmanagement spezifische Aktivitäten durchführt (bspw. die Umsetzung des HR-Business-Partner-Konzepts oder die Durchführung von Assessment Centern) liefern die meisten Theorien als Standardantwort den Verweis auf rationale Erfordernisse, die die Umsetzung aus Effizienzerwägungen notwendig erscheinen lassen. Die Etablierung einer Struktur oder die Durchführung einer personalwirtschaftlichen Aktivität wird als Konkretisierung einer rational-sachlichen Analyse und Entscheidungsfindung dargestellt.

Die Antwort kann in vielen Fällen zutreffen, doch zeigt die Realität, dass viele Entscheidungen (bspw. die Durchführung eines Assessment Centers) vor dem Hintergrund einer intensiveren Analyse der vorangestellten Effizienzbemühungen nicht aufrechterhalten werden können (bspw. weil der Aufwand eines ACs nicht mit der Validität der Auswahlentscheidung verknüpft ist bzw. es validere Auswahlinstrumente bei geringeren Kosten gibt, vgl. Kap. 6.3).

Eine mögliche Erklärung für solche Phänomene liefert der Neoinstitutionalismus. Die Vertreter dieser Theorierichtung gehen davon aus, dass Organisationen die Strukturen und Aktivitäten (bspw. festgeschriebene Karrieresysteme, Jobtitel, Diversity-Programme, ...) an den **Erwartungen der Umwelt** ausrichten.

Der Einbezug von Umwelteinflüssen, wie bspw. gesetzliche Regelungen oder die Erwartungen wichtiger Anspruchsgruppen oder Kooperationspartner wurden bisher in den traditionellen Erklärungsansätzen als Einfluss- und Erklärungsfaktor meist ausgeblendet, mit dem Neoinstitutionalismus aber explizit aufgegriffen (vgl. Walgenbach/Beck, 2003, S. 498).

Die für das Unternehmen relevante Umwelt (bspw. Anteilseigner, Gewerkschaften, Kunden, Lieferanten, Banken, Staat, die Öffentlichkeit oder der Arbeitsmarkt) formulieren **Vorstellungen**, Regeln und Annahmen, wie effektive und effiziente Organisationen auszusehen haben.

So ist eine gängige Vorstellung, dass fortschrittliche Unternehmen systematische Karrierepläne, Traineeprogramme oder Auslandsaufenthalte anbieten sollten. Ein Unternehmen, das dieser Vorstellung nicht entspricht, erscheint unmodern.

Aus dieser Perspektive existieren in Unternehmen viele Stellen, Abteilungen, Verfahren, Prozesse oder Programme unabhängig davon, ob sie zur Effizienz oder Effektivität des Unternehmens beitragen, sondern nur weil sie als erforderlich erscheinen (vgl. Walgenbach, 1998).

Institutionalisierung und Rationalitäten

Ein zentraler Begriff im neoinstitutionalistischen Ansatz ist die Institutionalisierung. Damit wird sowohl ein Prozess als auch ein Zustand beschrieben (vgl. Walgenbach, 1998):

- **Institutionalisierung als Prozess**: Ein Vorgang, durch den sich soziale Beziehungen oder Handlungen als nicht mehr zur hinterfragende Determinanten entwickeln und als „objektiv gegeben" betrachtet werden.
- **Institutionalisierung als Zustand**: Situationen, in denen die von der Gesellschaft definierte „Wirklichkeit" bestimmt, was Bedeutung besitzt und welche Handlungen möglich sind. Die wahrgenommene Situation, obwohl von Menschen geschaffen, wird als naturgesetzlich, objektiv und historisch schon vor ihnen bestehende Struktur betrachtet.

Die Unternehmensumwelt formuliert aus ihrer Sicht rationale Anforderungen an Unternehmen. Was einzelne Anspruchsgruppen aber aus ihrer eigenen Sicht als rational ansehen, muss sich nicht immer mit den Rationalitätsbemühungen des Unternehmens oder der anderen Anspruchsgruppen decken.

So formulieren Gewerkschaften andere Rationalitäten als Banken; Arbeitnehmervertreter im Aufsichtsrat und Anteilseigner können beide von rationalen Erwägungen geleitet sein und trotzdem unterschiedliche Erwartungen an das Unternehmen haben; politische Parteien, Staat, Umweltschutzverbände, Handelskammern oder der öffentliche Diskurs haben jeweils eigene Vorstellung von Rationalität. Im Ergebnis sehen sich Unternehmen unterschiedlichen Rationalitätsvorstellungen gegenüber.

Rationalitätsmythen und Legitimität

Die Unternehmensumwelt formuliert bestimmte Erwartungen (bspw. durch die öffentliche Meinung, kulturelle Normen oder Gesetze), die quasi bindend für die Unternehmen werden. Auch wenn die Erwartungen nicht zwingend rational und effizient sind, so richten sich Unternehmen trotzdem daran aus. Durch das Erfüllen der Erwartungen bekommen sie von der Umwelt **Legitimität** zugeschrieben, ohne die das Unternehmen keinen Zugang zu notwendigen Ressourcen erhält (Süß, 2008).

Durch die Ausdifferenzierung der Gesellschaft wird *die* Rationalität ein Mythos. Die Vertreter des Ansatzes verwenden daher den Begriff Rationalitätsmythos.

Rationalitätsmythen sind Regeln und Annahmen, die **rational** in dem Sinne sind, dass sie plausible Ziele bestimmen und in sinnvoll erscheinender Weise festlegen, welche Mittel zur Verfolgen dieser Ziele angemessen sind. Sie sind **Mythen** in dem Sinne, dass ihre Wirksamkeit von einem geteilten Glauben an sie abhängt und keiner objektiven Prüfung unterzogen wird (vgl. Walgenbach, 1998).

Abb. 2.22: Wirkungszusammenhänge des Neoinstitutionalismus (vgl. Meyer/Rowan, 1977, S. 353).

So kann es für ein Unternehmen sinnvoll sein, bestimmte Personalpraktiken zu etablieren, obwohl sie einer objektiven Effizienzprüfung nicht standhalten würde. Aus der Sicht des Neoinstitutionalismus kann die Einführung eines Diversity-Programms, obwohl es in der Forschung unter ökonomischen Effizienzgesichtspunkten kritisch diskutiert wird, rational werden, weil die interne und externe Unternehmensumwelt an die Vorteilhaftigkeit von Diversity-Programmen glaubt. So kann das Unternehmen bspw. Fördergelder vom Staat beantragen, in den Medien ein besseres Image erhalten, sich vorteilhaft als moderner Arbeitgeber auf Karrieremessen präsentieren oder sich vor Betriebsrat, Gewerkschaften und Aufsichtsrat als arbeitnehmerfreundliches Unternehmen darstellen und im Gegenzug Zugeständnisse in Verhandlungspositionen verlangen.

So wird aus der Idee, ein Diversity-Programm einzuführen ein Rationalitätsmythos. Obwohl es ökonomisch vielleicht nicht rational ist, wird es durch den geteilten Glauben an die Wirksamkeit solcher Programme doch rational (weil das Unternehmen den Erwartungen der Umwelt entspricht und durch die Umwelt legitimiert wird).

Durch die Adoption institutionalisierter Elemente erhält das Unternehmen Legitimität. Der Zusammenhang zwischen der organisationalen Effizienz, Umwelterwartungen und Rationalitätsmythen und der Sicherung von Ressourcen zum Fortbestand des Unternehmens ist in Abb. 2.22 dargestellt.

Angleichungsprozesse und Isomorphismus
Unternehmen, die in der gleichen Branche agieren, werden sich so ähnlicher, da diese mit ähnlichen institutionalisierten Erwartungen konfrontiert sind. Dieser Angleichungsprozess von Organisationen mit ähnlichen Umweltbedingungen und -erwartungen wird als Isomorphismus bezeichnet. In der Literatur werden drei Mechanismen des Isomorphismus unterschieden (vgl. Süß, 2008, S. 64; Abb. 2.23):
– **Isomorphismus durch Zwang** entsteht insb. durch kulturelle Erwartungen der Gesellschaft, bspw. durch direkte rechtliche Regelungen (Aktienrecht, Steuerrecht, Arbeitsrecht, ...), oder indirekt durch Vorgaben des Stammhauses an die ausländische Tochtergesellschaft.

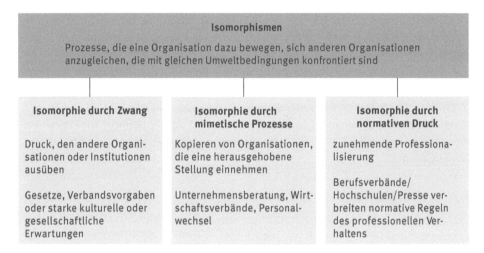

Abb. 2.23: Isomorphismen.

– **Isomorphismus durch Nachahmung** (bzw. mimetische Prozesse) bedeutet, dass die Strukturen und Verhaltensweisen anderer (erfolgreicher) Akteure imitiert werden (bspw. durch Benchmarking, Unternehmensberatungen, standardisierte Ausbildungen, Arbeitsplatzwechsel von Mitarbeitern, die das Know-how eines Unternehmens mit zu einem anderen nehmen). Aus Unsicherheit oder Sorge, die Etablierung wichtiger Organisationsmerkmale zu verpassen, orientieren sich Manager bei der Gestaltung eigener Strukturen und Prozesse an anderen Organisationen, die als vorbildlich gelten.
– **Isomorphismus durch normativen Druck** ergibt sich in erster Linie aus der zunehmenden Professionalisierung von Berufsgruppen und der damit verbundenen Vereinheitlichung von Denk- und Verhaltensweisen.

Die Isomorphismus-Mechanismen wirken auch, wenn ein Beleg für ihre Effizienz fehlt. Es wird trotzdem erwartet, dass Organisationen bestimmte Strukturelemente aufweisen, obwohl bei kritischer Analyse die Wirksamkeit fraglich erscheint oder sogar nachteilig ist.

Tab. 2.10: Institutionalisierungsgrade (vgl. Walgenbach, 1999).

		Institutionelle Umwelt	
		stark	schwach
Sachlich-rationale Umwelt	stark	Versorgungsunternehmen, Banken, Krankenhäuser	Automobilzulieferer, Maschinenbau, Warenunternehmen
	schwach	Psychiatrische Kliniken, Schulen, Kirchen	Restaurants, Fitnessklubs

Einige der Hauptvertreter des Neoinstitutionalismus relativeren die Kernthese, dass Umwelteinflüsse und nicht Effizienzbemühungen Ausgangspunkt unternehmerischen Handelns sind. So werden bestimmte Branchen eher durch die Erwartungen der institutionellen Umwelt geprägt, wohingegen andere Branchen ihr Handeln tendenziell an sachlich-rationalen Effizienzüberlegungen ausrichten (können). Um die Bandbreite des Erwartungsdrucks darzustellen, wird in Tab. 2.10 eine Matrix dargestellt, in der beispielhaft Branchen und ihre dominierende Umweltprägung (institutionalisierte Umweltanforderungen und sachlich-rationale Umweltanforderungen) verortet werden können.

Entkopplungsprozesse

Die Erfahrung lehrt, dass einmal institutionalisierte Regeln nicht für alle Zeiten gelten, also verändert oder aufgegeben werden können. Ebenso sind Situationen vorstellbar, in denen sich Unternehmen den Ansprüchen aus der Umwelt entziehen können. Die unternehmerische Lösung oder Veränderung von Erwartungen erfolgt über Entkopplungsprozesse:

- **Regeln sind inkonsistent:** Da Unternehmen meist von heterogenen Umweltsegmenten (bspw. Staat, Kunden, Kapitalgeber oder Berater) mit möglicherweise inkompatiblen Erwartungen umgeben sind, besteht die Gefahr der Handlungsunfähigkeit. Daher erfüllen manche Unternehmen die Erwartungen nur zum Schein (nicht betrügerisch, sondern in dem Sinne, dass sie die Erwartungen mit geringstmöglichem Aufwand und maximaler Außenwirkung erfüllen), tatsächlich entkoppeln sie jedoch die Arbeitsabläufe von den Institutionen (bspw. lässt sich beobachten, dass die Prozesse bei vielen ISO-zertifizierten Unternehmen erst kurz vor dem Audit an die Vorgaben der ISO-Norm angepasst werden). Um die Entkopplung vor den Umwelten zu verbergen, bauen Organisationen Legitimationsfassaden auf, indem sie scheinbar die erwarteten Institutionen übernehmen und „Lippenbekenntnisse" abgeben (vgl. Walgenbach, 1998).
- **Regeln sind zu vage:** Institutionalisierte Regeln können zwar bindend, aber vage und interpretationsbedürftig sein. So können sich im Zeitablauf unterschiedliche Deutungsmuster herausbilden, die zu einer Vielfalt von Reaktionsmöglichkeiten führen.
- **Regeln entfalten zu wenig Kraft:** Unternehmen mit starker Machtmacht können die Legitimationsbasis der institutionalisierten Regeln infrage stellen, ohne die mit der Legitimation verbundenen Ressourcenzugänge zu verlieren (bspw. weil ihr Image so stark ist, dass eine Nichterfüllung institutionalisierter Erwartungen unschädlich ist). Andere Unternehmen können sich dann mit Verweis auf das regelbrechende Unternehmen ebenfalls von den Erwartungen entkoppeln.

Würdigung

Der Neoinstitutionalismus wurde von vielen Autoren in der Wissenschaft begeistert aufgenommen, verbreitet sowie theoretisch und empirisch **bestätigt.**

Dadurch wurde gleichzeitig die absolute **Rationalitätsgläubigkeit** vieler Organisations- und Personaltheorien relativiert.

Darüber hinaus lassen sich durch den expliziten **Einbezug der Umwelt** als Erklärungsfaktor weit verbreitete Phänomene theoretisch erklären, die vorher nicht durch die rational-effizienzgetriebene Homo-oeconomicus-Modelle abbildbar waren (vgl. hierzu und im Folgenden Wolf, 2012, S. 563 f.).

Auf der anderen Seite stehen die Kritiker, die argumentieren, dass das Annahmengerüst des Neoinstitutionalismus auf alle erdenklichen Sachverhalte angewendet werde und so der Ansatz selbst zur **Institution** geworden ist, deren Aussagesystem nicht mehr hinterfragt werde.

Daher wird den Vertretern des Ansatzes vorgeworfen, die Überbetonung der Umwelt führe zu einer Art **Umweltdeterminismus**. Die Umwelt wird als ebenso bestimmend wahrgenommen, wie das Effizienzparadigma vorheriger Ansätze. Damit schaffe man eine neue Einseitigkeit.

2.8 Human-Resource-Management-Ansätze

Anfang der 1980er-Jahre entstand in den USA die Idee, einzelne personalwirtschaftliche Aktivitäten nicht nur anhand von Theorien zu beschreiben, sondern das Personalmanagement als solches in Modellen und Konzeptionen abzubilden.

Der Auslöser für diese Entwicklung lässt sich auf das Zerbrechen des Gleichgewichts zwischen Management und Gewerkschaften zurückführen. Die sinkende gewerkschaftliche Organisations- und Durchsetzungsmacht lies den personalpolitischen Handlungsspielraum des Managements ansteigen. Allerdings suchten die Manager Orientierung, um die gewonnene Handlungsfreiheit mit einem neuen Selbstverständnis und einer aktiven Rolle im Unternehmenskontext zu füllen. Daher eint alle HRM-Ansätze, dass sie eine Aufwertung der Personalpolitik durch eine Integration von Unternehmensstrategie und Personalstrategie fordern.

Im Folgenden sollen mit dem Michigan- (Kap. 2.8.1) und dem Harvard-Ansatz (Kap. 2.8.2) die bis heute prägenden Ansätze vorgestellt werden.

2.8.1 Der strategische Human-Resource-Management-Ansatz der Michigan-School

Der Ansatz wurde in den frühen 1980er-Jahren an der Universität Michigan von Tichy, Fombrun und Devanna (1982) entwickelt und stellte die Verknüpfung von Unternehmens- und Personalstrategie in den Vordergrund.

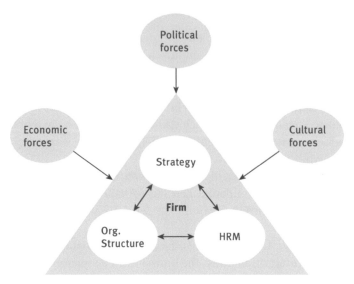

Abb. 2.24: Zentrale Ebene des SHRM-Konzepts (vgl. Tichy/Fombrun/Devanna, 1982, S. 48).

Ausgangspunkt war die Erkenntnis, dass das Zusammenspiel von drei Unternehmenseinheiten (Unternehmensstrategie, Organisationsstruktur und das Strategische Human Resource Management) zur Entstehung und Implementierung von Wettbewerbsstrategien beitragen (vgl. Abb. 2.24). Die Entscheidung zur Gestaltung der Organisationsstruktur und des HRM leiten sich dabei aus der zeitlich und inhaltlich vorher festgelegten Unternehmensstrategie ab.

Die drei Unternehmensbereiche werden wie folgt charakterisiert (Devanna/Fombrun/Tichy, 1984):

– **Unternehmensstrategie:** Das Unternehmen muss eine Existenzberechtigung haben bzw. einen strategischen Auftrag erfüllen. Der Auftrag besteht in der Deckung bestimmter Bedürfnisse des Markts. Unternehmensstrategisch konkretisiert sich dies im verfolgten Produkt-Markt-Konzept (welche Produkte sollen auf welchen Märkten abgesetzt werden).

– **Organisationsstruktur:** Im Rahmen einer strategiekonformen Organisationsstruktur werden Prozesse oder Strukturen der Leistungserstellung und -verwertung durchgeführt. Die Konkretisierung erfolgt bspw. durch Organigramme, Stellenbeschreibungen, Funktionsbezeichnungen, Verfahrens- und Prozessvorgaben.

– **Human Resource Management:** Die Aktivitäten des Human Resource Managements sind darauf ausgerichtet, das für die Umsetzung der Strategie in der entsprechenden Struktur quantitativ und qualitativ erforderliche Personal zu gewinnen, zu erhalten, weiterzuentwickeln und wirtschaftlich einzusetzen. Als Funktionsbereich leistet es so einen Beitrag zur Umsetzung der Unternehmensstrategie.

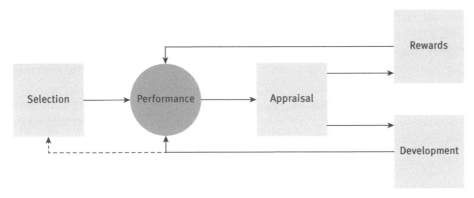

Abb. 2.25: HR-Kreislauf (vgl. Tichy/Fombrun/Devanna, 1982, S. 14).

Die strategische Abstimmung und Ausrichtung der drei Unternehmensbereiche folgt dem Gedanken des *internal (vertical) fit.* Das heißt, die Bereiche richten sich so aneinander aus, dass sie aufeinander abgestimmt sind. Dies wird ergänzt um die strategische Passung bzw. Abstimmung – den *external fit* – mit der Umwelt des Unternehmens, die von außen auf das Unternehmen einwirkt. Die Umwelteinflüsse werden differenziert in eine rechtlich-politische (bspw. Gesetze oder Ergebnisse von Tarifverhandlungen), eine gesellschaftlich-kulturelle (bspw. Wertvorstellungen oder Demografie) und eine wirtschaftliche Umwelt (bspw. Arbeitsmarkt, Konjunkturzyklen oder technologische Entwicklungen).

Die Gestaltung des Human Resource Managements vollzieht sich in vier personalwirtschaftlichen Teilfunktionen (Personalauswahl, Leistungsbeurteilung, Anreiz-

Tab. 2.11: HR-Aktivitäten (vgl. Oechsler, 1996, S. 16).

	Personalauswahl	Personalbeurteilung	Entgeltfindung	Personalentwicklung
Strategische Ebene	Festlegung langfristiger, erfolgswirksamer Kompetenzen Ausrichtung der Rekrutierungssysteme auf künftige Anforderungen	Festlegung langfristiger Zielsetzungen Ermittlung von Methoden zur Beurteilung künftiger Ergebnisse	Langfristige Entwicklung von Anreiz- und Entgeltsystemen Verknüpfung mit langfristiger Unternehmensstrategie	Entwicklungspläne an der Strategie ausrichten
Taktische Ebene	Validierung der Auswahlkriterien Arbeitsmarkterschließung	Frühdiagnose von Mitarbeiterpotenzialen	Entgeltpläne für Fünf-Jahres-Zeiträume	Entwicklungsprogramme für Mitarbeiter einrichten
Operative Ebene	Beschaffungspläne verfolgen Maßnahmenkontrolle	Beurteilungen Erfolgskontrollen	Lohn- und Gehaltsanpassungen Zusatzleistungen	Trainings organisieren und durchführen

systeme und Personalentwicklung), die in einem Kreislauf, dem sog. hr cycle (vgl. Abb. 2.25), verbunden sind. Auch deren Abstimmung soll so erfolgen, dass es zu einer Optimierung der Leistung kommt (Leistung wird so als abhängige Variable definiert). Die Abstimmung der vier Instrumente innerhalb des HR-Kreislaufs wird als internal (horizontal) fit bezeichnet.

Die personalwirtschaftlichen Instrumente werden durch eine strategische, eine taktische und eine operative Zielsetzung konkretisiert. Der Aufgabenzuschnitt ist in Tab. 2.11 dargestellt.

2.8.2 Der strategische Human-Resource-Management-Ansatz der Harvard School

Der Harvard-Ansatz geht auf die Entwicklung eines Ausbildungsprogramms für MBA-Absolventen zurück (vgl. Beer et al., 1985).

Das analytische Konzept des strategischen Human-Resource-Managements wurde nicht funktionsorientiert (wie der Michigan-Ansatz) ausgestaltet, sondern zeigt als Problemlandkarte die wesentlichen Einflussbeziehungen und Konsequenzen im Kontext von Personal und Arbeit.

Der Harvard-Ansatz beschreibt die Zusammenhänge zahlreicher interner und externer Einflussfaktoren, die auf das Human Resource Management (vgl. Abb. 2.26) einwirken. Ausgangspunkt eines HR-Problemverständnisses sind die Initiativen von

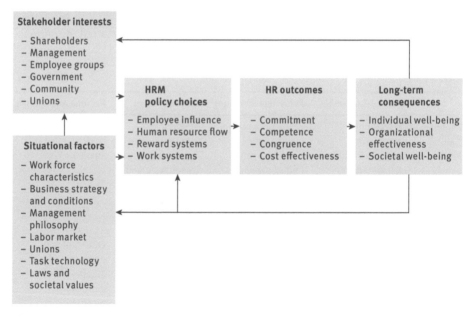

Abb. 2.26: Grundkonzeption des Harvard-Ansatzes (vgl. Beer et al., 1985, S. 17).

Bezugsgruppen des Unternehmens (**stakeholder interests**) wie bspw. Anteilseigner, Management, Arbeitnehmer, Staat, Gewerkschaften und weitere situative Faktoren.

Als situative Faktoren (**situational factors**) werden bspw. die Arbeitskräfte oder die Unternehmensumwelt in Form von Gesetzen oder Wertvorstellungen einer Gesellschaft betrachtet. Situative Einflussfaktoren wirken auf die Gestaltung der unternehmerischen HR-Politik ein und werden wiederum von dieser beeinflusst.

Die Personalpolitik (**HRM policy choices**) enthält vier zentrale Handlungsfelder:
- den Mitarbeiterfluss durch das Unternehmen (also bspw. Einstellung, Bewertung, Versetzung, Personalentwicklung, Beförderung oder Entlassung),
- das Anreiz- und Vergütungssystem,
- die Arbeitsorganisation und
- den Einfluss der Mitarbeiter.

Die vier Handlungsfelder sollen aufeinander, mit der Unternehmensstrategie und auf die Anforderungen der externen Umwelten abgestimmt werden.

Als kurzfristiges Ergebnis der Personalpolitik (**HR outcomes**) werden das Ausmaß an Selbstverpflichtung der Arbeitskräfte, die Kompetenzausstattung, die Passgenauigkeit der einzelnen Elemente und die Kostenwirtschaftlichkeit betrachtet (im Original als die vier Cs bezeichnet: commitment, competence, congruence, cost effectiveness). Langfristig (**long-term consequences**) ergibt sich durch die bestmögliche Abstimmung der behandelten Problemfelder individuelles und kollektives Wohlbefinden sowie eine den Konkurrenten überlegene Organisationseffektivität.

2.8.3 Würdigung der vorgestellten HRM-Ansätze

Die vorgestellten Ansätze wurden breit und kontrovers diskutiert. Ihr Verdienst wird es bleiben, personalwirtschaftliche Aktivitäten benannt, gegliedert und in einen Kontext gestellt zu haben (vgl. Tab. 2.12). Zwar hatten sich auch schon vor der Publikation der

Tab. 2.12: Kritische Würdigung der SHRM-Ansätze.

Positiv	Problemfelder
– Strukturierung und Zusammenführen bisher vereinzelter personalwirtschaftlicher Aktivitäten in einen Gesamtkontext – Argumentative Basis für strategische Überlegungen im Kontext von Personal und Arbeit – Verortung des Personalmanagements auf zentraler Unternehmensebene – Bedeutungszuwachs des Personalmanagements in Theorie und Praxis	– Plausible, aber auch beliebige Aneinanderreihung von Themenfeldern im Kontext von Personal und Arbeit – Unklare Wirkungszusammenhänge zwischen den aufgezeigten Feldern – Rein deskriptiv-aufzählende Darstellung personalwirtschaftlicher Aktivitäten – Harmonisierungsideologie

Ansätze einzelne und unverbundene personalwirtschaftliche Aktivitäten herausgebildet, doch haben es erst die Vertreter der Michigan- und Harvard-School geschafft, die Betriebswirtschaft in Theorie und Praxis davon zu überzeugen, dass es sinnvoll sein kann, sich dem Themenkomplex Personal und Arbeit **strukturiert** und **strategisch** zu nähern. Die Verbindung zwischen einer Langfriststrategie und der Personalarbeit schien vor der Verbreitung der Ansätze sogar als „exotisch" bzw. als „grotesk" (vgl. Scholz, 2014, S. 33). Dies bedeutet nicht, dass vorher nicht personalstrategisch gehandelt wurde, doch fehlte es noch an einem Ausdruck für langfristig-strategische Überlegungen innerhalb der Personalfunktion. Die vorgestellten Ansätze lieferten hierzu die Konzeption und die notwendigen Begrifflichkeiten.

Ein weiterer Verdienst der SHRM-Ansätze ist das Verknüpfen der Personalfunktion mit dem **Topmanagement**. Die damalige Sichtweise war auch hier von Unverständnis geprägt („was hat Personalarbeit mit ‚Management' zu tun?" (Scholz, 2014, S. 33)). Durch die Ansätze konnte die Verbindung argumentativ untermauert werden.

In der Folgezeit erlebte das Personalmanagement auch einen **Bedeutungszuwachs** innerhalb der Unternehmen, der sich in der Folge in eigenen Vorstandsressorts, Ressourcenausstattung und Einfluss bemerkbar machte.

Zwar zeichnen sich die Ansätze durch einen hohen Pragmatismus aus, doch führt dies dazu, dass die benannten Felder (bspw. der HR-Kreislauf im Michigan-Ansatz oder die HRM Policy Choices im Harvard-Ansatz) zwar plausibel erscheinen, aber nicht aus einem theoretischen Kontext abgeleitet werden. So sehen sich die Ansätze dem Vorwurf der **Willkür** oder Beliebigkeit ausgesetzt, da die Konzeptualisierung auch ganz andere funktionelle Schwerpunkte hätten sein könnten (bspw. Personalcontrolling oder Personalplanung beim Michigan-Ansatz), ohne die Hauptaussagen der Ansätze zu verändern.

Darüber hinaus werden (richtigerweise) Einflussfaktoren (bspw. die Umwelten im Michigan-Ansatz oder die Stakeholder im Harvard-Ansatz) genannt, die das Personalmanagement prägen, doch sind sie nicht näher spezifiziert bzw. deren **Wirkungsrichtung** bleibt ungeklärt. So lassen sich keine für eine Theorie notwendigen Wenn-Dann-Beziehungen formulieren, da die Darstellung rein **deskriptiv-aufzählend** wirkt.

Das Grundverständnis der Ansätze kann die US-amerikanische Herkunft und Kontextbezogenheit nicht verleugnen. So durchzieht die Ansätze eine **Harmonisierungsideologie** des einträchtigen Nebeneinanders verschiedener Interessengruppen. Interessenkonflikte zwischen Anteilseignern, Management und Arbeitnehmern werden aus der konzeptionellen Reichweite ausgeblendet (vgl. Wächter, 1992). Daher stehen freiwillig vom Management eingeräumte Einflusschancen im Vordergrund (bspw. im Harvard-Ansatz als „employee influence" bezeichnet) und nicht die Perspektive der institutionalisierten industriellen Beziehungen (bspw. durch Aufsichtsräte, Gewerkschaften, Betriebsräte oder Arbeitnehmer), die auf verbindliche Partizipation abstellt.

2.8.4 Verbreitung und Rezeption der HRM-Konzepte

Der Bedeutungswandel der betrieblichen Personalfunktion von einer administrativen Personalabwicklung hin zu einem Human Resource Management (vgl. Tab. 2.13) vollzog sich in den 1980er-Jahren zuerst in den USA und Großbritannien.

Die in den USA als Bedrohung erachtete „japanische Herausforderung" und die in Großbritannien konfliktgeladenen und teilweise feindlichen Beziehung zwischen Arbeitgebern und Gewerkschaften machten deutlich, dass die bisher praktizierte Personalpolitik der Unternehmen offensichtlich nicht mehr ausreichte, um die anstehenden Herausforderungen zu bewältigen (vgl. hierzu und im Folgenden Wächter, 2013).

Neue Personalkonzepte sollten die Ressource Personal als Wettbewerbsfaktor (und nicht mehr nur als Kostenfaktor) mit ihren besonderen Fähigkeiten und Eigenschaften erschließen. Als äußeres Zeichen des Perspektivwechsels wurde die Personalabteilung (bisher verwaltungsorientiert als payroll office, personnel administration, personnel office bezeichnet) vermehrt in „Human Resources" oder gleich „Human Resource Management" umbenannt.

Die häufig als Hire-and-fire-Mentalität charakterisierte (insb. US-amerikanische) Personalpolitik legte nun einen Schwerpunkt auf eine sorgfältige Auswahl und Pflege des Personals, von dem man sich die entscheidenden Impulse im Wettbewerb versprach. Auch wenn die schnelle Entlassung weiterhin zum Arsenal des angelsächsisch geprägten Personalmanagements gehörte, um so kurzfristig Kosten zu senken oder eine radikale Umsteuerung der Unternehmensstrategie zu ermöglichen, wurde der ökonomische Ertrag, der durch die veränderte, nun tendenziell langfristigere Personalarbeit erzielt wurde, wahrgenommen und wertgeschätzt.

Das moderne Verständnis von Personalarbeit als Human Resource Management setzte damit andere Schwerpunkte als die traditionelle Personalverwaltung. Dessen bürokratische, reaktive Maßnahmen wurden ad hoc bei auftretenden Problemen eingesetzt und hatten relativ wenig mit den strategischen Überlegungen des Unternehmens zu tun. HRM wurde demgegenüber als langfristig orientiert, proaktiv und

Tab. 2.13: Unterschiede zwischen der traditionellen Personalverwaltung und dem Human Resource Management.

	Traditionelles Verständnis	Human Resource Management
Strategische Einordnung	nachgelagerte betriebliche Funktion	integrierter Bestandteil der Unternehmensstrategie
Aktivitätshorizont	kurzfristig-reaktiv	langfristig-proaktiv
Interessensperspektive	konfliktorientiert	harmonieorientiert
Kontrolle	Fremdkontrolle	Selbstkontrolle
Erfolgskriterien	Kostenreduktion	Intensivierung
Grundhaltung	verwaltend	unternehmerisch

integriert aufgefasst – alles Aspekte, deren Fehlen für den Niedergang der wirtschaftlichen Leistungen in Großbritannien und den USA verantwortlich gemacht wurden.

Der Human-Resource-Management-Ansatz geht damit von seinem Anspruch her über die herkömmliche Konzeption der Personalfunktion hinaus. Charakteristisch für diesen Ansatz ist, dass Menschen als Erfolgsfaktoren betrachtet werden, die zusammen mit den übrigen Ressourcen des Unternehmens so geführt, motiviert und entwickelt werden müssen, dass dies direkt zum Erreichen von Unternehmenszielen beiträgt.

Deutsche Personalabteilungen griffen den neu und modern klingenden Begriff „Human Resource Management" gerne auf, ohne sich inhaltlich oder kritisch mit der Bedeutungsverschiebung auseinanderzusetzen. Dies war aber insofern verständlich, als die Inhalte des HRM der deutschen Personalarbeit nicht so neu waren, wie es in der angelsächsisch geprägten Personalpraxis der Fall war.

Die Herausforderungen, denen auch deutsche Unternehmen durch Forderungen nach Flexibilisierung und Rationalisierung in den 1990er-Jahren gegenüberstanden, wurden als innerhalb des deutschen Systems lösbar angesehen, ohne dass man ein gänzlich neues HRM-Konzept einführen müsste. Zentrale Ideen des HRM – die Einbindung (commitment) der Arbeitnehmer, Konfliktlösung zwischen Kapital und Arbeit, die Berücksichtigung qualitativer Aspekte (Fähigkeiten, Fertigkeiten) – sah man durch die arbeitsrechtlichen Vorgaben, bspw. durch die institutionalisierte Konfliktlösung von Kapital und Arbeit auf tarifvertraglicher Ebene und die Einbindung der Arbeitnehmer in den Wertschöpfungsprozess auf betrieblicher Ebene schon umgesetzt.

In der sich anschließenden Phase der Selbstzufriedenheit wurde aber übersehen, dass das HRM-Konzept noch weitere Elemente aufweist, die die deutsche Personalarbeit noch nicht verinnerlicht hatte. Hierzu zählte bspw. die fehlende Integration von Personal und Arbeit bei unternehmerischen Entscheidungen oder die Frage nach dem Wertschöpfungsbeitrag des Personalmanagements. Dies erklärt auch, warum die Diskussion um die Umsetzung des HR Business-Partner-Konzepts die deutsche Personalarbeit Jahre später und über einen Zeitraum von mehr als einer Dekade beschäftigte. Hier wurden die versäumten Diskussionen der 1990er-Jahre (bspw. zur strategischen Relevanz oder zur Findung von Rollenbildern in der Personalarbeit) nachgeholt.

2.8.5 Weiterentwicklung zu einem europäischen HRM-Modell

Das European (Contextual) Model of HRM von Chris Brewster (vgl. Abb. 2.27) greift die Kritik an den HRM-Ansätzen angelsächsischer Prägung auf und versucht die Kernaussagen und Ideen auf den eurokulturellen Kontext zu übertragen.

Charakteristisch für HRM-Ansätze europäischer Provenienz ist das System der industriellen Beziehungen (vgl. hierzu ausführlich Kap. 2.9) als Ausdruck der kulturell verankerten Kontrolle, Gestaltungsvariable und Rahmenbedingung personalwirtschaftlicher Aktivitäten.

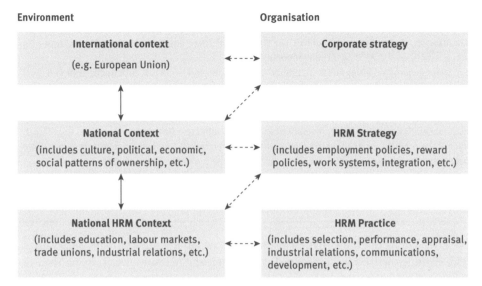

Abb. 2.27: European (Contextual) Model of HRM (vgl. Brewster, 1995, S. 14).

In dem Versuch, europäische Rahmenbedingungen in die Darstellung traditioneller HRM-Modelle zu überführen, greift differenziert Brewster stärker innerhalb der Kontextvariablen. So wird die **Unternehmensumwelt** unterteilt in einen **internationalen Kontext** (bspw. die supranationale Vereinheitlichung des Rechtsrahmens durch die EU), einen **nationalen Kontext** (bspw. den nationalen Rechtsrahmen oder die spezifischen Landeskulturen) und einen **nationalen HRM-Kontext** (bspw. die lokalen Arbeitsmärkte, die Gewerkschaftsstruktur oder das Ausbildungssysteme). Diese Ebenen sind vernetzt und grenzen den Handlungsspielraum personalwirtschaftlicher Aktivitäten ein.

Die Unternehmensumwelten stehen mit den unternehmensinternen Bereichen (**Organisation**) in engem Zusammenhang. Für den europäischen HRM-Ansatz werden aufseiten der Unternehmen drei Einflussbereiche konzeptualisiert. Die **Unternehmensstrategie** (hier als Produkt-Markt-Konzept verstanden) interagiert mit der **Personalstrategie**, die die Grundsätze, Leitbilder, Strategien oder Ziele der einzelnen **personalwirtschaftlichen Handlungsfelder** (bspw. Auswahl, Beurteilung, Entwicklung, Entgeltfindung, Kommunikation oder Betriebsratspolitik) festlegt.

2.9 Theorien der Industriellen Beziehung

Durch die einseitige Orientierung der SHRM-Ansätze an den Interessen des Managements sowie der Ausblendung von institutionalisierten Arbeitnehmerrechten, erscheint es notwendig, das Personalmanagement im Kontext der Industriellen Beziehungen zu konzeptualisieren.

Das **System der Industriellen Beziehungen** beschreibt die Beziehungen zwischen den Akteuren der Arbeitswelt (Arbeitgeber, Arbeitnehmer und Betriebsrat) sowie das Zusammenspiel der sozialen Gegenspieler Gewerkschaft und Arbeitgeberverbände.

Häufig werden die Begriffe Arbeitgeber-Arbeitnehmer-Beziehungen, Arbeitsbeziehungen, Sozialpartnerschaft, Konfliktpartnerschaft oder Industrial Relations respektive Labor Relations synonym gebraucht.

Der Begriff „Industrielle Beziehungen" konnte sich als direkte Übersetzung des englischen Industrial Relations insb. in der Organisationssoziologie etablieren. Dabei bezieht sich der Begriff nicht nur auf die produzierende Industrie, sondern auf alle denkbaren Bereiche, in denen es zu institutionalisierten Beziehungen zwischen Arbeitgebern und Arbeitnehmern kommen kann.

Interessensgegenstand der Erforschung der Industriellen Beziehungen ist die Analyse der Kommunikation, Konflikte, Verhandlungen und Strategien der Akteure Gewerkschaft, Arbeitgeber und Arbeitgeberverbänden.

Die Erforschung der Industriellen Beziehungen ist ein interdisziplinäres Forschungsfeld. So finden sich für verschiedene Institutionen und Akteure jeweils eigene Theoriefamilien (bspw. Gewerkschafts- und Verbändetheorien, Arbeitsmarkttheorien, Theorien des kollektiven Handels, Theorie der politischen Ökonomie und viele mehr), die sich nicht zu einer integralen Supertheorie zusammenfügen lassen (vgl. Müller-Jentsch, 1996, S. 37).

2.9.1 Systemtheoretischer Ansatz von Dunlop

Einen ersten systematischen Versuch für eine Theorie der industriellen Beziehungen hat John R. Dunlop mit seinem Buch „Industrial Relations Systems" (1958) vorgelegt. Aufbauend auf systemtheoretische Überlegungen ordnet er die Industriellen Beziehungen als ein Subsystem der Arbeitswelt ein (vgl. Abb. 2.28). Im Mittelpunkt des Subsystems der Industriellen Beziehungen sieht er ein fein gesponnenes **Netzwerk von Normen und Regeln** (web of rules), die das Zusammenwirken der Akteure (Arbeitgeber, Gewerkschaften und Arbeitnehmer) formalisieren (bspw. Streikrecht, Schlichtungsverfahren, ausgehandelte Lohnsätze und Arbeitszeiten).

Zu den Grundelementen der „Industrial Relations Systems" zählt Dunlop:

- **Akteure:** Beschäftigte und ihre Interessenvertretungen, Arbeitgeber und ihre Interessenvertretungen sowie staatliche Instanzen, die sich mit den industriellen Beziehungen befassen
- **Umwelt:** Technologie (die technischen Gegebenheiten am Arbeitsplatz), Marktbedingungen (Wettbewerbsposition, finanzielle Zwänge) sowie die Machtverteilung in der Gesellschaft
- **Ideologie:** vorherrschendes Paradigma, das von den Akteuren geteilt wird (informelle Spielregeln)

Das Netzwerk von Regeln und Normen ist dabei die abhängige Variable, die von den Kernelementen als unabhängige Variable beeinflusst wird.

Abb. 2.28: Industrial-Relations-Ansatz von Dunlop.

Das Hauptverdienst Dunlops liegt darin, dass es ihm gelungen ist, ein Forschungsfeld zu umschreiben, das vorher kaum Beachtung gefunden hat. Trotz der Diskussion um den theoretischen Status des Ansatzes (Kritiker sprechen dem Ansatz den Status einer Theorie ab, da er lediglich einen allgemeinen Bezugsrahmen zur Systematisierung der Interaktionen zwischen den Akteuren und Kontextbedingungen darstelle, aus dem nicht hervorgehe, wie und warum das Netzwerk von Regeln gestaltet werde), wurde das Konzept vielfach weiterentwickelt. Ein von Dunlop beeinflusster Ansatz stellt der im Folgenden dargestellte Strategic-Choice-Ansatz dar.

2.9.2 Strategic-Choice-Ansatz

Einen stärkeren Fokus auf personalwirtschaftliche Aktivitäten innerhalb der Industriellen Beziehungen legten Kochan/Katz/McKersie (1994). Aufbauend auf der Idee Dunlops wurde mit dem Entwurf des **Strategic-Choice-Ansatzes** im Rahmen der „new industrial relations" versucht, traditionelle Theorieansätze zu den industriellen Beziehungen mit Ansätzen des Human Resource Managements zu verbinden.

Die Elemente des Strategic-Choice-Ansatzes

Hauptanliegen des Ansatzes ist es, im Kontext von Personal und Arbeit Entscheidungsparameter und Handlungsspielräume für Strategien und Aktionen der Akteure im System der Arbeitgeber-Arbeitnehmer-Beziehungen zu identifizieren.

Der Strategic-Choice-Ansatz (vgl. Abb. 2.29) strukturiert die Analyse in drei große Blöcke (externe Umwelt, Struktur der Industriellen Beziehungen und die Performance Outcomes).

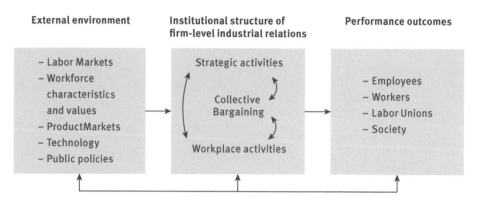

Abb. 2.29: Strategic-Choice-Ansatz (vgl. Kochan/Katz/McKersie, 1994, S. 11).

Der Strategic-Choice-Ansatz setzt an der **externen Umwelt** an. Dort benennt er die institutionellen Strukturen, die im Kontext von Personal und Arbeit maßgebend sind (Situation auf den Arbeitsmärkten, Qualifikationsstruktur und Einstellungen der Arbeitskräfte, Produktmärkte, die Technologie, Politik der öffentlichen Hand).

Die externe Umwelt determiniert die Industriellen Beziehungen auf Unternehmensebene. Allerdings erfolgt die Determination nicht vollständig, da sowohl das unternehmerische Wertespektrum (**values**), die Unternehmensstrategie (**business strategy**) und die strukturellen Gegebenheiten (**history and current structures**) Einfluss auf die institutionelle Struktur der industriellen Beziehungen nehmen können.

Kernpunkt des Modells sind die institutionellen Strukturen der industriellen Beziehungen (**Institutional Structure of Firm-level Industrial Relations**). Der Ansatz unterscheidet drei Ebenen der Industriellen Beziehungen. Die Akteure (bspw. Arbeitgeber, Arbeitnehmer, Gewerkschaften oder Regierung) können auf strategischer Ebene, auf tarifvertraglicher Ebene oder auf Arbeitsplatzebene Entscheidungen treffen (vgl. Kochan/Katz/McKersie, 1994, S. 19 f.). So treffen Akteure auf der strategischen,

Tab. 2.14: Ebenen und Akteure der Industriellen Beziehungen.

Ebene	Arbeitgeber	Gewerkschaften	Regierung
Strategische Ebene	Unternehmensstrategie Investitionsstrategie HRM-Strategie	Politische Strategien Vertretungsstrategien Organisationsstrategien	Wirtschaftspolitik
Tarifvertragliche Ebene	Personalpolitik Verhandlungsstrategien	Streik- und Verhandlungsstrategie	Arbeitsrecht
Arbeitsplatzebene	Führungsstil Partizipation Arbeitsplatzgestaltung	Überwachung von Abschlüssen Arbeitsplatzgestaltung	Arbeitnehmerschutz Individualrechte

tariflichen und arbeitsplatzbezogenen Ebene die für sie optimalen strategischen Entscheidungen (**strategic choices**), die zu Performance Outcomes führen.

Damit ist die Möglichkeit gegeben, strategisches Human Resource Management und Strukturen des Systems der industriellen Beziehungen in ihren Wechselwirkungen zu erfassen.

Beispielhaft werden von Kochan/Katz/McKersie (1994, S. 12) mögliche Entscheidungen auf den drei Ebenen in Tab. 2.14 vorgestellt. Auch hierbei sieht man die starke Kontextgebundenheit des US-Systems der Industriellen Beziehungen.

Modifikation des konzeptionellen Rahmens

Das Drei-Ebenen-Modell ist stark auf die Regelungsebenen der industriellen Beziehungen in den USA zugeschnitten. Soll der Strategic-Choice-Ansatz für das deutsche System (und mit Einschränkungen auch für das europäische System) der Industriellen Beziehungen nutzbar gemacht werden, so muss er um weitere Regelungsebenen ergänzt und in den relevanten Umwelt- und Outcome-Merkmalen angepasst werden (vgl. Abb. 2.30).

Die Akteure nutzen den vom Arbeitsrecht vorgegebenen Handlungsspielraum, der in Deutschland (und in Europa) durch sechs Regelungseben gekennzeichnet ist (vgl. hierzu ausführlich Kap. 3.1). Die Ebene der internationalen Rechtsfindung (bspw. über die ILO oder die EU) sowie die nationalen Vorgaben des Arbeitsrechts (bspw. durch das Grundgesetz und die nationalen Arbeitsrechte) sind auch nicht durch strategische Optionen beeinflussbar. Sie stellen die unveränderlichen Determinanten der Personalpolitik dar.

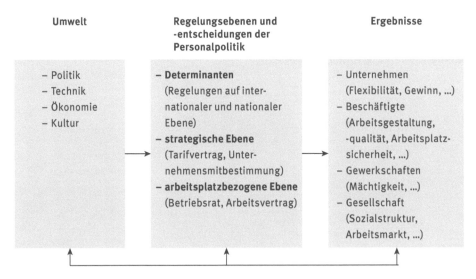

Abb. 2.30: Modifizierter Strategic-Choice-Ansatz.

Erst auf der Tarifvertrags- und Unternehmensebene können langfristig-strategische Optionen getroffen werden (bspw. die Entscheidung für einen Haustarifvertrag oder für den Austritt aus dem Arbeitgeberverband). Operative, arbeitsplatzbezogene Entscheidungen werden dann auf Betriebs- bzw. Arbeitsvertragsebene getroffen.

Die Analyse der Ergebnisse bzw. des Outcome kann erweitert werden auf bspw. Kriterien wie soziale Sicherheit, Arbeitsbedingungen, Belastungen, Arbeitsqualität oder personalpolitische Flexibilität.

Abb. 2.30 zeigt den für das deutsche System der Arbeitgeber-Arbeitnehmer-Beziehungen modifizierte Strategic-Choice-Ansatz.

2.9.3 Comparative-Employment-Relations-Ansatz

Der Comparative-Employment-Relations-Ansatz von Locke/Piore/Kochan (1995) basiert auf den Überlegungen von Dunlop und Kochan/Katz/McKersie und eignet sich insb. für vergleichende Betrachtungen industrieller Beziehungen über Ländergrenzen hinweg (vgl. Abb. 2.31).

Die erste Komponente des Ansatzes stellen die **erklärenden Variablen** (explanatory forces) dar. Diese unterteilen sich in institutionelle Strukturen (institutional structures, bspw. Gesetze, wirtschaftspolitischer Rahmen oder Marktbedingungen), Unternehmensstrategie (firm strategies, bspw. Unternehmens- und Geschäftsfeldstrategien, Wahl von Technologien oder Produktentwicklung) und andere Faktoren (other factors).

Die erklärenden Variablen wirken auf die **Personalpolitik bzw. auf die industriellen Beziehungen** (IR) ein, die sich in vier Felder konkretisiert (Personalbeschaffung, Vergütung, Qualifikationsstruktur der Arbeitnehmer und Arbeitsorganisation).

Die letzte Komponente folgt als ökonomisches und soziales Ergebnis (**Outcome**) aus der Gestaltung vorheriger Elemente.

Abb. 2.31: Framework for analysing comparative employment relations (Locke/Piore/Kochan, 1995).

Allerdings werden die einzelnen Elemente in ihrem Wirkungszusammenhang (ebenso wie bei den beiden vorgenannten Ansätzen) nicht weiter spezifiziert. Dies wurde zwar schon bei Dunlop kritisiert, doch ermöglicht die im Comparative-Employment-Relations-Ansatz konzeptualisierte Hülle, dass eine für die jeweilige Themenstellung sinnvolle Konkretisierung gefunden werden kann (vgl. für eine Anwendung des Ansatzes im Kontext der deutschen Industriellen Beziehungen Mitlacher, 2004, S. 42 f.).

3 Umweltkontext von Personal und Arbeit

Veränderungen im rechtlich-politischen, gesellschaftlich-kulturellen und wirtschaft-
lich-technischen Umfeld stellen das Human Resource Management vor neue Herausforderungen. Der **rechtlich-politische Umweltkontext** ordnet durch die Vielzahl von
rechtlichen Regelungsebenen die restriktiven Bedingungen für strategische und operative Handlungsspielräume des Personalmanagements und der Arbeitgeber-Arbeitnehmer-Beziehungen (für eine Begriffsdefinition vgl. Kap. 2.9). Die **gesellschaftlich-
kulturellen Einflüsse** erlangen vor allem durch die demografische Entwicklung und
den gesellschaftlichen Wertewandel für das Personalmanagement Bedeutung. Zu den
wirtschaftlichen Einflüssen zählen insb. der erhöhte internationale Wettbewerbsdruck und die stärker schwankenden Konjunkturzyklen, für die das Personalmanagement Lösungen anbieten muss. Diese drei Determinanten sollen im Folgenden näher
erläutert werden.

3.1 Rechtlich-politische Einflüsse

Entscheidungen im Kontext von Personal und Arbeit werden nicht in einem rechtsfrei-
en Raum getroffen. Die verschiedenen Regelungsebenen und geübten Praktiken setzen dabei die restriktiven Bedingungen für strategische und operative Entscheidungen.

Um die Spielräume des arbeitsrechtlichen Regelungsrahmens auf personal-
politische Entscheidungen herauszuarbeiten, wird im Folgenden in einem kurzen
Überblick über die Grundstrukturen des Arbeitsrechts sowie auf die Interaktion der
Regelungsinstrumente innerhalb der Arbeitgeber-Arbeitnehmer-Beziehungen (vgl.
Kap. 2.9) eingegangen. Im Anschluss daran werden die einzelnen Regelungsebenen
(Europaebene, nationale Regelungsebene, Unternehmens- und Tarifvertragsebene
und abschließend die Betriebsebene) diskutiert.

3.1.1 Grundstrukturen und Prinzipien des Arbeitsrechts

Das Arbeitsrecht bezeichnet die Gesamtheit der Normen (Gesetze, Tarif- und Betriebsvereinbarungen, geübte Praktiken und Rechtsprechung), die die Rechtsbeziehungen zwischen Arbeitnehmer und Arbeitgeber regeln (vgl. hierzu und im Folgenden
Hromadka/Maschmann, 2012, S. 17 ff.).

Dabei teilt sich das Arbeitsrecht in das Individual- und in das Kollektivarbeitsrecht
(vgl. Tab. 3.1) auf. Das **Individualarbeitsrecht** konzentriert sich zum einen auf das
einzelne Arbeitsverhältnis zwischen einem Arbeitgeber und einem Arbeitnehmer (Ar-
beitsvertragsrecht) und zum anderen auf das Arbeitsschutzrecht (technischer und so-

https://doi.org/10.1515/9783110541526-003

Tab. 3.1: Vergleich zwischen Individual- und Kollektivarbeitsrecht.

	Individualarbeitsrecht	Kollektivarbeitsrecht
Akteure	Arbeitgeber – Arbeitnehmer	Arbeitgeber, Arbeitgeberverbände – Gewerkschaften, Betriebsrat
Fokus auf	Arbeitsvertrag	Betriebsvereinbarungen, Tarifverträge
Gesetzliche Regelungen	BGB, KSchG, MuSchG, …	TVG, BetrVG, …
Mögliche Sachfragen	– Ist der Arbeitsvertrag wirksam zustande gekommen? – Ist die Klausel im Arbeitsvertrag gültig? – Ist die Kündigung wirksam? – Gibt es einen Anspruch auf Urlaub?	– Darf man jetzt streiken? – Wie hoch ist die Lohnerhöhung? – Wie lange muss gearbeitet werden? – Darf der Betriebsrat hier mitbestimmen?

zialer Arbeitsschutz). Das **kollektive Arbeitsrecht** regelt die Beziehungen zwischen Arbeitgebern und Arbeitnehmern, die sich für die kollektive Durchsetzung ihrer Interessen zusammenschließen (bspw. zu Betriebsräten oder Gewerkschaften). Daher betrachtet das kollektive Arbeitsrecht auch die möglichen Folgen solcher Zusammenschlüsse (bspw. die betriebliche oder unternehmerische Mitbestimmung oder Streiks).

Das Arbeitsrecht ist nicht in *einem* Gesetzbuch kodifiziert (das „Arbeitsgesetz"), sondern ergibt sich aus vielen, unkoordiniert nebeneinanderstehenden Gesetzen, Rechtsprechungen, betrieblichen Übungen, Betriebs- und Tarifvereinbarungen und ungeschriebenen Rechtsgrundsätzen. Die unterschiedlichen Regelungsebenen werden in Abb. 3.1 visualisiert.

internationale Ebene	Konventionen der International Labor Organisation (ILO), Europäische Richtlinien, …
nationale Ebene	Grundgesetz, AGG, BGB, HGB, MuSchG, KSchG, BUrlG, TzBfG, Entgeltfortzahlungsgesetz
Unternehmensebene	Mitbestimmungsgesetz, Montan-Mitbestimmungsgesetz, Drittelbeteiligungsgesetz
Tarifvertragsebene	Tarifverträge, gesetzliche Grundlage: Grundgesetz, Tarifvertragsgesetz
Betriebsebene	Betriebsvereinbarungen, gesetzliche Grundlage: Betriebsverfassungsgesetz
(Individual-)Arbeitsvertragsebene	Arbeitsverträge

Abb. 3.1: Regelungsebenen des Arbeitsrechts.

Betrachtet man die unterschiedlichen Regelungsebenen, fällt auf, dass es möglich sein kann, dass eine Rechtsfrage auf mehreren Ebenen unterschiedlich beantwortet wird. So ist es bspw. denkbar, dass im Arbeitsvertrag eine bestimmte Anzahl an Urlaubstagen vereinbart ist. Gleichzeitig kann aber auch der Betriebsrat oder der Tarifvertrag hierzu Aussagen machen. Ebenso findet sich auf nationaler Ebene das Bundesurlaubsgesetz, das ebenfalls Vorgaben hinsichtlich der Anzahl der Urlaubstage macht.

Das Arbeitsrecht entwickelte auf Basis einer Konstruktionslogik mit dem Rangprinzip, dem Spezialitätsprinzip und dem Günstigkeitsprinzip Gestaltungsprinzipien, die mögliche konfliktäre Bestimmungen unterschiedlicher Regelungsebenen lösen können (vgl. Oechsler, 1998).

Nach dem **Rangprinzip** gehen Normen auf den oberen, zentralen Ebenen des Systems den nachgelagerten, dezentralen Ebenen vor. Durchbrochen wird das Rangprinzip durch das **Günstigkeitsprinzip**. Hiernach geht bei unterschiedlichen Bestimmungen auf verschiedenen Ebenen die Regelung auf der unteren Ebene der oberen dann vor, wenn sie für den Arbeitnehmer günstigere Bestimmungen enthält. Das **Spezialitätsprinzip** regelt die Interessenskollision auf gleicher Ebene und weist der jeweils spezielleren, ggf. auch neueren oder sachlich näheren Regelung den Vorrang vor der allgemeiner gehaltenen Regelung zu. Das Verständnis dieser Interaktions- und Kollisionsnormen ist notwendig, da die im Folgenden vorgestellten Regelungsinstrumente ungleiche Wirkungsweisen und -weiten haben, nebeneinander existieren können und zwischen unterschiedlichen Vertragsparteien abgeschlossen werden, wodurch sich gesonderte Handlungsspielräume ergeben können (vgl. Hromadka/Maschmann, 2012, S. 44).

3.1.2 Internationale Rechtsordnungen

Die **International Labour Organization (ILO)** (vgl. Abb. 3.2) mit Sitz in Genf ist eine Sonderorganisation der Vereinten Nationen. Sie verfolgt das Ziel, durch Formulierung von Mindeststandards länderübergreifend sozial gerechte Arbeitsbedingungen zu erreichen. Hauptorgane der ILO sind die jährlich stattfindende internationale Arbeits-

---

International Labour Organization (ILO)

– Sonderorganisation der Vereinten Nationen
– Organe: Allgemeine Konferenz der Mitglieder
  Verwaltung / Exekutive
  Arbeitsgericht in Genf
– Beispiele: Vereinigungsfreiheit (1948)
  Verbot der Zwangsarbeit (1957)
  Arbeitsschutz in Bergwerken (1995)
  Verbot der Kinderarbeit (1999)

Abb. 3.2: International Labour Organization (ILO).

Abb. 3.3: Primäres und sekundäres Gemeinschaftsrecht.

konferenz, der Verwaltungsrat und das Internationale Arbeitsamt, die durch Regie-
rungs-, Arbeitgeber- und Arbeitnehmervertreter besetzt sind (vgl. Bookmann, 2004,
Sp. 958).

Die internationale Arbeitskonferenz als Vollversammlung der Mitgliedstaaten ist
insb. für die Verabschiedung von Resolutionen zuständig, die dann allerdings vom nationalen Gesetzgeber ratifiziert werden müssen. Die Bundesrepublik Deutschland hat
die meisten Resolutionen umgesetzt. Hierzu gehören bspw. das Recht Gewerkschaften
bilden zu dürfen, das Verbot von Kinderarbeit, der bezahlte Erholungsurlaub oder die
Gleichberechtigung zwischen Mann und Frau.

Da die Forderungen, die sich aus den internationalen Regelungen der ILO ergeben, in einem hoch entwickelten Industriestaat wie Deutschland meist problemlos
erfüllt werden, sind die weiteren Entwicklungen auf dem Gebiet des europäischen Ar-
beits- und Sozialrechts für die Bundesrepublik Deutschland ungleich bedeutsamer.

Das **europäische Arbeits- und Sozialrecht** gliedert sich in primäres und sekundäres Gemeinschaftsrecht (vgl. Abb. 3.3).

Das **primäre Gemeinschaftsrecht** wird hauptsächlich durch die Gründungsverträge (insb. der EU-Vertrag, Vertrag über die Arbeitsweise der EU und der Charta der
Grundrechte der EU) bestimmt. Ursprünglich – im Jahre 1957 – war die Europäische
Gemeinschaft als Wirtschaftsgemeinschaft geplant, eine Sozial- und Arbeitspolitik
war nicht vorgesehen. Erst im Zuge des Abschlusses der Einheitlichen Europäischen
Akte (EEA) wurden Überlegungen zum sozialen Schutz und der Verbesserung der Le-
bens- und Arbeitsverhältnisse, der Arbeitnehmerfreizügigkeit innerhalb der EU oder
der Verbesserung der beruflichen Bildung aufgenommen. Zwar sind die Mitgliedsstaaten weiterhin zuständig für ihre nationale Gesetzgebung, doch sind sie durch
die Verpflichtung richtlinienkonformer Gesetzgebung im Bereich des harmonisier-

Tab. 3.2: Richtlinien und ihre Umsetzung in nationales Recht (vgl. Hromadka/Maschmann, 2012, S. 29).

Richtlinie	Umsetzung in deutsches Recht
gleiches Entgelt für Männer und Frauen	AGG
Wahrung der Rechte beim Betriebsübergang	§ 613a BGB, § 324 UmwG, §§ 21a, b BetrVG
Mutterschutz	MuSchG
Arbeitszeit	ArbZG
Massenentlassung	§ 17 ff. KSchG
Elternzeit	BEEG

ten Rechts gebunden. Verbindliche Beschlüsse für die Mitgliedsstaaten können aber nicht gefasst werden.

Als **sekundäres Gemeinschaftsrecht** wird das von den Organen der Gemeinschaft nach Maßgabe der Gründungsverträge erlassene Recht bezeichnet. Grundsätzlich können dabei folgende Instrumente zur Regelung auf europäischer Ebene genannt werden:

- **Verordnungen:** haben unmittelbare Rechtswirkung und sind in allen ihren Teilen rechtsverbindlich
- **Richtlinien:** haben keine unmittelbare Rechtswirkung, sind dem Adressaten gegenüber nur hinsichtlich des zu erreichenden Ziels rechtsverbindlich und müssen durch den nationalen Gesetzgeber richtlinienkonform ratifiziert werden (vgl. Tab. 3.2)
- **Entscheidungen:** sind gegenüber dem Adressaten in all ihren Teilen rechtsverbindlich
- **Empfehlungen** und **Stellungnahmen:** haben keine Rechtsverbindlichkeit

Im arbeits- und sozialrechtlichen Bereich sind vor allem die Entscheidungen des EuGH oder die verabschiedeten Richtlinien bedeutsam (so bspw. solche bzgl. der Themen „Antirassismus", Rechte der Leiharbeiter, zum Schutz von befristet Beschäftigten oder zur Ausgestaltung der Arbeitszeitordnung).

3.1.3 Nationale Ebene des Arbeits- und Sozialrechts

Aus dem **Grundgesetz** können wichtige Anhaltspunkte für unsere Arbeitsrechtsordnung abgeleitet werden. Das Grundgesetz bindet Gesetzgebung und Rechtsprechung insofern, als dass es Ordnungssätze und Grundsatznormen vorgibt („Drittwirkung des Grundgesetzes").

So lässt sich bspw. aus Art. 12 GG das Recht ableiten, gewerblich tätig zu sein und Arbeitsverträge als Arbeitgeber und Arbeitnehmer privatautonom abzuschließen. Aus Art. 9 Abs. 3 GG („Koalitionsfreiheit") folgt das Recht, Gewerkschaften zu bilden und bspw. für die Ausgestaltung der Arbeitsbedingungen zu kämpfen („streiken").

Tab. 3.3: Schutzbereiche des Arbeits- und Sozialrechts.

Technischer Arbeitsschutz	Persönlicher Arbeitsschutz	Soziale Sicherung
– Arbeitssicherheitsgesetz	– Allgemeine Schutznormen:	– SGB V (Krankenversicherung)
– Chemiegesetz	– BGB	– SGV XI (Pflegeversicherung)
– Bildschirmarbeitsverordnung	– BUrlG	– SGV VI (Rentenversicherung)
– Gerätesicherheitsgesetz	– ArbZG	– SGB III
– ...	– KSchG	(Arbeitslosenversicherung)
	– AGG	– SGV VII (Unfallversicherung)
	– ...	
	– Schutzvorschriften für	
	Personengruppen:	
	– MuSchG	
	– BEEG	
	– AÜG	
	– ...	

Unterhalb des Grundgesetzes findet sich eine unübersichtliche Anzahl von **Gesetzen**, die das Arbeitsverhältnis individuell oder kollektiv betreffen (vgl. Tab. 3.3). Trotz mehrerer Anläufe ist es nicht gelungen, ein Arbeitsgesetzbuch zu schaffen. Kernstück des Arbeitsrechts ist deshalb nach wie vor das BGB, in dem das arbeitsrechtliche Austauschverhältnis (Leistung und Gegenleistung – Arbeitsleistung und Vergütung) in § 611 BGB beschrieben wird. Daneben lassen sich für viele Fragen rund um das Arbeitsverhältnis Einzelgesetze oder Ableitungen aus zivilrechtlichen Grundsätzen finden.

Gesetzliche Vorgaben schaffen dabei lediglich Rahmenbedingungen durch Mindest- oder Höchstvorgaben, bspw. die maximale tägliche Arbeitszeit, Unfallverhütungsvorschriften oder der gesetzliche Mindesturlaub. Auch wenn nur Mindeststandards definiert werden, zeichnet sich das deutsche Arbeitsrecht auf gesetzlicher Ebene durch eine hohe Regelungsdichte aus, in der der **Handlungsrahmen** für die Akteure innerhalb des Systems festgelegt wird.

Im Individualarbeitsrecht kann zwischen dem technischen und persönlichen Arbeitsschutz sowie der sozialen Sicherung unterschieden werden:

Ziel des **technischen Arbeitsschutzes** ist es, den Arbeitnehmer vor Gesundheitsgefährdungen bei der Arbeit und durch die Arbeit zu schützen. Es sollen Unfälle und Berufskrankheiten verhindert und die Arbeitskraft des Arbeitnehmers bewahrt werden. Demzufolge sind technische Anlagen und die Arbeitsorganisation unfallsicher zu gestalten und Schutz- und Hygienemaßnahmen durchzuführen, insb. beim Umgang mit gesundheitsgefährdenden Stoffen.

Die Regelungen zum technischen Arbeitsschutz sind zunächst in staatlichen Arbeitsschutzvorschriften konkretisiert worden. Basis dieser Vorschriften ist das Arbeitsschutzgesetz (ArbSchG), das eine Reihe von Grundpflichten des Arbeitgebers und der Beschäftigten im Rahmen des Arbeitsschutzes festlegt und durch weitere

Tab. 3.4: Prüfschema im Arbeitsrecht I (vgl. Hromadka/Maschmann, 2012, S. 38).

Leitfrage	Hilfsfragen, Themengebiete, Gesetzey
Ist das eine Frage aus dem Arbeitsrecht?	Sind die Akteure Arbeitnehmer und Arbeitgeber?
Ist der Sachverhalt im BGB abgedeckt?	Lässt sich der Sachverhalt durch zivilrechtliche Grundsätze lösen?
Ist der Sachverhalt durch Spezialgesetze konkretisiert?	Allgemeines Gleichbehandlungsgesetz, Teilzeit- und Befristungsgesetz, Entgeltfortzahlungsgesetz, Bundesurlaubsgesetz, Kündigungsschutzgesetz, Arbeitszeitgesetz, Arbeitssicherheitsgesetz, Altersteilzeitgesetz, Nachweisgesetz, ...
Ist der Arbeitnehmer ein besonders geschützter Arbeitnehmer, für den weitere Spezialgesetze gelten?	Arbeitsplatzschutzgesetz, Mutterschutzgesetz, Bundeselterngeld- und Elternzeitgesetz, Jugendarbeitsschutzgesetz, SGB IX Schwerbehindertenrecht, Arbeitnehmerüberlassungsgesetz, Berufsausbildungsgesetz, ...

Verordnungen oder Einzelgesetze konkretisiert wird. Dazu zählen bspw. die Arbeitsstättenverordnung über Mindestvoraussetzungen von Arbeits- und Ruheräumen oder die Bildschirmarbeitsverordnung, das Gerätesicherheitsgesetz (GSG), das Chemikaliengesetz (ChemG), Unfallverhütungsvorschriften sowie zahlreiche weitere spezielle Regelungen (vgl. Dütz, 2008, S. 240). Die Gewerbeaufsicht überwacht die Einhaltung der staatlichen Arbeitsschutzvorschriften, die Berufsgenossenschaften überwachen die der Unfallverhütungsvorschriften (vgl. Löwisch, 2007, S. 274).

Allgemeine Schutzvorschriften im Rahmen des **persönlichen Arbeitsschutzes** sind durch das BGB und weitere Gesetze normiert, die sich entweder auf einzelne Sachfragen (Urlaub, Arbeitszeit, Kündigung, Krankheit oder Diskriminierung) oder auf einzelne Arbeitnehmergruppen beziehen (Auszubildende, Leiharbeiter, Schwerbehinderte, Jugendliche, Frauen, Mütter oder Erziehungsberechtigte).

Will man aus dem Zusammenspiel der nationalen Gesetze die passende Vorschrift finden, bietet sich folgendes Schema an (vgl. Tab. 3.4):

Beispielfall:

Herr Müller, der zu 60 % schwerbehindert ist, möchte wissen, wie viele Urlaubstage ihm eigentlich pro Jahr zustehen.

Herr Müller ist Arbeitnehmer und hat einen gültigen Arbeitsvertrag mit seinem Arbeitgeber. In seinem jahrzehntealten Arbeitsvertrag findet er keine Hinweise auf einen Urlaubsanspruch. Also schaut Herr Müller in das BGB, das ihm jedoch in diesem Fall keine Antwort liefert. In § 3 Abs. 1 BurlG heißt es aber: „Der Urlaub beträgt jährlich mindestens 24 Werktage." Als Werktage gelten alle Kalendertage, die nicht Sonn- oder gesetzliche Feiertage sind (§ 3 Abs. 2 BUrlG), als Arbeitstage die Tage, an denen der Arbeitnehmer nach seinem Vertrag zu arbeiten hat.

Da mit Herrn Müller vertraglich eine 5-Tage-Woche vereinbart wurde, müssen die gesetzlich zugesicherten 24 Urlaubstage (auf der Basis einer 6-Tage-Woche) auf eine 5-Tage-Woche runtergerechnet werden. Demnach hat Herr Müller Anspruch auf 4 Wochen (oder 20 Tagen) Urlaub.

> In § 125 SGB IX (Schwerbehindertenrecht) heißt es weiter: „Schwerbehinderte Menschen haben Anspruch auf einen bezahlten zusätzlichen Urlaub von 5 Arbeitstagen im Urlaubsjahr [...]." Das heißt, er hat pro Jahr mindestens 5 Wochen bzw. 25 Arbeitstage Urlaub (4 Wochen laut BUrlG und eine weitere als Schwerbehinderter).
>
> Mit der Klärung der Gesetzeslage ist der Fall meistens noch nicht gelöst. Häufig enthalten Tarifvertrag, Betriebsvereinbarung und/oder Arbeitsvertrag ergänzende oder abweichende Bestimmungen. Es ist dann weiter zu prüfen, wie diese sich zu den gesetzlichen Regelungen verhalten. Siehe dazu die Fortsetzung des Beispiels in Kap. 3.1.4.
>
> Aus: Hromadka/Maschmann, 2012, S. 38.

Als ein Ausschnitt aus dem allgemeinen Sozialrecht hat das Sozialversicherungsrecht unmittelbare Anknüpfungspunkte zum Arbeitsverhältnis. Die **soziale Sicherung** dient als Auffangnetz für das Unbill, die das Arbeitsleben mit sich bringt (vgl. Tab. 3.5).

Soziale Sicherung bedeutet, den Einzelnen in Notlagen, die aus eigener Kraft nicht mehr bewältigt werden können, zu unterstützen. Das soziale Sicherungssystem konkretisiert sich durch die Zweige der Sozialversicherungen.

Nach Art ihrer Finanzierung lassen sich zwei Sozialversicherungsbereiche bilden. Allein von den Arbeitgebern finanziert werden die Berufsgenossenschaften der gesetzlichen Unfallversicherung. Ihr Zweck ist es, den Arbeitgeber (unterhalb der Grenze des Vorsatzes) von den mit der Arbeitsverrichtung verbundenen Gefahren und Haftungsrisiken freizustellen. Die Übertragung der Haftung vom Arbeitgeber auf die Berufsgenossenschaft soll (1) den Arbeitnehmer durch die damit verbundene Vergrößerung

Tab. 3.5: Sozialversicherungen im Überblick (Stand: 2014).

	Kranken-versicherung	Pflege-versicherung	Renten-versicherung	Arbeitslosen-versicherung	Unfall-versicherung
Träger	Krankenkassen	Pflegekassen	Deutsche Rentenversicherung	Bundeagentur für Arbeit	Berufsgenossenschaften
Beiträge	15,5 %	2,05 % (+0,25 % für kinderlose AN)	18,9	3,0	Nach Jahreslohnsumme und Gefahrenklasse
Verteilung	AG = 7,3 % AN = 8,2 %	AG = 50 % AN = 50 % (+0,25 %)	AG = 50 % AN = 50 %	AG = 50 % AN = 50 %	AG = 100 %
Leistung	Krankenhilfe, Krankengeld, Vorsorge	Pflegegeld, häusliche und stationäre Pflege	Berufsunfähig-keits-, Erwerbs-minderung-, Hinterbliebenen-rente	Arbeitslosengeld, Kurzarbeitergeld, Arbeitsvermitt-lung, Berufsberatung	Heilbehand-lungen, Übergangsgeld, Verletztengeld
Rechts-grundlage	SGB V	SGB XI	SGB VI	SGB III	SGB VII

der finanziellen Tragkraft bei Arbeitsunfällen absichern und (2) den Betriebsfrieden durch eine externe Entscheidungsstelle sicherzustellen. Die Berufsgenossenschaften erbringen vorrangig Leistungen bei Arbeitsunfällen und Berufskrankheiten in Form von Heilbehandlung, Körperersatzstücken, Verletztengeld und -rente sowie Hinterbliebenenrente.

Die erläuterten Regelungen bilden durch die Vorgabe von Mindest- und Höchstgrenzen die Determinanten für das betriebliche Human Resource Management. Auf dieser Ebene sind dem unternehmerischen **Gestaltungsspielraum** sehr enge Grenzen gesetzt. Erst auf Tarif-, Unternehmens- oder Betriebsebene eröffnen sich Handlungsspielräume, die durch strategische Entscheidungen (bspw. durch die Rechtsformwahl, durch den Ein- oder Austritt aus einem Arbeitgeberverband oder den Abschluss von Betriebsvereinbarungen) erweitert oder eingeengt werden können.

3.1.4 Tarifebene

Formen der Partizipation auf überbetrieblicher Ebene sind durch eine institutionelle Interessenvertretung möglich. Rechtsgrundlage hierfür ist vor allem das Tarifvertragsgesetz (TVG). Die Leitidee des Tarifvertragssystems ist, dass gesellschaftliche Gruppen (hier Gewerkschaften und Arbeitgeberverbände), Interessen in kollektiven Aushandlungsprozessen durchsetzen können. Der Tarifvertrag regelt Rechte und Pflichten der Tarifvertragsparteien (schuldrechtlich) und enthält Rechtsnormen, die den Inhalt, den Abschluss und die Beendigung von Arbeitsverhältnissen sowie betriebliche und betriebsverfassungsrechtliche Fragen ordnen können (§ 1 Abs. 1 TVG). Es handelt sich somit um kollektive Vereinbarungen, von denen auf betrieblicher Ebene in Betriebsvereinbarungen nur bei tarifvertraglichen Öffnungsklauseln abgewichen werden kann (§ 77 Abs. 3 und § 87 Abs. 1 BetrVG).

Für ein Verständnis der unternehmerischen Handlungsspielräume auf Tarifebene ist es notwendig, die einzelnen Akteure, die Regelungsgegenstände und die Instrumente zur Durchsetzung der Interessen zu kennen.

Tarifvertragsparteien für solche kollektiven Vereinbarungen sind Gewerkschaften (vgl. Tab. 3.6), einzelne Arbeitgeber sowie Vereinigungen von Arbeitgebern (Arbeitgeberverbände). Tarifgebunden sind die Mitglieder der Tarifparteien für die Laufzeit des Tarifvertrags. Nichttarifgebundene Arbeitgeber und Arbeitnehmer können durch Allgemeinverbindlichkeitserklärung den Rechtsnormen des Tarifvertrags unterworfen werden (§ 5 TVG).

Arbeitgeberverbände sind für die Tarif- und Sozialpolitik der Arbeitgeber zuständig und in der Spitzenorganisation der Bundesvereinigung der deutschen Arbeitgeberverbände (BDA) zusammengeschlossen.

Die Arbeitnehmerseite schließt sich in Gewerkschaften zusammen. Stärkster Verband ist der Deutsche Gewerkschaftsbund (DGB), zu dem sich die bedeutendsten Industriegewerkschaften zusammengeschlossen haben. Daneben gibt es die Vereinte

Tab. 3.6: Ausgewählte Gewerkschaften in Deutschland.

Dachverband	Gewerkschaft	Wichtige Branchen
DGB	Industriegewerkschaft Metall (IG Metall)	Metall- und Elektroindustrie, Stahlindustrie
DGB	Vereinte Dienstleistungsgewerkschaft (ver.di)	Öffentlicher Dienst, Handel, Banken
DGB	Industriegewerkschaft Bergbau, Chemie, Energie (IG BCE)	Chemieindustrie, pharmazeutische Industrie
DGB	Gewerkschaft Erziehung und Wissenschaft (GEW)	Lehrer, Erzieher, Hochschulen
DGB	Gewerkschaft Nahrung-Genuss-Gaststätten (NGG)	Lebensmittelindustrie, Gaststätten, Hotels
CGB	Christliche Gewerkschaft Metall (CGM)	Metall- und Elektroindustrie
CGB	Christlicher Gewerkschaften für Zeitarbeiter (CGZP)	Zeitarbeit, Personaldienstleistungen

Dienstleistungsgewerkschaft (ver.di), die im Jahre 2001 als Zusammenschluss vieler Einzelgewerkschaften gegründet wurde sowie eine Reihe weiterer Gewerkschaften und Verbände (bspw. Christlicher Gewerkschaftsbund (CGB) oder Beamtenbund und Tarifunion [dbb]).

In Deutschland galt über Jahrzehnte hinweg der Grundsatz der **Tarifeinheit**. In einem Betrieb findet demnach nur der Tarifvertrag *einer* Gewerkschaft Anwendung. Sollten mehrere Gewerkschaften für einen Betrieb unterschiedliche Tarifverträge abschließen, wurde die Tarifpluralität über das Spezialitätsprinzip aufgelöst. Der räumlich, fachlich oder persönlich nähere Tarifvertrag ging etwaigen anderen Konkurrenztarifverträgen vor (vgl. hierzu und im Folgenden Bleich/Paul, 2013).

Die Anwendung des Prinzips der Tarifeinheit erfolgte meist aus pragmatischen Überlegungen. So ist es für einen Betrieb aus organisatorischer Sicht einfacher, ein einheitliches Tarifwerk für alle Mitarbeitergruppen anzuwenden. Die Konstruktion des bisher dominierenden Flächentarifvertrags führte dazu, dass die dominierende Gewerkschft durch die zentrale Verhandlung mit dem Arbeitgeberverband andere, meist kleinere Gewerkschaften von den einzelnen Betrieben fernhielt.

In den vergangenen Jahren wuchs der Einfluss kleinerer, aber einflussreicher Berufsgewerkschaften, die diese Prinzipien infrage stellen. Einzelne Berufsgruppen streiken nun für den Abschluss eines eigenen Tarifvertrags, obwohl für das betroffene Unternehmen ein Tarifvertrag, der für die Mehrheit der Belegschaft gilt, bereits vorhanden ist. Diese Entwicklung wurde insb. durch das Erstarken von Berufs- bzw. Spartengewerkschaften ausgelöst (vgl. Tab. 3.7). Als Beispiele hierfür lassen sich insb. die Gewerkschaft Deutscher Lokomotivführer (GDL), die Vereinigung Cockpit (VC), die Unabhängige Flugbegleiterorganisation (UFO), die Gewerkschaft der Flugsicherung (GdF), der Marburger Bund und der Verband medizinischer Fachberufe (VMF) nennen.

Tab. 3.7: Entwicklung von Spartengewerkschaften (vgl. iwd, 2011a).

	Mitglieder	Eigenständige Tarifverträge seit
Gewerkschaft Deutscher Lokomotivführer (GDL)	34.000	2007 bei der Deutschen Bahn
Vereinigung Cockpit (VC)	8.200	2001 bei der Deutschen Lufthansa
Unabhängige Flugbegleiterorganisation (UFO)	>10.000	2002 bei der Deutschen Lufthansa
Gewerkschaft der Flugsicherung (GdF)	3.500	2004 bei der Deutschen Flugsicherung
Marburger Bund	107.000	2006 bei den kommunalen Kliniken und Universitätskliniken
Spartengewerkschaft für Betriebsfeuerwehren	k. A.	noch kein eigener Tarifvertrag
Gewerkschaft der Servicekräfte	ca. 100	noch kein eigener Tarifvertrag
contterm	ca. 100	Organisation an den Häfen Bremen und Bremerhaven

2010 änderte dann das Bundesarbeitsgericht seine bisherige Rechtsprechung zur Tarifeinheit („Ein Betrieb – Ein Tarifvertrag"). In der Konsequenz können seit diesem Zeitpunkt in einem Betrieb verschiedene Tarifverträge unterschiedlicher Gewerkschaften für einzelne Arbeitnehmergruppen parallel gelten.

Es werden mehrere **Arten von Tarifverträgen** unterschieden:

–   Während **Flächentarifverträge** (Verbandstarifverträge) zwischen einer Gewerkschaft und einem Arbeitgeberverband bzw. deren jeweiliger Spitzenorganisation abgeschlossen werden (vgl. Abb. 3.4), wird ein **Haustarifvertrag** (Firmentarifvertrag) zwischen einer Gewerkschaft und einem einzelnen Arbeitgeber abgeschlossen.

–   Auf inhaltlicher Ebene kann zwischen verschiedenen Tarifvertragstypen differenziert werden, bspw. zwischen Entgelt-, Urlaubs oder Manteltarifverträgen. Dabei verfügen bspw. **Entgelttarifverträge** meist über eine geringe Laufzeit. Ein Entgelttarifvertrag legt unmittelbar die Höhe des Arbeitsentgelts fest und wird regelmäßig neu verhandelt (meist innerhalb von ein bis zwei Jahren). **Manteltarifverträge** legen allgemeine Rahmen- und Arbeitsbedingungen fest (bspw.

Abb. 3.4: Systematik von Flächen- oder Verbandstarifverträgen.

Einstellungsprozesse und Kündigungsfristen, Arbeitszeit, Zuschläge, Anzahl von Urlaubstagen sowie die Methoden zur Eingruppierung von Mitarbeitern in Lohn-Gehalts- und Entgeltgruppen). Die Laufzeit der Manteltarifverträge beträgt meist mehrere Jahre und ist selten Gegenstand von Arbeitskämpfen (vgl. Thüsing, 2004, Sp. 1875 f.). Beispiele für die inhaltliche Gliederung von Tarifverträgen zeigt Tab. 3.8.

Tab. 3.8: Gliederungsbeispiele für einen Mantel- und Entgelttarifvertrag.

Manteltarifvertrag	Entgelttarifvertrag
– § 1 Geltungsbereich	– § 1 Geltungsbereich
– § 2 Einstellung und Probezeit	– § 2 Entgelt
– § 3 Arbeitsumgebung	– § 2 Abs. 1 Einmalbetrag
– § 4 Kündigung und Aufhebungsvertrag	– § 2 Abs. 2 Tabellenerhöhung
– § 5 Zeugnis	– § 3 Ausbildungsvergütungen
– § 6 Alterssicherung	– § 3 Abs. 1 Einmalbetrag
– § 7 Regelmäßige Arbeitszeit	– § 3 Abs. 2 Tabellenerhöhung
– § 8 Abweichende Arbeitszeit	– § 4 Sonderregelungen
– § 9 Mehr-, Spät-, Nacht-, Sonntags- und Feiertagsarbeit	– § 5 Übertarifliche Zahlungen
– § 10 Höhe der Zuschläge	– § 6 Inkrafttreten und Kündigung
– § 11 Entgeltzahlung	– Anhang: Entgelttabellen
– § 12 Arbeitsunfähigkeit infolge Krankheit	
– § 14 Vergütung der Mehraufwendungen bei Dienstreisen	
– § 15 Inkrafttreten, Außerkrafttreten und Kündigung	

Auf Tarifebene kann das Beispiel aus Kap. 3.1.3 weitergeführt werden. Da die Suche nach Vorschriften mit dem Auffinden eines einschlägigen Gesetzes nicht zu Ende ist, ist weiter zu prüfen, ob Vorschriften im Tarifvertrag in Betracht kommen. Folgende Leitfragen (vgl. Tab. 3.9) können auf der Ebene der Tarifverträge weiterhelfen:

Tab. 3.9: Prüfschema im Arbeitsrecht II (vgl. Hromadka/Maschmann, 2012, S. 45).

Leitfrage	Hilfsfragen, Themengebiete, Gesetze
Gibt es für den Betrieb einen Tarifvertrag?	Ist der Arbeitgeber Mitglied eines Arbeitgeberverbands oder gibt es einen Haus-/Firmentarifvertrag? Alternativ: Ist ein Tarifvertrag allgemein verbindlich erklärt worden?
Ist der Arbeitnehmer Mitglied der tarifschließenden Gewerkschaft?	Wenn nein, ist der Tarifvertrag allgemein verbindlich oder nimmt der Arbeitsvertrag Bezug auf den Tarifvertrag?
Enthält der Tarifvertrag einschlägige Regelungen?	Regelt der Tarifvertrag den vorliegenden Sachverhalt?

Fortsetzung des Beispielfalls aus Kap. 3.1.3:

Die Prüfung der gesetzlichen Regelungsebene ergab, dass Herrn Müller insgesamt 25 Urlaubstage zustehen (aus dem BUrlG insgesamt 20 Urlaubstage und aus § 125 SGB IX weitere 5 Urlaubstage)

Da das BUrlG nur einen Mindestanspruch vorsieht („mindestens"), kann durch Tarifvertrag zugunsten der Arbeitnehmer abgewichen werden. Der Tarifvertrag seines Arbeitgebers sieht 30 Tage Urlaub im Jahr vor. Im Beispielfall ist Herr Müller zwar kein Gewerkschaftsmitglied, aber in seinem Arbeitsvertrag wird auf den Tarifvertrag Bezug genommen. Daher stehen Herrn Müller die 30 Tage Urlaub zu. Der Zusatzurlaub für Schwerbehinderte wird dadurch nicht berührt. Das folgt daraus, dass sich der Tarifvertrag nur mit dem allgemeinen Urlaubsanspruch befasst; eine „Urlaubsnivellierung" durch „Aufsaugung" des Zusatzurlaubs ist nicht beabsichtigt. Demnach hat Herr Müller als Zwischenergebnis nun einen Anspruch auf 30 Tage Urlaub aus dem Tarifvertrag und zusätzlich 5 Tage Zusatzurlaub gem. SGB IX.

Siehe dazu die Fortsetzung des Beispiels in Kap. 3.1.6.

Aus: Hromadka/Maschmann, 2012, S. 46.

Einen wichtigen Punkt im Tarifvertragssystem stellt der **Arbeitskampf** dar (vgl. Tab. 3.10). Das Arbeitskampfrecht als wichtigstes Teilgebiet des kollektiven Arbeitsrechts ist nicht gesetzlich geregelt. Es besteht allerdings ein Zuordnungsverhältnis zum Tarifvertrag und wird als Ausprägung des Koalitionsrechts (Art. 9 Abs. 3 GG) gesehen. Dabei ist der Koalitionskampf ein Teil des Betätigungsrechts der Gewerkschaften mit dem Ziel, die Arbeitsbedingungen zu gestalten.

Im Rahmen des Arbeitskampfrechts lassen sich folgende Bestandteile unterscheiden:

– **Kampfparteien:** Das Arbeitskampfrecht steht zwar allen Arbeitnehmern zu, kann aber nur kollektiv ausgeübt werden. Das heißt, dass eine Störung des Arbeitsfriedens als Merkmal des Streiks nur mit Legitimation der Gewerkschaft möglich ist. Ein wilder Streik ist somit nicht rechtmäßig (vgl. Löwisch, 2007, S. 93 f.).

Tab. 3.10: Voraussetzungen für einen rechtmäßigen Streik (vgl. Hromadka/Maschmann, 2014, S. 159).

Prüfschritt	Hilfsfrage
Tarifregelung	Wird ein tariflich regelbares Kampfziel verfolgt? Kein politisches Ziel?
Friedenspflicht	Besteht eine relative Friedenspflicht? Ist diese Regelung schon Gegenstand eines noch laufenden Tarifvertrags? Besteht eine absolute Friedenspflicht? Wurde eine absolute Friedenspflicht vereinbart?
Legitimation durch Gewerkschaften	Haben die Gewerkschaften zum Streik aufgerufen?
Faire Kampfführung	Ist die Verhältnismäßigkeit gewährt? Keine Existenzvernichtung, Notdienste während des Arbeitskampfs aufrecht erhalten, Verbot von Betriebsblockaden Gebot, nach dem Ende den Arbeitsfrieden wiederherzustellen

- **Kampfziel**: Das Kampfziel muss der Abschluss eines Tarifvertrags sein. Demnach kann auch nur für Ziele gestreikt werden, die tarifvertraglich verhandelbar sind. Politische Streiks (bspw. die Erhöhung der gesetzlichen Rentenzahlungen oder die Abschaffung der sog. Hartz-IV-Regelungen) sind daher nicht zulässig. Ebenso darf nicht für den Abschluss von Betriebsvereinbarungen gestreikt werden, da diese den Betriebsparteien vorbehalten sind.
- **Streikwillensbildung**: Es gibt keine gesetzlichen Regelungen zur Streikwillensbildung, sondern nur gewerkschaftsinterne Richtlinien zur Führung von Arbeitskämpfen.
- **Friedenspflicht**: Die Friedenspflicht kennzeichnet den Zeitraum, in dem noch nicht gestreikt werden darf. Die relative Friedenspflicht muss dabei nicht gesondert vereinbart werden, da diese jedem Tarifvertrag immanent ist. Während der Laufzeit des Tarifvertrags darf nicht gestreikt werden. Der Arbeitgeber soll während der Laufzeit eines Tarifvertrags planbare Arbeitsbedingungen erhalten, die Gewerkschaften müssen den einmal geschlossenen Vertrag akzeptieren und Arbeitskampfmaßnahmen unterlassen. Eine absolute Friedenspflicht muss hingegen gesondert vereinbart werden und erstreckt sich auf einen definierten Zeitraum, in dem kein Arbeitskampf (auch für bisher ungeregelte Sachverhalte oder schon ausgelaufene Tarifverträge) stattfinden soll (vgl. Hromadka/Maschmann, 2014, S. 158).
- **Streikdurchführung**: Streiks sind aus rechtlicher Perspektive Arbeitsniederlegung ohne Einhaltung von Kündigungsfristen. Nichtstreikwillige sind zwar zur Arbeit verpflichtet, brauchen aber keine Streikarbeit zu leisten. Streikposten sollen Arbeitswillige von der Arbeit abhalten und Neueinstellungen verhindern. Sie dürfen dabei aber keine Gewalt und andere nicht verhältnismäßige Mittel wie Blockaden und Betriebsbelagerungen anwenden. Die Streikenden sind allerdings zur Durchführung von Notstandsarbeiten und Erhaltungsarbeiten im bestreikten Betrieb verpflichtet (vgl. Junker, 2009, S. 340). Die Aussperrung ist das äquivalente Arbeitskampfmittel der Arbeitgeber zum Streik. Die Zulässigkeit der Aussperrung ist umstritten, aber mit der herrschenden Meinung wegen der ausdrücklichen Nennung des Arbeitskampfs in Art. 9 Abs. 3 GG zu bejahen. Während die Betriebsverfassung weitgehend durchnormiert ist, gibt es keine gesetzliche Regelung für das Arbeitskampfrecht. Dies führt dazu, dass auch immer wieder neue Streikformen (bspw. Aufruf zu Flashmobs) Verbreitung finden.
- **Streikwirkung**: Streik und Aussperrung suspendieren die arbeitsvertraglichen Hauptpflichten, das heißt, es erfolgt keine Arbeitsleistung und keine Lohnzahlung (vgl. Löwisch, 2007, S. 101). Gewerkschaften zahlen zur Kompensation des Lohnausfalls und zur Aufrechterhaltung der Streikmoral eine Streikunterstützung an ihre streikenden Mitglieder („Streikgeld").
- **Versicherungsrecht**: Hinsichtlich versicherungsrechtlicher Ansprüche bei einem rechtmäßigen Arbeitskampf gilt für die Krankenversicherung, dass die Mit-

gliedschaft und Versicherung bis zum Ende eines rechtmäßigen Arbeitskampfs bestehen bleibt, während bei einem rechtswidrigen Streik die Mitgliedschaft nach einem Monat endet und der Versicherungsschutz nur noch einen weiteren Monat aufrechterhalten wird. Die Rentenversicherung wird während des Arbeitskampfs nicht unterbrochen, sondern lediglich suspendiert. Dies wirkt sich auf die Anzahl der anrechnungsfähigen Versicherungszeiten allerdings nur dann aus, wenn der Arbeitskampf mindestens einen ganzen Monat umfasst. In der Arbeitslosenversicherung wird der Versicherungsschutz durch die Teilnahme an einem Arbeitskampf im Regelfall nicht beeinträchtigt, da der volle Versicherungsschutz bereits dann besteht, wenn der Arbeitnehmer in den letzten drei Jahren mindestens zwei Jahre beitragspflichtig beschäftigt war. Während des Arbeitskampfs entfällt die Unfallversicherung, da der Arbeitnehmer keinem Betriebsrisiko mehr ausgesetzt ist und er keine versicherte Tätigkeit mehr ausübt.

– **Streikbeendigung**: Die Beendigung des Streiks erfolgt bei Erreichen eines Verhandlungsergebnisses. Ein Streik kann auch unabhängig von der gewerkschaftlichen Beendigung faktisch durch Aufnahme der Arbeit durch die Arbeitnehmer beendet werden.

Der Tarifvertrag entfaltet seine **Wirkung** unmittelbar und zwingend zwischen den beiderseits Tarifgebundenen, das heißt dem Arbeitgeber, der den Tarifvertrag abgeschlossen hat oder der dem tarifschließenden Arbeitgeberverband angehört, und dem Arbeitnehmer, der Mitglied der tarifschließenden Gewerkschaft ist (§ 4 Abs. 1 i. V. m. § 3 Abs. 1 TVG). Der Arbeitgeber ist ohne Allgemeinverbindlicherklärung nicht verpflichtet, gewerkschaftlich nicht organisierte Arbeitnehmer mit gewerkschaftlich organisierten gleich zu behandeln. Eine Gleichbehandlung kann über eine Bezugnahmeklausel im Arbeitsvertrag vereinbart werden (in einer Formulierung im Arbeitsvertrag wie bspw.: „[…] im Arbeitsverhältnis gelten die Tarifverträge für die Metall- und Elektroindustrie in der jeweils geltenden Fassung"). Die Tarifregelungen gelten dann zwar nicht kraft Tarifrechts, wohl aber kraft Vertragsrechts (vgl. Hromadka/Maschmann, 2012, S. 40).

Durch die Ausführungen wird deutlich, dass sich das Unternehmen auf der Ebene der Tarifebene strategische **Handlungsspielräume** (vgl. Tab. 3.11) schaffen bzw. einengen kann. Auch wenn sich in der Praxis dem einzelnen Unternehmen, insb. auf Tarifvertragsebene, oftmals nur sehr mittelbare Einflussnahme bietet, erfolgt die Mitgestaltung letztlich über die aktive Zustimmung (ausgeübt über die Mitgliedschaft in einem Arbeitgeberverband) zu den Entscheidungen (vgl. hierzu und im Folgenden Paul, 2011).

Die ersten beiden Möglichkeiten zur Gewinnung von Handlungsoptionen auf tarifvertraglicher Ebene eröffnen die verschiedenen Gestaltungsmöglichkeiten („ob" und „wie") der tarifvertraglichen Bindung. Für das „**ob**" gilt für alle Arbeitnehmer die grundgesetzlich garantierte Koalitionsfreiheit, also ob sich der einzelne Arbeitnehmer gewerkschaftlich organisieren möchte oder nicht. Auch der Arbeitgeber ist frei in

Tab. 3.11: Handlungsspielräume auf der Tarifebene.

Gestaltungsfeld	Strategische Entscheidung	Handlungsspielraum	Grenzen
„ob"	Anschluss an Arbeitgeberverband? Verhandlung mit Gewerkschaft?	Freiheit bei der Festlegung der Arbeitsbedingungen, da keine tarifvertraglichen Mindestbedingungen	
„wie"	Anschluss an Flächentarifvertrag oder Haustarifvertrag?	Branchengleiche Arbeitsbedingungen oder unternehmensindividuelle Tarifverträge	Verhandlungsmacht der Gewerkschaften
Binnenperspektive des Tarifvertrags	Nutzung von Öffnungsklauseln im Tarifvertrag	Manche Tarifverträge lassen Öffnungsklauseln zu unterschiedlichen Themen zu, bspw. Arbeitszeitverlängerung, Aussetzen oder Verschieben von Tariferhöhungen, Einstiegstarife, Härtefallklauseln	

seiner Entscheidung, ob er sich einer tariflichen Bindung oder gar einer Verhandlung mit einer Gewerkschaft unterwerfen will oder nicht.

Die strategische Option „ob" wird begrenzt durch die Verhandlungsmacht des Koalitionspartners. Gewerkschaften können durch Arbeitskampf den Versuch unternehmen, Arbeitgeber zu Verhandlungen über den Abschluss eines Tarifvertrags zu bewegen. Der tariffreie Arbeitgeber verfügt im Ergebnis, in Abhängigkeit von Umfang und Auswirkung möglicher Arbeitskampfmaßnahmen, grundsätzlich über einen vergleichsweise großen Gestaltungsspielraum bei der Festlegung der Arbeitsbedingungen gegenüber seinen Arbeitnehmern, da er nicht an tarifvertragliche Mindestbedingungen gebunden ist.

Tariflich vereinbarte Arbeitsbedingungen stellen durch ihre unmittelbare und zwingende Wirkung auf das Arbeitsverhältnis eine wesentliche Determinante der Handlungsoptionen dar. Sie legen durch vorgegebene und in der Regel nicht veränderbare Durchführungsbestimmungen die Ausgestaltung bestimmter personalwirtschaftlicher Instrumente fest (bspw. im Rahmen der Arbeitsbewertung oder bei der Methode der Festsetzung leistungsabhängiger Entgelte) und schränken den Flexibilitätsspielraum auf den unteren Ebenen durch nicht veränderbare Vorgaben ein.

Die Beantwortung der Frage, „**wie**" die tarifliche Bindung aussieht, kann durch einen Blick auf die Vertragspartner als abschließende Parteien beantwortet werden. Während auf Arbeitnehmerseite nur eine Gewerkschaft bzw. ein Zusammenschluss von Gewerkschaften Partner des Tarifvertrags sein können, sind auf Arbeitgeberseite sowohl ein Arbeitgeberverband, ein Zusammenschluss von Arbeitgeberverbänden oder ein einzelner Arbeitgeber tariffähig.

Die tarifvertragliche Praxis kann durch das Regime des Flächen- oder Verbandstarifvertrags beschrieben werden. Solche Tarifverträge enthalten dabei i. d. R. einheitliche Regelungen hinsichtlich der Hauptleistungen (Entgelt gegen Arbeit innerhalb eines festgelegten Zeitbudgets) und Nebenleistungen (Urlaub, Zeugnispflicht, Kündigungsfristen, Alterssicherungen, Entgeltumwandlung oder Qualifikationsansprüche) des Arbeitsverhältnisses.

Im Endeffekt ergeben sich damit gleiche Mindestarbeitsbedingungen für die an den Flächentarifvertrag gebundenen Unternehmen. Dieser lässt durch die häufig abschließend formulierten Bestimmungen kaum situationsspezifische, unternehmensindividuelle Differenzierungen zu. Aus wettbewerbsorientierter Perspektive muss das allerdings kein Nachteil sein, da Konkurrenten häufig in derselben Branche unter denselben tarifvertraglichen Bedingungen operieren. Bedeutsam wird die mangelnde Flexibilität eines Verbandstarifs dann, wenn Produktsubstitute oder Imitationsbemühungen branchenfremder Unternehmen oder schlicht ausländische Konkurrenten die Wettbewerbsposition angreifen.

Als Alternative zum Verbandstarifvertrag existiert mit dem Haustarifvertrag, bei dem der Arbeitgeber einziger Tarifpartner der Gewerkschaft ist und damit auch über die Inhalte des Tarifvertrags direkt mit der Gewerkschaft verhandelt, eine Handlungsoption auf tarifvertraglicher Ebene. So können flexible, auf das jeweilige Unternehmen zugeschnittene Tarifvertragslösungen erreicht werden. Aus unternehmenspolitischer Perspektive muss dabei bedacht werden, dass diese zwar situationsspezifische Regelungen ermöglicht, allerdings in der Regel mit günstigeren Bedingungen für die Arbeitnehmer erkauft wird. Dem erweiterten Handlungsspielraum steht dann das Risiko gegenüber, einen unternehmensspezifischen Arbeitskampf austragen zu müssen.

Eine dritte Möglichkeit der Flexibilisierung ergibt sich aus der **Binnenperspektive** des Tarifvertrags. Innerhalb eines Tarifsystems erhöhen Öffnungsklauseln die Flexibilisierungsoptionen für Unternehmen. Inhaltlich werden dadurch zahlreiche Ansatzpunkte zur individuellen Tarifdifferenzierung geschaffen (bspw. Arbeitszeitverlängerung, Aussetzen oder Verschieben von Tariferhöhungen, Einstiegstarife, Aussetzen oder Verschieben von Sonderzahlungen oder Mittelstands- und Kleinbetriebsklauseln).

Betrachtet man die Ausführungen zur Tarifvertragsebene aus handlungsorientierter Perspektive, fällt das Ergebnis ambivalent aus. Auf der einen Seite schränken Tarifverträge personalwirtschaftliche Flexibilisierungsspielräume ein, auf der anderen Seite muss auch die ordnungspolitische Funktion (Vereinheitlichung der Arbeitsstandards innerhalb einer Branche) und die Friedensfunktion von Tarifverträgen betrachtet werden. Sind diese personalwirtschaftlichen Parameter für potenzielle Konkurenten in gleicher Weise bindend, verlagern sich die strategischen Handlungsspielräume auf die betriebliche Regelungsebene.

3.1.5 Unternehmensmitbestimmung und Corporate Governance

Der Regelungsbereich auf Unternehmensebene umfasst die Auseinandersetzung mit der Mitbestimmung auf Unternehmensebene im Leitungs- und Kontrollorgan von Kapitalgesellschaften als Ausprägung einer funktionsfähigen Corporate Governance.

Corporate Governance bezeichnet den rechtlichen und faktischen Ordnungsrahmen für die Unternehmensleitung und -überwachung (vgl. Hopt/Prigge, 1998).

Gründe für das gestiegene Interesse an der Diskussion um Fragen der Führung und Kontrolle von Unternehmungen sind die zahlreichen Unternehmungs- und Bilanzskandale sowie Unternehmungszusammenbrüche in den 1990er-Jahren, durch die die funktionale Effizienz und Aufgabenerfüllung von Leitungs- und Kontrollorganen zunehmend in Kritik gerieten.

Im Zentrum des Corporate-Governance-Systems stehen die Leitungs- und Kontrollorgane des Unternehmens. Die konkrete Gestaltung des Corporate-Governance-Systems ist abhängig von der Ein- oder Mehrstufigkeit von Leitung und Überwachung, dem Kollegial- oder Direktorialprinzip im Leitungsorgan im Rahmen der Entscheidungsfindung und von der Art und dem Umfang der Regelungsdichte, insb. der interessenmonistischen oder -dualistischen Berücksichtigung der Interessen von Anspruchsgruppen (vgl. hierzu und im Folgenden Oechsler, 2004).

Kennzeichnend für das **deutsche System der Corporate Governance** ist die strikte Trennung von Leitungs- und Kontrollorgan, weshalb man auch von einem zweistufigen Modell spricht. Im Falle der Aktiengesellschaft haben die Eigentümer dem Vorstand die Leitung und dem Aufsichtsrat die Kontrolle der Unternehmung übertragen. Demnach stellt der Vorstand das eigenverantwortliche Leitungsorgan der Aktiengesellschaft dar (§76 Abs. 1 AktG), der die Unternehmung nach innen und außen sowie vor Gericht vertritt (§ 78 Abs. 1 AktG). Das deutsche Corporate-Governance-Modell sieht das Kollegialprinzip vor, nach dem alle Vorstandsmitglieder als Kollektiv gleichzeitig die Gesamtverantwortung für das Führungshandeln tragen (§ 77 Abs. 1 AktG).

Dem Aufsichtsrat obliegt nach dem AktG die Bestellung, Abberufung, Wiederbestellung und Überwachung des Vorstands als Leitungsorgan. Der Aufsichtsrat wird von der Hauptversammlung gewählt, in der die Aktionäre ihr Stimmrecht ausüben. Zu den wesentlichen Kompetenzen der Hauptversammlung zählen die Entlastung der Mitglieder des Vorstands und Aufsichtsrats (§ 120 AktG), die Bestimmung über die Verwendung des von Vorstand und Aufsichtsrat festgestellten Bilanzgewinns (§ 174 Abs. 1 AktG), die Bestellung der Abschlussprüfer und Satzungsänderungen sowie Maßnahmen der Kapitalbeschaffung (AktG § 119).

Eine weitere grundlegende Eigenschaft des deutschen zweistufigen Modells besteht in der interessendualistischen Besetzung des Aufsichtsrats. Hinsichtlich sei-

Tab. 3.12: Geltungsbereich der Mitbestimmung auf Unternehmensebene.

		Anzahl der Arbeitnehmer			
		bis 500	501 bis 1000	1001 bis 2000	ab 2001
Nicht-Montan-Unternehmen	Einzelfirma				
	VVaG		▨	▨	▨
	eG		▨	▨	■
	GmbH		▨	▨	■
	AG	▨ *	▨	▨	■
Montan-Unternehmen	AG	▨ *	■	■	■
	GmbH		■	■	■

* Nicht für Familiengesellschaften oder vor August 1994 eingetragen
▨ DrittelbG   ■ MitbestG   ■ MontanMitbestG

ner Zusammensetzung und Größe sind die einschlägigen Mitbestimmungsgesetze zu berücksichtigen, die zu unterschiedlichen Entscheidungsprozessen und konfliktlösenden Mechanismen zum Erreichen von Mehrheitsbeschlüssen führen. Als Abgrenzungskriterium für die Geltung bestimmter Mitbestimmungsgesetze dienen die Rechtsform, die Anzahl der Mitarbeiter und die Branche (vgl. Tab. 3.12).

Die Mitbestimmung auf Unternehmensebene wird im Wesentlichen durch das **Drittelbeteiligungsgesetz von 2004** (DrittelbG), das **Mitbestimmungsgesetz von 1976** (MitbestG) sowie das **Montan-Mitbestimmungsgesetz von 1951** (Montan-MitbestG) geregelt.

Kleine Kapitalgesellschaften mit über 500 Arbeitnehmern, bei Aktiengesellschaften (AG) und Kommanditgesellschaften auf Aktien (KGaA) auch mit weniger als 500 Arbeitnehmern, sofern sie keine Familiengesellschaften sind oder nach dem 10. August 1994 gegründet wurden, unterliegen den Regelungen des **Drittelbeteiligungsgesetzes** (vgl. Abb. 3.5). Danach sind 1/3 der Aufsichtsratsmitglieder Arbeitnehmer-

Abb. 3.5: Drittelbeteiligungsgesetz.

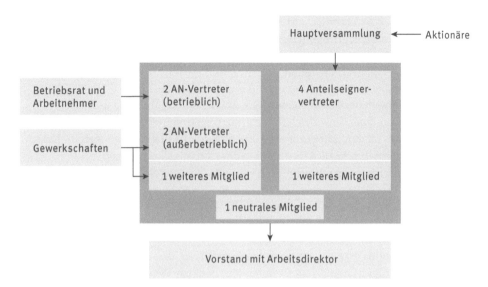

Abb. 3.6: Montan-Mitbestimmungsgesetz.

vertreter, wobei je nach Unternehmensgröße der Aufsichtsrat zwischen drei und 21 Mitglieder hat. Ab neun Mitglieder des Aufsichtsrats kann ein Mitglied der Arbeitnehmervertreter von außen, bspw. der Gewerkschaft, kommen.

Der Geltungsbereich des **Montan-MitbestG** erstreckt sich auf Unternehmen des Bergbaus und der Eisen- und Stahlerzeugung, die in der Rechtsform einer Aktiengesellschaft, einer GmbH oder einer bergrechtlichen Gesellschaft mit beschränkter Haftung mit eigener Rechtspersönlichkeit betrieben werden und in der Regel mehr als 1000 Arbeitnehmer beschäftigen. Dieses Gesetz enthält die weitestgehenden Mitbestimmungsregelungen hinsichtlich der Besetzung von Aufsichtsrat und Vorstand. Zielsetzung des Montan-Mitbestimmungsgesetzes war es, beim Wiederaufbau nach dem Zweiten Weltkrieg eine stark mitbestimmte Schlüsselindustrie, nämlich die des Bergbaus und der Eisen- sowie Stahlerzeugung, zu entwickeln.

Das Montan-Mitbestimmungsgesetz sieht einen paritätisch besetzten Aufsichtsrat vor, das heißt, Anteilseigner und Arbeitnehmer entsenden jeweils die gleiche Anzahl an Repräsentanten in den Aufsichtsrat (vgl. Abb. 3.6). Auf jeder Seite ist ein sog. weiteres Mitglied zu wählen. Zudem ist der Aufsichtsrat montanmitbestimmter Unternehmungen durch eine ungerade Anzahl an Mitgliedern gekennzeichnet, die durch die Institution eines sog. neutralen Vertreters zustande kommt. Durch diesen wird grundsätzlich die Mehrheitsbildung im Aufsichtsrat gewährleistet. Gewählt wird das neutrale Mitglied von der Hauptversammlung auf gemeinsamen Vorschlag der Anteilseigner- und Arbeitnehmervertreter. Kommt es zu keiner Einigung, übernimmt das zuständige Oberlandesgericht die Vermittlerrolle.

Das Montan-MitbestG sieht einen paritätisch besetzten Aufsichtsrat vor, der im Falle von elf Aufsichtsratsmitgliedern folgende Zusammensetzung hat:

- vier Anteilseignervertreter und ein weiteres Mitglied;
- vier Arbeitnehmervertreter (zwei unternehmensangehörige, zwei unternehmensfremde) und ein weiteres Mitglied sowie
- ein weiteres, neutrales Mitglied.

Die „weiteren Mitglieder" dürfen gemäß § 4 Abs. 2 Montan-MitbestG dabei nicht:
- Repräsentant einer Gewerkschaft oder einer Vereinigung der Arbeitgeber sein,
- im Laufe des letzten Jahres vor der Wahl eine solche Stellung innegehabt haben,
- in dem Unternehmen als Arbeitnehmer oder Arbeitgeber tätig sein und
- an dem Unternehmen wirtschaftlich wesentlich interessiert sein.

Diesen Vorschriften über die Aufsichtsratszusammensetzung liegt die Intention zugrunde, möglichst „neutrale" Mitglieder in den Aufsichtsrat zu wählen, um Konfliktprozesse im Aufsichtsrat zu versachlichen. Dies wird aber mit einem gesetzlich geregelten Wahlmodus erkauft, der nicht nur kompliziert ist, sondern vor allem bei der Wahl des letzten „ganz neutralen" weiteren Mitglieds die Weichen für konfliktäre Auseinandersetzungen stellt.

Ferner sieht das Montan-MitbestG die Bestellung eines Arbeitsdirektors als gleichberechtigtes Vorstandsmitglied vor, der nicht gegen die Mehrheit der Stimmen der Arbeitnehmervertreter im Aufsichtsrat bestellt oder abberufen werden kann. Damit ist institutionell sichergestellt, dass Fragen der Personal- und Sozialpolitik auf höchster Leitungsebene (durch ein Mindestmaß an Einfluss durch die Arbeitnehmerseite) repräsentiert werden.

Da die Montan-Mitbestimmung mit Blick auf die noch verbliebenen Montan-Unternehmen an Bedeutung verloren hat, wurden durch den Gesetzgeber immer wieder Neuregelungen geschaffen, um diese weite Form der Mitbestimmung zu erhalten. So wurde bspw. 1981 das „Lex Mannesmann" verabschiedet, das festlegt, dass die bisher dem Montan-MitbestG unterliegenden Unternehmen auch bei Wegfall der gesetzlichen Anwendungsvoraussetzungen für einen Übergangszeitraum noch montanmitbestimmt bleiben. Ab 1988 wurde der Geltungsbereich auf Unternehmen ausgedehnt, die zwar selbst keine Montan-Unternehmen sind, jedoch einen Konzern beherrschen, in welchem die Montan-Quote mindestens 20 % beträgt oder die Montan-Tochterunternehmen 1/5 der Arbeitnehmer beschäftigen.

Das **Mitbestimmungsgesetz von 1976** (MitbestG) erfasst alle übrigen Kapitalgesellschaften, einschließlich GmbH & Co. KG und AG & Co. KG, mit mehr als 2000 Arbeitnehmern (vgl. Abb. 3.7). Das Gesetz sieht bspw. bei einem Aufsichtsrat mit 20 Mitgliedern folgende Besetzung vor.

Erstaunlich ist hierbei zunächst, dass leitende Angestellte als Vertreter der Arbeitnehmer im Aufsichtsrat eingestuft werden, wogegen sie gerade wegen möglicher Interessenkollisionen im Rahmen der Betriebsverfassung neutralisiert sind. Deshalb steht auch die „paritätische" Zusammensetzung des Aufsichtsrats infrage. Hinzu kommt, dass bei Stimmengleichheit bei Abstimmungen der Aufsichtsratsvorsitzende über zwei Stimmen verfügt und so eine Mehrheit sicherstellen kann.

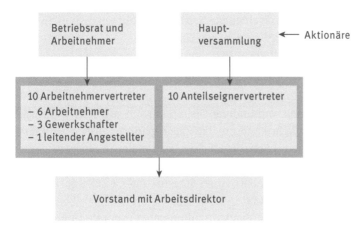

Abb. 3.7: Mitbestimmungsgesetz von 1976.

Der Aufsichtsratsvorsitzende wird mit einer Mehrheit von 2/3 der Aufsichtsratsmitglieder gewählt. Wird diese Mehrheit im ersten Wahlgang nicht erreicht, so wählen in getrennten Wahlgängen die Aufsichtsratsmitglieder der Anteilseigner den Aufsichtsratsvorsitzenden und die der Arbeitnehmerseite dessen Stellvertreter. So wird sichergestellt, dass der Aufsichtsratsvorsitzende aus den Reihen der Anteilseigner im Aufsichtsrat kommt und damit „Pattsituationen" im Aufsichtsrat zu deren Gunsten entscheiden kann.

In das zur gesetzlichen Vertretung befugte Organ (bspw. Vorstand bei der Aktiengesellschaft) wird ein Arbeitsdirektor bestellt. Damit ist ein für Personal- und Sozialpolitik zuständiges Vorstandsmitglied bei strategischen Entscheidungen miteinbezogen. Allerdings gibt es für den Arbeitsdirektor keinen besonderen Bestellungs- oder Abberufungsmodus wie beim Montan-MitbestG.

In der Anfangszeit des MitbestG wurde von mehreren Unternehmungen und Arbeitgeberverbänden Verfassungsbeschwerden eingelegt. Die Beschwerdegründe stützten sich im Wesentlichen auf Verstoß gegen Art. 14 GG (Eigentum) und Art. 9 GG (Koalitionsfreiheit).

Das Bundesverfassungsgericht hat in seinem Urteil vom 1. März 1979 festgestellt, dass das Grundgesetz wirtschaftspolitisch neutral sei und sich daraus keine konkrete Wirtschaftsordnung ableiten lasse (vgl. Hörisch, 2009, S. 29). Bei seinem Urteil hat sich das Gericht vor allem auf Prognosen der zukünftigen Auswirkungen des Gesetzes gestützt und dabei vermutet, dass das Recht am Eigentum der Anteilseigner durch den besonderen Wahlmodus und das „neutrale Mitglied" nicht übermäßig eingeschränkt wird. In der Folge arrangierten sich die Anteilseigner mit der Mitbestimmung, bis im Zuge der Globalisierung und Internationalisierung die Problembereiche der deutschen Unternehmensmitbestimmung deutlich hervortraten. Sie wird als nicht mehr zeitgemäß, als ein Standortnachteil für Deutschland und als Hemmnis der Unternehmensentwicklungen charakterisiert. Vor diesem Hintergrund hat der deutsche

Gesetzgeber in den letzten Jahren verschiedene Reformmaßnahmen diskutiert, den Status quo aber nicht verändert.

Corporate Governance aus internationaler Perspektive

Die zunehmende Tendenz zur Globalisierung und Internationalisierung der Produkt- und Faktormärkte und die damit verbundene Diskussion um die Wettbewerbsfä- higkeit konkurrierender Wirtschaftsstandorte hat dazu geführt, dass ein intensiver Systemwettbewerb zwischen unterschiedlichen nationalen Corporate-Gover- nance-Systemen stattfindet (vgl. Witt, 2003, S. 13). Die nationalen Corporate-Gov- ernance-Systeme unterscheiden sich dabei in ihrer Struktur und Zielsetzung und sind unterschiedlich konstruiert (vgl. Tab. 3.13).

Das in der Bundesrepublik Deutschland vorzufindende Corporate-Governance- System, das auch als zweistufiges bzw. **Trennungsmodell** (two-tier system) bezeich- net wird, ist durch eine institutionelle Trennung von Unternehmungsführung und Überwachung charakterisiert (Hauptversammlung, Aufsichtsrat und Vorstand).

Das **Vereinigungsmodell** ist weltweit am weitesten verbreitet (vgl. Macharzina/ Wolf, 2012). Ein wesentlicher Unterschied zum deutschen Modell der Corporate Gover- nance besteht darin, dass die Funktionen der Leitung und Kontrolle in einem einzigen Gremium, dem sog. Board, vereint sind (one-tier system). Damit geht die Verpflich- tung einher, dass das Board das eigene Handeln zu überwachen und zu kontrollieren hat. Dieses Gremium ist mit unternehmungsinternen (Inside Directors) und unterneh- mungsexternen Mitgliedern (Outside Directors) besetzt, wobei Erstere Angestellte der Unternehmung sind und Letztere gegenüber der Unternehmung eine unabhängige Po- sition einnehmen. Die eigentliche Unternehmungsführung und -leitung obliegt den Inside Directors, während die Outside Directors die Funktion der Überwachung und Kontrolle ausüben (vgl. hierzu und im Folgenden Macharzina/Wolf, 2012).

Tab. 3.13: Trennungs- und Vereinigungsmodelle im Wettbewerb.

	deutsches System	amerikanisches System
Struktur	dualistisches System synonym: Trennungsmodell, Zweistufiges Modell, two-tier-System	monistisches System synonym: Vereinigungsmodell, Einstufiges Modell, one-tier-System
Idee	Trennung von Geschäftsführung und Kontrolle	Entscheidungs- und Kontrollgewalt in einem Board
Hierarchie	Vorstand/Aufsichtsrat/HV gleichberechtigt Kollegialprinzip	Machtzentrum liegt bei CEO Direktorialprinzip
Orientierung	Stakeholder	Shareholder
Prinzip	voice (Mitbestimmung)	Exit
Regelung	Mitbestimmungsgesetz Drittelbeteiligungsgesetz Montan-Mitbestimmungsgesetz	strenge Börsen- und Kapitalmarktregulierungen

Eine besondere Stellung unter den Inside Directors nimmt der Vorsitzende des Boards ein, der Chief Executive Director (CEO), der gemeinsam mit den weiteren unternehmungsinternen Mitgliedern die Leitung und Vertretung der Unternehmung nach außen wahrnimmt. Dieser verfügt bei der Willensbildung und Entscheidungsfindung gegenüber den anderen Mitgliedern des Leitungsgremiums über Weisungsbefugnis (Direktorialprinzip). Innerhalb des Boards kommt es zu einer Konzentration von Macht, da der Chief Executive Officer im Normalfall zugleich der Chairman des Boards ist. Vergleichbar mit dem deutschen Trennungsmodell nimmt dieser die Position des Vorstandsvorsitzenden und gleichzeitig die des Aufsichtsratsvorsitzenden ein.

Im Gegensatz zum deutschen Trennungssystem werden im Vereinigungsmodell nur Interessen der Kapitaleigner als allein berücksichtigte Anspruchsgruppe in den Entscheidungsgremien vertreten. Damit liegt im Vergleich zum deutschen Modell, in dem sowohl Anteilseigner- als auch Arbeitnehmerinteressen Berücksichtigung finden, eine kapitalmarktorientiertere Unternehmungsverfassung vor.

Das deutsche System der Corporate Governance im Wettbewerb

Die gesetzlichen Vorschriften zur paritätischen Mitbestimmung der Arbeitnehmer im Aufsichtsrat gelten seit mehreren Jahrzehnten. In der gleichen Zeit haben sich die internen und externen Strukturen der Unternehmen im Zuge der Globalisierung grundlegend gewandelt. So stellt sich die Frage, ob das deutsche Trennungsmodell einen Vor- oder Nachteil für den Standort Deutschland darstellt (vgl. Gerum, 1998). Die theoretischen und empirischen Untersuchungen darüber kommen allerdings bisher zu widersprüchlichen Ergebnissen (vgl. hierzu und im Folgenden ausführlich v. Werder, 2004; Tab. 3.14).

Oberflächlich betrachtet führt die unternehmerische Mitbestimmung im Aufsichtsrat zu keiner Verzerrung der Entscheidungsfindung. Entscheidungen im Aufsichtsrat werden fast immer im Konsens getroffen. Die konsensuale Entscheidungsfindung führt dazu, dass Entscheidungen, die vom Aufsichtsrat mitgetragen werden, reibungsloser im Unternehmen umgesetzt werden können (**Konsenseffizienz**). Dies wird immer wieder als entscheidender Vorteil der Mitbestimmung aufgefasst. Zudem verfügen die Arbeitnehmervertreter aufgrund ihrer Vertrautheit mit dem Unternehmens- und Betriebsgeschehen über vergleichsweise detaillierte interne Kenntnisse der deutschen Konzerngesellschaften (**Informationseffizienz**). Die Arbeitnehmervertreter setzen das Spezialwissen ein, um Vorhaben des Vorstands zu hinterfragen und zwingen den Vorstand zu einer fundierten Planung konsistenter Maßnahmen (**Disziplinierungseffizienz**).

Auf der anderen Seite führen die Mitbestimmungsgesetze zu übergroßen Überwachungsorganen, die eine zielführende Gremienarbeit und damit die Überwachungseffizienz insgesamt behindern können (**Organisationsdefizit**). Die Aufgaben des Aufsichtsrats stellen hohe Qualifikationsanforderungen an die Aufsichtsratsmitglieder. Die Vertreter der Arbeitnehmer im Aufsichtsrat werden von der Beleg-

Tab. 3.14: Vor- und Nachteile der deutschen Unternehmensmitbestimmung.

Effizienzvorteile	Effizienzdefizite
Konsensfindung (Motivation durch Ausgleich unterschiedlicher Interessenlagen)	**Kompromissdefizit** (vorauseilende Modifikation oder Fallenlassen von konfliktträchtigen Maßnahmen; Verknüpfung strategischer mit betrieblich-operativen Fragestellungen)
Informationsvorsprung (Vetrautheit mit unternehmerischen Prozessen, detaillierte Kenntnisse der Betriebe)	**Qualifikationsdefizit** (Mitglieder werden auf Basis politischer und faktischer Machtverhältnisse in Aufsichtsrat gewählt)
Disziplinierungseffizienz (zwingen Vorstand zur stringenten Planung und Darstellung der Ideen und Maßnahmen)	**Organisationsdefizit** (übergroßes Gremium führt zu Überwachungsineffizienz)
	Interessenskonflikt (Aufsichtsrat ist nur dem Wohl des Unternehmens verpflichtet; Gewerkschaftsvertreter sind auch ihrer Organisation verpflichtet)
	Legitimationsdefizit (ausländische Belegschaft ist nicht im Aufsichtsrat vertreten)

schaft gewählt, wobei primär interessenpolitische Erwägungen sowie Machtverhältnisse und weniger fachliche Qualifikationsprofile wahlentscheidend sein können (**Qualifikationsdefizit**).

Als weiterer Nachteil wird das Kompromissproblem gesehen. Der erzielte bzw. gewahrte Konsens wird entweder in Hinblick auf die zu erwartenden Widerstände schon im Vorfeld modifiziert bzw. gar nicht vorgebracht oder die Zustimmung der Arbeitnehmerseite von einer sachfremden Verquickung von unternehmerisch-strategischen Fragen mit betrieblich-operativen Angelegenheiten abhängig gemacht (**Kompromissdefizit**).

Die Interessenlagen der vertretenen Arbeitnehmer sind nicht homogen. Während die als Betriebsrat gewählten Aufsichtsräte immer am Wohlergehen ihres jeweiligen Betriebs interessiert sind, spielen für die Gewerkschaftsvertreter unternehmensfremde Belange eine Rolle, bspw., wenn Aufsichtsratsmitglieder in ihrer Eigenschaft als Gewerkschaftsfunktionäre tarifliche Auseinandersetzungen mit dem Unternehmen führen (**Defizite durch Interessengegensätze**).

In international ausgerichteten Unternehmen entstehen Legitimationsprobleme. Die Vorschriften des Mitbestimmungsgesetzes sehen vor, dass die Arbeitnehmervertreter im Aufsichtsrat allein von den inländischen Arbeitnehmern gewählt werden. Ausländische Arbeitnehmer des Unternehmens haben kein Wahlrecht. Damit fehlt dem Aufsichtsrat die Legitimation durch den ausländischen Teil der Belegschaft. Das

Effizienzdefizite	Europäische Rechtsprechung	Angebot an Alternativen
– Kompromissdefizit – Qualifikationsdefizit – Organisationsdefizit – Interessenkonflikte – Legitimationsdefizit	– Centros-Entscheidung – Überseering-Entscheidung – Inspire-Art-Entscheidung	– Verhandlungen über Mitbestimmung bei der Gründung einer SE – Mitbestimmungs-regelungen anderer Länder

Unternehmensmitbestimmung in Deutschland unter Druck

Abb. 3.8: Deutsche Unternehmensmitbestimmung im Wettbewerb.

Legitimationsdefizit ist dabei umso größer, je höher der Anteil ausländischer Mitarbeiter an der Gesamtbelegschaft ist.

In früheren Jahren wurde die Diskussion um die Vor- und Nachteile der deutschen Unternehmensmitbestimmung abstrakt geführt. Wollten sich deutsche oder ausländische Unternehmen ihren Sitz in Deutschland nehmen, so mussten sie sich nach deutschem Gesellschaftsrecht gründen und dem deutschen Mitbestimmungsrecht unterwerfen („**Sitztheorie**"). Das ist nach der Rechtsprechung zur Niederlassungsfreiheit nicht mehr notwendig. Nach der „**Gründungstheorie**" können Unternehmen ihre Geschäftstätigkeit nach dem Gesellschaftsrecht des Gründungsstaats (also bspw. England oder Niederlande) beginnen, um dann anschließend ihren Sitz in Deutschland mit ausländischer Gesellschaftsform (bspw. die britische Limited) unter Umgehung der Vorschriften der Unternehmensmitbestimmung einrichten. Die Umgehung ist deshalb möglich, da das Mitbestimmungsrecht gesetzlich an die deutschen Gesellschaftsformen (insb. AG und GmbH) geknüpft ist und für ausländische Gesellschaftsformen (bspw. Ltd., Plc. oder BV) keine deutsche Regelungskompetenz besteht. Dies bringt die deutsche Ausprägung der Mitbestimmung weiter unter Druck (vgl. Abb. 3.8).

Hintergrund waren drei Entscheidungen des Europäischen Gerichtshof (EuGH). Das dänische Unternehmen **Centros** wollte sich in England registrieren lassen, um nicht das nach dänischem Recht notwendige Stammkapital aufbringen zu müssen (in England kann eine Gesellschaft mit der Rechtsform Limited (Ltd.) schon ab einem Pfund Stammkapital gegründet werden). Das dänische Registergericht untersagte die Eintragung, weil es (richtigerweise) eine Umgehung dänischer Vorschriften vermutete. Das EuGH entschied 1999 aber letztlich, dass das gewählte Vorgehen zur Umgehung nationaler Vorschriften möglich ist. Wenig später verlegte die **Überseering** BV, eine Gesellschaft, die nach niederländischem Recht gegründet wurde, ihren Verwaltungssitz nach Deutschland. Als die Überseering BV in einer anderen Sache vor Gericht zog, entschied das deutsche Gericht, dass eine holländische Gesellschaft in Deutschland nach deutschem Recht nicht prozessfähig sei. Das EuGH erkannte 2002 jedoch, dass nach der „Gründungstheorie" eine ausländische Gesellschaftsform in

Deutschland rechtsfähig ist, ihr also alle Rechte und Pflichten zustehen. In der Folge erkannten die Mitgliedsstaaten die ausländischen Gesellschaften an, doch versuchten sie diese mit den einheimischen Gesellschaften gleichzustellen. So versuchten die Niederlande ein Gesetz über formal ausländische Gesellschaften zu erlassen. Demnach sollten ausländische Gesellschaften erweiterte Offenlegungs- und Publizitätspflichten auferlegt werden und sie sollten durch einen Zusatz hinter ihrem Firmennamen als ausländische Gesellschaft gekennzeichnet werden. Dagegen klagte das in England gegründete Unternehmen **Inspire Art**. Das EuGH stellte im Jahr 2003 dann nochmals grundlegend klar, das nationale Gesetze, die eine Anders- oder Schlechterstellung ausländischer Gesellschaftsformen vornehmen, gegen geltendes EU-Recht verstoßen.

Ein weiterer Schritt, der die deutsche Mitbestimmung unter Druck setzte, war die Schaffung einer Unternehmensform des europäischen Rechts, der **Europäischen Aktiengesellschaft**, der Societas Europaea (SE) (vgl. Nagel, 2004). Mit der Gründung einer SE (entweder durch Neugründung, Verschmelzung oder Umwandlung von Unternehmen) kann zwischen dem dualistischen oder dem monistischen System gewählt werden. Die Entscheidung über die Art und den Umfang der Mitbestimmung wird dem sog. besonderen Verhandlungsgremium (bestehend aus Arbeitgeber- und Arbeitnehmervertreter) überlassen. Wird in den Verhandlungen kein Konsens erzielt, greifen gesetzliche Auffangregeln, die meist den Status quo der höchsten Mitbestimmung festlegen.

Durch anhaltende Kritik am deutschen System der Mitbestimmung, der vom EuGH vorangetriebenen Niederlassungsfreiheit und der Möglichkeit, die deutsche Mitbestimmung in einer SE zu verhandeln, war klar, dass es nun auch einen **Wettbewerb** der europäischen Gesellschaftsformen geben wird. Dies hat auch Auswirkungen auf die Mitbestimmung, da nun das ausländische Mitbestimmungsrecht nach Deutschland importiert werden kann, wenn es dort überhaupt Regeln zur Mitbestimmung gibt. In 12 von 25 Mitgliedsstaaten der Union gibt es überhaupt keine Unternehmensmitbestimmung (bspw. GB, ITA, ESP oder BEL). Sieben Mitgliedsstaaten haben auch eine paritätische Mitbestimmung (bspw. NL, AUT oder CZ). In den übrigen Ländern ist zwar eine Mitbestimmung vorgesehen, doch finden sich die Höchstgrenzen regelmäßig in der Drittelbeteiligung (vgl. Kommission Mitbestimmung, 2004).

3.1.6 Mitbestimmung auf Betriebsebene

Die betriebliche Mitbestimmung unterliegt differenzierten Partizipationsregelungen. Diese sind vor allem im Betriebsverfassungsgesetz von 1972 (BetrVG) verankert, das 2001 an vielen Stellen verändert und erweitert wurde.

Das BetrVG erfasst in seinem **persönlichen Geltungsbereich** Arbeiter und Angestellte sowie die zu ihrer Berufsausbildung Beschäftigten (§ 5 I BetrVG). Für leitende Angestellte i. S. d. § 5 III BetrVG findet das BetrVG nur Anwendung, wenn es aus-

Tab. 3.15: Organe der Betriebsverfassung (vgl. Hromadka/Maschmann, 2014, S. 258).

Gruppe Ebene	Angestellte und Arbeiter	Jugendliche und Azubis	Leitende Angestellte
Konzern	Konzernbetriebsrat	Konzernjugend-/ Azubivertretung	Konzernsprecherausschuss
Unternehmen	Gesamtbetriebsrat und Wirtschaftsausschuss	Gesamtjugend- und Azubivertretung	Gesamtsprecherausschuss
Betrieb	Betriebsrat Betriebsversammlung Wirtschaftsausschuss	Jugend- und Azubivertretung Versammlung	Sprecherausschuss
Abteilung	Arbeitsgruppensprecher Abteilungsversammlung	Arbeitsgruppensprecher Abteilungsversammlung	

drücklich bestimmt ist, wie bspw. in den §§ 105, 107 BetrVG. Ansonsten gilt für die betriebliche Mitbestimmung der leitenden Angestellten das Sprecherausschussgesetz (SprAuG). Für den öffentlichen Dienst gelten das Bundespersonalvertretungsgesetz (BPersVG) und die Personalvertretungsgesetze (PersVG) der Länder.

Das Betriebsverfassungsgesetz (BetrVG) sieht in seinem **örtlichen Geltungsbereich** vor, dass im Inland (Territorialprinzip) gelegene Betriebe ab fünf ständigen wahlberechtigten Arbeitnehmern (von denen drei wählbar sind) Betriebsräte gebildet werden können (**sachlicher Geltungsbereich**).

Das BetrVG sieht als **Grundsatz der Zusammenarbeit** (§§ 74, 75, 79 BetrVG) vor, dass Arbeitgeber und Betriebsrat vertrauensvoll und im Zusammenwirken mit den im Betrieb vertretenen Gewerkschaften und Arbeitgebervereinigungen zum Wohl der Arbeitnehmer und des Betriebs zusammenarbeiten. Damit wird eine sozialpartnerschaftliche Harmonievorstellung angestrebt, die durch die Friedenspflicht beider Seiten untermauert wird.

Das Betriebsverfassungsgesetz kennt unterschiedliche **Organe**, die die unterschiedlichen Gruppen der Arbeitnehmer auf unterschiedlicher Ebene des Unternehmens vertreten sollen. Die umfassendsten Rechte hat der Betriebsrat. Die Jugendlichen und Auszubildenden werden – soweit vorhanden – vom Betriebsrat vertreten und können nur über diesen im Rahmen der Jugend- und Auszubildendenvertretung tätig werden. Die Sprecherausschüsse der leitenden Angestellten, die eine verhältnismäßig kleine Gruppe vertreten, haben nur Mitwirkungsrechte (vgl. Hromadka/Maschmann, 2014, S. 258; Tab. 3.15).

Abhängig von der Zahl der Arbeitnehmer im Betrieb wächst die **Größe des Betriebsrats** (vgl. Abb. 3.9). Ein Gesamtbetriebsrat ist zu bilden, wenn in einem Unternehmen mehrere Betriebsräte bestehen. Dieser besteht aus Vertretern der einzelnen Betriebsräte. Der Gesamtbetriebsrat ist zuständig für die Behandlung von Angelegenheiten, die das Gesamtunternehmen oder mehrere Betriebe betreffen. Er ist den einzelnen Betriebsräten nicht übergeordnet (§ 50 BetrVG). Für einen Konzern (§ 18 Abs. 1 AktG) kann durch Beschlüsse der einzelnen Gesamtbetriebsräte ein Konzernbetriebsrat gebildet werden (§ 54 BetrVG). Dieser ist zuständig für die Behandlung von Ange-

§ 9 BetrVG

Der Betriebsrat besteht in Betrieben mit in der Regel 5 bis 20 wahlberechtigten Arbeitnehmern aus einer Person, 21 bis 50 wahlberechtigten Arbeitnehmern aus 3 Mitgliedern, 51 bis 100 Arbeitnehmern aus 5 Mitgliedern, 101 bis 200 Arbeitnehmern aus 7 Mitgliedern, 201 bis 400 Arbeitnehmern aus 9 Mitgliedern, 401 bis 700 Arbeitnehmern aus 11 Mitgliedern, 701 bis 1.000 Arbeitnehmern aus 13 Mitgliedern, 1.001 bis 1.500 Arbeitnehmern aus 15 Mitgliedern, 1.501 bis 2.000 Arbeitnehmern aus 17 Mitgliedern, 2.001 bis 2.500 Arbeitnehmern aus 19 Mitgliedern, 2.501 bis 3.000 Arbeitnehmern aus 21 Mitgliedern, 3.001 bis 3.500 Arbeitnehmern aus 23 Mitgliedern, 3.501 bis 4.000 Arbeitnehmern aus 25 Mitgliedern, 4.001 bis 4.500 Arbeitnehmern aus 27 Mitgliedern, 4.501 bis 5.000 Arbeitnehmern aus 29 Mitgliedern, 5.001 bis 6.000 Arbeitnehmern aus 31 Mitgliedern, 6.001 bis 7.000 Arbeitnehmern aus 33 Mitgliedern, 7.001 bis 9.000 Arbeitnehmern aus 35 Mitgliedern.

In Betrieben mit mehr als 9.000 Arbeitnehmern erhöht sich die Zahl der Mitglieder des Betriebsrats für je angefangene weitere 3.000 Arbeitnehmer um 2 Mitglieder.

Abb. 3.9: Betriebsräte in Abhängigkeit der Größe des Betriebs.

legenheiten, die den Konzern betreffen und nicht von den einzelnen Gesamtbetriebsräten geregelt werden können (§ 58 BetrVG).

Schließlich werden in Betrieben, in denen mindestens fünf Arbeitnehmer beschäftigt sind, die das 18. Lebensjahr noch nicht vollendet haben, Jugend- und Auszubildendenvertretungen gewählt, die die besonderen Belange jugendlicher Arbeitnehmer wahrnehmen (§ 60 BetrVG). Die Jugend- und Auszubildendenvertretung ist zu Besprechungen des Betriebsrats hinzuzuziehen, wenn jugendspezifische Angelegenheiten behandelt werden und kann zu den übrigen Punkten Vertreter entsenden (§§ 67, 68 BetrVG).

Die allgemeinen **Aufgaben des Betriebsrats** (vgl. Tab. 3.16) werden in § 80 BetrVG näher beschrieben. Zu diesen gehören bspw. die Überwachung der Einhaltung der geltenden Gesetze und Vorschriften zugunsten der Arbeitnehmer sowie die Förderung spezieller Gruppen (Schwerbehinderte, ältere Arbeitnehmer, ausländische Arbeitnehmer).

Die Partizipationsrechte des Betriebsrats unterscheiden sich dabei in Mitwirkungs- und Mitbestimmungsrechte.

Die **Mitbestimmung** (Mitbestimmungsrecht und Zustimmungsverweigerungsrecht) (vgl. Abb. 3.10) ist dadurch gekennzeichnet, dass eine Maßnahme des Arbeitgebers nicht ohne Zustimmung des Betriebsrats getroffen werden kann und dass bei Nichteinigung eine dritte Stelle, das Arbeitsgericht oder die Einigungsstelle, entscheidet. Bei der **Mitwirkung** (Unterrichtungs-, Anhörungs- und Beratungsrecht) behält der Arbeitgeber das Entscheidungsrecht.

Die **Unterrichtung** ist entweder ein selbstständiges Informationsrecht (bspw. im Falle des § 105 BetrVG) oder die Vorstufe einer weitergehenden Beteiligung (bspw. § 106 BetrVG). Die **Anhörung** ist dadurch gekennzeichnet, dass der Arbeitgeber die Wünsche, Anregungen oder Einwände des Betriebsrats anhören und sich mit ihnen

Tab. 3.16: Mitwirkungs- und Mitbestimmungsrechte des Betriebsrats (vgl. Hromadka/Maschmann, 2014, S. 356).

Beteiligungsform		Beispiele	Entscheidung bei Nichteinigung
Mitwirkung	Unterrichtungsrecht	§§ 80 Abs. 2, 105	
	Anhörungsrecht	§ 102	
	Beratungsrecht	§§ 90, 96, 106, 111	
Mitbestimmung	Zustimmungsverweigerungsrecht	§ 99	Arbeitsgericht
	Mitbestimmungsrecht	§§ 87, 91, 98, 112	Einigungsstelle
	Initiativrecht	§§ 92 Abs. 2, 93, 95 Abs. 2	Art der Erledigung im Ermessen des AG

§ 87 BetrVG

(1) Der Betriebsrat hat, soweit eine gesetzliche oder tarifliche Regelung nicht besteht, in folgenden Angelegenheiten mitzubestimmen:

1. Fragen der Ordnung des Betriebs und des Verhaltens der Arbeitnehmer im Betrieb;

2. Beginn und Ende der täglichen Arbeitszeit einschließlich der Pausen sowie Verteilung der Arbeitszeit auf die Wochentage;

3. vorübergehende Verkürzung oder Verlängerung der betriebsüblichen Arbeitszeit;

4. Zeit, Ort und Art der Auszahlung der Arbeitsentgelte;

5. Aufstellung allgemeiner Urlaubsgrundsätze und des Urlaubsplans ...;

6. Einführung und Anwendung von technischen Einrichtungen, die dazu bestimmt sind, das Verhalten oder die Leistung der Arbeitnehmer zu überwachen;

7. Regelungen über die Verhütung von Arbeitsunfällen und Berufskrankheiten...;

8. Form, Ausgestaltung und Verwaltung von Sozialeinrichtungen ...;

9. Zuweisung und Kündigung von Wohnräumen, die den Arbeitnehmern mit Rücksicht auf das Bestehen eines Arbeitsverhältnisses vermietet werden, sowie die allgemeine Festlegung der Nutzungsbedingungen;

10. Fragen der betrieblichen Lohngestaltung, insbesondere die Aufstellung von Entlohnungsgrundsätzen und die Einführung und Anwendung von neuen Entlohnungsmethoden sowie deren Änderung;

11. Festsetzung der Akkord-und Prämiensätze und vergleichbarer leistungsbezogener Entgelte ...;

12. Grundsätze über das betriebliche Vorschlagswesen;

13. Grundsätze über die Durchführung von Gruppenarbeit.

(2) Kommt eine Einigung über eine Angelegenheit nach Absatz 1 nicht zustande, so entscheidet die Einigungsstelle. Der Spruch der Einigungsstelle ersetzt die Einigung zwischen Arbeitgeber und Betriebsrat.

Abb. 3.10: Mitbestimmungsrechte nach § 87 BetrVG.

auseinandersetzen muss. Der Unterschied zur Beratung liegt darin, dass die Initiative zu einem Gespräch über Gründe und Gegengründe dem Betriebsrat überlassen bleibt. Im Falle einer **Beratungspflicht** hat der Arbeitgeber dem Betriebsrat von sich aus Gründe und Gegengründe darzulegen und sie in einem Gespräch mit ihm gegeneinander abzuwägen. Die Entscheidung trifft der Arbeitgeber nach der Beratung allein. Bei einem **Zustimmungsverweigerungsrecht** kann der Arbeitgeber nicht ohne Zustimmung des Betriebsrats handeln, der Betriebsrat kann seine Zustimmung aber nur aus den im Gesetz genannten Gründen verweigern. Stützt er sich auf andere Gründe, so ist die Verweigerung unbeachtlich. Bei einem **Mitbestimmungsrecht** kann der Arbeitgeber nicht ohne Zustimmung des Betriebsrats handeln. Der Betriebsrat trifft seine Entscheidung nach billigem Ermessen. Im Konfliktfall entscheidet die Einigungsstelle. Mitbestimmungsrechte erkennt man daran, dass es im Gesetz heißt: „Kommt eine Einigung nicht zustande, so entscheidet die Einigungsstelle. Der Spruch der Einigungsstelle ersetzt die Einigung zwischen Arbeitgeber und Betriebsrat." Darüber hinaus existiert noch das **Initiativrecht**. Hier geht es darum, ob der Arbeitgeber auf Wunsch des Betriebsrats tätig werden muss. Der Betriebsrat hat ein Initiativrecht grundsätzlich in allen sozialen Angelegenheiten, vor allem in einer Reihe personeller Angelegenheiten (bspw. bei der Personalplanung (§ 92 Abs. 2 BetrVG), der internen Stellenausschreibung (§ 93 S. 1 BetrVG) oder bei der Erstellung von Auswahlrichtlinien (§ 95 Abs. 2 BetrVG). Darüber hinaus kann er alle Maßnahmen beantragen, die dem Betrieb und der Belegschaft dienen (§ 80 Abs. 1 Nr. 2, 3, 7 BetrVG); die Art der Erledigung steht in diesem Fall allerdings im Ermessen des Arbeitgebers (vgl. Hromadka/ Maschmann, 2014, S. 357 ff.).

Kommt in den Fällen des Mitbestimmungsrechts eine Einigung nicht zustande, entscheidet die Einigungsstelle nach § 76 BetrVG. Gerade weil dem BetrVG grundsätzlich eine sozialharmonische Ordnungsvorstellung zugrunde liegt und die Zusammenarbeit und Friedenspflicht an oberster Stelle steht (§ 2 Abs. 1 und § 74 BetrVG), ist auch der Konfliktfall durch die Institution der **Einigungsstelle** (§ 76 BetrVG) geregelt. Die Einigungsstelle besteht aus einer gleichen Anzahl von Beisitzern der Arbeitgeber- und Arbeitnehmerseite mit einem neutralen Vorsitzenden. Die Einigungsstelle hat die Funktion eines Konfliktlösungsmechanismuses, indem ihr Spruch den Konflikt zwischen Arbeitgeber und Betriebsrat entscheidet und beendet (vgl. Hromadka/ Maschmann, 2014).

Die Struktur der Mitwirkungs- und Mitbestimmungsrechte zeigt, dass der Betriebsrat weitgehende Mitbestimmungsrechte in personellen und sozialen Angelegenheiten hat, wogegen sich diese Rechte in wirtschaftlichen Angelegenheiten auf die Information im **Wirtschaftsausschuss** beschränken. Nach § 106 BetrVG ist der Wirtschaftsausschuss in allen Unternehmen mit mehr als 100 Beschäftigten zu bilden. Der Unternehmer hat den Wirtschaftsausschuss rechtzeitig und umfassend über die wirtschaftlichen Angelegenheiten (bspw. über die wirtschaftliche und finanzielle Lage, die Produktions- und Absatzlage, Rationalisierungsvorhaben oder die Vorhaben zum Zusammenschluss, Verlegen oder Stilllegen von Betrieben) zu informieren.

Diese oben genannten Rechte der Mitbestimmung in § 87 BetrVG werden in **Betriebsvereinbarungen** konkretisiert (vgl. Abb. 3.11). Damit stellt die Betriebsvereinbarung die wichtigste Form der Ausübung von Mitbestimmungsrechten dar (vgl. hierzu und im Folgenden Mitlacher/Paul, 2005), die in § 77 BetrVG geregelt sind. Betriebsvereinbarungen kommen als Vertrag durch übereinstimmende Willenserklärung von Arbeitgeber und Betriebsrat zustande. Die Rechtsnormen einer

Betriebsvereinbarung über die Datenkontrolle bei der Nutzung von Internetdiensten

zwischen der Firma X und dem Betriebsrat der Firma X

1. Geltungsbereich

Diese Betriebsvereinbarung gilt für alle Arbeitnehmer der Firma X, soweit sie nicht leitende Angestellte im Sinne von §5 Abs. 3 BetrVG sind.

2. Gegenstand

Diese Betriebsvereinbarung betrifft die Kontrolle von Daten bei der Nutzung von Internetdiensten.

3. Dienstliche und private Nutzung

Eine private Nutzung des Internetzugangs und der E-Mail ist untersagt, die IuK-Systeme werden ausschließlich für dienstliche Zwecke zur Verfügung gestellt.

4. Datenerfassung

Bei der Nutzung von Kommunikations- und Informationsmedien werden automatisch Protokolle der Zugriffe (Dauer, Ziel, Volumen, Nutzerkennung) zum Zwecke der Datensicherung sowie der Überwachung und Ermittlung von Missbrauchsfällen angefertigt und gespeichert.

5. Zugriff auf Daten und Prozess

Bei einem konkreten Verdacht gegen Beschäftigte im Hinblick auf eine arbeitsvertragliche Pflichtverletzung ist eine Auswertung möglich. Der Betriebsrat ist hierüber vorab unter Nennung der vorgesehenen Auswertungen zu informieren. Die Ergebnisse werden vor Einleitung des formellen Mitbestimmungsverfahrens und der personellen Einzelmaßnahmen mit dem Betriebsrat beraten.

6. Inkrafttreten und Kündigung

Diese Betriebsvereinbarung tritt mit ihrer Unterzeichnung in Kraft. Sie kann mit einer Frist von einem Monat zum Monatsende gekündigt werden.

Abb. 3.11: Beispiel einer Betriebsvereinbarung (angelehnt an Hromadka/Maschmann, 2014, S. 359).

Betriebsvereinbarung gelten, ebenso wie die Normen des Tarifvertrags, unmittelbar und zwingend für beide Parteien. Die Betriebsvereinbarung endet, wenn diese befristet ist, mit Ablauf der bestimmten Frist, sonst mit Kündigung oder Aufhebung. Insbesondere ist hier zu beachten, dass eine jüngere Betriebsvereinbarung eine ältere automatisch außer Kraft setzt, wenn sie denselben Regelungsgegenstand betrifft.

Betriebsvereinbarungen zwischen Mitbestimmung und Tarifautonomie

Im deutschen System der industriellen Beziehungen hat die Tarifautonomie einen grundgesetzlich verankerten Stellenwert. Den autonomen Regelungen der Arbeits- und Wirtschaftsbedingungen durch die Tarifparteien wird, auch gegenüber den Betriebsparteien, Priorität eingeräumt. Das BetrVG schränkt daher die Inhalte möglicher Betriebsvereinbarungen durch den **Tarifvorrang** (§ 87 Abs. 1 BetrVG) und den **Tarifvorbehalt** (§ 77 Abs. 3 BetrVG) entschieden ein.

Durch die Sperrwirkung des **Tarifvorbehalts** sind Betriebsvereinbarungen unzulässig, soweit sie Regelungen über materielle (oder sonstige) Arbeitsbedingungen enthalten, die bereits durch den Tarifvertrag geregelt sind oder üblicherweise dort geregelt werden. Daher können bspw. Betriebsvereinbarungen, die über einen Ersatz

Tab. 3.17: Prüfschema im Arbeitsrecht III (nach Hromadka/Maschmann, 2012, S. 45).

Leitfrage	Hilfsfragen, Themengebiete, Gesetze
Gibt es eine einschlägige Betriebsvereinbarung? Wird der Arbeitnehmer vom Betriebsrat vertreten?	Wird der interessierende Sachverhalt in einer Betriebsvereinbarung geregelt? Fällt der Arbeitnehmer in den Geltungsbereich des BetrVG? Ist er leitender Angestellter? Ist der Arbeitnehmer vom persönlichen Geltungsbereich der Betriebsvereinbarung erfasst?
Gibt es einen Tarifvorrang oder -vorbehalt, der die Regelung in der Betriebsvereinbarung ausschließt?	Enthält der Tarifvertrag eine abschließende Regelung zum interessierenden Sachverhalt? Gibt es eine tarifvertragliche Öffnungsklausel? (unerheblich: ist die Regelung in der Betriebsvereinbarung günstiger?)

tarifvertraglicher Entgeltbestandteile entscheiden oder auch nur die Wahl zwischen Tarifeinkommen und Erfolgsbeteiligung erwägen nicht abgeschlossen werden. Allerdings gibt es hiervon Ausnahmen, sofern der Tarifvertrag für diesen speziellen Fall eine Öffnungsklausel vorsieht, der es den Betriebsparteien ermöglicht, hier doch Betriebsvereinbarungen abzuschließen.

Daneben ergibt sich aus § 87 Abs. 1 BetrVG ein **Tarifvorrang**. Dieser besagt, dass das Mitbestimmungsrecht des Betriebsrats nur so weit besteht, solange keine höherrangigen Normen, also gesetzliche oder tarifliche Regelungen, bestehen, die einen Sachverhalt in Bezug auf die betroffene Materie abschließend und vollständig regeln. Selbst das Günstigkeitsprinzip wird, als Konsequenz des Tarifvorrangs, ausgeschlossen. Das heißt, selbst wenn die Betriebsparteien ein höheres Grundentgelt gewähren möchten als der Tarifvertrag vorsieht, kann hier keine Betriebsvereinbarung abgeschlossen werden.

Sinn des Tarifvorbehalts und des Tarifvorrangs ist es, dass den Tarifparteien (und hier insb. die Gewerkschaften) die Priorität bei der Regelung der Arbeitsbedingungen eingeräumt werden soll.

Führt man die Regelungen der Betriebsebene in einem Prüfschema zusammen, so ist nach der Prüfung internationaler, nationaler und tariflicher Vorschriften zu fragen, ob es Hinweise in Betriebsvereinbarungen gibt, die das Arbeitsverhältnis konkretisieren. Folgendes Schema kann dabei helfen (vgl. Tab. 3.17):

Fortsetzung des Beispielfalls aus Kap. 3.1.4:

Die Prüfung der tariflichen Regelungsebene ergab, dass Herrn Müller gesetzlich 25 Tage Urlaub zustehen (aus BUrlG 20 Urlaubstage, aus § 125 SGB IX 5 Urlaubstage). Der Tarifvertrag stockt den Urlaub auf 30 Tage Urlaub pro Jahr auf, ein „Aufsaugen" des Zusatzurlaubs ist nicht beabsichtigt. Als Zwischenfazit wurde in Kap. 3.1.4 festgehalten, dass Herr Müller über 35 Urlaubstage verfügen kann.

Es liegen im Beispielsfall zwei Betriebsvereinbarungen zum Thema Urlaub vor. In der „Betriebsvereinbarung über die Erhöhung des tariflichen Urlaubs" wurde zwischen Betriebsrat und Arbeitgeber vereinbart, dass der tarifliche Urlaubsanspruch um einen Urlaubstag erhöht wird. In der

„Betriebsvereinbarung über Zusatzurlaub für langjährig beschäftigte Arbeitnehmer" wurde vereinbart, dass ab einer Betriebszugehörigkeit von mehr als zwanzig Jahren ein Tag „Treueurlaub" gewährt wird.

Die Betriebsvereinbarung über die Erhöhung des tariflichen Urlaubs ist nicht wirksam, da sie nach § 77 Abs. 3 BetrVG „gesperrt" ist. Auch wenn die Regelung in der Betriebsvereinbarung für den Arbeitnehmer günstiger ist, so darf trotzdem keine Betriebsvereinbarung Sachverhalte regeln, die im Tarifvertrag abschließend bestimmt sind. Die Betriebsvereinbarung über den Zusatzurlaub bei längerer Betriebszugehörigkeit ist wirksam. Zwar ist der Urlaub im Tarifvertrag geregelt, doch knüpft die Betriebsvereinbarung nicht am Erholungsurlaub an (der im Tarifvertrag abschließend geregelt ist), sondern an der Betriebstreue. Dem Urlaubsanspruch von 30 + 5 Arbeitstagen ist also ein weiterer Urlaubstag hinzuzurechnen. Als Zwischenfazit steht nun fest: Herr Müller hat einen Anspruch auf 36 Arbeitstage Urlaub.

Siehe dazu die Fortsetzung des Beispiels in Kap. 3.1.7.

Aus: Hromadka/Maschmann, 2012, S. 46.

Handlungsspielräume auf betrieblicher Ebene

Insgesamt ist an den Ausführungen erkennbar, dass bei den Regelungen auf Betriebsebene eine Grundtendenz besteht, einen harmonischen Sozialverband aufrecht zu halten, indem durch eine hohe Regelungsdichte bei jedem Sachverhalt die Regelungskompetenzen zwischen Arbeitgeber und Betriebsrat bereits festgelegt sind. Kommt es dennoch zu Meinungsverschiedenheiten, so ist auch dann eine schnelle Konfliktlösung durch die Einigungsstelle vorgesehen.

So ergeben sich auf Betriebsebene weite **Handlungsspielräume**, die es dem Unternehmen erlauben, diese durch Verhandlung mit dem Betriebsrat zu nutzen. Allerdings kann der Arbeitgeber auch hier keine einseitigen Entscheidungen treffen, sondern ist auf die Zustimmung der Arbeitnehmervertretung angewiesen, die gestärkt durch vielfältige (teilweise bis hin zu erzwingbaren) Mitbestimmungsrechte die angestrebten Handlungsspielräume unterstützen oder blockieren kann (vgl. die Übersicht über die Mitwirkungs- und Mitbestimmungsrechte in diesem Unterkapitel). Sofern kein tarifvertraglicher Vorbehalt oder Vorrang besteht und materiell die Voraussetzungen des BetrVG gegeben sind, können in Betriebsvereinbarungen Inhalt, Abschluss und Beendigung von Arbeitsverhältnissen oder betriebliche und betriebsverfassungsrechtliche Fragen geregelt werden (Hanau/Adomeit, 2007, S. 91 ff.).

Zwar soll die Zusammenarbeit zwischen Betriebsrat und Arbeitgeber betriebsverfassungsrechtlich sozialpartnerschaftlich erfolgen, doch unterscheidet sich die im Unternehmen gelebte **Mitbestimmungskultur** von Unternehmen zu Unternehmen. Während auf Tarifvertragsebene Regelungen branchenweit Handlungsspielräume definieren, werden diese auf Betriebsebene durch das Selbstverständnis des Betriebsrats bestimmt. Um hier zu einer betriebswirtschaftlichen Betrachtung zu gelangen, bietet es sich an, unterschiedliche Betriebsratsvertretungstypen zu analysieren. Kotthoff (1994) beschreibt mit dem ignorierten Betriebsrat, dem isolierten Betriebsrat, dem Betriebsrat als Organ der Geschäftsleitung, dem standfesten Betriebsrat, dem Betriebsrat als konsolidierende Ordnungsmacht sowie dem aggressiven und dem

Tab. 3.18: Typen von Betriebsräten (nach Kotthoff, 1994).

Typen von Betriebsräten	häufig in	Kennzeichen
Ignorierter Betriebsrat	Kleinbetrieben	Inhaber gibt Rahmen- und Leitlinien vor
Isolierter Betriebsrat	KMUs	nur eine kleine Gruppe unterstützt den Betriebsrat, die übrigen Arbeitnehmer (häufig bei geringer Qualifikation der Arbeitnehmer, hoher Fluktuation und prekären Arbeitsverhältnissen) entziehen sich der Betriebsratsarbeit
Co-Manager	KMUs	Betriebsratsvorsitzender häufig der Vertraute der Unternehmensführung, übernimmt wichtige Funktionen für die Unternehmensführung (Kommunikation, Integration, Konfliktlösung), ohne eigentliche Interessenvertretung der Arbeitnehmer
Respektierter, aber zwiespältiger Betriebsrat	mittleren bis großen Betrieben	umfassende Beteiligung an Entscheidungsprozessen durch Unternehmensleitung, BR eher reagierende Betreuungsinstanz, ohne vorauseilende Interessenvertretung
Respektierter, standfester Betriebsrat	allen Größenklassen	besetzt offensiv Themen, ringt der Unternehmensleitung Zugeständnisse ab, beruft sich auf gesetzliche Rechte, Zusammenarbeit ist geprägt von Konflikten, im Krisenfall aber auch von Kooperation
Kooperative Gegenmacht	mittleren bis großen Betrieben	Zusammenarbeit mit der Unternehmensleitung ist durch viele Aushandlungsprozesse und Konflikte geprägt, gleichzeitig aber auch vertrauensvoll und kooperativ
Aggressiver Betriebsrat	allen Größenklassen	Sachverhalte werden verbissen, ideologisch und „aus Prinzip" diskutiert. Auch kleinere Sachfragen werden zu Grundsatzfragen überhöht.

kooperativen Betriebsrat sieben verschiedene Vertretungstypen des Betriebsrats. Jedem Vertretungstyp werden dann bestimmte Mitbestimmungsergebnisse bzw. „Outcomes" zugeordnet (vgl. Tab. 3.18). Aus dem Vergleich entwickelt sich ein Kontinuum zwischen Konflikt und Kooperation (vgl. Kotthoff, 1994, S. 29 f.).

Betrachtet man die Ausführungen zur Betriebsebene aus **handlungsorientierter** Perspektive, fällt auch hier das Ergebnis ambivalent aus. Der verbleibende Handlungsspielraum kann, je nach Mitbestimmungskultur und -strategie (vgl. Tab. 3.19), zur Generierung unternehmens- und wettbewerbspolitischer Vor- oder Nachteile genutzt werden.

Bei der **Konfrontationsstrategie** wird das Ziel verfolgt, die Unternehmensinteressen auch gegen die Interessen des Betriebsrats durchsetzen. Die gesetzlichen, tariflichen und betrieblichen Regelungen werden zwar befolgt, aber restriktiv ausgelegt. Der Konfliktfall wird als unvermeidlich, jedoch notwendig angesehen (vgl. hierzu und im Folgenden Scherm/Süß, 2010, S. 211 f.)

Tab. 3.19: Mitbestimmungsstrategien (vgl. Scherm/Süß, 2010, S. 209).

	Mitbestimmungsorientierung des Unternehmens	
	positiv	negativ
Konfrontation		konfrontieren
Kooperation	kooperieren	
Kollaboration	korrumpieren	
Resignation	informieren	ignorieren

Der passive Betriebsrat kann zu einer **Strategie des Ignorierens** führen. Wenn kein Widerstand durch den Betriebsrat befürchtet werden muss, kann das Gremium auch von den Entscheidungsprozessen ausgeschlossen werden. Kommunikation findet nur in unvermeidlichen Situationen statt (Einstellungsprozess, Kündigungen, Betriebsversammlungen). Konflikte werden abgewiegelt.

Steht man der Mitbestimmung positiv gegenüber, bieten sich drei Mitbestimmungsstrategien an, die fließend ineinander übergehen:

Die **Kooperationsstrategie** ist durch die Suche nach Kompromisslösungen gekennzeichnet. Die Argumente und Probleme der Betriebsratsseite werden gehört und in die Entscheidungsfindung einbezogen. Konflikte werden akzeptiert und jeweils auch mit Blick auf vorherige Entscheidungen („das letzte Mal haben wir so entschieden, dieses Mal so") wechselseitig einer Konfliktlösung zugeführt.

Die **Korrumptionsstrategie** zielt darauf ab, den Betriebsrat durch Beteiligung und Zugeständnisse in weniger kritischen Sachverhalten zu einer positiven Haltung und teilweise zu einem Verzicht der Mitbestimmung in kritischen Fragen zu „verpflichten". Dies führt dazu, dass dem Betriebsrat immer wieder Erfolge zugestanden werden, im Gegenzug jedoch Zugeständnisse bei der Verfolgung von Unternehmensinteressen erwartet werden. Konflikte werden eher als „Scheinkonflikte" ausgetragen.

Die **Strategie des Informierens** ist geprägt durch umfassenden und regelmäßigen, aber im Rahmen der gesetzlichen und tariflichen Notwendigkeiten bleibenden Informationsaustausch. Es wird vom Betriebsrat erwartet, dass er durch die Information den Einblick und die Notwendigkeit des unternehmerischen Handelns erkennt. Konflikte treten durch das Verständnis gegenseitiger Positionen selten auf.

Partizipation im öffentlichen Dienst und andere Vertretungsformen

Die bisherigen Ausführungen zum BetrVG gelten nicht für den öffentlichen Dienst, welcher hinsichtlich der Partizipation der Arbeitnehmer eigene Gesetze entwickelt hat. So ist die Zusammenarbeit zwischen den Arbeitgebern und den Bediensteten des öffentlichen Dienstes im Bundespersonalvertretungsgesetz (BPersVG) und in den Landespersonalvertretungsgesetzen geregelt. Das Personalvertretungsrecht ist ein Teil des öffentlichen Dienstrechts. Der Geltungsbereich umfasst die Bediensteten in den Verwaltungen, Eigenbetrieben des Bundes, der Länder und der Gemeinden sowie in den übrigen Körperschaften und Anstalten des öffentlichen Rechts. Er umfasst sowohl die Angestellten und Arbeiter des öffentlichen Dienstes als auch die Beamten.

Der Personalrat ist das kollektive Vertretungsorgan der Arbeiter, Angestellten und Beamten in der öffentlichen Verwaltung. Personalräte werden in Dienststellen mit mindestens fünf Arbeitnehmern gebildet und für die Dauer von vier Jahren gewählt (§ 26 BPersVG). Die Wahl erfolgt nach § 17 BPersVG getrennt für die Gruppen der Beamten und der Beschäftigten. Grundlegender Gedanke der Partizipation ist – wie auch in der Privatwirtschaft – die vertrauensvolle Zusammenarbeit zwischen der Dienststelle, der Personalvertretung und den Gewerkschaften zum Wohle der Beschäftigten und zur Erfüllung der gesetzlichen Aufgaben Die Partizipationsrechte des Personalrats reichen in abgestufter Form von einem echten Mitbestimmungsrecht bis hin zu reinen Informationsrechten.

Kirchliche Einrichtungen kennen ebenso die institutionalisierte Interessenvertretung durch die Arbeitnehmer. Da Religionsgemeinschaften und ihre nachgelagerten Institutionen (wie bspw. die Caritas) weder dem BetrVG (§ 118 BetrVG) noch dem Personalvertretungsrecht unterliegen, hat sich im kirchlichen Arbeitsrecht neben den Betriebsräten (Wirtschaft), Personalräten (öffentlicher Dienst) eine dritte Form der institutionalisierten Interessenvertretung entwickelt, die Mitarbeitervertretungen (MAV).

Kosten und Wirkung der betrieblichen Mitbestimmung

Grundsätzlich gilt für die betriebliche Mitbestimmung: Wenn der Betriebsrat in den Willensbildungsprozess im Unternehmen eingebunden wird und mit der Firmenleitung konstruktiv zusammenarbeitet, dann nutzt dies in der Regel allen Beteiligten. Diesen möglichen Vorteilen stehen aber Effizienzdefizite und Kosten gegenüber, die schon für die Unternehmensmitbestimmung galten (vgl. Kap. 3.1.5).

Der deutsche Gesetzgeber hat entschieden, dass der Arbeitgeber sämtliche aus dem Betriebsverfassungsgesetz resultierenden Kosten zu tragen hat (bspw. Kosten der Betriebsratswahl, Freistellungskosten, Schulungskosten, Kosten der Betriebsversammlung sowie Kosten der Einigungsstelle). Daneben kommen bei Rechtsstreitigkeiten für Sachverständige, Rechtsanwälte und Gerichtskosten pro Jahr und Mitarbeiter weitere Kosten auf den Arbeitgeber zu (vgl. iwd, 2006a).

Pro Mitarbeiter und Jahr belaufen sich die monetär zu beziffernden Kosten für die Umsetzung des Betriebsverfassungsgesetzes auf durchschnittlich 650 Euro (Stand: 2006). Die einzelnen Kostenblöcke finden sich in Abb. 3.12.

Der Arbeitgeber hat dabei nur wenige Möglichkeiten, die Kosten der Mitbestimmung zu beeinflussen. Die betriebsverfassungsrechtlichen Institutionen (bspw. Betriebsrat, Gesamtbetriebsrat, Konzernbetriebsrat sowie Jugend- und Auszubildendenvertretung) sind bei der Wahrnehmung ihrer gesetzlichen Aufgaben keiner Kontrolle durch den Arbeitgeber unterworfen. Lediglich bei einem Hinzuziehen eines Sachverständigen muss sich der Betriebsrat im Vorfeld mit dem Arbeitgeber einigen. Ebenso stellt der Arbeitgeber für Sitzungen, Sprechstunden und die laufende Geschäftsfüh-

– Betriebsratstätigkeit	338 Euro
– Betriebsversammlung	147 Euro
– Einigungsstelle	60 Euro
– Gesamtbetriebsrat	25 Euro
– Betriebsratswahl	19 Euro
– Betriebsräteversammlung	12 Euro
– Wirtschaftsausschuss	12 Euro
– Jugend- und Azubivertretung	10 Euro
– Konzernbetriebsrat	8 Euro
– Sonstiges	19 Euro
SUMME	**650 Euro**

Abb. 3.12: Kosten der Mitbestimmung in Euro pro Jahr und Mitarbeiter (vgl. iwd 2006a).

rung in erforderlichem Umfang Räume, Sachmittel, Informations- und Kommunikationstechnik sowie Büropersonal (bspw. Sekretärinnen) zur Verfügung (vgl. iwd, 2006a).

3.1.7 Regelungen auf arbeitsvertraglicher Ebene

Die Ebene der repräsentativen Mitbestimmung wird ergänzt durch die Rechte und Pflichten eines individuellen Arbeitnehmers, die ihm aus seinem Arbeitsvertrag entstehen. Als Arbeitsverhältnis werden die zwischen Arbeitgeber und Arbeitnehmer bestehenden Rechtsbeziehungen verstanden. Zwar fehlt eine Legaldefinition des Arbeitnehmerbegriffs, jedoch kann derjenige als Arbeitnehmer bezeichnet werden, der aufgrund eines
–   privatrechtlichen Vertrags (also bspw. nicht Beamte oder Beschäftigte auf Basis eines Werkvertrags),
–   in persönlicher Abhängigkeit (eingegliedert in einen Betrieb aus zeitlicher, örtlicher und inhaltlicher Perspektive) und
–   unselbstständige Dienste (höchstpersönlich)
erbringt.

Gruppen von Arbeitnehmern

Das Arbeitsverhältnis beruht auf einem privatrechtlichen Vertrag. Die Rechtsgrundlage für den Arbeitsvertrag ergibt sich aus den allgemeinen Regelungen des BGB und aus den Regelungen zum Dienstvertrag in den §§ 611 ff. BGB. Nach § 611 Abs. 1 BGB begründet der Arbeitsvertrag unter anderem die Verpflichtung des Arbeitnehmers, Arbeit zu leisten und die Verpflichtung des Arbeitgebers diese Arbeit zu entlohnen. Art und Inhalt eines Arbeitsvertrags können prinzipiell von den Vertragsparteien nach ihren Vorstellungen gestaltet werden (§ 305 BGB, § 105 GewO). Eingeschränkt ist dieser Gestaltungsspielraum jedoch zugunsten des Arbeitnehmerschutzes durch eine Anzahl von Bestimmungen in Gesetzen, Tarifverträgen und Betriebsvereinbarungen

Abb. 3.13: Gruppen von Arbeitnehmern.

(vgl. Abb. 3.13). Weitere Regelungen für besonders **geschützte Arbeitnehmergruppen** finden sich in speziellen Schutzgesetzen (bspw. Mutterschutzgesetz oder SGB IX für schwerbehinderte Arbeitnehmer).

Das **(Normal-)Arbeitsverhältnis** gründet sich auf den befristeten oder unbefristeten Vollzeitarbeitsvertrag. Daneben hat das befristete Arbeitsverhältnis, bei dem das Arbeitsverhältnis durch Fristablauf oder Zweckerreichung endet, eine wichtige Bedeutung erlangt. Da bei befristeten Arbeitsverhältnissen Kündigungsschutzbestimmungen nicht notwendig sind, ist die Befristung an bestimmte Voraussetzungen gebunden, um das Unternehmerrisiko nicht auf den Arbeitnehmer abwälzen zu können.

Innerhalb der Gruppe der Arbeitnehmer unterscheiden sich **leitende Angestellte** dadurch, dass sie Arbeitgeberfunktionen in einer Schlüsselstellung ausüben (vgl. § 5 Abs. 3 und 4 BetrVG). Somit stehen sie trotz ihrer Eigenschaft als Arbeitnehmer in einem gewissen Interessengegensatz zur übrigen Belegschaft, weswegen für sie besondere Regelungen gelten (bspw. Ausnahme aus dem Arbeitszeitgesetz oder Nichtanwendbarkeit des BetrVG).

Darüber hinaus gibt es die Gruppe der **arbeitnehmerähnlichen Personen**. Zu ihnen zählen die in Heimarbeit Beschäftigten sowie bestimmte Handels- und Versicherungsvertreter. Besonderes Merkmal dieses Personenkreises ist die persönliche Selbstständigkeit, also weisungsfreie, eigenständige Arbeitsverrichtung, bei gleichzeitig zumeist wirtschaftlicher Abhängigkeit zum Arbeitgeber. Diese eingeschränkte Unabhängigkeit führt zu einer den sonstigen Arbeitnehmern vergleichbaren sozialen Schutzbedürftigkeit, sodass eine Reihe von Rechtsvorschriften auch auf diesen Personenkreis Anwendung findet (bspw. Anspruch auf Urlaub).

Eine weitere Sonderform des Arbeitsverhältnisses sind **Leih- oder Zeitarbeiter**, die sich im Rahmen der Arbeitnehmerüberlassung in einem Dreiecksverhältnis, bestehend aus Arbeitgeber, Entleiher und Leiharbeitnehmer, befinden (vgl. Kap. 6.2.1). Aufgrund eines Vertrags zwischen Arbeitgeber und Entleiher werden Arbeitnehmer des Arbeitgebers mit deren Zustimmung dem Entleiher zur Ableistung von Diensten vorübergehend überlassen. Hiervon zu unterscheiden sind Tätigkeiten auf der Grundlage eines Dienst- oder Werkvertrags (§§ 611, 631 BGB), die von Arbeitnehmern gemäß der Weisung ihres Arbeitgebers in fremden Betrieben durchgeführt werden. Das Arbeitnehmerüberlassungsverhältnis ist dadurch gekennzeichnet, dass der Arbeitnehmer unter Fortbestand des Rechtsverhältnisses zum Arbeitgeber in den Fremdbetrieb des Entleihers eingegliedert wird. Der Arbeitnehmer unterliegt dabei den Weisungen des Entleihers, erhält sein Entgelt aber vom Arbeitgeber.

Im öffentlichen Dienst sind außer Arbeitnehmern, die den allgemeinen Regelungen des Arbeitsrechts unterliegen, auch **Beamte**, **Soldaten** und **Richter** beschäftigt, für deren Arbeitsverhältnisse besondere Gesetze gelten (bspw. Beamtengesetze von Bund und Ländern, Soldatengesetz oder Richtergesetz).

Rechte und Pflichten aus dem Arbeitsverhältnis

Rechte des Arbeitgebers sind zugleich Pflichten des Arbeitnehmers und umgekehrt (vgl. Tab. 3.20). Im Folgenden werden deshalb jeweils die Pflichten für Arbeitnehmer und Arbeitgeber dargestellt:

Hauptpflicht des Arbeitnehmers aus dem Arbeitsvertrag ist die persönliche Arbeitsleistung (§§ 611 Abs. 1, 613 Satz 1 BGB). Hieraus resultiert die Gehorsamspflicht des Arbeitnehmers, die dem Direktionsrecht des Arbeitgebers entspricht. Demzufolge unterliegt der Arbeitnehmer im Rahmen des Arbeitsverhältnisses den Weisungen des Arbeitgebers, die die persönliche Abhängigkeit des Arbeitnehmers begründen. Mit dem Weisungsrecht werden Ort und Zeit sowie Art und Weise der zu erbringenden Arbeit festgelegt (vgl. Zöllner/Loritz, 2008, S. 144 ff.).

Die **Nebenpflichten des Arbeitnehmers** können als Treuepflichten oder als „Loyalitätspflichten gegenüber dem Arbeitgeber" bezeichnet werden. Hierunter fallen vor allem die Pflicht zur Verschwiegenheit über Geschäfts- und Betriebsgeheimnisse, die Unterlassung von rufschädigenden Äußerungen über den Arbeitgeber sowie

Tab. 3.20: Rechte und Pflichten aus dem Arbeitsverhältnis.

	Arbeitnehmer	Arbeitgeber
Hauptpflichten	– persönliche Arbeitsleistung – Gehorsamspflicht	– Entgeltzahlung – Weisungsrecht
Nebenpflichten	– Treuepflicht – Verschwiegenheit – Wettbewerbsverbot – Auskünfte/Rechenschaft – Schadensabwendung	– Fürsorgepflicht – Beschäftigung – Urlaubsgewährung – Gesundheitsschutz – Eigentums- und Persönlichkeitsschutz
Rechtsfolgen bei Verstößen	– Ermahnung – Abmahnung – ordentliche Kündigung – außerordentliche Kündigung	– Zurückbehaltung der Arbeitsleistung – Kündigung – Schadensersatz

ein Wettbewerbsverbot. Die Art und der Umfang der Verstöße gegen Arbeitsvertragspflichten bestimmen die damit verbundenen Konsequenzen. Sie können aus Betriebsbußen, Abmahnung, Kündigung und Schadensersatzpflichten bestehen.

Neben den Hauptrechten (Vergütung für geleistete Arbeit) hat der Arbeitnehmer **Unterrichtungs- und Erörterungsrechte.** So hat der Arbeitgeber den Arbeitnehmer über dessen Aufgabe und Verantwortung sowie über die Art seiner Tätigkeit und ihre Einordnung in den Arbeitsablauf des Betriebs zu unterrichten und ihn vor Beginn der Beschäftigung über Unfall- und Gesundheitsgefahren sowie Maßnahmen zu deren Abwendung zu belehren. Weiterhin hat der einzelne Arbeitnehmer das Recht, in betrieblichen Angelegenheiten, die seine Person betreffen, gehört zu werden, Stellung zu nehmen sowie Vorschläge für die Gestaltung des Arbeitsplatzes und des Arbeitsablaufs zu machen (§ 82 BetrVG). Die Individualrechte des Arbeitnehmers beziehen sich weiterhin darauf, dass der Arbeitnehmer verlangen kann, dass ihm Berechnung und Zusammensetzung seines Arbeitsentgelts erläutert und mit ihm die Beurteilung seiner Leistung und Möglichkeiten seiner Entwicklung erörtert werden. Dazu kommt das Recht des Arbeitnehmers, in die über ihn geführte Personalakte (wenn mehrere Akten geführt werden: in alle Akten) Einsicht zu nehmen – ggf. mit einem Mitglied des Betriebsrats – und Erklärungen zum Inhalt der Personalakte beizufügen (§ 83 BetrVG).

Die **Hauptpflicht des Arbeitgebers** ist die Pflicht zur Zahlung des vereinbarten Arbeitsentgelts gemäß § 611 Abs. 1 BGB. Die Entgeltfindung kann sich an der geleisteten Arbeitszeit orientieren (Zeitlohn) oder durch die Leistungen des Arbeitnehmers nach Menge oder Qualität beeinflusst werden (leistungsabhängige Lohndifferenzierung).

Die **Nebenpflichten des Arbeitgebers** lassen sich grob unter dem Oberbegriff „Fürsorgepflicht des Arbeitgebers" zusammenfassen (vgl. § 618 Abs. 1 BGB). Hierzu gehört die Beschäftigungspflicht, die Gewährung des Urlaubs, der Gesundheitsschutz sowie das Eigentums- und Persönlichkeitsrecht des Arbeitnehmers. Die Verletzung der dem Arbeitgeber obliegenden Pflichten berechtigt den Arbeitnehmer – je nach Art und Schwere des Verstoßes – zur Zurückhaltung seiner Arbeitsleistung, zur außerordentlichen Kündigung oder ermächtigt ihn, Erfüllung der Entgeltzahlung oder Schadensersatz zu verlangen.

Zum Abschluss des Beispielfalls rückt nach Prüfung internationaler, nationaler, tariflicher und betrieblicher Vorschriften der Arbeitsvertrag in den Mittelpunkt. Folgendes Schema in Tab. 3.21 kann dabei helfen:

Tab. 3.21: Prüfschema im Arbeitsrecht IV (nach Hromadka/Maschmann, 2012, S. 46).

Leitfrage	Hilfsfragen, Themengebiete, Gesetze
Enthält der Arbeitsvertrag eine Regelung?	Ist die Regelung günstiger als die nach Gesetz, Tarifvertrag oder Betriebsvereinbarung?

Fortsetzung des Beispielfalls aus Kap. 3.1.6:

Die Prüfung der gesetzlichen, tariflichen und betrieblichen Regelungsebene ergab einen Urlaubsanspruch von insgesamt 36 Tagen. In seinem jahrzehntealten Arbeitsvertrag findet er keinen Hinweis auf eine Urlaubsregelung, sodass ihm die 36 Urlaubstage zustehen. Selbst wenn ihm in seinem alten Arbeitsvertrag eine geringere Anzahl an Urlaubstagen zugestanden wäre, wird diese Regelung durch die für ihn günstigeren Regelungen auf gesetzlicher, tariflicher oder betrieblicher Ebene verdrängt. Nur für den Fall, dass im Arbeitsvertrag individuell ein höherer Urlaubsanspruch vereinbart wäre, würde dieser vorgehen.

Herr Müller hat also Anspruch auf 36 Arbeitstage Urlaub.

Aus: Hromadka/Maschmann, 2012, S. 46.

3.1.8 Perspektiven aus nationaler und internationaler Perspektive

Welche Perspektiven gibt es für das nationale und internationale Arbeitsrecht? Für die Beantwortung der Fragen ist es notwendig, die industriellen Beziehungen der **unterschiedlichen Ländermodelle** zu beschreiben, um dann die Entwicklungsperspektiven auf europäischer Ebene auf ihre Vorteilhaftigkeit analysieren zu können.

Bei einem internationalen Vergleich der Mitarbeiterpartizipation lässt sich die Form der institutionellen Mitbestimmung anhand ihrer Regelungs- und Konfliktdichte in drei unterschiedlichen Systemtypen (harmonie-, konflikt-, verhandlungsorientiert) der industriellen Beziehungen in Europa unterscheiden.

Die **kodifizierte Mitbestimmung** (bspw. in Deutschland) ist gekennzeichnet durch das Zusammenspiel umfangreicher, komplizierter und sehr detaillierter gesetzlicher Regelwerke. Im Bereich der Mitbestimmung wird dabei jegliches Handeln auf Rechtsgeschäfte reduziert. Die handelnden Akteure besitzen keine Möglichkeit, selbst Recht zu schaffen. Derartige Rechtssituationen lassen kaum Raum für flexibles Handeln und stellen im Prinzip statische Situationen dar, denen nur durch Gesetzesänderung begegnet werden kann.

Im Fall der **verhandelten Mitbestimmung** wird die Mitbestimmung durch Gesetz und Tarifvertrag geregelt. Dieses Mitbestimmungsmodell liegt bspw. dem schwedischen Mitbestimmungsgesetz zugrunde. Das schwedische Arbeitsrecht ist geprägt durch eine Zweiteilung der Regelungsebenen, das heißt durch einen Dualismus von staatlicher Normierung und autonomen kollektiven Regelungen (vgl. Zachert, 1993, S. 199). Die Gesetzgebung für das schwedische Arbeitsrecht erfolgt in der typischen Form der Rahmengesetzgebung, was bedeutet, dass nur einige wesentliche Bestimmungen und grundlegende Generalklauseln gesetzlich normiert werden. Die inhaltliche Ausgestaltung und detaillierte Regelung erfolgt durch Tarifvertrag, sodass den Tarifparteien eine gesetzgeberische Funktion zukommt (vgl. Schneider, 1984). Bei strittigen Fragen kann – unabhängig von der Verhandlungsebene – zu einem „Bargaining-System" übergegangen werden (vgl. Gerum/Steinmann, 1984). Das schwedische Modell stellt damit ein Kombinationsmodell dar, bei dem neben gesetzlichen Rah-

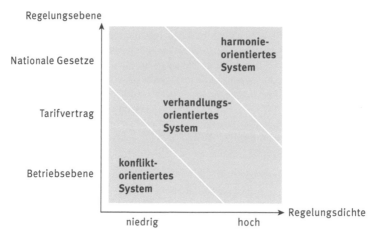

Abb. 3.14: Systemtypen der Industriellen Beziehungen.

menbedingungen die Möglichkeit tritt, Sachfragen unter Beachtung rechtlicher Interaktionsregeln zwischen Arbeitgeber und Gewerkschaften auf verschiedenen Ebenen (Betriebsebene, Branche, Staat) auszuhandeln. Das System ist damit im Vergleich zum deutschen System nicht ergebnisorientiert, sondern stärker prozessorientiert ausgerichtet.

Die unterschiedlichen Konstruktionslogiken der Mitbestimmung sind in Abb. 3.14 zusammengeführt.

In **harmonieorientierten Systemen,** für die das deutsche System als Beispiel dient, sind die Regelungsmaterien auf relativ zentraler Ebene angesiedelt. Auf gesetzlicher Ebene werden Mindeststandards oder Maximalbelastungen (bspw. Arbeitszeit) geregelt, während auf Tarifvertragsebene die generellen Arbeitsbedingungen ausgehandelt werden. Schließlich ist die Betriebsebene durch Partizipationsrechte der Ar beitnehmervertreter beim Einsatz von Instrumenten gekennzeichnet. Harmonieorientierte Systeme sind relativ stark durchnormiert und weisen ausgefeilte Konfliktlösungsmechanismen auf. Es dominieren Regelungen mit ergebnisorientiertem Charakter.

Verhandlungsorientierte Systeme sind dadurch gekennzeichnet, dass Mitbestimmung vor allem auf der Tarifvertragsebene in Form von prozessorientierten Regelungen festgeschrieben wird. Diese Systeme, wie sie in Schweden und Dänemark anzutreffen sind, weisen Interaktionsmechanismen zwischen tariflicher und betrieblicher Ebene auf. Hier werden tarifliche Aushandlungsprozesse geregelt, die gleichzeitig betrieblich flexible Lösungen zulassen (vgl. Heilmann, 1993 und Hanau, 1978).

Konfliktorientierte Systeme, wie sie in Großbritannien anzutreffen sind, verlagern Regelungsmaterien dezentral auf die Unternehmensebene und lassen dort relativ große Handlungsspielräume für die Konfliktaustragung. Hintergrund dieses Systemtyps ist häufig das weitgehende Fehlen mitbestimmungsrechtlicher Grundlagen. Die Mitbestimmung und Mitwirkung der Arbeitnehmer an Entscheidungen im Unternehmen hat sich nicht institutionalisiert, sondern im Kontext alter Traditionen entwickelt. Bspw. konnte die Mitbestimmung der Arbeitnehmer in Großbritannien nur durch den Zusammenschluss in Gewerkschaften erreicht werden, weshalb den britischen Gewerkschaften eine besondere Bedeutung zukommt. Ursprünglich richteten die Gewerkschaften zur Stärkung ihrer Kampfkraft ein sog. Closed-Shop-System ein. Closed Shop bedeutete, dass ein Arbeitnehmer einer im Betrieb vertretenen Gewerkschaft als Beschäftigungsbedingung zwingend beitreten muss. Dadurch entstanden Hunderte von mächtigen Splittergewerkschaften, die die Unternehmen an den Rand der Wettbewerbsfähigkeit brachten. In den 1980er-Jahren wurden zahlreiche Gesetze erlassen, die die Position der Gewerkschaften zugunsten der Arbeitgeber schwächen sollten (bspw. wurde die Zwangsmitgliedschaft abgeschafft). Heute wird das britische Mitbestimmungssystem nicht durch die Gewerkschaften, sondern durch Shop Stewards auf Betriebsebene getragen. Bei diesem sog. Shop Floor Level, dem eigentlichen Mitbestimmungssystem, handelt es sich um ein freiwilliges System gemeinsamer Beratungen und nicht um eine institutionalisierte Mitbestimmung.

Die Arbeitnehmer und deren Vertretungen haben in diesen Systemtypen ganz unterschiedliche Partizipationschancen. Der hohe Zentralisierungs- und Normierungsgrad in harmonieorientierten Systemen lässt nur relativ geringe Handlungsspielräume zu und setzt Grenzen für flexible betriebsspezifische Vereinbarungen. Verhandlungsorientierte Systeme sichern über tarifvertragliche Regelungen generellen kollektiven Arbeitnehmerschutz und eröffnen auf betrieblicher Ebene Handlungsspielräume für betriebsindividuelle Problemlösungen, die der jeweiligen Unternehmenssituation entgegenkommen. Schließlich sind konfliktorientierte Systeme zu einem großen Teil unberechenbar, da bei dezentralen Aushandlungsprozessen bei jeder Regelungsmaterie der Konfliktfall in einen Arbeitskampf münden kann.

Diese kurze **Charakterisierung der Systemtypen** industrieller Beziehungen lässt deutlich werden, dass Konfliktintensitäten national unterschiedlich ausgeprägt sind und sozialisationsabhängig wahrgenommen werden. Das daraus resultierende Arbeits- und Konfliktbewusstsein dürfte ein nicht zu übersehendes Hindernis bei der Vereinheitlichung von Partizipationsregelungen auf europäischer Ebene sein. Die bewusstseinsmäßig verankerten und geschichtlich gewachsenen, völlig differierenden Haltungen der Arbeitnehmer in den beispielhaft erwähnten europäischen Staaten dürften zumindest kurz- bis mittelfristig kaum in einem einheitlichen rechtlichen Rahmen zu vereinbaren sein.

3.2 Gesellschaftlich-kulturelle Einflüsse

Im Folgenden werden die Internationalisierung der Personalarbeit und der Kulturen beschrieben (Kap. 3.2.1). Im Anschluss daran wird der sog. Wertewandel erläutert und mögliche Auswirkungen auf das Personalmanagement kritisch diskutiert (Kap. 3.2.2).

3.2.1 Internationalisierung der Personalarbeit und der Kulturen

Die weiter fortschreitende Internationalisierung geht mit einem zunehmenden Bedarf an internationaler Steuerung der personalwirtschaftlichen Aktivitäten einher. Neben einer Vielzahl von technisch-administrativen Fragen (bspw. zur steuerlichen Abwicklung der Mitarbeiterentsendung oder das anwendbare Arbeitsrecht im multinationalen Kontext) steht die Auseinandersetzung mit unterschiedlichen Kulturen im Mittelpunkt der Betrachtung.

Kultur kann verkürzt als „kollektive Programmierung" bezeichnet werden (vgl. Hofstede, 2006, S. 4).

Dies bedeutet, dass jeder Mensch unter bestimmten kulturellen Gegebenheiten aufwächst und dadurch die für sein Leben in der Gesellschaft und seine Bezugsgruppen und -personen sozial wesentlichen Erfahrungen und Verhaltensweisen erwirbt. Die Mitglieder innerhalb einer Kultur haben durch ihre **Sozialisation** ein ähnliches **Wahrnehmungs- und Verhaltenssystem**, wodurch das Zusammenleben erleichtert wird. Schwieriger wird es, wenn es zu Situationen kommt, in denen sich Kulturen überschneiden.

Analytisch kann das **Konstrukt Kultur** in unterschiedliche Ebenen aufgespalten werden (vgl. Abb. 3.15). Auf Basis der natürlichen Gegebenheiten entwickelt sich eine gemeinsame Realitätserkenntnis, die zu kulturell bedingten Wertvorstellungen führt.

Abb. 3.15: Konstrukt Kultur (vgl. Festing/Weber, 2000, S. 428).

Abb. 3.16: Zwei Thesen zur Kulturabhängigkeit.

Aus der Tradition gemeinsamer Wertvorstellungen entwickelt sich eine Vorstellung von „richtigem Verhalten" in Form von Gesetzen und einem als richtig erachteten Politikverständnis. Aufbauend auf diesen Ebenen erwächst ein gemeinsames Verständnis für Werte, wie bspw. Pflichterfüllung, Disziplin, Arbeitsethos oder Kooperation im Arbeitsleben.

In den letzten Jahrzehnten wurde versucht, kulturelle Unterschiede in Dimensionen auszudrücken, um so ein besseres, vergleichendes Verständnis anderer Kulturen zu ermöglichen. Trotz dieser Studien, die zur Feststellung kultureller Unterschiede dienten, ist die Bedeutsamkeit der Berücksichtigung von Kultur für das Management eines Unternehmens noch umstritten. Seit den 1960er-Jahren stehen sich zwei Auffassungen gegenüber (vgl. Abb. 3.16): die der **Universalisten** und die der **Kulturalisten**.

Während die Universalisten das Management als unabhängig von den kulturellen Bedingungen und immer und überall in gleicher Weise gestaltbar betrachten (Culture-free-These) betrachten, heben die Kulturalisten die Kulturabhängigkeit der Managementkonzepte und -instrumente hervor. Demzufolge sind Managementpraktiken nicht problemlos in andere Kulturkreise übertragbar (Culture-bound-These) (vgl. dazu auch Süß, 2004, S. 26).

Folgt man der Culture-bound-These, muss sich die Personalarbeit in einem internationalen Unternehmen von derjenigen eines rein national agierenden Unternehmens unterscheiden, insb. durch Berücksichtigung kultureller Unterschiede bei den Mitarbeitern.

Internationales Personalmanagement – Ansätze und Ausprägungen

International agierende Unternehmen stehen vor der Herausforderung, mehrere landesspezifische und kulturelle Einflussfaktoren in der Personalarbeit zu berücksichtigen (vgl. Abb. 3.17). Dies kann, muss aber nicht die Inhalte der Aufgaben verändern. Häufig handelt es sich bei einer international ausgerichteten Personalarbeit um eine Variation der Aufgaben der Personalarbeit in einem nationalen Umfeld (vgl. Blom/Meier, 2004, S. 116; Stahl/Mayrhofer/Kühlmann, 2005, S. 2). Auf alle Fälle bezieht ein multinational agierendes Personalmanagement eine Reihe von Problemkreisen mit ein, die ein lediglich national ausgerichtetes Personalmanagement nicht zu beachten braucht.

Die Ausprägung der Veränderung personalwirtschaftlicher Aufgaben durch internationale Unternehmenstätigkeit ist dabei abhängig vom Internationalisierungsgrad.

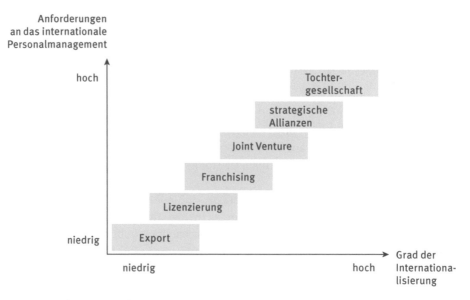

Abb. 3.17: Anforderung an das internationale Personalmanagement.

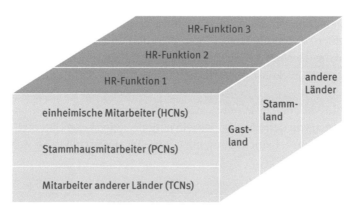

Abb. 3.18: Bezugsrahmen für internationales Personalmanagement (vgl. Festing/Weber, 2000, S. 432).

Exportaktivitäten gehen nur mit wenigen Veränderungen für die Personalarbeit einher, wohingegen aus eigenen Auslandsgesellschaften oder Joint Ventures höhere Anforderungen an die Personalarbeit resultieren (vgl. Macharzina/Rief, 2004, Sp. 1587).

Will man sich dem **internationalen Personalmanagement** konzeptionell nähern, können unterschiedliche Dimensionen betrachtet werden (vgl. hierzu Festing/Weber, 2000; Abb. 3.18). Die **erste Dimension** orientiert sich an typischen Funktionen des Personalmanagements. Die **zweite Dimension** unterscheidet drei Länderkategorien, die im Internationalen Personalmanagement eine Rolle spielen:

- das Heimatland oder auch Stammland, in dem das Unternehmen seinen Hauptsitz hat,
- das Gastland, in dem sich die Tochtergesellschaft befindet und
- „andere Länder", mit denen das Unternehmen Verbindungen unterhält (bspw. Kunden).

In der **dritten Dimension** werden drei Mitarbeitergruppen unterschieden:
- Mitarbeiter, die die Staatsangehörigkeit des Gastlandes besitzen, in der sich die Tochtergesellschaft befindet (HCNs = Host Country Nationals),
- Mitarbeiter der Nationalität des Landes, in dem sich die Muttergesellschaft befindet. Sie können ständig in dem Gastland leben, in dem sich die Tochtergesellschaft befindet (PCNs = Parent Country Nationals), und
- Mitarbeiter der Nationalität eines dritten Landes (TCNs = Third Country Nationals).

Als Beispiel für die Verwendung der Begriffe betrachten wir ein US-amerikanisches Unternehmen. Wenn dieses US-Unternehmen deutsche Staatsangehörige in einem deutschen Tochterunternehmen beschäftigt, so sind dies HCNs. Werden US-amerikanische Mitarbeiter nach Deutschland entsandt, so spricht man von PCNs. Bei der Beschäftigung von deutschen Mitarbeitern in Japan werden diese zu TCNs (vgl. Festing/Weber, 2000).

Beim Vergleich und der Beschreibung des internationalen Personalmanagements können zwei Forschungsrichtungen identifiziert werden: die Cross-Cultural-Management-Perspektive und die international vergleichende Managementforschung. Beide Ansätze stehen in der Tradition der kulturvergleichenden Managementforschung, die die Auswirkungen der landes- oder kulturspezifischen Rahmenbedingungen auf unternehmerische Handlungen untersucht (vgl. hierzu und im Folgenden Festing/Weber, 2000; Tab. 3.22).

Tab. 3.22: Forschungsansätze des internationalen Personalmanagements.

	Cross-Cultural-Management-Ansatz	Vergleichende Managementforschung
Analyse	menschliches Verhalten in Organisation	Systeme und Gestaltungsparameter
Kulturverständnis	eng (Kultur als geteilte Wertvorstellung)	breites Verständnis
Typische Fragen	Wie unterscheidet sich Führung im internationalen Vergleich?	Gibt es Unterschiede bei der Personalauswahl?
	Was motiviert Arbeitnehmer im internationalen Vergleich?	Wie vergüten Unternehmen im internationalen Vergleich?
Hauptvertreter/Studie	Hofstede	Cranfield-Projekt
Positionierung	Culture-bound	ergebnisoffen

Der Forschungsansatz des **Cross-Cultural-Management** (häufig auch: interkulturelle Vergleichsforschung) befasst sich mit der Analyse menschlichen Verhaltens in Organisationen im internationalen und damit interkulturellen Kontext. Dem Ansatz liegt ein enges Verständnis von Kultur zugrunde. Daraus ergeben sich typische Fragen wie: Wie beeinflusst die Kultur (im Sinne von Wertvorstellungen) das individuelle Verhalten der Organisationsmitglieder oder wie werden Mitarbeiter in unterschiedlichen Kulturen motiviert und geführt? Als Hauptvertreter dieser Forschungsrichtung gilt insb. Hofstede, der mit der Durchführung von kulturvergleichenden Managementstudien Ende der 1960er-Jahre begann (vgl. Hofstede, 1993).

Forschungsarbeiten der **international vergleichenden Managementforschung** betrachten den Kultureinfluss auf verschiedenen Ebenen („weiter Kulturbegriff"). Folglich stehen hier weniger die individuellen Verhaltensweisen als vielmehr die personalwirtschaftlichen Praktiken (bspw. Auswahlprozesse, Vergütung, Personalentwicklung oder Führungssysteme) im Mittelpunkt des Interesses. Der Ansatz vermeidet eine eindeutige Positionierung in der Culture-free- oder Culture-bound-Diskussion, sondern fragt ergebnisoffen, welche personalwirtschaftlichen Praktiken universell und welche kontextabhängig sind. Ein prominentes Beispiel für die international vergleichende Personalforschung ist das Cranfield Project on Strategic International Human Resource Management. Hierbei handelt es sich um eine europaweit vergleichende Untersuchung von Unternehmen und ihren personalwirtschaftlichen Aktivitäten.

Ergebnisse der Kulturforschung

Als Begründer der vergleichenden Kulturforschung gilt Geert Hofstede. Er untersuchte kulturelle Wertvorstellungen in über 50 Ländern bei über 100.000 Mitarbeitern. Hofstede untersuchte fünf zentrale Kulturdimensionen zur Beschreibung kultureller Gemeinsamkeiten und Unterschiede. Er bildete jeweils Begriffsgegensätze, deren Ausprägungen zur Beschreibung einer nationalen Kultur herangezogen werden konnte:
– hohe Machtdistanz vs. geringe Machtdistanz,
– Individualismus vs. Kollektivismus,
– Maskulinität vs. Feminität,
– hohe Unsicherheitsvermeidung vs. geringe Unsicherheitsvermeidung und
– Langfristorientierung vs. Kurzfristorientierung.

Die Dimension **Machtdistanz** beschreibt das Verhältnis zu Autoritäten und den Umgang mit sozialer Ungleichheit. Es geht dabei um die Akzeptanz von Macht, die durch oder in Organisationen ausgeübt wird bzw. sogar erwartet wird. Machtdistanz drückt demnach aus, wie hierarchisch eine Kultur aufgebaut ist, wie groß der Unterschied zwischen den Hierarchien ist, wieviel Privilegien akzeptiert werden (hohe Machtdistanz, bspw. in arabischen oder asiatischen Ländern) bzw. wie gleichberechtigt sich die Mitglieder ansehen oder wie die Abneigung gegenüber Privilegien einzelner Gruppen ausgeprägt ist (niedrige Machtdistanz, bspw. in skandinavischen Länder) (vgl. zur Beschreibung der Kulturdimensionen Bode/Alfter, 2011).

Mit dem Begriffspaar **Individualismus/Kollektivismus** werden die Beziehungen zwischen dem Individuum und der Gruppe beschrieben. In individualistischen Gesellschaften (bspw. USA) bestehen eher lose Beziehungen zwischen den Individuen. Jeder achtet in erster Linie auf sich und seine Kernfamilie. In kollektivistischen Gesellschaften (bspw. Japan, China oder ehemals kommunistische Länder) ist der Einzelne Teil einer kohäsiven Gruppe, die sich gegenseitig Schutz gewährt und Loyalität zeigt. In ausgeprägt individualistischen Ländern wird konfrontatives Verhalten eher akzeptiert als in kollektivistischen Ländern, die eher harmonieorientiert sind.

Beim Begriffspaar **Maskulinität/Feminität** geht es um die Rollenverteilung zwischen den Geschlechtern. In maskulin geprägten Gesellschaften (bspw. Italien, Spanien) haben Wettbewerb, Anerkennung, Beförderung, sozialer Status und Einkommen eine größere Bedeutung. In feminin geprägten Kulturen (bspw. Schweden) wird eher Wert auf Kooperation, Harmonie, Bescheidenheit und Lebensqualität gelegt.

Toleranz gegenüber Unsicherheit und Mehrdeutigkeit kennzeichnet die Dimension **Unsicherheitsvermeidung.** Je stärker eine Gesellschaft bemüht ist, Unsicherheit und Mehrdeutigkeit zu vermeiden, desto mehr Regeln und Gesetze gibt es, die alle Lebensbereiche und -risiken abzudecken versuchen (bspw. Deutschland). Dies geht einher mit einem hohen Formalisierungsgrad und geringer Risikobereitschaft. Kulturen mit niedriger Unsicherheitsvermeidung tolerieren neue und ggf. unstrukturierte Situationen eher (bspw. afrikanische Länder).

Langzeitorientierte Kulturen (bspw. Deutschland, Schweiz) messen Werten wie Ausdauer, Sparsamkeit oder Beharrlichkeit einen höheren Stellenwert zu als Kulturen, die den gegenwärtigen Erfolg höher schätzen (bspw. USA).

Aus Hofstedes Studien bzw. den vielen Folgestudien lassen sich Regionen mit ähnlichen Kulturen zu kulturellen Clustern zusammenfassen (vgl. Tab. 3.23).

Die Cluster beruhen auf den Ausprägungen der Kulturdimensionen und auf verbindenden Faktoren wie Sprache, Religion oder Historie. Im Ergebnis werden zehn weitgehend voneinander unabhängige, in sich jedoch homogene Cluster gebildet (vgl. Ringle/Ladwig/Richter, 2013).

Mit Blick auf das internationale Personalmanagement bedeutet dies, dass sowohl die Funktionen (bspw. Auswahlprozesse, Verfahren der Leistungsbeurteilung oder Personalentwicklung) als auch das Verhalten der Organisationsmitglieder (bezüglich Führung, Motivation oder Arbeitsdisziplin) verschieden ausgeprägt sein können. Ob dies dazu führen sollte, das Personalmanagement auf das jeweilige Cluster auszurichten oder ob die Unternehmenskultur das Verhalten und die Erwartungen der Mitarbeiter so weit überformt, dass weltweite Systeme und Instrumente eingeführt werden können, kann bis heute noch nicht abschließend beurteilt werden.

In den Folgekapiteln werden Aspekte internationaler Personalarbeit herausgearbeitet (bspw. die Entsendung als Instrument der Personalentwicklung (vgl. Kap. 10.4.4) oder die Einflüsse der Internationalisierung bei der Vergütung (vgl. Kap. 9.4.3).

Tab. 3.23: Kulturelle Cluster.

Cluster	Länder	Beschreibung
Nordeuropa	Dänemark, Finnland, Schweden	gemeinsame skandinavische Geschichte, der Sozialstaatsgedanke, sprachliche und religiöse Gemeinsamkeiten sowie die Gleichbehandlung von Mann und Frau
Germanisches Europa	Deutschland, Österreich, Holland, Schweiz	gemeinsame Sprache, die Liebe zur Freiheit, die starke Zukunftsorientierung sowie eine geringe Unsicherheitstoleranz
Angelsachsen	Irland, Kanada, Australien, England, Neuseeland, USA und Südafrika (weiß)	Englisch als gemeinsame Sprache, Kurzfristorientierung und eine hohe Unsicherheitstoleranz
Lateineuropa	Spanien, Portugal, Italien, Frankreich, Schweiz (französisch), Israel	Romanisch geprägte Länder eint die hohe Maskulinität und die gemeinsame Sprache.
Lateinamerika	Brasilien, Bolivien, Ecuador, Venezuela, Mexiko, Kolumbien, Argentinien	Romanische Wurzeln und die gemeinsame Religion prägen die kollektivistische Kultur.
Osteuropa	Griechenland, Ungarn, Albanien, Slowenien, Polen, Russland, Georgien	dominante und selbstbewusste Persönlichkeiten mit hoher Maskulinität und Machtdistanz
Mittlerer Osten	Katar, Türkei, Ägypten, Kuweit, Marokko	zeichnet sich durch den Islam, die gemeinsame Sprache, die Machtdistanz und Maskulinität aus
Sub-Sahara	Sambia, Zimbabwe, Südafrika (schwarz), Namibia, Nigeria	hohe Diversität und Offenheit gegenüber anderer Sprachen, Religionen und Kulturen
Südasien	Philippinen, Indonesien, Malaysia, Indien, Thailand, Iran	stark von Indien beeinflusst, hoher Kollektivismus prägt die Kultur
Konfuzianisches Asien	Singapur, Hongkong, Südkorea, Taiwan, Japan	ebenfalls hoher Kollektivismus und ausgeprägte Langfristorientierung bei hoher Machtdistanz

3.2.2 Wertewandel

Heterogene Wertvorstellungen von Mitarbeitern beeinflussen die Ausgestaltung und Wirksamkeit der Personalarbeit und ihrer eingesetzten Instrumente (vgl. zur Theoriediskussion, zum Wertwandel und für die Implikationen ausführlich Stitzel, 2004).

Werte gelten als Vorstellungen von Menschen darüber, wie zentrale Aspekte des Daseins (bspw. die Gesellschaft, die soziale Umgebung, die eigene Lebensform oder die Arbeit), gestaltet sein sollen.

Die pragmatische Bedeutung von Werten besteht darin, dass das Handeln von Menschen stark von ihnen beeinflusst wird. Dabei existieren Werte nicht für sich, sondern sie sind gesellschaftlich vermittelt, das heißt, das jeweilige Mikroumfeld (Familie oder Freunde) und Makroumfeld (Schule, Gesetze, Kultur) bestimmt weitgehend, welche Werte gelebt werden.

Daher sind die Werte einer Gesellschaft auch nicht unveränderlich, sondern können sich im Laufe der Zeit ändern.

(Kultureller) **Wertewandel** bedeutet, dass sich die Verhaltensprämissen einer Gruppe oder einer Gesellschaft verändern.

Je mehr es gelingt, die personalwirtschaftlichen Aktivitäten mit den Werten der aktuellen oder potenziellen Beschäftigten abzustimmen, desto höher wird das Maß an Identifikation, Loyalität und Motivation der Mitarbeiter sein.

Grundzüge einer Theorie der Werte

Der Begriff Wert ist doppelt besetzt. Zu unterscheiden ist zwischen dem oben diskutierten **sozialwissenschaftlichen Wertbegriff** als Vorstellung von Wünschenswertem und dem **ökonomischen Wertbegriff**, der den Preis für die Knappheit von Gütern beschreibt (vgl. Abb. 3.19).

Werte sind aus sozialwissenschaftlicher Perspektive dadurch gekennzeichnet, dass sie eine **Präferenzreihung** haben, das heißt, bestimmte Dinge oder Zustände werden als höher oder wichtiger eingeschätzt als andere (bspw. auf den Dimensionen Freiheit und Unfreiheit oder Berufs- und Arbeitswelt, Disziplin und Faulheit). Obwohl Werte innerhalb eines sozialen Systems geteilt werden, erfolgt die Präzisierung von Werten durch eine **individuelle Konkretisierung.** Werte gelten darüber

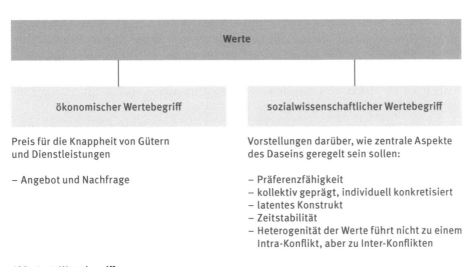

Abb. 3.19: Wertebegriffe.

hinaus als zeitstabil, da sie sich im Laufe eines lang dauernden Sozialisationsprozesses (über elterliche Erziehung, Schul-, Ausbildungs- und Arbeitsphase sowie die auf diesem Weg gemachten Erfahrungen) herausbilden. Werte stellen **Konstrukte** dar, das heißt, sie sind nicht direkt beobachtbar. Um die Werte eines Individuums zu identifizieren, muss man entweder aus manifestem Handeln auf Werte schließen oder nach ihren Werten fragen. Allerdings liefern sowohl die Beobachtung als auch die Befragung keine exakten Ergebnisse. Die Beobachtung, dass ein Mitarbeiter Zusatzaufgaben übernimmt oder die Aussage „Arbeit ist für mich sehr wichtig" kann ein Anhaltspunkt dafür sein, dass der Mitarbeiter Werte wie Disziplin, Arbeitseifer oder eine hohe Aufgabenidentifikation positiv beurteilt. Allerdings lassen sich auch andere Gründe auf die Beobachtung oder Aussage zurückführen (bspw. benötigt der Mitarbeiter das Geld aus Überstunden, weil er sich einen teuren Jahresurlaub gönnen möchte). Menschen vertreten in der Regel gleichzeitig eine Vielfalt von Werten, die zueinander konfliktär sein können. **Konfliktäre Werte** (Intra-Perspektive) eines Individuums werden i. d. R. gut verarbeitet. Abweichende Werte innerhalb eines sozialen Systems (Inter-Perspektive) bergen allerdings Konfliktpotenziale, die zu einer Harmonisierung oder Ausgrenzung führen können (vgl. Stitzel, 2004).

Wertewandel

Die dynamische Veränderungsfähigkeit von Werten innerhalb einer Gesellschaft gilt als gesichert. Allerdings stellt sich die Frage, wie sich Werte verändern. Als Erklärungsansatz werden zwei Theorien vorgestellt (vgl. im Folgenden Stitzel, 2004; Abb. 3.20).

Die **Inglehart-Hypothese** (nach Ronald Inglehart, amerikanischer Politologe) postuliert eine lineare, sich gegenseitig substituierende Werteverschiebung von materiellen hin zu postmateriellen Werten. Materielle Werte sind bspw. Wohlstand, soziale Sicherheit und stabile Versorgung, als postmaterielle Werte werden bspw. Selbstverwirklichung, Autonomie, interessante Tätigkeit sowie Verantwortungsübernahme angesehen. Auch wenn die Inglehart-Hypothese in ihrer deterministischen Form als realitätsfern kritisiert wird, hat sie jedoch ihre Attraktivität als Erklärungsansatz behalten.

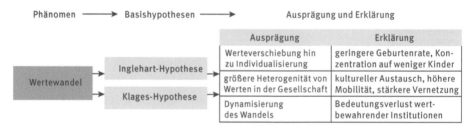

Abb. 3.20: Wertewandel. Ausprägung und Erklärung unterschiedlicher Theorien.

Die **Wertewandelhypothese** (häufig auch Klages-Hypothese; nach Helmut Klages, deutscher Soziologe) sieht die Veränderung gesellschaftlicher Werte in Form einer Bedeutungsverschiebung der „Pflicht- und Autoritätsakzeptanz" hin zu Selbstentfaltungswerten. Der Unterschied zur Inglehart-Hypothese liegt darin, dass die Wertedimensionen unabhängig voneinander sind. Das heißt, dass Wertdimensionen gleichzeitig in unterschiedlicher Gewichtung auftreten können.

Unabhängig von den umstrittenen inhaltlichen Präzisierungen des Wertewandels kann es als weitgehend sicher gelten, dass seit dem Ende des Zweiten Weltkrieges ein Wertewandel eingesetzt hat. Dieser ist gekennzeichnet durch

- eine Werteverschiebung hin zur Individualisierung und Selbstentfaltung,
- eine im Vergleich zu früheren Zeiten größere individuelle und gesellschaftliche Heterogenität von Werten (kultureller Austausch, höhere Mobilität, Vernetzung) und
- eine höhere Dynamisierung des Wandels (geringere Bedeutung Werte bewahrender Institutionen).

Wirkungen von Werten und Implikationen für das Personalmanagement

Wichtige Funktionen von Werten sind darin zu sehen, dass sie ihren Trägern Orientierung geben, dass sie Gemeinsamkeit zwischen Individuen schaffen und dass sie Motivation sowie konkretes Handeln steuern.

Daraus leiten sich auch zahlreiche Ansatzpunkte für das Personalmanagement ab (bspw. zur Schaffung einer Unternehmenskultur oder Ausgestaltung von Führungssystemen, Gestaltung von Anreiz- und Motivationssystemen oder zur Organisations- und Personalentwicklung).

Das Personalmanagement kann dabei zwischen drei Grundstrategien wählen, um die Werte der Organisation mit den Werten der Mitarbeiter in Übereinstimmung zu bringen (vgl. hierzu Stitzel, 2004):

- **Passende Mitarbeiter für die Organisation.** Die Organisation achtet darauf, dass nur Mitarbeiter bei ihr tätig sind, deren Werte sich mit ihrer decken (bspw. über Auswahl- oder Freisetzungsprozesse). Problematisch ist hierbei, dass die Werte eines Mitarbeiters nur schwer beobachtbar oder erfragbar sind. Ebenso gibt es Hinweise darauf, dass eine zu große Wertharmonie eine geschlossene Binnenkultur schafft, die lähmend auf die weitere Unternehmensentwicklung wirken kann.
- **Anpassung der Mitarbeiter an die Organisation.** Die Mitarbeiter werden dazu gebracht, die Werte der Organisation zu akzeptieren und sich mit ihnen zu identifizieren (bspw. über eine starke Unternehmenskultur oder Führungs- und Belohnungssysteme). Durch die Zwangsübernahme von ggf. entgegenstehenden Werten ergibt sich Konfliktpotenzial, das sich in aktivem oder passivem Widerstand der Mitarbeiter äußern kann (bspw. Kündigung, Sabotage oder Dienst nach Vorschrift)

–   **Wechselseitige Anpassung von Organisation und Mitarbeiter.** Die Organisation versucht einen Konsens durch wechselseitige Anpassung des Mitarbeiters an das Unternehmen und umgekehrt herzustellen. Die auf den ersten Blick sinnvolle Strategie wird durch die Heterogenität der Werte innerhalb einer Belegschaft und der mangelnden Erfassbarkeit von Werten willkürliche Ergebnisse produzieren.

Generation Y und die Arbeitswelt

Die Wahl einer Wertestrategie scheint vor dem Hintergrund einer größeren Alters- und damit Wertespreizung innerhalb eines Unternehmens notwendig (vgl. Abb. 3.21). Die Diskussion über eine neue, scheinbar andersartige Generation wird auf Kongressen und Fachzeitschriften intensiv geführt.

Dabei wird übersehen, dass die Diskussion um die Andersartigkeit der jeweils folgenden Generation nicht neu ist. Jede Generation ist geprägt von historischen und gesellschaftlichen Entwicklungen, gemeinsam geteilten Erfahrungen, Schulsystemen und Erziehungsstilen (vgl. Tab. 3.24). Üblicherweise werden Generationen in jahrgangsübergreifende Kohorten eingeteilt, wobei die Übergänge fließend sind und die konkreten Jahreszahlen keine starren Grenzen darstellen.

Auch wenn die Zuschreibungen nur grob und vereinfacht vorgenommen werden, so haften sie den Generationen an. Die **Generation Y** (englisch ausgesprochen „Generation Why", die Generation, die nach Begründung fragt) erlebte den Übergang von einer stabilen Industriegesellschaft hin zu einer globalisierten Informationsgesellschaft (vgl. Biemann/Weckmüller, 2013). Sie soll leistungsbereit und ehrgeizig sein, gleichzeitig aber auch fordernd und nicht bereit, ihr Privatleben dem Berufsleben unterzuordnen. Die Zuschreibungen werden ergänzt durch den von der Generation Y geäußerten Wunsch nach Feedback, Wertschätzung und Verantwortlichkeit (vgl. Motzko, 2014, S. 35). Abb. 3.22 zeigt laut einer Umfrage die wichtigsten Kriterien für die Generation Y hinsichtlich einer wünschenswerten Arbeitsumgebung.

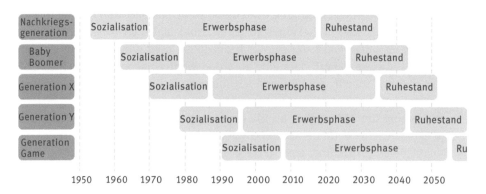

Abb. 3.21: Generationen im Arbeitsleben (vgl. Wohlrab, 2014).

Tab. 3.24: Generationen im Überblick (vgl. Scholz, 2014).

	Nachkriegsgeneration	Baby Boomer	Generation X	Generation Y	Generation Game
Jahrgang	1945–1955	1955–1965	1965–1975	1975–1985	1985–1995
Jugendprägung	ökonomischer Aufschwung (Wirtschaftswunder)	soziale Veränderung (Frauenbewegung, Bürgerrechtsbewegung, Anti-Vietnam)	soziale Instabilität (hohe Scheidungsraten), Umweltfragen	neue Technologien	PISA-Schock, Überwachung und Facebook
Grundhaltung	Realismus	Idealismus	Skeptizismus	Optimismus	Realismus
prägende Technologie	Telefon	Fernseher	Automobil	Digital Natives	Net Generation
erlebter Führungsstil	autoritär	kooperativ	Delegation	visionär, Einbindung	
Work-Life-Ausrichtung	Work	Work	Life, trotz Work	Work & Life	Life (& Work)
Entscheidungsfindung	pragmatisch, wenig Alternativen	aus Überzeugung	informationsbasiert – skeptisch	informationsbasiert – rational	Vorschläge und Ratschläge von Freunden

Generation Y: Kriterien für eine gute Arbeitsumgebung
1. Attraktive Entwicklungsmöglichkeiten
2. Wertschätzung der erbrachten Leistungen
3. Hohe Leistungsfähigkeit
4. Ansprechende Tätigkeit
5. Freiräume bei der Arbeit
6. Work-Life-Balance
7. Angemessene Bezahlung

Abb. 3.22: Wünsche der Generation Y hinsichtlich einer guten Arbeitsumgebung (vgl. Motzko, 2014, S. 36).

Aus solchen Umfragen wird dann abgeleitet, dass die neue Generation Y sowohl die Arbeitswelt als auch das Personalmanagement grundlegend verändern wird.

Die Ableitung solch radikaler Schlüsse ist jedoch methodisch problematisch, da eine Trennung von **Trend-, Alters- und Generationeneffekten** kaum möglich ist.

Direkte Befragungen von Mitarbeitern unterschiedlichen Alters zeigen bspw. eine geringere Bindung an den Arbeitgeber bei jüngeren Arbeitnehmern auf. Die Schlussfolgerung, „die Generation Y ist weniger loyal", wäre jedoch voreilig, da mit zunehmendem Alter die Wechselneigung leicht abnimmt (und auch bei der Generation Y abnehmen werden). Ebenso liefern Befragungen der Generation Y über ihre Vorstellung guter Arbeit interessante Präferenzmuster. Viele Studien ergeben, dass die Generation Y Idealismus und Selbstverwirklichung größeren Stellenwert als bspw. der Vergütungshöhe zumisst. Vergleicht man dann die Antworten der Baby Bommer oder der Generation X, so stellt man große Unterschiede in der Präferenzstruktur fest. Auch hier gilt, dass die Ergebnisse zwar interessant, aber nur bedingt aussagekräftig sind, da man eben nicht weiß, ob die Baby Boomer oder die Generation X nicht die gleichen Präferenzen und den gleichen Idealismus am Anfang ihres Berufslebens hatten, sie damals nur keiner danach gefragt hat. Ohne einen nicht mehr nachzuholenden Vergleich (wie hätte der heute 50-Jährige die Bindung zu seinem Arbeitgeber ausgedrückt, wenn er noch mal 20 Jahre alt wäre) erfolgt der Abgleich mit einem aus der Intuition oder der Erinnerung abgerufenen Stereotyp vergangener Generationen und vermischt Alters- und Generationeneffekte (vgl. Biemann/Weckmüller, 2013).

Zur Beantwortung der Frage, ob die Studien zur Andersartigkeit nur Alters- oder eben Generationseffekte untersuchen, ist ein Rückgriff auf Längsschnittstudien notwendig. Die von Biemann/Weckmüller (2013) durchgeführte Metastudie trägt die Ergebnisse von Studien zusammen, deren Design darauf ausgelegt war, jungen Erwachsen unterschiedlicher Generationen die gleichen Fragen zu stellen (bspw. über

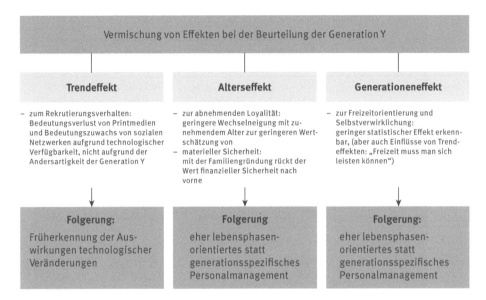

Abb. 3.23: Vermischung von Effekten bei der Beurteilung der Generation Y.

den Wert von Freizeit und Vergütung, die Wichtigkeit von Karriere oder Familienbewusstsein).

Die Metastudie kommt zum Schluss, dass die Veränderungen in den Werthaltungen zwischen Generation X und Y gering sind. Insbesondere ist der Unterschied zwischen Generation X und Generation Y insgesamt nicht größer als der zwischen Generation X und den Baby-Boomern. Zwar gibt es leichte Bedeutungsverschiebungen, deren Effekte insgesamt jedoch zu gering sind, um ein generationsspezifisches (vielleicht sogar ein Generation-Y-spezifisches) Personalmanagement zu begründen.

Umgekehrt bedeutet das aber nicht, dass das Personalmanagement sich nicht anpassen muss. Bei der Gestaltung personalwirtschaftlicher Instrumente ist es jedoch notwendig, die Ursachen von Veränderungen zu identifizieren. Diese **Unterscheidung in Trend-, Generationen- und Alterseffekte ist nicht nur theoretisch, sondern auch praktisch relevant.** Sind bspw. Alterseffekte bedeutsamer als Generationeneffekte, sollte die Personalarbeit lebensphasenorientiert und nicht generationenorientiert ausgerichtet sein. Verändern sich die Rahmenbedingungen und Trends, dann lässt sich bspw. die geringer werdende Bedeutung von Printmedien bei der Personalrekrutierung nicht durch Generationseffekte, sondern durch die technologischen Möglichkeiten des Internets und des E-Recruiting erklären. Die wahrgenommene höhere Freizeitorientierung kann durch den Wohlstandsgewinn der letzten Jahrzehnte erklärt werden („Freizeitorientierung muss man sich leisten können") (vgl. Biemann/Weckmüller, 2013).

Abb. 3.23 verdeutlicht, dass die Ausrichtung an generationsspezifischen Werten bei der Gestaltung personalwirtschaftlicher Aktivitäten auch auf eine Vermischung

Tab. 3.25: Lebensphasenorientierte Personalpolitik (vgl. Rump/Eilers, 2013).

Berufsphase / Lebensphase	Einstieg	Berufsalltag	Karriere	Ausland	Rückzug
Partnerschaft	Onboarding	PE-Gespräche auch mit Partner	Dual-Career-Thematik	Vorbereitung auch für den Partner	Austritts-gespräch
Familie/Kinder	flexible Arbeitszeiten, Onboarding	Beratung, flexible Arbeitszeiten	Kontakt-halte-programme,	Unterstützung, Beratung	Kontakt-halte-programme
Familie/Pflege	Erfahrungs-austausch	Erfahrungs-austausch	Wieder-einstiegs-programme	Unterstützung und Beratung	Kontakt-halte-programme
Umorientierung	Einarbeitungs-programme, Onboarding	Coaching	Coaching, Mentoring	Coaching	Sabbatical
Ruhestand	Wissens-transfer	Wissens-transfer	Tätigkeit als Berater und Coach	Tätigkeit als Berater und Coach	Austritts-gespräch, Wissens-transfer

unterschiedlicher Effekte zurückführbar ist. Betrachtet man die Folgerungen, tritt die Überlegung eines generationsspezifischen Personalmanagements zugunsten einer lebensphasendifferenzierten Ausrichtung des Personalmanagements in den Hintergrund. Die personalwirtschaftlichen Aktivitäten müssen flexibel genug sein, um die unterschiedlichen Bedürfnisse der Mitarbeiter im Zeitablauf (bspw. als Single, bei Familiengründung, Pflegebedürftigkeit der Eltern oder Ruhestand) ansprechen zu können (vgl. Tab. 3.25).

3.3 Wirtschaftlich-technologische Einflüsse

Die Personalarbeit unterliegt neben den Vorgaben des rechtlichen Regelungsrahmens und dem Wertesystem einer Gesellschaft insb. wirtschaftlichen Einflüssen. Faktoren, wie die beschleunigte Technologieentwicklung und die Auswirkungen von Verschiebungen auf dem Arbeitsmarkt stellen die Personalarbeit vor ständig wachsende Herausforderungen, die im Folgenden skizziert werden sollen.

3.3.1 Konjunktur und Unternehmenskrisen

Kritiker und Befürworter unserer Wirtschaftsordnung sehen gesamtwirtschaftliche oder unternehmensbezogene Krisen als Normalfall an (leiten daraus aber andere Schlussfolgerungen ab). Schumpeter (1912) sprach bspw. davon, dass Krisen „Prozesse der schöpferischen Zerstörung" und Triebfeder für wirtschaftliches Wachstum seien. Nicht mehr wettbewerbsfähige Produkt- und Leistungskombinationen würden verdrängt und frei werdende Ressourcen in zukunftsfähigen Technologien oder Märkten gebunden.

Bei der Beantwortung der Frage, welchen Beitrag das Personalmanagement zur Überwindung einer Unternehmenskrise leisten kann, wird zwischen dem proaktiven Aspekt der Krisenvermeidung (durch Aufbau von Flexibilitätsreserven) und der reaktiven Perspektive der Krisenbewältigung (durch Nutzung der Flexibilität) unterschieden (vgl. hierzu und im Folgenden Kaiser/Müller-Seitz/Ringlstetter, 2005).

Unter **Krise** wird der Bruch einer bis dahin kontinuierlichen Entwicklung verstanden, die einen Wendepunkt mit ungewissem Ausgang und Gefährdung überlebensnotwendiger Ziele markiert (vgl. Kaiser/Müller-Seitz/Ringlstetter, 2005).

Ein personalwirtschaftliches Krisenmanagement hat demnach die Aufgabe, einen positiven Einfluss auf Ausbruch, Verlauf oder Ende einer Unternehmenskrise auszuüben.

3.3.2 Soziale Medien und Personalmanagement

Der Zusammenhang zwischen dem technologischen Wandel mit verkürzten Lebenszyklen für Produkte und Märkte sowie den Auswirkungen auf die Personalarbeit sind vielfältig. Die inhaltliche Dimension beschreibt dabei die Veränderungen mit Blick auf die sich auf der Ebene der quantitativ und qualitativ benötigten Mitarbeiter. Die formalen Auswirkungen des technologischen Wandels erfasst die Organisation und Prozesse des Personalmanagements an sich (vgl. Abb. 3.24).

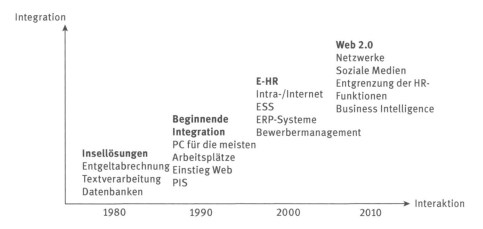

Abb. 3.24: Technologische Entwicklungen (vgl. Lindner-Lohmann/Lohmann/Schirmer, 2012, S. 17).

In den 1980er-Jahren begann die Verbreitung von Softwareprogrammen zur Unterstützung einzelner personalwirtschaftlicher Funktionen (bspw. der Entgeltabrechnung). Die 1990er-Jahre waren geprägt von der Verbreitung der PCs und Verfügbarkeit für fast alle Arbeitsplätze, vernetzte Personalinformationssysteme (PIS) und E-Mail-Kommunikation. Im Laufe der darauffolgenden zehn Jahre standen die Einführung und Aktualisierung von ERP-Systemen (bspw. von SAP R/2 auf R/3), die Möglichkeiten des Employee Self Service (ESS) oder der Auf- und Ausbau der unternehmenseigenen Internetpräsenz im Mittelpunkt. Seit einigen Jahren haben sich, erst im privaten und mittlerweile auch im unternehmerischen Kontext, die sozialen Medien verbreitet (vgl. Lindner-Lohmann/Lohmann/Schirmer, 2012, S. 16 f.).

So stellt sich die Frage, inwiefern sich das Personalmanagement den sozialen Medien öffnen kann oder muss. Während die Anhänger betonen, dass ohne den Einsatz sozialer Medien mit massiven **Wettbewerbsnachteilen** zu rechnen ist, so betonen andere die **Risiken**, die durch die Fokussierung auf soziale Medien entstehen können (bspw. der schleichende Ersatz traditioneller Rekrutierungskanäle zugunsten der sozialen Medien oder die nur schwer steuerbare Kommunikationsdynamik in sozialen Netzwerken). Ob die positiven Aspekte überwiegen, konnte bislang durch fundierte **wissenschaftliche Erkenntnisse** weder gestützt noch verneint werden, da langfristig angelegte empirische Untersuchungen darüber noch nicht verfügbar sind (vgl. hierzu, zu den Erscheinungsformen und den Einsatzbereichen sowie den theoretischen Grundlagen sozialer Medien ausführlich Stock-Homburg/Özbek-Potthoff/ Wagner, 2012).

Erscheinungsformen und Einsatzbereiche

Eine überschneidungsfreie Einteilung sozialer Medien ist aufgrund ihrer Unterschiedlichkeit, Schnelllebigkeit und Vielzahl nur schwer durchzuführen. Die Bandbreite sozialer Medien umfasst bspw. Review/Rating Services, Social Bookmarks, Question & Answer Sites, Social Shopping, Crowdsourced Content, Social Gaming, Micromedia, Blogs, Microblogs, Foren und viele mehr.

Um die Vielfalt sozialer Medien einzugrenzen, ist es sinnvoll, sich auf die sozialen Dienste zu konzentrieren, die potenzielle Einsatzbereiche für das Personalmanagement darstellen. Dabei kann unterschieden werden zwischen sozialen Kommunikationsdiensten, soziale Kooperationsdiensten, Multimediadiensten und soziale Unterhaltungsdiensten (vgl. Abb. 3.25).

– **Soziale Kommunikationsdienste:** In **sozialen Netzwerken** tauschen Freunde, Bekannte oder Geschäftspartner Informationen aus. Je nach primärem Nutzungsziel lassen sie sich in private (bspw. Facebook) oder geschäftliche (bspw. mit deutschsprachigem Schwerpunkt XING oder international LinkedIn) soziale Netzwerke unterscheiden. In geschäftlichen Netzwerken werden von Personen vornehmlich Qualifikationsprofile oder Lebensläufe vorgestellt und von Unternehmen Stellenangebote und Unternehmensprofile veröffentlicht. In den letzten Jahren versuchten Unternehmen, Zugang zu den Nutzern in privaten Netzwerken

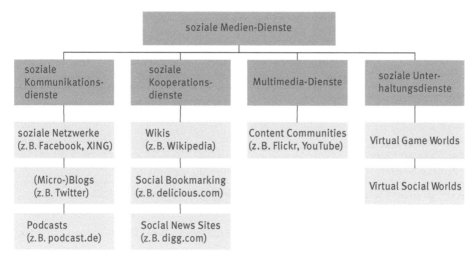

Abb. 3.25: Ausgewählte soziale Medien (vgl. Stock-Homburg/Özbek-Potthoff/Wagner, 2012, S. 31).

aufzubauen. Hier erwarteten sie durch die als private anmutende Umgebung eine direktere und ungefilterte Aufnahme und Verbreitung ihrer Werbebotschaften, Imagekampagnen oder Stellenangebote. Ebenso kann es gelingen – rechtlich umstritten bzw. untersagt – zusätzliche Informationen über Bewerber zu erhalten. In firmeneigenen Netzwerken soll zudem der Wissensaustausch (bspw. zwischen Techniker und Vertriebsmitarbeiter), die Ideengenerierung (bspw. durch abteilungs- oder standortübergreifenden Austausch) oder die Mitarbeiterbindung (bspw. durch internationalen Erfahrungsaustausch von Expatriates, weibliche Führungskräfte, Auszubildende) gestärkt werden. **Blogs** enthalten Nachrichten, Verweise auf Fotos oder Videos und eine Kommentarfunktion. Die Nachrichten werden auf eigenen Internetseiten veröffentlicht und an die Nutzer der Seite bspw. auf mobile Endgeräte einzelner Nutzer weitergeleitet. Unternehmen nutzen Blogs, um bspw. auf Rekrutierungsaktivitäten, Fortbildungsveranstaltungen oder Unternehmenserfolge hinzuweisen. **Podcasts** sind Audio- und Videobeiträge zu unterschiedlichen Themen. Die so aufbereiteten Beiträge können zur Weiterbildung, zur Vermittlung von Nachrichten oder Botschaften den Mitarbeitern zur Verfügung gestellt werden.

– **Soziale Kooperationsdienste** werden kooperativ durch die Nutzer erstellt und gepflegt. Auf **Wikis** können Nutzer Wissen in Textform einstellen, löschen oder ergänzen. Unternehmensintern aufgebaute Wikis können bspw. häufig auftauchende Probleme und deren Lösung vorstellen oder Plattformen für das interne Wissens- und Dokumentenmanagement darstellen. In **Social-Bookmarking**-Diensten können Benutzer Lesezeichen online sammeln, bewerten und teilen. Eine Variante hierzu stellen **Social News Sites** dar, die Nachrichten und Neuigkeiten einer Bewertung und Verbreitung zuführen.

Tab. 3.26: Einsatzbereiche sozialer Medien (vgl. Stock-Homburg/Özbek-Potthoff/Wagner, 2012, S. 35).

	Kommunikations-dienste	Kooperations-dienste	Multimedia-Dienste	Unterhaltungs-dienste
Personalplanung	–	–	–	–
Personalrekrutierung	+	+	+	+
Personalentwicklung	–	○	○	○
Personalvergütung	–	–	–	–
Personalfreisetzung	○	○	○	○
Mitarbeiterbindung	+	+	○	○

+: Einsatz sinnvoll möglich   ○: eingeschränkt sinnvoll   –: keine Eignung

- **Soziale Multimediadienste**: In Multimediadiensten werden hauptsächlich Dateien, bspw. Bücher, Fotos (flickr), Videos (YouTube) oder Präsentationen (Slide-Share) ausgetauscht. Nutzer können selbst Dateien hochladen, austauschen oder kommentieren. Unternehmen nutzen diese Dienste, um Imagevideos, Produktvideos oder Multimediabotschaften zu verbreiten. Intern aufgebaute Dienste können bspw. im Rahmen der Personalentwicklung multimedial aufbereitetes Wissen weitergeben.
- **Soziale Unterhaltungsmedien:** Nutzer können innerhalb einer vorgegebenen Umgebung (als Abbildung der realen Welt oder als Spielewelt) interagieren und sich durch Avatare (individuell angepasste Selbstpräsentationen) darstellen. Unternehmen nutzen dies, um Nutzer in einer virtuellen Rekrutierungsumgebung zu testen, kennenzulernen oder (vor-)auszuwählen.

Aus der knappen Darstellung ergeben sich die Einsatzgebiete sozialer Medien im Personalmanagement insb. dann (vgl. Tab. 3.26), wenn Unternehmensinformationen durch direktere Ansprache, multimedial unterstützt, zielgruppenspezifisch verbreitet werden können (bspw. im Rahmen von Aktivitäten des Personalmarketings, der Rekrutierung oder der Verbreitung von Stellenanzeigen), wenn Wissen generiert, aufbereitet und gespeichert werden kann (bspw. in firmenspezifischen Wikis) oder wenn Mitarbeiter, neben anderen Kanälen (Firmenzeitung, Rundmail), informiert und eingebunden werden sollen (bspw. im Rahmen der Mitarbeiterbindung).

Theoretische Grundlagen zum Einsatz von Social Media im Personalmanagement
Im Folgenden sollen Medientheorien (Social Presence Theory und Media Richness Theory) und Theorien zur Steuerung des Fremdbildes (Self Presentation Theory und Self Disclosure Theory) vorgestellt werden, die einen Erklärungsbeitrag zur Wirkungsweise von sozialen Medien (bspw. im Rahmen der Personalbeschaffung und -auswahl) liefern können (vgl. Abb. 3.26).

Die **Social Presence Theory** basiert auf den Überlegungen von Short et al. (1976). Die Theorie grenzt Medien anhand ihrer Fähigkeit ab, soziale Präsenz zu übertragen.

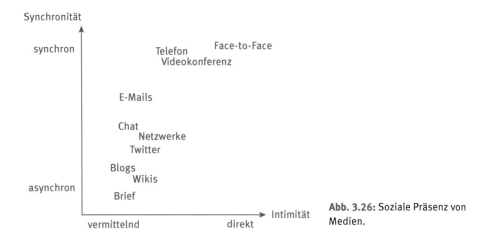

Abb. 3.26: Soziale Präsenz von Medien.

Die soziale Präsenz wird dabei unterteilt in akustische, visuelle und physische Kontakte zwischen zwei Kommunikationspartnern. Je intensiver die Kontaktpräsenz – akustisch, visuell oder physisch – eines Mediums ist, desto mehr werden sich die Kommunikationspartner involviert fühlen. Die Kontaktepräsenz kann auf den Dimensionen der Intimität (zwischenmenschlich vs. vermittelnd) und der Synchronität (synchron vs. asynchron) eingeordnet werden. Die soziale Präsenz ist dabei bei vermittelten Medien (bspw. Telefon) geringer als bei zwischenmenschlichen Medien (bspw. Gespräche von Angesicht zu Angesicht). Auch bei asynchroner Kommunikation (bspw. E-Mails) ist die soziale Präsenz deutlich schlechter als bei synchroner Kommunikation (bspw. Chat).

Mithilfe dieser Annahmen gelingt es, die Wirkung unterschiedlicher sozialer Medien zu erklären. So vermitteln Bewerbungsunterlagen eine geringere soziale Präsenz als Telefoninterviews. Videointerviews hingegen werden als sozial präsenter als Telefoninterviews wahrgenommen. Bei der Wissensvermittlung durch soziale Medien ist die soziale Präsenz bei Live Chats oder Videokonferenzen höher als bei Wikis.

Aufbauend auf der Social Presence Theory entwickelten Daft und Lengel (1986) die **Media Richness Theory** (vgl. Abb. 3.27). Sie unterscheidet zwischen armer und reichhaltiger Kommunikation. Die Reichhaltigkeit eines Mediums lässt sich an den Faktoren Möglichkeit zum Feedback, Anzahl der Kommunikationskanäle, Persönlichkeit und Vielfalt der Sprache messen. Reichhaltige Kommunikation erfolgt demnach durch eine Face-to-Face-Kommunikation zweier Akteure; die Kommunikation mittels nicht persönlich adressierter Briefpost gilt als arm. Als Handlungsempfehlung wird abgeleitet, dass in Abhängigkeit der Komplexität einer Aufgabe die Medienwahl in ihrer Reichhaltigkeit steigen sollte. Arme Kommunikation soll nur dann zum Einsatz kommen, wenn die Aufgabe klar und strukturiert ist, reiche Kommunikation dann, wenn die Aufgabe vielschichtig, unklar und unstrukturiert ist.

Die Erkenntnis, dass Menschen in sozialen Interaktionen danach streben, den Eindruck, den anderen von ihnen gewinnen, zu kontrollieren, wurde von Goffmann

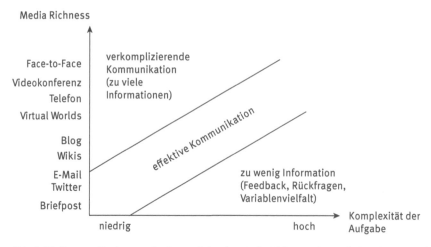

Abb. 3.27: Kommunikation aus der Perspektive der Media Richness Theory (vgl. Scholz, 2014).

(1959) formuliert. Die **Self Presentation Theory** leitet daraus ab, dass Menschen dem Zwang unterliegen, sich selbst darzustellen (vgl. Tab. 3.27). Die Selbstdarstellung dient zwei Zielsetzungen. Sie soll einen möglichst guten Eindruck beim Gegenüber hinterlassen und konsistent mit der eigenen persönlichen Identität sein. Zu den möglichen Handlungsweisen der Selbstdarstellung zählen die assertive Selbstpräsentation (gezielte und offene Selbstdarstellung, um andere zu beeindrucken bzw. zu überzeugen) und die defensive Selbstpräsentation (um zu verhindern, dass das eigene Ansehen in den Augen anderer sinkt) (vgl. Tedeschi/Lindskold/Rosenfeld, 1985). Beide Handlungsweisen können kurzfristig als Taktik und langfristig als Strategien auftreten.

Als Begründer der **Social Disclosure Theory** gelten Jourard und Lasakow (1958). Sie definieren Self Disclosure als einen Prozess, um sich selbst anderen bekannt zu machen. Durch die Offenlegung von Gefühlen, Meinungen oder Interessen soll so ei-

Tab. 3.27: Self Presentation von Handlungsweisen (vgl. Psychonomy, 2014).

Assertive SP-Taktik	Assertive SP-Strategie	Defensive SP-Taktik	Defensive SP-Strategie
schmeicheln	Kompetenz vermitteln	herauswinden	hilflos sein
Meinungskonformität	elitär auftreten	rechtfertigen	Eskapismus (bspw. Alkohol, Drogen, extensive Hobbys)
nett sein	Glaubwürdigkeit verkörpern	Misserfolge verschweigen	Rolle als „Verrückter" spielen
Einschüchterung	sich anderen gegenüber öffnen	entschuldigen	
hilfsbedürftig erscheinen			

Tab. 3.28: Theoretische Klassifikation sozialer Medien (vgl. Kaplan/Haenlein, 2010, S. 62).

		Social Presence/Media Richness		
		Low	Medium	High
Self Presentation/ Self Disclosure	High	Blogs	Social network sites (bspw. Facebook, XING)	Virtual social worlds
	Low	Collaborative projects (bspw. Wikipedia)	Content communities (bspw. YouTube)	Virtual game worlds

ne Bindung zwischen den Kommunikationspartnern erzeugt werden. Empirische Studien hierzu lieferten Einsichten über Bindungs- und Kommunikationsstrategien (vgl. Mikulincer/Nachshon, 1991). So sind selbstsichere Personen eher zur Preisgabe von intimen Informationen bereit, wenn ihr Gegenüber dies auch tut. Unsichere Personen hingegen offenbaren auch dann keine Informationen über sich, auch wenn ihr Gegenüber intime Informationen preisgibt.

Tab. 3.28 zeigt eine mögliche Klassifikation sozialer Medien in Abhängigkeit der vorgestellten Kommunikationstheorien.

Inwieweit hieraus **Schlussfolgerungen** für das Personalmanagement und die Ausgestaltung seiner Instrumente zu ziehen sind, ist bisher noch fraglich. So kann die gefühlte soziale Präsenz oder die Reichhaltigkeit eines Mediums zwar eingeordnet und plausibel erklärt werden, ob die personalwirtschaftlichen Instrumente, bspw. der Personalbeschaffung, -auswahl oder die Wissensvermittlung im Rahmen der Personalentwicklung durch sozial präsente oder reichhaltige Medien profitieren oder bessere Ergebnisse erzielen, ist noch weitgehend unklar. Eine Auswahlentscheidung auf Basis der Self Presentation Theory und der Self Disclosure Theory, bspw. durch Begutachtung eines Blogs oder des Twitter-Accounts eines Bewerbers, scheint nicht zielführend zu sein. Die Vorteilhaftigkeit solcher Überlegungen und Vorgehensweisen konnte empirisch nicht bewiesen werden.

Praktische Hinweise zum Umgang mit sozialen Medien

Unternehmen haben in den letzten Jahren begonnen, ihr Engagement in den sozialen Medien auszubauen. Trennt man das Konstrukt „soziale Medien" in *sozial* und *Medien*, dann können die bisher gemachten Erfahrungen zu Hinweisen und Ratgebern verdichtet werden (vgl. Abb. 3.28).

3.3.3 Tendenzen auf dem Arbeitsmarkt

Dem heimischen und europäischen Arbeitsmarkt kommt die Aufgabe zu, Arbeitskräfte und Arbeitsplätze zusammenzuführen (vgl. Franz, 2006, S. 3). Dadurch wird der Arbeitsmarkt zu einem Gestaltungsparameter für die Personalarbeit, speziell für die Personalbeschaffung. Gelingt es der Personalarbeit, Veränderungen auf dem Arbeits-

5 Regeln zur Nutzung von sozialen Medien:	5 Regeln zum Umgang mit sozialen Medien:

Sei aktiv:
Pass auf, dass Deine Inhalte nicht veraltet sind und beteilige Dich an den Diskussionen

Wähle das soziale Medium bewusst und sorgfältig aus

Gewähre allen Mitarbeitern den Zugang zu sozialen Medien	Wähle eine Anwendung, der man vertraut – oder stelle selbst eine her	**Sei bescheiden:** Lerne erst die ungeschriebenen Regeln, bevor Du teilnimmst	**Sei interessant:** Hör auf die Kunden und veröffentliche Inhalte, die sie überraschen
Integriere Social-Media-Aktivitäten in die traditionelle Medienstrategie	Stelle sicher, dass alle Social-Media-Aktivitäten miteinander verknüpft sind	**Sei ehrlich:** Erwarte, dass die Teilnehmer die Unwahrheit entdecken werden	**Sei unprofessionell:** Vermeide alles Überprofessionelle und Glatte

Abb. 3.28: Regeln zum Umgang mit sozialen Medien (vgl. Kaplan/Haenlein, 2010).

markt rechtzeitig zu erkennen und vorwegzunehmen, kann sie diese Erkenntnisse in die Personalstrategie und -planung integrieren.

Der deutsche Arbeitsmarkt erlebte in seiner Nachkriegsgeschichte mehrere **Auf-** und **Abwärtsbewegungen.** Während der Arbeitsmarkt in den 1990er-Jahren durch eine anhaltend hohe Arbeitslosigkeit geprägt war, die mit 4,86 Mio. Arbeitslosen (11,7 %) im Jahr 2005 einen Höhepunkt erreichte, konnte in den Folgejahren eine stetige Verringerung der Arbeitslosigkeit festgestellt werden. Neben den sozialen und wirtschaftlichen Auswirkungen für die Bevölkerung ist Arbeitslosigkeit auch ein **politisch** aufgeladenes Thema.

Welche Personen als arbeitslos bezeichnet werden, hängt von der jeweiligen (politisch gesteuerten) Definition der Arbeitslosigkeit ab (vgl. Tab. 3.29). Auf nationaler Ebene wird der Status der registrierten Arbeitslosigkeit im Dritten Sozialgesetzbuch (SGB III) festgelegt.

Nach §§ 16 und 119 Abs. 1 SGB III gilt derjenige als arbeitslos, „der vorübergehend nicht in einem Beschäftigungsverhältnis steht, eine versicherungspflichtige Beschäftigung sucht und dabei den Vermittlungsbemühungen der Agentur für Arbeit zur Verfügung steht und bei der Agentur für Arbeit arbeitslos gemeldet ist". Nicht als arbeits-

Tab. 3.29: Definition von Arbeitslosigkeit.

Als arbeitslos gilt, wer	Nicht als arbeitslos gilt, wer
– vorübergehend nicht in einem Beschäftigungsverhältnis steht oder weniger als 15 Stunden arbeitet, – eine Beschäftigung sucht, – für Vermittlungsbemühungen zur Verfügung steht, – sich arbeitslos gemeldet hat.	– an einer Maßnahme zur aktiven Arbeitsmarktpolitik teilnimmt, – nicht arbeiten darf oder kann, – das 65. Lebensjahr vollendet hat, – als Schüler, Student oder Schulabgänger eine Ausbildungsstelle sucht.

los gelten Personen, die an Maßnahmen der aktiven Arbeitsmarktpolitik teilnehmen, nicht arbeiten dürfen oder können, das 65. Lebensjahr vollendet haben oder arbeitsunfähig erkrankt sind.

Die **Arbeitslosenquote** errechnet sich als Anteil der offiziell registrierten Arbeitslosen, bezogen auf alle Erwerbspersonen (Erwerbstätige und Arbeitslose). Um die deutsche Arbeitslosenquote international vergleichbar zu machen, wurde von der ILO das **Labour-Force-Konzept** entwickelt. Zu den Erwerbslosen zählen demnach Personen im Alter zwischen 15 und 74 Jahren ohne Erwerbstätigkeit, die sich in den vier Wochen vor der Befragung aktiv eine Arbeitsstelle gesucht haben und für diese Arbeit binnen zwei Wochen zur Verfügung stehen. Weitere Unterschiede ergeben sich daraus, dass als Erwerbstätigkeit bereits eine Tätigkeit ab einer Wochenstunde (auch Selbstständigkeit und Beschäftigung als mithelfende Familienangehörige) gewertet wird (vgl. Bersheim/Oschmiansky/Sell, 2014).

Um die **Ursachen der Arbeitslosigkeit** zu bestimmen, wird sich meist unterschiedlicher Typisierungen bedient (vgl. Tab. 3.30). Unterliegt die gesamtwirtschaftliche Nachfrage konjunkturellen Schwankungen, so kommt es zur **konjunkturellen Arbeitslosigkeit**. Konjunkturelle Arbeitslosigkeit kann branchenspezifisch oder -übergreifend auftreten. Lässt die Nachfrage nach Produkten oder Dienstleistungen nach, so werden Unternehmen weniger Arbeit nachfragen (weniger Mitarbeiter einstellen oder sogar Mitarbeiter entlassen), sodass die Arbeitslosigkeit steigt. Umgekehrt bedeutet dies, dass die konjunkturelle Arbeitslosigkeit sinkt, wenn wieder mehr Produkte oder Dienstleistungen nachgefragt werden und die Nachfrage nach Arbeit steigt. Das klassische arbeitsmarktpolitische Instrument zur Milderung konjunktureller Arbeitslosigkeit ist das Kurzarbeitergeld. Das Kurzarbeitergeld ist eine Leistung der Bundesagentur für Arbeit. Es wird Arbeitnehmern bei unvermeidbarem, vorübergehendem Arbeitsausfall, der auf wirtschaftlichen Ursachen oder einem unabwendbaren Ereignis beruht, gezahlt (vgl. hierzu und im Folgenden Oschmiansky, 2014).

Strukturelle Arbeitslosigkeit ist ein vieldeutiger Begriff, der wiederum unterschiedlichste Typen von Arbeitslosigkeit zusammenfasst. **Strukturelle Arbeitslosigkeit** kann differenziert werden nach klassischen, sektoralen, technologischen, regionalen und qualifikationsspezifischen Ursachen. Liegt Arbeitslosigkeit in zu ho-

Tab. 3.30: Arten der Arbeitslosigkeit.

Art	Ursachen	Instrument
strukturelle Arbeitslosigkeit	klassisch, sektoral, regional, technologisch, qualifikatorisch	Kurzarbeitergeld, Weiter- und Fortbildung, Mobilitätshilfen, …
friktionelle Arbeitslosigkeit	Sucharbeitslosigkeit, Zeitspanne zwischen Arbeitsende bei altem Arbeitgeber und Arbeitsbeginn beim neuen Arbeitgeber	Vermittlungsgeschwindigkeit erhöhen, Bewerbungsprozess effizienter gestalten
saisonale Arbeitslosigkeit	Klima- oder Nachfrageschwankungen	Saison-Kurzarbeitgeld

Abb. 3.29: Strategiewechsel von der einförmigen Massenproduktion zur flexiblen Spezialisierung.

hen Reallöhnen begründet, die die Produktivität eines Arbeitsplatzes übersteigen und so Menschen mit geringerer Produktivität in die Arbeitslosigkeit drängt, spricht man von **klassischer** Arbeitslosigkeit. **Sektorale** Arbeitslosigkeit breitet sich aus, wenn sich der Schwerpunkt der wirtschaftlichen Tätigkeit von einem Wirtschaftssektor auf den anderen verlagert (bspw. vom primären Wirtschaftssektor (Rohstoffgewinnung) auf den sekundären Sektor (Rohstoffverarbeitung) und anschließend auf den tertiären Dienstleistungssektor). Die damit verbundenen Anpassungsprozesse haben häufig zu struktureller Arbeitslosigkeit geführt, da den in einem Sektor beschäftigten Arbeitnehmern die Qualifikationen zur Arbeitsaufnahme in einem anderen Sektor fehlten oder erst in beruflicher Weiterbildung zu vermitteln waren. Innerhalb der Wirtschaftssektoren kann es durch technologische oder strategische Entwicklungen, bspw. durch den Ersatz von Arbeitskräften durch Maschinen oder Strategiewechsel, die andere Anforderungsprofile nach sich ziehen, zu Arbeitslosigkeit kommen (vgl. Abb. 3.29). Durch die **regionale** (bspw. weil ein großer Arbeitgeber durch Standortänderung in einer Region als Nachfrager ausfällt) oder **qualifikatorische** Differenz von angebotenen und nachgefragten Arbeitsleistungen entsteht Mismatch-Arbeitslosigkeit. Bspw. wurde in vielen produktionsorientierten Unternehmen die Strategie der einförmigen Massenproduktion zugunsten einer Strategie der flexiblen Spezialisierung ersetzt. Die dabei dominierenden hohen Qualitätserfordernisse bedingten einen Übergang von der getakteten Fließfertigung zur teamorientierten Produktion. Als Instrumente zur Vermeidung von struktureller Arbeitslosigkeit kommen bspw. Mobilitätshilfen (bei regionalen Ursachen) oder Unterstützung bei Umschulungen oder Weiterbildungen (qualifikationsorientierte Ursachen) in Betracht.

Friktionelle Arbeitslosigkeit entsteht während der Zeit nach Beendigung und vor Aufnahme einer neuen Tätigkeit (häufig auch: Sucharbeitslosigkeit). **Saisonale Arbeitslosigkeit** kann sich im Jahresverlauf aufgrund von Klimabedingungen (bspw. Arbeitslosigkeit in der Bau- oder Landwirtschaft im Winter) oder aufgrund von saisonalen Nachfrageschwankungen (bspw. in der Tourismusbranche in der Nebensaison) ergeben. Diese Form der Arbeitslosigkeit verschwindet üblicherweise wieder im Jahresverlauf. Saisonale Arbeitslosigkeit kann zwar durch gezielte Hilfen wie bspw. das Saison-Kurzarbeitergeld (ähnlich dem früheren Schlechtwettergeld) verringert werden, ihre Höhe ist jedoch von der gesamtwirtschaftlichen Situation am Arbeitsmarkt weitgehend unabhängig.

4 Personalstrategien

Das Personalmanagement braucht, wie jede andere unternehmerische Funktion auch, Orientierung, um angesichts der Komplexität seiner Umwelt zielgerichtet handeln zu können. Diese Orientierung können Personalstrategien liefern, sofern sie dabei helfen, die grundsätzlichen Ziele in einzelne Handlungsschritte, Maßnahmen und operative Pläne zu übersetzen.

Seit Mitte der 1980er-Jahre werden Aktivitäten im Personalbereich mit dem Attribut „strategisch" versehen. Dadurch werden zwei Problembereiche zusammengeführt, die vorher gedanklich nicht in Beziehung gesetzt wurden: das tendenziell am Markt ausgerichtete Konstrukt Unternehmensstrategie und das tendenziell nach innen gerichtete Personalmanagement (vgl. Staehle, 1999, S. 796).

Um sich dem Themenkomplex analytisch zu nähern, werden in Kap. 4.1 drei sich überschneidende oder einander bedingende Bausteine betrachtet, die helfen sollen, ein Verständnis für Personalstrategien zu entwickeln (vgl. Abb. 4.1):
- das Verhältnis von Unternehmens- und Personalstrategie,
- die Spezifität von Personalstrategien und
- der idealtypische und der empirisch-deskriptive Strategieprozess.

Bei der Aufzählung der Bausteine fällt auf, dass Personalstrategien nicht nach dem Zeithorizont unterschieden werden. Die früher übliche Gleichsetzung von *strategisch* mit *langfristig* und *operativ* mit *kurzfristig* hat sich aber als irreführend erwiesen. Personalstrategische Entscheidungen können einen kurzfristigen Zeithorizont haben, ohne den Charakter einer strategischen Entscheidung zu verlieren (bspw. kann das plötzliche Auftreten einer Krise viele strategische Entscheidungen nach sich ziehen, deren zeitlichen Horizont jedoch nicht über die nächsten Monate hinausgeht), sodass eine danach getroffene Unterscheidung keinen Mehrwert für das Verständnis von Personalstrategien liefert.

Bausteine zum Verständnis von Personalstrategien		
Perspektive der Strategieentwicklung	**Verhältnis Unternehmens- zu Personalstrategie**	**Spezifität von Personalstrategie**
– idealtypischer Strategie- prozess – empirisch-deskriptiver Strategieprozess	– Autonomie – derivate Personalstrategie – derivate Unternehmens- strategie – wechselseitige Be- einflussung	– universalistischer Ansatz – Kontingenzansatz – Konsistenzansatz

Abb. 4.1: Bausteine zum Verständnis von Personalstrategien.

https://doi.org/10.1515/9783110541526-004

Um strategische Entscheidungen als solches zu erkennen, können diese anhand eines Merkmalkatalogs geprüft werden. Demnach sind Personalentscheidungen dann strategisch, wenn sie

- für das Unternehmen eine hohe **Bindungswirkung** entfalten und nur schwer reversibel sind (das in Deutschland dichte Netz an Arbeitnehmerschutzrechten sorgt dafür, dass viele Personalentscheidungen dieses Kriterium erfüllen),
- einen **Grundsatzcharakter** aufweisen (denen weitere Entscheidungen mit einem durch die Grundsatzentscheidung verengten Handlungsspielraum folgen),
- eine **Vielzahl von Mitarbeitern** betreffen (und nicht nur personelle Einzelentscheidungen darstellen) sowie
- die **Vermögens- und Ertragslage** entscheidend beeinflussen (sollen) (vgl. Wolf, 2004).

Während die Personalstrategie meist auf bewusst getroffenen Entscheidungen oder festen Überzeugungen beruht, ist der Themenkomplex Unternehmenskultur durch das unbewusste Zusammenspiel von Symbolen, Normen und Wertvorstellungen charakterisiert. Die Unternehmenskultur ist im Gegensatz zur Personalstrategie zwar kaum erfassbar, stellt aber trotzdem den größeren Teil der „gelebten Personalpolitik" dar (vgl. Kolb, 2010, S. 60). In Kap. 4.2 wird daher das Konstrukt Unternehmenskultur nicht als Gegenstück, sondern als Ergänzung zur Personalstrategie betrachtet.

4.1 Konzeptualisierung von Personalstrategien

Um ein Verständnis von Personalstrategien zu entwickeln, werden im Folgenden die drei oben genannten Bausteine (Verhältnis der Unternehmens- und Personalstrategie, die Spezifität von Personalstrategien und der Prozess der Strategieentwicklung) beschrieben.

4.1.1 Verhältnis von Personal- zu Unternehmensstrategie

Das Verhältnis von Personal- und Unternehmensstrategie kann vier Ausprägungen annehmen (vgl. Scholz, 2014, S. 92 f.; Ridder 2013; Abb. 4.2):

- **Autonomie** von Personal- und Unternehmensstrategie (kein inhaltlicher Bezug der beiden Strategien),
- **derivative Personalstrategie** (die Personalstrategie leitet sich aus der Unternehmensstrategie ab),
- **derivate Unternehmensstrategie** (die Unternehmensstrategie richtet sich an den aktuellen und zukünftigen personellen Gegebenheiten aus, die (implizit) durch die Personalstrategie bestimmt werden) und

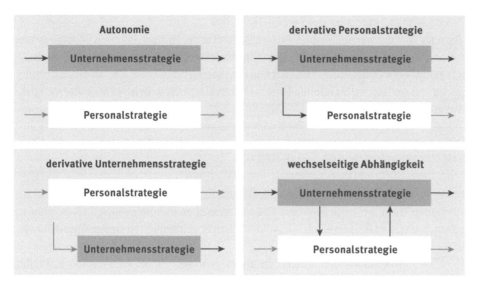

Abb. 4.2: Verhältnis von Personal- zu Unternehmensstrategie (vgl. Scholz, 2014, S. 92).

– **wechselseitige Beeinflussung** (die Personalstrategie ist Teil der Unternehmensstrategie; die beiden Strategien werden in wechselseitiger Abhängigkeit formuliert, implementiert und kontrolliert).

Der Aufbau und die Veränderungen von Ressourcen bilden in den beiden letztgenannten Alternativen den Ausgangspunkt zur Generierung von Strategien und gleichzeitig die Restriktion für die Wahl von Strategien (vgl. Lucht, 2008, S. 113).

4.1.2 Spezifität der Personalstrategie

In der Geschichte des Personalmanagements wurden immer wieder unterschiedliche Antworten auf die Frage gefunden, wie eine Personalstrategie spezifisch ausgestaltet werden soll. Dabei werden mit dem Universalismus-, Kontingenz- und Konsistenzansatz drei Denkschulen unterschieden (vgl. grundsätzlich Boxall/Purcell, 2011; Delery/ Doty, 1996; im Folgenden vgl. Huf, 2006):
– Der **universalistische Ansatz** geht davon aus, dass es *eine* für alle Unternehmen passende, optimale Personalstrategie gibt.
– Der **Kontingenzansatz** geht von einer Abstimmung von Personalstrategie und Unternehmensstrategie aus (bzw. implizit davon, dass Unternehmens- und Personalstrategie in einem hierarchischen Verhältnis – die Personalstrategie folgt aus der Unternehmensstrategie – stehen und daher vertikal abgestimmt werden sollen).
– Der **Konsistenzansatz** sieht in der internen Abstimmung und Widerspruchsfreiheit der personalwirtschaftlichen Instrumente den größten Erfolg.

Universalistischer Ansatz der Personalstrategie

Vertreter des universalistischen Ansatzes (häufig auch: Best Practice School) gehen davon aus, dass es *ein* „bestes" Personalmanagement gibt („one best way") – es muss nur gefunden werden. Dazu untersuchen die Vertreter des Ansatzes, worin sich erfolgreiche von weniger erfolgreichen Unternehmen aus personalwirtschaftlicher Perspektive unterscheiden.

Leitfrage: Welche personalwirtschaftlichen Instrumente setzen erfolgreiche Unternehmen ein, die weniger erfolgreiche Unternehmen nicht einsetzen?

Die Erforschung von personalwirtschaftlichen Erfolgsfaktoren kann mittlerweile auf eine lange Tradition zurückblicken. Bislang scheint es aber keine Einigkeit darüber zu geben, welche Praktiken erfolgreiche von weniger erfolgreichen Unternehmen unterscheidet.

Eine der bekanntesten Untersuchungen geht auf Pfeffer (1994) zurück. Pfeffer identifizierte 16 Maßnahmen, die für den Unternehmenserfolg branchen- und unter-

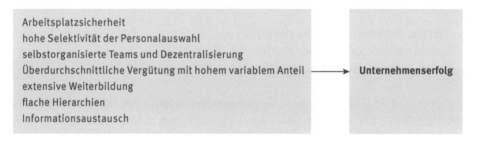

Arbeitsplatzsicherheit
hohe Selektivität der Personalauswahl
selbstorganisierte Teams und Dezentralisierung
Überdurchschnittliche Vergütung mit hohem variablem Anteil ⟶ **Unternehmenserfolg**
extensive Weiterbildung
flache Hierarchien
Informationsaustausch

Abb. 4.3: Zusammenhang zwischen Personalpraktiken und Unternehmenserfolg nach Pfeffer.

Tab. 4.1: Erfolgsfaktoren (vgl. für viele weitere Fundstellen Stock-Homburg/Herrmann/Bieling, 2009).

	Aussagen
Personalplanung	– Betonung der Arbeitsproduktivität (Koch/McGrath, 1996)
	– keine Job-Rotation (Chadwick, 2007)
	– Vorhandensein einer Personalplanung (Chand/Katou, 2007)
Auswahl und Einsatz	– wenig, aber valide Auswahlinstrumente (Deng et al., 2003)
	– spezifische Auswahlkriterien (Deng et al., 2003)
	– wenig befristete Verträge (De Grip/Sieben, 2005)
Vergütung	– überdurchschnittliche Vergütung (Chadwick, 2007)
	– Zielvereinbarungen (Boselie/van der Wiele, 2002)
	– Vorhandensein einer Personalbeurteilung (Chang/Chen, 2002)
	– variable Vergütung (Cho et al., 2005)
Personalentwicklung	– extensive Personalentwicklung (Challis et al., 2005)
	– interner Arbeitsmarkt (De Saá-Perez/Garcia-Falcon, 2002)
	– Existenz einer formalen PE-Strategie (Hansson, 2007)

nehmensübergreifend ursächlich sein sollen. In Folgeuntersuchungen fasste er die einzelnen Praktiken zu sieben Maßnahmepaketen zusammen (vgl. Abb. 4.3).

Zahlreiche Autoren fanden andere Maßnahmenkombinationen oder auch nur einzelne personalwirtschaftliche Praktiken, die als Erklärung für den Wettbewerbserfolg der Unternehmen dienen. Tab. 4.1 zeigt Studienergebnisse zu personalwirtschaftlichen Praktiken, die für den Unternehmenserfolg ursächlich sein sollen.

In einer kritischen Würdigung des universalistischen Ansatzes (vgl. Abb. 4.4) kann positiv festgehalten werden, dass die empirisch ermittelten Erfolgsfaktoren interessante Hinweise für die Gestaltung des Personalmanagements liefern. Eine konstante Orientierung an Best Practices erlaubt es, das Personalmanagement *modern* und *up to date* zu halten.

Die Kritik lässt sich in drei Problemkreise einteilen:

– **Praktische Probleme**: Instrumente kommen aus einer anderen Branche/anderen Kultur/anderem Arbeitsrechtssystem, passen ggf. nicht in die vorhandene Organisationsstruktur, Interessenvertreter opponieren gegen die Ein- und Umsetzung einzelner Praktiken.

– **Konzeptionelle Probleme**: Ermittelte Erfolgsfaktoren variieren von Studie zu Studie und widersprechen sich teilweise; Studien finden Erfolgsfaktoren, die in der Vergangenheit funktioniert haben, aber keine Aussagen für die Zukunft besitzen.

– **Empirische Probleme**: Verwechselung von Korrelation und Kausalität, umgekehrte Erfolgszuschreibung – vielleicht können sich erfolgreiche Unternehmen erlauben, extensive Personalentwicklung zu betreiben, weil sie erfolgreich und profitabel sind und nicht umgekehrt; Schwierigkeiten bei der (einheitlichen) Operationalisierung der untersuchten Konstrukte – was ist „Erfolg" und was sind bspw. „strenge Auswahlkriterien"; sowie weitere statistische Verzerrungen.

praktische Probleme

 – Instrumente kommen aus anderen Umfeld (Branche, Kultur, Arbeitsrechtssystem)
 – Instrumente passen ggf. nicht in die vorhandene Struktur
 – Betriebsrat und Gewerkschaft opponieren ggf. gegen einzelne Praktiken
 – Zeitdruck (neu ermittelte Erfolgsfaktoren müssen umgesetzt werden)

konzeptionelle Probleme

 – Empfehlungen variieren stark
 – Lösungen, die in der Vergangenheit funktioniert haben

empirische Probleme

 – Schwierigkeit bei der Operationalisierung
 – Verwechselung von Korrelation und Kausalität
 – umgekehrte Erfolgszuschreibung
 – Key informant bias
 – Publication bias
 – Survival bias

Abb. 4.4: Kritik am universalistischen Ansatz.

Kontingenzansatz der Personalstrategie

Die Vertreter des Kontingenzansatzes (häufig auch Best Vertical Fit School oder External Fit School) lehnen die Vorstellung vom „one best way" ab, der situationsunabhängig von allen Unternehmen zu verfolgen sei. Stattdessen sollte sich das Personalmanagement in den Gesamtprozess des strategischen Managements einfügen und auf die Unternehmensstrategie abgestimmt sein. Die Unternehmensstrategie setzte sich demnach im Personalbereich als (derivate, also abgeleitete) funktionale Teilstrategie fort.

Leitfrage: Ist die Personalstrategie mit der Unternehmensstrategie abgestimmt?

Die einzelnen personalwirtschaftlichen Instrumente werden mit Blick auf die jeweilige Unternehmensstrategie ausgerichtet. In Anlehnung an die Wettbewerbsstrategien von Porter lässt sich der Grundgedanke des Kontingenzansatzes aufzeigen (Wright/ Snell, 1991), inwiefern sich der personalpolitische Schwerpunkt in Abhängigkeit der gewählten Unternehmensstrategie verschiebt (vgl. Schuler/Jackson, 1987).

Bei einer Strategie der **Kostenführerschaft** wird sich bspw. das Vergütungsniveau unterhalb des Marktdurchschnitts bewegen, aktives Kostenmanagement durch reduzierte Personalentwicklung und -betreuung verfolgt oder ein Führungssystem etabliert, das eher auf Kontrolle als auf Vertrauen setzt.

Bei einer Strategie der **Innovationsführerschaft** muss die Personalpolitik eher Anreizsysteme etablieren, die Fehlertoleranz zulassen und Experimentierfreude honorieren. Zudem muss das Qualifikationsniveau des Personals auf hohem Niveau gehalten werden, was durch eine extensive Personalentwicklung geleistet werden kann.

Bei einer Strategie der **Qualitätsführerschaft** orientiert sich der Personaleinsatz häufig an vorher definierten Stellenbeschreibungen, Hierarchie- und Karrierewegen. Die Personalentwicklung bekommt bei der Vermittlung von tiefen Produkt-, Fertigungs- oder Qualitätskenntnissen eine wichtige Bedeutung zu. Die Vergütung ist meist überdurchschnittlich mit einem hohen Fixanteil.

Tab. 4.2 zeigt personalpolitische Schwerpunkte in Abhängigkeit der Unternehmensstrategie.

Konsistenzansatz der Personalstrategie

Auch die Vertreter des Konsistenzansatzes (häufig auch: Best Horizontal Fit School oder Internal Fit School) lehnen die universalistische Hypothese (es gibt den „one best way") ab. Anders als die Best Vertical Fit School steht jedoch nicht die Anpassung an die Wettbewerbsstrategie des Unternehmens, sondern die bestmögliche Abstimmung der personalwirtschaftlichen Einzelinstrumente im Vordergrund. Die strategische Ausrichtung des Personalmanagements ergibt sich durch die aufeinander bezogenen und abgestimmten Teilaktivitäten, die sich zu einem konsistenten Ganzen fügen.

Leitfrage: Sind die einzelnen personalwirtschaftlichen Instrumente widerspruchsfrei aufeinander abgestimmt?

Für das Personalmanagement bedeutet dies, dass die einzelnen Instrumente (bspw. Personalplanung, -beschaffung, -vergütung, -beurteilung oder -entwicklung) widerspruchsfrei aufeinander abgestimmt sein müssen. So wäre es bspw. widersprüchlich, wenn der Teamfähigkeit bei der Personalauswahl und -entwicklung hohe Bedeutung beigemessen würde, sie bei der Personalbeurteilung und bei der Entgeltfindung jedoch bedeutungslos wäre, weil bspw. die Kriterien einer Zielvereinbarung und die darauf ausgerichtete Vergütung nur auf individuelle Zielerreichung abstellen.

In der Folge kann dies dazu führen, dass die Personalpraxis im Unternehmensvergleich bei sonst gleicher Unternehmensstrategie unterschiedlich ausfällt, die personalwirtschaftlichen Teilaktivitäten innerhalb eines Unternehmens jedoch eine hohe interne Stimmigkeit aufweisen.

Dies klingt einleuchtend, ist aber schwer umzusetzen. Oftmals sind einzelne personalwirtschaftliche Teilaktivitäten zu unterschiedlichen Zeitpunkten der Unternehmensentwicklung institutionalisiert worden oder bei der Einführung neuer Instrumente konkurrieren unterschiedliche Interessenlagen, sodass zugunsten einer Konsenslösung auf eine übergeordnete Konsistenz der Personalinstrumente verzichtet wird.

Tab. 4.2: Personal- und Wettbewerbsstrategien (vgl. Schuler/Jackson, 1987, Klimecki/Gmür, 2005, S. 385).

	Innovationsführerschaft	**Qualitätsführerschaft**	**Kostenführerschaft**
Personaleinsatz	hoher Handlungsspielraum schwache Formalisierung breite Karrierewege	Fehlertoleranz Einsatz gem. Anforderungsprofil	geringer Handlungsspielraum enge Karrierewege
Personalentwicklung	große Bedeutung Betonung der Qualifikationsbreite	große Bedeutung Betonung der Qualifikationstiefe	geringe Bedeutung Spezialisierung und Effizienz
Vergütung	Betonung der Gruppenleistung (über)durchschnittliche Vergütung fixe und variable Vergütung	hoher Fix-Anteil überdurchschnittliche Vergütung	(unter)durchschnittliche Vergütung kurzfristige Ergebnisorientierung hoher variabler Anteil
Personalbindung	mittelfristig orientiert	langfristig orientiert	kurzfristig orientiert

4.1.3 Idealtypische und empirisch-deskriptive Strategieentwicklung

Das Personalmanagement ist Teil des allgemeinen Managementprozesses. Daher können die Grundprinzipien des Strategischen Managements auch auf die Personalfunktion übertragen werden. Für die **idealtypische** Formulierung von Unternehmens- oder Personalstrategien bedeutet dies einen Prozess mit unterschiedlichen Phasen (vgl. Abb. 4.5):
– Phase der strategischen Analyse,
– Phase der Zielbildung,
– Phase der Strategieformulierung,
– Phase der Strategieimplementierung.

Die Formulierung von Personalstrategien setzt eine umfassende **Analyse** der unternehmensinternen und -externen Entwicklung voraus. Der Zweck der Analyse ist das Aufzeigen der gegenwärtigen Stärken und Schwächen und des strategischen Handlungsbedarfs. Damit bezieht sich diese Phase zum einen auf die zentrale Fragestellung, welche Humanressourcen gegenwärtig zur Verfügung stehen und welcher Rückschluss sich daraus für die Zukunft ableiten lässt (interne Analyse). Zum anderen ist im Rahmen dieser ersten Phase zu analysieren, über welche personalspezifischen Chancen und Risiken das betrachtete Unternehmen vor dem Hintergrund der Rahmenbedingungen der Umwelt verfügt (externe Umweltanalyse).

In der Phase der **Zielbildung** werden die in der Analysephase gewonnenen Erkenntnisse für die Definition des gewünschten und erreichbaren Zustands abgeleitet und in unternehmens- und personalpolitische Ziele übersetzt.

Die **Strategieformulierung** generiert Maßnahmen, Pläne und Handlungsschritte, mit denen die Ziele erreicht werden sollen. Dabei werden die notwendigen Aktivitäten zur Erreichung der Unternehmens- und Personalzielsetzung mit Blick auf die konkreten Teilbereichsstrategien (bspw. als Personalbeschaffungs-, Vergütungs-, Personalentwicklungs- oder Freisetzungsstrategie) verfeinert.

Die abschließende **Implementierungsphase** dient der Realisierung und Kontrolle der zuvor festgelegten Ziele, Maßnahmen und Pläne.

Die **empirisch-deskriptive** Sicht auf den Strategiefindungs- und -formulierungsprozess bezweifelt, dass der idealtypische Strategieprozess in der Realität eingehalten

Abb. 4.5: Phasen des idealtypischen Strategieprozesses.

Abb. 4.6: Emergente Strategien (vgl. Mintzberg/Waters, 1985, S. 258).

wird. Mintzberg/Waters (1985) sehen die Entwicklung von Strategien eher als Ergebnis von Verhandlungsprozessen, Konsensentscheidungen oder von zufälligen Ereignissen getriebene Anpassungshandlungen (vgl. Abb. 4.6).

Emergente Strategien („emergent strategies") sind Handlungen, die sich mit der Zeit (und häufig erst im Rückblick) zu einem konsistenten Handlungsstrang verdichten.

So ist der Ausgangspunkt solcher emergenter (sich herausbildender) Strategien oftmals eine beabsichtigte, geplante Strategie (intended strategies). Schon nach kurzer Zeit zeigt sich jedoch, dass sich Elemente der geplanten Strategie nicht umsetzen lassen oder die Verfolgung nicht mehr sinnvoll erscheint (unrealized strategies). So wird nur ein Teil der beabsichtigten Strategie umgesetzt (deliberate strategies). Zufällige Ereignisse und Dynamiken in der internen und externen Unternehmensumwelt führen zu Ad-hoc-Entscheidungen (unintended strategies), die sich im Zeitablauf zu einem konsistenten Handlungsstrang entwickeln (emergent strategies).

4.1.4 Folgen von Personalstrategien

Abb. 4.7 zeigt drei Szenarien (Maximum-These, Minimum-These, Strategie-These), die eng mit der verfolgten Spezifität von Personalstrategien und dem gedachten Zusammenhang zwischen Unternehmens- und Personalstrategie zusammenhängen und deren Entwicklung auf Basis einer fiktiven Ausgangslage beschrieben wird.

Die einzelnen Bilder zeigen exemplarisch fünf personalwirtschaftliche Aktivitäten. Bspw. könnte Aktivität A für Aktivitäten des betrieblichen Gesundheitsmanagements stehen, Aktivität B für Aktivitäten in der Führungskräfteentwicklung, Aktivität C für die Aktivitäten rund um die Vereinbarkeit von Familie und Beruf, Aktivität D für das Vorschlagswesen und Aktivität E für Social-Media-Recruitment-Aktivitäten. Die Höhe der Balken steht für die Ausprägungen und Aufwendungen, bspw. Mitarbeiter aus der Personalabteilung, die die jeweilige Aktivität betreuen, oder Kosten, die mit der jeweiligen Aktivität verbunden sind (vgl. für die Idee Scholz, 2011).

Die **Ausgangslage** ist im Beispielfall dadurch gekennzeichnet, dass das Personalmanagement alle fünf Aktivitäten auf mittlerem Niveau ausführt. Das Personal-

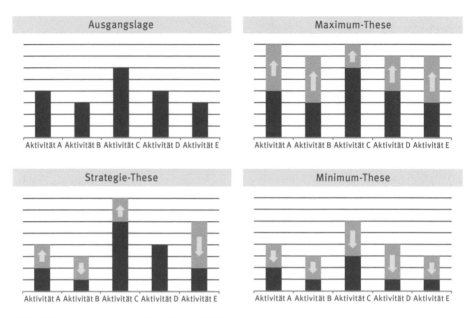

Abb. 4.7: Konsequenzen der Strategiespezifitäten.

management teilt Aktivität C auf mittlerem Niveau die meisten Ressourcen (bspw. in Form von Mitarbeitern, Zeit, Aufmerksamkeit oder Budget) zu, wohingegen Aktivität B und E nur mit geringen Ressourcen ausgestattet werden. Die Aufmerksamkeit und Verteilung der Ressourcen auf die einzelnen Aktivitäten könnte historisch so gewachsen sein.

Verfolgt nun das Personalmanagement bspw. die universalistische, an Best-Practice-Beispielen ausgerichtete Strategieperspektive, werden sich die Ausprägungen der Aktivitäten allesamt erhöhen (**Maximum-These**). Hintergrund ist die Orientierung an Unternehmen, die in diesem Feld die jeweils umfangreichste Aktivität entwickelt haben. Da sich in der Forschungs- und populärwissenschaftlichen Literatur für jede denkbare Aktivität Best-Practice-Beispiele finden lassen, maximieren sich die Einzelaktivitäten im Laufe der Zeit, sodass sich das Gesamtsystem nach oben verschiebt.

Auch wenn das Ergebnis aus der Perspektive des Personalmanagements auf den ersten Blick erfreulich scheint (Ressourcenkumulation im Personalbereich), so führt dies langfristig eher zur Verfestigung der Vorurteile gegenüber dem Personalmanagement („kreisen um sich selbst", „Personaler verstehen das Business nicht", „verursachen nur Kosten und keinen Nutzen", ...) und zu Legitimationsdefiziten.

Die **Strategie-These** beschreibt eine Situation, in der das Personalmanagement versucht, einzelne Bereiche, in denen es stark ist, zu stärken und Bereiche, die keinen Mehrwert für die Verfolgung des Produkt-Markt-Konzepts bringen, so weit wie möglich zu reduzieren. In der Summe führt dies zu einer Schwerpunktsetzung und Perfektionierung der Aktivitäten, die dem Unternehmen dabei helfen, Wettbewerbsvorteile zu erzielen. Gleichzeitig wird der Ressourcenbedarf durch die strategische Fokussierung auf eine Aktivität bei den übrigen Aktivitäten niedriger. Konzeptionell ist diese Perspektive mit dem Kontingenzansatz verbunden.

Ein weiteres, aber in Wissenschaft und Praxis unbeliebtes Szenario lässt sich durch die **Minimum-These** beschreiben. Vertreter dieses Ansatzes gehen davon aus, dass das Personalmanagement dann am besten ist, wenn es sich auf wenige, unverzichtbare Aktivitäten beschränkt. Die verbliebenen Aktivitäten sollen dann bei einem gegebenen Qualitätsniveau mit möglichst geringen Kosten erzielt werden.

4.2 Unternehmenskultur als „gelebte Personalpolitik"

Eine vom Management verfolgte Strategie findet umso mehr Akzeptanz bei den Mitarbeitern, je stärker sie mit den in der Unternehmenskultur verankerten Werten, Normen und Erfahrungen übereinstimmt. Daher sind für eine erfolgreiche Entwicklung von Unternehmens- bzw. Personalstrategien Kenntnisse über die Bedeutung und Wirkungsweise einer Unternehmenskultur notwendig.

4.2.1 Entstehung und Bedeutung der Unternehmenskultur

Innerhalb einer Organisation kennt man das Phänomen, dass die betrieblichen Akteure (bspw. Management, Mitarbeiter, Arbeitnehmervertreter) Aktivitäten, Verhaltensweisen oder Entscheidungen einem gemeinsamen Deutungsmuster unterwerfen (vgl. Oechsler, 2001).

Diese gemeinsame Basis schlägt sich in der Unternehmenskultur (häufig auch: Organisationskultur, Corporate Culture oder seltener: Arbeitskultur) nieder. Die Unternehmenskultur ist dabei der übergeordnete Aspekt des Gesamtunternehmens, die sich aus den unterschiedlichen Teilkulturen in Gruppen, Abteilungen oder Geschäftseinheiten herausbildet. Dagegen ist der Begriff Betriebsklima abzugrenzen, der (als Teil der Unternehmenskultur) die für einen Betrieb typische Stimmung oder Atmosphäre ausdrückt (vgl. Bögel, 2003, S. 708).

Unternehmenskultur ist „die Gesamtheit der tradierten, wandelbaren, zeitspezifischen, jedoch nur über Symbole erfahrbaren und erlernbaren Wertvorstellungen, Denkhaltungen und Normen, die das Verhalten aller Mitarbeiter und das Erscheinungsbild der Unternehmung prägen" (Krulis-Randa, 1990, S. 6).

In der klassischen Betriebswirtschaftslehre von Gutenberg bis Wöhe wird das Konstrukt „Unternehmenskultur" weder explizit noch implizit erwähnt. Die Phase der **Kulturignoranz** war geprägt vom Leitbild des Unternehmens als mechanisches Uhrwerk (vgl. zur geschichtlichen Einordnung Scholz, 2007; Tab. 4.3).

Tab. 4.3: Geschichte des Konstrukts Unternehmenskultur.

	Phase	Leitbild
bis 1970er-Jahre	Kulturignoranz	Unternehmen als mechanisches Uhrwerk
1980er-Jahre	Kultureuphorie	Hoffnung, Unternehmenskultur managen zu können
1990er-Jahre	Kulturtrivialisieurng	Reduzierung der Unternehmenskultur auf Äußerlichkeiten
2000er-Jahre	Kulturrealismus	Abkehr des Kulturmanagements, Hinwendung zum Kulturverstehen

Die wissenschaftliche Beschäftigung mit der Unternehmenskultur hat ihren Ursprung Ende der 1970er-Jahre in den damals aufkommenden internationalen Managementvergleichsstudien. Diese suchten Erklärungen dafür, warum japanische Unternehmen effizienter als vergleichbare US-amerikanische Unternehmen waren. Zunächst wurde davon ausgegangen, dass die Gründe des Erfolgs japanischer Unternehmen im überbetrieblichen soziokulturellen Bereich zu finden sind. Da Länderkultur ein fest vorgegebener Faktor ist, wurden amerikanische Unternehmen gegen das Erstarken der japanischen Unternehmen als machtlos erachtet.

Forschungsarbeiten amerikanischer Unternehmensberatungen kamen Mitte der 1980er-Jahre jedoch zum Ergebnis, dass das Effizienzproblem der Unternehmen nicht von der übergeordneten Landes- oder Soziokultur abhängig ist, sondern grundsätzlich von der Handlungsweise des Managements beeinflusst wird. Der Schwerpunkt der Untersuchungen verlagerte sich dadurch auf die Betrachtung der kulturellen Unterschiede von exzellenten und nicht exzellenten Unternehmen. Ende der 1980er-Jahre wurde dann begonnen, diese aus den USA importierten Erkenntnisse auf deutsche Verhältnisse zu übertragen und methodologisch zu begründen (vgl. Dülfer, 2008, S. 3 ff.). In dieser (häufig von Beratungsunternehmen geprägten) **Phase der Kultureuphorie** ging man davon aus, Unternehmenskultur fast beliebig steuern zu können und dadurch wundersame Effizienzgewinne zu erzielen.

In den 1990er-Jahren fand eine **Kulturtrivialisierung** statt, bei der Unternehmenskultur weitgehend auf Äußerlichkeiten wie Slogans, Büroarchitektur oder auf pflichtschuldig eingeführte Casual Fridays reduziert wurde.

Nach dem Zusammenbruch der New Economy begann Anfang der 2000er-Jahre eine **Phase des Kulturrealismus**, die eine Abkehr von der Hoffnung auf ein Kulturmanagement und einer Hinwendung des Kulturverstehens kennzeichnet.

4.2.2 Erklärungsansätze der Unternehmenskultur

Das bekannteste Konzept zur Beschreibung einer Unternehmenskultur hat Schein (1984) vorgelegt. Er beschreibt das Konstrukt Unternehmenskultur auf drei Ebenen (vgl. Abb. 4.8).

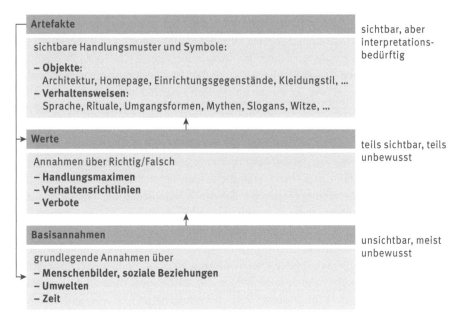

Abb. 4.8: Kulturebenen nach Schein (1984, S. 4).

An der Oberfläche befindet sich die Ebene der **Artefakte**, die sich auf sichtbare Handlungsmuster und Symbole bezieht. Hierunter sind alle Phänomene zu subsumieren, die man mit seiner sinnlichen Wahrnehmung erfassen kann. Als Beispiele für künstlich geschaffene Objekte oder Verhaltensweisen zählen bspw. die Homepage, die Einrichtungsgegenstände, die Architektur, die Kleidungsnorm (Abzeichen, beliebte Farben, Krawatten, Röcke, ...), das Arrangement der Büros, Unternehmensslogans oder Mythen („Der Pförtner als Held", der Gründungsmythos des Unternehmens), Sprachregelungen, Veranstaltungen (Weihnachtsfeier, Mitarbeiter des Monats, Verkäuferehrung, ...) spezifischer Jargon oder ritualisierte Umgangsformen („Mahlzeit!", morgendliche Begrüßung durch den Chef). Auch wenn die Elemente äußerlich leicht zu erfassen sind, liegt die Schwierigkeit in der Interpretation der dahinterliegenden Bedeutung (vgl. Staehle, 1999, S. 499 ff.).

Auf der mittleren Ebene sind die **bekundeten Werte und Normen** angesiedelt. Sie stellen die Grundannahmen einer Gruppierung über richtig oder falsch dar und prägen auf diese Weise die (empfundene) Wahrheit einer Unternehmenskultur. Die Antworten auf Problemstellungen, die später als Wahrheit, als „richtig" oder „falsch" angesehen werden, stellen ursprünglich die Lösungen Einzelner dar. Bewähren sich diese Reaktionsmuster, werden sie allmählich zu den gemeinsamen Werten einer Gruppe. Irgendwann ist vergessen, dass sich in den nun allgemeinen Werten einst die Annahmen Einzelner widerspiegelt (die vielleicht anfangs sogar umstritten waren). Sie sind so zum Gemeingut geworden (bspw. „Keine öffentliche Kritik", „Uns braucht niemand zu belehren", „Wir stellen das beste Produkt her", „Keine privaten Kontakte mit dem Vorgesetzten", „Beim Jahresabschluss ist keiner krank", „Das regeln wir intern"). Durch die Historizität wird deutlich, warum Werten oft eine logische Struktur fehlt, sie sich zuweilen widersprechen und sie häufig überhaupt nicht zum wahrnehmbaren Verhalten passen. Letzteres macht ihre Entschlüsselung schwierig. Will man die Entstehungsgeschichte der bekundeten Werte rekonstruieren, muss man die historischen Prämissen, Entscheidungsalternativen und Diskurse rekonstruieren.

Die **Basis** der Unternehmenskultur ist durch bestimmte Grundprämissen über die Beziehungen zur Umwelt, zur menschlichen Natur und im sozialen Bereich gekennzeichnet. Sie beinhalten die Selbstverständlichkeiten einer Kulturgemeinschaft, die nicht mehr hinterfragt werden (bspw. die Art der Schulausbildung, Einstellung zur Verwaltung, Menschenbilder oder grundsätzliche philosophische Weltanschauungen mit Blick auf die Frage Schicksal oder Eigenbestimmung, Gruppe oder Individuum, wann ist etwas zu spät/zu früh, ...). Bewahrheitet sich die Hypothese eines Einzelnen zur Lösung eines Problems oft genug, wird sie vom Wert zur Selbstverständlichkeit. Eine von allen geteilte Kulturbasis kommt dann zur Auffassung, dass die Natur dieser Sache so und nicht anders funktioniert bzw. zu funktionieren hat. Alternative Handlungsmöglichkeiten sind weder erkennbar noch angestrebt. Innerhalb desselben kulturellen Verbands findet man nur geringe Unterschiede. Abweichungen von den Grundannahmen werden sanktioniert und erfahren eine automatische Ablehnung. Diese grundlegende Ebene der nicht mehr hinterfragten Trivialitäten ist empirischer Forschung nur schwer zugänglich, da sich diese hauptsächlich im Unterbewusstsein befinden (vgl. Schein, 1995, S. 29 ff.).

Das 3-Ebenen-Modell nach Schein wird häufig als sog. Eisberg-Modell dargestellt. Auf der Ebene der formalen Organisation werden Artefakte wie Ziele, Strukturen, Regeln, Techniken, Finanzen und Symbole entwickelt, die aber nur die Spitze des Eisbergs darstellen. Den größeren, informellen Teil stellen die nicht sichtbaren Werte und Einstellungen dar. Dem nicht sichtbaren Teil des Eisbergs wird der größte Einfluss auf das Verhalten der Organisationsmitglieder und der daraus resultierenden Arbeitskultur (bspw. Qualitätsbewusstsein, Innovationsfreude, Entscheidungsfreude oder Sparsamkeit) zugeschrieben.

4.2.3 Erfassung und Messung der Unternehmenskultur

Bei der Erfassung der Unternehmenskultur lassen sich zwei Ansätze unterscheiden:
–   Der **funktionale** Ansatz versteht Unternehmenskultur als eine Variable im System Unternehmen. Kultur wird hier in einer systemtheoretischen Tradition verstanden als „objektivistisches, deskriptives Konstrukt neben anderen, wie etwa Struktur oder Technologie" (Staehle, 1999, S. 498). Dieser Richtung folgend ist die Unternehmenskultur bewusst beeinflussbar und gestaltbar.

Tab. 4.4: Vor- und Nachteile starker Unternehmenskulturen.

Vorteile	Nachteile
– Handlungsorientierung durch Komplexitätsreduktion (einfachere Entscheidungsfindung) – Effiziente Kommunikation (Missverständnisse werden durch geteilte Kommunikations- und Interpretationsstandards vermieden) – Geringer Kontrollaufwand (innere statt äußere Kontrolle) – Hohe Motivation und Loyalität (Selbstverpflichtung, Zusammengehörigkeitsgefühl)	– Tendenz zur Abschließung (Kritikimmunität) – Implementationsbarrieren (falls doch neue Ideen aufkommen, wird die Umsetzung erschwert, wenn sie nicht mit der bestehenden Kultur kompatibel sind) – Fixierung auf traditionelle Erfolgsmotive (beschränken Analysefähigkeit)

– Die **interpretative** Sichtweise negiert die aktive Gestaltungsfähigkeit, da Unternehmen nicht eine Kultur *haben*, sondern Kulturen *sind*. Demnach ist die Unternehmenskultur als solches auch nicht isolierbar, fassbar oder beobachtbar. In diesem Sinne werden Kulturen als kaum beeinflussbare Resultate des Zusammenwirkens vieler vernetzter Einflussfaktoren betrachtet. Der Gestaltungswille der Funktionalisten wird durch den Willen zum Verstehen der Kultur ersetzt.

Vertreter des funktionalen Ansatzes („Interventionisten") messen die Stärke einer Unternehmenskultur mit drei Merkmalen (vgl. Schreyögg, 2012).

– **Ausmaß der Prägnanz**: Klarheit, mit der Orientierungsmuster und Werthaltungen vermittelt werden. Starke Kulturen vermitteln ihre Werthaltung prägend als ein konsistentes Werte- und Symbolsystem, sodass den Beschäftigten wenig Konfusion über die Bedeutungsinterpretation bleiben soll.

– **Verbreitungsgrad**: Ausmaß, in dem die Kultur von der gesamten Belegschaft geteilt wird bzw. Zahl der Mitarbeiter, die sich von der Unternehmenskultur leiten lassen (in starken Kulturen orientieren sich viele (im besten Fall alle) Mitarbeiter an der Unternehmenskultur).

– **Verankerungstiefe**: Grad, mit dem die kulturellen Muster internalisiert sind und so zum selbstverständlichen Beitrag des täglichen Handelns werden (starke Kulturen sind über einen längeren Zeitraum stabil und prägen die Verhaltensweisen der Mitarbeiter im täglichen Umgang).

Während man anfangs noch an einen linearen Zusammenhang zwischen starker Unternehmenskultur und Leistungsniveau glaubte, zeigte die Forschung bald, dass mit starken Unternehmenskulturen auch negative Effekte einhergehen. Die Wirkungsweisen der damit verbundenen Vor- und Nachteile sind verwickelt und ambivalent (vgl. Schreyögg, 2012, S. 184 ff.; Tab. 4.4).

4.2.4 Kulturtypen und deren Veränderung

Die Analyse der Unternehmenskultur legt die Frage nahe, wie die unterschiedlichen Ebenen in der Organisationspraxis zusammenwirken. Eine populäre Typologie von Kulturtypen haben Deal/Kennedy (1987) vorgelegt (vgl. Abb. 4.9). In einer 2x2-Matrix differenzieren sie vier Kulturtypen, die sie entlang der Dimension Risiko (inwiefern ist das Geschäftsmodell des Unternehmens risikobehaftet) und der Dimension Feedbackgeschwindigkeit (wie schnell erhält das Unternehmen Rückmeldung über Erfolg oder Misserfolg seines Produkt-Markt-Konzepts) einteilen.

Die **Tough-Guy-Macho-Kultur** (häufig übersetzt als: Alles-oder-nichts-Kultur) beschreibt ein Unternehmen von Individualisten, die große Ideen mit großem Einsatz umsetzen wollen. Organisationen mit einer solchen Kultur schätzen Engagement, temporeiches Handeln und die Übernahme von Verantwortung. Erfolge werden enthusiastisch gefeiert, Misserfolge schonungslos offengelegt. Als Beispiele wird eine Spannweite von Investmentbanken bis hin zur Filmindustrie genannt (vgl. hierzu und im Folgenden Schreyögg, 2012).

Work-hard-/play-hard-Kultur zeichnen sich ein unkompliziertes Miteinander aus, in denen der gemeinsam erarbeitete und gefeierte Erfolg zelebriert wird. Auch wenn ein harter interner Wettbewerb herrscht, wird dieser aber als selbstverständlich bzw. sportlich aufgefasst. Die Unternehmenssprache durchziehen Metaphern aus dem Sport („Halbzeit", „Fehlstart"). Als Beispiele werden Unternehmensberatungen genannt.

Die **Bet-Your-Company-Kultur** (häufig übersetzt als: analytische Projekt-Kultur) ist darauf konzentriert, die richtige Entscheidung zu treffen. Der komplexen Umwelt wird mit Analysen und Vertrauen in die wissenschaftlich-technische Rationalität begegnet. Das Hauptritual ist die Sitzung, die hierarchisch, ohne Hektik und Quirligkeit abgehalten wird. Vorgesetzte haben oftmals Schützlinge, die sie langsam aufbauen und positionieren. Fachwissen und Erfahrung werden belohnt. Demonstrativer Ehr-

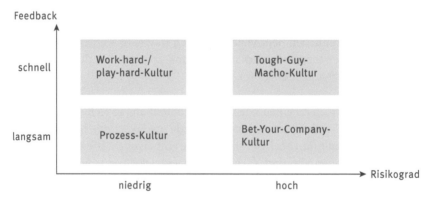

Abb. 4.9: Kulturtypen nach Deal/Kennedy (1987).

Tab. 4.5: Kulturvermittelnde Kommunikation, Handlungen und Objekte (vgl. Scholz/Hofbauer, 1987, S. 473).

Kommunikation	Handlungen	Objekt
– Mythen	– Rituale	– Statussymbole
– Stories	– Zeremonien	– Logo
– Slogans	– Festessen	– Architektur
– Witze	– Pausenregelungen	– Organisationsstruktur
– Glaubenssätze	– Workflows	– Informationssysteme

geiz wird abgelehnt, der Wettbewerb findet eher im Verborgenen statt. Mittelständischen Unternehmen des Maschinen- und (Groß-)Anlagenbaus wird eine solche Kultur nachgesagt.

Die **Prozess-Kultur** ist durch einen trägen Verwaltungsapparat gekennzeichnet. Ordnung steht vor Kreativität, Formalisierung vor Flexibilisierung. Die Konzentration ist auf den Prozess und die einzelnen Teilschritte gerichtet. Fehler sind nicht erlaubt. Als positive Beispiele gelten Mitarbeiter, die selbst unter widrigen Umständen (bspw. nach Schicksalsschlägen oder nach einer ungerechtfertigten Behandlung durch den Vorgesetzten) weiter fehlerfrei arbeiten. Hierarchie, Status und Privilegien werden langsam erarbeitet und sind Gegenstand von Gesprächsthemen und Gerüchten. Feste und Feiern sind eher institutionalisiert („die Weihnachtsfeier") als ausgelassen; private und berufliche Sphären werden streng getrennt. Als Beispiel wird der öffentliche Dienst genannt.

Diese Form der Typologisierung blieb nicht ohne Kritik (zu grob, zu konstruiert, empirisch nicht nachgewiesen). Heute wird sie häufig nur noch als anekdotisches Hilfsmittel zur Illustration von passenden, unpassenden, funktionalen oder dysfunktionalen Unternehmenskulturen herangezogen.

Im Falle von unpassenden oder dysfunktionalen Unternehmenskulturen besteht nach dem Verständnis der Vertreter des funktionalen Ansatzes („Interventionisten") die Möglichkeit, diese zu gestalten oder sogar zu verändern. Dabei lassen sich analytische und deskriptive Veränderungsmodelle unterscheiden.

Analytische Veränderungsmodelle bauen auf einem idealtypischen Phasenmodell auf (vgl. Scholz/Hofbauer, 1987, S. 464 ff.; Tab. 4.5):
- Erfassung der vorhandenen unternehmensspezifischen **Ist-Kultur**
- Bestimmung der **Soll-Kultur** (die angestrebte Soll-Kultur ist aus der Unternehmensstrategie abzuleiten, bei Differenzen zwischen Ist- und Soll-Kultur werden Maßnahmen der Kulturvermittlung erforderlich).
- Ableitung von **Maßnahmen** zur Schließung der Lücke zwischen Ist- und Soll-Kultur (bspw. durch kulturvermittelnde Kommunikation, Handlungen oder Objekte).
- **Kontrolle** und Abgleiche zwischen neuer Ist- und angestrebter Soll-Kultur und etwaige korrigierende Maßnahmen

Das hinter dem analytischen Verständnis der Kulturveränderung liegende Konzept ist aber in vielfacher Hinsicht problematisch (vgl. hierzu Jahns, 2002, S. 213 f.). So besteht die Gefahr, einem Machbarkeitsmythos zu erliegen. Es ist praxisfern zu glauben, eine Unternehmenskultur vom Management konstruieren zu lassen und diese dann Schritt für Schritt implementieren zu können.

In der Literatur wird dies häufig unter Bezugnahme auf die Formel

---

Culture follows Strategy vs. Strategy follows Culture

---

diskutiert (vgl. Chandler, 1962).

Die erstgenannte These (Culture follows Strategy) soll verdeutlichen, dass die Unternehmenskultur ein Instrument zur Umsetzung der Unternehmensstrategie darstellt. Die Ist-Kultur ist durch kulturpolitische Maßnahmen in eine strategiekonforme Soll-Kultur zu überführen. Dies setzt aber voraus, dass die Unternehmenskultur beliebig gestaltet werden kann.

Die Antithese (Strategy follows Culture) sieht den Prozess der Strategieentwicklung eng an die jeweils vorherrschende Unternehmenskultur gekoppelt. Die Strategie ist demnach das Ergebnis eines durch die Unternehmenskultur geprägten strategischen Entscheidungsprozesses.

Vertreter des analytischen Veränderungsmodells gehen davon aus, dass Kulturen mechanistisch veränderbar sind. Dieser „Kulturingenieur"-Ansatz erliegt der Hoffnung, Unternehmenskulturen auf dem Reißbrett zu entwerfen und dann Schritt für Schritt umzusetzen.

Die Vertreter des **deskriptiven Modells** verneinen die funktionale Management-Perspektive, nach der Unternehmenskulturen plan- und gestaltbar sind. Die Vertreter des dekriptiven Verständnisses beschränken sich auf die Beschreibung, wie Kulturen von anderen Kulturen überlagert oder abgelöst werden (ohne sie aktiv steuern zu können), da fest verankerte Verhaltensmuster zumindest nicht kurzfristig planerisch aufgehoben und durch andere Werte substituiert werden können. Darüber hinaus sind die einzelnen Kulturebenen fest miteinander verwoben, sodass die Wirkungsweisen nicht exakt einzuschätzen sind. Die Einfachheit der (häufig von Beratern ausgesprochenen) Empfehlungen führen nicht selten zu einem gefährlichen Dilettantismus in der Umsetzung (vgl. Scholz 1988, S. 91).

Wenn sich Unternehmenskulturen ändern, dann ist häufig der Ausgangspunkt der Veränderung eine Konfliktsituation, in der die herkömmlichen Handlungsmuster nicht mehr erfolgreich waren (vgl. Abb. 4.10). Die aufkeimende Verunsicherung stellt die bisher erfolgreich angewandten Rituale, Symbole und Riten infrage. Latent vorhandene, aber bislang wenig bedeutsame Muster treten hervor. Wird der eventuell eintretende Erfolg gedanklich mit der neuen Kultur verbunden, steigt die Akzeptanz neuer Herangehensweisen. Die neue Unternehmenskultur überlagert oder löst die traditionelle ab.

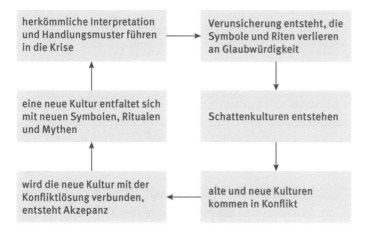

Abb. 4.10: Kulturwandel (vgl. Dyer, 1985, S. 211 und Schreyögg, 2012, S. 188).

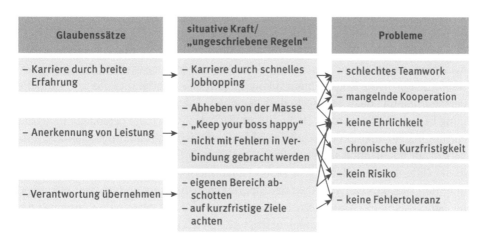

Abb. 4.11: Intention und Realität (vgl. Scott-Morgan, 2008. S. 34, und Scholz, 2014, S. 960).

Wie begrenzt die Steuerbarkeit einer Unternehmenskultur ist, soll das folgende Beispiel zeigen. Auch in gutem Glauben formulierte Grundsätze können durch die Komplexität der sozialen Realität innerhalb eines Unternehmens in ihr Gegenteil verkehrt werden. Glaubenssätze wie „Karriere durch breite Erfahrung", „Anerkennung von Leistung" oder „Berechenbarkeit und Verantwortung" können durch die gelebte Wirklichkeit und die situative Kraft des Faktischen (oder ungeschriebenen Regeln, vgl. Scott-Morgan, 1994) zu einer für das Unternehmen negativen Ausprägung der Unternehmenskultur führen. Abb. 4.11 zeigt, wie unvorhersehbar von allen geteilte Glaubenssätze zu Problemen führen können.

5 Personalplanung und Quantität/Qualität von Arbeit

Im Mittelpunkt der Personalplanung steht die Ermittlung des derzeitigen Personalbestands (Ist) und dessen zu erwartende Entwicklung (Soll).

Unter **Personalplanung** wird die Projektion des gewollten personalwirtschaftlichen Handelns in die Zukunft verstanden (vgl. RKW, 1996, S. 2).

Aus etwaigen Diskrepanzen zwischen Ist- und Sollbestand (in quantitativer, qualitativer, zeitlicher und örtlicher Hinsicht) sind Maßnahmen und Planungen zur Beschaffung, Entwicklung, Freistellung und zum Einsatz von Personal abzuleiten (vgl. Kolb/ Ling, 1978 und Drumm, 2008, S. 75 ff.).

Gleichberechtigte und nachgelagerte Personalplanung

Das Verhältnis der Personalplanung als Teilfunktion der strategischen Unternehmensplanung kann gleichberechtigt oder nachgelagert ausgestaltet sein. Ist die Personalplanung in die Unternehmensplanung **gleichberechtigt** integriert, so kann die Personalplanung dazu beitragen, dass personelle Faktoren in der Unternehmensplanung berücksichtigt werden. Dadurch kann sich das verfügbare personelle Potenzial einschränkend oder fördernd auf den unternehmerischen Handlungsspielraum auswirken. In der Realität ist eine gleichberechtigte Integration der Personalplanung in die Unternehmensplanung in vielen Fällen nicht gegeben. Die Personalplanung orientiert sich dann an Vorgaben der Unternehmensplanung und anderer Planungsbereiche, das heißt, die Unternehmensplanung wird auf personelle Konsequenzen hin überprüft und in personalplanerische Zielsetzungen umgesetzt. Dies wird als **nachgelagerte** Ausrichtung der Personalplanung bezeichnet (vgl. Bertelsmann-Stiftung, 1999, S. 45).

Ziele und Funktionen der Personalplanung

Die Personalplanung verfolgt mehrere, konfliktäre Ziele (vgl. Holtbrügge, 2013, S. 100):
- **Wirtschaftlichkeit:** Die Planung soll den niedrigsten Personalbestand ausweisen, mit dem die bestehenden und zukünftigen Aufgaben erfüllt werden können.
- **Leistungssicherung:** Konträr dazu steht die Vermeidung von Kapazitätsengpässen, was einen höheren Personalbestand impliziert.
- **Anpassungsfähigkeit:** Die Mitarbeiterstruktur soll so geplant sein, dass eine Adaption an unterschiedliche Umweltzustände möglich ist.
- **Angemessene Arbeitsbelastung:** Die Personalplanung soll die Grundlagen dafür schaffen, dass die Mitarbeiter weder über- noch unterfordert werden.

https://doi.org/10.1515/9783110541526-005

Beobachtungsfunktion
– Informationen aus der unternehmensinternen und -externen Umwelt zusammentragen und für den Planungsprozess aufbereiten (bspw. über Veränderungen auf dem Arbeitsmarkt, in der Gesetzgebung, durch Tarifabschlüsse oder in der Absatzplanung)

↓

Prüffunktion
– Verfügbarkeit der benötigten Mitarbeiter zur rechten Zeit, am rechten Ort, in passender Anzahl und Qualifikation sicherstellen
– Aufspalten der Personalplanung in Teilplanungen (Bedarfs-, Beschaffungs-, Einsatz-, Entwicklungs-, Kosten-und Abbauplanung)

↓

Beitragsfunktion
– Mit entscheidungsrelevanten Informationen zur strategischen Ausrichtung des Unternehmens beitragen
– Wirksamkeit der Beitragsfunktion hängt von der Integration der Personalplanung in den Strategieprozess des Unternehmens ab

Abb. 5.1: Funktionen der Personalplanung.

Die Ziele der Personalplanung sollen durch drei aufeinander aufbauende Funktionen erfüllt werden (vgl. Abb. 5.1). Die Basis stellt die **Beobachtungsfunktion** dar. Die Personalplanung trägt Informationen aus der unternehmensinternen und -externen Umwelt zusammen und bereitet diese so auf, dass die für den Planungsprozess notwendige Informationen über erwartete Veränderungen der unternehmerischen Rahmenbedingungen erfasst und in die Personalplanung einbezogen werden, bspw. Veränderungen auf dem externen Arbeitsmarkt, in der Gesetzgebung, durch Tarifabschlüsse oder durch Verschiebungen in der Absatzplanung. Dabei entscheidet die Qualität der durch eine systematische Beobachtung gewonnenen Informationen auch über die Güte der Personalplanung insgesamt (vgl. zum Scanning im Rahmen der Personalplanung Milkovich/Dyer/Mahoney, 1983, S. 2 ff.).

Hierauf aufbauend hat die Personalplanung die Aufgabe sicherzustellen, dass die benötigten Mitarbeiter zur rechten Zeit, am rechten Ort sowie in entsprechender Anzahl und Qualifikation zur Verfügung stehen. Diese **Prüffunktion** gliedert die Personalplanung in die Teilplanungen der Personalbedarfs-, -beschaffungs-, -einsatz-, -entwicklungs-, -kosten- und -abbauplanung auf.

Je stärker die Integration der Personalplanung in die strategischen Überlegungen des Unternehmens eingebunden ist, desto wirkungsvoller kann die **Beitragsfunktion** der Personalplanung zur Geltung kommen. Die Personalplanung liefert dann entscheidungsrelevante Informationen zu den Potenzialen und Restriktionen des Unternehmens aus personeller Sicht.

Personalplanung darf jedoch nicht als ein perfektes Steuerungsinstrument missverstanden werden, das die gesamte gedankliche Last der Steuerung personeller

Strukturen übernehmen kann und deren Umsetzung dann nur noch geeigneter instrumenteller Maßnahmenpakete bedarf. Diskontinuitäten, unvorhergesehene und unvorhersehbare Ereignisse führen dazu, dass die Personalplanung das Ideal einer detailgenauen Steuerung auch auf kurze Frist immer verfehlen wird. Insofern werden alle geplanten personalwirtschaftlichen Maßnahmen immer um adaptive, nicht geplante Handlungen zu ergänzen oder auch zu korrigieren sein, wenn die konkrete Situation eingetreten ist (vgl. Szyperski/Mußhoff, 1989).

Üblicherweise wird die Personalplanung nach den zugrunde gelegten zeitlichen Planungshorizonten in **kurzfristige** (1 Monat–1 Jahr), **mittelfristige** (1–5 Jahre) und **langfristige** Planung (5–20 Jahre) unterteilt, wobei aufgrund der erwähnten Problematik mit einer zunehmenden Fristigkeit die Genauigkeit der Planungen tendenziell abnehmen wird.

Im Folgenden werden zunächst der Prozess und die Instrumente der Personalplanung dargestellt (Kap. 5.1 und 5.2), bevor in Kap. 5.3 die rechtliche Perspektive der Personalplanung diskutiert wird. Ergänzend wird in Kap. 5.4 auf die Besonderheiten des öffentlichen Diensts eingegangen. Die vorangegangenen Überlegungen werden mit zwei Fallbeispielen zur langfristigen Personalplanung und zur integrierten Investitions- und Personalplanung illustriert.

5.1 Der Prozess der Personalplanung

Der Prozess der Personalplanung lässt sich in drei Schritte unterteilen (vgl. Bertelsmann-Stiftung, 1999, S. 51 ff.; Abb. 5.2). Grundlage aller Planungsaktivitäten ist dabei die Beschaffung der zur Planung notwendigen **Informationen** (Schritt 1). Dazu gehört sowohl die Recherche von unternehmensinternen Faktoren (bspw. die Projektion von Austritten, Durchschnittswerte für krankheitsbedingte Abwesenheit, Absatzentwicklungen oder Ausbildungstätigkeiten) als auch von Faktoren der Unternehmensumwelt (bspw. bezüglich bestimmter Arbeitsmärkte oder rechtlich-politischer Änderungen).

Im Rahmen der Personalbedarfsplanung werden diese Informationen im zweiten Schritt des Planungsprozesses zur Ermittlung des Personalbedarfs als Differenz zwischen dem derzeitigen Personalbestand (Ist) und dessen prognostizierter Entwicklung unter Berücksichtigung der strategischen Unternehmensplanung (Soll) verarbeitet. Aus dem Abgleich von Ist- und Soll-Werten ergibt sich der **Nettopersonalbedarf** (Schritt 2). Aus diesem sind die Auswirkungen für die einzelnen **Teilplanungen** abzuleiten (Schritt 3).

5.1.1 Phase 1: Informationssuche

Im ersten Schritt des Personalplanungsprozesses sind die zur Berechnung des Ist- und Soll-Personalbestands notwendigen **unternehmensinternen Informationen**

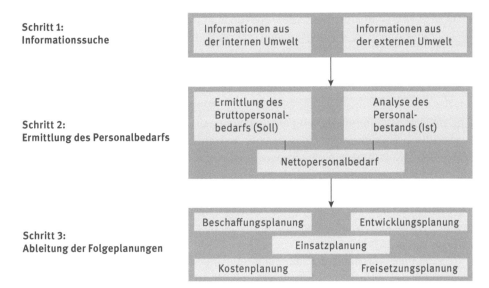

Abb. 5.2: Schritte der Personalplanung.

zu sammeln. Ausgangspunkt ist dabei die Unternehmensstrategie und -planung. So ergeben sich personelle Konsequenzen, bspw. aus Entscheidungen über Produktionstechnologien, -methoden und -standorte oder geplanten Rationalisierungen. In Abstimmung mit den übrigen Teilplanungen des Unternehmens, aus denen die personellen Bedarfe resultieren, sind Anforderungen an die benötigte Quantität und Qualität der einzusetzenden Mitarbeiter abzuleiten. Dazu ist entsprechendes Datenmaterial zu erheben und auszuwerten, bspw. Stellenpläne, Qualifikationsprofile, Entgeltdaten und Anforderungen bezüglich zeitlicher Flexibilität. Diese Informationen ermöglichen im Anschluss die Ermittlung des Soll-Personalbestands (vgl. Bertelsmann-Stiftung, 1999, S. 55; Beck, 2002).

Im Zusammenhang mit der Bestimmung des Ist-Personalbestands und den personellen Folge-planungen sind weitere unternehmensinterne Recherchen anzustellen, bspw. im Hinblick auf den aktuellen Personalbestand, bereits geplante Neueinstellungen, Beförderungen und Versetzungen, Übertritte in den Altersruhestand, Krankenstand, sonstigen Absentismus, Arbeitszeitmodelle, Leistungsbeurteilungen, Qualifikationen oder Entgeltdaten.

Unternehmensexterne Informationen lassen sich bspw. aus Daten zum Konjunkturverlauf, zu Marktstrukturveränderungen, zur technischen Entwicklung, zur Tarifpolitik und zum Arbeitsmarkt erheben. Mit ihrer Hilfe lässt sich feststellen, ob Planungsziele bzgl. der Beschaffung neuer Mitarbeiter überhaupt realisierbar sind, zu welchen Kosten dies erfolgen würde und inwieweit ggf. unrealistische Zielsetzungen überarbeitet werden müssen. Diese Informationen können mit Einschätzungen zu nicht quantifizierbaren Einflussfaktoren ergänzt werden (bspw. über Wertewandel oder Entwicklungen im Bildungssystem) (vgl. RKW, 1996, S. 86 ff.).

5.1.2 Phase 2: Ermittlung des Personalbedarfs

Eine zentrale Stellung im Kanon personalwirtschaftlicher Teilplanungen nimmt die Personalbedarfsplanung ein. Sie ist sowohl zentrale Schnittstelle zu den anderen betrieblichen Teilplanungen als auch vorgelagerte personalwirtschaftliche Teilplanung. Aus ihnen leiten sich der grundsätzliche quantitative und qualitative Personalbedarf ab, der als Basis für die übrigen Teilplanungen dient. Daraus lassen sich die notwendigen Informationen für mögliche Beschaffungs- und Freisetzungsvorgänge, für notwendige Entwicklungsmaßnahmen oder für die Kostenplanung ableiten (vgl. Oechsler/Strohmeier, 1994).

Unabhängig von den zur Bedarfsplanung eingesetzten Instrumenten erfolgt die Berechnung des Bedarfs grundsätzlich in drei Schritten (vgl. Abb. 5.3):

- **1. Schritt**: Bestimmung des Bruttopersonalbedarfs
  Dazu ist der gesamte zukünftige Arbeitszeitbedarf zu ermitteln, der erforderlich ist, um die geplanten Absatzmengen zu realisieren, was personelle Bedarfe in den indirekten, administrativen Bereichen einschließt. Der Bruttopersonalbedarf setzt sich dabei aus dem Einsatzbedarf und dem Reservebedarf zusammen. Während der Einsatzbedarf den Bedarf darstellt, der zum Abarbeiten der entstehenden Aufgaben notwendig ist, berücksichtigt der darüber hinausgehende Reservebedarf, dass es zu unvermeidlichen Ausfällen etwa wegen Fehlzeiten (bspw. Urlaub, Krankheit, Freistellungen oder Personalentwicklungsmaßnahmen) oder Einarbeitung kommt. Diese sind zur Aufrechterhaltung der betrieblichen Abläufe zu ergänzen.
- **2. Schritt**: Bestimmung des zukünftigen Personalbestands
  Der zukünftige Personalbestand ergibt sich aus der Projektion der Ab- und Zugänge zum gegenwärtigen Personalbestand (bspw. Abgänge durch Kündigungen, Altersruhestand, Mutterschutz, Elternzeit oder Fluktuation; Zugänge durch Neueinstellungen, Rückkehrer aus der Elternzeit oder langer Krankheit).
- **3. Schritt**: Ermittlung des Nettopersonalbedarfs
  Der letzte Schritt der Personalbedarfsplanung besteht aus einem Abgleich des Bruttopersonalbedarfs mit dem Personalbestand. Diese ergibt den Nettopersonalbedarf. Er kann weiter unterteilt werden in Ersatzbedarf, der durch Abgänge entsteht und den Neubedarf, der etwa durch Ausweitung der Kapazitäten oder Übernahme neuer Aufgaben entsteht. Ist der Bruttopersonalbedarf kleiner als der künftige Personalbestand, entsteht ein negativer Personalbedarf bzw. ein Freistellungsbedarf.

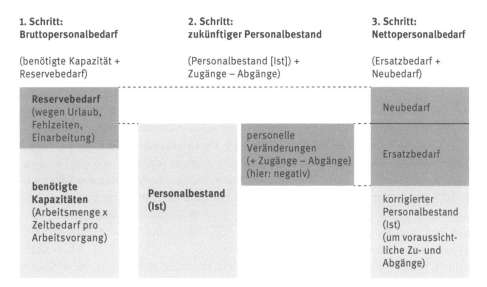

Abb. 5.3: Ermittlung des Personalbedarfs.

5.1.3 Phase 3: Ableitung der Folgeplanungen

Die übrigen personellen Teilplanungen bauen auf der Bedarfsplanung auf. Die Teilplanungen sind so zu gestalten, dass auch sie ihren Beitrag zur Erreichung der Unternehmensziele leisten.

So ist es Aufgabe der **Beschaffungsplanung**, bei festgestelltem Nettopersonalbedarf die notwendigen internen und/oder externen Beschaffungsmaßnahmen zu planen. Mit umgekehrten Vorzeichen ist es Aufgabe der **Freistellungsplanung**, erkannte Minderbedarfe unter Berücksichtigung sozialer und rechtlicher Gesichtspunkte zu handhaben. Dazu sollte zunächst nach alternativen Verwendungs- bzw. internen Umsetzungsmöglichkeiten für die betroffenen Mitarbeiter gesucht werden (bspw. im Rahmen der Personaleinsatzplanung).

Die **Personaleinsatzplanung** befasst sich mit der bestmöglichen Integration der verfügbaren Mitarbeiter in den Wertschöpfungsprozess. Aus einer mittel- bis langfristigen Perspektive steht dabei eher die qualitative Anpassung von Mitarbeiterfähigkeiten und Arbeitsanforderungen im Vordergrund, während es kurzfristig um eine eher quantitative, das heißt kapazitätsmäßige und zeitliche Zuordnung von Mitarbeitern und Stellen geht. Dadurch soll eine Über- oder Unterforderung der Mitarbeiter – und damit auch mögliche Folgewirkungen (wie bspw. Motivationsverluste, Absentismus, Krankheit oder Qualitäts- und Produktivitätseinbußen) – vermieden werden. Als Maßstab für eine „gute" Zuordnung gilt hier die Übereinstimmung von Anforderungen der Arbeitsplätze und Fähigkeiten sowie Neigungen der Mitarbeiter.

Die qualitative Dimension der Personalplanung schlägt sich vor allem in der **Personalentwicklungsplanung** nieder. Auch sie basiert grundsätzlich auf der (qualitativen) Bedarfsplanung. Werden bspw. durch sich ändernde Technologien Qualifikationslücken beim gegenwärtigen Personalbestand festgestellt, ist es Aufgabe der Personalentwicklungsplanung, geeignete Weiterbildungsmaßnahmen zu organisieren. Dadurch können die Maßnahmen rechtzeitig durchgeführt werden, sodass beim tatsächlichen Eintritt der Anforderungsveränderung alle notwendigen Qualifikationen vermittelt sind.

Weniger mit der Deckung von Bedarfen als mit den betriebswirtschaftlichen Folgen des Personaleinsatzes beschäftigt sich die **Personalkostenplanung**. Ziel dieses Teilplanungsbereichs ist es, die Personalkostenentwicklung innerhalb der Planperioden zu erfassen und einen Abgleich mit der geplanten Ertragskraft des Unternehmens vorzunehmen. Hauptbestandteile der Personalkostenplanung sind damit die direkten Entgelte aus dem Leistungsprozess und die Personalzusatzkosten, die aus den Systemen der sozialen Sicherung resultieren. Die Personalkostenplanung ist aufgrund hoher Personalkosten des Produktionsstandorts Deutschland eine besonders dringliche planerische Aufgabe. Dieser Teilbereich stellt damit eine Schnittstelle zur Finanz- und Produktionsplanung des Unternehmens dar und ist gleichzeitig ein sich mit den Aufgaben eines quantitativen Kostencontrollings überschneidender Aufgabenbereich.

Das Zusammenwirken der Teilplanungen kann anhand einer Rezessionsphase beispielhaft illustriert werden. Wenn es in einer Rezessionsphase gelingt, bspw. durch eine
– antizipative Beschaffungsplanung (die ihre Aktivitäten reduziert),
– Personalentwicklungsplanung (die in einem Bereich nicht mehr benötigte Mitarbeiter für alternative Einsatzbereiche qualifiziert) oder
– Einsatzplanung (die Rahmenbedingungen für den Einsatz der neu qualifizierten Mitarbeiter in einem von der Rezession nicht erfassten Arbeitsbereich schaffen kann)

zeitliche und inhaltliche Freiräume für sozialverträgliche Maßnahmen zu schaffen, kann auf die Aktivitäten in der Freistellungsplanung verzichtet werden.

5.2 Instrumente der Personal(bedarfs)planung

Der Personalplanung (und hier insb. der Bedarfsplanung) steht eine Reihe von Verfahren zur Verfügung. Diese haben die Aufgabe, die im Rahmen der Beobachtung der unternehmensinternen und -externen Umwelt gesammelten Informationen in die zur Bestimmung des Nettopersonalbedarfs notwendigen Größen umzuwandeln (vgl. Strohmeier, 1995). Diese Verfahren werden in der Abb. 5.4 klassifiziert. Die Auswahl eines Instruments orientiert sich dabei bspw. an der Dynamik der Unternehmensumwelt, an der Verfügbarkeit der Daten oder am Prognosezeitraum. In einem statisch planbaren Kontext sind mathematisch-statistisch orientierte Verfahren sinnvoll ein-

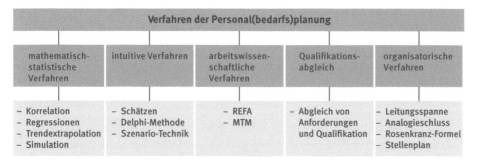

Abb. 5.4: Instrumente der Personal(bedarfs)planung.

setzbar, deren gemeinsame Basis die vergangenheitsbezogene Projektion der Zukunft ist. In einem dynamischen Kontext dominieren eher die intuitiven, zukunftsbezogenen Verfahren. Soll die Personalplanung kurzfristig und auf Mitarbeiterebene erfolgen, empfehlen sich eher arbeitswissenschaftliche oder qualitative Verfahren.

5.2.1 Mathematisch-statistische Verfahren

Mathematische Verfahren zur Personalbedarfsplanung sind darauf ausgelegt, Bedarfe vor allem über die Anwendung statistischer Methoden zu ermitteln. Dadurch werden die Erkenntnisse der Vergangenheit in die Zukunft fortgeschrieben.

Die Verfahren müssen dabei drei Anforderungen gerecht werden. Sie müssen in der Lage sein (vgl. Größler/Zock, 2012, S. 72):
- die Problemlage durch mathematisch-quantitative Zusammenhänge adäquat abzubilden,
- die (unternehmerische) Komplexität und Unsicherheit durch vergangenheitsorientierte Projektion der Zukunft zu verarbeiten und
- aus den Ergebnissen der Verfahren, Hinweise für Entscheidungen abzuleiten.

Vergleichsweise einfach werden künftige Bedarfe mit Kennzahlen ermittelt. Dazu werden aus Erfahrung oder analytischer Zusammenhangsprüfung durch **Korrelationsrechnungen** gewisse Zusammenhänge zwischen einer bekannten Bezugszahl und dem Personalbedarf verwendet, um den künftigen Bedarf festzulegen. Kennt man bspw. in einem Handelsunternehmen den Zusammenhang zwischen Verkaufsfläche und Personalbedarf, lässt sich eine entsprechende Kennzahl bilden. Bei der Planung einer neuen Verkaufsniederlassung ließe sich damit aus der geplanten Verkaufsflächengröße der Personalbedarf ableiten. Ähnliche Überlegungen liegen der Kennzahl der Arbeitsproduktivität zugrunde, die gewisse Outputgrößen (etwa zu produzierende Stückzahlen) in Zusammenhang mit dem Personalbedarf stellt und so aus künftig geplanten Outputgrößen personelle Bedarfe ableitet.

Tab. 5.1: Umsatz und Personalbedarf in 10 Perioden.

	1	2	3	4	5	6	7	8	9	10
Umsatz in Tsd. € (x_i)	519	469	499	449	459	429	489	479	439	519
Benötigtes Personal (y_i)	55	42	51	48	46	41	52	49	43	55

Die **Regressionsmethode** nutzt – ähnlich der Korrelationsmethode – statistische Zusammenhänge zur Prognose des Personalbedarfs. Dabei kann der Personalbedarf in Abhängigkeit von einer oder mehreren Einflussgrößen ermittelt werden. So wird bei der Regression der zu prognostizierende Personalbedarf zu einer oder mehreren kausalen Größen in mathematische Beziehung gesetzt. Untersucht wird hierbei der Zusammenhang zwischen einer abhängigen Variablen y und einer (einfache Regressionsanalyse) bzw. mehreren (multiple Regressionsanalyse) unabhängigen Variablen x_i. Die unabhängige Variable wirkt sich auf die abhängige Variable aus. Der so gefundene Zusammenhang wird dann zur Prognose verwendet. Bspw. könnte aus dem Umsatz (unabhängige Variable) die benötigte Personalstärke in der Produktion zur Herstellung der umgesetzten Produkte (abhängige Variable) geschlossen werden. Umgekehrt wäre der Umsatz die abhängige Variable, wenn der Umsatz von der Anzahl der Vertriebler (unabhängige Variable) abhängen würde. Ein möglicher Zusammenhang ist in Tab. 5.1 dargestellt.

Überträgt man die beobachteten Werte in ein Punktdiagramm (vgl. Abb. 5.5), wird deutlich, dass der Zusammenhang zwischen den Daten durch eine lineare Beziehung abgebildet werden kann. Um eine Prognose für den Personalbedarf eines beliebigen Umsatzes zu erstellen, ermittelt die Regressionsanalyse die Parameter a und b, sodass sich die Geradengleichung $y = a + bx$ möglichst gut an die erhobenen Werte aus Tab. 5.1 anpasst (vgl. Homburg, 2012, S. 330).

Die Schätzung der Parameter erfolgt mit der Methode der kleinsten Quadrate, die die Abstände zu den empirischen Werten möglichst gering ausfallen lässt.

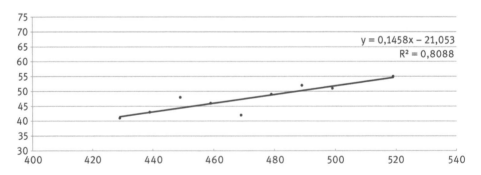

Abb. 5.5: Anpassung der Regressionsgeraden an die empirischen Beobachtungen.

Für das Beispiel ergibt sich die Regressionsgerade $y = 0,1458x - 21,053$. Der Parameter b gibt an, um wie viele Einheiten sich die abhängige Variable ändert, wenn sich die unabhängige Variable um eine Einheit ändert (vgl. Homburg, 2012, S. 332). Das positive Vorzeichen im Beispielfall bedeutet, dass ein positiver Zusammenhang zwischen dem Umsatz und dem dafür benötigten Personalbedarf besteht (je mehr Umsatz, desto mehr Personal wird benötigt, um die dafür benötigten Produkte herzustellen). Die Erhöhung des Umsatzes um eine Einheit führt zu einem steigenden Bedarf an Mitarbeiter von 0,1458 (bspw. pro 100.000 Euro Umsatz werden 14,58 Mitarbeiter benötigt).

Das Bestimmtheitsmaß R^2 gibt an, wie gut die Regressionsfunktion zur Beschreibung der empirisch erhobenen Daten geeignet ist (oder: wie gut kann die Gerade die empirischen Daten erklären). Das Bestimmtheitsmaß liegt zwischen 0 und 1. Bei einem Wert von 1 wird die Streuung der abhängigen Variable vollständig durch die unabhängige Variable erklärt (vgl. Homburg, 2012, S. 334). Im diskutierten Fall können etwa 81 % der Streuung durch die Regressionsgerade erklärt werden. Wird mehr als eine Einflussgröße auf den Personalbedarf untersucht, spricht man von einer multiplen Regression.

Ähnlich wie die Regression stellen auch **Trendverfahren** (vgl. Tab. 5.2) einen Zusammenhang zwischen der zu prognostizierenden Größe und den zur Prognose herangezogenen Einflussgrößen dar. Bekannte Trendverfahren sind bspw.
- das Verfahren der gleitenden Durchschnitte,
- das exponentielle Glätten und
- die Trendextrapolation.

Ausgangspunkt des Verfahrens der **gleitenden Durchschnitte** ist ein statisches Modell, bei dem die prognostizierende Größe im Wesentlichen konstant ist (also keine Trends, keine Zyklen oder keine saisonalen Effekte berücksichtigt werden). Auftretende Schwankungen sind zufällig und sollten in der Berechnung bereinigt werden. Die Prognose für $t + 1$ ergibt sich aus den Durchschnitten der letzten q Perioden. Die Formel ist in Tab. 5.2 abgebildet.

Problematisch hierbei sind insb.
- der hohe Einfluss von Zufallsschwankungen je kleiner q gewählt wird und
- die Trägheit des Modells mit Blick auf Strukturbrüche bei großen q.

Tab. 5.2: Übersicht über Trendverfahren.

Methode	Formel
Gleitender Durchschnitt	$y_{t+1} = \frac{1}{q} \sum_{i=t-q+1}^{t} y_i$
Exponentielle Glättung	$y_{t+1} = \alpha y_t + (1 - \alpha) y_{t-1}$
Trendextrapolation	$y = a + bx$

Die Nachteile der Methode des gleitenden Durchschnitts sollen durch **exponentielle Glättung** beseitigt werden. Hier sollen möglichst viele Werte in das Verfahren eingehen, jedoch werden neuere Werte stärker gewichtet. Exponentielles Glätten ermittelt den Prognosewert als gewichtetes Mittel aus dem tatsächlichen Wert der vorhergehenden Periode und dem Prognosewert für die Vorperiode. Der Glättungsfaktor α lässt die in Tab. 5.2 aufgeführte Gleichung umso flexibler auf neue Situationen reagieren, je größer α ist.

Etwas komplizierter gestaltet sich die Berechnung von verschiedenen Trends (vgl. im Folgenden Homburg, 2000, S. 104 ff.). So schreibt die **Trendextrapolation** mit der Methode der kleinsten Quadrate den Personalbestand der Vergangenheit in die Zukunft fort. Sind lineare oder nicht lineare Trends vorhanden (also die Entwicklung einer Zeitreihe durch zu- oder abnehmende Raten), können auf der Basis der Methode der kleinsten Quadrate Trendentwicklungen erfasst werden.

Die Verfahren sollen an einem Beispiel (vgl. Tab. 5.3) illustriert werden. Gegeben sei eine Zeitreihe über fünf Jahre, die die Mitarbeiterzahl eines Unternehmens darstellt (im ersten Jahr waren es 55 Mitarbeiter, ..., im fünften Jahr 68 Mitarbeiter).

Soll eine Prognose auf Basis des gleitenden Durchschnitts errechnet werden, so ergibt sich als Prognosewert für die sechste Periode 67 Mitarbeiter, auf der Basis der exponentiellen Glättung ergäbe sich ein Wert von 63,9, also 64 Mitarbeiter. Die Trendextrapolation (vgl. Tab. 5.4) ermittelt mithilfe der Methode der kleinsten Quadrate 68,8, also 69 Mitarbeiter.

Tab. 5.3: Beispieltabelle für Trendverfahren.

Jahr	Mitarbeiter	Gleitender Durchschnitt	Exponentielle Glättung	Trendextrapolation
1	55		55	
2	60		55	
3	70	57,5	56,5	65
4	66	65	60,6	76,7
5	68	68	62,2	67,5
6	**Prognosewert**	**67**	**63,9**	**68,8**

Tab. 5.4: Hilfstabelle für die Durchführung der Trendextrapolation.

	x	y (Mitarbeiter)	x^2	$x \cdot y$
	1	55	1	55
	2	60	4	120
	3	70	9	210
	4	66	16	264
	5	68	25	340
SUMME	**15**	**319**	**55**	**989**

Berechnungsbeispiel

Trendgleichung $y = a + b * x$

wobei: (1) $\Sigma y = n * a + b * \Sigma x$ und → (1) $319 = 5a + 15b$

(2) $\Sigma xy = a * \Sigma x + b * \Sigma x^2$ → (2) $989 = 15a + 55b$

aus (1) folgt → $a = 63,8 - 3b$

in (2) einsetzen → $b = -0,32$ → $a = 64,76$

Trendwert: $y = 64,76 + 6 * (-0,32) = 62,8$

Abb. 5.6: Rechenschritte der Trendextrapolation.

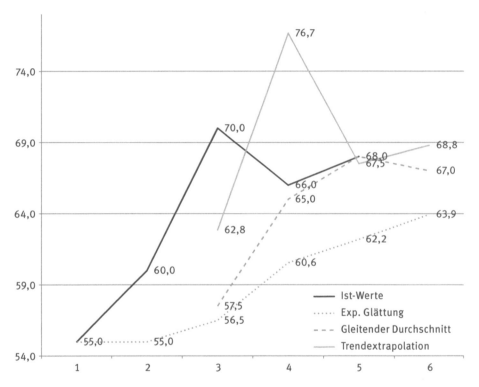

Abb. 5.7: Grafische Übersicht über die Ergebnisse unterschiedlicher Trendverfahren.

Mit der Hilfstabelle kann die Prognose der sechsten Periode errechnet werden. Abb. 5.6 zeigt die einzelnen Rechenschritte (nach der Methode der kleinsten Quadrate).

Die grafische Übersicht der Ist-Werte und der drei besprochenen Verfahren zur Trendbestimmung findet sich in Abb. 5.7.

Die Trendverfahren bedürfen dabei einer künftig stabilen Umwelt, da sie Diskontinuitäten durch einfaches Fortschreiben der Vergangenheit nicht erkennen können. Darüber hinaus besteht die Gefahr, eventuell vorhandene personalpolitische Missstände fortzuschreiben.

Die oft darauf aufbauende Modellbildung und **Simulation** verknüpfen aufgrund empirischer Erkenntnisse und theoretischer Einsichten zahlreiche Variablen und Parameter miteinander.

Die Modellierung einer Simulation verläuft in drei Phasen. In der ersten Phase erarbeiten Experten oder Stakeholder ein möglichst spezifisches Problemverständnis (bspw. der Personalbedarf für die Produktion und den Vertrieb eines Produkts). Aufbauend darauf werden erste dynamische Hypothesen über die Zusammenhänge von Einflussfaktoren, Rückkopplungsschritten, Verzögerungen oder Nichtlinearitäten im System aufgestellt und getestet (vgl. zum Verfahren und zum Beispielfall Größler/ Zock, 2012).

In der zweiten Phase werden die aufgestellten Hypothesen verfeinert, indem sie mithilfe empirischer Daten parametrisiert und getestet werden (bspw. durch eine Simulation der Vergangenheit, das heißt, die Simulation wird mit Daten aus der Vergangenheit gespeist, deren Ergebnis bekannt ist; die Simulation sollte dann Ergebnisse liefern, die nahe an der Realität sind).

Die dritte beinhaltet die Projektion der Zukunft. Die Simulation wird mit Extremwerten, Mittelwerten oder anderen Szenarien untersucht, deren Auswirkungen diskutiert und in Handlungsempfehlungen transformiert.

Zusammenfassend lässt sich feststellen, dass die mathematisch-statistischen Verfahren punktgenaue und in der Entstehung nachvollziehbare Ergebnisse liefern. Allerdings sind sie in der Praxis nicht weit verbreitet. Die Akzeptanzprobleme lassen sich zum einen auf den großen Erstellungsaufwand (Ermittlung der Daten, Berechnung und Validierung der Ergebnisse) und zum anderen auf die von der Praxis erkannte Gefahr der Scheingenauigkeit bzw. Unausweichlichkeitsvermutung (die punktgenauen und mit beliebig vielen Nachkommastellen ausweisbaren Ergebnisse suggerieren eine Genauigkeit und Argumentationsschwere, der man sich argumentativ nur schwer entziehen kann, obwohl sie die versprochene Prognosekraft erfahrungsgemäß nicht einlösen kann).

5.2.2 Intuitive Verfahren

Intuitive Verfahren der Personalbedarfsplanung zielen zunächst darauf ab, den Bedarf über Intuition und Erfahrung der betroffenen Planungsträger abzuschätzen.

Eine erste intuitive Verfahrensgruppe stellt die **einfachen Schätzverfahren** dar. Bei der in der Praxis weit verbreiteten, einfachen Schätzung beruhen die Bedarfszahlen auf subjektiven Schätzungen von Führungskräften bzw. Planern. Damit ist die Güte stark von der Erfahrung des Schätzenden abhängig.

Tab. 5.5: Varianten der Delphi-Methode (vgl. Günther/Endrikat, 2011, S. 202).

	Klassisches Delphi	Policy Delphi
Primäres Ziel	Generierung von Expertenmeinungen zu einem komplexen Sachverhalt	
Sekundäres Ziel	Konsens: Minimierung der Meinungsunterschiede	Dissens: Maximierung der Bandbreite der Expertenmeinungen
Anwendungsbereiche	Entwicklung prediktiver Szenarien (Forecasting) oder konsensorientierte Urteilsbildung (Judgement)	Ideengeneration; Entwicklung explorativer Szenarien

Im Rahmen der **Delphi-Methode** wird das einfache Schätzverfahren durch eine systematisierte Expertenbefragung ersetzt. Die Delphi-Methode (deren Name sich auf das Orakel in Delphi bezieht) wurde in den 1950er-Jahren von einem amerikanischen Beratungsunternehmen entwickelt, um amerikanische Streitkräfte bei Planungsaktivitäten zu unterstützen. Komplexe Sachverhalte sollten durch gelenktes Kommunikationsverhalten in einer Gruppe konsensual gelöst werden. Dazu ist die Bedarfsplanung zunächst in präzise Einzelfragen aufzugliedern. Diese Fragen werden den Experten dann zur anonymen und schriftlichen Beantwortung und Begründung vorgelegt. Es erfolgt eine zentrale Sammlung und Auswertung. Dadurch bleiben die Befragten untereinander unerkannt, sodass weder der Status von Einzelpersonen noch die Angst vor einer vom Mainstream abweichenden Meinungsäußerung die Ergebnisse verzerren. Sollten die eingeholten Meinungen uneinheitlich sein, so erhält jeder Experte die anonymen Antworten der anderen, um erneut schriftlich Stellung zu nehmen. Dabei wird er gebeten, seine Einschätzung unter Berücksichtigung der anderen Standpunkte zu überdenken und eventuell zu revidieren. Diese systematischen Konsultationen werden solange durchgeführt, bis sich ein stabiles Meinungsspektrum gebildet hat (vgl. Hammer, 1998, S. 83). Die Anzahl der Wiederholungen kann im Vorfeld festgelegt werden oder so lange durchgeführt werden, bis die Wiederholungen keine signifikanten Änderungen mehr hervorbringen.

Die Delphi-Methode kann in unterschiedlichen Varianten durchgeführt werden (vgl. Tab. 5.5). So steht im klassischen Delphi die Minimierung der Meinungsunterschiede im Mittelpunkt, während beim Policy Delphi (häufig auch: Argument Delphi oder Disaggregative Delphi) die Maximierung der Bandbreite der Expertenmeinungen im Vordergrund steht.

Die **Szenario-Technik** versucht ebenfalls durch strukturierte Kommunikations- und Entscheidungsverfahren Zukunftsbilder bei hoher Komplexität und Unsicherheit zu entwerfen (vgl. Abb. 5.8). Die Zukunftsbilder oder Szenarien sollen am Ende in sich konsistente und wahrscheinliche Beschreibungen der Zukunft enthalten.

Die Erstellung eines Szenarios zur Personalbedarfsplanung beginnt mit der Identifikation der Einflussgrößen. Diese werden mit ihrer Wichtigkeit und Wahrscheinlichkeit priorisiert. Im Anschluss werden konsistente und plausible Konstellationen von

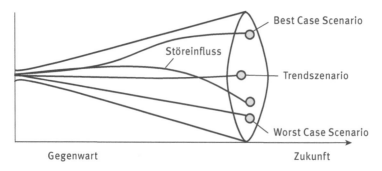

Abb. 5.8: Szenario-Technik.

Zukunftsalternativen auf Basis der Einflussfaktoren und möglichen Störfaktoren gebildet. Die Darstellung der Zukunftsbilder wird meist eingeengt,

- auf ein Trend-Szenario, das auf der Fortschreibung der aktuellen Entwicklung ohne größere Strukturbrüche und Überraschungen beruht,
- auf ein Best-Case- und ein Worst-Case-Szenario, das von einer extrem positiven
  bzw. negativen Entwicklung aller Einflussfaktoren bzw. Störfaktoren ausgeht.

Dahinter steckt die Vermutung, dass die künftige Entwicklung mit hoher Wahrscheinlichkeit innerhalb dieser Bandbreite liegt. Da die Spanne möglicher Entwicklungen im
Zeitablauf zunimmt, entsteht ein trichterförmiges Modell (vgl. Jenner, 2006, S. 653 f.).

5.2.3 Arbeitswissenschaftliche Verfahren

Die Gruppe der arbeitswissenschaftlichen Verfahren (vgl. Kap. 9.4.1) findet ihr Anwen-
dungsfeld in den direkt produzierenden Bereichen der Industrie und zielt auf den
operativen Personaleinsatz ab. So wird über das **REFA-Verfahren** der Arbeitsablauf
in einzelne Arbeitsvorgänge zerlegt. Für jeden Arbeitsvorgang wird die notwendige
Zeit gemessen, um so unter zusätzlicher Berücksichtigung von Rüst-, Erholungs- und
Störzeiten die für einen Produktionsvorgang notwendige Gesamtarbeitszeit zu ermitteln. In sehr ähnlicher Weise werden im Rahmen der „Methods of Time Measurement"
(**MTM**) für körperliche Arbeiten sog. Bewegungsstudien durchgeführt. Diese Studien
zerlegen die im Rahmen einer Arbeit zu verrichtenden Bewegungen in kleinste Grund-
bewegungen (bspw. Blick- oder Greiffunktionen). Hierfür werden Zeitwerte ermittelt
und zu einer Gesamtarbeitszeit aufaddiert (vgl. Waldschütz, 1994, S. 50). Kennt man
auf dieser Basis das zur Verrichtung eines bestimmten Produktionsprozesses notwendige Arbeitsvolumen, kann durch das Heranziehen der geplanten Produktionsmenge
und der Arbeitszeit je Mitarbeiter der Personalbedarf ermittelt werden. Mit diesen Verfahren lassen sich Personalbedarfe der operativen Leistungsprozesse bestimmen.

5.2.4 Qualifikationsabgleich

Die Personalbedarfsprognose ergibt sich aus einem Abgleich der benötigten Kompetenzen und den tatsächlich verfügbaren Kompetenzen der Mitarbeiter. Die Soll-Qualifikation ergibt sich meist aus der Stellenbeschreibung oder den Einschätzungen der Vorgesetzten. Die von den Mitarbeitern angebotene Ist-Qualifikation ermittelt sich auf Basis einer Selbst- oder Fremdeinschätzung. In der Praxis werden häufig die aus dem Lebenslauf zu ermittelnden Angaben aus dem Personalinformationssystem (bspw. SAP-Kenntnisse) genutzt, um einen Überblick über den biografisch-zertifikatsbasierten Kompetenzstand zu gewinnen (bspw. Schul-, Ausbildungs-, Hochschul- oder weiterführende Abschlüsse). Im Anschluss daran werden die Mitarbeiter gebeten, eigene Kompetenzen aus einer vorgegebenen Auswahl zu ergänzen bzw. einzuschätzen (bspw. Fremdsprachen, IT-Kenntnisse, spezielle Fachkenntnisse). Diese Datenbasis kann um die Ergebnisse aus den Leistungsbeurteilungen, Zielvereinbarungen oder anderen Dokumenten (vgl. hierzu die Ausführungen zur Personalentwicklungsplanung Kap. 10.2) ergänzt werden.

Ergeben sich hier Lücken oder Überkapazitäten, werden die Informationen bspw. an die Teilplanungen der Personalentwicklung (zur Schließung der Qualifikationslücke durch Schulungen oder Unterweisungen) bzw. der Personaleinsatzplanung (bspw. um den Mitarbeiter qualifikationsgerecht zu versetzen oder die Arbeitsaufgabe anzupassen) weitergegeben.

5.2.5 Organisatorische Verfahren

Die **Leitungsspannenmethode** geht von der Annahme aus, dass es eine bestimmte Zahl von Mitarbeitern gibt, die eine Führungskraft optimal leiten und kontrollieren kann. In Abhängigkeit der Aufgabenart, der Führungsphilosophie und der Mitarbeiterqualifikation wird eine Leitungsspanne von drei bis zehn Mitarbeitern traditionell als angemessen angesehen. Der Personalbedarf ergibt sich so aus der Umlegung der Führungsspanne auf die Mitarbeiter (vgl. für die organisatorischen Methoden Holtbrügge, 2013, S. 100 ff.).

Die Methode des **Analogieschlusses** vergleicht zur Bestimmung des Personalbedarfs den Personalbestand eines vergleichbaren Unternehmens. Die Methode hat gleich mehrere Schwächen. So besteht die Gefahr des „Vergleichs des Schlendrians mit dem Schlendrian" und das Problem, eine vergleichbare Organisationseinheit zu finden.

Eine aufwendige Methode stellt die **Rosenkranz-Formel** dar (vgl. Abb. 5.9). Die Formel wurde insb. zur Bestimmung des Personalbedarfs für administrative Tätigkeiten entwickelt.

Der linke Term ermittelt den Personalbedarf jeweils aufgabenbezogen und korrigiert ihn im rechten Term um die nicht aufgabenbezogenen Tätigkeiten. Die aufgeführten Korrekturwerte schlägt Rosenkranz als Standardgrößen vor.

$$Personalbedarf = \frac{\sum_{i=1}^{n} m_i * ti}{T} * fNV + \frac{t_v}{T} * \frac{f_{NV}}{f_{TV}}$$

m_i	durchschnittlicher Anfall der Aufgabe der Kategorie i pro Monat
t_i	Zeitbedarf für die Aufgabe der Kategorie i
T	tariflich bzw. arbeitsvertraglich festgelegte (Brutto-)Arbeitszeit pro Monat
t_v	Zeit für die Erledigung von anderen Aufgaben („Sonstiges")
f_{NV}	notwendiger Verteilzeitfaktor als Produkt aus

vergessenen Arbeiten und Neben-Arbeiten → $f_{NAZ} = 1,3$

Ermüdung und Erholung → $f_{EZ} = 1,12$

Ausfallstunden → $f_{AQ} = 1,1$

f_{NV}	$f_{NAZ} * f_{EZ} * f_{AQ}$
f_{TV}	tatsächlicher Verteilzeitfaktor (Quotient aus Ist- und Sollzeit der Summe der Arbeitsaufgaben)

Abb. 5.9: Rosenkranz-Formel (vgl. Holtbrügge, 2013, S. 101).

Ein Beispiel soll die Rosenkranz-Formel illustrieren.

In einer Abteilung fallen fünf Tätigkeiten mit unterschiedlicher Häufigkeit an. Es wurden folgende Bearbeitungszeiten ermittelt:

- Tätigkeit 1: 4.650 Vorgänge/Monat, Bearbeitungszeit: 10 Minuten
- Tätigkeit 2: 2.000 Vorgänge/Monat, Bearbeitungszeit: 15 Minuten
- Tätigkeit 3: 1.800 Vorgänge/Monat, Bearbeitungszeit: 30 Minuten
- Tätigkeit 4: 400 Vorgänge/Monat, Bearbeitungszeit: 3 Stunden
- Tätigkeit 5: 50 Vorgänge/Monat, Bearbeitungszeit: 5 Stunden

Darüber hinaus fallen verschiedene Aufgaben im Umfang von monatlich 200 Stunden an. Die durchschnittliche Arbeitszeit je Mitarbeiter beträgt 170 Stunden pro Monat. Aktuell sind 37 Mitarbeiter in der Abteilung beschäftigt.

Der Personalbedarf ergibt sich aus Abb. 5.10. Gemäß der Formel ist die Abteilung mit einem Mitarbeiter zu viel besetzt (vgl. Holtbrügge, 2013, S. 100 ff.).

Ausgangspunkt der **Stellen(plan)-methode** (vgl. Tab. 5.6) ist der Vergleich zwischen Planstellen und dem aktuellen Bestand der besetzten Stellen. Eine Differenz

$$Personalbedarf = \frac{\sum_{i=1}^{n} m_i * ti}{T} * fNV + \frac{t_v}{T} * \frac{f_{NV}}{f_{TV}}$$

$$linker\ Term = \frac{4.650 * 0,167 + 2.000 * 0,25 + 1.800 * 0,5 + 400 * 3 + 50 * 3}{170} * (1,3 * 1,12 * 1,1) = 34,152$$

$$rechter\ Term = \frac{200}{170} * \frac{(1,3 * 1,12 * 1,1)}{37 * \frac{170}{3625}} = 1,086$$

$$Personalbedarf = 34,152 + 1,086 = \mathbf{35,24} = \mathbf{36\ Mitarbeiter}$$

Abb. 5.10: Beispiel für die Anwendung der Rosenkranz-Formel.

Tab. 5.6: Stellen(plan)-Methode.

Kostenstelle	Stelle	Entgeltgruppe	Inhaber oder Vakanz
Montage	Maschinenbediener	E4	Wetzelsberger
	Maschinenbediener	E4	Erles
	Maschinenbediener	E4	VAKANZ
	Einrichter	E5	Maciejewski
	Einrichter	E5	Deller
	Meister	E11	Last
Lager	Lagerhelfer	E2	Dorando
	Lagerhelfer	E2	VAKANZ
	Lagerhelfer	E2	Hofmann
	Disponent	E5	Kief
	Lagerleiter	E6	Dorda
Einkauf	Einkaufssachbearbeiter	E8	Mettcher
	Einkaufssachbearbeiter	E8	Herrman
	Einkaufssachbearbeiter	E8	Oden
	Technischer Einkäufer	E10	Schmidt
	Einkaufsleiter	E14	VAKANZ

zwischen der Anzahl von Planstellen und den tatsächlich besetzten Stellen definiert den Personalbedarf. Die Aggregation der Stellen kann auf der Ebene der Hierarchie, der Entgeltgruppen, der Kostenstellen, der Stellenbeschreibung oder aus Mischformen der genannten Anknüpfungspunkte entstehen.

5.3 Rechtlicher Regelungsrahmen der Personalplanung

Die Personalplanung nimmt eine Sonderstellung im Rahmen der Unternehmensplanung ein, da sie als einzige unternehmerische Teilplanung von Mitbestimmungsregelungen tangiert wird.

Überblick und formale Betrachtung

Die zentrale Vorschrift für die Mitbestimmungsmöglichkeiten des Betriebsrats bei der Personalplanung ist § 92 BetrVG:

§ 92 BetrVG
(1) Der Arbeitgeber hat den Betriebsrat über die Personalplanung, insb. über den gegenwärtigen und künftigen Personalbedarf sowie über die sich daraus ergebenden personellen Maßnahmen […] anhand von Unterlagen rechtzeitig und umfassend zu **unterrichten**. Er hat mit dem Betriebsrat über Art und Umfang der erforderlichen Maßnahmen und über die Vermeidung von Härten zu **beraten**.
(2) Der Betriebsrat kann dem Arbeitgeber **Vorschläge** für die Einführung einer Personalplanung und ihrer Durchführung machen.

Der Gesetzgeber hat mit der Novelle des Betriebsverfassungsgesetzes in unmittelbarer Nähe zur Kernvorschrift des § 92 BetrVG weitere Ausführungen zur Beschäftigungssicherung in § 92 a BetrVG eingefügt. Damit soll die inhaltliche Zusammengehörigkeit der Personalplanung und Beschäftigungssicherung hervorgehoben werden.

---

§ 92 a BetrVG

(1) Der Betriebsrat kann dem Arbeitgeber **Vorschläge** zur Sicherung und Förderung der Beschäftigung machen. Diese können insb. eine flexible Gestaltung der Arbeitszeit, die Förderung von Teilzeitarbeit [...], neue Formen der Arbeitsorganisation, Änderungen der [...] Arbeitsabläufe, die Qualifizierung [...], Alternativen zur Ausgliederung von Arbeit sowie zum Produktions- und Investitionsprogramm zum Gegenstand haben.

(2) Der Arbeitgeber hat die Vorschläge mit dem Betriebsrat zu **beraten**. Hält der Arbeitgeber die Vorschläge des Betriebsrats für ungeeignet, hat er dies zu begründen; in Betrieben mit mehr als 100 Arbeitnehmern erfolgt die Begründung schriftlich.

Ausgestaltung und Interpretation

Betrachtet man den Gesetzestext in § 92 BetrVG, so ist erkennbar, dass der Arbeitgeber den Betriebsrat

– anhand von Unterlagen
– rechtzeitig und
– umfassend zu unterrichten hat.

Eine weitere inhaltliche Konkretisierung wurde vom Gesetzgeber nicht vorgenommen, sodass die Rechtsprechung eigene Grundsätze entwickelt hat (vgl. im Folgenden Mag, 2003).

Eine Unterrichtung **anhand von Unterlagen** kann nur erfolgen, soweit solche überhaupt vorhanden sind. Gibt es keine Unterlagen, muss der Arbeitgeber für den Zweck der Unterrichtung des Betriebsrats nicht eigens dafür erstellen. Da in der Praxis Aufzeichnungen vorhanden sein dürften (bspw. Stellenbeschreibungen, Excel-Listen, Organigramme, Besetzungspläne, Kostenplanungen für Entwicklungsmaßnahmen, Personalkosten, ...), muss dem Betriebsrat Einblick in die Unterlagen gewährt werden, auf die er sich bei der Personalplanung stützt.

Die meisten Streitigkeiten im Zusammenhang mit der Personalplanung (darunter ist nicht nur die jährliche Personalplanung zu verstehen, sondern bspw. auch unterjährige ad hoc-Planungen, die den Charakter der Personalplanung erfüllen) ergeben sich eher durch die Interpretation der Frage nach der Rechtzeitigkeit der Unterrichtung.

Als **rechtzeitig** ist eine Unterrichtung durch den Arbeitgeber dann anzusehen, wenn für den Betriebsrat noch tatsächliche Mitwirkungsmöglichkeiten (bspw. um Alternativvorschläge auszuarbeiten und vorzuschlagen) bestehen. Das Bundesarbeitsgericht konkretisiert den Zeitpunkt des Einbezugs des Betriebsrats in die Personalplanung so: „sobald die Überlegungen des Arbeitgebers das Stadium der Planung erreicht haben". Bloße Gedankenspiele, Erkundungen oder eine rechtliche Prüfung des Handlungsspielraums (bspw. für Rationalisierungsmaßnahmen) reichen noch nicht aus. Demnach wäre die Unterrichtung rechtzeitig, wenn sie in der Phase erfolgt, in der der Arbeitgeber verschiedene Alternativen zur Erreichung des gesteckten Ziels prüft. Nicht mehr rechtzeitig wäre es, wenn der Arbeitgeber seine Ideen schon zu einem bestimmten Ergebnis verdichtet hat.

Die **umfassende Unterrichtung** des § 92 BetrVG betont, dass der Arbeitgeber dem Betriebsrat alle Tatsachen bekanntgeben muss, auf die er die jeweilige Personalplanung stützt. Dazu können auch Informationen zu anderen Teilplanungen zählen, wenn es für das Verständnis von potenziellen Maßnahmen notwendig ist. Als Anhaltspunkt dient die Frage, ob der Arbeitgeber seine Personalplanung auf diese anderen Teilplanungen stützt. Sobald dies bejaht wird, hat der Betriebsrat einen Anspruch auf die verwendeten Informationen.

5.4 Personalplanung in der öffentlichen Verwaltung

Zur Zielsetzung der Personalplanung in der öffentlichen Verwaltung gehört es, das zur Erfüllung der Aufgaben erforderliche Personal in ausreichender Quantität und Qualität zum richtigen Zeitpunkt am richtigen Ort bereitzustellen. Auch wenn dies sinnvoll erscheint, ist das Instrument der Personalplanung im Vergleich zur freien Wirtschaft noch deutlich weniger verbreitet.

Hintergrund

Als **Begründung** für die spärliche Verbreitung werden regelmäßig (und schon seit Jahrzehnten) verschiedene Überlegungen vorgebracht (vgl. Novak, 1994):
- Defizite der Organisations- und Aufgabenplanung;
- Widerstand gegen personalplanerische Maßnahmen, wie bspw. Versetzungen;
- Erschwernis durch rechtliche Vorgaben wie Haushaltsrecht, Status- und Laufbahnrecht;
- Problematik der Personalbedarfsprognose in bestimmten Bereichen des öffentlichen Dienstes (Ministerialverwaltung, Forschungseinrichtungen).

Grundsätzlich steht das öffentliche Personalwesen unter dem Zwang der Wirtschaftlichkeit, was eine optimale Personalplanung erfordert: Es dürfen nicht mehr Beschäftigte eingestellt werden, als zur Erledigung der öffentlichen Aufgaben unbedingt nötig sind. Zudem ist die Qualifikationsstruktur so zu optimieren, dass einfache Aufgaben nicht von höher bezahlten Kräften ausgeführt werden (Novak, 1994, S. 176 ff.). Darüber hinaus ist die Personalplanung des öffentlichen Dienstes an Vorgaben des Haushaltsrechts gebunden. Der jährliche Stellenplan bildet als Teil des Haushaltsgesetzes die rechtliche Grundlage für die Quantität und Qualität der verfügbaren Stellen. Neben den Planstellen für Beamte, Richter und Soldaten enthält er auch die Mittelansätze der Stellen für Arbeitnehmer nach Zahl und Wertigkeit. Die Verwaltung ist zwar nicht verpflichtet, den festgelegten finanziellen Rahmen voll auszuschöpfen, überschreiten darf sie ihn aber nicht (vgl. Scheerbarth et al., 1992, S. 224). Diese Organisations- und Stellenpläne lassen insgesamt nur wenig Gestaltungsfreiraum für die Personalarbeit in der öffentlichen Verwaltung zu.

Instrumente

In der öffentlichen Verwaltung ist die Ermittlung des Personalbedarfs über die Stellenplan- und Arbeitsplatzmethode verbreitet. Dabei wird der Personalbedarf durch Fortschreibung von Stellenplänen und Arbeitsplatzbeschreibungen abgeleitet. Diese Methode setzt ein regelmäßiges Erstellen, Überprüfen und Fortentwickeln von Stellenbeschreibungen voraus. Bereits bewilligte Stellen und Haushaltsmittel werden häufig als Erfahrungswerte ungeprüft übernommen und als Basis für den zukünftigen Bedarf fortgeschrieben.

In manchen Bereichen des öffentlichen Dienstes dominiert dagegen die Festlegung politisch-programmierter Schlüsselzahlen. Im Schulwesen wird etwa die Zahl der Lehrer nach bestimmten Eingangsgrößen wie Pflichtstundenzahl der Lehrer und Klassengröße berechnet. Für die Polizei ergibt sich ganz ähnlich die „Polizeidichte" als Zahl von Polizeibeamten, bezogen auf eine bestimmte Zahl von Bürgern (vgl. Novak, 1994, S. 181).

Mitbestimmungsrechte des Personalrats

Der Personalrat hat nach § 78 Abs. 3 BPersVG ein Mitwirkungsrecht bei der Personalplanung. Er ist vor der Weiterleitung von Personalanforderungen zum Haushaltsvoranschlag zu hören. Gibt der Personalrat eine Stellungnahme zu den Personalanforderungen ab, so ist diese der übergeordneten Dienststelle vorzulegen. Die Personalvertretung ist sowohl bei der Prüfung der Anzahl der benötigten Beschäftigten und Umschulungsmöglichkeiten, als auch bei einem geplanten Abbau des Personalbestands zu beteiligen. Ferner fallen die Festsetzung des Verhältnisses von Beamten- zu Angestelltenstellen, die Aufstellung von Richtwerten für den Aufstieg, die Pläne für einen planmäßigen Arbeitsplatzwechsel und die Aufstellung von Anforderungs- und Befähigungsprofilen unter diese Regelung (vgl. Ilbertz/Widmaier, 2008, S. 1070 f.).

6 Personalbeschaffung und -auswahl

Die Personalbeschaffung und -auswahl hat die Aufgabe, das Unternehmen bedarfsgerecht und kostengünstig mit Arbeitskräften zu versorgen. Dabei richtet sich der Blick nicht nur auf den derzeitigen Personalbedarf, sondern auch auf zukünftige, unternehmensstrategische Entwicklungen. Daher müssen die Instrumente der Personalbeschaffung und -auswahl unter Berücksichtigung wettbewerbsbedingter Erfordernisse, unternehmensindividuellen Strategiepositionen und der Arbeitsmarktsituation differenziert ausgestaltet sein.

Im Folgenden werden die Vielzahl der Beschaffungs- und Auswahlinstrumente mit ihren jeweiligen Vor- und Nachteilen dargestellt, sodass die Möglichkeiten und Grenzen ihrer Anwendung sichtbar werden. Die Darstellung folgt dabei gedanklich einem Handlungsprozess, beginnend mit den Überlegungen zur Gestaltung einer Arbeitgebermarke (Kap. 6.1), über die einzelnen Beschaffungsinstrumente und -wege (Kap. 6.2), hin zur Personalauswahl und -entscheidung (Kap. 6.3 und Kap. 6.4). Im Anschluss daran werden die rechtlichen Aspekte (Kap. 6.5) vorgestellt.

6.1 Employer Branding

Die Überlegungen zur Gestaltung einer sog. Employer Brand bilden regelmäßig den Ausgangspunkt der Personalbeschaffung.

Employer Branding (häufig auch: Arbeitgebermarke) ist die Summe der internen und externen Maßnahmen, die den bestehenden und potenziellen Mitarbeitern bestätigen bzw. signalisieren sollen, dass es sich bei dem Unternehmen um einen begehrenswerten Arbeitgeber handelt.

Damit wird die Bedeutung des Employer Branding nach innen und außen deutlich (vgl. Abb. 6.1). Nach innen soll eine positiv besetzte Arbeitgebermarke Bindungskraft entfalten, nach außen soll es für den externen Bewerbermarkt interessant und attraktiv erscheinen, bei diesem Arbeitgeber zu arbeiten.

Abb. 6.1: Wirkung von Employer-Branding-Maßnahmen.

https://doi.org/10.1515/9783110541526-006

Vakanzorientierung:

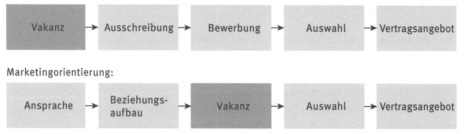

Marketingorientierung:

Abb. 6.2: Verkürzung der Besetzungsdauer (vgl. Trost, 2013, S. 19).

Die Arbeitgebermarke hat dabei zum Ziel, das Arbeitgeberimage zu prägen. Das Arbeitgeberimage (also die Wahrnehmung auf dem Arbeitsmarkt) und das Unternehmensimage (die Wahrnehmung des Unternehmens in der Gesellschaft) können, müssen sich aber nicht überlappen. So kann ein positives Unternehmensimage auf das Arbeitgeberimage abstrahlen, es ist allerdings auch denkbar, dass eine Organisation ein schlechtes Image hat, als Arbeitgeber aber sehr begehrt ist (bspw. werden Behörden und Verwaltungen in der Gesellschaft kritisch gesehen, doch geben viele Berufseinsteiger an, gerne im öffentlichen Dienst arbeiten zu wollen (vgl. Grohnert, 2014).

Durch Employer-Branding-Aktivitäten soll die traditionelle vakanzorientierte Prozesskette durch eine zeitlich vorgelagerte, marketingorientierte Herangehensweise abgelöst werden. Während die vakanzorientierte Prozesskette durch eine offene, genehmigte und zu besetzende Stelle Rekrutierungsaktivitäten auslöst, wird in der marketingorientierten Perspektive die Ansprache und Suchbemühung der eigentlichen Vakanz vorgezogen, um im Bedarfsfall eine frei werdende Position schneller besetzen zu können (vgl. Abb. 6.2).

Die einzelnen Schritte zur Schaffung einer Arbeitgebermarke folgen einem Zyklus (vgl. Abb. 6.3). Ausgangspunkt ist hierbei die Definition der anzusprechenden Ziel-

Abb. 6.3: Employer-Branding-Zyklus (vgl. Trost, 2013, S. 18).

gruppe(n). Aufbauend auf der Zielgruppenanalyse wird ein Markenkern definiert, deren Verbreitungsweg festgelegt und schließlich evaluiert.

Zielgruppendefinition

Als Zielgruppe werden die Personen auf dem Arbeitsmarkt verstanden, für die der Arbeitgeber ein „Wunscharbeitgeber" sein möchte. Dabei gilt, je breiter die Zielgruppe gefasst ist (im Extremfall „alle"), desto weniger lassen sich Aktivitäten zur Steigerung des Unternehmens- oder Arbeitgeberimages trennen bzw. je enger die Zielgruppen definiert werden, desto gezielter können Employer-Branding-Aktivitäten zur Steigerung des Arbeitgeberimage eingesetzt werden. Die enge Definition von Zielgruppen orientiert sich daher zweckmäßig vor allem an Schlüssel- oder Engpassfunktionen einer Organisation (vgl. zur Identifikation von Schlüssel- oder Engpassfunktionen Kap. 11.6.1) (vgl. Trost, 2013).

Definition der Employer-Branding-Strategie

Der Analysephase schließt sich die Strategiefindung an und beantwortet die Frage, mit welchen Arbeitgebereigenschaften die Organisation am Markt auftreten und für sich werben soll (Employee Value Proposition). Das Marketing fordert zur Identifikation des Markenkerns eine authentische, relevante und differenzierende Marktpositionierung. Eine idealisierte Konstellation zeigt Abb. 6.4.

Die Abb. 6.4 zeigt fünf potenzielle Arbeitgebereigenschaften A bis E. Dies können bspw. gute Karrieremöglichkeiten, Internationalität, Innovationsfreude, die Möglichkeit zur Vereinbarkeit von Familie und Beruf oder das überdurchschnittliche Vergütungspaket sein. In diesem Szenario fällt Eigenschaft D heraus, da diese Eigenschaft aus der Perspektive der Zielgruppe als nicht relevant gilt, die Eigenschaften B und C können nicht zur Differenzierung genutzt werden, da der Wettbewerber diese Arbeit-

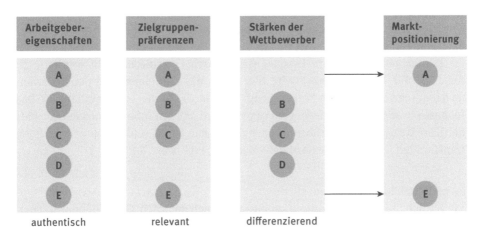

Abb. 6.4: Von den Arbeitgebereigenschaften zur Arbeitgeberpositionierung (vgl. Trost, 2013, S. 41).

Tab. 6.1: Taxonomie möglicher Arbeitgebereigenschaften (vgl. Trost, 2013, S. 20).

Angebote	Aufgaben	Unternehmen	Kollegen	Werte	Sinn
– Vergütung	– Projekte	– Produkte	– Persönlich-	– Unterneh-	– Umwelt/
– Zusatz-	– Inter-	und Dienst-	keit der	menskultur	Klima
leistung	nationaler	leistung	Mitarbeiter	– Führungs-	– Soziale Ver-
– Karriere-	Einsatz	– Erfolg	– Qualifi-	qualität	antwortung
möglichkeit	– Innovation	– Standort	kationen	– Vertrauen	– Gesundheit
– Work-Life-	– Einfluss-	– Arbeitsplatz-	– Zusammen-	– Flexibilität	– Lebens-
Balance	möglichkeit	sicherheit	arbeit	der Arbeit	qualität
		– Kunden	– Diversity		
		– Tradition			

gebereigenschaft für sich schon besetzt hat. Nur die Eigenschaften A und E erfüllen die drei Anforderungen (vgl. Trost, 2013).

Während große Unternehmen viele Möglichkeiten haben, sich differenziert auf dem Arbeitsmarkt zu positionieren, fällt es kleineren Unternehmen schwer, einen Markenkern zu entdecken. Dabei wird häufig übersehen, dass neben den „Klassikern" (Vergütung, Karriere, Work-Life-Balance) eine Vielzahl von Möglichkeiten zur Differenzierung existieren. Eine Taxonomie möglicher Arbeitgebereigenschaften zeigt Tab. 6.1.

Kommunikation der Arbeitgebermarke

Die vom Unternehmen nach dieser Idee ausgewählten Eigenschaften gilt es dann mit konkreten Beweisen und Geschichten in zielgruppenspezifische Botschaften umzuwandeln. Bei der Gestaltung (Layout, Schriftart, Farbwahl, Motive, …) kann den Erkenntnissen des Marketings gefolgt werden. Dabei wird meist dem sog. AIDA-Konzept gefolgt, wonach die Anzeige zunächst Aufmerksamkeit (Attention) wecken soll, die dann ein Interesse (Interest) auslöst. Nachdem eine positive Wahrnehmung generiert wurde, soll der Wunsch nach Auflösung befriedigt (Desire) und in Handlung (Action) übersetzt werden.

Das Vorgehen kann am Beispiel einer Anzeige veranschaulicht werden (vgl. Abb. 6.5). Die Aufmerksamkeit wird hier durch das Zusammenspiel der Badewanne mit der ungewöhnlichen Frage erzeugt („Could you fit this on an airplane?"). Das Interesse (was will die Anzeige wohl sagen?) wird auf den Informationstext gelenkt, der dem Wunsch nach Auflösung nachgibt (Desire) und schließlich in Handlung transformiert („Besuche die Karrierehomepage") (vgl. Trost, 2013).

Auswahl der Kommunikationskanäle

Die verfügbaren Kommunikationskanäle lassen sich nach dem Grad der persönlichen Kommunikation und Reichweite ordnen (vgl. Abb. 6.6). Die persönliche Kommunikation (1:1) gestaltet sich aufwendiger als die Massenkommunikation (1:N), ist aber in der

Abb. 6.5: AIDA-Prinzip im Kontext des Employer Brandings (vgl. Trost, 2013, S. 56).

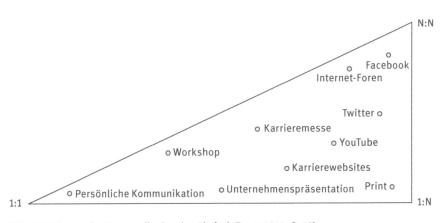

Abb. 6.6: Einsatz der Kommunikationskanäle (vgl. Trost, 2013, S. 58).

Ansprache der Zielgruppe wirksamer. Das legt den Schluss nahe, persönliche Kommunikation insb. für eng definierte Zielgruppen anzuwenden.

Nachdem Personalabteilungen den sozialen Medien noch Ende der 2000er-Jahre wenig Aufmerksamkeit schenkten, änderte sich dies Anfang der 2010er-Jah-

Tab. 6.2: Veränderung in der Arbeitgeberkommunikation (vgl. Böcker, 2013, S. 161).

	Reklamestil	Netzwerkstil
Allgemein	– Abstrakt und austauschbare Behauptungsebene – Anonymität	– Konkret und rückführbare Geschichten und Fakten
Text	– Adjektivitits („hervorragend", „einzigartig", …) – Penetration von Werbebotschaften – Gestanzte Texte	– Sparsamer Umgang mit Adjektiven – Storytelling – Wurde so gesagt bzw. hätte so gesagt werden können
Bilder	– Models – Beliebige Bildersprache (Anzugträger vor Flipcharts, Teamsportmotive, …)	– Mitarbeiter – Individuelle Motive

re. Gleichzeitig wandelten sich Stil, Art und Tonlage der Kommunikation. Soziale Netzwerke honorieren kreative, (vermeintlich) authentische Botschaften mit Aufmerksamkeit. Ein Vergleich zwischen dem traditionellen Reklamestil der Unternehmenskommunikation und dem vorherrschenden Stil in sozialen Netzwerken zeigt Tab. 6.2.

Allerdings ist die anfängliche Euphorie mittlerweile etwas zurückgegangen und der Blick auf Möglichkeiten und Grenzen sozialer Rekrutierung mittlerweile realistischer geworden. Employer Branding bedeutet, sich als Arbeitgeber zu positionieren und seine Arbeitgebereigenschaften zu präsentieren. Dies kann aber nur auf Kanälen stattfinden, deren Inhalte durch ein Unternehmen gezielt gesteuert werden kann. Viele Plattformen (bspw. XING, Twitter oder Kununu) bieten zwar die Möglichkeit, sich zu präsentieren und Inhalte zu transportieren, eine überzeugende und erlebbare Kommunikation der Arbeitgebereigenschaften findet dort jedoch kaum statt (vgl. Trost, 2013).

Evaluation

Employer-Branding-Aktivitäten entziehen sich meist einer statistisch zuverlässigen Evaluation. Hierfür wären experimentelle Untersuchungsdesigns notwendig, die kaum praktikabel erscheinen. Daher ist man auf Indikatoren angewiesen, die einen (interpretativen) Rückschluss auf die Entwicklung der Arbeitgebermarke zulassen. Typische Kennzahlen sind hierfür (vgl. Trost, 2013)

– Erfassung der Bewerberzahlen (insb. für Schlüssel- und Engpassfunktionen),
– Zeitraum zwischen Vakanz und Besetzung,
– die Positionierung in Studien zur Beliebtheit von Arbeitgebern,
– Aufrufe der Homepage oder
– Arbeitgeberpreise (lassen sich gleichzeitig zur Kommunikation der Arbeitgebereigenschaften nutzen).

Kritische Würdigung

Auch wenn das Konzept überzeugt und sich kaum ein Unternehmen finden lässt, das behaupten würde, eine Employer-Branding-Strategie sei unwichtig, so lassen sich schnell die Grenzen der aktiven Gestaltung einer Arbeitgebermarke erkennen. Nicht jedes Unternehmen wird ein Alleinstellungsmerkmal finden, um sich und das individuelle Arbeitgeberversprechen auf dem Arbeitsmarkt zu positionieren.

Diese Ahnung wurde durch eine empirische Studie untersucht. Die Autoren bewerteten 929 Arbeitgeberversprechen von 142 Unternehmen (oder durchschnittlich 6,5 Versprechen je Arbeitgeber). Die Autoren konnten die getätigten Versprechen in 18 Hauptkategorien einordnen (vgl. Brast/Hendriks, 2013; Abb. 6.7).

Hauptkategorien

– Arbeiten im Team	– Karrieremöglichkeiten
– Atmosphäre	– Mitarbeiterförderung
– Aufgabengestaltung	– Mitarbeiterqualifizierung
– Balance Arbeit und Freizeit	– Mitarbeiterweiterbildung
– Benefits/Anreize	– Persönlichkeitsberücksichtigung
– betriebliche Unterstützungsangebote	– positives Betriebsklima
– Erfolg	– Wertschätzung
– monetäre Anreize	– selbstständiges Arbeiten
– Internationalität	– Zukunftsmöglichkeiten

Abb. 6.7: Hauptkategorien von Arbeitgeberversprechen.

Die meisten Unternehmen ordnen sich in der Auswahl der Arbeitgeberversprechen in ein bestimmtes Cluster ein (vgl. Brast/Hendriks, 2013; Tab. 6.3):
- Cluster 1 – „Pure Career prospects" (45 Unternehmen): Betonung von Aufstiegschancen und interessanten Aufgaben. Kaum Hinweise auf Teamarbeit, Unternehmenskultur, Weiterbildung oder Vereinbarkeit von Familie und Beruf. Balance zwischen Arbeit und Freizeit spielt bei den Versprechungen dieser Arbeitnehmergruppe eine untergeordnete Rolle.
- Cluster 2 – „Independence" (57 Unternehmen): Heterogene Mischung von Versprechen, insb. die selbstständige Aufgabenerfüllung, Work-Life-Balance und

Tab. 6.3: Cluster von Arbeitgeberversprechen (vgl. Brast/Hendriks, 2013, S. 39).

Cluster 1 **Pure Career prospects**	Cluster 2 **Independence**	Cluster 3 **Wellness Workplace**
– Karrieremöglichkeiten – Aufgabengestaltung – Wertschätzung – Zukunftsmöglichkeiten	– Vereinbarkeit von Familie und Beruf – Internationalität – Selbstständigkeit – Erfolgsbetonung – Materielle Anreize	– Atmosphäre unter Mitarbeitern – Arbeit im Team – Betriebsklima – Mitarbeiterförderung

Unterstützungsangebote wie Familienservice, Kinderbetreuungsangebote oder flexible Arbeitszeitmodelle und Sonderurlaub. Daneben werden Weiterbildungsmaßnahmen und internationaler Personaleinsatz versprochen und mit Erfolgsaussichten geworben.

– Cluster 3 – „Wellness Workplace" (40 Unternehmen): Betonung der Arbeit im Team, Atmosphäre unter Mitarbeitern, betriebliche Unterstützung, Mitarbeiterförderung und Mitarbeiterweiterbildung. Monetäre Anreize, attraktive Aufgaben, selbstständiges Arbeiten oder Karrieremöglichkeiten spielen eine geringe Rolle.

In der Gesamtschau gleichen sich die Arbeitgeberversprechen innerhalb der drei Kategorien weitgehend. Zwar lassen sich in Nuancen Unterschiede feststellen, doch sind diese nicht groß genug, um ihre Funktion zur Differenzierung zu erfüllen. Dies führt zu zwei Schlussfolgerungen:

– Rattenrennen: Nimmt man die mangelnde Differenzierungsfähigkeit als Datum hin, so betrachtet man Employer Branding als ein Rattenrennen, das die Unternehmen dazu zwingt, Employer-Branding-Aktivitäten durchzuführen, um wenigstens keine Nachteile bei der Personalbeschaffung zu haben.

– Verschiebung von „Was" zu „Wie": Alternativ könnten die einzelnen Versprechen (bspw. die Vereinbarkeit von Familie und Beruf) von der abstrakten Behauptung („wir sorgen uns um ihre Work-Life-Balance") durch konkrete Beispiele, Einblicke in betriebliche Regelungen, Fall- und Rechenbeispiele unternehmensindividuell „bewiesen" werden.

Im Folgenden werden Beschaffungswege und -instrumente vorgestellt, die im Rahmen der Umsetzung einer Employer-Branding-Strategie genutzt werden können.

6.2 Beschaffungswege und -instrumente

Die vorangegangenen Ausführungen stellten den strategischen Aspekt der Personalbeschaffung in den Mittelpunkt. Auf operativer Ebene muss das Arbeitgeberversprechen dann transportiert werden. Die Überlegungen, die damit auf operativer Ebene verbunden sind, werden im Folgenden dargestellt.

Die Wahl der Beschaffungswege und -instrumente kann sich an der grundsätzlichen Positionierung bezüglich der internen oder externen Personalbeschaffung sowie des gewünschten Aggressivitäts-/Aktivitätsniveaus orientieren.

Interne oder externe Personalbeschaffung
Bei der Personalbeschaffung stehen sich zwei Beschaffungswege gegenüber:

– **Interne Personalbeschaffung**: Besetzung von Stellen durch Mitarbeiter, die bereits im Unternehmen sind (bspw. durch innerbetriebliche Stellenausschreibungen, Positionswechsel im Rahmen der Personalentwicklung – bspw. von einer Traineestelle auf eine Referentenstelle oder von der Position des Facharbeiters auf die Stelle eines Meisters), durch eine Versetzung oder alternativ, wenn nur kurzfristig Kapazitätslücken abgedeckt werden müssen, durch Mehrarbeit oder Urlaubsverschiebungen).

– **Externe Personalbeschaffung**: Besetzung von offenen Stellen durch Mitarbeiter aus dem externen Arbeitsmarkt (bspw. über die Suche auf dem Arbeitsmarkt, durch Vermittlung durch die Arbeitsagentur, Arbeitnehmerüberlassung, Personalberater oder sonstige Rekrutierungsaktivitäten).

Mit beiden Beschaffungswegen sind Vor- und Nachteile verbunden, wobei die Vorteile des einen meist die Nachteile des anderen darstellen. Tab. 6.4 zeigt die jeweiligen Vorteile in den Dimensionen ökonomische, motivatorische und qualifikatorische Wirkung.

Tab. 6.4: Vorteile der internen und externen Personalbeschaffung.

Interne Personalbeschaffung	Externe Personalbeschaffung
Ökonomische Kriterien	
– Langfristige Beobachtungsmöglichkeit → Gefahr der Fehlbesetzung sinkt – Ersparnis von Personalwerbe-, -einstellungs- und Einarbeitungskosten	– Ausbildungskosten fallen bei anderen Unternehmen an – Bewerber bringt Erfahrungen aus anderen Organisationen mit – Breites Bewerberpotenzial kann angesprochen werden – Motivationsverlust bei den vorhandenen Mitarbeitern
Motivationswirkung	
– Steigerung der Motivation – Betriebsverbundenheit steigt – Gezielte Förderungsmöglichkeiten (bspw. Fortbildung oder Stellvertretung)	– Keine Probleme bei der Korrektur von Fehlbesetzungen – Keine Resistenz gegenüber Veränderungen
Qualifikationswirkung	
– Erhalt des betriebsspezifischen Wissens	– Veraltetes Wissen wird aufgefrischt – Keine Betriebsblindheit – Externer bringt Erfahrungen aus anderen Organisationen mit – Breites Bewerberpotenzial kann angesprochen werden

Aktivitäts- und Aggressivitätsniveau der Beschaffungswege und -instrumente
Eine Einordnung der Beschaffungswege und -instrumente kann anhand des Aktivitäts- und Aggressivitätsniveaus erfolgen. Das Aktivitätsniveau gilt als hoch, wenn nicht nur die Personalabteilung in den Rekrutierungsprozess eingebunden ist, sondern weitere Fachabteilungen Ressourcen zur Verfügung stellen müssen. Aggressivität (im Englischen etwas milder: competitive strategies) bezeichnet das Ausmaß an Wettbewerbsorientierung im Rekrutierungsprozess. Eine hohe Aggressivität drückt sich bspw. durch die Abwerbung von Mitarbeitern eines Konkurrenten aus. Die potenziellen Beschaffungswege und -instrumente sind in Abb. 6.8 dargestellt (vgl. Trost, 2012, S. 81).

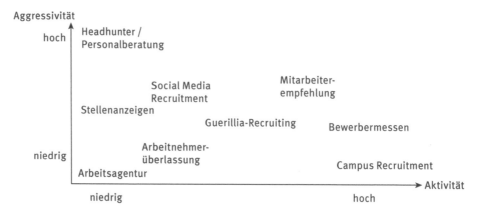

Abb. 6.8: Einordnung der Beschaffungswege (vgl. Trost, 2012, S. 82).

Im Folgenden werden ausgewählte Beschaffungswege erläutert.

6.2.1 Traditionelle Rekrutierungswege

Bei traditionellen Rekrutierungswegen bildet die einzelne Stellenausschreibung den Ausgangspunkt der Suche. Das dort hinterlegte Anforderungsprofil wird dann bspw. in Zeitungen, auf Jobbörsen oder auf der eigenen Homepage veröffentlicht, an die Arbeitsagentur zur Weiterverarbeitung oder an Headhunter/Personalberater zur Suche gegeben.

Stellenanzeige
Bei der Stellenanzeige wendet sich das Unternehmen an den Arbeitsmarkt und wirbt für die zu besetzende Stelle. Die Stellenanzeige wird häufig auf der Unternehmenshomepage, einer lokalen oder überregionalen Tageszeitung und/oder auf Jobporta-

Abb. 6.9: Auswahl von Online-Jobbörsen.

Abb. 6.10: Wege zur Verbreitung von Stellenanzeigen.

len im Internet veröffentlicht. Die Wahl für einen oder mehrere Kanäle hängt dabei von der Zielgruppe ab. So kann es bspw. sinnvoll sein, bei Managerpositionen weiterhin mit einer Anzeige in großen, überregionalen Zeitungen zu suchen, wohingegen bei Ausschreibungen für un- oder angelernte Tätigkeiten häufig die Samstagsausgabe der regionalen Tageszeitung die größte Resonanz erfahren.

Die Veröffentlichung in Online-Jobbörsen hingegen eignet sich mittlerweile für nahezu jede Tätigkeit. Bei der Auswahl eines Online-Jobportals gilt es, ebenso wie bei der Auswahl einer Personalberatung, zwischen großen, allgemeinen Jobportalen und Portalen, die auf Branchen oder Funktionen spezialisiert sind, zu unterscheiden. Eine beispielhafte Übersicht über Online-Jobbörsen gibt Abb. 6.9.

Damit wird klar, dass die in Abb. 6.10 pointierte Dreiteilung in „Alte Schule", „Status quo" und „Zukunft" so nicht haltbar ist, da es vielmehr darauf an-

Tab. 6.5: CUBE-Modell zur Evaluation von HR-Websites (vgl. Scholz, 2014, S. 508 ff.).

	Dimensionen	**Beispiele**
Content	Basisinformationen	Kontaktdaten
	Unternehmensinformationen	Unternehmensportrait
	Bewerbungsverfahren	Prozesse, Zeithorizont
	Service	Erfahrungsberichte
Usability	Funktionalität	Ladezeiten
	Navigation	Intuitiv und strukturiert
	Variabilität	Sprachselektion
	Barrierefreiheit	Schriftgröße änderbar
Branding	Corporate Design	Logo, Slogang
	Personen	Gründer, Mitarbeiter
	Alleinstellungsmerkmale	Testimonials, Auszeichnungen
Emotion	Layout	Corporate Design
	Bildgestaltung	Anzahl der Bilder, Motivwahl
	Spielereien	Videos, Fallstudien

kommt, die Stellenanzeige dort zu veröffentlichen, wo die Zielgruppe diese auch wahrnimmt.

Die Veröffentlichung der Stellenanzeige auf der unternehmenseigenen Homepage hat sich dabei fast durchgängig als Standard herausgebildet. Da gerade externe Bewerber die Internetseiten des Unternehmens als Informationsquelle und zur Eindrucksbildung nutzen, ist es vorteilhaft, die Seite nach dem sog. CUBE-Modell zu evaluieren (vgl. Scholz, 2014, S. 508 ff.). Das Akronym CUBE setzt sich aus den Begriffen Content, Usability, Branding und Emotion zusammen (vgl. Tab. 6.5):

– **Content**: Die Seite soll den Bewerber in die Lage versetzen, die für ihn notwendigen Informationen zu Bewerbung und Eindrucksbildung zu erhalten. Dies erfordert die Bereitstellung von Informationen über den Bewerbungsprozess, das Unternehmen selbst, weitere Stellenangebote, Arbeitsplätze (bspw. Erfahrungsberichte, Organigramme, …), mögliche Einsatzorte und potenzielle Entwicklungsmöglichkeiten.

– **Usability**: Die Benutzerfreundlichkeit kann bspw. durch geringe Ladezeiten, intuitive Benutzerführung, Sprachselektion oder Barrierefreiheit erhöht werden.

– **Branding**: Das Branding der Seite orientiert sich an der Darstellung der Unternehmensmarke und der verfolgten Kommunikation der Employee Value Proposition (vgl. Kap. 6.1).

– **Emotion**: Das Dimension Branding ist eng mit der gewünschten Emotionsvermittlung verbunden. So können Emotionen durch die Bildersprache (Motive, Farbwahl), Layout (bspw. kühle vs. warme Farben) oder Zusatzfeatures (bspw. Videos) geleitet werden.

Bundesagentur für Arbeit

Die Bundesagentur für Arbeit in Nürnberg bzw. die ihr untergeordneten Agenturen für Arbeit auf regional-örtlicher Ebene bieten die Möglichkeit, Arbeitgeber bei der Suche durch Beratung und Vermittlung zu unterstützen. Dabei greifen sie insb. auf die Reichweite ihrer online durchsuchbaren Jobbörse sowie die Kenntnisse der Berater zurück. Für Fach- und Führungskräfte, besondere Berufsgruppen oder Vermittlung in das bzw. aus dem Ausland stehen überregionale Vermittlungsstellen zur Verfügung. Darüber hinaus können die Agenturen Ansprechpartner für die Integration von Schwerbehinderten sein (bspw. für Kostenzuschüsse oder Eingliederungshilfen) (vgl. Scholz, 2014, S. 529).

Personalberater/Headhunter

Personalberater (häufig auch: Headhunter oder Executive Search) beraten Unternehmen bei der Suche und Auswahl ihrer Mitarbeiter. Dabei reicht das Spektrum ihrer Dienstleistungen (vgl. Abb. 6.11) von der Analyse der zu besetzenden Position, der Formulierung von Anzeigetexten, der Suche (bspw. durch Anzeigenschaltung, Direktansprache von möglichen Kandidaten, …), dem Einholen von Referenzen, der Vorauswahl bzw. Vorstellung der Kandidaten beim Unternehmen bis hin zur anschließenden Unterstützung bei der Auswahlentscheidung.

Die Höhe und Art der Honorargestaltung ist abhängig vom Umfang der vereinbarten Dienstleistung. Die Höhe des Honorars wird häufig in Abhängigkeit des Jahresgehalts des gesuchten Mitarbeiters festgelegt (bspw. 30 % des Jahresgehalts der gesuch-

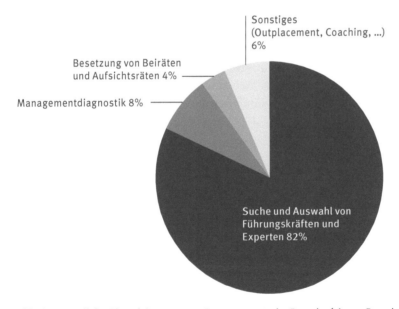

Abb. 6.11: Anteil der Dienstleistungen am Gesamtumsatz der Branche (eigene Berechnung).

Tab. 6.6: Übersicht über die Branche der Personalberatung.

Branchenübergreifend	Branchenspezialisten
Kienbaum Executive Consultants	Hofmann Consultants (Handel)
Egon Zehnder International	Courland Automotive (Automobil)
Baumann Unternehmensberatung	Harvey Nash (IT)
Heidrick & Struggles Unternehmensberatung	Gravert Jenny & Partner (Energie)
Mercuri Urval	Docs (Gesundheitswesen)
Steinbach & Partner	Bernd Heuer & Partner (Immobilien)
Dr. Heimeier & Partner	Maurice Consult (Versicherungen)
Spencer Stuart	Leaders in Science (Wissenschaft)

ten Position als Honorarbasis) und in mehrere Teilzahlungen gestückelt (bspw. 1/3 bei Aufnahme der Tätigkeit, 1/3 bei Vorstellung von Kandidaten und 1/3 bei Vertragsabschluss).

Da der Begriff Personalberater nicht geschützt ist, kann sich jeder so nennen und seine Dienstleistungen anbieten. Dies erschwert die Auswahl eines passenden Anbieters, da die Branche sehr fragmentiert ist. Neben den wenigen großen Personalberatern existieren viele kleine, aber auf Branchen oder Funktionen spezialisierte Dienstleister (vgl. Tab. 6.6).

Die Branche der Personalberatung steht unter Konsolidierungs- und Wettbewerbsdruck, da viele der Suchmethoden, die einst Personalberatungen vorbehalten waren, mittlerweile (kostengünstiger) durch das Unternehmen selbst durchgeführt werden können.

– **Datenbanksuche**: Suche in Datenbanken und Netzwerken nach von wechselwilligen Mitarbeitern eingestellten Lebensläufen (bspw. XING, LinkedIn, placement24 oder die monster-Lebenslaufdatenbank).
– **Anzeigensuche**: Schaltung von Anzeigen in allgemeinen oder branchenspezifischen Zeitungen/Zeitschriften oder Jobportalen.
– **Direct Search**: Ansprache von potenziellen Kandidaten über soziale Netzwerke (bspw. XING oder LinkedIn), die ggf. noch gar nicht über einen Unternehmenswechsel nachgedacht haben.

6.2.2 Netzwerkrekrutierung

Die Personalbeschaffung durch Netzwerke kann online oder auch offline erfolgen. Online-Netzwerke wie XING oder im internationalen Kontext LinkedIn erlauben es Unternehmen, gezielt Kontakt mit potenziellen Mitarbeitern aufzunehmen (vgl. Abb. 6.12). Der Rückgriff auf das Netzwerk der Mitarbeiter kann durch Mitarbeiterempfehlungsprogramme erfolgen.

Abb. 6.12: XING-Suchprofil.

Social Media Recruitment

Durch Social Media Recruitment eröffnen sich Unternehmen die Möglichkeit, Kontakt mit potenziellen Bewerbern aufzunehmen. Auf sozialen Plattformen machen die Nutzer ihre Lebensläufe, Präferenzen, Stärken und beruflichen Kontakte sichtbar. Mittels gezielter Suche lassen sich so Spezialisten finden und ansprechen, die vor ein paar Jahren ohne die Einschaltung eines Headhunters/Personalberaters nicht zu finden gewesen wären.

Das Spektrum der von den Teilnehmern zur Verfügung gestellten Informationen umfasst meist den Lebenslauf, berufsbezogene Kenntnisse und gemeinsame Kontakte. Darüber hinaus haben sich „Codes" in der Selbstdarstellung der Mitglieder entwickelt, die zeigen sollen, ob Interesse an Stellenangeboten vorhanden ist (der von den Mitgliedern explizit eingestellte Hinweis im „Ich suche"-Feld auf „neue Herausforderungen" oder „Chancen" deutet darauf hin, dass das Mitglied Stellenangeboten nicht abgeneigt ist).

Dabei ist XING im deutschsprachigen Bereich die dominierende Plattform, während LinkedIn internationaler ausgerichtet ist. Der Vorteil von Netzwerken wie XING oder LinkedIn im Vergleich zu Netzwerken wie Facebook, Twitter oder YouTube ist die professionelle, berufsbezogene Ausrichtung des Netzwerks.

Typischerweise wird der Bewerbungsprozess auf diesen Plattformen umgekehrt zur traditionellen Bewerbungslogik initiiert. Der Arbeitgeber kontaktiert hier einen für ihn interessanten und aussichtsreichen Kandidaten, um mit ihm in ein Gespräch zu kommen (vgl. Trost, 2012).

Mitarbeiterempfehlungen

Die Idee der Mitarbeiterempfehlung basiert auf der Idee, das Netzwerk der Mitarbeiter für die Rekrutierungsbemühungen zu nutzen. Das Unternehmen gewährt seinen

Tab. 6.7: Vor- und Nachteile von Mitarbeiterempfehlungen.

Vorteile	Nachteile
– Geringe Kosten (im Vergleich zu einem Headhunter)	– Absagen an empfohlene Kandidaten fällt schwerer, da dies gleichzeitig als Misstrauensbeweis gegen den eigenen Mitarbeiter angesehen werden kann
– Schnelle Durchlaufzeit	
– Qualität der Empfehlungen (Bürgschaftsmodell)	– Gefahr der „Vetternwirtschaft"
– Unternehmenskultur kann fortgebildet werden	– Ausbildung einer Monokultur (Mitarbeiter werben meist ihnen ähnliche Personen)

Gestaltungsparameter:
- Anreizgestaltung: Geld oder Sachprämien?
- Anreizgestaltung II: Einheitlich oder in Abhängigkeit der zu besetzenden Stelle?
- Anreizgestaltung III: Dynamisch oder statisch (bspw. Punktesammeln, ...)?
- Teilnahme: Dürfen alle Mitarbeiter teilnehmen (bspw. Ausschluss von Senior Managern oder Mitarbeiter der Personalabteilung?
- Auszahlung: Wann wird der Bonus gezahlt (bei Empfehlung, Vorstellung, Einstellung oder nach Ende der Probezeit)?

Abb. 6.13: Beispiele und Gestaltungsparameter von Mitarbeiterempfehlungsprogrammen.

Mitarbeitern Anreize für Empfehlungen an Freunde, ehemaligen Kommilitonen oder früheren Kollegen. Wenn es dann aufgrund der Empfehlung zu einer erfolgreichen Einstellung kommt, erhält der Mitarbeiter, der die Empfehlung ausgesprochen hat, eine (finanzielle) Anerkennung (vgl. Trost, 2012). Ebenso wie beim Social Media Recruitment, wird hier die Instanz des Headhunters/Personalberaters umgangen. Mit der Vorgehensweise sind Vor- und Nachteile verbunden (vgl. Tab. 6.7).

Bei der Ein- und Durchführung solcher Programme müssen im Vorfeld Gestaltungsfragen beantwortet werden. Hierzu zählen bspw. die Fragen nach der

- Anreizgestaltung: Einheitliche Anreizhöhe oder in Abhängigkeit der zu besetzenden Stelle?
- Teilnahme: Dürfen alle Mitarbeiter am Empfehlungsprogramm teilnehmen (bspw. Ausschluss von Senior Managern oder von Mitarbeitern der Personalabteilung)?
- Ansprache: Wer spricht die empfohlenen Mitarbeiter an (Mitarbeiter oder Personalabteilung)?
- Auszahlung: Wann wird der Bonus ausgezahlt (bspw. bei Vorstellung, Einstellung oder nach Ende der Probezeit)?

In Abb. 6.13 sind zwei Beispiele (Robert Half und pwc) sowie die Gestaltungsparameter abgebildet.

6.2.3 Campus Recruitment

Eine weitere Form der Personalbeschaffung ist das Campus Recruitment (vgl. Tab. 6.8). Hierbei zielen die Maßnahmen nicht auf den aktuellen, sondern auf den zukünftigen Arbeitsmarkt ab. Ausgangspunkt des Campus Recruitments ist eine kriteriengeleitete Identifikation und Definition der Zielhochschulen, mit denen man über längere Zeit zusammenarbeiten will. Im Anschluss daran erfolgt der Aufbau eines Netzwerks, das dabei helfen soll, die konkreten Aktivitäten umzusetzen (vgl. Trost, 2012).

Da die Maßnahmen des Campus Recruitments zeit- und kostenintensiv sein können und erst in der Summe und im Zeitablauf Bindungswirkung entfalten, ist es sinnvoll, sich auf wenige Zielhochschulen zu konzentrieren. Als Kriterien für eine Identifikation von Zielhochschulen kommen bspw. infrage (vgl. Trost, 2012)

– **Lehrangebot**: Entspricht das Lehrangebot den Anforderungen des Unternehmens (insb. mit Blick auf die Schlüssel- und Engpassfunktionen)?
– **Beziehungen**: Haben aktuelle Mitarbeiter schon Beziehungen zur Hochschule (bspw. weil sie ehemalige Absolventen sind, dort Hilfskräfte waren oder promoviert haben)?
– **Örtliche Nähe und Konkurrenz**: Fakultäten mit sehr gutem Ruf ziehen weitere Konkurrenten an, ggf. ist ein Ausweichen auf andere, entferntere Hochschulen sinnvoll?

Der Aufbau von Beziehungen zwischen den Studierenden, der Hochschule und Unternehmen wird durch das Zusammenspiel unterschiedlicher Akteure sichergestellt (vgl. Tab. 6.9).

Die dritte Komponente des Campus Recruitings bezieht sich auf die eigentlichen Aktivitäten, die über das Hochschulnetzwerk realisiert werden können. Abb. 6.14 ordnet die Möglichkeiten nach Aufwand und Nähe zum Studierenden. So lässt sich bspw. mit Aushängen eine hohe Reichweite bei geringem Aufwand realisieren, doch erfolgt hier noch kein direkter Kontakt zu ausgewählten Studierenden. Praktika hingegen erfordern eine individuelle Betreuung, ermöglichen aber auch einen intensiveren Kontaktaufbau (vgl. Trost, 2012).

Tab. 6.8: Bausteine einer Campus-Recruitment-Strategie (vgl. Trost, 2012, S. 99).

Identifikation von Zielhochschulen	Aufbau und Pflege eines Netzwerks	Campus Recruitment Aktivitäten
Bewertung und Auswahl weniger Hochschulen und Fakultäten bspw. anhand: – Lehrangebot – Bestehenden Beziehungen – Örtliche Nähe – Konkurrenzsituation	Zusammenspiel unterschiedlicher Rollen an der Hochschule und im Unternehmen – Manager – Studentische Botschafter – Professoren – Personalabteilung	Durchführung konkreter Maßnahmen zum Kontaktaufbau – Praktika/Abschlussarbeiten – Messen/Vorträge/Fallstudien – Aushänge/Sponsoring – Prämierungen/...

Tab. 6.9: Rollen und Rollenerwartung des Campus Recruitments.

Rolle	Inhalt
Studenten	Zielgruppe, auf die deren Gewinnung die Aktivitäten ausgerichtet sind
Manager	Halten Vorträge, übernehmen Lehraufträge, liefern Einblick in die tatsächliche Arbeit, dienen als Karrierevorbilder, vergeben Abschlussarbeiten
Studentische Botschafter	Werkstudenten, die Informationsmaterial an der Hochschule verteilen oder in ihrem Netzwerk (Fachschaft, AGs, …) auf Unternehmensaktivitäten hinweisen
Professoren	Kennen die Zielgruppe, gewähren Zugang zur Zielgruppe, organisieren Vorträge, führen Kooperationsprojekte durch
Personalabteilung	Koordinieren die Aktivitäten und unterschiedlichen Rollen

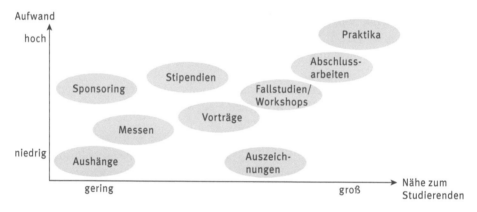

Abb. 6.14: Aktivitäten des Campus Recruitments (vgl. Trost, 2012, S. 107).

6.2.4 Arbeitgeber-Awards

Die Wahrnehmung als attraktiver Arbeitgeber kann bspw. durch die Teilnahme an Arbeitgeber-Awards gesteuert werden. Seit 1990 haben sich rund 30 verschiedene Employer-Awards-Anbieter im deutschsprachigen Raum etabliert, die mit ihren Auszeichnungen beanspruchen, „optimale" (BestPers Award), „attraktive" (Great Place to Work) oder „beste" (TopJob) Personalarbeit zu bewerten (vgl. im Folgenden Naundorf/ Spengler, 2012).

Die bundesweit, regional, branchenübergreifend oder branchenspezifisch angebotenen Awards unterscheiden sich in ihrer Vorgehensweise fundamental. Unternehmen müssen sich daher die Frage stellen, ob man sich überhaupt um eine Auszeichnung bemühen soll und wenn ja, welcher Awardanbieter als Ausrichter infrage kommt.

Ein Unterscheidungskriterium ist dabei die Informationsbasis, die die jeweiligen Ausrichter zur Grundlage der Prämierung machen. Manche Anbieter erfragen die Arbeitgeberpräferenzen von Studierenden (trendence Institut, universum). Problematisch ist hier, dass so nicht notwendigerweise die Qualität der personalpolitischen Leistungen der Unternehmen beurteilt wird, sondern eher das generelle Unternehmensimage, das die Antwort der Befragten prägt.

Davon abzugrenzen sind jene Awards, bei denen tatsächlich die Arbeitgeberqualität untersucht werden soll (bspw. „The 100 Best Companies to Work for", „Great Place to Work", „TopArbeitgeber" oder „BestPers Award"). Dabei werden aktuelle Mitarbeiter der Unternehmen befragt oder Angaben zum personalpolitischen Leistungsangebot vom Unternehmen selbst eingeholt. So werden die teilnehmenden Unternehmen bspw. aufgefordert, einen umfangreichen, teilstandardisierten Fragebogen zu unterschiedlichen Kategorien (bspw. Vergütung, Work-Life-Balance, Unternehmenskultur, Führungsverhalten, ...) auszufüllen. Die Anbieter beurteilen die von den Unternehmen gegebenen Antworten und vergeben auf dieser Basis ggf. die Auszeichnungen.

Die Siegerlisten der Arbeitgeberwettbewerbe zeigen, dass Arbeitgeber-Awards als Plattform für Unternehmen aller Größenklassen genutzt werden. Aus Sicht dieser Unternehmen eröffnen sich im Rahmen der öffentlichkeitswirksamen Prämierungen Möglichkeiten zum Ausbau des Bekanntheits- und Beliebtheitsgrads sowie zur besonderen Profilierung als Wunscharbeitgeber (bspw. durch Nutzung des Logos als „bester" Arbeitgeber auf Stellenanzeigen).

6.2.5 Arbeitnehmerüberlassung – Zeitarbeit

Der unternehmensseitige Bedarf an Flexibilität im Rahmen von Beschäftigungsverhältnissen kann durch den Einsatz der Arbeitnehmerüberlassung (häufig auch: Zeit- oder Leiharbeit, Personalleasing) erfolgen (vgl. Abb. 6.15).

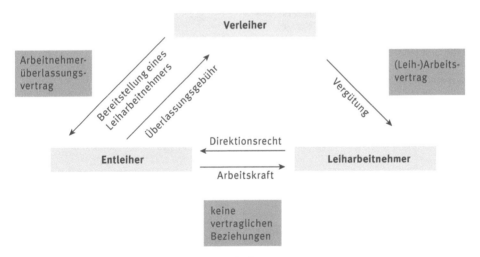

Abb. 6.15: Konstruktionslogik der Arbeitnehmerüberlassung.

Konstruktionslogik

Arbeitnehmerüberlassung liegt vor, wenn ein Verleiher seinen Arbeitnehmer (Leiharbeitnehmer) zum Zwecke der Arbeitsleistung einem Dritten (Entleiher) überlässt. Dieser kann den Leiharbeitnehmer nach eigenen betrieblichen Erfordernissen in seinem Betrieb und nach seinen Weisungen einsetzen.

Der **Leiharbeitsvertrag** stellt dabei die Grundlage für das Arbeitsverhältnis zwischen Leiharbeitnehmer und Verleiher. Er regelt, wie jeder andere Arbeitsvertrag auch, Leistung (in diesem Fall der Einsatz seiner Arbeitskraft für einen Entleiher) und Gegenleistung (Vergütung). Der Verleiher trägt alle an die Arbeitgebereigenschaft anknüpfenden Risiken und Pflichten (bspw. das Beschäftigungsrisiko, die Vergütung in verleihfreien Zeiten oder in Phasen der Arbeitsunfähigkeit sowie die Abführung anfallender Sozialabgaben und Steuern).

Mit dem **Arbeitnehmerüberlassungsvertrag** verpflichtet sich der Verleiher dem Entleiher für einen bestimmten Zeitraum gegen Zahlung einer Überlassungsgebühr pro Arbeitsstunde einen Leiharbeitnehmer zur Verfügung zu stellen.

Zwischen Leiharbeiter und Entleiher bestehen **keine direkten vertraglichen Beziehungen**. Durch die beiden erstgenannten Verträge gehen aber sowohl das Weisungsrecht des Arbeitgebers (Verleiher) als auch die Leistungsergebnisse des Leiharbeitnehmers auf den Entleiher über. Durch die Eingliederung in die Betriebsorganisation des Entleihers übernimmt der Entleiher rudimentäre Arbeitgeberpflichten mit Blick auf die Fürsorgepflicht, den Gefahrenschutz am Arbeitsplatz und die Einhaltung weiterer Arbeitsschutzvorschriften.

Rechtliche Rahmenbedingungen

Der rechtliche Rahmen der Arbeitnehmerüberlassung stellt das in der Vergangenheit vielfach überarbeitete Arbeitnehmerüberlassungsgesetz (AÜG) dar. Insbesondere durch die sog. Hartz-Reformen (vgl. Kap. 3.3.3) wurde ein Paradigmenwechsel in der Arbeitnehmerüberlassung vollzogen und weitreichende Änderungen vorgenommen (vgl. Tab. 6.10).

Tab. 6.10: Entwicklung des AÜG.

	Früheres AÜG	AÜG alte Fassung	AÜG neue Fassung
Befristungsverbot	Ja	Entfällt, aber Anwendung des TzBfG	Entfällt, aber Anwendung des TzBfG
Wiedereinstellungsverbot	Ja	Aufgehoben	Aufgehoben
Synchronisationsverbot	Ja	Weggefallen	Weggefallen
Überlassungshöchstdauer	24 Monate	Keine Beschränkung	18 Monate
Gleichbehandlungsgrundsatz („equal pay" und „equal treatment")	Ab dem 13. Überlassungsmonat	Ab dem ersten Tag; Ausnahmen möglich	Spätestens ab dem neunten Monat

Das bis dahin vorrangige Ziel des AÜG war die Sicherstellung eines Mindestma-
ßes an Arbeitsschutz sowie die Abgrenzung der Arbeitnehmerüberlassung von der Arbeitsvermittlung (vgl. Burda/Kvasnicka 2005, S. 5). Der neue Schwerpunkt lag nun in
der Deregulierung der Zeitarbeit. So wurde das bislang in § 3 Abs. 1 Nr. 3–5 AÜG gere-
gelte Synchronisationsverbot aufgehoben (die beim Leihunternehmen beschäftigten
Zeitarbeitnehmer durften nicht nur für die Dauer eines spezifischen Einsatzes beim
Entleihbetrieb eingestellt werden), die Begrenzung der Überlassungshöchstdauer von
24 Monaten entfiel und das Befristungs- und Wiedereinstellungsverbot wurde aufgehoben. Gleichzeitig wurde die Anwendbarkeit des TzBfG (vgl. ausführlich Kap. 11.4.2)
sowie ein Gleichbehandlungsgrundsatz (§ 3 Abs. 1 Nr. 3 AÜG) festgeschrieben, der den
Leiharbeitnehmern die – beim jeweiligen Entleiher geltenden – gleichen Arbeitsbedingungen (Equal-Treatment) und das gleiche Arbeitsentgelt (Equal-Pay) gewähren
(Ausnahmen vom Grundsatz sind dort erlaubt, wo ein Tarifvertrag abweichende Regelungen vorsieht, § 3 Abs. 1 Nr. 3 Satz 2 und 3 AÜG).

Spektakuläre Missbrauchsfälle haben in der Vergangenheit dazu geführt, dass
das AÜG wieder verschärft wurde. Bspw. wurde festgelegt, dass (vgl. hierzu Lützeler/
Bissels, 2012)
- ein Verleiher eine behördliche Erlaubnis für die Überlassung von Arbeitnehmern
  benötigt (früher wurde nur eine Erlaubnis für eine „gewerbsmäßige Überlassung
  mit Gewinnerzielungsabsicht" benötigt – damit sollte die bisher erlaubnisfreie
  konzerninterne Verleihe eingeschränkt werden),
- die Überlassung nur noch „vorübergehend" erfolgen darf (und damit bspw. nicht
  zum Ersatz „fester" Mitarbeiter durch Leiharbeit führt),
- die sog. Drehtürklausel verboten wird (Leiharbeiter müssen nun das gleiche Entgelt wie die Stammarbeiter des Entleihers erhalten, wenn der Entleiher eigene Arbeitsplätze durch Leiharbeitsplätze ersetzt und dort seine früheren Mitarbeiter bei
  niedrigerer Vergütung wieder einstellen will) oder
- der Entleiher gem. § 13a AÜG Zeitarbeitnehmern über freie bzw. zu besetzende
  Arbeitsplätze in seinem Unternehmen informieren muss (bspw. über „schwarze
  Bretter").

Motive der Nutzung

Die Motive für die Nachfrage nach Zeitarbeit sind vielfältig und können drei strategischen Motivklassen zugeordnet werden (vgl. Tab. 6.11).

Flexibilität: Der Entleiher kann durch den Einsatz von Leiharbeit quantitative
und qualitative Bedarfe decken bzw. Korrekturen vornehmen, da der Überlassungs-
vertrag schnelle Anpassungen nach oben (Zusage der Verleiher, Leiharbeiter mit bestimmten Qualifikationsniveaus beschaffen zu können) und unten (kurze und nicht
an das KSchG gebundene Kündigungsfristen) vorsieht. Darüber hinaus können selten genutzte Qualifikationsprofile (bspw. Hoch qualifizierte Spezialisten oder niedrig
qualifizierte Lagerhelfer) durch Verleihunternehmen beschafft und zeitlich begrenzt
genutzt werden (bspw. im Rahmen eines Projekts).

Tab. 6.11: Vor- und Nachteile der Nutzung von Arbeitnehmerüberlassung.

Vorteile	Nachteile
Flexibilität	– Laufende Kosten häufig teurer als bspw. die
– Kapazitätsspitzen können schnell abgedeckt	eines befristet Beschäftigten
werden	– Spannungen zwischen Kollegen und
– Selten genutzte Qualifikationsprofile	Leiharbeitern
einsetzbar	– Keine personelle Konstanz
– Kurzfristige Disposition möglich	– Unzufriedene Betriebsräte (die ggf. eine
Risikotransfer auf Verleiher:	Erhöhung der Stammbelegschaft präferieren)
– Auswahlrisiko	– Mangelnde Loyalität der Leiharbeiter
– Planungsfehler	– Subsidiärhaftung (Entleiher wird zum
– Beschäftigungsrisiko	Arbeitgeber, wenn dem Verleiher die
– Arbeitsrechtliche Risiken (Kündigung,	Verleiherlaubnis entzogen wird oder er
Krankheit, Minderleistung)	insolvent ist)
Verwaltung	– Negative Imageeffekte durch die Nutzung der
– Rudimentäre Personalverwaltung	Arbeitnehmerüberlassung
(Stundenprotokoll)	
– Suchprozesse übernimmt der Verleiher	

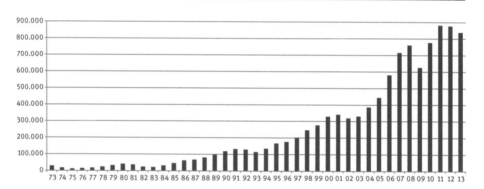

Abb. 6.16: Entwicklung der Zeitarbeit (eigene Berechnung).

Risikotransfer: Typische Arbeitgeberrisiken (bspw. Beschäftigungsrisiko, Krankheitszeiten, Urlaubsabgeltung, Fehler bei der Personalauswahl, Motivationsverlust des Arbeitnehmers, Kündigungsrisiko, ...) werden auf den Verleiher transferiert und sind mit der Überlassungsgebühr abgegolten.

Verwaltung: Die Kosten der Verwaltung von Leiharbeitern sind geringer als die Kosten einer eigenen Personalverwaltung. Während der Entleiher lediglich die vom Leiharbeiter geleisteten Stunden protokollieren und bezahlen muss, übernimmt der Verleiher die personalwirtschaftlichen Verwaltungsvorgänge (bspw. Urlaub, Gehaltsabrechnungen, Krankheit, Kommunikation mit den Sozialversicherungsträgern, Führen der Personalakte, ...).

Die genannten Vorteile haben zu einem steilen Anstieg des Bestands an überlassenen Zeitarbeitnehmern geführt (vgl. Abb. 6.16). Seit 1973 hat sich Nutzung verzehnfacht. Die Wirtschaftskrise 2008–2009 hat erstmals für einen Rückgang der Zeitarbeitnehmer seit Bestehen der Branche gesorgt, deren Höchststände in den Folgejahren auch nicht mehr erreicht wurden.

Waren in den vergangenen Jahren hauptsächlich Arbeitnehmer mit geringen Qualifikationen über Leiharbeit beschäftigt, führt der zunehmende demografische und strukturelle Wandel in Deutschland zu einer Verschiebung der Nachfrage hin zu höher qualifizierten Arbeitnehmern (bspw. Facharbeiter, aber auch Ingenieure, IT-Spezialisten und weitere Berufsgruppen mit Hochschulabschluss).

6.3 Instrumente der Personalauswahl

An den Einsatz von Instrumenten der Personalbeschaffung schließt sich die konkrete Auswahl geeigneter Bewerber an (vgl. Abb. 6.17). Zur – nicht immer trennscharfen – Klassifikation der zur Verfügung stehenden Instrumente ist eine Unterscheidung mit Blick auf die zeitliche Perspektive hilfreich.
- Die Betrachtung **biografischer Ergebnisse** (bspw. im Rahmen der Analyse des Lebenslaufs oder der Zeugnisse) versucht aus tendenziell vergangenheitsorientierten Informationen, Prognosen für den zukünftigen Berufserfolg abzuleiten.
- Die Nutzung von **Testverfahren** (bspw. Intelligenztests, Persönlichkeitstests oder projektive Tests) schließen von der aktuell gezeigten Leistung bzw. dem aktuell abgefragten Verhalten auf den zukünftigen Berufserfolg.

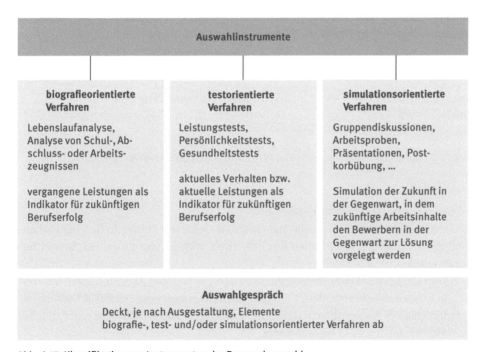

Abb. 6.17: Klassifikation von Instrumenten der Personalauswahl.

- **Simulationsorientierte Verfahren** (bspw. Rollenspiele, Gruppendiskussionen, Postkorbübungen) hingegen versuchen die Zukunft in der Gegenwart zu simulieren, indem sie künftige Arbeitsaufgaben abbilden und den Bewerbern zur Lösung vorlegen.
- Eine Sonderstellung nimmt das **Auswahlgespräch** ein, da dies als Instrument zur Personalauswahl (fast) durchgängig eingesetzt wird und je nach Ausgestaltung Aspekte biografie-, test- oder simulationsorientierter Verfahren abdeckt. Daher liegt das Auswahlgespräch als Instrument auch quer zu den anderen Auswahlinstrumenten.

Bevor die einzelnen Instrumente beschrieben werden, sollen im Folgenden einführend die methodischen Grundlagen der Personalauswahl beschrieben werden.

6.3.1 Methodische Vorbemerkung

Das alte Diktum, durch geeignete Methoden der Personalauswahl möge „die rechte Person auf den rechten Platz kommen", gewinnt dann eine operational brauchbare Form, wenn es gelingt, Bewerber und Tätigkeiten so zu vergleichen, dass eine passende Zuordnung möglich wird (vgl. Schuler, 2004). Im Folgenden soll das Abgleich- und Zuordnungsmodell von Schuler vorgestellt werden, der die Passung von Bewerber und Tätigkeit analytisch auf drei Dimensionen verteilt (vgl. Abb. 6.18). Im Anschluss daran wird das Konzept methodischer Gütekriterien vorgestellt, die Hinweise darauf geben können, ob die eingesetzten Instrumente „halten, was sie versprechen".

Eigenschaften der (vakanten) Stelle		Eigenschaften des Bewerbers
Anforderungen der Stelle	←——→	Fähigkeiten, Fertigkeiten und Kenntnisse
Befriedigungspotenzial	←——→	Interessen, Bedürfnisse, Werthaltungen
Veränderungspotenzial	←——→	Entwicklungspotenzial

Abb. 6.18: Dimensionen des Abgleichs zwischen Stelle und Bewerber (vgl. Schuler, 2000, S. 13).

Abgleich- und Zuordnungsmodelle
Die Auswahlentscheidung basiert auf einem Abgleich der Eigenschaften der (vakanten) Stelle mit den Eigenschaften des Bewerbers mithilfe von speziellen Auswahlinstrumenten.
- Die zum Zeitpunkt der Auswahlentscheidung bekannten Anforderungen der Stelle werden den Fähigkeiten, Fertigkeiten und Kenntnissen des Bewerbers gegenübergestellt, sodass die mit der Stelle verbundene **Wertschöpfung** durch den Bewerber sichergestellt werden kann.

– Das Befriedigungspotenzial der Stelle ist mit den Interessen, Bedürfnissen und Werthaltungen des Bewerbers zu vergleichen, sodass auch eine langfristige **Zufriedenheit** und das **Verbleiben** im Unternehmen wahrscheinlich werden.
– Der Abgleich des Veränderungs- mit dem Entwicklungspotenzial erlaubt eine Prognose über die künftige Eignung des Bewerbers, wenn sich die Anforderungen der Stelle ändern sollten. Kann hier eine Passung hergestellt werden, so dient der Abgleich gleichermaßen der Sicherung der zukünftigen Wertschöpfung und der Zufriedenheit des Beschäftigten.

Die Unsicherheit des Abgleichs steigt mit den vorgestellten Dimensionen an. Während die Anforderungen der Stelle (bspw. durch Arbeitsanalysen und -bewertungen, vgl. Kap. 9.3.1) abschließend bestimmt werden können, lässt sich das Befriedigungspotenzial häufig nur noch durch Erfahrungswissen abschätzen. Die Prognose des Veränderungspotenzials einer Stelle lässt sich nur sehr abstrakt und wenig sicher einschätzen (würde man die zukünftigen Anforderungen der Stelle kennen, könnte man sie schon in der ersten Dimension abprüfen).

Die Feststellung der Eigenschaften des Bewerbers ist von vorneherein unsicher (vgl. hierzu bspw. die Ausführungen zur Principal-Agent-Theorie in Kap. 2.3.3), sodass schon einer vollständigen Analyse der Fähigkeiten, Fertigkeiten und Kenntnisse des Bewerbers enge Grenzen gesetzt sind. Die Interessen, Bedürfnisse und Werthaltungen sowie das Entwicklungspotenzial des Bewerbers lassen sich aus psychologischer Sicht (mit großem Aufwand) zwar feststellen, doch bleibt die anschließende Zuordnung zu dem Befriedigungs- und Veränderungspotenzial der Stelle meist spekulativ.

Gütekriterien von Auswahlinstrumenten

Die Entscheidung für oder gegen ein Personalauswahlinstrument wird häufig von Intuition, bloßen Behauptungen oder Zeitgeist bestimmt. Dabei existiert eine Vielzahl von Untersuchungen, die die Eignung von Auswahlinstrumenten wissenschaftlich überprüft hat. Deren Ergebnisse werden nach der Vorstellung der zugrunde liegenden Gütekriterien diskutiert.

Die Güte eines Auswahlinstruments lässt sich anhand von drei Kriterien (Objektivität, Reliabilität und Validität) beurteilen (vgl. Tab. 6.12). **Objektivität** liegt vor, wenn verschiedene Beurteiler zu einer gleichen Auswahlentscheidung kommen (würden), die Auswahlentscheidung also frei von subjektiven Einflüssen getroffen werden kann. Vollständige Objektivität liegt dann vor, wenn ein Verfahren völlig unabhängig davon ist, wer es durchführt, auswertet und entscheidungsleitend interpretiert. Um eine hohe Durchführungsobjektivität zu gewährleisten, sollte bspw. die Auswahlsituationen zeitlich und räumlich standardisiert sein und die Beurteiler ähnliche Vorgehensweisen (bspw. mithilfe eines Fragenkatalogs, standardisierten Tests, …) wählen. Die Auswertungsobjektivität ist dann hoch, wenn eine streng regelhafte Zuordnung von

Tab. 6.12: Gütekriterien.

Objektivität	Reliabilität	Validität

– „frei von subjektiven Einflüssen"
   – Durchführungsobjektivität
   – Auswertungsobjektivität
   – Interpretationsobjektivität
	– „eine wiederholte Durchführung führt zu gleichen Ergebnissen"
	 – Genauigkeit, Verlässlichkeit
	   – Test-Retest-Methode
	   – Split-Half-Methode
	   – Paralleltest-Methode
		– „das Verfahren misst das, was gemessen werden soll"
		 – nicht das Ergebnis eines Tests kann valide sein, sondern nur die Schlussfolgerung, die aus einem Test gezogen wird

Merkmalsausprägungen des Bewerbers (bspw. Antworten in einem Test) gleich bewertet wird (bspw. mithilfe einer Schablone). Die Interpretationsobjektivität ist dann hoch, wenn aus vorliegenden Ergebnissen von unterschiedlichen Beurteilern die gleiche Personalauswahlentscheidung getroffen wird (vgl. Schuler, 2000, S. 50).

Die **Reliabilität** beschreibt die Genauigkeit bzw. Verlässlichkeit der Auswahlentscheidung. Eine hohe Reliabilität wird dann erreicht, wenn eine wiederholte Durchführung der Auswahlsituation (bspw. das Bewerbergespräch oder der Test) bei ansonsten gleichen Rahmenbedingungen zu einer identischen Auswahlentscheidung führen würde. So müsste bspw. im Rahmen einer sog. Retest-Situation (dem Bewerber wird das gleiche Messinstrument – bspw. ein Intelligenztest oder ein Fragenkatalog – zu einem späteren Zeitpunkt nochmals zur Bearbeitung vorgelegt) die ermittelten Testwerte weitgehend identisch sein. Allerdings wäre die Interpretation des wiederholten Testergebnisses nicht einfach, da sich der Bewerber die schon einmal gegebene Antwort gemerkt haben könnte oder das untersuchte Merkmal nur eine geringe zeitliche Stabilität aufweist (bspw. politische Meinungen in Abhängigkeit von laufenden politischen Ereignissen). Alternativ kann die Reliabilität durch die Methode der Testhalbierung (häufig auch: Split-half-Methode) überprüft werden. Die Methode wird dann angewandt, wenn keine sinnvolle Gelegenheit zur späteren Testwiederholung besteht. Hierbei teilt man den verwendeten Test oder Fragenkatalog nicht in einen ersten und zweiten Teil auf, sondern weist die vorhandenen Fragen oder Aufgaben abwechselnd einem Untertest A und Untertest B zu. Ähneln sich die Ergebnisse des Untertests A mit denen des Untertests B spricht man von hoher Reliabilität. Eine dritte Variante zur Überprüfung der Reliabilität stellt das Paralleltest-Methode dar. Hierbei wird ein zweiter, vergleichbarer Test durchgeführt, der zur Überprüfung des ersten Testergebnisses dient (bspw. kann im Rahmen eines Assessment Centers eine zweite Gruppendiskussion zu einem anderen Thema durchgeführt werden) (vgl. Schuler, 2000, S. 51).

Validität liegt vor, wenn mit den angewandten Verfahren das erfasst und gemessen wird, was tatsächlich gemessen werden soll (hier: späterer Berufserfolg). Die Validität wird im Wertebereich von 0 bis 1 gemessen und gibt Auskunft darüber, wie groß

Tab. 6.13: Validität ausgewählter Auswahlinstrumente (vgl. Weuster 2012, Schuler 2004, Schuler 2014).

Verfahren	Instrument	Validität
Biografieorientierte Verfahren	teilstrukturierte Einstellungsinterviews	0.51
	Berufswissenstests	0.48
	unstrukturierte Einstellungsinterviews	0.38
	Schulnoten	0.03–0.30
	Referenzen	0.26
	Ausbildungsdauer	0.10
Eigenschaftsorientierte Verfahren	Intelligenztest	0.53
	Persönlichkeitstests (Big Five)	0.03–0.23
	graphologische Gutachten	0.14–0.21
	projektive Tests	0.18
Simulationsorientierte Verfahren	Arbeitsproben	0.38–0.54
	Assessment Center	0.37

der Anteil der Personen war, die mithilfe des Auswahlinstruments ausgewählt wurden und später tatsächlich beruflichen Erfolg vorweisen konnten. Eine Validität von 1 sagt aus, dass sämtliche Urteile, die auf Basis des Auswahlinstruments getroffen wurden, sich später als richtig erwiesen haben, während eine Validität von 0 bedeutet, dass eine Personalauswahl auf Basis einer Zufallsauswahl ebenso erfolgreich gewesen wäre (Klimecki/Gmür, 2005, S. 229). Methodisch stellt dieses Gütekriterium daher die höchsten Anforderungen an die Auswahlinstrumente, da diese ggf. objektive und reliable Ergebnisse erzielen, aber keinen Aufschluss über die Bedeutung der Ergebnisse in Hinblick auf den späteren Berufserfolg geben. Damit wird klar, dass Validität nicht die Eigenschaft eines Tests ist, sondern sich auf die Schlussfolgerungen bezieht, die aus einem Test gezogen werden können. So können bspw. psychologische Persönlichkeitstests interessante, objektive und reliable Ergebnisse liefern, doch weiß der Beurteiler sehr häufig nicht, ob und in welcher Ausprägung bestimmte Persönlichkeitseigenschaften den späteren Berufserfolg prognostizieren (vgl. Schuler, 2000, S. 52).

Die Zusammenstellung der Validitätsmaße einzelner Auswahlinstrumente (vgl. Tab. 6.13) liefert wichtige Erkenntnisse. Es scheint, dass kognitive Leistungstests (insb. Intelligenztests) eine hohe und generalisierbare Validität aufweisen. Zahlreiche Studien haben dies sowohl für die deutschsprachige als auch für die europäische und US-amerikanische Arbeitswelt bestätigen können. Die Aussagekraft von Intelligenztests für den späteren Berufserfolg ist demnach höher als die in der Praxis häufiger im Mittelpunkt stehenden Analysen des Bewerbungsanschreibens (bspw. auf Originalität oder Rechtschreib- und Kommafehler), von Arbeitszeugnissen oder das bloße Suchen und Abhaken von als relevant erachteten biografieorientierten Notwendigkeiten (bspw. Auslandsaufenthalt).

6.3.2 Biografieorientierte Verfahren

Häufiger Ausgangspunkt der Personalauswahl ist eine Analyse der Bewerbungsunterlagen, die häufig Bewerbungsschreiben, Lebenslauf, Zeugnisse und Referenzen enthalten.

Motivationsschreiben und Lebenslauf

Die Bewerbungsunterlagen liefern erste Aufschlüsse über den Werdegang und die künftigen Entwicklungsvorstellungen. Die Analyse der Bewerbungsunterlagen richtet sich vor allem auf biografische Daten. Bei der Analyse von Lebensläufen stehen dabei mehrere Aspekte im Vordergrund:

– **Zeitanalyse:** Die Analyse des bisherigen beruflichen und persönlichen Werdegangs sowie etwaige Auffälligkeiten mit Blick auf Zeiträume, Kontinuitäten und Dynamik (bspw. die Betrachtung der Ausbildungsdauer, unbelegte Zeiträume, Betriebszugehörigkeiten, hierarchische Auf- und Abstiege oder die Wechselgeschwindigkeit von Positionen und Unternehmen).

– **Positionsanalyse:** Die Analyse des bisherigen Werdegangs mit Blick auf die erworbenen Qualifikationen und Kompetenzen (bspw. Ausbildungsberuf, Studienrichtung, Vertiefungen, bisherige ausgeführte Stellenprofile, belegte Qualifikationen durch Weiterbildungen, Sprach- und Methodenkenntnisse oder Führungserfahrungen).

– **Inhaltsanalyse:** Die inhaltliche Analyse des Anschreibens wird (wie die formale Analyse auch) häufig als eine „Arbeitsprobe" verstanden, die Hinweise auf Persönlichkeit und Arbeitsstil, Motivation, Sorgfalt oder Kreativität liefern soll. So soll bspw. das Anschreiben verdeutlichen, „warum sich der Bewerber ausgerechnet bei uns beworben hat". Die Inhaltsanalyse – wie die formale Analyse auch – darf in ihrer Aussagekraft jedoch nicht überschätzt werden. Häufig dienen kleinere Unzulänglichkeiten oder festgestellte Unüblichkeiten als willkommene Gelegenheit, übergroße Bewerberzahlen mit geringem Aufwand nach objektiven Gesichtspunkten zu reduzieren. Aussagen mit hoher Validität können so kaum getroffen werden.

– **Formale Analyse:** Die Analyse auf Rechtschreibung, Kommasetzung, Grammatik, Üblichkeit oder Vollständigkeit versucht einen Rückschluss von formalen Aspekten auf die spätere Gewissenhaftigkeit oder Sorgsamkeit zu ziehen. Die Wirksamkeit einer formalen Analyse würde allerdings voraussetzen, dass die Beachtung formaler Aspekte ein Prädikator für späteren Berufserfolg wäre (oder umgekehrt, dass die Verletzung formaler Standards mit beruflichem Scheitern korreliert ist). Daher sollte die Aussagekraft der formalen Analyse ebenfalls nicht überschätzt werden.

– **Optische Analyse:** Während das beigefügte Lichtbild früher zum Analysestandard gehörte (Größe, Qualität, Kleidung, Aussehen, Angemessenheit in Verhältnis zur beruflichen Position), lassen gesetzliche Vorgaben (vgl. Kap. 6.5) mittlerweile weniger Spielraum zur optischen Analyse, da die getroffene Entscheidung aus diskriminierungsrechtlicher Perspektive bedenklich wird. Daher nimmt der Anteil der in Stellenausschreibungen explizit eingeforderter Lichtbilder stetig ab.

- **Qualitätsanalyse:** Die Qualitätsanalyse versucht einen Rückschluss von Schul-, Prüfungs- und Abschlusszeugnissen sowie Arbeitszeugnissen auf die Qualität und Eignung des Bewerbers. Die so gewonnenen Informationen müssen allerdings sehr vorsichtig und kritisch in die Gesamtschau einfließen.

Schul-, Berufs- und Studienzeugnisse

Grundsätzlich gelten Schulzeugnisse als valider Prädiktor für späteren Ausbildungserfolg. Will man aber späteren Berufserfolg vorhersagen, sinkt die Validität von Schul-, Berufs- oder Studiennoten stark ab. Dies könnte damit zusammenhängen, dass die Abschlussergebnisse untereinander nur schwerlich vergleichbar sind (bspw. die Abschlussnoten von Studiengängen unterschiedlicher Hochschulen zu einem Zeitpunkt oder die Notenentwicklung im Zeitverlauf), sodass eine Untersuchung zur Validität der Schul-, Berufs- und Studienzeugnisse nur eingeschränkt möglich ist (vgl. Tab. 6.14).

Tab. 6.14: Prüfungsnoten an Hochschulen (eigene Berechnungen).

	2005	2006	2007	2008	2009	2010	2011	2012
Arithmetisches Mittel	2,17	2,16	2,15	2,10	2,07	2,06	2,07	2,05
Standardabweichung	0,66	0,65	0,65	0,61	0,60	0,58	0,58	0,57

Prüfungsnoten an deutschen Hochschulen (nach Fachgruppen)

	Arithmetisches Mittel	Standardabweichung
Sprach- und Kulturwissenschaften	1,8	0,4
Medienwissenschaft	1,9	0,2
Psychologie	1,6	0,4
Rechtswissenschaft 1. Staatsexamen	3,1	0,4
BWL (FH)	2,2	0,5
BWL (Uni)	2,2	0,6
Informatik	2,2	0,6
Maschinenbau Ing (FH)	2,2	0,5
Maschinenbau Ing (uni)	2,4	0,6

Prüfungsnoten im Fachbereich BWL (nach Universitäten)

	Mannheim	Bamberg	München	Bremen	Köln	WHU	Göttingen
Arithmetisches Mittel	2,1	2,3	1,9	2,7	2,0	1,9	2,4
Standardabweichung	0,5	0,5	0,2	0,5	0,6	0,4	0,5

Arbeitszeugnisse

Bei Beendigung des Arbeitsverhältnisses hat jeder Arbeitnehmer einen Anspruch auf ein Arbeitszeugnis (vgl. Abb. 6.19). Aus wichtigem Grund (bspw. nach erfolgreicher Fortbildung, strukturellen Änderungen innerhalb des Betriebsgefüges wie Abteilungsauflösung, Wechsel des Vorgesetzten) kann der Arbeitnehmer auch die Erteilung eines Zwischenzeugnisses bei laufendem Arbeitsverhältnis verlangen.

Das Arbeitszeugnis muss schriftlich und in angemessener äußerer Form erteilt werden. In der Wahl seiner Formulierungen ist der Arbeitgeber frei. Die Person des Arbeitnehmers ist ebenso zu kennzeichnen wie Name und Anschrift des Arbeitgebers. Jedes Zeugnis bedarf der Angabe von Ort und Datum sowie der Unterschrift einer für verbindliche Erklärungen des Arbeitgebers zuständigen Person.

Das „einfache Arbeitszeugnis" enthält die Dauer des Arbeitsverhältnisses und die ausgeübte Tätigkeit. Es muss eine genaue und vollständige Tätigkeitsbeschreibung und die Dauer der Beschäftigung einschließlich bedeutender Unterbrechungen aufweisen. Wobei Unterbrechungen durch Krankheit, Wehrdienst, Bildungsurlaub oder Erholungsurlaub nicht aufgenommen werden dürfen. Bei einem einfachen Zeugnis darf der Grund des Ausscheidens nur dann erwähnt werden, wenn der Arbeitnehmer dies wünscht.

Auf ausdrückliches Verlangen des Arbeitnehmers muss ein „qualifiziertes Arbeitszeugnis" ausgestellt werden, das neben Art und Dauer der Beschäftigung auch Aufschluss über Leistung, Verhalten und Führung des Arbeitnehmers gibt.

Zeugnisdatum: in der Regel Datum der Beendigung des Arbeitsverhältnisses
Ausnahme: schuldhaft verspätetes Zeugnisverlangen des Arbeitnehmers

Umfang: einfaches Zeugnis: Beschreibungen zu Art und Dauer der Tätigkeit
qualifiziertes Zeugnis: zuzüglich Bewertungen zu Leistung und Verhalten

Inhalt: Grundsatz der Zeugniswahrheit vs. Grundsatz der wohlwollenden Zeugniserteilung
§109 GewO: „keine Formulierung erlaubt, die den Zweck haben, eine andere als aus der äußeren Form oder Wortlaut ersichtliche Aussage über den Arbeitnehmer zu treffen"
BAG (5 AZR 182/92): „Zeugnis darf Fortkommen des Arbeitnehmers nicht ungerechtfertigt erschweren"
BAG (9 AZR 893/98): „Es gilt der Grundsatz der Zeugniswahrheit. Dies gilt für alle wesentlichen Tatsachen und Bewertungen, die für die Gesamtbeurteilung des Arbeitnehmers von Bedeutung sind und an deren Kenntnis ein künftiger Arbeitgeber ein berechtigtes und verständiges Interesse haben kann"
BAG (9 AZR 632/07): „soweit für Berufsgruppen oder Branchen ein allgemeiner Brauch existiert, bestimmte Leistungen oder Eigenschaften zu erwähnen, ist deren Auslassung regelmäßig ein versteckter Hinweis auf Defizite (,beredetes Schweigen') und damit nicht zulässig"

Abb. 6.19: Rechtlicher Rahmen der Zeugniserteilung.

Tab. 6.15: Zeugniscode und Bewertung.

Merkmal	Verbalisierung	Note
Verhalten	stets/jederzeit vorbildlich	1
	vorbildlich/stets höflich und korrekt	2
	gut/einwandfrei/höflich und korrekt	3
	zufriedenstellend/gab keinen Anlass zu Beanstandungen	4
	im Wesentlichen einwandfrei/insgesamt zufriedenstellend	5
Leistung	stets zu unserer vollsten Zufriedenheit	1
	stets zu unserer vollen Zufriedenheit	2
	zu unserer vollen Zufriedenheit	3
	zu unserer Zufriedenheit	4
	im Großen und Ganzen zufriedenstellend	5
Sonstige	stets bemüht/im Rahmen seiner Fähigkeiten/besonders hervorzuheben ist *Banalität*	negativ

In der Praxis stellt insb. die Interpretation der Formulierungen zur Leistung, zum Verhalten und zur Führung des Arbeitnehmers große Probleme. Ursächlich für die Probleme sind die durch das Bundesarbeitsgericht formulierte Pflicht zur wahrheitsgemäßen Zeugniserstellung und die Pflicht zur wohlwollenden Zeugniserteilung. Beide Anforderungen sind an sich sinnvoll, doch führen sie häufig zu einem Widerspruch, der nur durch Interpretation aufgelöst werden kann. Dementsprechend müssen die Formulierungen gleichzeitig objektiv (also auch für den Arbeitnehmer Nachteiliges Eingang in das Zeugnis finden) und wohlwollend ausgestaltet sein, sodass der Arbeitnehmer in seinem beruflichen Fortkommen nicht behindert wird.

Arbeitszeugnisse und Referenzen sind daher mit gebotener Vorsicht zu analysieren, da der Widerspruch zwischen Wahrheit und Wohlwollen zu einer eigenen „Zeugnissprache" geführt hat. So unterliegt das Arbeitszeugnis (vermeintlich) standardisierten Beurteilungsformeln. Als gemeinsamer Standard haben sich tatsächlich in der Praxis lediglich Formulierungen für die Beurteilung des Verhaltens und die Gesamtbeurteilungsformel durchgesetzt (vgl. Tab. 6.15).

Für alle anderen Zeugnisbestandteile existieren solche standardisierten, für alle gleich verständlichen Formeln nicht. Daher ist hier Zurückhaltung bei der Analyse und Interpretation geboten, da die Umstände der Zeugniserstellung häufig nicht bekannt sind (wer hat das Zeugnis geschrieben – eine professionalisierte Personalabteilung, das Sekretariat der Geschäftsführung, das sich im Internet Beispiele zusammengesucht hat, oder der Mitarbeiter selbst; aus welchem Jahr stammt das Zeugnis – auch Zeugnissprache unterliegt Modebewegungen, so hat sich bspw. die Schlussformulierung durch die Aufnahme von Bedauerns-, Dankes-, Wunsch- und Erfolgsformeln in den vergangenen Jahren stetig erweitert). In Ratgebern lassen sich immer wieder Beispiele kurioser Zeugnisformulierungen finden, die entsprechende Bewertungen suggerieren. Ob der Interpretationsschlüssel tatsächlich der richtige ist (in dem Sinne,

Tab. 6.16: Zeugniscode und entsprechende Interpretation.

Code	Schlüssel
Er hat sich im Rahmen seiner Fähigkeiten eingesetzt.	Er hat das getan, was er konnte, viel ist dabei nicht herumgekommen.
Er hat nie Anlass zu Klagen gegeben.	Aber auch keinen Anlass für Lob.
Er war immer mit Interesse bei der Sache.	Interesse ja – Leistungen nein.
Er zeigte für seine Arbeit Verständnis.	Er war faul und hat nichts getan.
Er war sehr genau.	Aber langsam
Wir haben ihm Gelegenheit geboten, sich in alle Arbeiten gründlich einzuarbeiten.	Lernschwäche
Sein Verhalten gegenüber Mitarbeitern und Vorgesetzten war stets einwandfrei.	Er hatte zu den Kollegen ein besseres Verhältnis als zu den Vorgesetzten.
Er war sehr tüchtig und wusste sich gut zu verkaufen.	Ein sehr unangenehmer, überheblicher Mitarbeiter.
Er hat zur Verbesserung des Betriebsklimas beigetragen.	Alkoholkonsum während der Arbeitszeit
Er bewies für die Belange der Kollegen stets Einfühlungsvermögen.	Sexuelle Kontakte im Kollegenkreis
Seine Geselligkeit wurde im Kollegenkreis geschätzt.	Alkoholkonsum während der Arbeitszeit
Wir haben ihn als einsatzwilligen und sehr beweglichen Mitarbeiter kennen gelernt, der stets bemüht war, die ihm übertragenen Aufgaben zu unserer vollsten Zufriedenheit in seinem und im Interesse der Firma zu lösen.	Diebstahl oder Unterschlagung
Er trat sowohl innerhalb als auch außerhalb unserer Firma engagiert für die Interessen der Kollegen ein.	Er war im Betriebsrat oder gewerkschaftlich tätig.

dass der Zeugnisersteller genau das ausdrücken wollte), bleibt aber fraglich. Beispiele zeigt Tab. 6.16.

Selbst über den vollständigen Inhalt des Zeugnisses gibt es keine Einigkeit. Mögliche Inhalte, eine entsprechende Beispielformulierung für ein sehr gutes Zeugnis und Hinweise zur Interpretation sind in Tab. 6.17 dargestellt.

Grundsätzlich obliegt dem Arbeitgeber die Darlegungs- und Beweislast für die Richtigkeit der Tatsachen, die der Zeugniserteilung und der darin enthaltenen Bewertung zugrunde liegen. Empfindet ein Arbeitnehmer das Arbeitszeugnis als formell oder inhaltlich nicht korrekt, so kann er vom Arbeitgeber eine Berichtigung fordern. Lehnt der Arbeitgeber dies ab, so besteht für den Arbeitnehmer die Möglichkeit, auf Berichtigung zu klagen. Die Darlegungs- und Beweislast dafür, dass die Nichterteilung, die verspätete Erteilung oder die Erteilung eines unrichtigen Zeugnisses für ei-

Tab. 6.17: Beispiel für ein sehr gutes Zeugnis.

	Beispielformulierung	Bemerkungen
Standard-angaben	Herr X, geboren am 01.01.1980 in Musterstadt, war vom XX.XX.XXXX bis zum XX.XX.XXXX in unserem Unternehmen tätig.	
Tätigkeiten	Im Rahmen seines verantwortungsvollen und vielseitigen Tätigkeitsfeldes führte Herr X sehr erfolgreich unter anderem folgende Aufgaben durch:	
Fachwissen	Herr X verfügte dabei über äußerst fundierte und sehr breite Fachkenntnisse, die sich auch auf die Nebenbereiche erstrecken, und wendete diese jederzeit absolut sicher, umsichtig und zielorientiert an.	
Denk-/ Urteilsvermögen	Aufgrund seiner präzisen Analysefähigkeiten und seiner schnellen Auffassungsgabe fand er auch für schwierigste Probleme stets hervorragende Lösungen, die er erfolgreich in die Praxis umsetzte.	Die Bewertung könnte durch ein vorangestelltes „stets" gesteigert werden.
Belastbarkeit	Herr X war eine überdurchschnittlich engagierte Führungskraft, die ihre Aufgaben mit stets voller Einsatzbereitschaft und sehr großem persönlichem Einsatz während seiner gesamten Beschäftigungszeit erfolgreich erfüllte. Auch in Stresssituationen und höchster Belastung behielt er die Übersicht und agierte zielorientiert, sorgfältig und verantwortungsbewusst zum Wohle des Unternehmens.	
Arbeitsweise	So erzielte er auch bei schwierigsten Arbeiten, bei objektiven Problemhäufungen sowie bei hohem Termindruck in qualitativer und quantitativer Hinsicht stets herausragende Arbeitsergebnisse.	
Verhalten	Wir kennen Herrn X als jederzeit kooperativen, integrativen und teamfähigen Mitarbeiter, der in unserem Unternehmen ein beliebter und stark frequentierter Ansprechpartner war. Sein Verhalten gegenüber Vorgesetzten, Kollegen, Mitarbeitern und Geschäftspartnern war stets vorbildlich.	richtige Reihenfolge: Vorgesetzte, Kollegen, Mitarbeiter und Geschäftspartner
ggf. Führungs-verhalten	Herr X zeichnete sich durch einen zielorientierten, kooperativen und integrativen Führungsstil aus, der seine Mitarbeiter/-innen durch sein Vorbild an Tatkraft, Begeisterungsfähigkeit und Dynamik sowie bei Bedarf das richtige Maß an Durchsetzungsvermögen zu stets sehr guten Leistungen motivierte.	
Gesamt-beurteilung	Herr X erfüllte die ihm übertragenen Aufgaben stets zu unserer vollsten Zufriedenheit.	
Schlusssatz	Herr X verlässt leider unser Unternehmen mit dem heutigen Tage auf eigenen Wunsch, um eine neue Herausforderung in der Position X anzunehmen. Wir bedauern diese Entscheidung außerordentlich, weil wir mit Herrn X eine wertvolle Führungskraft verlieren. Wir bedanken uns bei ihm für seine zu jeder Zeit sehr gute Arbeit und wünschen ihm für seine berufliche wie persönliche Zukunft alles Gute und weiterhin viel Erfolg.	Bedauernsformel, Dankesformel, Wunschformel und Erfolgsformel

nen Schaden des Arbeitnehmers ursächlich gewesen ist, liegt beim Arbeitnehmer. Der Anspruch auf ein Arbeitszeugnis verjährt nach drei Jahren (§ 195 BGB), wobei in der betrieblichen Praxis die Verwirkung zumeist früher eintritt, wenn der Arbeitnehmer seinen Anspruch nicht mehr verfolgt.

6.3.3 Testverfahren

Zusätzlich zum Auswahlgespräch kann mit dem Einsatz von Testverfahren das Beurteilungsspektrum erweitert werden.

Tests sind standardisierte Verfahren zur Messung des Verhaltens und/oder der Eigenschaften von oder zwischen Personen.

Mit Testverfahren werden eine Reihe von Vor- und Nachteilen verbunden (vgl. Tab. 6.18). Der unbestreitbare Vorteil der Testverfahren liegt in der hohen Inhalts-, Durchführungs- und Auswertungsobjektivität. Der Nachteil wird darin gesehen, dass Testergebnisse eine Scheingenauigkeit und Zwangsläufigkeit vermitteln, die mangels Anforderungsbezug der meisten Testverfahren (die meist allgemein und nicht für die zu besetzende Stelle konzipiert wurden) eine geringe Validität aufweisen. Dabei muss die Kritik für unterschiedliche Tests eingeschränkt (bspw. bei Intelligenztests) oder erweitert (bspw. für projektive Tests, siehe weiter unten) werden.

Häufig wird dabei zwischen psychometrischen Tests, Persönlichkeitstests und Gesundheitstests unterschieden.

Psychometrische Tests zielen auf die quantitative Erfassung psychischer Merkmale ab. Hierzu zählen bspw. allgemeine kognitive Fähigkeitstests (insb. Intelligenztests), Tests zur Erfassung spezifischer kognitiver Fähigkeiten (bspw. Konzentration oder die Messung der mentalen Leistungsfähigkeit in bestimmten Situationen) oder Tests, die sensorische und motorische Leistungen prüfen.

Die Messung der Intelligenz setzt deren Definition voraus. Bei Zimbardo/Gerrig (2008) findet sich eine verbreitete Definition:

Tab. 6.18: Vor- und Nachteile von Testverfahren.

Vorteile	Nachteile
– Testkandidaten unterliegen gleichen Bedingungen – Keine Verzerrungen aufgrund von Wahrnehmungs- und Beurteilungsfehlern – Zugang zu Informationen, die man in „normalen" Bewerbungssituationen nicht erhält	– Situative Einflüsse auf das Verhalten oder das Testergebnis werden nicht berücksichtigt – Die (mathematisch-psychologischen) Testergebnisse suggerieren Genauigkeit, die sie mit Blick auf die Validität nicht haben – Fehlender Anforderungsbezug der (meist allgemein konzipierten) Tests

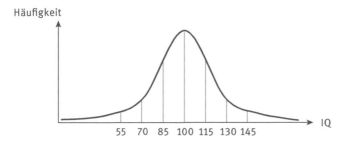

Abb. 6.20: Intelligenzverteilung und Intelligenzquotient.

Intelligenz ist eine geistige Fähigkeit, die die Fähigkeit zum schlussfolgernden Denken, Planen, Problemlösen, schnellen Auffassen, Lernen und zur Abstraktion umfasst.

Die Messung erfolgt meist über die Bestimmung eines Intelligenzquotienten (IQ) als standardisiertes Maß der Intelligenz (vgl. Abb. 6.20). IQ-Werte werden innerhalb einer Population so normiert, dass ein Wert von 100 dem Populationsdurchschnitt entspricht (gleich viele Personen liegen über und unter 100) und die Standardabweichung 15 beträgt.

– Werte zwischen 85 und 115 gelten als normal (1 Standardabweichung). Etwa 70 % der Bevölkerung liegen in diesem Bereich.
– Werte zwischen 70 bis 85 bzw. zwischen 115 und 130 (2 Standardabweichungen) gelten als unter- bzw. überdurchschnittlich. Jeweils knapp 14 % der Bevölkerung erreichen diese Werte.
– Werte zwischen 55 und 70 bzw. 130 und 145 (3 Standardabweichungen gelten als minder- bzw. hochbegabt. Der Bevölkerungsanteil beträgt jeweils 2 %.
– Werte oberhalb von 145 sind eher Schätzungen als Messungen, da der Anteil derjenigen, die einen IQ über 145 haben, nur noch 0,1 % der Gesamtbevölkerung beträgt. Daher liefern übliche Intelligenztests für solch hohen Werte keine reliablen Aussagen.

Ein Beispiel für Fragen eines Intelligenztests ist in Abb. 6.21 dargestellt.

Bekannte Intelligenztests sind der Berliner Intelligenzstrukturtest (BIS), der Hamburg-Wechsler-Test oder der Culture Fair Intelligence Test (CFIT), der durch den mehrheitlich bilder- und zeichengebundenen Bearbeitungsprozess über verschiedene Sprach- und Kulturräume hinweg einsetzbar ist.

Die Konstruktion von Intelligenztests soll am Beispiel des Berliner Intelligenzstrukturtest erläutert werden (vgl. Tab. 6.19). Dieser baut auf der Überlegung auf, dass Intelligenz mit drei Inhaltsdimensionen (figural-bildhaftes Denken, sprachgebundenes Denken und zahlengebundenes Denken) und vier Operationen (Bearbeitungsgeschwindigkeit, Merkfähigkeit, Einfallsreichtum und Verarbeitungskapazität)

– Wortbedeutungen
Gesuch hat etwa die gleiche Bedeutung wie:
a) Erlass   b) Bescheid   c) Antrag   d) Untersuchung   e) Entsendung

– Zahlenreihen
Welche Zahl kommt als nächstes? 2 5 4 7 6 9 8 ?

– Text-Rechenaufgaben
Wie viel muss man zur Zahl 8 hinzuzählen, damit die Summe zur Zahl 10
im gleichen Verhältnis steht wie 30 zu 20?

– Analogien
„Wachsen" verhält sich zu „wuchern" wie „Verlangen" zu
a) Gier   b) Lust   c) Wahnsinn   d) Appetit   e) Interesse

– Räumliche Abstraktion
Vorgegeben ist der folgende Würfel:

Seine drei nicht sichtbaren Seiten sind leer. Durch Drehen oder Kippen kann er
in vier der fünf folgenden Positionen gebracht werden. In welche Position kann
er nicht gebracht werden?

Abb. 6.21: Beispielfragen aus einem Intelligenztest (vgl. Schuler, 2000, S. 107).

Tab. 6.19: Aufgabentypen des BIS (vgl. Jäger/Süß/Beauducel, 1997).

	Figural-bildhaftes Denken	Sprachgebundenes Denken	Zahlengebundenes Denken
Geschwindig- keit	Buchstaben durchstreichen	Teil-Ganzes	X-Größer
	Old English	Klassifizieren von Wörtern	Sieben-Teilbar
	Zahlen-Symbol-Test	Unvollständige Wörter	Rechen-Zeichen
Merkfähigkeit	Orientierungs-Gedächtnis	Sinnvoller Text	Zahlen-Paare
	Firmen-Zeichen	Worte Merken	Zweistellige Zahlen
	Wege-Erinnern	Phantasiesprache	Zahlen-Wiedererkennen
Einfallsreichtum	Layout	Eigenschaften-Fähigkeiten	Divergentes Rechnen
	Zeichen-Fortsetzen	Masselon	Telefonnummern
	Objekt-Gestaltung	Insight-Test	Zahlen-Gleichungen
	Zeichen-Kombinieren	Anwendungsmöglichkeiten	Zahlenrätsel
Verarbeitungs- kapazität	Analogien	Wortanalogien	Zahlenreihen
	Charkow	Tatsache-Meinung-Schlüsse	Schätzen
	Bongard	Wortschatz	Tabellen-Lesen
	Figuren-Auswahl	Schlüsse	Rechnerisches Denken
	Abwicklungen		Buchstabenreihen

Testmaterial (Auszug):

```
|| |  |  |     || || | || |     |  | | | ||   || | | | |     || | || |
d p d d d p d d p d d d d p p p d d p d d d p d d p d d d d p p p d d p d p p p d d p d p d d
|| | ||  | |  |  ||| ||| || ||   | || | |||   || | | |  | || |  | || || | ||| |
```

Instruktion (Auszug):
Zähle alle „p" mit zwei Strichen innerhalb einer knapp bemessenen Zeit (bspw. 20 Sekunden).

Abb. 6.22: Auszug aus dem d2-Test (vgl. Schuler/Höft/Hell, 2014, S. 170).

beschrieben werden kann. Kreuzt man die Inhaltsdimensionen mit den Operationen, ergeben sich zwölf Felder, die der Test mit unterschiedlichen Aufgabentypen abprüft.

Geschwindigkeitsaufgaben sind einfache Aufgaben, die von jedem bei Wegfall der Zeitbeschränkung gelöst werden können. Aufgaben zur Merkfähigkeit erfordern das schnelle Einprägen von Wörtern, Zeichen oder Buchstabenfolgen. Die Operation Einfallsreichtum prüft die Fähigkeit, möglichst viele Lösungswege durchzuführen oder Lösungen anzubieten. Die Verarbeitungskapazität prüft die Fähigkeit zur Abstraktion, Analogie und Schlussfolgerung ab. Die Dauer des Tests beträgt inklusive Einführung (ca. 10 Minuten), Instruktionszeit (ca. 30 Minuten) und Bearbeitungszeit (ca. 1,5 Stunden) etwas mehr als zwei Stunden.

Neben den Intelligenztests haben sich auch spezielle Kurzleistungstests etabliert, die Hinweise auf bspw. Aufmerksamkeits- und Konzentrationsfähigkeit liefern. Im deutschsprachigen Raum wird häufig der sog. d2-R-Test (vgl. Abb. 6.22) oder der Frankfurter Adaptiver Konzentrationsleistungs-Test (FAKT) eingesetzt.

Persönlichkeitstests basieren auf der Annahme, dass Merkmale der Innenwelt einer Person (Persönlichkeitscharakteristika, eigene Wünsche, Ängste, Spannungen) nach außen übertragen werden können. Sie richten sich damit, anders als die psychometrischen Tests, nicht auf spezielle, häufig quantifizierbare Merkmale (Punkte, Anzahl richtiger/falscher Antworten, Geschwindigkeit), sondern sie sind darauf ausgelegt, die Persönlichkeitsstruktur zu erkennen. Persönlichkeitstests können darüber hinaus in allgemeine Persönlichkeitstests und projektive Tests unterschieden werden.

Der bekannteste Persönlichkeitstest ist der sog. Fünf-Faktoren-Test (häufig auch: Big-Five-Persönlichkeitstest), der die Persönlichkeit eines Menschen mit fünf abstrakten Faktoren beschreibt (vgl. hierzu vertiefend Kap. 8.2.1). Der Test zur Ermittlung der Ausprägungen der fünf Persönlichkeitsfaktoren wurde von Costa/McCrae (1985) als Persönlichkeitsinventar (NEO-PI-R) entwickelt und liefert Aussagen zu den individuellen Ausprägungen der Persönlichkeit in den Dimensionen Neurotizismus, Extraversion, Offenheit, Verträglichkeit und Gewissenhaftigkeit.

Der Myers-Briggs-Typindikator ordnet Menschen zu bestimmten Typprofilen zu. Der insb. in den USA beliebte Test kommt mit wenigen Fragen aus, bei denen der Proband aus zwei gegensätzlichen Wortpaaren oder Aussagen die für ihn passendere auswählen soll. Die beiden konkurrierenden Wortpaare oder Aussagen sind so formuliert, dass sie wertneutral und gesellschaftlich akzeptiert sind (also nicht logische Gegen-

– geringer Rand = Geiz			– Schnörkel = Eitelkeit
– fallende Zeilen = Melancholie			– zerbrochene Buchstaben = Unzuverlässigkeit
– Breite = Selbstüberschätzung			– Zuspitzungen = Brutalität
– Verschmierungen= Oberflächlichkeit			– verkürzte Oberlängen = Intelligenzmangel
– Korrekturen = Unaufrichtigkeit			– Zeilenüberhang = Erregbarkeit

Abb. 6.23: Mögliche Interpretationsleistung der Grafologie.

stücke: faul – fleißig, sondern psychologische Gegensätze: planend – intuitiv). Mit den Fragen sollen Persönlichkeitsbeschreibungen mit vier Dimensionen möglich werden (Extraversion (E) vs. Introversion (I); Sensitives Empfinden (S) vs. Intuition (N); Thinking (T) vs. Fühlen (F); Judging (J) vs. Wahrnehmung (P)). Hieraus ergeben sich 16 mögliche Typkombinationen.

Der bekannteste **projektive Test** ist der Rorschach-Test (vgl. Klopfer/Davidson, 1967). Anhand der Interpretation von Klecksbildern will man auf die Persönlichkeit bzw. mögliche Persönlichkeitsstörungen schließen. Die Antworten der Probanden kann nach definierten Kriterien ausgewertet werden (bspw. Lokation – bezieht sich die Antwort auf das gezeigte Bild als Ganzes oder nur auf einzelne Teilausschnitte; Determinanten – was ist für die Interpretation ursächlich, Farbe, Schatten, Bewegung, Statik; Inhalt – was wird gesehen, Personen, Sachen, sexuelle Inhalte).

Weitere Verfahren sind der Baum-Test (Interpretation der Umrisse gemalter Bäume), der Lüscher-Farb-Test (Interpretation von Farbzusammenstellungen) oder der Thematic-Apperception-Test (TAT), der dem Probanden mehrdeutige Bilder von Alltagssituationen vorgibt, zu denen er eine Geschichte erzählen soll, die im Anschluss interpretiert werden kann (vgl. Spitznagel, 1995, S. 516).

In der Vergangenheit (bzw. bis heute bspw. in Frankreich) stellte die Einholung eines grafologischen Gutachtens ein weiteres, gern genutztes Hilfsmittel bei der Personalauswahl dar (vgl. Abb. 6.23). Hierbei soll von Merkmalen der Handschrift auf erfolgsrelevante Persönlichkeitsmerkmale und Begabungen geschlossen werden. Die Einholung eines grafologischen Gutachtens bedarf in Deutschland aus Gründen des Persönlichkeitsrechts der ausdrücklichen Einwilligung des Betroffenen; es reicht demnach nicht, aus der Einsendung eines handgeschriebenen Anschreibens auf eine konkludente Zustimmung zur grafologischen Analyse zu schließen. Die geringe Prognosekraft sowie die fragwürdige Interpretationstechnik haben dazu geführt, dass die Verbreitung und Anwendung des Instruments auf sehr niedrigem Niveau stagniert.

Projektive Tests werden vielfach kritisch diskutiert. Insbesondere
- der erhebliche Eingriff in die Intimsphäre,
- die Undurchschaubarkeit der Testlogik,
- die Verfälschbarkeit durch den Probanden,
- der nur schwer begründbare Anforderungsbezug sowie
- die geringe Validität

haben dazu geführt, dass der Einsatz dieser Testverfahren in der Praxis rückläufig ist.

Physische Testverfahren werden von einigen Arbeitgebern im Rahmen einer ärztlichen Eignungsuntersuchung verlangt. Dabei werden die Ärzte aber nicht von der Schweigepflicht entbunden, auch wenn die Untersuchung vom Arbeitgeber bezahlt wird. Sie dürfen den Arbeitgeber nur darüber unterrichten, ob der Bewerber für die zu besetzende Stelle tauglich ist oder nicht.

6.3.4 Simulationsorientierte Verfahren

Simulationsorientierte Verfahren werden mit dem Ziel eingesetzt, den Bewerber vor dem Hintergrund eines künstlich geschaffenen beruflichen Kontexts zu evaluieren (vgl. Tab. 6.20). Während die Analyse biografischer Dokumente (Lebenslauf oder Zeugnisse) tendenziell vergangenheitsorientiert ist, Tests die Gegenwart abbilden, versuchen simulationsorientierte Verfahren Aussagen über die Bewältigung zukünftiger Aufgaben abzuleiten.

Als Aufgaben werden meist Rollenspiele, Postkorbübungen, Arbeitsproben, Planspiele, Präsentationen oder Gruppendiskussionen eingesetzt.

Werden mehrere simulationsorientierte Verfahren eingesetzt oder mit biografischen Verfahren und Tests verknüpft, spricht man häufig von **Assessment Center** als eigenständigem Verfahren. Das Assessment Center (AC) stellt damit kein neues, alternatives Auswahlverfahren dar, sondern bietet die Möglichkeit, herkömmliche Verfahren der Personalauswahl mit weiteren Auswahlinstrumenten zu verbinden, um über eine Verfahrensvielfalt unterschiedliche Informationen bezüglich des arbeitsrelevanten Verhaltens von Bewerbern zu erhalten.

Charakteristika

Während biografie- oder testorientierte Verfahren meist einen Bewerber im Fokus haben, werden Assessment Center häufig mit mehreren Bewerbern durchgeführt, die von mehreren Beurteilern bewertet werden. Die Gruppe der Beurteiler besteht meist aus Linienvorgesetzten, Mitarbeitern aus der Personalabteilung und/oder externen Beurteilern. Aus der Kurzbeschreibung leiten sich die folgenden Charakteristika von Assessment Centern ab, die in Abb. 6.24 zusammengefasst wurden.

Das Verständnis traditioneller Assessment Center hat sich mittlerweile verändert, sodass schon von Assessment Center gesprochen wird, wenn mehrere Auswahlverfahren zur Personalauswahl eingesetzt werden (bspw. im Rahmen eines Einzel-AC, bei

Tab. 6.20: Vor- und Nachteile simulationsorientierter Verfahren.

	Rollenspiel	Postkorbübung	Arbeitsproben	Planspiele	Gruppendiskussion
Idee	Simulation des Interaktionsverhaltens Verteilung von Rollen (Kollegen, Mitarbeiter, Kunde, …)	Simulation administrativer Tätigkeiten ohne Interaktion (aber mit Zeitdruck, Priorisierung, …)	Simulation von berufsrelevantem Verhalten in einer kontrollierten Situation (Programmierer, Mechaniker, Verkäufer)	Planspiele zur Erfassung berufsbezogener Fähigkeiten	Simulation des Interaktionsverhaltens in kleinen Gruppen Diskussion zu einem vorgegebenen Thema
Vorteile	Interaktivität	Direkter Bezug zum Arbeitsverhalten Relativ einfache Auswertung	Testen tatsächlicher Leistungen Hohe Objektivität	Relativ einfache Anwendung und Auswertung	Beobachtung des tatsächlichen Verhaltens
Nachteile	Hohe Anforderungen an die Rollenspieler	Verzerrung durch Testsituation	Verzerrung durch Testsituation	Begrenzte Relevanz für spätere Arbeitsausführung	Verzerrung durch Testsituation Begrenzte Relevanz für spätere Tätigkeit

Charakteristika

– Gleichzeitige Beurteilung mehrerer **Bewerber**

– durch mehrere **Beurteiler**

– mithilfe mehrerer **Auswahlverfahren**

– in mehreren **Auswahldimensionen**

– mit einer **Dauer** von einem bis mehreren Tagen

Abb. 6.24: Charakteristika von traditionellen Assessment Centern (vgl. Holtbrügge, 2013, S. 99).

dem nur ein Bewerber die Übungsfolge durchläuft oder Kurz-AC, das innerhalb weniger Stunden ein Einstellungsgespräch, ein Fachgespräch und eine praktische Übung vorsieht).

Einsatzzwecke

Das Einsatzspektrum eines Assessment Centers wurde kontinuierlich ausgebaut. Sollte es zu Zeiten der Weimarer Republik ursprünglich zur Auswahl von Offiziersanwärtern dienen, wurde das Assessment Center schon 1956 vom amerikanischen Unternehmen AT&T zur internen Auswahl des Managementnachwuchses genutzt. AT&T erstellte zu diesem Zweck einen Katalog von 25 als wichtig erachtete Eigenschaften, Fähigkeiten und Werthaltungen, die ein erfolgreicher Manager mutmaßlich besitzen soll. Die Kandidaten wurden durch Gruppendiskussion in jedem der 25 Merkmale eingestuft und Prognosen für die weiteren Karriereverläufe abgeleitet. Die auf dieser Basis getroffenen Einschätzungen wurden daraufhin in den kommenden zehn Jahren mit den tatsächlichen Karriereverläufen verglichen (vgl. Schuler, 2000).

Die Vorhersageleistungen wurden als sehr gut eingestuft, wobei die prognostische Validität vor allem auf die Arbeitsprobe sowie den Intelligenztest zurückzuführen war; die Aussagen der durchgeführten Persönlichkeitstests lieferten nur einen geringen prognostischen Beitrag (vgl. Schuler, 2000, S. 119). Das Instrument des Assessment Centers wird heute für vielfältige Zwecke genutzt. Abb. 6.25 zeigt die wichtigsten Einsatzzwecke.

– Auswahl externer Bewerber

– Auswahl interner Bewerber

– Laufbahnplanung

– Ausbildungsberatung

– Potenzialbeurteilung

– Analyse des Trainingsbedarfs

Abb. 6.25: Einsatzzwecke des Assessment Centers.

Ablauf

Der Ablauf eines Assessment Centers kann grob in drei Bausteine untergliedert werden (vgl. hierzu Linder-Lohmann/Lohmann/Schirmer, 2012, S. 70 ff.; Tab. 6.21).

In der Phase der **Vorbereitung** werden die Ziele (bspw. Potenzialbeurteilung oder Auswahlentscheidung) und Zielgruppen (bspw. Trainees, Azubis oder Manager) fest-

Tab. 6.21: Ablauf eines Assessment Centers.

Vorbereitung	Durchführung	Abschluss
– Festlegung der Ziele und Zielgruppe – Auswahl der Beobachter – Definition des Anforderungsprofils – Zusammenstellung der Übungen – Administrative Aufgaben	– Training der Beobachter – Empfang der Teilnehmer – Bearbeitung – Beobachtung	– Auswertung der Beobachtung – Ergebnisabstimmung – Entscheidungsfindung – Information und Feedback

gelegt. In der Folge werden passende Beobachter nach Fachkenntnis (bspw. für die Auswahl von Fachspezialisten) und Erfahrung ausgewählt.

Auf Basis des Anforderungsprofils werden die Instrumente (bspw. Präsentation, Gruppendiskussion, ...) und deren Reihenfolge festgelegt. Den Abschluss der Vorbereitung bilden die administrativen Folgeentscheidungen (bspw. wann und wo das Assessment Center stattfindet, wer die Teilnehmer einlädt, ...).

Den Übergang der Vorbereitungs- zur **Durchführungsphase** bildet die Vorbereitung der Beobachter. Hier können die Beobachter die Ziele und die gemeinsame Interpretation der Bewertungskriterien festlegen. Im Anschluss daran werden die Teilnehmer empfangen und das nun für sie folgende Programm erläutert.

Die Teilnehmer werden während den Übungen beobachtet. Je nach Anzahl der Teilnehmer wird empfohlen, mindestens zwei Beobachter für jede Anforderungsdimension einzusetzen. Durch die Kombination von Übungen besteht die Möglichkeit, mehrere Dimensionen innerhalb einer Übung zu beobachten. So ist es bspw. möglich, einzelne Kandidaten aus einer Gruppendiskussion herauszulösen und in Einzelinterviews zu schicken. Gleichzeitig kann analysiert werden, wie sich das Diskussionsverhalten der Gruppe ändert.

In der **Abschlussphase** werden die Übungen ausgewertet und die Beurteilungen über die Bewertungsdimensionen in Abstimmungsrunden der Beobachter zusammengeführt. Die Ergebnisse führen zu Empfehlungen hinsichtlich der verfolgten Zielsetzung des Assessment Centers. Das Assessment Center findet seinen Abschluss mit dem Feedback an die Teilnehmer.

Würdigung

Als Vorteile des Assessment Centers wird die hohe prognostische Validität durch das Zusammentragen von unterschiedlichen Informationen und Eindrücken gesehen (allerdings beruht die hohe Validität des AC hauptsächlich in der Anwendung von psychometrischen Tests; die Hinzunahme von Gruppenübungen, Diskussionen, Selbstpräsentationen, ... steigert die Validität der Auswahlentscheidung kaum).

Die Praxis zeigt zudem, dass die Auswahldimensionen häufig nicht aus den erfolgsrelevanten Tätigkeiten einer zu besetzenden Stelle abgeleitet werden, sondern die begrenzte Anzahl an Spielen und Übungen (bspw. Rollenspiele, Gruppendiskussion oder Planspiele) auf viele Stellenbesetzungen (von der Auswahl eines Auszubildenden über die Besetzung einer Traineestelle bis hin zur Auswahl von Managerpositionen) angewendet werden (vgl. Kompa, 1990).

Selbst wenn es gelänge, kritische Erfolgsdimensionen einer Stelle mit entsprechenden Simulationen abzubilden, wäre zu hinterfragen, ob eine so geschaffene Laborsituation tatsächlich die Arbeitspraxis abbildet (die bspw. häufig nicht von der Durchsetzungsfähigkeit in einer simulierten Gruppendiskussion abhängt, sondern von der Durchsetzungsfähigkeit in langen Projekten gegen viele offene oder verdeckte Widerstände).

Hinzu kommt, dass mit der Konzeption und Durchführung von Assessment Centern ein hoher Kosten- und Zeitaufwand verbunden wird.

6.3.5 Auswahlgespräche

Auswahlgespräche (häufig auch: Vorstellungs- oder Einstellungsgespräche) sind nach der Auswertung der Bewerbungsunterlagen die meist eingesetzte Methode der Personalauswahl. Der Durchführungsmodus reicht dabei von völlig freier Gesprächsführung über teil- und vollstrukturierte Varianten, in denen Fragen im Wortlaut und Reihenfolge fest vorgegeben sind (vgl. Schuler, 2000, S. 84).

In der Annahme, dass zukünftiges Verhalten in engem Zusammenhang mit der bisherigen Lebensgeschichte steht, wird das Auswahlgespräch häufig am Lebenslauf ausgerichtet. Durch die Betrachtung von Veränderungen und Konstanten zwischen verschiedenen Lebenssituationen will man Einsicht in die Persönlichkeit eines Bewerbers gewinnen und künftigen Arbeitserfolg prognostizieren.

Die Validität des Auswahlgesprächs hängt stark von der Art und Weise der Durchführung sowie der Erfahrung der Gesprächsteilnehmer ab. Die Forschung hat gezeigt, dass es eine Vielzahl von Möglichkeiten gibt, die Auswahlgespräche so zu verbessern, dass sie zu einem validen Instrument werden. Dies ist nicht ohne methodischen Aufwand zu erreichen, ermöglicht aber Validitätswerte, die in der Höhe der besten sonstigen Auswahlverfahren liegen (vgl. Schuler, 2000, S. 86 f.). Abb. 6.26 fasst die Erkenntnisse zusammen.

– Je höher der Anforderungsbezug der Fragen, desto höher die Validität.
– Die Durchführung weiterer, unabhängig geführter Gespräche und anschließender Meinungsbildung erhöht die Validität.
– Schulung der Interviewer (insb. mit Blick auf Beurteilungsfehler) können Erfahrung kompensieren.
– Je geringer die Standardisierung des Interviews, desto größer der Nutzen durch zusätzliche Gesprächsteilnehmer.
– Zu hohe Standardisierung (insb. wörtliche Vorgabe von Fragen und deren Reihenfolge) reduziert die Validität.

Abb. 6.26: Erkenntnisse der Interviewforschung.

Tab. 6.22: Aufbau eines multimodalen Interviews (vgl. Schuler, 2000).

Modul	Inhalt
Gesprächsbeginn	– Vorstellen der Gesprächsteilnehmer
	– Status quo des Bewerbungsverfahrens und Ablauf des Gesprächs
Selbstvorstellung des Bewerbers	– Darstellung des beruflichen und persönlichen Hintergrunds anhand des Lebenslaufs
	– Artikulation von Erwartungen und Zielvorstellungen
Freies Gespräch	– Klärung offener Fragen aus der Selbstvorstellung und aus den Bewerbungsunterlagen
Diagnostische Fragestellungen	– Situative Fragestellungen
Tätigkeitsinformationen	– Vorstellung des Unternehmens
	– Vorstellung des Tätigkeitsgebiets
Stellenbezogene situative Fragen	– Fachgespräch
	– ggf. Transferaufgaben, Ad-hoc-Präsentation, Fallbeispiel
Gesprächsabschluss	– Fragen des Bewerbers
	– Weitere Vorgehensweise und Danksagung

Das sog. multimodale Interview wurde mit dem Ziel konstruiert, möglichst viele der in der Interviewforschung festgestellten Handlungsempfehlungen zu vereinen. Das teilstrukturierte Interview ist in sieben Komponenten unterteilt, die das Interview inhaltlich leiten (vgl. Schuler, 2000, S. 89; Tab. 6.22).

Auch wenn die Inhalte des multimodalen Interviews überzeugen, so bleibt zu diskutieren, ob es nicht sinnvoller wäre, die Tätigkeitsinformationen vor die Selbstvorstellung des Bewerbers zu ziehen. Dies versetzt den Bewerber in die Lage, die Darstellung seines Lebenslaufs präziser auf die Anforderungen der Stelle auszurichten. Ebenso wäre zu diskutieren, ob die Selbstvorstellung des Bewerbers und die Klärung offener Fragen nicht ineinander übergehen sollten. Wenn die Fragen behutsam in die Selbstvorstellung eingewebt werden, können etwaige Vorbehalte des Interviewers oder kritische Sachverhalte an dieser Stelle schon geklärt und ausgeräumt werden.

Der Baustein „diagnostische Fragestellungen" soll dabei helfen, die für die zu besetzende Stelle als kritische Anforderung identifizierte Leistungs- oder Verhaltensdimension zu erfragen. Ein Beispiel für eine solche Fragerunde ist in Abb. 6.27 darge-

– Berichten Sie über ein von Ihnen durchgeführtes Projekt, auf das sie stolz sind.
– Was war das für ein Projekt?
– Was waren die größten Schwierigkeiten, denen sie gegenübergestanden haben?
– Wie haben Sie versucht, diese Schwierigkeiten zu überwinden?
– Was war das Ergebnis Ihrer Bemühungen?
– Was haben Sie daraus gelernt für zukünftige Projekte?
– Gab es im letzten Jahr ähnliche Vorfälle?

Abb. 6.27: Beispiel für eine diagnostische Fragerunde (vgl. Schuler/Höft/Hell, 2014, S. 286).

stellt. Es wird deutlich, dass der Interviewer einen bestimmten Sachverhalt mit dem Bewerber gründlich erfragen möchte, um sich ein Bild einer bestimmten Verhaltens- oder der Leistungsdimension zu machen. Das Nachfragen soll verhindern, dass standardisierte Antworten oder formelhaftes Lehrbuchwissen anstelle des tatsächlichen Verhaltens geäußert werden.

6.4 Auswahlentscheidung

Nach Durchführung des Auswahlprozesses erfolgt die Entscheidung für oder gegen einen Bewerber. Dabei sind zwei richtige und zwei falsche Entscheidungen möglich (vgl. Abb. 6.28).

Das Ziel der Personalauswahl besteht darin, richtige Entscheidungen zu treffen. Die Wahrscheinlichkeit für eine richtige oder falsche Entscheidung hängt von den folgenden Faktoren ab (vgl. im Folgenden Weuster, 2012, S. 2 ff.):

– **Basisrate:** Die Basisrate gibt den Anteil objektiv geeigneter Bewerber für die infrage kommende Stelle aus der Gesamtzahl der Bewerber an. Da die Basisrate in der Praxis nur mit großem Aufwand exakt ermittelbar wäre (man müsste alle Bewerber einladen und einer Eignungsprüfung unterziehen), geht man als Näherungswert nur von dem Anteil der Bewerber aus, die nach der Vorauswahl als grundsätzlich geeignet eingeschätzt werden.
– **Bedarfsquote:** Sie bezeichnet das Verhältnis der zu besetzenden Stellen zur Gesamtzahl der Bewerber. Diese ist meist sehr niedrig, da eine Vielzahl an Bewerbern nur einer oder weniger vakanten Stellen gegenübersteht (1:X). Ein Nachfrageüberhang kann auftreten, wenn bspw. eine neue Filiale aufgebaut wird und gleichzeitig mehrere gleichartige Stellen zu besetzen sind (bspw. Verkäuferstellen, Call-Center-Stellen).

richtige Entscheidung	falsche Entscheidung
wahre Positive = zu Recht akzeptierte Bewerber	Fehler 1. Art α-Fehler falsche Negative = fälschlich abgelehnte Bewerber
falsche Entscheidung	**richtige Entscheidung**
Fehler 2. Art β-Fehler falsche Positive = fälschlich akzeptierte Bewerber	wahre Negative = zu Recht abgelehnte Bewerber

Abb. 6.28: Entscheidungslogik (vgl. Weuster, 2012, S. 2).

Tab. 6.23: Zusammenhang zwischen Akzeptanzquote und Auswahlentscheidung (vgl. Weuster, 2012, S. 3).

Hohe Akzeptanzquote	Richtige Akzeptanzquote	Niedrige Akzeptanzquote
Sehr niedrige Anforderungen Tendenz zur Fehlbesetzung durch fälschlich Akzeptierte	Angemessene Anforderungen Richtige Besetzung wahrscheinlich	Hohe Anforderungen Tendenz zur Ablehnung geeigneter Kandidaten, evtl. Einstellung Überqualifizierter

Je größer die Basisrate ist, umso weniger wahrscheinlich ist eine Fehlentscheidung, da bei einer sehr hohen Basisrate selbst Losverfahren häufig die richtige Entscheidung erbringen könnten (ob dann aus den geeigneten Bewerbern der am besten geeignete ausgewählt wird, ist eine andere Frage). Damit wird auch der zweiseitige Zusammenhang zwischen der Personalbeschaffung und der Personalauswahl deutlich. (1) Ein attraktives Unternehmens- und Arbeitgeberimage bzw. eine möglichst präzise Ansprache der Zielgruppe bei der Bewerbersuche erhöht die Basisrate und senkt die Wahrscheinlichkeit von Fehlurteilen. (2) Ein leistungsfähiges Auswahlverfahren, mit dem valide zwischen geeigneten und ungeeigneten Bewerbern unterschieden werden kann, ist umso wichtiger, je niedriger die (zu erwartende) Basisrate ist.

Der Zusammenhang zwischen Basisrate und Bedarfsquote lässt sich wie folgt beschreiben: Eine niedrige Bedarfsquote bei hoher Basisrate lässt die Wahrscheinlichkeit einer richtigen Entscheidung steigen bzw. eine hohe Bedarfsquote bei niedriger Basisrate senkt die Wahrscheinlichkeit einer richtigen Auswahlentscheidung.

– **Akzeptanzquote:** Sie gibt das Verhältnis der als geeignet akzeptierten Bewerber zur Gesamtzahl der Bewerber an.

Ist in einem Auswahlverfahren die Akzeptanzquote kleiner als die Bedarfsquote, können nicht alle freien Stellen besetzt werden. Übersteigt die Akzeptanzquote die Bedarfsquote, kann eine zweite Auswahlrunde mit höheren oder zusätzlichen Anforderungen durchgeführt werden. Der Zusammenhang zwischen Akzeptanzquoten und Anforderungsniveaus ist in Tab. 6.23 dargestellt.

6.5 Rechtliche Aspekte der Personalbeschaffung und -auswahl

Der Prozess der Personalbeschaffung und -auswahl ist nicht alleine an den unternehmerischen Geboten der Effizienz und Effektivität auszurichten, sondern auch nach den Vorgaben des Gesetzgebers.

Beginn des Beschaffungs- und Auswahlprozess

Der Arbeitgeber muss Stellen, die er besetzen will, nicht zwingend intern ausschreiben. Etwas anders gilt, wenn der Betriebsrat eine **interne Ausschreibung** verlangt (§ 93 BetrVG). Die externe Ausschreibung darf dann keine anderen, jedenfalls keine geringeren Anforderungen an den Stelleninhaber stellen (vgl. Hromadka/ Maschmann, 2012, S. 120).

---

§ 93 BetrVG: Der Betriebsrat kann verlangen, dass Arbeitsplätze, die besetzt werden sollen, vor ihrer Besetzung innerhalb des Betriebs ausgeschrieben werden.

Bei der Konzeption eines Auswahlprozesses sind weitere Beteiligungsrechte des Betriebsrats zu beachten. So kann der Betriebsrat gem. § 94 Abs. 1 BetrVG den Inhalt eines Personalfragebogens mitbestimmen (jedoch nicht dessen Einführung verlangen). Stellt der Arbeitgeber allgemeine Beurteilungsgrundsätze auf (bspw. standardisierte Interviewfragen, Checklisten für Auswahlprozesse, Beobachtungsbogen im Rahmen von Assessment Centern oder sonstigen Tests), so hat der Betriebsrat (§ 94 Abs. 2 BetrVG) ebenfalls ein Mitbestimmungsrecht. Nach § 95 Abs. 1 BetrVG hat der Betriebsrat bei der Erstellung von Richtlinien über die Auswahl bei Einstellungen mitzubestimmen bzw. hat das Recht, die Aufstellung zu verlangen. Die Termini Beurteilungsgrundsätze und Auswahlrichtlinien überschneiden sich im Rahmen der Personalauswahl.

---

§ 95 BetrVG: Richtlinien über die personelle Auswahl [...] bedürfen der Zustimmung des Betriebsrats (Abs. 1). In Betrieben mit mehr als 500 Arbeitnehmern kann der Betriebsrat die Aufstellung von Richtlinien [...] verlangen (Abs. 2).

Durchführung des Personalbeschaffungs- und -auswahlprozesses

Vor dem Hintergrund des im Jahre 2006 eingeführten Allgemeinen Gleichbehandlungsgesetzes (AGG, umgangssprachlich auch: Antidiskriminierungsgesetz) wurden die rechtlichen Anforderung an einen gesetzeskonformen Auswahlprozess erhöht.

Das **Ziel des Gesetzes** ist die Verhinderung von Benachteiligung, die Arbeitnehmer oder Bewerber aus Gründen

- der Rasse (biologische Merkmale, bspw. Haut, Augenform, Haarfarbe, ...),
- der ethnischen Herkunft (Abstammung und Zugehörigkeit zu einer Volksgruppe),
- des Geschlechts (Zuordnung zu einem Geschlecht),
- der Religion (Zugehörigkeit zu einer Religionsgemeinschaft),
- einer Weltanschauung (nichtreligiöse Sinndeutung der Welt im Ganzen),
- einer Behinderung (gem. § 2 Abs. 1 SGB IX),
- des Alters (jedes Lebensalter, nicht nur ältere Arbeitnehmer) oder
- der sexuellen Identität (sexuelle Ausrichtung eines Menschen in den Grenzen des Strafgesetzbuches)

erleiden (§ 1 AGG). Damit schützt das AGG nicht jede Benachteiligung, sondern nur die in § 1 AGG abschließend aufgeführten Gründe.

Tab. 6.24: Indizwirkung (vgl. Maschmann, 2012, S. 126 f.).

Indizwirkung bejaht	Indizwirkung verneint
Nichtbeteiligung der Schwerbehindertenvertretung (auch beim versehentlichen Übersehen eines Bewerberhinweises)	Bloßes Vorliegen eines Diskriminierungsmerkmals
Öffentlich getätigte Aussagen des Arbeitgebers, er werde keinen Arbeitnehmer einer bestimmten ethnischen Herkunft einstellen (auch wenn dies nur scheinbar zum Spaß erfolgte)	Unternehmen beschäftigt in der infrage kommenden Hierarchieebene deutlich weniger Frauen als im Gesamtunternehmen
Fragen nach konkret bezeichneten gesundheitlichen Beeinträchtigungen in einem Bewerbergespräch	Stellenausschreibung mit den Anforderungen „flexibel und belastbar"
Suche nach „jungen" Bewerbern in einer Stellenanzeige	Suche nach einem „Junior Controller", da das „Junior" tendenziell Hierarchie und nicht Alter ausdrückt
Suche eines Bewerbers „für ein junges Team" Suche nach einer „Sekretärin" (ohne die männliche Bezeichnung oder einen Zusatz wie „m/w")	

Das AGG schützt in seinem **Anwendungsbereich** alle tatsächlich Beschäftigten und mögliche Beschäftigte in der Bewerbungsphase (§ 6 Abs. 1 AGG).

Das AGG unterscheidet mit der unmittelbaren und mittelbaren Benachteiligung zwei Formen der **Benachteiligung**. Benachteiligungen sind aber nur dann verboten, wenn kein vom AGG anerkannter Rechtfertigungsgrund vorliegt (auf ein Verschulden oder eine Absicht kommt es nicht an) (vgl. hierzu und im Folgenden Hromadka/Maschmann, 2012, S. 121 ff.).

- **Unmittelbare Benachteiligung**: Die Benachteiligung knüpft direkt an eines der in § 1 AGG genannten Merkmale an (bspw. wird eine Bewerberin nicht eingeladen, weil sie eine Frau ist; ein Bewerber wird zurückgewiesen, weil er schwul ist).
- **Mittelbare Benachteiligung**: Die Benachteiligung knüpft an ein scheinbar neutrales Kriterium an, benachteiligt jedoch dadurch einen Arbeitnehmer oder Gruppen von Arbeitnehmern, die Träger eines der in § 1 AGG genannten Merkmale sind (bspw. die in der Stellenausschreibung geforderte Anforderung „Muttersprache Deutsch").

Da der Nachweis einer unmittelbaren oder mittelbaren Benachteiligung aber schwer ist, wurde die Hürde der Beweislast abgesenkt, sodass es ausreicht, dass der vermeintlich Benachteiligte **Indizien** vorträgt, die eine Diskriminierung vermuten lassen (vgl. Tab. 6.24). Dabei genügt es, wenn aus vielen Gründen, die der Arbeitgeber vorträgt, eines auf ein verpöntes Merkmal zurückgeht (ein auf ein verpöntes Merkmal zurückgehendes Motiv in einem Motivbündel „vergiftet" die Auswahlentscheidung im Gesamten).

Die Benachteiligung kann zulässig sein, wenn sie gerechtfertigt ist. Mögliche **Rechtfertigungsgründe** werden in §§ 5, 8–10 AGG aufgeführt.

– **Positive Maßnahmen** (§ 5 AGG): Wenn Maßnahmen bestehende Nachteile verhindern oder ausgleichen sollen (bspw. die Durchführung von sog. Boys' oder Girls' Days).
– **Rechtfertigung wegen beruflicher Anforderungen** (§ 8 AGG): Wenn eine Anforderung, die an ein Merkmal nach § 1 AGG anknüpft, wesentlich und unverzichtbar für die Tätigkeit ist (für einen Unterwäschekatalog können weibliche Models gesucht werden; hingegen reichen Kundenwünsche oder praktische Gründe – im Lager müssen sehr schwere Lasten getragen werden – nicht aus).
– **Rechtfertigung wegen der Religion** (§ 9 AGG): Religionsgemeinschaften haben einen größeren Spielraum bei der Auswahl ihrer Mitarbeiter. Dabei gilt, je näher die gesuchte Person dem Verkündungsbereich zuzurechnen ist, desto eher ist eine Ungleichbehandlung gerechtfertigt (bspw. kann die Caritas bei der Suche einer Kindergärtnerin – naher Verkündigungsbereich – nur katholische Bewerber einladen; für die Stelle als Hausmeister gilt dies jedoch nicht – ferner Verkündigungsbereich).
– **Rechtfertigung wegen des Alters** (§ 10 AGG): Eine unterschiedliche Behandlung wegen des Alters kann durch ein legitimes Ziel gerechtfertigt sein. Bspw. die Beendigung eines Arbeitsverhältnisses mit Erreichen einer tariflichen Altersgrenze, der Ausschluss rentennaher Arbeitnehmer aus Sozialplänen oder die Berücksichtigung des Alters bei der Sozialauswahl nach § 1 Abs. 3 KSchG; nicht aber: Mindest- und Höchstalter für Einstellungen oder nach Lebensalter gestaffelte Vergütungen).

Als **Rechtsfolge** ergibt sich primär, dass die Benachteiligung unzulässig ist (§ 7 Abs. 1 AGG). Hat der Arbeitgeber die Benachteiligung zu vertreten (Verschulden, Vorsatz oder Fahrlässigkeit), so muss er als sekundäre Rechtsfolge den entstehenden Schaden ersetzen (§ 15 Abs. 1 AGG). Dies führt regelmäßig dazu, dass der Arbeitgeber bei AGG-Klagen abgelehnter Bewerber den entgangenen Lohn für drei Monate als Schadenersatz erstatten muss. Etwas anderes gilt bspw. bei der diskriminierenden Nichtberücksichtigung interner Bewerber für eine hierarchisch höhere Stelle. Hier bemisst sich der Schaden durch die Differenz zwischen der höherwertigen Vergütung und der aktuellen Vergütung für eine höchstrichterlich noch unbestimmte Zeitdauer (im Extremfall bis zum Renteneintritt).

Neben dem AGG haben sich in der Vergangenheit im Rahmen eines Vorstellungsgesprächs bestimmte **Fragerechte** herausgebildet.

Grundsätzlich sind all die Fragen zulässig, die in einem Zusammenhang mit den Pflichten des Arbeitnehmers aus dem Arbeitsverhältnis stehen. Hierzu zählen insb. die fachliche Qualifikation (bspw. Schulausbildung, Studiengang, Prüfungen, Sprachkenntnisse oder der berufliche Werdegang). Fragen nach der körperlichen Verfassung sowie sonstige persönliche Eigenschaften sind im Ausnahmefall möglich.

Die Rechtsprechung wägt bei der Bewertung der Zulässigkeit das grundgesetzlich geschützte Interesse des Arbeitgebers gegen die ebenfalls grundgesetzlich geschützten Interessen des Arbeitnehmers an seiner informationellen Selbstbestimmung ab.

Zur Zulässigkeit einzelner Fragen:

- **Aufenthaltserlaubnis/Arbeitserlaubnis** – erlaubt, da der Arbeitgeber ausländische Bewerber ohne erforderliche Erlaubnis nicht beschäftigen darf;
- **Behinderung** – erlaubt, wenn die körperliche Gesundheit eine unverzichtbare berufliche Anforderung ist;
- **Gewerkschaftsmitgliedschaft** – grundsätzlich unzulässig;
- **Schwangerschaft** – immer unzulässig, auch wenn sich nur Frauen beworben haben, die Stelle als Schwangerschaftsvertretung geplant ist oder die Beschäftigung aufgrund mutterschutzrechtlicher Vorschriften gar nicht möglich ist;
- **Vorstrafen** – allgemein gestellt unzulässig; zulässig, wenn für die konkrete Arbeitsleistung von Bedeutung, bspw. Vermögensdelikte bei Kassierer, Verkehrsdelikte bei Fahrern, Sittlichkeitsdelikte bei Ausbildern;
- **Vermögensverhältnisse** – nur zulässig bei Führungskräften und Arbeitnehmern in Vertrauensstellungen.

Der Arbeitgeber ist verpflichtet, die Vorstellungskosten (Fahrt-, Übernachtungs- und Verpflegungskosten) bei einer Aufforderung für ein Vorstellungsgespräch zu erstatten (§ 670 BGB).

Abschluss des Beschaffungs- und Auswahlprozesses

Bei den geplanten Einstellungen ist der Betriebsrat in Betrieben mit in der Regel mehr als 20 Arbeitnehmern zu unterrichten und seine Zustimmung einzuholen (§ 99 Abs. 1 BetrVG). Dabei sind dem Betriebsrat die Bewerbungsunterlagen aller Bewerber vorzulegen. Darüber hinaus ist ihm Auskunft über Auswirkungen der geplanten Maßnahme zu geben. Der Arbeitgeber muss sich zu der geplanten Maßnahme die Zustimmung des Betriebsrats einholen. Der Betriebsrat kann auf der Grundlage der in § 99 Abs. 2 BetrVG genannten Gründe die Zustimmung verweigern,

- wenn die personelle Maßnahme gegen ein Gesetz, eine Verordnung oder gegen eine Bestimmung in einem Tarifvertrag, in einer Betriebsvereinbarung oder gegen eine gerichtliche Entscheidung verstößt,
- wenn die personelle Maßnahme gegen die Auswahlrichtlinien verstößt,
- wenn die durch Tatsachen begründete Besorgnis besteht, dass infolge der personellen Maßnahme im Betrieb beschäftigte Arbeitnehmer gekündigt werden oder sonstige Nachteile erleiden,
- wenn ein Arbeitnehmer durch die personelle Maßnahme benachteiligt wird, ohne dass dies aus betrieblichen oder persönlichen Gründen gerechtfertigt ist,
- wenn eine erforderliche innerbetriebliche Stellenausschreibung unterblieben ist oder

- wenn die durch Tatsachen begründete Besorgnis besteht, dass der für die personelle Maßnahme in Aussicht genommene Bewerber den Betriebsfrieden stört.

Die Ausführungen sind in Tab. 6.25 zusammengefasst.

Tab. 6.25: Zusammenstellung rechtlicher Rahmenbedingungen im Beschaffungs- und Auswahlprozess.

Beschaffungs- und Auswahlprozess	Regelung	Bemerkung
Beginn	§ 93 BetrVG	Betriebsrat kann eine interne Stellenausschreibung verlangen
	§ 94 BetrVG	Mitbestimmung bei der Aufstellung von Beurteilungsgrundsätzen
	§ 95 BetrVG	Mitbestimmung bzw. Initiativrecht bei der Aufstellung von Auswahlrichtlinien
Durchführung	AGG	Verbot von Benachteiligungen aus den in § 1 AGG genannten Gründen
	Fragerechte	Abwägung von grundgesetzlich geschützten Interessenpositionen
	§ 670 BGB	Ersatz von Aufwendungen für Vorstellungsgespräche
Beendigug	§ 99 Abs. 1 BetrVG	Arbeitgeber muss Zustimmung des Betriebsrats für eine Einstellung einholen
	§ 99 Abs. 2 BetrVG	Betriebsrat kann Einstellung verweigern auf Grundlage der in Abs. 2 genannten Gründe

7 Personaleinsatz und Arbeitsgestaltung

Die Steuerung des Personaleinsatzes und die Gestaltung der Arbeitsaufgabe erfolgt im Wechselspiel zwischen vielen Anspruchsgruppen (Betriebsrat, Beauftragte für Arbeitssicherheit, Personal- und Fachabteilung) und vor dem Hintergrund unterschiedlicher Fachdisziplinen (bspw. Arbeitsrecht, Betriebswirtschaft, Arbeitsmedizin, Psychologie).

Das Personalmanagement steht dabei vor der Aufgabe, passende Instrumente für den Personaleinsatz zur Verfügung zu stellen, die zwar einzeln betrachtet werden können, sich aber häufig interdependent verhalten. So kann bspw. Flexibilität bei der Gestaltung des Arbeitsorts ein entsprechendes Arbeitszeitmodell voraussetzen oder die Einrichtung von Bildschirmarbeitsplätzen zusätzliche Kenntnisse aus der Arbeitswissenschaft notwendig werden lassen.

Im Folgenden werden mit der Gestaltung der Arbeitszeit (Kap. 7.1), des Arbeitsorts (Kap. 7.2) und der Arbeitsinhalte (Kap. 7.3) die einzelnen Komponenten des (flexiblen) Personaleinsatzes aus personalwirtschaftlicher, rechtlicher und arbeitswissenschaftlicher Perspektive vorgestellt. Kap. 7.4 beleuchtet den Prozess der Zuordnung von Arbeit zu Mitarbeitern aus einer methodischen und rechtlichen Perspektive.

7.1 Arbeitszeitgestaltung

Die Festlegung der Arbeitszeiten liegt an der Schnittstelle zwischen arbeitsplatzbezogener und organisatorischer Arbeitsgestaltung. Die Ausgestaltung eines Arbeitszeitsystems orientiert sich dabei an den Bedürfnissen des Unternehmens (bspw. die flexible Ausweitung der Arbeitszeit), der Mitarbeiter (bspw. die eigenbestimmte Festlegung der Arbeitszeit) und der Notwendigkeiten spezifischer Arbeitsvorgänge (bspw. durch die Notwendigkeit zur Rufbereitschaft, Bereitschaftsdiensten oder Mehr-Schicht-Systemen).

7.1.1 Zielsetzung der Arbeitszeitgestaltung

Die Gestaltung der Arbeitszeit kann sich an überschneidenden und tws. auch divergierenden Zielsetzungen der betrieblichen Akteure (Arbeitgeber, Betriebsrat und Arbeitnehmer) orientieren:
- Kostensenkung durch Ausdehnung der Betriebszeiten,
- Anpassungsfähigkeit an saisonale oder konjunkturelle Auslastungsschwankungen,
- Kundenservice durch längere Ansprechzeiten,
- Sicherung der Arbeitsplätze,

https://doi.org/10.1515/9783110541526-007

Tab. 7.1: Vor- und Nachteile flexibler Arbeitszeitsysteme (Berthel/Becker, 2013, S. 480).

	Vorteile	Nachteile
Arbeitgeber-perspektive	– Weniger Überstundenzuschläge – Bessere Anpassung an Kapazitätsauslastung – Sicherung des Betriebsablaufs (Produktivität) – Attraktivität auf dem Arbeitsmarkt – Höhere Motivation und Arbeitszufriedenheit – Geringerer Absentismus	– Schaffung von Konfliktpotenzialen – Missbrauchsrisiko steigt – Verwaltungsaufwand – Kosten für die Zeiterfassung – Erhöhter Führungsaufwand
Arbeitnehmer-perspektive	– Zeitsouveränität – Beruf und Familie lassen sich besser abstimmen – Leichtere Anpassung an den eigenen Biorhythmus – Kein Pünktlichkeitsgebot	– Zwang zur Selbstorganisation – Langsame Arbeitsverdichtung – Zusätzliche Kontrollen

– ergonomische Arbeitszeitgestaltung,
– Ausübung des Direktionsrechts des Arbeitgebers vs. Zeitautonomie des Mitarbeiters und
– Reduzierung des Verwaltungsaufwands bei der Administration von Arbeitszeitsystemen.

In den vergangenen Jahren ist das starre Arbeitszeitregime (bspw. Montag bis Freitag von 8.00 bis 17.00 Uhr) in vielen Unternehmen von flexiblen Arbeitszeitsystemen abgelöst worden. Durch flexible Arbeitszeitmodelle lassen sich, je nach Ausgestaltung, viele der oben genannten Zielsetzungen gleichzeitig umsetzen.

In Tab. 7.1 sind die wesentlichen Vor- und Nachteile flexibler Arbeitszeitsysteme zusammengefasst.

7.1.2 Flexible Arbeitszeitmodelle

Flexible Arbeitszeitmodelle (vgl. Abb. 7.1) lassen sich danach charakterisieren, welche der zentralen Dimensionen (Arbeitsvolumen oder Arbeitslage) flexibilisiert wurden:
– **Chronometrische Arbeitszeitvariation**: Variation der Dauer bzw. des Volumens der Arbeitszeit (bspw. durch Teilzeitarbeit oder Jobsharing).
– **Chronologische Arbeitszeitvariation**: Veränderung der Lage bzw. der Verteilung eines bestimmten Arbeitszeitvolumens (bspw. durch Mehrschichtsysteme, KAPOVAZ oder Arbeitszeitkonten).
– **Mischformen**: Veränderung von Dauer und Lage der Arbeitszeit (bspw. Gleitzeitmodelle oder Vertrauensarbeitszeit).

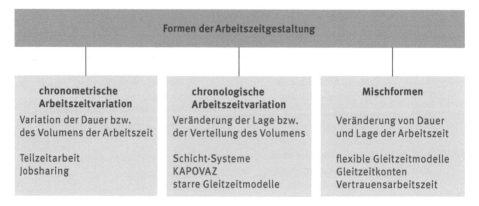

Abb. 7.1: Formen flexibler Arbeitszeitgestaltung.

Abb. 7.2: Flexible Arbeitszeitsysteme im Überblick.

Eine alternative Darstellung und Einteilung von Arbeitszeitsystemen findet sich in Abb. 7.2. Hier werden Arbeitszeitmodelle danach gegliedert, wer über die Arbeitszeit der Mitarbeiter verfügen kann (der Arbeitnehmer, der Arbeitgeber oder die Betriebsparteien Arbeitgeber und Betriebsrat) und wie viel Flexibilitätspotenzial mit dem Modell verbunden ist.

Teilzeit

Das Gesetz über Teilzeitarbeit und befristete Arbeitsverträge – TzBfG (Teilzeit- und Befristungsgesetz bezeichnet) – räumt den Mitarbeitern die Möglichkeit ein, ihre vertraglich geschuldete Arbeitszeit weitgehend eigenbestimmt und dauerhaft verkürzen zu können.

Damit wird das Recht beider Vertragsparteien (Arbeitgeber und Arbeitnehmer), frei darüber zu entscheiden, ob, für welchen Zeitraum und mit welcher Stundenanzahl gearbeitet werden soll, einseitig erweitert. Der Arbeitnehmer kann nun auch gegen den Willen des Arbeitgebers, seinen Anspruch auf eine geringere Stundenzahl durchsetzen.

Folgende Voraussetzungen müssen dafür gegeben sein:
– der Arbeitsvertrag besteht länger als sechs Monate (§ 8 Abs. 1 TzBfG),
– im Betrieb sind mehr als 15 Arbeitnehmer beschäftigt (§ 8 Abs. 7 TzBfG) und
– der Arbeitnehmer hat seinen Wunsch mindestens drei Monate vor Beginn geäußert.

Der Arbeitgeber kann als Reaktion darauf
– dem Wunsch des Arbeitnehmers entsprechen,
– Änderungsvorschläge mit dem Arbeitnehmer diskutieren und eine einvernehmliche Lösung suchen (auf die der Arbeitnehmer aber nicht eingehen muss) oder
– den Antrag ablehnen, wenn betriebliche Gründe dem Wunsch des Arbeitnehmers entgegenstehen.

Ein betrieblicher Grund zur Ablehnung liegt dann vor, wenn die Verringerung der Arbeitszeit die Organisation, den Arbeitsablauf oder die Sicherheit im Betrieb „wesentlich beeinträchtigt" oder unverhältnismäßig hohe Kosten verursachen würde.

Der Maßstab „wesentliche Beeinträchtigung" oder „unverhältnismäßige Kosten" wurde vom BAG in zahlreichen Fällen konkretisiert. Den Arbeitgebern wurde dabei aufgetragen, unter Berücksichtigung des Einzelfalls alle zumutbaren Anstrengungen zur Schaffung eines Teilzeitarbeitsplatzes umzusetzen.

Arbeitnehmer in Teilzeit dürfen grundsätzlich nicht schlechter behandelt werden als vergleichbare Arbeitnehmer in Vollzeit. Bspw. erfolgt die Umrechnung der Leistungen (Entgelt, Sonderzahlungen, Urlaub, Altersversorgung, sonstige betriebliche Leistungen) anteilig.

Jobsharing

Arbeitsplatzteilung stellt eine Variante der Teilzeitarbeit dar, in der sich zwei oder mehr Teilzeitbeschäftigte einen Vollzeitarbeitsplatz teilen. Die Ausgestaltung wird zwischen den Akteuren (Arbeitgeber, Arbeitnehmer 1, Arbeitnehmer 2, …) geregelt. Dabei wird die geschuldete Arbeitszeit zwischen den beteiligten Arbeitnehmern aufgeteilt. Im Extremfall könnte so bspw. ein Arbeitnehmer ein halbes Jahr Vollzeit arbeiten und ein halbes Jahr gar nicht, so der zweite Arbeitnehmer das zweite Halbjahr Vollzeit arbeitet und das erste gar nicht. Die beiden Arbeitnehmer müssen dies im Einvernehmen regeln.

Die einzelnen Arbeitsverhältnisse sind dabei unabhängig voneinander. So endet bspw. das Arbeitsverhältnis zu einem Arbeitnehmer nicht automatisch, wenn das Arbeitsverhältnis des anderen endet. Ebenso bestehen keine Rechtsbeziehungen zwischen den beteiligten Arbeitnehmern über die Absprache zur Verteilung der Arbeitszeit hinaus. Auch ist der eine Arbeitnehmer nicht automatisch zur Krankheitsvertretung des anderen Arbeitnehmers verpflichtet.

Schichtmodelle

Schichtmodelle ändern die Lage der Arbeitszeit in einem meist vorgegebenen Rhythmus. Im Wechselschichtsystem wechseln die Arbeitnehmer innerhalb eines vorgegebenen Schichtzyklus (entweder vorwärts rollierend: Tag-, Spät-, Nacht-, Freischicht; oder rückwärts rollierend: Tag-, Nacht-, Spät-, Freischicht oder chaotisch: Tag-, Frei-, Nacht-, Tag-, Spätschicht).

Die Notwendigkeit zur Arbeitszeitgestaltung im Schichtsystem kann sich ergeben aus

- dienstbasiertem Kapazitätsbedarf (bspw. geben Flug-, Fahr-, Operationspläne die Nachfrage nach Personal vor),
- anforderungsorientierter Nachfrage (die Nachfrage wird durch Mindestanforderungen an Personalkapazitäten definiert, bspw. auf Krankenstationen, Polizeidienststellen, Rettungsleitstellen oder Maschinenlaufzeiten) oder
- zufallsbasiertem Kapazitätsbedarf (schwankende Nachfrage, bspw. in Call-Center oder Supermärkten).

Ein Beispiel für einen Schichtplan für einen vollkontinuierlichen Betrieb – 24 Stunden an 7 Tagen pro Woche – wird häufig nach dem Muster in Abb. 7.3 gestaltet (bspw. zur Maximierung der Maschinenlaufzeiten, im Krankenhaus oder der Energieversorgung).

Die Gruppengrößen können dabei in Abhängigkeit des Bedarfs variieren (bspw. in der Nachtschicht eines Krankenhauses nur mit Minimalbesetzung) oder konstant bleiben (bspw. bei der Dauerauslastung von Maschinen). In der Praxis steigt die Komplexität der Schichtplanung mit der Berücksichtigung zahlreicher einwirkender Faktoren an (bspw. Urlaubsplanung, Reserveschichten, planmäßige Instandhaltungstermine, Krankheitsverschiebungen oder unterschiedliche Wochenarbeitszeiten der Gruppenmitglieder).

Der Gesetzgeber gibt den Betriebsparteien bei der Gestaltung weitestgehend freie Hand. Als Generalanforderung gilt lediglich, dass „gesicherte arbeitswissenschaftliche Erkenntnisse" in die Gestaltung eingehen. Auch wenn die folgenden Anforderungen als „gesichert" gelten, so finden in der Praxis häufig nur einzelne Bausteine der arbeitswissenschaftlichen Erkenntnisse Eingang in die betriebliche Diskussion zwischen den Betriebsparteien:

| Gruppe | Woche 1 | | | | | | | Woche 2 | | | | | | | Woche 3 | | | | | | |
	Mo	Di	Mi	Do	Fr	Sa	So	Mo	Di	Mi	Do	Fr	Sa	So	Mo	Di	Mi	Do	Fr	Sa	So
A	F	F	S	S	N	N				F	F	S	S	N	N				F	F	S
B	F	S	S	N	N				F	F	S	S	N	N				F	F	S	S
C	S	S	N	N				F	F	S	S	N	N				F	F	S	S	N
D	S	N	N				F	F	S	S	N	N				F	F	S	S	N	N
E	N				F	F	S	S	S	N	N				F	F	S	S	N	N	

Abb. 7.3: Schichtsystem im Früh-, Spät-, Nacht- und Freischichtwechsel (vgl. Erlwein/Hofmann, 2001, S. 56).

- Nicht mehr als drei Nachtschichten hintereinander (der Biorhythmus stellt sich auch bei längeren Nachtschichtphasen nicht um, sondern deformiert sich lediglich; die negativen Wirkungen reduzieren sich durch die geringe Anzahl der Nachtschichten).
- Schneller Wechsel zwischen Früh- und Spätschicht (um bei längeren Phasen der Spätschicht keine Einbußen sozialer Kontaktmöglichkeiten zu erleiden).
- Keine langen Schichtphasen (da sonst ein großer Teil der folgenden Freischichten für die Regeneration benötigt wird).
- Vorwärtsrotation der Schichten (der Biorhythmus eines Menschen orientiert sich an einem 25-Stunden-Tag, daher fällt die Anpassung an einen verlängerten Tag leichter als an einen kurzen Tag).
- Vermeiden von ungünstigen Schichtfolgen (besonders belastend ist die Folge Nacht-Frei-Früh).
- Geblockte Freizeiten ermöglichen (zusammenhängende Freischichten haben einen größeren Erholungswert als einzelne freie Tage).

Ein auf den ersten Blick „chaotischer" Schichtplan ist in Abb. 7.4 dargestellt. Studien haben ergeben, dass der Schichtplan nach einer sechsmonatigen Erprobungsphase nach anfänglicher Skepsis von den Mitarbeitern gegenüber anderen Modellen bevorzugt wird (vgl. Erlwein/Hofmann, 2001, S. 56).

Gruppe	Woche 1 Mo	Di	Mi	Do	Fr	Sa	So	Woche 2 Mo	Di	Mi	Do	Fr	Sa	So	Woche 3 Mo	Di	Mi	Do	Fr	Sa	So
A	F	F	S	S	N	N					F	F	S	S	N	N					F
B	N	N					F	F	S	S	N	N					F	F	S	S	N
C			F	F	S	S	N	N				F	F		S	S	N	N			
D	S	S	N	N					F	F	S	S	N	N					F	F	S
E			F	F	S			S	N	N					F	F	S	S	N	N	

Gruppe	Woche 4 Mo	Di	Mi	Do	Fr	Sa	So	Woche 5 Mo	Di	Mi	Do	Fr	Sa	So	Woche 6 Mo	Di	Mi	Do	Fr	Sa	So
A	F	S	S	N	N					F	F	S	S	N	N					F	F
B	N					F	F	S	S	N	N					F	F	S	S	N	N
C		F	F	S	S	N	N				F	F	S		S	N	N				
D	S	N	N					F	F	S	S	N	N					F	F	S	S
E			F	F	S	S		N	N					F	F	S	S	N	N		

Abb. 7.4: Schichtplan nach arbeitswissenschaftlichen Erkenntnissen (vgl. Erlwein/Hofmann, 2001, S. 56).

KAPOVAZ

Bei dem Arbeitszeitmodell der kapazitätsorientierten variablen Arbeitszeit (KAPOVAZ) kann der Arbeitgeber aufgrund des Einzelarbeitsvertrages die Arbeitszeiten der Mitarbeiter gemäß den aktuellen betrieblichen Anforderungen abrufen. Die Arbeitszeit wird durch ein einseitiges Leistungsbestimmungsrecht des Arbeitgebers an den Arbeitsbedarf angepasst. Zugleich wird die insgesamt geschuldete Arbeitszeit des Mitarbeiters im Voraus festgelegt. Dabei können unterschiedliche Bezugsräume (bspw. Woche oder Monat) herangezogen werden (vgl. Etzel/Kellner/Worch, 2001).

Der Stundenanteil, über den der Arbeitgeber kapazitätsorientiert verfügen kann, darf 25 % der vereinbarten wöchentlichen Stundenzahl nicht überschreiten. Will er auf die Arbeitsleistung zugreifen, muss er dies dem Arbeitnehmer mindestens vier Tage vor dem gewünschten Einsatz formlos mitteilen. Dabei zählen der Tag der Aufforderung und der Einsatztag bei der Fristberechnung nicht mit. Ebenso kann der erste Tag der Vier-Tages-Frist nicht auf einem Samstag, Sonntag oder Feiertag liegen.

Gleitzeitmodelle, Arbeitszeitkonten

Gleitzeitmodelle erlauben dem Arbeitnehmer, innerhalb einer gewissen Zeitspanne (Gleitzeit) Beginn und Ende seiner täglichen Arbeitszeit selbst zu bestimmen. Gleitzeitmodelle mit fester Kernarbeitszeit legen Zeiten fest, in denen der Arbeitnehmer anwesend sein muss. Die genaue Anfangs- und Endzeit bleibt dem Arbeitnehmer überlassen. Bspw. könnte ein Arbeitszeitmodell so aufgebaut sein, dass alle Arbeitnehmer zwischen 9.00 und 12.00 Uhr und zwischen 13.00 und 15.00 Uhr anwesend sein müssen. Ob sie jedoch um 7.00 Uhr beginnen und um 15.00 Uhr ihre Arbeitszeit beenden oder um 9.00 Uhr beginnen und um 17.00 Uhr ihren Arbeitstag beenden, bleibt ihnen überlassen. Gleitzeitmodelle ohne Kernarbeitszeit definieren lediglich einen groben Rahmen, in denen die tägliche Arbeitszeit geleistet werden muss (bspw. zwischen 6.30 und 19.00 Uhr) (vgl. Etzel/Kellner/Worch, 2001).

Die Modelle sind weiter danach zu unterscheiden, ob ein täglich starres oder flexibles Arbeitszeitvolumen geleistet werden kann. Starre Gleitzeitmodelle verlangen ein täglich festes Arbeitszeitvolumen. Flexible Gleitzeitmodelle geben dem Arbeitnehmer die Chance, das tägliche Pensum zu variieren und erst innerhalb eines definierten Bezugszeitraums (Woche, Monat oder Jahr) die durchschnittliche Arbeitszeit erreicht zu haben. Dabei können unterschiedliche Grenzen verschiedene Flexibilitätsfreiräume für Arbeitgeber und Arbeitnehmer definieren. Ein Beispiel eines Gleitzeit- bzw. Arbeitszeitkonto in Form eines „Ampelkontos" zeigt Abb. 7.5. Die Analogie der Ampel soll auf die Möglichkeit aufmerksam machen, das Gleitzeit- oder Arbeitszeitkonten abgestufte Dispositionsspielräume zulassen können. In diesem Fall entscheidet der Mitarbeiter in der grünen Phase eigenverantwortlich über seine Arbeitszeitgestaltung. In der gelben Phase sind Gleitzeitaufbau bzw. -abbau nur in Absprache mit dem Vorgesetzten möglich. In der roten Phase übernimmt eine weitere Instanz die Steuerung der Arbeitszeit. Bspw. könnte in Betriebsvereinbarung dann geregelt sein, dass in dieser Phase befristete Versetzungen in andere Abteilungen möglich werden, Leiharbeiter eingestellt oder Arbeiten an fremde Unternehmen vergeben werden können.

Flexible Arbeitszeitmodelle, die auf Arbeitszeitkonten aufbauen, können durch die Analogie zum Buchführungssystem beschrieben werden. Verbucht und bilanziert

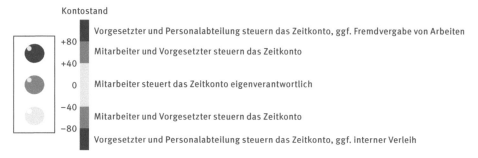

Abb. 7.5: Beispiel eines Ampelkontos (vgl. Erlwein/Hofmann, 2001, S. 38).

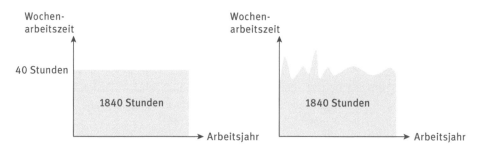

Abb. 7.6: Starre Arbeitszeitsystem vs. flexible Gleitzeit (vgl. Erlwein/Hofmann, 2001, S. 19).

wird die Arbeitszeit dann, wenn sie im Zeitablauf unregelmäßig verteilt ist und vom tariflich oder individuell vereinbarten Durchschnittswert abweicht. Die Arbeitszeitkonten geben ihren Wert über die Soll- oder Habenseite bzw. über die individuelle Zeitschuld oder das Zeitguthaben an. Betriebliche Gestaltungsregelungen regeln Zeitpunkt und Ausmaß des Ansparens (bzw. der Entnahme) durch die Beschäftigten. Weiterhin müssen zu festgelegten Zeitpunkten die Kontostände ausgeglichen werden (vgl. Seifert, 2001).

Eine beispielhafte Verteilung des Arbeitszeitvolumens im Vergleich zum starren Arbeitszeitsystem zeigt Abb. 7.6. Dabei wurde von einem jährlichen Arbeitsvolumen einer vertraglich vereinbarten 40-Stunden-Woche ausgegangen (1840 Jahresarbeitsstunden = (52 Wochen – 6 Urlaubswochen) * 40 h).

Je nach Bezugszeitraum und Zielsetzung lassen sich drei Typen (Kurzzeitkonto, Langzeitkonto und Lebenszeitkonto) von Arbeitszeitkonten unterscheiden (vgl. Abb. 7.7). Kurzzeitkonten (häufiger: Gleitzeitkonten) werden in Zeiteinheiten geführt, die zum flexiblen Auf- und Abbau von Arbeitszeit genutzt werden kann. Ein Ausgleich findet meist innerhalb des Monats oder des laufenden Jahres in Form von Freizeit statt. Langzeitkonten werden „in Zeit" oder „in Geld" geführt. Neben den geleisteten Mehrstunden können auch andere Entgeltbestandteile (bspw. Weihnachtsgeld oder Urlaubsgeld) eingebracht und mit Blick auf einen langfristigen Ausgleichszeitraum (bspw. für längere Freistellungsphasen für Urlaub, Fortbildung oder Sabbaticals) ge-

Abb. 7.7: Ausgestaltung von Gleitzeit- und Kontenmodellen (vgl. entfernt Kolb, 2010, S. 341 und S. 342).

nutzt werden. Lebensarbeitszeitkonten müssen „in Geld" geführt werden und dienen zur Ansparung eines Zeitguthabens über die gesamte Erwerbsbiografie, bspw. zum früheren Eintritt in den Ruhestand (vgl. Kolb, 2010, S. 341).

Vertrauensarbeitszeit

Vertrauensarbeitszeit kombiniert die chronologische und chronometrische Flexibilität. Der Arbeitgeber verzichtet auf eine Erfassung der vom Arbeitnehmer geleisteten Arbeitszeit. Durch den Verzicht der Kontrolle obliegt es dem Arbeitnehmer, die Arbeitszeit so zu gestalten, dass das anfallende Arbeitspensum bewältigt werden kann. Aufgrund der gewährten **Zeitsouveränität** entscheidet der Arbeitnehmer, wann und wieviel er täglich arbeitet.

Viele Studien zeigen, dass Zeitsouveränität zu einer Steigerung der Motivation und Produktivität führt. In der Praxis wird der Begriff unterschiedlich definiert. Vertrauensarbeitszeit liegt immer dann vor, wenn (1) die Anwesenheitszeit nicht durch den Arbeitgeber kontrolliert, (2) Arbeitszeitsouveränität und eigenverantwortlicher Zeitausgleich gewährt und (3) die Arbeitszeit durch Zielvorgaben, Aufgabenbeschreibungen oder Kundenanforderungen gesteuert wird (vgl. Biswas, 2004, S. 37 f.; Abb. 7.8). Dadurch wird der Arbeitseinsatz indirekt durch den Markt und die Kunden gesteuert.

Merkmale von Vertrauensarbeitszeit

– Anwesenheitszeit wird nicht kontrolliert
– Arbeitszeitsouveränität und autonomer Zeitausgleich
– Steuerung der Arbeitszeit durch Zielvorgaben, Aufgabenbeschreibungen
  oder Kundenanforderungen

Abb. 7.8: Merkmale von Vertrauensarbeitszeit.

Tab. 7.2: Ausnahmen, Ergänzungen oder Erweiterungen zum ArbZG.

Berufsgruppe	Anwendbare Vorschriften
Fahrpersonal auf Kraftfahrzeugen	ArbZG und Vorschriften für Fahrpersnoal
Besatzungsmitglieder von Luftfahrzeugen	ArbZG und VO für Luftfahrtgeräte
Arbeitnehmer in Verkaufsstellen	ArbZG und Ladenschlussgesetz
Arbeitnehmer in der Eisen- und Stahlindustrie	ArbZG und VO über Sonntagsarbeit in der Eisen- und Stahlindustrie
Arbeitnehmer in der Papierindustrie	ArbZG und VO über Sonntagsarbeit in der Papierindustrie
Gefahrgeneigte Arbeiten	ArbZG und DruckluftVO bzw. GefahrstoffVO
Besatzungsmitglieder von Kauffahrteischiffen	Seemannsgesetz
Leitende Angestellte (im Sinne des § 5 Abs. 3 BetrVG)	Keine Arbeitszeitvorschriften
Chefärzte	Keine Arbeitszeitvorschriften

7.1.3 Arbeitsrechtliche Betrachtung der Arbeitszeit

Die mögliche Variation der Arbeitszeit wird durch gesetzliche, tarifliche und betriebliche Regelungen begrenzt. Die grundlegenden Regelungen trifft das Arbeitszeitgesetz (ArbZG), wobei für bestimmte Berufsgruppen tws. abweichende oder ergänzende Regelungen gelten. Eine Übersicht über spezielle Berufsgruppen und die jeweils anwendbaren Vorschriften zeigt beispielhaft Tab. 7.2.

Begriff der Arbeitszeit

§ 2 Arbeitszeitgesetz (ArbZG) definiert Arbeitszeit als die Zeit vom Beginn bis zum Ende der Arbeit ohne Ruhepausen (vgl. Tab. 7.3). Dabei sind Beginn und Ende der Arbeitszeit nicht gesetzlich definiert. Sie richten sich meist nach den arbeitsvertraglichen Vorschriften oder nach betrieblichen Regelungen. Hierzu gehören nicht die Wegezeiten, die für das Erreichen der Arbeitsstätte aufgewendet werden müssen oder Wasch- und Umkleidezeiten (allerdings gibt es hierzu vielfältige Ausnahmen). Die Anrechnung von Dienstreisezeiten regelt meist der Tarifvertrag.

Innerhalb dieser Definition kann zwischen weiteren Sonderformen unterschieden werden:

– **Arbeitsbereitschaft:** Das Bundesarbeitsgericht hat Arbeitsbereitschaft als „Zeit wacher Achtsamkeit im Zustand der Entspannung" definiert (bspw. Taxifahrer, die auf Kunden warten oder Rettungssanitäter, die auf ihren Einsatz warten). Arbeitsbereitschaft gilt als Arbeitszeit, wobei die Vergütung der Arbeitsbereitschaft meist in Tarifverträgen oder Betriebsvereinbarungen geregelt ist (meist als anteiliger Betrag zur Normalarbeitsvergütung).

Tab. 7.3: Grundsätze des Arbeitszeitgesetzes.

	ArbZG	Formen und Definition	Anmerkung
Arbeits-zeit	§ 2 ArbZG	Beginn und Ende der Arbeitszeit ohne Ruhepausen	keine Wegezeiten keine Wasch-und Umkleidezeiten
		Arbeitsbereitschaft Bereitschaftsdienst Rufbereitschaft	gilt als Arbeitszeit gilt als Arbeitszeit gilt als Ruhezeit
Höchst-grenzen	§ 3 ArbZG	8 Stunden werktäglich	Montag bis Samstag
		Verlängerung auf 10 Stunden möglich	Ausgleichszeitraum max. 6 Monate
Ruhe-pausen	§ 4 ArbZG	zwischen 0 und 6 Stunden zwischen 6 und 9 Stunden ab 9 Stunden	nicht notwendig mind. 30 Minuten mind. 45 Minuten
Ruhe-zeit	§ 5 ArbZG	nach Beendigung der Arbeit bis zur Wiederaufnahme	mind. 11 Stunden
		Ausnahmen möglich	Ausgleichszeiträume Branchenspezifisch

- **Bereitschaftsdienst:** Liegt dann vor, wenn sich der Arbeitnehmer außerhalb seiner Normalarbeitszeit an einer vom Arbeitgeber definierten Stelle (meist innerhalb Arbeitsstätte oder ggf. in unmittelbarer Nähe) aufhalten muss, um bei Bedarf seine volle Arbeitstätigkeit aufzunehmen. Zeiten während des Bereitschaftsdiensts zählen zur Arbeitszeit, wobei in Tarifverträgen gesonderte Vergütungen vereinbart werden können.
- **Rufbereitschaft:** Als Rufbereitschaft zählt die Zeit, in der der Arbeitnehmer sich in der eigenen Wohnung aufhalten kann, auf Abruf aber die Arbeit innerhalb einer definierten Zeitspanne aufnehmen muss. Tatsächliche Einsätze gelten als Arbeitszeit, ansonsten zählt die Rufbereitschaft zur Ruhezeit und wird meist pauschal vergütet.

Höchstgrenzen

Die Gestaltung der Arbeitszeit wird begrenzt durch § 3 Abs. 1 ArbZG auf werktäglich 8 Stunden (Montag bis Samstag, also maximal 48 Stunden wöchentlich). Eine Verlängerung auf bis zu zehn Stunden ist möglich, wenn innerhalb eines Ausgleichszeitraums von sechs Monaten die durchschnittliche Arbeitszeit von 8 Stunden erreicht wird.

Längere tägliche Arbeitszeiten können für kontinuierliche Schichtbetriebe zur Erreichung zusätzlicher Freischichten, für Bau- und Montagestellen und für Saisonbetriebe für die Zeit der Saison beantragt werden. Voraussetzung ist, dass die Verlängerung der Arbeitszeit über acht Stunden werktäglich durch eine entsprechende Verkürzung der Arbeitszeit zu anderen Zeiten ausgeglichen wird.

In Tarifverträgen oder Betriebsvereinbarungen können die Höchstgrenzen und deren Ausgleichszeiträume abweichend definiert werden.

Ruhepausen und Ruhezeiten

Gemäß § 4 ArbZG muss die Arbeit durch im Voraus feststehende **Ruhepausen** von mind. 30 Minuten bei einer Arbeitszeit von mehr als sechs bis zu neun Stunden und 45 Minuten bei einer Arbeitszeit von mehr als neun Stunden insgesamt unterbrochen werden. Länger als sechs Stunden hintereinander dürfen Arbeitnehmer nicht ohne Ruhepausen beschäftigt werden. Zur Ruhepause zählen nicht etwaige maschinelle oder prozessuale Wartezeiten (bspw. das Aushärten eines Werkstoffs oder die Bearbeitungszeit einer Maschine).

Nach Beendigung der täglichen Arbeitszeit ist eine ununterbrochene **Ruhezeit** von mindestens elf Stunden gemäß § 5 ArbZG vorgeschrieben. Sofern dies innerhalb von vier Wochen ausgeglichen wird, ist eine Verkürzung in bestimmten Branchen auf zehn Stunden möglich (in Einrichtungen zur Behandlung, Pflege und Betreuung von Personen, in Einrichtungen zur Bewirtung und Beherbergung, in Verkehrsbetrieben, beim Rundfunk sowie in der Landwirtschaft und in der Tierhaltung).

Nacht-, Schicht-, Sonn- und Feiertagsarbeit

Nacht- und Schichtarbeit sind für Frauen und Männer gleichermaßen zulässig. Allerdings muss bei der Gestaltung von Schichtsystemen den „gesicherten arbeitswissenschaftlichen Erkenntnissen über die menschengerechte Gestaltung der Arbeit" entsprochen werden (§ 6 Abs. 1 ArbZG).

Es gilt der Grundsatz, dass an Sonn- und Feiertagen nicht gearbeitet werden darf. Allerdings gibt es hierzu viele Ausnahmen. So können im Schichtbetrieb die Anfangs- und Endzeitpunkte der Schichten in die Sonn- und Feiertage hineinragen. Hinzu kommen Ausnahmen für bestimmte Tätigkeiten oder Branchen, an denen auch die Beschäftigung an Sonn- und Feiertagen möglich ist (bspw. bei Unternehmen der Energie- und Wasserversorgung, der Not- und Rettungsdienste, des Rundfunks, der Sport-, Freizeit-, Kultur- oder Messebranche sowie bei Tätigkeiten mit verderblichen Waren, der Bewachung, Reinigung und Instandhaltung).

Die genannten Grenzen werden in der Realität selten ausgeschöpft. Vielmehr bestimmen Arbeitsverträge, Betriebsvereinbarungen oder Tarifverträge deutlich kürzere Arbeitszeiten.

Die Ebene der Tarifverträge ist das „klassische" Feld der Arbeitszeitpolitik. Hier finden sich vor allem die Regelungen zur **Arbeitszeitdauer** (regelmäßige Wochenarbeitszeit, Jahresurlaub, Definition von Mehr-, Spät- und Nachtarbeit und entsprechende Zuschläge), während die Regelungsdichte hinsichtlich der **Lage der Arbeitszeit** weniger ausgeprägt ist und tendenziell der Betriebsebene überantwortet wird. Betriebsrat und Arbeitgeber regeln in Betriebsvereinbarungen die Verteilung der täglichen und wöchentlichen Arbeitszeit sowie bei der Pausenregelung (§ 87 Abs. 1 Nr. 2

Tab. 7.4: Wochenarbeitszeit und Urlaubstage in unterschiedlichen Branchen (vgl. iwd, 2009).

	Wochenarbeitszeit in Stunden		Urlaubstage	
	West-D	Ost-D	West-D	Ost-D
Bauhauptgewerbe	40,0	40,0	30	30
Chemische Industrie	37,5	40,0	30	30
Druckindustrie	35,0	38,0	30 bis 36	30
Einzelhandel	37,5	38,1	24 bis 26	30 bis 36
Groß- und Außenhandel	38,5	39,0	30	30
M+E-Industrie	35,0	38,0	30	30
Öffentlicher Dienst	39,0	40,0	30	30
Transport und Verkehr	39 bis 40	40,0	27 bis 30	24 bis 30
Versicherungen	38,0	38,0	30	30

BetrVG), bei für alle Mitarbeiter geltenden Urlaubsregelungen (Urlaubsgrundsätze, Urlaubsplan) sowie bei der Urlaubsfestlegung im Einzelfall, wenn zwischen Arbeitgeber und betroffenem Mitarbeiter kein Einverständnis erzielt wird (§ 87 Abs. 1 Nr. 5 BetrVG).

Auf Tarifebene haben sich die Arbeitszeit-, Lohn- und Gehalts- und Urlaubsstandards weitgehend angenähert. Im ersten Jahr nach der Wiedervereinigung betrug der Lohnabstand bei ähnlicher Arbeitszeit noch 40 %; im Jahr 2010 wurde 96,8 % des Weststandards erreicht. Allerdings muss in Ostdeutschland meist länger (im Schnitt 1,4 Stunden pro Woche) für das (fast gleiche) Entgelt gearbeitet werden (vgl. iwd, 2009). Tab. 7.4 zeigt eine Übersicht über die Wochenarbeitszeiten und Urlaubstage in west- und ostdeutschen Tarifverträgen.

Die Gestaltung der Arbeitszeit in Tarifverträgen wird bis heute in vielen Branchen, insb. in der Metall- und Elektroindustrie, durch den sog. **Leber-Kompromiss** von 1984 geprägt. Dieser sah eine schrittweise Absenkung der Arbeitszeit von zunächst 40 Stunden/Woche auf 35 Stunden/Woche (ab 1. Oktober 1995) vor. Im Gegenzug erhielten die Arbeitgeber erweiterte Dispositionsspielräume für die betriebliche Flexibilisierung der Vollzeitarbeit. Dadurch wurde es dem Arbeitgeber ermöglicht, betriebsindividuelle Lösungen zu finden.

Abstrakt ausgedrückt wurde die chronometrische Variation (über die Senkung der Arbeitszeit) eingeschränkt und die chronologische Variationsmöglichkeit ausgeweitet. So konnte die individuelle regelmäßige wöchentliche Arbeitszeit (sog. Irwaz) gleichmäßig oder ungleichmäßig **innerhalb der Arbeitswoche** verteilt werden, die tatsächlichen Wochenarbeitszeiten unregelmäßig innerhalb eines Ausgleichszeitraums von zwei (Manteltarifverträge 1984) bzw. sechs (Manteltarifverträge 1987 und 1990) Monaten, in dem die Irwaz im Durchschnitt wieder erreicht werden muss, verteilt werden; die **betriebsübliche Arbeitszeit** (bspw. 40 Wochenstunden) kann beibehalten werden, wenn die Differenz zur 35 Stundenwoche in Form von freien Tagen ausgeglichen wird (in den Manteltarifverträgen 1987 wurde hierzu bestimmt, dass nicht mehr als fünf freie Tage zusammengefasst werden dürfen), die Manteltarifverträge 1984 und 1987 haben die **Differenzierung** der individuellen regelmäßigen Arbeitszeiten für einzelne Beschäftigte oder Gruppen von Arbeitnehmern innerhalb vorgegebener Bandbreiten (bis 40 Wochenstunden) zugelassen; allerdings darf der Anteil der Arbeitnehmer mit einer wöchentlichen Arbeitszeit von über 35 Stunden 18 % nicht übersteigen.

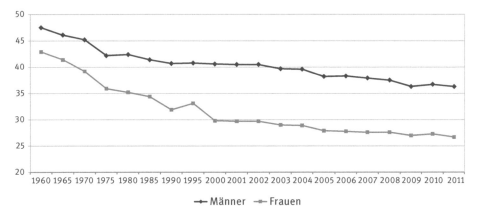

Abb. 7.9: Entwicklung der Wochenarbeitszeiten (vgl. Sozialpolitik Aktuell, 2014).

> Diesen Überlegungen schlossen sich zahlreiche andere Branchen an, sodass noch heute die Arbeitszeitpolitik auf Tarifebene durch die (Weiterentwicklung der) damals gefundenen Lösungen gekennzeichnet ist.

Die tatsächlichen durchschnittlichen Wochenarbeitszeiten von Frauen und Männer haben sich in den letzten Jahrzehnten deutlich reduziert (vgl. Abb. 7.9). Dabei unterscheiden sich die Arbeitszeiten weniger zwischen Ost- und Westdeutschland als vielmehr zwischen Männern und Frauen, da Frauen häufiger in Teilzeitarbeitsverhältnissen arbeiten.

Die **Entwicklung** lässt sich durch vielfältige Entwicklungen erklären:

- Die Gewerkschaften konnten eine Reduzierung der Arbeitszeit in fast allen Branchen durchsetzen.
- Der Prozess der tariflichen Arbeitszeitverkürzungen ist seit etwa Mitte der 1990er-Jahre zum Stehen gekommen.
- Der Rückgang in der Folgezeit ist hauptsächlich auf die zunehmende Verbreitung der Teilzeitbeschäftigung zurückzuführen.
- Die durchschnittliche Stundenzahl innerhalb der Teilzeitarbeitsverhältnisse hat im letzten Jahrzehnt weiter abgenommen.

7.2 Gestaltung des Arbeitsorts

Für die meisten Arbeitnehmer ist der Betrieb auch der Arbeits- und Einsatzort. Nur wenige Arbeitnehmergruppen, wie bspw. Zugbegleiter, LKW-Fahrer, Piloten, Bauarbeiter mit wechselnden Baustellen oder Außendienstmitarbeiter haben keine feste Arbeitsstätte.

Für viele Arbeitnehmer hat sich in den vergangenen Jahren trotz fester Arbeitsstätte die Möglichkeit eröffnet, den tatsächlichen Arbeitsort zwischen einem Heim- und Büroarbeitsplatz zu wechseln. Dieses Arrangement findet häufig im Rahmen der Telearbeit statt.

Als **Telearbeit** bezeichnet man räumlich vom Standort des Auftraggebers getrennte Tätigkeiten, die mit Informations- und Kommunikationstechnologie ausgeführt und verbreitet wird.

Damit wird klar, dass der Begriff Telearbeit keine bestimmten Tätigkeitsinhalte beschreibt, sondern vielmehr die Art und Weise der Leistungserbringung.

7.2.1 Formen der Telearbeit

Zwar existiert die Idee des Homeoffice (im Folgenden wird der weiter gefasste Begriff der Telearbeit genutzt) schon länger, doch erst als es gelang, Arbeitssysteme
- inhaltlich synchron,
- ohne wesentliche zeitliche Verzögerung,
- kostengünstig und
- an praktisch allen Orten der Welt

verfügbar zu machen, wurde aus betrieblichen Einzelfällen eine weit verbreitete Alternative für viele Arbeitnehmergruppen.

Zur Konkretisierung der Erscheinungsformen der Telearbeit lassen sich folgende Typen der Telearbeit unterscheiden (vgl. Richenhagen/Wagner, 2000; Abb. 7.10):
- **Tele-Heimarbeit:** Ausschließliche Telearbeit in der Wohnung des Mitarbeiters ohne Zugriff auf einen zusätzlichen Arbeitsplatz im Betrieb des Arbeitgebers (klassisches Homeoffice).
- **Alternierende Telearbeit:** Regelmäßig wechselnde Tätigkeit zu Hause, im Unternehmen und unterwegs. Der Arbeitsort bestimmt sich zumeist in Abhängigkeit von der jeweiligen Arbeitsaufgabe (momentan verbreiteste Form des Homeoffice).
- **Mobile Telearbeit:** Arbeit, die üblicherweise an verschiedenen Orten stattfindet und durch den Einsatz vernetzter Technologien in kommunikativer Beziehung zum Unternehmen erfolgt (bspw. Außendienst oder Service-Monteure).

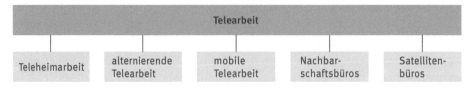

Abb. 7.10: Formen der Telearbeit.

- **Nachbarschaftsbüros**: Meist wohnortnahe Büroräume, die für Mitarbeiter mehrerer Unternehmen infrastrukturelle Einrichtungen bereitstellen.
- **Satellitenbüros**: Meist wohnortnahe ausgelagerte Zweigstellen, die für Mitarbeiter als Arbeitsort zur Verfügung stehen.

7.2.2 Verbreitung und Motive

Die Idee zur Telearbeit entstand schon in den 1960er-Jahren mit der Zunahme der Erwerbstätigkeit der Frauen, die erste Wünsche hinsichtlich einer Flexibilisierung der Arbeitsbedingungen zur besseren Vereinbarkeit von Familie und Beruf formulierten. In den 1970er-Jahren wurde das Konzept der Telearbeit in den USA vornehmlich mit der Idee der Energieeinsparung und Lösung von Verkehrsproblemen in den Großstädten diskutiert. Zwar eröffnete die technologische Entwicklung der 1980er-Jahre die Möglichkeit, Telearbeit umzusetzen, doch konnte sich die Idee aufgrund des schlechten Ansehens der traditionellen Heimarbeit bei den Gewerkschaften nicht durchsetzen. Für breitere Akzeptanz sorgte 1991 die Vergabe des Innovationspreises der Deutschen Wirtschaft an IBM Deutschland für ein Pilotprojekt mit 150 Telearbeitern. Anfang bzw. Mitte der 2000er-Jahre erlebte die Telearbeit einen Boom, der sich seit einigen Jahren auf mittlerem Niveau stabilisiert (vgl. Abb. 7.11).

Die Verbreitung der Telearbeit hängt einer weiteren Studie zufolge von kulturellen Unterschieden ab (vgl. Abb. 7.12). In Deutschland scheint die Präsenzkultur weiter verbreitet zu sein als in anderen Ländern.

Die Motive für die Umsetzung der Telearbeit werden heute weniger ideologisch diskutiert, sondern die jeweiligen Einsatznotwendigkeiten und -voraussetzungen rational zwischen Arbeitgeber und Arbeitnehmer abgewogen. Eine Übersicht über mögliche Vor- und Nachteile liefert Tab. 7.5.

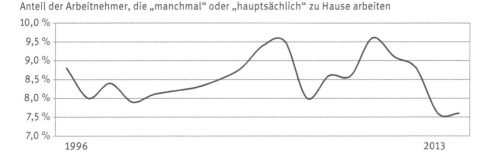

Abb. 7.11: Verbreitung der Telearbeit in Deutschland (vgl. Gersemann/Wisdorff, 2014).

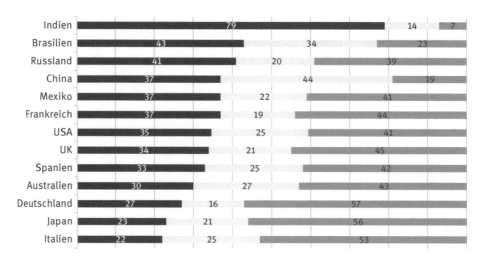

■ „Ich kann außerhalb des Unternehmens genauso produktiv sein."　　„Nur für manche Aufgaben muss ich im Büro sein, aber nicht für die tägliche Arbeit."

■ „Ich sollte täglich am Arbeitsplatz sein."

Abb. 7.12: Einstellungen gegenüber Telearbeit (vgl. iwd, 2011b).

Tab. 7.5: Vor- und Nachteile der Telearbeit.

	Arbeitnehmer	Arbeitgeber	Gesellschaft
Vorteile	– flexible Arbeitszeiten – Einsparung von Fahrtkosten – Zeitgewinn – Eigenverantwortlichkeit	– Senkung von Raum-/Energiekosten – Arbeitgeberimage – Produktivitätssteigerung – Senkung der Fehlzeiten	– Entlastung des Verkehrsnetzes – Schonung der Umwelt – Flexibilisierung des Arbeitsmarkts – Wohnsituation in Ballungsräumen
Nachteile	– mögliche soziale Isolation – mögliche Karrierenachteile – fehlende Trennung von Beruf und Privatleben – höherer Arbeitsdruck	– Kosten für Telearbeit – höherer Organisationsaufwand – schlechte Steuerbarkeit der Unternehmenskultur – Datenschutzprobleme	– fehlende Arbeitsnehmervertretung – Gefahr der Verlagerung von Arbeitsplätzen

7.2.3 Rechtliche Aspekte der Telearbeit

Für Telearbeit existieren keine speziellen gesetzlichen Normen. Das geltende Arbeitsrecht ist auch auf Telearbeitsverhältnisse anzuwenden und deckt einen Großteil der bestehenden Fragen ab. Die Besonderheiten ergeben sich insb. durch die fehlende

Kontrollierbarkeit durch den Arbeitgeber und die Leistungserstellung innerhalb der Privaträume. Daher werden im Folgenden typische Problemfelder bei der Gestaltung von Teleheimarbeit und alternierender Telearbeit (Varianten des „Homeoffice") angesprochen (vgl. im Folgenden ausführlich Bongers/Hoppe, 2014).

Umfang der Tätigkeit

Arbeitnehmer haben weder die Pflicht noch das Recht, Arbeitsleistungen in ihren Privaträumen zu erbringen. Soll etwas anderes gelten, so bedarf es einer mündlichen oder schriftlichen Vereinbarung (oder die in der Praxis häufiger anzutreffende stillschweigende Übereinkunft).

> Beispiel für einen ergänzenden Vertragszusatz:
> „Der Arbeitnehmer ist berechtigt, seine Tätigkeit von seinem Wohnsitz aus zu erbringen. Das Weisungsrecht des Arbeitgebers bleibt hiervon unberührt. Der Arbeitnehmer ist bei betrieblichen Erfordernissen verpflichtet, einen dienstlichen Arbeitsplatz aufzusuchen und in den Betriebsräumen des Arbeitgebers zu arbeiten, insb. im Falle von Teambesprechungen, Vertretungsbedarfen, Meetings oder Präsentationen."

Arbeitsmittel

Der Arbeitgeber stellt dem Arbeitnehmer die Arbeitsmittel. Dies gilt auch für Arbeitsmittel für Heimarbeitsplätze. Das heißt, dass die Ausstattung mit Informations- und Kommunikationstechnologie durch den Arbeitgeber erfolgt. Inwiefern die privat vorhandene Ausstattung mitbenutzt wird und ggf. vergütet wird (bspw. die vorhandene Telefon- und Internetleitung oder die Büroausstattung) ist ebenfalls Gegenstand einer Vereinbarung.

> Beispiel für eine Vereinbarung:
> „Der Arbeitgeber stellt dem Arbeitnehmer folgende IT- und Büromaterialien zur Verfügung […], die im Eigentum des Unternehmens verbleiben und auf Verlangen jederzeit, insb. bei Beendigung des Arbeitsverhältnisses, herauszugeben sind."

Aufwendungsersatz

Durch die Nutzung eines Homeoffices können Kosten entstehen (bspw. zusätzliche Mietkosten, …). Auch wenn keine Rechtsgrundlage zur Kostenerstattung besteht, greift die Rechtsprechung auf die Regelungen zum Aufwendungsersatz (§ 670 BGB) zurück.

Sind Arbeitnehmer vertraglich verpflichtet, häusliche Räume oder Arbeitsmittel zur Verfügung zu stellen, haben sie daher einen Aufwendungsersatzanspruch. Anders ist die Rechtslage, wenn ihnen lediglich freigestellt wird, private Räume und Mittel zu nutzen. In der Praxis wird der Aufwendungsersatz meist als Pauschale für Miete, Verbrauch von Strom, Wasser, Heizung, Abnutzung von Büromöbeln oder Telefon- und Internetkosten abgegolten.

Beispiel für eine pauschale Abgeltung:

„Für die Bereitstellung eines Internetanschlusses, die Nutzung der häuslichen Arbeitsstätte, […] zahlt der Arbeitgeber eine monatliche Aufwandspauschale i. H. v. X Euro brutto. Darüber hinaus können keine Kosten für die Nutzung der häuslichen Arbeitsstätte geltend gemacht werden."

Arbeitszeit

Für die Arbeitszeit gilt im Homeoffice grundsätzlich nichts anderes als am betrieblichen Arbeitsplatz. Die Schutzvorschriften des Arbeitszeitgesetzes gelten uneingeschränkt. Allerdings kann der Arbeitgeber die Einhaltung nicht unmittelbar kontrollieren. Zudem vollzieht sich der Wechsel von Arbeitstätigkeit und Freizeit erfahrungsgemäß häufiger und fließender.

Daher werden für die Heimarbeit häufig feste Arbeitszeiten (oder zumindest feste Zeiten der Erreichbarkeit) festgelegt. Zeitsouveränität kann durch Vereinbarungen über gleitende Arbeitszeiten oder Vertrauensarbeitszeit eingeräumt werden.

Zugangsrecht und Arbeitsschutz

Der Arbeitgeber ist berechtigt und verpflichtet, den Arbeitsplatz aufzusuchen und zu besichtigen (bspw. in Hinblick auf Arbeitssicherheit, Datenschutz, Akteneinsicht, Gefährdungsbeurteilungen, …). Für die Häufigkeit und Intensität der Besuche ist von den Umständen des Einzelfalls auszugehen. Bspw. kann vereinbart werden, dass mit einer Ankündigungsfrist von 24 Stunden ein Zutrittsrecht (bspw. für die Fachkraft für Arbeitssicherheit, dem Betriebsarzt, dem Datenschutzbeauftragten, der IT-Abteilung oder dem Vorgesetzten) gewährt werden muss.

Mitbestimmung des Betriebsrats

Der Betriebsrat ist auch für Arbeitnehmer im Homeoffice zuständig. Daraus folgt, dass Heimarbeiter aktives und passives Wahlrecht genießen und zu den Schwellenwerten des Betriebsverfassungsgesetzes hinzugezählt werden.

7.3 Gestaltung der Arbeitsinhalte

Die Gestaltung der Arbeitsinhalte kann aus mehreren Perspektiven betrachtet werden. Aus der Perspektive der Arbeitswissenschaft werden verbindliche Vorgaben bezüglich Höchst- und Mindestwerte vorgegeben, die die Gestaltung der Arbeitsinhalte begrenzen. Aus der Perspektive der Fertigungsorganisation wird der mit den Arbeitsinhalten verbundene Handlungsspielraum in den Mittelpunkt der Betrachtung gestellt.

7.3.1 Gestaltung aus der Perspektive der Arbeitswissenschaft

Die Gestaltung der Arbeit (Rahmenbedingungen, Inhalte, Arbeitsumgebung) muss sich an arbeitswissenschaftlich gesicherten Erkenntnissen ausrichten. Beispielsweise

- dürfen Arbeitszeitsysteme nur nach „gesicherten arbeitswissenschaftlichen Erkenntnissen über die menschengerechte Gestaltung der Arbeit" festgelegt werden (§ 6 Abs. 1 ArbZG),
- wird die sog. Normalleistung beim Akkordentgelt nach „arbeitswissenschaftlichen Methoden" (vgl. unterschiedliche Tarifverträge) bestimmt,
- werden Höchst- und Mindestwerte der Arbeitsumgebung (Lärm, Hitze, Kälte, …) durch „arbeitswissenschaftliche Erkenntnisse" vorgegeben (vgl. unterschiedliche Verordnungen der Arbeitssicherheit) oder
- wird die Beratung mit dem Betriebsrat über die Gestaltung der Arbeit an „arbeitswissenschaftlichen Erkenntnissen" ausgerichtet (§ 90 Abs. 2 BetrVG).

Definitionsversuch
Die Arbeitswissenschaft vereint eine Vielzahl wissenschaftlicher Fachdisziplinen (bspw. Arbeitsmedizin, Arbeitsphysiologie, Arbeitspsychologie oder Arbeitspädagogik) und die dort gewonnener Erkenntnisse (vgl. grundlegend Wobbe, 1993). Ein Definitionsversuch des Themenfelds zeigt Abb. 7.13.

Die Arbeitswissenschaft

– analysiert, systematisiert und leitet Empfehlungen zur
– technischen, organisatorischen und sozialen Gestaltung von Arbeitsprozessen ab,
– so dass Beschäftigte in produktiven und effizienten Arbeitsprozessen
– schädigungslose, ausführbare und erträgliche Arbeitsbedingungen vorfinden.

Abb. 7.13: Definition von Arbeitswissenschaft.

Arbeitswissenschaftliche Erkenntnisse gelten dann als „gesichert" (und werden so zur rechtlichen Rahmenbedingung der Arbeitsgestaltung), wenn

- methodisch und statistisch ausreichend begründete Erkenntnisse der betreffenden Einzeldisziplin (bspw. der Ergonomie, der Berufsmedizin, …) vorliegen,
- sich eine überwiegende Meinung innerhalb eines Fachkreises herausgebildet hat,
- DIN-Normen und ähnliche technische Regelwerke Vorgaben machen oder
- der Gesetzgeber in Verordnungen oder Gesetzen Mindest- und Höchstvorgaben machen.

Konzeptionelle Grundlage
Die konzeptionelle Grundlage der Arbeitswissenschaft liefert das Belastungs-Beanspruchungs-Konzept (vgl. Abb. 7.14). Dabei ergibt sich die **Belastung** (engl.: stress)

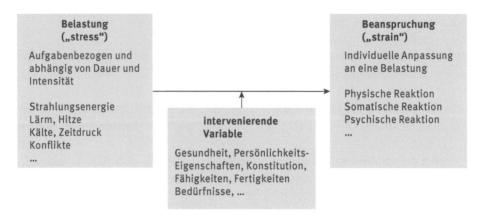

Abb. 7.14: Belastungs-Beanspruchungs-Konzept.

als Summe der Teilbelastungen, die häufig exakt messbar sind (bspw. Strahlungsenergie, Druck, Hitze, Kälte, Lärm, Zugluft, Schwingungen, chemische Stoffe), aber nicht immer quantifiziert werden können (bspw. Zeitdruck, Konflikte, Gruppendruck) (vgl. hierzu und im Folgenden Scholz, 2014, S. 749).

Belastung = f (aufgabenbezogen und abhängig von Dauer und Intensität der Belastungsgrößen und Belastungsfaktoren)

Dabei ist die Belastung einer spezifischen Arbeitsaufgabe für alle Menschen gleich. Sie wird personenunabhängig ermittelt. Die **Beanspruchung** (engl.: strain) bildet die individuelle Wirkung der Belastung auf den individuellen Menschen ab. Intervenierende Variablen (bspw. Persönlichkeitseigenschaften, Konstitution, Gesundheit, Bedürfnisse, Fertigkeiten, Fähigkeiten, außerberufliche Belastungen, …) beeinflussen die Anpassung an die Belastungsfaktoren.

Beanspruchung = f (Belastung, intervenierende Variablen, Reaktion)

Daraus ergibt sich, dass gleiche Belastungen zu unterschiedlichen, individuellen Beanspruchungen führen können.

Die Ableitung von Handlungsempfehlungen gelingt dabei umso besser, je spezifischer die Belastung angegeben bzw. gemessen werden kann. Auch wenn es unstrittig ist, dass Faktoren wie Zeitdruck oder Konflikte zu (individuell unterschiedlichen) Beanspruchungen führen, so lassen diese sich nur schwer quantifizieren und „arbeitswissenschaftlich gesicherte Erkenntnisse" ableiten. Tab. 7.6 zeigt beispielhaft den Zusammenhang zwischen Ursache, Messung, Wirkung und möglichen Handlungsempfehlungen auf.

Die Erkenntnisse über Höchst- und Mindestwerte fließen dann in Verordnungen, Richtlinien oder Gesetze ein. Am Beispiel der Bildschirmarbeitsverordnung

Tab. 7.6: Beispiele für Belastungen und Beanspruchungen (vgl. Scholz, 2014, S. 757 und 758).

Belastungsfaktor	Messung	Beanspruchung	Handlungsempfehlungen
Schall	– Schalldruckpegel (dB) – Frequenz (HZ) – Einwirkungsdauer	– Verengung der Blutgefäße – psychische Reaktionen – Gehörschaden	– Baulich: Lärmschutz – Organisation: Lärmpausen – Persönlich: Gehörschutz
Klima	– Temperatur (C) – Luftfeuchtigkeit (%) – Luftgeschwindigkeit (m/s)	– Körpertemperatur – Herzfrequenz – Blutdruck	– Baulich: Sonnenschutz – Klimatisierung, Windfang – Organisation: Kurzpausen – Persönlich: Schutzkleidung
Beleuchtung	– Lichtstrom (Lumen) – Beleuchtungsstärke (Lux) – Lichtstärke (Candela) – Kontrast (K) – Reflexionsgrad (p %)	– Vegetative Wirkung – Ermüdung – Sehschwäche – psychische Wirkung	– Baulich: Fenster, Beleuchtung – Organisation: adäquate Geräte – Persönlich: Schutzbrille
Stoffe	– Staub – Rauch – Gase – Dämpfe – Bakterien – Viren – chemische Elemente	– Vergiftung – Verätzung	– Baulich: Sauglüftung – Organisation: Alarmsystem – Persönlich: Schutzkleidung
Strahlung	– Energiedosis (Gray) – Aktivität (Becquerel) – Äquivalentdosis (H)	– Molekulare Veränderung der Zellen – biomechanische Veränderungen	– Baulich: Abschirmung – Organisation: Arbeitszeit – Persönlich: Schutzkleidung

(BildscharbV) und der EU-Richtlinie 90/270/EWG („Bildschirmrichtlinie") kann die Komplexität der Gestaltungsvorgaben aufgezeigt werden (vgl. Tab. 7.7). In der Praxis wird bei der Arbeitsgestaltung daher häufig auf die Expertise von Arbeitssicherheitsbeauftragten zurückgegriffen.

7.3.2 Gestaltung aus der Perspektive der Fertigungsorganisation

Die technischen Strukturen der Fertigungsorganisation sind durch unterschiedliche Mechanisierungs- bzw. Automatisierungsgrade der Technik gekennzeichnet. Die Bearbeitung des Produkts kann dabei manuell oder maschinell erfolgen. Erfolgt die Steuerung und Überwachung der Leistungserstellung zudem durch technische Ein-

Tab. 7.7: Vorschriften für einen Bildschirmarbeitsplatz.

Bereich	Vorgaben	Schutznormen
Bildschirm	Scharfe, flimmerfreie, verzerrungsfreie Anzeige, Kontrast und Helligkeit regelbar, keine störenden Reflexionen, frei dreh- und neigbar, CS- oder GE-geprüft	BGI 650, BGV A3, DIN EN ISO 9241 (Teil 3, 7 und 8)
Tastatur	Vom PC getrennt, neigbar, variabel anordbar, Handballenauflage, ergonomischer Tastenanschlag	BGI 650, BGV A3, DIN EN ISO 9241 (Teil 4 und 9), DIN 2137
Arbeitstisch	Breite mind. 1.600 mm, Tiefe zwischen 800 und 1.000 mm, Höhe verstellbar zwischen 620 und 820 mm, Mindestsehabstand 45–60 cm zum Bildschirm	BGI 650, DIN 4543 (Teil 1), DIN EN 527 (Teil 1), DIN 16510
Arbeitsstuhl	Einstellbare Sitzhöhe zwischen 400 und 530 mm und Sitztiefe zwischen 37 und 47 mm sowie eine in Höhe und Neigung verstellbare Rückenlehne, bremsende Rollen, mind. 5-beinig	BGI 650, DIN 4550, DIN EN 1335 (Teil 1, 2 und 3), DIN EN 12529
Licht	Nennbeleuchtungsstärke 500 lx, Leuchten parallel zur Fensterfront, Lichtfarben von neutralweiß bis warmweiß, flimmer- und flackerfrei	DIN 5035-7, DIN EN 12464-1 (TTeil1), ArbeitsstättenRL „Sichtverbindung nach draußen" (ASR 7/1)

richtungen spricht man von automatisierter Produktion. Typischerweise werden vier verschiedene Grade der Mechanisierung und Automatisierung unterschieden (vgl. Krycha, 1996, S. 1621):
- manuelle Produktion,
- maschinelle Produktion,
- teilautomatisierte Produktion und
- (voll-)automatisierte Produktion.

Bei der **manuellen Produktion** liegt der niedrigste Mechanisierungsgrad vor. Dies ist bspw. in Situationen handwerklicher Arbeit oder bei spezifischen Einzelfertigungen der Fall, bei denen qualifizierte Handarbeit (unter Zuhilfenahme von Werkzeugen) dominiert.

Die **maschinelle Produktion** ersetzt die manuelle Arbeit durch Maschinen. Es erfolgt jedoch kein vollständiger Ersatz der menschlichen Arbeitskraft, sondern der Mensch übernimmt andere Funktionen wie Kontrolltätigkeiten. Durch die Maschinisierung wurde die Entwicklung der Fabrik aus dem Handwerk und der Manufaktur ermöglicht und somit die erste industrielle Revolution eingeleitet (ca. 1760–1830). Auslöser dieser Entwicklung war die Erfindung der Dampfmaschine. Ziel dieses ersten Mechanisierungsschritts war es zunächst, die Arbeitskraft durch den Einsatz von Maschinen zu unterstützen. Dabei wurden die Prozesse der physischen Transformation mechanisiert. Maschinen übernehmen die Aufgabe der Übersetzung (bspw.

Drehmoment, Drehzahl oder Kraft) und der Werkzeughaltung, wohingegen der Arbeitsvorgang selbst weiterhin vom Menschen geleistet wird (vgl. Milling, 1993, Sp. 3368; Schraft, 1996, S. 204).

Bei der **teilautomatisierten Produktion** übernehmen die technischen Anlagen (bspw. CNC-Maschinen) über die Übersetzungs- und Werkzeughaltungsfunktion hinaus Steuerungsfunktionen (vgl. Hahn, 1975, Sp. 3161). Diese Entwicklungsphase der Produktion wurde Ende des 19. Jahrhunderts eingeleitet, wobei an die Stelle der menschlichen Lenkung bzw. Steuerung informationsverarbeitende Systeme traten (vgl. Milling, 1993, Sp. 3368).

Die sog. dritte Revolution (ab ca. 1970), die durch die Entwicklung der Mikroelektronik geprägt ist, leitete einen weiteren Prozess hin zur **vollautomatisierten Produktion** ein (vgl. Milling, 1993, Sp. 3368). So übernehmen die technischen Anlagen (bspw. Roboter) bei der vollautomatisierten Produktion auch die bisher durch Menschen verrichteten Aufgaben der Kontrolle und Korrektur (vgl. Hahn, 1975, Sp. 3161).

In Arbeitssituationen industrieller Produktion stellt die technische Struktur die dominierende Komponente dar, die den Handlungsspielraum des Arbeitnehmers bestimmt.

Der **Handlungsspielraum** (vgl. Abb. 7.15) lässt sich durch die Aufgaben-, Entscheidungs-/Kontroll- und Interaktionsstruktur der Arbeitsaufgabe beschreiben.

Dabei kommt den in der Definition angeführten Dimensionen folgende Bedeutung zu (vgl. Oechsler, 1979, S. 53):
- der **Aufgabenspielraum** umfasst die verschiedenartigen, an einem Arbeitsplatz auszuführenden Tätigkeiten (stark strukturierte vs. offene Aufgabenstellung),

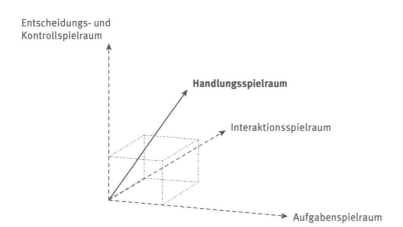

Abb. 7.15: Dimensionen des Handlungsspielraums.

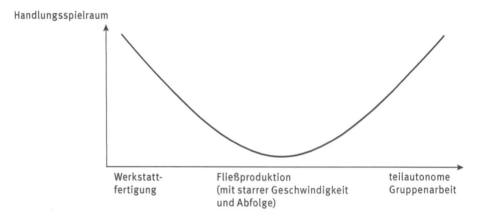

Abb. 7.16: Arbeitssituation und Handlungsspielraum.

– der **Entscheidungs- und Kontrollspielraum** wird durch den Umfang der Planungs- und Kontrollbefugnisse am Arbeitsplatz bestimmt (fremdbestimmt vs. autonom) und
– der **Interaktionsspielraum** erfasst den Freiraum zur sozialen Kontaktfähigkeit (sozial isoliert vs. teamartige Kooperation).

Die beispielhaft genannten strukturellen Ausprägungen sind Endpunkte eines Kontinuums, das jeweils eine Reihe von Ausprägungen zwischen den Extremen zulässt. Aus der Kombination der Ausprägungen der drei Strukturen ergeben sich unterschiedliche Arbeitsbedingungen.

Abb. 7.16 zeigt beispielhaft den Zusammenhang zwischen der Fertigungsorganisation und dem Handlungsspielraum.

7.4 Zuordnung von Personal und Arbeit

Die Arbeitsinhalte lassen sich sinnvollerweise nicht ohne einen Abgleich zwischen den Anforderungen der Arbeitsstelle und den Fähigkeiten der Mitarbeiter gestalten. Ergebnis der darauf folgenden Aufgaben- und Mitarbeiterzuordnung sind Tageseinsatzpläne, Schichtpläne oder Urlaubspläne.

7.4.1 Methoden der Zuordnung von Personal und Arbeit

Zur Realisation der Aufgaben- und Mitarbeiterzuordnung gibt es mit der intuitiv-heuristischen und der formalisiert-algorithmischen Vorgehensweise zwei grundsätzlich verschiedene Herangehensweisen (vgl. im Folgenden Scholz, 2014):

- **Intuitiv-heuristische Methode**: Die Lösung des Zuordnungsproblems – Mitarbeiter und Arbeitsinhalte – erfolgt durch die Intuition und Erfahrung des Planers.
- **Formalisiert-algorithmische Methoden**: Die Zuordnung von Inhalten und Mitarbeitern erfolgt durch eine mathematisch geführte Lösungssuche.

Die Umsetzung der formalisierten, auf Algorithmen aufbauenden Lösungssuche (vgl. Abb. 7.17) erfordert eine Transformation von abstrakten Konstrukten in mathematisch handhabbare Werte. So müssen die einzelnen Merkmale m des individuellen Fähigkeitsprofils f und des Anforderungsprofils a der Stelle j in rechenbare Werte transformiert werden. Die Eignung bestimmt sich dann aus einem zu optimierenden Abgleich der Fähigkeits- und Anforderungsmerkmale.

Die **Euklidische Distanz** ermittelt die Abstände zwischen dem Anforderungsmerkmal und dem korrespondierenden Fähigkeitsmerkmal. Dabei spielt es bei der Beurteilung der Eignung keine Rolle, ob die ermittelte Distanz durch eine Über- oder Unterdeckung der geforderten Merkmale entsteht. f_{im} gibt die Ausprägung des Fähigkeitsmerkmals m beim Mitarbeiter i und a_m die in der Stelle j geforderten Ausprägung des Merkmals an. Die optimale Zuordnung erfolgt über die Minimierung der Distanzen. Diese Idee lässt sich mathematisch variieren, bspw. dadurch, dass eine explizite Minimierung der Unterdeckung angestrebt wird (**Variante 1**) oder (**Variante 2**) dass der Abgleich der Fähigkeiten und Merkmale der Stelle nicht auf der Basis von Differenzrechnungen erfolgt, sondern auf einen ähnlichen Verlauf der Ausprägungen abstellt (weist das Merkmal x im Anforderungsprofil einen doppelt so hohen Wert auf wie das Merkmal y, so wird dasjenige Profil als adäquat angesehen, bei dem (unabhängig von der absoluten Höhe der Ausprägung) das Merkmal x des Fähigkeitsprofils ebenfalls doppelt so hoch ausgeprägt ist wie das Merkmal y. Die maximale Ähnlichkeit (+1) wird nur dann erreicht, wenn beide Profile einen identischen (relativen) Verlauf aufweisen.

Im Zuge der **Linearen Optimierung** lassen sich ebenfalls formalisiert Zuordnungsprobleme lösen. Die Zielfunktion wird durch die Maximierung der Zuordnungswerte beschrieben. Die verbalisierten Nebenbedingungen (jeder Mitarbeiter soll eine Aufgabe erhalten; jede Aufgabe wird von einem Mitarbeiter ausgeführt; keine Aufgabe bleibt unbearbeitet) grenzen den Lösungsraum ein. Tab. 7.8 zeigt ein Beispiel für

Euklidische Distanz   Eignung $e_{ij} = \sqrt{\sum^m (f_{ik} - ajk)^2} \rightarrow$ min!

Variante 1   Eignung $e_{ij} = \sqrt{[\max (0; ajk - fik)]} \rightarrow$ min!

Variante 2   Eignung $e_{ij} = \dfrac{\sum (x_{ij} - \bar{x})(yij - \bar{y})}{\sqrt{\sum(xij - \bar{x})^2} * \sqrt{(y_{ij} - \bar{y})^2}}$

Abb. 7.17: Distanzmaße als Lösung der Zuordnungsproblematik.

Tab. 7.8: Lineare Optimierung des Zuordnungsproblems.

		Aufgabe 1	Aufgabe 2	Aufgabe 3	Aufgabe 4	Aufgabe 5
	Mitarbeiter A	51	24	37	92	2
	Mitarbeiter B	26	36	39	39	24
Eignungsmatrix	Mitarbeiter C	40	27	14	39	4
	Mitarbeiter D	1	13	26	39	53
	Mitarbeiter E	12	51	40	65	38

		Aufgabe 1	Aufgabe 2	Aufgabe 3	Aufgabe 4	Aufgabe 5
	Mitarbeiter A				92	
	Mitarbeiter B			39		
Zuordnungsmatrix	Mitarbeiter C	40				
	Mitarbeiter D					53
	Mitarbeiter E		51			

eine derartige Zuordnung, wobei fünf Aufgaben fünf Mitarbeitern zugeordnet werden müssen (max. aufsummierter Zielwert 275).

Die Beurteilung der mathematisch geführten Modelle fällt gemischt aus. Wenn die Transformation von Eignung in Eignungswerte und von Anforderungsprofilen in Anforderungswerte gelingt, führen die Modelle vielfach zu besseren Zuordnungen als die intuitiv-heuristischen Methode. Allerdings gelingt die mathematische Transformation nur in sehr begrenzten und konstruierten Ausnahmefällen. Insbesondere die folgenden Einwände lassen sich erheben:

– Transformation der Eignung in Eignungswerte: der Eignungswert ist immer rückwärtsgewandt und muss permanent aktualisiert werden; der Eignungswert kann nur bei sehr einfachen, manuell messbaren Tätigkeiten objektiv festgestellt werden.
– Transformation von Anforderungen in Anforderungswerte: kann ebenfalls nur bei sehr einfachen, manuell messbaren Tätigkeiten gelingen.
– Vernachlässigung des Kontexts: Merkmalsausprägungen unterscheiden sich in Abhängigkeit der Situation (bspw. kann die Führungsfähigkeit an sozial-kulturelle Rahmenbedingungen geknüpft sein).

7.4.2 Rechtliche Aspekte bei der Zuordnung der Arbeitsinhalte

Der Inhalt der zu leistenden Arbeit ergibt sich aus dem Arbeitsvertrag (im Zusammenspiel mit höherrangigen Rechtsquellen). In diesem werden aber nicht alle einzelnen Arbeitsinhalte detailliert festgelegt, sondern lediglich mit einem Verweis auf eine Stellenbeschreibung angedeutet (vgl. im Folgenden ausführlich Hromadka/Maschmann, 2012, S. 189 ff.).

Abb. 7.18: Weisungsrecht des Arbeitgebers.

Die nähere Ausgestaltung der Arbeitsinhalte kann der Arbeitgeber im Rahmen seines **Direktions- oder Weisungsrechts** (vgl. Abb. 7.18) ausüben (§ 106 GewO). Die Weisungen können im Einzelfall konkret an eine Person oder abstrakt für eine unbestimmte Vielzahl von Fällen oder Adressatenkreise erteilt werden (bspw. im Rahmen von Organigrammen oder Führungsgrundsätzen). Weisungen ändern die Arbeitsinhalte unmittelbar. Auf eine Zustimmung des Arbeitnehmers kommt es dabei nicht an. Damit wird dem Arbeitgeber eine umfassende Leitungsmacht über den Prozess der Leistungserstellung eingeräumt.

Das Weisungsrecht bleibt grundsätzlich während der gesamten Dauer des Arbeitsverhältnisses bestehen. Es erlischt weder durch eine einmal getätigte Konkretisierung der Arbeitspflicht noch durch Nichtausüben für lange Zeit. Damit wird der **Zweck** des Weisungsrechts deutlich: Es gestattet dem Arbeitgeber die Arbeitsleistung des Mitarbeiters an Entwicklungen anzupassen.

Das Weisungsrecht bezieht sich meist auf die **Art der Leistungserstellung** und die jeweiligen Begleitumstände. Der Arbeitgeber darf Vorgaben über die Art und Weise der Leistungserstellung machen (bspw. ob dabei Radio hören erlaubt ist, ob erst die eine, dann die andere Seite des Werkstücks lackiert wird, auf wen Telefone umgestellt werden, ob und wann Arbeitsbesprechungen anberaumt werden, ...).

Die **Zuweisung der Tätigkeiten** richtet sich nach arbeitsvertraglichen Regelungen (ist im Arbeitsvertrag lediglich vereinbart: „Der Arbeitnehmer ist kaufmännischer Angestellter", kann der Arbeitgeber jede kaufmännische Tätigkeit zuordnen), tarifvertraglichen Eingruppierungen (ist der Arbeitnehmer in einer hohen kaufmännischen Entgeltgruppe eingruppiert, kann er nicht als einfacher Rechnungsprüfer beschäftigt werden) oder dem gewandelten Berufsbild (bspw. kann von einem vor mehreren Jahrzehnten eingestellten IT-Fachmann verlangt werden, moderne Computersysteme zu nutzen, statt weiterhin Informationen auf Lochkarten zu archivieren). Der Spielraum des Arbeitgebers orientiert sich dabei am Einzelfall (bspw. wird der Spielraum für Zuweisungen an Mitarbeiter im Vertretungsfall – Urlaub, Krankheit, Mutterschutz – erweitert).

Dieses stößt dann an seine **Grenzen,** wenn das Weisungsrecht mit

- gesetzlichen Bestimmungen (bspw. darf der Arbeitgeber einer werdenden Mutter keine Arbeiten zuweisen, die die Gesundheit von Mutter oder ungeborenem Kind gefährden (§ 3 Abs. 1 MuSchG)),
- Mitbestimmungsrechten des Betriebsrats (bspw. bei der Anordnung von Überstunden)
- Regelungen des Arbeitsvertrags (bspw. kann der Arbeitgeber einen als Finanzbuchhalter eingestellten Mitarbeiter nicht als Hausmeister beschäftigen)

kollidiert.

Bei der **Rechtsfolge** von erteilten Weisungen ist zu unterscheiden zwischen rechtmäßigen und rechtswidrigen Weisungen. Arbeitnehmer müssen rechtmäßigen Weisungen nachkommen, da sonst Sanktionen (Ermahnungen, Abmahnungen oder Kündigung) drohen. Rechtswidrige Weisungen müssen nicht befolgt werden. Allerdings liegt das Interpretationsrisiko beim Arbeitnehmer.

8 Personalführung im Arbeitsprozess

Führung ist ein Phänomen der Alltagswelt, das in allen menschlichen Gemeinschaften zu beobachten ist.

Dabei spielt es keine Rolle, ob es sich bei den Gemeinschaften um Gruppen von Jägern und Sammlern, Stämme, Nationen, Kinder oder Organisationen handelt. Nach kurzer Zeit treten Personen hervor, die die Gruppe stärker beeinflussen als sie selbst von der Gruppe beeinflusst werden (vgl. Weibler, 2011, S. 1).

Die Allgegenwart und die Alltagserfahrung von Führung führen dazu, dass jeder (anders als in vielen anderen betriebswirtschaftlichen Bereichen) schon ein implizites Verständnis von Führung entwickelt hat. Dies macht die wissenschaftliche Bearbeitung und Zusammenführung der Führungsforschung nicht leichter, da sich die Studierenden von ihrem individuellen (oftmals anekdotisch geprägtem) Gefühl von Führung lösen und für eine unvoreingenommene und systematische Erklärung des Führungsphänomens öffnen müssen.

Daher soll im Folgenden durch eine systematische Darstellung ein Verständnis für Führung und unterschiedliche Führungskontexte erzeugt werden.

8.1 Grundlagen der Führung

Die einführende Darstellung soll drei Grundfragen der Führung klären. Was ist Führung (Kap. 8.1.1), wer ist Führender und wer ist Geführter (Kap. 8.1.2), und was ist Führungserfolg (Kap. 8.1.3)?

8.1.1 Definitionsversuch

Führung kann aus der Perspektive des Personalmanagements zwei unterschiedliche Bedeutungen annehmen:

Unter Führung als **Funktion des Personalmanagements** wird die Gesamtheit aller personalwirtschaftlichen Gestaltungsentscheidungen zur Steuerung und Entwicklung der Führungskraft-Mitarbeiter-Beziehung verstanden. Hierunter fallen personalwirtschaftliche Systemelemente wie bspw. Zielvereinbarungssysteme, institutionalisierte Regeln des Mitarbeitergesprächs, Führungskräfteschulungen, 360-Grad-Beurteilungen oder die von der Personalabteilung organisierte Mitarbeiterbefragung.

Diese Perspektive wird in diesem Kapitel aber nicht weiterverfolgt, da der Schwerpunkt in diesem Kapitel auf der Betrachtung der **sozialen Funktion** der Führung liegt, die sich im Verhältnis zwischen Führenden und Geführten vollzieht. Weibler (2011, S. 19) arbeitet in diesem Kontext folgende Definition heraus:

https://doi.org/10.1515/9783110541526-008

„**Führung** heißt, andere durch eigenes, sozial akzeptiertes Verhalten so zu beeinflussen, dass dies bei den Beeinflussten mittelbar oder unmittelbar ein intendiertes Verhalten bewirkt."

Betrachtet man die Definition genauer, scheinen fünf Kriterien wesentlicher Bestandteil von Führung zu sein (vgl. Weibler, 2011, 19 ff.):

- **Multipersonalität:** In einer Führungssituation sind mindestens zwei Personen (Führende und Geführte) beteiligt. Eigenführung (bspw. durch Instrumente des Zeitmanagements) oder nicht personelle Führungsinstrumente (bspw. Stellenbeschreibungen, Ablaufpläne, Sicherheitsschalter, …) werden nicht von der Definition erfasst.
- **Beeinflussung:** Das Kriterium der Beeinflussung ist notwendig, um dem Führungsbegriff eine qualitative Form zu geben. Die Beeinflussung kann sich in der Aktivierung oder Verhinderung eines Verhaltens konkretisieren. Offen bleibt, ob die Beeinflussung auf der Ebene des Wollens (bspw. durch Motivation, positives Vorleben oder Sanktion), des Könnens (bspw. durch Vermittlung der notwendigen Qualifikation) oder Dürfens (bspw. durch Erlaubnis, Verbot, Kompetenz oder Bereitstellen von Infrastruktur) erfolgt.
- **Akzeptanz:** Die Beeinflussung kann nur dann der Führung zugerechnet werden, wenn sie bei dem Beeinflussten auf Akzeptanz stoßen. Damit grenzt sich die Führung gegenüber Mitteln wie Zwang, Manipulation, Drohung oder Erpressung ab. Führung ist demnach nicht an Hierarchie gebunden. Akzeptiert ein Geführter die Führungsrolle eines hierarchisch gleichgestellten Kollegen, so wird dies von der Führungsdefinition erfasst.
- **Intention:** Beeinflussungen, die unbeabsichtigt bzw. außerhalb des Rollenverständnisses als Führungskraft wirken, sollen definitorisch ausgeschlossen bleiben.
- **(Un-)Mittelbarkeit:** Dieses Kriterium deutet darauf hin, dass Führung nicht zwingend sofort (bspw. direkte Ausführung eines Befehls) die gewünschte Verhaltensausrichtung bewirken muss. Vielfach benötigt Verhaltensbeeinflussung Zeit, um die gewünschte Wirkung zu zeigen. Die Definition soll beide Führungsvarianten erfassen.

8.1.2 Identifikation von Führenden

Die oben aufgezeigte Definition hilft, Führung von anderen Phänomenen abzugrenzen. Im nächsten Schritt soll ein Kriterienkatalog diskutiert werden, mit dessen Hilfe Führende und Geführte identifiziert werden können (vgl. Abb. 8.1). Leider erweisen sich die im Folgenden vorgestellten Kriterien aber nicht immer als eindeutig.

Eine Möglichkeit zur Identifikation von Führungskräften könnte **gesellschaftsrechtlich** über die vom Arbeitgeber gewährte Vertretungsmacht erfolgen. Damit Au-

- gesellschaftsrechtlich
- tarifrechtlich
- betriebsverfassungsrechtlich
- Arbeitsaufgabe/Spielraum
- organisatorisch

Abb. 8.1: Mögliche Ansatzpunkte zur Identifikation von Führenden

ßenstehende die Vertretungsmacht erkennen können, haben sich bestimmte Unterschriftszusätze etabliert. Hier könnte man einen Zusammenhang zwischen steigender Vertretungsmacht – ausgedrückt über die Zusätze „i. A." (im Auftrag), „i. V." (in Vollmacht) oder „ppa." (per Prokura) oder sogar über das Fehlen jedes Zusatzes (bspw. bei Geschäftsführern) – und Führungsverantwortung annehmen. Leider lässt sich kein eindeutiger Rückschluss von Vertretungsmacht auf Führungsverantwortung ziehen. So ist es (nicht nur theoretisch) denkbar, dass bspw. ein Lagerleiter, der mehrere Hundert Mitarbeiter führt, keine Handlungsvollmacht oder Prokura zugewiesen wurde. Ebenso ist es denkbar, dass ein Prokurist keine Führungsfunktion ausübt, weil er bspw. als alleiniger Justiziar in einer Stabsfunktion des Vorstands tätig ist.

Tarifrechtlich könnte die Identifikation von Führungskräften anhand des Status „tariflicher" oder „außertariflicher Mitarbeiter" (abgekürzt: AT-Mitarbeiter) erfolgen. Allerdings führt dies auch nicht sehr weit, da zum einen nicht jedes Unternehmen tarifgebunden ist und zum anderen der Hinweis „AT" regelmäßig nur Hinweise auf die Gehaltshöhe gibt. So liegt die Vergütung eines außertariflichen Mitarbeiters regelmäßig oberhalb der höchsten Vergütungsgruppe des anzuwendenden Tarifvertrags (auch hierzu lassen sich immer wieder Ausnahmen finden). Gerade in größeren Unternehmen beziehen viele Spezialisten Vergütungen oberhalb des Tarifniveaus ohne Führungsverantwortung zu übernehmen.

Das **Betriebsverfassungsrecht** unterscheidet in § 5 Abs. 3 BetrVG zwischen sog. leitenden Angestellten und „normalen" Mitarbeitern. Die Definition in § 5 Abs. 3 BetrVG legt nahe, dass leitende Angestellte auch Führungskräfte sind.

---

§ 5 Abs. 3 BetrVG:

Leitender Angestellter ist, wer nach Arbeitsvertrag und Stellung im Unternehmen

(1) zur selbstständigen Einstellung und Entlassung von im Betrieb beschäftigten Arbeitnehmern berechtigt ist oder

(2) Generalvollmacht oder Prokura hat und die Prokura auch im Verhältnis zum Arbeitgeber nicht unbedeutend ist oder

(3) regelmäßig sonstige Aufgaben wahrnimmt, die für den Bestand und die Entwicklung des Unternehmens oder eines Betriebs von Bedeutung sind und deren Erfüllung besondere Erfahrungen und Kenntnisse voraussetzt, wenn er dabei entweder die Entscheidungen im Wesentlichen frei von Weisungen trifft oder sie maßgeblich beeinflusst.

Auch diese Definition hilft bei der Identifikation nicht viel weiter. Zwar haben in der Praxis leitende Angestellte häufig Führungsverantwortung (und gut klingende Titel wie Director, Vice President oder Senior Manager), doch gilt hier das Gleiche wie für die gesellschaftsrechtliche Identifikation von Führungskräften. So kann bspw. ein Vorstandsmitglied oder ein Mitglied der Geschäftsleitung die vom BetrVG geforderten Kriterien als leitender Angestellter erfüllen und trotzdem keine Führungsverantwortung tragen.

Der Bedeutung der **Arbeitsaufgabe** für das Unternehmen oder der zeitliche, örtliche oder ressourcenorientierte Handlungsspielraum könnten Hinweise für eine Führungstätigkeit geben. Eine eindeutige Identifikation von Führungskräften wird aber auch hieran scheitern, da bspw. Spezialisten denkbar sind, die für den Unternehmenserfolg kritische Arbeitsaufgaben mit einem weiten Handlungs- und Vertrauensspielraum ausüben, ohne jedoch Führungsaufgaben zu übernehmen.

Ein sicheres Kriterium zur Identifikation von Führungskräften bietet das **Organigramm**. Sind einem Mitarbeiter weitere Mitarbeiter zugeordnet, so verfügt er über *fachliches und/oder disziplinarisches Weisungsrecht*. Das fachliche Weisungsrecht bezieht sich auf die Befugnis, Art und Weise der Aufgabenerfüllung der zugeordneten Mitarbeiter zu bestimmen. Das disziplinarische Weisungsrecht bezieht sich insb. auf die rechtliche Ausgestaltung des Arbeitsverhältnisses. Verstöße gegen arbeitsrechtliche Vorgaben und deren Sanktionen (bspw. Ermahnungen oder Abmahnungen) können nicht vom nur fachlich vorgesetzten Mitarbeiter ausgesprochen werden.

Früher war es üblich, das fachliche und disziplinarische Weisungsrecht in einer Person zu bündeln. Durch die Internationalisierung und die Matrixorganisationen wurde diese Einheit aufgebrochen. So ist es bspw. denkbar, einem Teamleiter eines international zusammengesetzten Teams die fachliche Weisungsbefugnis zu erteilen, die disziplinarische Weisungsbefugnis aber bei den einzelnen Landesgesellschaften zu belassen. In Organigrammen wird die übertragene fachliche Weisungsbefugnis häufig mit einer gepunkteten (engl. dotted line) und disziplinarische Weisungsbefugnis mit einer durchzogenen Linie (engl. solid line) gekennzeichnet.

Die Zuordnung von Mitarbeitern in einem Organigramm ist eine hinreichende, doch keine notwendige Bedingung zur Identifikation von Führungskräften. Das bedeutet, immer wenn einem Mitarbeiter weitere Mitarbeiter fachlich und/oder disziplinarisch zugeordnet sind, können wir von einer „Führungskraft" oder einem „Führenden" sprechen. Allerdings zeigt die Alltagserfahrung, dass es auch informelle Führer gibt, die gemäß der oben eingeführten Definition andere beeinflussen. Daher ist die Identifikation von Führenden über ein Organigramm auch keine notwendige Bedingung (eine Bedingung ist dann notwendig, wenn sie immer dann, wenn das gewünschte Ergebnis – hier: die erfolgreiche Identifikation von Führungskräften – eintritt, ebenfalls vorliegt).

8.1.3 Identifikation von Führungserfolg

Da Führung nicht zweckfrei erfolgt, stellt sich die Frage, wie erfolgreiche Führung identifiziert werden kann (vgl. Abb. 8.2). Für den betrieblichen Alltag oder die wis-

Führungserfolg	
wirtschaftlicher Erfolg	**sozialer Erfolg**
traditionelle Kennzahlen (Umsatz, Rentabilität, Gewinn, Marktanteil, Wachstum, Kosten, …)	Arbeitszufriedenheit, Motivation, Arbeitseinstellung, Absentismus, Fluktuation, Beschwerden, Kooperationsbereitschaft, Freundschaft, …
selbst- oder fremddefinierte Zielerreichung (Projekterfolg, Einhaltung von Zeit- und Budgetvorgaben, …)	

Abb. 8.2: Mögliche Ansatzpunkte zur Identifikation von Führungserfolg.

senschaftliche Forschung müssen daher Kriterien definiert werden, durch die sich erfolgreiche von nicht erfolgreichen Führungsaktivitäten unterscheiden lassen (vgl. im Folgenden Berthel/Becker, 2013):
- Führungserfolg als Maßstab für **wirtschaftlichen** Erfolg und
- Führungserfolg als Maßstab für **sozialen** Erfolg.

Wirtschaftlicher Erfolg kann sich sowohl in betriebswirtschaftlichen Kenngrößen wie bspw. Gewinn, Rentabilität, Umsatz, Marktanteil oder Wachstum ausdrücken als auch in der Zielerreichung eigen- oder fremddefinierter Ziele (bspw. Einhaltung von Budget- oder Zeitvorgaben oder der erfolgreiche Abschluss von Projekten).

Führungserfolg als Maßstab für sozialen Erfolg drückt sich bspw. in Arbeitszufriedenheit, Motivationslage, arbeitsbezogenen Einstellung oder in leichter quantifizierbaren Bestimmungsgrößen wie Fluktuation oder Absentismus aus.

In der Vergangenheit wurde darüber gestritten, ob eines der beiden Teilziele dem jeweils anderen Teilziel vor- oder nachgelagert ist. So wurde die Frage diskutiert, ob wirtschaftlicher Erfolg nur durch sozialen Erfolg möglich ist bzw. ob aus sozialem Erfolg wirtschaftlicher Erfolg resultiert.

Die betriebliche Praxis zeigt aber, dass die beiden Kategorien (zumindest kurzfristig) ohne Berührungspunkte auskommen können. Das heißt, es scheint sehr wohl möglich zu sein, zufriedene Mitarbeiter in einer von Kooperationsbereitschaft und Freundschaft geprägten Arbeitsumgebung zu führen, die dennoch nach wirtschaftlichen Gesichtspunkten nicht erfolgreich sind. Ebenso scheint es möglich, wirtschaftlichen Erfolg unter Inkaufnahme unzufriedener Mitarbeitern zu erreichen.

Daher scheint es sinnvoller zu sein, das Verhältnis der beiden Zieldimensionen ihrer Wirkung nach zu diskutieren:
- Ergänzen sich die Maßnahmen zur Erreichung der Ziele (Zielkomplementarität)
- oder behindern sich die Maßnahmen zur Erreichung der Ziele (Zielkonkurrenz)?

Tab. 8.1 fasst die Ausführungen zusammen.

Tab. 8.1: Grundlagen der Führung.

Was ist Führung?	Wer führt?	Was ist Führungserfolg?
Definition von Führung – Multipersonalität – Beeinflussung – Akzeptanz – Intention – (Un-)Mittelbarkeit	Ansatzpunkte zur Identifikation – Gesellschaftsrecht – Tarifrecht – Betriebsverfassungsrecht – Arbeitsaufgabe – Organigramm	Kriterien – Wirtschaftlicher Erfolg – Sozialer Erfolg

8.2 Theoretische Ansätze der Mitarbeiterführung

Im Folgenden werden die klassischen und relevanten Ansätze der Führungsforschung vorgestellt. Dabei erfolgt eine Unterteilung in eigenschafts- und verhaltensorientierte, situative, kognitive und übergreifende Ansätze. Tab. 8.2 zeigt die behandelten Ansätze im Überblick.

Tab. 8.2: Übersicht über die behandelten Führungstheorien.

Eigenschafts-orientierte Ansätze	Verhaltens-orientierte Ansätze	Situative Ansätze	Kognitive Ansätze	Übergreifende Ansätze
– Big-Five-Ansätze – Charismatische Führung	– Iowa-Studien – Führungs-kontinuum – Entscheidungs-baum – Ohio-Leadership-Quadrant – Verhaltens-gitter	– Fiedlers Kontingenz-theorie – Reifegrad-modell	– Weg-Ziel-Theorie – Implizite Führungs-theorie – Leadership-Member-Exchange-Theory (LMX)	– Transaktionale/transforma-tionale Führung

8.2.1 Eigenschaftsorientierte Ansätze der Mitarbeiterführung

Die Grundannahme der Eigenschaftstheorie besteht darin, dass besondere Eigenschaften eine Person dazu befähigen, andere zu führen.

Voraussetzungen führungsrelevanter Eigenschaften

– Messbarkeit
– Variation zwischen Individuen
– zeitliche Stabilität
– exklusiver Bezug zwischen Merkmal und Führungserfolg herstellbar

Abb. 8.3: Voraussetzungen führungsrelevanter Eigenschaften.

Führungserfolg hängt von den (Persönlichkeits-)Eigenschaften einer Person ab.

Die Vertreter der eigenschaftsorientierten Führungsforschung versuchen, (Persönlichkeits-)Eigenschaften zu identifizieren, die Personen besitzen müssen, um Führungspositionen erfolgreich ausführen zu können (vgl. im Folgenden Weibler, 2011, S. 106 ff.)

Theoretisch könnte es sich um genau *eine* Eigenschaft handeln („unitary traits theory") oder um eine Kombination *mehrerer* Eigenschaften („constellation of traits"). Die Bandbreite der untersuchten Eigenschaften lässt sich unterteilen in:
– biografisch-personenbezogene Eigenschaften (Alter, Geschlecht, Körpergröße, Haarfarbe, Erziehung),
– aufgabenbezogene Eigenschaften (Intelligenz, Frustrationstoleranz, Ordnungsliebe) und
– beziehungsbezogen-interpersonelle Eigenschaften (Extraversion, Verträglichkeit, Kommunikationsfähigkeit).

Die untersuchten Kriterien sollten dabei mehrere Bedingungen erfüllen, sodass ein Rückschluss auf den Führungserfolg und der Ausprägung der untersuchten Eigenschaft möglich ist. Die Eigenschaften sollten (1) messbar sein, (2) zwischen Individuen variieren, (3) eine zeitliche Stabilität aufweisen und (4) einen exklusiven Bezug zwischen Führungserfolg und Eigenschaft aufweisen (bspw. wäre die Eigenschaft „verbraucht Sauerstoff zum Leben" nicht exklusiv).

Eine Eigenschaft, die alle vier Bedingungen erfüllt und in der Führungsforschung eine dominante Stellung einnimmt, ist die allgemeine Intelligenz (vgl. für die Konstruktion von Intelligenz und deren Messung Kap. 6.3.3). Sie ist (1) messbar, wenn auch mit unterschiedlichen Methoden und Schwerpunkten, (2) zwischen den Menschen normalverteilt und damit unterschiedlich ausgeprägt, (3) über einen langen Zeitraum stabil und (4) als gemessener Wert einer Person exklusiv zugeordnet.

Und tatsächlich: Viele Studien zeigen, dass Intelligenz erfolgreiche Führung begünstigt (bspw. in einer umfangreichen Metastudie Salgado et al., 2003). Darüber hinaus existieren Studien, die einen kurvenlinearen Zusammenhang zwischen Intelligenz und Führungserfolg (zu niedrige und zu hohe Intelligenz behindern den Führungserfolg) bzw. relative Intelligenzmaße (Abstand zum Durchschnitt der geführten Gruppe darf ein bestimmtes Maß nicht übersteigen) herausgefunden haben (vgl. hierzu Bass/Bass, 2008).

Auch biografisch-personenbezogene Merkmale wurden in vielen Studien untersucht. Dabei wurde ein positiver Zusammenhang zwischen Körpergröße und Führereigenschaft, Attraktivität und Führungserfolg sowie Haarfülle (bei Männern) und Führungseigenschaft ermittelt. Der Zusammenhang wird meist dadurch erklärt, dass Körpergröße, Attraktivität, Haarfülle oder weitere auf den ersten Blick nicht mit der Arbeitsleistung zusammenhängende biografische Eigenschaften mit einer erhöhten Selbstachtung korrelieren, die, nach außen getragen, als Selbstbewusstsein wahrgenommen werden könnten (vgl. Weibler, 2011, S. 113).

> Antonakis/Dalgas (2009) zeigten die Bedeutung von Attraktivität (oder die damit verbundenen Eigenschaften wie Entschlossenheit oder Kompetenz) für die Zuschreibungen als Führungskraft. Kinder im Alter zwischen 5 und 13 Jahren wurden Fotopaare von fremden Personen vorgelegt. Die Kinder wurden dann gefragt, wen sie sich von den beiden auf dem Foto abgebildeten Personen als Kapitän ihres Bootes eher vorstellen könnten.
>
> Die Besonderheit des Experiments bestand darin, dass die Personen auf den Fotos in tatsächlicher Konkurrenz um politische Ämter standen. Kinder (auch Erwachsene, wie sich in später durchgeführten Experimenten zeigte) sagten den späteren Wahlausgang mit 71 % Trefferquote voraus. Die beiden Autoren interpretierten die Ergebnisse so, dass Menschen evolutionär angelegte Attraktivitätsmuster mit Führungseigenschaften in Verbindung bringen (nach Weibler, 2011, S. 114).

Nachdem die eigenschaftsorientierte Führungsforschung ihren Höhepunkt im deutschsprachigem Raum in den 1940er-Jahren und in der US-amerikanischen Führungsforschung in den 1950er- und 1960er-Jahren erlebte, kam es Anfang der 1990er-Jahre zu einer Renaissance. Diese ist eng verknüpft mit dem sog. **Big-Five-Modell** (vgl. Tab. 8.3) von Costa/McCrae (1992).

Cost/McCrae entwickelten einen Fragebogen, um Persönlichkeitseigenschaften diagnostizieren zu können. Dabei gingen sie von der Grundannahme aus, dass alle wichtigen und nützlichen Persönlichkeitsmerkmale im allgemeinen Sprachgebrauch als Koordinatensystem für alltagspsychologische Persönlichkeitsbeschreibungen vorkommen. Sie gehen dabei von fünf Dimensionen mit jeweils sechs Unterfaktoren aus, die sie mit jeweils acht zu bewertenden Aussagen abfragen (der 240 Aussagen starke Fragebogen – 5 Dimensionen x 6 Unterfaktoren x 8 Aussagen – ist unter dem Kürzel NEO-PI-R (NEO-Personality Inventory Revised) erhältlich).

Die fünf Dimensionen einer Persönlichkeit werden wie folgt beschrieben (vgl. Weibler, 2011, S. 110):

– **Neurotizismus** (neuroticism) bedeutet, dass jemand dazu neigt, empfindlich zu sein und unter Stress leicht aus der inneren Stabilität gebracht werden kann. In Stresssituationen tendieren neurotische Personen dazu, sich häufiger zu ärgern, traurig, verlegen, ängstlich oder besorgt zu sein. Personen mit hohem Werten in dieser Kategorie tendieren außerdem häufig zu inadäquaten Problembewältigungsmuster und zur Verfolgung unrealistischer Ideen.

Tab. 8.3: Big-Five-Persönlichkeitsdimensionen (vgl. Weibler, 2011, S. 111).

Neurotizismus	Extraversion	Offenheit	Verträglichkeit	Gewissenhaftigkeit
– Ängstlichkeit	– Herzlichkeit	– für Fantasie	– Vertrauen	– Kompetenz
– Reizbarkeit	– Geselligkeit	– für Ästhetik	– Freimütigkeit	– Ordnungsliebe
– Depression	– Durchsetzungs-	– für Gefühle	– Altruismus	– Pflicht-
– soziale	fähigkeit	– für Handlungen	– Entgegen-	bewusstsein
Befangenheit	– Aktivität	– für Ideen	kommen	– Leistungs-
– Impulsivität	– Erlebnissuche	– für Ideen- und	– Bescheidenheit	streben
– Verletzlichkeit	– positive	Wertesysteme	– Gutherzigkeit	– Selbstdisziplin
	Emotionen			– Besonnenheit

- **Exraversion** (extraversion) bedeutet, dass jemand gesellig, gesprächig, unternehmenslustig und aktiv ist. Menschen mit einer hohen Ausprägung fühlen sich in Gruppen wohl, sind in diesen durchsetzungsfähig, selbstbewusst und dominant. Gleichzeitig mögen sie aufregende Situationen und Stimulierungen.
- **Offenheit** (openness) bedeutet, dass jemand an neuen Erfahrungen, Erlebnissen und Eindrücken interessiert ist. Ihre Offenheit bezieht sich auch auf die Bereitschaft, neue Ideen auszuprobieren.
- **Verträglichkeit** (agreeableness) bedeutet, dass jemand hilfsbereit, entgegenkommend und vertrauensbereit ist. Verträgliche Personen begegnen anderen mit Wohlwollen und neigen zu Gutmütigkeit. Dabei gelingt es ihnen, Harmonie herzustellen.
- **Gewissenhaftigkeit** (conscientiousness) bedeutet, dass jemand zielstrebig, willensstark und entschlossen ist. Gewissenhafte Personen sind leistungsorientiert, pflichtbewusst, prinzipientreu und ordentlich.

Der mit der Big-Five-Typologie fast schon zum Standard avancierte Katalog von Persönlichkeitseigenschaften animierte Führungsforscher dazu, sowohl Einzelaspekte (Unitary-Traits-Ansatz) als auch verschiedene Konstellationen (Constellation-of-Traits-Ansatz) von Dimensionen und Unterfaktoren auf ihre Vorhersagekraft für Führungserfolg zu untersuchen. Es scheint dabei, dass insb. eine starke Ausprägung der Dimensionen Gewissenhaftigkeit und Extraversion sowie eine niedrige Ausprägung der Dimension Neurotizismus gute Prädiktoren für Führungserfolg sind.

Ein weiteres Feld der eigenschaftsorientierten Führungstheorie ist die Bestimmung einer **charismatischen Führungstheorie** (vgl. Abb. 8.4). Ausgangspunkt ist die Erfahrung, dass in bestimmten Situationen einzelne Personen außerordentlich präsent sind, man ihnen gerne zuhört und auf sie eingeht. Das Erkenntnisinteresse der charismatischen Führungstheorie ist darin zu sehen, warum und wie sich eine charismatische Person zur Führungsperson entwickelt, wie sie sich gegenüber nicht charismatischen Führenden unterscheiden und welche besonderen Folgen gegenüber anderen Führungsformen zu beobachten sind (vgl. zur Beschreibung des Modells ausführlich Weibler, 2011, S. 132 ff.).

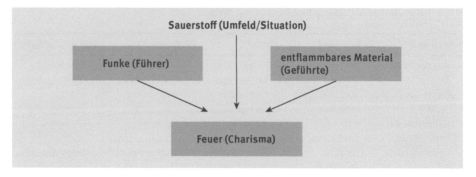

Abb. 8.4: Komponenten charismatischer Führung (vgl. Weibler, 2011, S. 134).

Um die Wirkungsweisen der charismatischen Führung zu charakterisieren, wird gerne auf Metaphern zurückgegriffen. Eines der bekanntesten Erzählungen basiert auf den Elementen Sauerstoff (Umfeld, Situation), Funke (Führer) und das entflammbare Material (Geführte), die erst in ihrem Zusammenspiel eine Reaktion (Charisma) auslösen.

Die Person des **Führers** zeichnet sich in dieser Metaphorik dadurch aus, dass sie
- eine Vision einer als besser erachteten Zukunft hat,
- von der moralischen Richtigkeit und Notwendigkeit ihrer Vision überzeugt ist,
- über Selbstvertrauen, Entschlossenheit und Ausdauer verfügt,
- eine hohe Risikobereitschaft zeigt,
- die Geführten positiv bewertet (loben, Stolz vermitteln),
- außergewöhnliches Verhalten zeigt (abseits der gesellschaftlichen Norm) und
- ihre Botschaften anregend kommunizieren kann.

Der Interaktionsprozess der charismatischen Führung setzt jedoch nicht nur das Vorhandenseins eines Führers voraus, sondern es benötigt auch **Geführte** (als Metapher: entflammbares Material), die einem charismatischen Führer erliegen (wollen). Dabei überrascht, dass zu den Geführten keine vergleichbare Ansammlung von Zuschreibungen wie bei der Person des Führers existiert. Die Bandbreite der Beschreibungen von Geführten bildet einen großen Querschnitt der Bevölkerung ab. Insbesondere findet die Führungsforschung keine Belege für bspw. allgemein geringes Selbstvertrauen, einen erhöhten Bedarf nach externer Sinngebung oder geringerer Intelligenz der Geführten. Damit bildet sich keine klar umrissene Zielgruppe heraus.

Vielmehr scheint das **Umfeld** (als Metapher: Sauerstoff) bzw. die konkrete Situation die Entwicklung einer charismatischen Führungsbeziehung zu bestimmen. Nach allgemeiner Einschätzung wird charismatische Führung durch Krisen- oder Umbruchsituationen und die so entstehende Unsicherheit begünstigt. Die Unsicherheit erschüttert die Geführten in ihrem Glauben, erzeugt Zukunftsangst und senkt das Selbstvertrauen.

Damit nun charismatische Führungsbeziehungen (als Metapher: Feuer) entstehen, ist es notwendig die beschriebenen Elemente zusammenzubringen. Eine Krisen- und Umbruchsituation (Sauerstoff) erzeugt Unsicherheit bei den Geführten (entflammbares Material), die ein charismatisch Führender (Funke) entzünden kann, in dem er durch sein Selbstbewusstsein Vertrauen vermittelt und Unsicherheit reduziert. Als **Folge** einer charismatischen Führungsbeziehung (im Vergleich mit einer „normalen" Führungsbeziehung) werden gesteigerte Leistungsbereitschaft, die Aufopferung für die Gruppe oder Gefolgschaftsverhalten genannt.

Ist Führung erlernbar?

Die aufgeworfene Frage wird ebenso ideologisch wie kontrovers diskutiert. Der Minimalkonsens scheint dabei zu sein, dass es kein *Führungsgen* gibt. Dennoch spielen Eigenschaften oder Persönlichkeitsmerkmale eine Rolle. Heute spricht man eher von *Führungstalent*, welches in bestimmten Situationen entfalten kann (und sich dann tatsächlich entfaltet oder eben nicht).

Die statistische Bestimmung des Einflusses von Persönlichkeitseigenschaften auf Führungserfolg ist nicht leicht. Mit gebotener Vorsicht lassen sich, je nach Studie, bis zu 50 % des Führungserfolgs durch Persönlichkeitseigenschaften erklären.

Würdigung

Die eigenschaftsorientierte Führungsforschung kann auf eine wechselvolle, oftmals vom **Zeitgeist** geleitete, Tradition zurückblicken. Der Einfluss des Zeitgeists und normativ gewollte oder unterdrückte Ergebnisse haben diese Forschungstradition lange Zeit in die „Schmuddelecke" manövriert. Insbesondere die Forschungsergebnisse der 2000er-Jahre haben durch eine Vielzahl von ergebnisoffenen Studien und Diskussionen dazu beigetragen, die oft ideologisch ausgetragene Debatte zu versachlichen.

Darüber hinaus wird dem Ansatz allgemeine, forschungspraktische Kritik entgegengehalten (vgl. Abb. 8.5). Die Ergebnisse der eigenschaftsorientierten Studien beruhen lediglich auf Korrelationsstudien, die **ohne theoretisches Fundament** statistische Auffälligkeiten zusammentragen. Außerdem wird argumentiert, dass der empirische Nachweis von Korrelation nichts über die zugrunde liegende Kausalität aussagt – es also zu einer **Verwechslung von Korrelation und Kausalität** kommt

– vom Zeitgeist beeinflusstes Forschungsgebiet
– lange Zeit normative geprägt (gewollte, ignorierte oder unterdrückte Forschungsergebnisse)
– Theorielosigkeit (Suchen von statistischen Auffälligkeiten)
– Verwechslung von Korrelation und Kausalität
– Variabilität der menschlichen Persönlichkeit im Zeitverlauf

Abb. 8.5: Kritik an eigenschaftsorientierter Führungsforschung.

(vgl. hierzu das klassische Beispiel einer Region, die eine statistisch signifikante Zunahme von Geburten nach der Ansiedlung einer Storchenfamilie erlebte).

Eine weitere Kritik entzündet sich an der **mangelnden Stabilität** der Persönlichkeitseigenschaften. Erst ab dem 50. Lebensjahr scheinen die Persönlichkeitseigenschaften über einen längeren Zeitraum stabil zu sein. Dann folgt eine Phase der Stabilität, die durch lebensverändernde Ereignisse (bspw. Pensionierung) wieder Variabilität in die vormals stabilen Persönlichkeitsmerkmale bringt. Das heißt, dass die festgestellten Zusammenhänge zwischen Persönlichkeitsmerkmalen und Führungserfolg immer nur Momentaufnahmen sind, aber wenig über bspw. den Zeitpunkt der ersten Führungsaufgabe aussagen.

8.2.2 Verhaltensorientierte Ansätze der Mitarbeiterführung

Die verhaltensorientierten Ansätze der Führung stellen nicht die Persönlichkeit des Führenden in den Mittelpunkt, sondern das gezeigte Verhalten. Mit diesem Perspektivenwechsel sind zwei zentrale Fragestellungen verbunden.
- Welche unterschiedlichen Führungsverhalten gibt es?
- Welches Führungsverhalten führt zu Führungserfolg?

Führungserfolg hängt vom Führungsverhalten ab.

Zentraler Ansatzpunkt der verhaltensorientierten Führungsforschung ist dabei der Führungsstil. Ein Führungsstil ist gekennzeichnet durch ein dauerhaft gezeigtes Verhaltens- und Handlungsmuster einer Führungskraft. Damit grenzt sich der Führungsstil durch seine überdauernde Konsistenz gegen einmalige oder zufällige, situationsbedingte Einzelhandlungen ab.

Der **Führungsstil** ist ein konsistentes und typisches Verhalten, das von einem Führenden gegenüber den Geführten vielfach wiederkehrend gezeigt wird (vgl. Weibler, 2011, S. 339).

Im Rahmen der Führungsstil-Forschung wurde eine Vielzahl an empirischen Untersuchungen durchgeführt mit der Zielsetzung, Aussagen über die Effizienz von Verhaltensmustern zu treffen. Im Folgenden sollen die klassischen Studien vorgestellt werden. Die (zeitlichen) Entwicklungslinien und Wirkungen zwischen den Studien werden in Abb. 8.6 dargestellt (vgl. Weibler, 2011).

Iowa-Studien (Lewin et al.)

Die Führungsstildiskussion hat ihren Ursprung in den Laborexperimenten unter der Leitung von Kurt Lewin (Lewin/Lippit/White, 1939) Ende der 1930er-Jahre an der Iowa University (vgl. im Folgenden Weibler, 2011, S. 346 ff.).

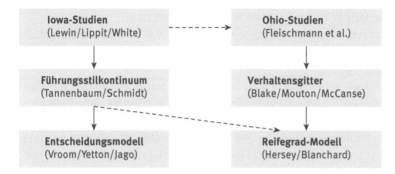

Abb. 8.6: Entwicklungslinien der verhaltensorientierten Führungsforschung (vgl. Weibler, 2011, S. 344).

Abb. 8.7: Führungsstile nach Lewin.

Die Forschergruppe wollte herausfinden, wie sich Leistung und Verhalten einer Gruppe durch die Anwendung unterschiedlicher Führungsstile verändern. Dabei wurden die zwei Endpunkte der Dimension Partizipation als Führungsstile gewählt (vgl. Abb. 8.7):

- autokratischer Führungsstil und
- demokratischer Führungsstil.

Der autokratische Führungsstil ist dadurch gekennzeichnet, dass der Führer die Aktivitäten und Ziele der Gruppe bestimmt. Der Führer legt die Aufgaben für jedes einzelne Gruppenmitglied fest, definiert die Ziele und verändert ggf. die Aufgaben. Der Führer nimmt nicht aktiv an der Gruppenarbeit teil, ist weder erkennbar feindlich oder freundlich, sondern weitgehend unpersönlich.

Der demokratische Führungsstil ist dadurch gekennzeichnet, dass der Führer die Gruppenmitglieder ermutigt, ihre Aktivitäten und Zielvorstellungen in die Gruppendiskussion einfließen zu lassen, die Aufteilung der Aufgaben bleibt der Gruppe überlassen. Der Führer ermutigt, verteilt Lob und objektive Kritik.

Die ersten Untersuchungen, die später als Iowa-Studien bekannt wurden, wurden Kinder in zwei Gruppen zu je fünf Mitgliedern aufgeteilt. Den Gruppen wurde die Aufgabe gestellt, Papiermasken anzufertigen und zu bemalen. Der Führer war ein Erwachsener, der zuvor die beiden Führungsstile eingeübt hatte. In Folgeuntersuchungen führten die Forscher einen dritten Führungsstil ein, der als Laissez-faire-Stil gekennzeichnet wurde. Die Führungsperson spielte dann eine freundliche, aber passive Rolle, die Fragen zwar beantwortete, doch auf Steuerung oder Bewertung verzichtete.

Als Ergebnis hielten die Forscher folgende Erkenntnisse fest:

– Die **Zufriedenheit** der Gruppenmitglieder war bei demokratischer Führung am größten, lag bei autokratischer Führung darunter und war bei der sog. Laissez-faire-Führung am geringsten.

– Das von der Gruppe entgegengebrachte **Interesse** war ebenfalls bei der demokratischen Führung am höchsten und bei der Laissez-faire-Führung am geringsten.

– Hinsichtlich der **Leistung** muss eine Fallunterscheidung vorgenommen werden. Der Output an Papiermasken war im Falle der Anwesenheit des Führers bei autoritärer Führung am höchsten und bei der Laissez-faire-Führung am niedrigsten. Wenn die Führungskraft nach einiger Zeit aus dem Raum ging, war der Output bei demokratischer Führung weitgehend konstant und höher als bei autoritärer Führung, bei der in diesem Fall ein starker Leistungsabfall festzustellen war.

Kurt Lewins Verdienst liegt in der **Neuausrichtung** der Führungsforschung. Es gelang Lewin, das bis dahin dominierende eigenschaftsorientierte Führungsverständnis um eine neue Perspektive zu bereichern. Der **Einfluss** der Iowa-Studien kann an den damals populär gewordenen Begrifflichkeiten ermessen werden. Die Vorstellung von autokratischen und demokratischen Führungsverhalten fand von dort aus Eingang in die Wissenschafts- und Alltagssprache.

Dennoch existieren begründete Zweifel an der Gültigkeit und Übertragbarkeit der gefundenen Ergebnisse. Insbesondere die **ideologische Färbung** des Gegensatzpaares autoritär vs. demokratisch sowie die zugeschriebenen Verhaltensmuster sind geprägt von den persönlichen Vorstellungen und Erfahrungen des Emigranten Kurt Lewin mit autoritärer und herrschaftlicher Führung im nationalsozialistischen Deutschland. So konnten Nachuntersuchungen die Ergebnisse mit *neutralen* Beobachtern nicht reproduzieren.

Ebenso wurde kritisiert, dass die **Übertragbarkeit** von Experimenten mit Kindern auf die Managementpraxis nicht gewährleistet wäre und die Einteilung der Führungsstile zu **grob** und undifferenziert erfolgte.

Führungsstilkontinuum (Tannenbaum/Schmidt)

Tannenbaum/Schmidt (1958) nahmen die Kritik (insb. an der mangelnden Übertragbarkeit sowie an den fehlenden Alternativen zwischen den beiden Endpunkten der Dimension Partizipation) an den Iowa-Studien auf und entwickelten das sog. Führungskontinuum-Modell (vgl. im Folgenden Weibler, 2011, S. 348 ff.).

Tannenbaum und Schmidt waren mit der Entwicklung und Durchführung von Trainings für Führungskräfte an der University of California befasst. Sie entdeckten, dass die ideologische Empfehlung des Führungsstilmodells von Lewin (demokratisch – gut; autoritär – schlecht) bei den Managern zu Verunsicherung führte, da sie aufgrund von situativen Bedingungen (bspw. Zeit- oder Budgetrestriktionen) nicht umhin kamen, auf einen vermeintlich schlechten Führungsstil zurückgreifen zu müssen.

Autoritär	Patriarchisch	Informierend	Beratend	Kooperativ	Delegativ I	Delegativ II
Vorgesetzter entscheidet ohne Konsultation der Mitarbeiter	Vorgesetzter entscheidet, versucht aber die Mitarbeiter von seiner Entscheidung zu überzeugen, bevor er sie anordnet	Vorgesetzter entscheidet, diskutiert dann im Nachgang mit den Mitarbeitern	Vorgesetzter informiert über beabsichtigte Entscheidung und holt Meinungen ein, bevor er Entscheidung trifft	Gruppe entwickelt Vorschläge, Vorgesetzter entscheidet sich für die von ihm favorisierte Lösung	Gruppe entscheidet, nachdem Vorgesetzter Probleme und Grenzen aufgezeigt hat	Gruppe entscheidet alleine, Vorgesetzter fungiert als Koordinator nach innen und außen

Das oberste Band zeigt: **Entscheidungsspielraum des Vorgesetzten** (links) und **Entscheidungsspielraum der Gruppe** (rechts).

Abb. 8.8: Führungsstilkontinuum nach Tannenbaum/Schmidt (vgl. Weibler, 2011, S. 348).

Tannenbaum/Schmidt griffen die Sorge auf und stuften auf der Dimension Partizipation sieben Führungsstile ab (vgl. Abb. 8.8). Alle sieben Stile stehen gleichberechtigt nebeneinander und sollten in Abhängigkeit der Merkmale der
- Vorgesetzten (bspw. eigenes Wissen und Können, Toleranz für Fehler der Mitarbeiter),
- Mitarbeiter (bspw. Wissen, Können und Bedürfnisse der Mitarbeiter) und
- Situation (bspw. Budget- oder Zeitrestriktionen oder Größe der Gruppe).

zur Anwendung kommen.

Dem Ansatz von Tannenbaum/Schmidt gelingt es, die Dimension Partizipation mit der Beschreibung **mehrerer Führungsstile** zu konkretisieren. Dadurch eignet sich der Ansatz für eine **Einordnung**, Reflexion und Diskussion der erlebten Führungsstile. Ebenso positiv ist die Entideologisierung der Handlungsempfehlungen. Jeder Führungsstil kann in bestimmten Situationen angemessen sein.

Dieses Argument wird aber auch gegen die Ausführungen von Tannenbaum/Schmidt verwendet. Der Ansatz liefert keine Gestaltungsaussagen, wann welcher Führungsstil der passende ist. Darüber hinaus wurde den Autoren vorgeworfen, dass die Aufspaltung der Führungsstile zu einer **Beliebigkeit** geführt hat, die eine **Zuordnung** von Leistungs- und Zufriedenheitsergebnissen nicht mehr möglich machen.

Entscheidungsmodell (Vroom et al.)

Vroom und Yetton (1973) griffen die Kritik der Beliebigkeit auf und entwarfen ein Modell (vgl. Tab. 8.4), das den Führungskräften eine Entscheidungslogik zur Bestimmung eines adäquaten Führungsstils an die Hand gibt (vgl. im Folgenden Weibler, 2011, S. 350 ff.).

Tab. 8.4: Entscheidungsregeln.

Regel	Situation	Keine Anwendung von
Informationsregel	Wenn die Qualität der Entscheidung hoch sein soll, der Vorgesetzte aber nicht genügend Informationen besitzt	AI
Vertrauensregel	Wenn die Qualität der Entscheidung hoch sein soll, aber nicht sichergestellt ist, ob die Mitarbeiter die Organisationsziele teilen	GII
Akzeptanzregel	Wenn die Akzeptanz wichtig ist	AI und AII
Konfliktregel	Wenn die Akzeptanz wichtig ist, aber Meinungsverschiedenheiten unter den Mitarbeitern erwartet werden	AI, AII und CII
Fairnessregel	Wenn die Qualität der Entscheidung unwichtig ist, deren Akzeptanz aber wichtig	AI, AII, CI und CII
Akzeptanz- Vorrang-Regel	Wenn die Akzeptanz der Entscheidung wichtig ist und die Mitarbeiter die Organisationsziele teilen	AI, AII, CI und CII

Sie definierten fünf Führungsstilalternativen:

- **AI:** Alleinentscheidung des Vorgesetzten auf Basis der ihm vorliegenden Informationen
- **AII:** Alleinentscheidung des Vorgesetzten nach Einholung von Informationen
- **CI:** Alleinentscheidung des Vorgesetzten nach Diskussion des Problems, getrennt mit einzelnen Mitarbeitern
- **CII:** Alleinentscheidung des Vorgesetzten nach Diskussion des Problems in der Gruppe
- **GII:** Präsentation des Problems durch den Vorgesetzten, gemeinsame Entwicklung, Bewertung und Entscheidung durch die Gruppe

Die Bewertung, welche der fünf Führungsstile anzuwenden ist, erfolgt über sieben aufeinander aufbauende Fragen, die mit „ja" oder „nein" beantwortet werden müssen:

- **A:** Ist die Entscheidungsqualität wichtig?
- **B:** Habe ich genügend Informationen, um eine qualitativ hochwertige Entscheidung selbst treffen zu können?
- **C:** Ist das Problem strukturiert?
- **D:** Ist die Akzeptanz der Entscheidung durch meine Mitarbeiter entscheidend für deren effektive Umsetzung?
- **E:** Wenn ich die Entscheidung selbst treffe, würde sie von meinen Mitarbeitern akzeptiert werden?
- **F:** Ist davon auszugehen, dass sich meine Mitarbeiter bei ihren Lösungsbeiträgen am Organisationsziel orientieren?
- **G:** Sind Konflikte zwischen meinen Mitarbeitern bei der Diskussion von Lösungen zu erwarten?

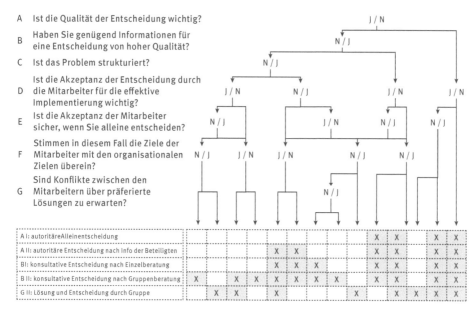

A   Ist die Qualität der Entscheidung wichtig?

B   Haben Sie genügend Informationen für eine Entscheidung von hoher Qualität?

C   Ist das Problem strukturiert?

D   Ist die Akzeptanz der Entscheidung durch die Mitarbeiter für die effektive Implementierung wichtig?

E   Ist die Akzeptanz der Mitarbeiter sicher, wenn Sie alleine entscheiden?

F   Stimmen in diesem Fall die Ziele der Mitarbeiter mit den organisationalen Zielen überein?

G   Sind Konflikte zwischen den Mitarbeitern über präferierte Lösungen zu erwarten?

A I: autoritäreAlleinentscheidung

A II: autoritäre Entscheidung nach Info der Beteiligten

B I: konsultative Entscheidung nach Einzelberatung

B II: konsultative Entscheidung nach Gruppenberatung

G II: Lösung und Entscheidung durch Gruppe

Abb. 8.9: Entscheidungsbaum (vgl. Weibler, 2011, S. 353).

Durch die Kombination der Fragen ergeben sich theoretisch 128 (= 2^7) Führungssituationen. Vroom/Yetton halten aber nicht alle möglichen Konstellationen für gleich wahrscheinlich oder bedeutsam, sodass sie die Komplexität des Modells auf 14 für praktisch bedeutsam erachtete Situationskonstellationen reduzieren.

Die Zuordnung der fünf Führungsstile erfolgt über sieben Entscheidungsregeln, die bestimmte Führungsstile in bestimmten Situationen ein- oder ausschließen. Die ersten drei Regeln dienen der Sicherung der Entscheidungsqualität, die restlichen vier der Sicherung der Akzeptanz.

Die Kombination der drei Elemente – Führungsstil, Führungssituation und Entscheidungsregeln – lassen sich in einem Entscheidungsbaum zusammenführen (vgl. Abb. 8.9). Die Logik der Entscheidungsregeln führen dazu, dass in der Mehrzahl der Situationen mehrere Führungsstile empfohlen werden. Um auch in diesen Situationen handlungsfähig zu bleiben, haben Vroom/Yetton zwei weitere Entscheidungsregeln vorgeschlagen:

- Liegt der Schwerpunkt auf der **Schnelligkeit** der Entscheidungsfindung: Wähle den obersten empfohlenen Führungsstil.
- Liegt der Schwerpunkt auf **Qualität** der Entscheidungsfindung: Wähle den untersten empfohlenen Führungsstil.

Vroom und Yetton haben die Kritik am von Tannenbaum/Schmidt entwickelten Führungskontinuum aufgegriffen (insb. den Vorwurf der Beliebigkeit und der fehlenden Handlungsanweisung) und zu einem heuristischen Entscheidungsmodell weiterentwickelt. Zahlreiche Studien konnten zudem die erstmals nur plausibilitätsgestützten Überlegungen und Entscheidungsregeln empirisch bestätigen.

Das Modell wird aber auch kritisch diskutiert. So nährt der Entscheidungsbaum die Illusion,

– komplexe Zusammenhänge durch einfache Fragen erfassen zu können,
– dann den empfohlenen Führungsstil auch tatsächlich anwenden zu können und
– in jeder Situation die Zeit zum Durchdenken des „Programms" zur Verfügung zu haben.

Ohio-Studien (Fleishman et al.)

Bis in die 1950er-Jahre war die eindimensionale Charakterisierung (mit der Dimension Partizipation) von Führungsstilen die dominante Art, Verhaltensvarianten von Führungsstilen zu betrachten. Die Erweiterung um eine weitere Dimension ging auf eine Forschergruppe der Ohio State University zurück (vgl. Fleishman, 1953; Stogdill/Coons, 1957).

Im Rahmen ihrer Forschungsarbeiten wurde ein Fragebogen entwickelt, der Aussagen von Mitarbeiter über das Verhalten ihrer Führungskräfte enthielt. Der sog. Leader Behavior Description Questionannaire (LBDQ) umfasst 48 Aussagesätze über Führungskräfte, die die Mitarbeiter auf einer fünfstufigen Skala bewerten müssen (vgl. im Folgenden Weibler, 2011, S. 355 ff.).

Der Fragebogen wurde mit dem Ziel ausgewertet, eine möglichst kleine Anzahl relevanter Verhaltensdimensionen zu isolieren, die eine eindeutige Charakterisierung eines Führungsstils zulässt. Die (faktorenanalytische) Auswertung der ausgefüllten Fragebogen führte zu der These, dass zwei unabhängige Faktoren existieren, die das Führungsverhalten beschreiben können:

– **Mitarbeiterorientierung** (oder Beziehungsorientierung; engl: consideration) drückt aus, in welchem Maße ein Vorgesetzter auf die persönlichen Bedürfnisse seiner Mitarbeiter Rücksicht nimmt, Respekt, Wertschätzung und Anerkennung zeigt.
– **Aufgabenorientierung** (engl. initiation structure) drückt das Verhalten des Vorgesetzten aus, wenn er versucht, durch Aufgabendefinition, Vorschriften und Anregung zur Aufgabenerledigung das Erreichen der Organisationsziele voranzutreiben.

Damit rückte die Forschergruppe von der eindimensionalen (Partizipation) Beschreibung von Führungsstilen ab und spannte ein zweidimensionales Gitter auf, indem Führungsstile beliebig zwischen den beiden Dimensionen verortet werden konnte. Zur Veranschaulichung werden die Ergebnisse der Ohio-Studien mit plakativen Führungsstilbezeichnungen versehen. Abb. 8.10 zeigt ein Beispiel.

Die Ergebnisse der Ohio-Studien wurden begeistert aufgenommen und führten zu einer **Neuausrichtung** der Führungsforschung. Die eindimensionale Perspektive zur Beschreibung von Führungsstilen wurde zugunsten einer mehrdimensionalen Be-

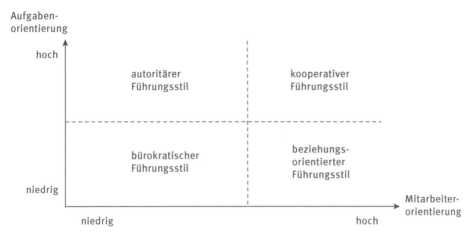

Abb. 8.10: Führungsstile der Ohio-Studien.

trachtung erweitert. Ähnlich wie bei den Iowa-Studien (vgl. weiter oben) fanden die verwendeten Begrifflichkeiten (Mitarbeiterorientierung, Aufgabenorientierung) ihren Weg in die **Alltagssprache**.

Dennoch blieb auch dieser Ansatz nicht ohne Kritik, da er keine Hinweise liefert, welches Führungsverhalten welche **Wirkung** erzielt. Empirische Folgeuntersuchungen erbrachten zudem uneindeutige **Ergebnisse**:

Die Zufriedenheit der Mitarbeiter steigt nicht zwingend mit zunehmender Mitarbeiterorientierung an. Je nach Situation (bspw. wenn der Vor-Vorgesetzte die Führungskraft schlecht beurteilt), sinkt die Zufriedenheit sogar bzw. steigt erst wieder mit zunehmender Aufgabenorientierung. Ebenso scheinen sich die Wirkungen der beiden Führungsstile in Abhängigkeit der Mitarbeitergruppe zu unterscheiden. So führt ein mitarbeiterorientierter Führungsstil im Produktionsbereich zu negativen Ergebnissen, im Verwaltungsbereich jedoch zu positiven Ergebnissen. Ein aufgabenorientierter Führungsstil löst genau die umgekehrten Effekte aus.

Darüber hinaus wurde auch der **Fragebogen** kritisiert. Die Fragen waren so gestellt (bzw. deren soziale Erwünschtheit der Antworten so ersichtlich war), dass die Mitarbeiter ihre Antworten nicht auf die tatsächlich beobachtbaren Verhaltensmerkmale des Vorgesetzten bezogen, sondern die Antworten Ausdruck ihrer generellen (Un-)Zufriedenheit mit dem Vorgesetzten waren.

Verhaltensgitter der Führung (Blake/Mouton)

Das Verhaltensgitter (engl. managerial grid) baut auf dem Ohio-Modell auf. Die beiden Dimensionen wurden von Blake/Mouton (1964, 1968) Sach- und Menschenorientierung genannt und in jeweils neun Ausprägungen feiner unterteilt. Die 81 möglichen Kombinationen werden als Gitterpunkte gekennzeichnet (vgl. im Folgenden Weibler, 2011, S. 358 ff.).

Vorbemerkung:

Wenn Menschen verschiedene Ansichten haben und sie äußern, müssen Meinungsverschiedenheit und Konflikt entstehen. Ein Konflikt kann zersetzend wirken, er kann aber auch kreative und konstruktive Kräfte freisetzen.

Welche der folgenden Aussagen trifft auf Sie am ehesten zu:

Aussage A: Wenn ein Konflikt entsteht, gestehe ich es zwar ein, betone aber erneut die Bedeutung meines Vorschlags, um andere von meiner Auffassung zu überzeugen.

Aussage B: Ich bleibe neutral und halte mich aus den Konflikten möglichst heraus.

…

Aussage G: Ich bemühe mich, einen Konflikt gar nicht erst entstehen zu lassen. Wenn er ausbricht, versuche ich die Wogen zu glätten und die Menschen zusammenzuführen.

Abb. 8.11: Beispielelement „Konfliktlösung".

Zur Eigen- oder Fremdbestimmung des aktuellen Führungsstils wurde von Blake/ Mouton ein Fragebogen entwickelt, der Aussagen zu den Bereichen Konfliktlösung (vgl. Abb. 8.11), Initiativverhalten, Informationsbeschaffung, Meinungsverhalten, Entscheidungsverhalten und konstruktive Kritik umfasst. Zu jedem dieser Bereiche liegen sieben Aussagen vor, die das tatsächliche Führungsverhalten beschreiben sollen.

Aus den Antworten des Fragebogens wird ein Führungsstil in eines der 81 Gitter zugeordnet. Zur Veranschaulichung der Bedeutung der Führungsstile wurden von Blake/Mouton fünf Führungsverhalten plakativ beschrieben (vgl. Abb. 8.12):

– 1.9-Führungsstil (Glacéhandschuh-Management): Ein gemächliches und freundliches Arbeitsklima und -tempo aus Rücksichtnahme auf das Bedürfnis der Mitarbeiter nach angenehmer zwischenmenschlicher Beziehung.

– 1.1-Führungsstil (Überlebensmanagement): Minimale Anstrengung zur Erledigung der geforderten Arbeit genügt, um sich im Unternehmen zu halten.

– 9.1-Führungsstil (Befehl-Gehorsam-Management): Der Erfolg beruht darauf, die Arbeitsbedingungen so einzurichten, dass der Einfluss persönlicher Faktoren auf ein Minimum reduziert wird.

– 9.9-Führungsstil (Team-Management): Hohe Arbeitsleistung vom engagierten Mitarbeiter wird ebenso geachtet wie der gemeinschaftliche Einsatz für die Unternehmensziele in einem vertrauensvollen und von gegenseitiger Achtung geprägten Umfeld.

– 5.5-Führungsstil (Organisationsmanagement): Eine angemessene Leistung wird ermöglicht durch die Herstellung eines Gleichgewichts zwischen der Notwendigkeit, die Arbeit zu tun und der Aufrechterhaltung einer Betriebsmoral.

Die Charakterisierung soll das mögliche Spektrum an Führungsverhalten erfassen und mögliche Verbesserungsmöglichkeiten ableiten. Angestrebt wird der „ideale" Führende, der nach diesem Modell sowohl die menschliche als auch die produktive

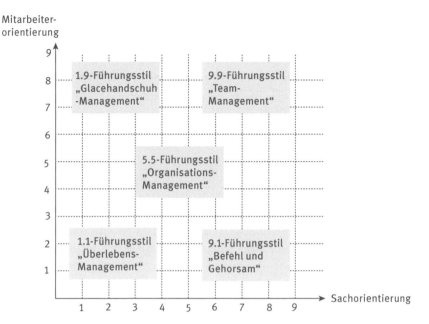

Abb. 8.12: Verhaltensgitter.

Ausrichtung bei seinem Führungsstil in einem Höchstmaß berücksichtigt („9.9 Füh-rungsstil"). Dieses Ziel stellt die normative Komponente des Grid-Konzepts dar, wobei das Auftreten möglicher Zielkonflikte bei simultaner Maximierung von Personen- und Produktionsorientierung unberücksichtigt bleibt.

Der bis heute andauernde Erfolg des Ansatzes wird auf die Tatsache zurückge-führt, dass Blake/Mouton die **Beschreibungen** des Verhaltensgitters plakativ, plau-sibel und inhaltlich nachvollziehbar gewählt haben. Zudem haben sie die Überlegun-gen in ein komplettes **Trainingsprogramm** eingebettet.

Trotz der erkennbaren Bezugnahme des Verhaltensgitter-Modells auf die Ergeb-nisse der Ohio-Studie wird der **wissenschaftliche** Wert des Ansatzes jedoch ange-zweifelt. Daher verwundert es auch nicht, dass die Unabhängigkeit von Mitarbeiter- und Sachorientierung bisher **empirisch** nicht nachgewiesen werden konnte (vgl. Neuberger, 2002, S. 510 ff.; Tisdale, 2004, Sp. 829). Der Führungsstil 9.9 wird als der in allen Situationen richtige und in jedem Fall anzustrebende Stil herausgestellt, wobei **situative Aspekte** unberücksichtigt bleiben.

Zusammenfassende Kritik verhaltensorientierter Ansätze
Die verhaltensorientierten Ansätze haben die Führungsforschung grundlegend ver-ändert. Die Modelle und Begrifflichkeiten haben Eingang in die Alltagssprache und in das Denken vieler Führungskräfte gefunden.

Allerdings konnten die empirischen Befunde die These eines besten Führungsstils („one best way") nicht stützen. Vielmehr scheint es so zu sein, dass die verhaltensorientierten Ansätze durch das weitgehende Ausblenden von

–   situativer Rahmenbedingungen (Branchen, Situationen, Vergütungsmodell, …),
–   Interaktionseffekten zwischen Führungskraft und Mitarbeiter

die Realität unterkomplex widerspiegeln.

8.2.3 Situative Ansätze

Die Grundannahme der Situationstheorie besagt, dass sich das Führungsverhalten an unterschiedlichen Situationsvariablen ausrichten muss, um erfolgreich sein zu können. Daher steht bei den situativen Ansätzen die Identifikation von situativen Faktoren im Mittelpunkt, die die Führungsbeziehung erfolgreich machen (vgl. im Folgenden Weibler, 2011, S. 367 ff.).

Dabei meint situative Führung nicht (so wie es manch Vorgesetzter gerne machen:) „je nach Situation irgendwie anders", sondern als berechenbare und vorstrukturierte Beziehungsmechanik „wenn Situation A, dann Führungsstil B" (vgl. Scholz, 2011, S. 393). Dies setzt voraus, dass die Situation über Variablen erfasst wird.

Kontingenzansatz der Führung

Fiedler (1967) konkretisierte in seinem sog. Kontingenzansatz die Situation über drei Variablen und beurteilt sie anhand der Günstigkeit:

–   **Art der Beziehung zwischen Führer und Mitarbeiter:** Die Situation gestaltet sich für den Führenden umso günstiger, je besser die Beziehung (Akzeptanz, Loyalität, Anerkennung, …) zwischen Führer und Geführten ist.
–   **Aufgabenstruktur:** Die situative Günstigkeit ist umso größer, je größer die Strukturiertheit (Mittel-Ziel-Relation im Vorfeld zu bestimmen) der zu erfüllenden Aufgabe ist.
–   **Positionsmacht** des Führenden: Die Situation ist für den Führenden umso günstiger, je mehr seine Position durch die Organisation (bspw. durch Belohnungs- und Sanktionierungsinstrumente, Stellung innerhalb der Organisation, …) gestützt wird.

Dabei hängt die erstgenannte Variable zum großen Teil von der Persönlichkeit des Führenden ab, wohingegen Aufgabenstruktur und Positionsmacht durch das Unternehmen formal bestimmt werden. Jedes der drei Situationsmerkmale wird in jeweils einen positiven (gute Beziehung, stark strukturierte Aufgabe, starke Positionsmacht) und einen negativen (schlechte Beziehung, schwach strukturierte Aufgabe, schwache Positionsmacht) Ausprägungsgrad eingeteilt, womit sich acht (2^3 = 8) verschiedene Führungssituationen ergeben (vgl. Staehle, 1999, S. 349 ff.).

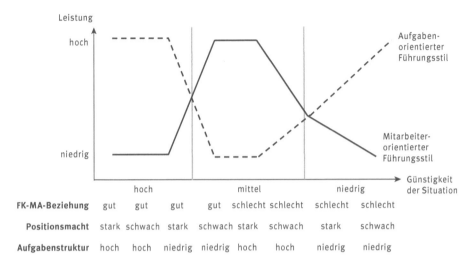

	hoch			mittel		niedrig	
FK-MA-Beziehung	gut	gut	gut	gut	schlecht	schlecht	schlecht	schlecht
Positionsmacht	stark	schwach	stark	schwach	stark	schwach	stark	schwach
Aufgabenstruktur	hoch	hoch	niedrig	niedrig	hoch	hoch	niedrig	niedrig

Abb. 8.13: Kontingenzmodell nach Fiedler.

Fiedler zeigte, dass in Abhängigkeit der Günstigkeit der Situation ein passender Führungsstil bestimmt werden kann, um Führungserfolg sicherzustellen. Abb. 8.13 zeigt die Leistung der Mitarbeiter in Abhängigkeit der Günstigkeit der Situation und des gewählten Führungsstils.

Zur Bestimmung des Führungsstils hat Fiedler einen Fragebogen entwickelt, dessen Maßzahl ein sog. LPC-Wert (Least Preferred Co-Worker) darstellt. Der LPC-Wert drückt aus, wie der Führende den von ihm am wenigsten geschätzten Mitarbeiter beschreibt. Eine wohlwollende Beschreibung wenig geschätzter Mitarbeiter (hoher LPC-Wert) weist danach auf einen eher beziehungsorientierten Führungsstil hin; im umgekehrten Fall einer negativen Einschätzung (niedriger LPC-Wert) wird ein aufgabenorientierter Führungsstil vermutet (vgl. Staehle, 1999, S. 349).

Durch Untersuchungen in einer Vielzahl von Unternehmen und weiteren Organisationen zeigte sich, dass in sehr günstigen (gute Beziehung, stark strukturierte Aufgabe, starke Positionsmacht) und in sehr ungünstigen Führungssituationen (schlechte Beziehung, schwach strukturierte Aufgabe, schwache Positionsmacht) jeweils ein aufgabenorientierter Führungsstil erfolgreich war, in Situationen mittlerer Günstigkeit (bspw. gute Beziehung, schwach strukturierte Aufgabe, schwache Positionsmacht) jedoch ein personenorientierter Führungsstil vorteilhaft war (vgl. Fiedler, 1967, S. 146).

Die Erkenntnisse wurden in einer Tabelle visualisiert. Die Vorgehensweise zur Ermittlung des Reifegrads wird wie folgt beschrieben: Nachdem die Führungskraft die Günstigkeit der Situation bestimmt hat, zieht sie eine gerade Linie nach oben. Der Schnittpunkt mit der eingezeichneten Kurve markiert den empfohlenen Führungsstil. An den Grenzen (hohe zu mittlerer und mittlerer zu niedriger Günstigkeit) lassen sich keine eindeutigen Vorhersagen ableiten.

Das Modell stellte den „**situativen Wendepunkt**" in der Führungsforschung dar. Fiedler stellte situative Bedingungen in den Mittelpunkt der Betrachtung und legte gleichzeitig ein Modell zur Spezifizierung der Situation (mit drei Variablen) und des Führungsstils (LPC-Fragebogen) vor.

Spätere **empirische** Untersuchungen konnten jedoch die im Rahmen des Kontingenzansatzes ermittelten Zusammenhänge zwischen Führungserfolg und spezifischer Situation sowie entsprechendem Führungsstil nur in Laborsituationen und nicht in realen Führungskontexten bestätigen. Ebenso wurde Fiedler vorgeworfen, die **Operationalisierung** der Situation erfolgte willkürlich (warum die drei Variablen und keine anderen?). Zudem seien die Variablen nicht unabhängig (insb. die Positionsmacht und die Führungskraft-Mitarbeiter-Beziehung hängen voneinander ab).

Reifegrad-Modell der Führung (Hersey/Blanchard)

Hersey/Blanchard (1982) erweiterten die zweidimensionale Betrachtung um den sog. Reifegrad der Mitarbeiter (vgl. Tab. 8.5). Damit ergibt sich ein dreidimensionales Zusammenspiel aus (vgl. im Folgenden Weibler, 2011, S. 363 ff.)

- aufgabenbezogenem Führungsverhalten (Vorgabe von Zielen, Strukturen, Regeln und Zeitrahmen sowie deren externe Kontrolle),
- beziehungsorientiertem Führungsverhalten (Kommunikation, sozio-emotionale Unterstützung der Mitarbeiter, Förderung, Motivation und Anerkennung von Leistung) und
- dem Reifegrad der Mitarbeiter (der sich aus Fähigkeit – ability – und Bereitschaft – willingness – zusammensetzt).

Der Reifegrad des Mitarbeiters bezieht sich auf die Fähigkeit bzw. die Bereitschaft, die jeweils spezifische Aufgabe auszuführen. Ein hohes Fähigkeitspotenzial (bspw. durch Ausbildung, Training oder Erfahrung erworben) wird dabei als Arbeitsreife, die Bereitschaft zur Aufgabenerfüllung als psychologische Reife (bspw. Motivation oder Selbst-

Tab. 8.5: Reifegrade der Mitarbeiter.

Reifegrad	Arbeitsreife	Psychologische Reife	
M1	gering	gering	Mitarbeiter, die weder Verantwortung übernehmen wollen noch können
M2	gering	hoch	Mitarbeiter, die zwar Verantwortung übernehmen wollen, aber nicht können
M3	hoch	niedrig	Mitarbeiter, die zwar Verantwortung übernehmen können, aber nicht wollen
M4	hoch	hoch	Mitarbeiter, die Verantwortung übernehmen können und wollen

verpflichtung) bezeichnet. Da jede Teilreife eine hohe oder niedrige Ausprägung annehmen kann, werden insgesamt vier Reifegrade unterschieden.

In Abhängigkeit der wahrgenommenen Reife soll der Vorgesetzte ein differenziertes Führungsverhalten zeigen. Dabei unterscheiden Hersey/Blanchard die vier Führungsstile S1–S4 (S = Style):

- Bei niedrigem Reifegrad M1 empfehlen die Autoren den Führungsstil **Telling** (S1). Der Vorgesetzte muss seinen Mitarbeiter in die Aufgabe unterweisen.
- Der verkaufende Führungsstil (**Selling** S2) soll bei niedrigem bis mittleren Reifegrad M2 angewandt werden. Dabei soll der Vorgesetzte zwar direktiv führen, aber seine getroffenen Entscheidungen darlegen und den Mitarbeiter überzeugen.
- Bei mittlerem bis hohem Reifegrad M3 kann der Führungsstil partizipativ (**Participating** S3) ausgestaltet werden. Durch Zuhören soll der Vorgesetzte erfahren, wo bei der Umsetzung Probleme erwartet werden.
- Bei hohem Reifegrad M4 kann ein delegierender Führungsstil (**Delegating** S4) vorteilhaft sein, um die hohe Motivation und funktional-aufgabenbezogene Reife des Mitarbeiters zu nutzen.

Abb. 8.14 zeigt den Zusammenhang zwischen den Reifegraden und dem empfohlenen Führungsstil. Die Vorgehensweise zur Ermittlung des Reifegrads wird wie folgt beschrieben: Nachdem die Führungskraft den Reifegrad des Mitarbeiters bestimmt hat, zieht er eine gerade Linie nach oben. Der Schnittpunkt mit der eingezeichneten Kurve markiert den empfohlenen Führungsstil in einer Beziehungsorientierungs-Aufgabenorientierungs-Matrix.

Abb. 8.14: Reifegrad-Modell nach Hersey/Blanchard.

Die zentralen Aussagen des Reifegrad-Modells sind plausibel, instruktiv und lassen sich, bspw. für **Trainingszwecke**, gut vermarkten. Die Autoren betonten daher auch von Anfang an, dass der Modellentwurf auf der Basis langjähriger Erfahrung entwickelt und bestätigt wurde.

Dieser Aussage wurde in der Forschung vehement widersprochen. Es konnte, bis auf wenige Ausnahmesituationen (bspw. für neu eingetretene Mitarbeiter), kein **empirischer** Nachweis für die Wirksamkeit des Modells und seinen Empfehlungen gefunden werden.

Die Autoren wiesen die Kritik zurück, in dem sie sagten, das Modell sei schließlich keine Theorie und müsse sich daher nicht an den wissenschaftlichen Standards zur Wirksamkeitsüberprüfung messen lassen. Dieses Argument überzeugte die Führungsforschung nicht, da die Modellaussagen, gerade wenn es zu Trainingszwecken genutzt wird, zutreffen sollten.

Neben methodischen Argumenten wurde auch Kritik an der dem Modell zugrunde liegende **Harmoniethese** geübt. Das Modell geht davon aus, dass ein Mitarbeiter mit höchstem Reifegrad gar nicht anders kann, als die Ziele der Organisation zu seinen eigenen zu machen und daher bedenkenlos Aufgaben delegiert werden können. Dies deckt sich mit der Alltagserfahrung nicht.

8.2.4 Kognitive Ansätze der Führung

Kognitive Ansätze erweitern bzw. verändern den Blick auf die Führungskraft-Geführten-Beziehung.

– Bislang orientierten sich die Ansätze an der Erklärungsrichtung von der Führungskraft zum Geführten. Die kognitiven Ansätze drehen die Erklärungsrichtung um und betrachten den Führungsprozess vom Geführten zur Führungskraft.
– Die traditionellen Ansätze lassen sich als Input-Output-Modell beschreiben; durch den Schwerpunkt auf die kognitiven Prozesse wird das Input-Output-Modell um die Prozessperspektive erweitert (Input-Prozess-Output).
– Die bislang typische Fragestellung „Welcher Führungsstil ist der beste?" (präskriptive Ausrichtung) erfährt eine Änderung hin zur Frage „Wie wirkt der Führungsstil beim Geführten?" (deskriptive Ausrichtung).

Weg-Ziel-Theorie (Evans und House)

Die Weg-Ziel-Theorie der Führung (Evans, 1970, House 1971) kombiniert Erkenntnisse der Motivationstheorien (insb. die Erwartungswert-Theorie von Vroom (1964); vgl. Kap. 9.1.1) und der Führungsforschung (insb. die Ergebnisse der Ohio-Studien).

Ausgangspunkt ist die Überlegung, dass motivierte Mitarbeiter höhere Leistungen zeigen und zufriedener sind. Daher sollen Führungskräfte die Motivationssteigerung ihrer Mitarbeiter in den Mittelpunkt stellen (vgl. im Folgenden Weibler, 2011, S. 372 ff.).

Aufgabenspektrum

- geführtenrelevante Ziele erkennen oder wecken
- Zuteilung von geführtenrelevanten Belohnungen
  (bspw. Beförderung, Bonus, Anerkennung, Arbeitsplatzsicherheit, …)
- Probleme der Aufgabenbearbeitung beseitigen
  (bspw. Ressourcen bereitstellen, Qualifikation vermitteln, …)
- Geführte bei der Formulierung ihrer Erwartungen unterstützen
- …

Abb. 8.15: Aufgabenspektrum der Führenden.

Als Basis motivationstheoretischer Überlegungen greifen sie auf das Erwartungs-wertmodell von Vroom zurück. Dort wird Motivation als Ergebnis des Zusammenspiels dreier Faktoren gesehen:
- Erwartungen (subjektive Wahrscheinlichkeit der Zielerreichung),
- Instrumentalitäten (Wahrscheinlichkeit, dass Leistung zur Belohnung führt) und
- Valenzen (subjektive Wertigkeit der Zielerreichung).

Als Situationsvariablen werden (1) die Charakteristika der Geführten (bspw. Anspruchsniveau, Fähigkeiten, Abhängigkeitsneigung, Kontrollüberzeugung oder Erfahrungen) und (2) die Charakteristika der Umwelt und der Aufgabe (bspw. Aufgabenstruktur, Grad der Formalisierbarkeit oder Organisationsstruktur) modelliert.

Der Führer muss nun bei der Wahl eines Führungsstils sowohl den Prozess der Motivationsbildung als auch die Situationsvariablen berücksichtigen. Erst wenn es gelingt, den passenden Führungsstil zu wählen, lassen sich die Situationsvariablen und der individuelle Motivationsprozess so gestalten, dass Führungserfolg eintritt. Die spezifische Situation und der Motivationsprozess machen Schwerpunktsetzungen der Führenden notwendig. Abb. 8.15 zeigt mögliche Aufgaben, die die Führenden situationsadäquat übernehmen können:

Je nachdem, welche Aufgaben des Aufgabenspektrums in der jeweiligen Situation (Situationsvariable I und II) zur Steigerung der Mitarbeitermotivation notwendig sind, wählt der Führer einen passenden Führungsstil. Die Autoren rekurrieren dabei auf die in den Ohio-Studien vorgestellten Führungsstile: Direktiver, ergebnisorientierter, partizipativer und unterstützender Führungsstil.

Der Zusammenhang zwischen den einzelnen Elementen der Führungstheorie ist in Abb. 8.16 dargestellt.

Das Weg-Ziel-Modell wurde in der Vergangenheit vielen empirischen Prüfungen unterzogen. Folgende Zusammenhänge konnten mit hoher Signifikanz bestätigt werden:
- Direktive Führung ist dann am effektivsten, wenn die Aufgaben sehr unklar und unstrukturiert sind.
- Direktive Führung ist aber nicht zu empfehlen, wenn die Geführten über einen reichen Erfahrungsschatz und ein hohes Qualifikationsniveau verfügen.

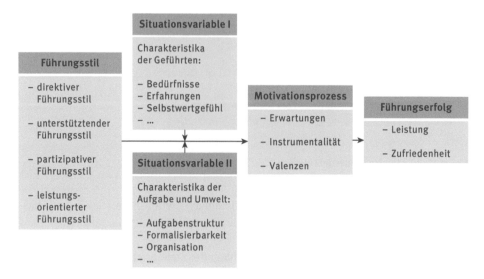

Abb. 8.16: Einflussgrößen des Weg-Ziel-Modells (vgl. Weibler, 2011, S. 373).

– Unterstützende Führung wirkt sich positiv auf die Zufriedenheit der Geführten aus.
– Unterstützende Führung steht nicht signifikant in Beziehung zur Leistung der Geführten.

Viele weitere Aussagen (insb. zum partizipativem und leistungsorientierten Führungsstil) haben sich in Metastudien nicht bestätigen lassen.

In einer Würdigung fällt positiv auf, dass das Modell mit der Hinwendung zu den Geführten einen neuen **Schwerpunkt** in der Führungsforschung gesetzt hat. Die bisher führerzentrierte Fokussierung wurde damit aufgegeben und die Fragestellung „Welcher Führungsstil ist der beste?" durch die Fragestellung „Warum sind manche Führungsstile erfolgreicher als andere?" ersetzt.

Aus praktischer Sicht ist zu fragen, ob eine Führungskraft ihr Führungsverhalten tatsächlich **situativ** anpassen und auswählen kann. Aus theoretischer Sicht wird kritisiert, dass der Ansatz nur **dyadische** (Vorgesetzter–Mitarbeiter-)Beziehungen, nicht aber Gruppenbeziehungen abbildet.

Implizite Führungstheorie

Ausgangspunkt der Überlegungen zur impliziten Führungstheorie ist der Geführte und seine Vorstellung von idealer Führung (vgl. Lord et al., 1984; Abb. 8.17). Je größer die Übereinstimmung zwischen der real wahrgenommenen Führung und der idealisierten Wunschvorstellung ist, desto mehr akzeptiert der Geführte die Führungskraft.

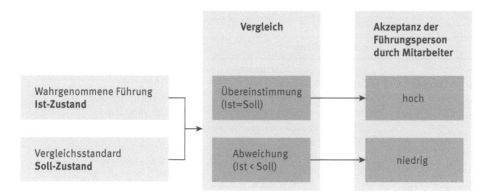

Abb. 8.17: Implizite Führungstheorie (vgl. Stock-Homburg, 2011, S. 506).

Konsequenterweise sind der Führende und der gewählte Führungsstil dann nur noch Inputfaktoren, die in einem Vergleichsprozess verarbeitet werden. Der Prozess ist dreistufig angelegt:

– Die wahrgenommene Führung (Ist-Zustand) und die als Idealzustand gewünschte Führung (Soll-Zustand) werden erfasst.
– Ist- und Soll-Zustand werden verglichen und als Übereinstimmung oder als negative Abweichung verarbeitet.
– Dies führt im Ergebnis zu einer hohen oder niedrigen Akzeptanz des Führenden.

Die wahrgenommene und die idealisierte Führung können sich auf vielfältige Aspekte beziehen. Hierzu zählen bspw. Fachwissen, Persönlichkeit, individuelle Leistungsergebnisse (bspw. Gehaltserhöhungen, Beförderungswahrscheinlichkeit) oder organisationale Leistungsergebnisse (bspw. Zielerreichung, Projekterfolg).

Die Wirkungskette der impliziten Führungstheorie konnte in zahlreichen empirischen Studien bestätigt werden. Darüber hinaus eröffnete die Idee die Möglichkeit, Führung über Länder- und Kulturgrenzen hinweg zu erfassen und zu verstehen.

Die Kritik entzündete sich vor allem daran, dass der Führende keinen Einfluss auf den Führungserfolg nehmen und dieser sich exkulpieren kann („ich habe alles richtig gemacht, was kann ich dafür, wenn meine Mitarbeiter so komische Vorstellungen haben?").

Dieser Ansicht wurde schnell widersprochen, da die Führungskraft über die Analyse und das Management der Erwartungen sehr wohl Einfluss auf den Führungserfolg nehmen kann. Tab. 8.6 zeigt beispielhafte Maßnahmen zur Steuerung des Führungserfolgs.

Tab. 8.6: Implikationen der Impliziten Führungstheorie (vgl. Stock-Homburg, 2011, S. 511).

	Führungsaktivitäten	**Führungsinstrumente**
Analyse der Erwartungen	– Befragungen der Mitarbeiter bezüglich ihrer Erwartungen – Beobachtung anderer (erfolgreicher) Führer aus dem gleichen kulturellen (Organisation oder Land) Kontext – Austausch mit erfahrenen Führungskräften	– Mitarbeiterbesprechungen durchführen – Einlesen in Firmen- oder Ländergeschichte – Interkulturelle Workshops
Management der Erwartungen	– Darlegung der Ziele der Führungskraft gegenüber den Mitarbeitern – Darlegen der Restriktionen (zeitlich, finanziell, strukturell)	– Führen mit Zielen – Intensive Informationspolitik

Leader-Member-Exchange-Theorie (Graen/Uhl-Bien)

Die Leader-Member-Exchange-Theorie (Graen/Uhl-Bien, 1995) stellt die Austauschbeziehung zwischen Führungskraft und Mitarbeiter in den Mittelpunkt der Überlegungen. Grundannahme der Theorie ist die Überlegung, dass beide Akteure ihre persönlichen Ziele innerhalb der Organisation umsetzen wollen und dabei auf eine wechselseitige Unterstützung angewiesen sind (vgl. im Folgenden Weibler, 2011, S. 162 ff.).

Da die Führungskräfte aber nur über begrenzte Ressourcen (insb. Zeit, Aufmerksamkeit oder Beförderungsstellen) verfügen, verteilen sie dies selektiv an ihre Mitarbeiter, indem sie qualitativ unterschiedliche Austauschbeziehungen mit ihren Mitarbeitern eingehen. Das bedeutet, dass die Führer-Geführten-Beziehung nicht für alle Mitarbeiter gleich ist, sondern bewusst unterschiedlich gelebt wird.

Die Qualität der Beziehungen kann zwischen den Extremen „low-quality exchange relationships" und „high-quality exchange relationships" variieren. Dies deckt sich mit den Erfahrungen in der Realität, dass bestimmte Mitarbeiter mehr und bestimmte Mitarbeiter weniger Ressourcen (bspw. Aufmerksamkeit) durch ihre Führungskraft erhalten.

Graen/Uhl-Bien (1995) beschreiben den Prozess, in dem sich qualitativ hoch- oder minderwertige Beziehungen ergeben, als Rollenepisoden (role taking, role making und role routinization). Bereits nach dem ersten Arbeitstag prüfen die Führungskräfte, ob es sich lohnt, weitere Ressourcen in diesen Mitarbeiter zu investieren. Mit jeder Episode verfeinert sich dann die erste grobe Einschätzung, bis nach wenigen Episoden (bspw. Projektdurchläufe, Monatsabschlüsse, Verkaufsaktionen, Herstellen von Werkstücken, …) beide Akteure wissen, wie der andere einzuordnen ist, was vom anderen erwartet werden kann und welche persönliche/arbeitsbezogene Beziehung vorstellbar ist. Der Gesamtprozess ist in Abb. 8.18 dargestellt.

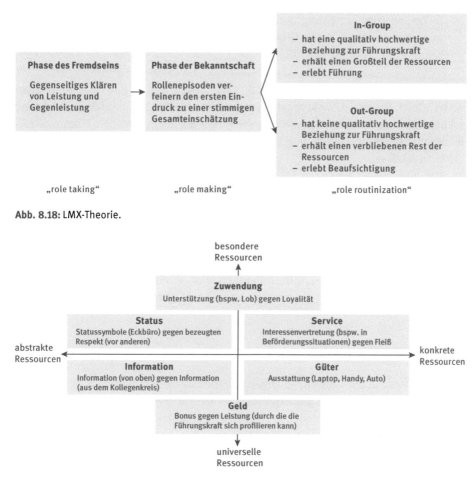

Abb. 8.18: LMX-Theorie.

Abb. 8.19: Ressourcenaustausch (vgl. Weibler, 2011, S. 167).

Einen Überblick über die Bandbreite der Ressourcen, über die ein Vorgesetzter in den Phasen *role making* und *role routinization* verfügen kann, zeigt Abb. 8.19.

In der Phase der *role routinization* haben sich dann zwei Klassen von Geführten herausgebildet:

–   Die **In-Group** zeichnet sich durch eine hohe Motivation und Qualifikation aus, die ihrem Führenden gegenüber loyal ist. Zwischen Führendem und Geführten besteht eine respektvolle und vertrauensvolle Beziehung. Der Führer gewährt den Mitgliedern der In-Group Handlungsspielraum und verteilt seine Ressourcen (bspw. Bonus, Beförderung, Aufmerksamkeit, Informationen) überwiegend auf diese Gruppe. Diese Gruppe wird aktiv geführt.

–   Die **Out-Group** fasst Mitarbeiter zusammen, deren Leistung bestenfalls als Standard eingestuft werden können. Diesen Geführten gelingt es nicht, eine qualitativ hochwertige Beziehung zum Führenden aufzubauen. Die übrigen Ressourcen werden unter der größeren Gruppe, der Out-Group, aufgeteilt. Diese Gruppe wird beaufsichtigt (und nicht geführt).

Graen/Uhl-Bien gehen davon aus, dass die Klassifizierung in In- und Out-Group unbewusst erfolgt. Sie wird nicht kommuniziert, sondern lässt sich nur durch Beobachtung schlussfolgern. Dennoch sollten sich, so die Forderung der Autoren, die Führungskräfte dieser unbewussten Einteilung bewusst werden und die Zahl der In-Group-Mitarbeiter zu erhöhen.

Der innovative Beitrag der LMX-Theorie besteht in der deskriptiven Darstellung und Erklärung des in der Realität zu beobachtenden Führungsphänomens, das Führungskräfte ihre Ressourcen ungleich zwischen den Mitarbeitern aufteilen. Die LMX-Theorie hat sich aber von der empirisch gestützten **deskriptiven** Beschreibung der Führungsrealität zu einer **präskriptiven** Theorie („es sollen möglichst viele Mitarbeiter von der Out-Group in die In-Group geholt werden") entwickelt. Damit wurde jedoch die empirische und theoretische Basis deutlich schwammiger (wie soll es gelingen, die begrenzten Ressourcen nun unter mehreren In-Group-Mitgliedern aufzuteilen?).

8.2.5 Übergreifende Ansätze

Veränderungen in der Umwelt der Organisationen und in der Werthaltung der Mitarbeiter haben die Diskussion um angemessenes Führungsverhalten in den 1990er-Jahren neu entfacht. Die verschiedenen Vorschläge zur Entwicklung von neuen Theorien und Perspektiven wurden unter dem Schlagwort „New Leadership Paradigm" gebündelt (vgl. Weibler, 2011, S. 376 ff.).

Eines der bekanntesten Ansätze – transformationale Führung – des New Leadership Paradigm geht auf den Organisationspsychologen Bernhard Bass (1985, 1999) zurück. Mit transformationaler Führung soll ein Gegengewicht zu der transaktionalen Führung hergestellt werden, die vornehmlich durch einen kurzfristigen Austausch von meist materiell wirksamen Belohnungen oder Bestrafungen charakterisiert ist. Transformationale Führung hingegen soll die vorherrschende Führungsbeziehung auf eine höhere Ebene führen. Hierzu werden Führungselemente wie Begeisterung, Selbstverpflichtung und Vertrauen in den Mittelpunkt gestellt. Der Unterschied zwischen transaktionaler und transformationaler Führung ist in Tab. 8.7 dargestellt.

Bass erkannte, dass transaktionale und transformationale Führung nicht die Endpunkte einer Dimension sind, sondern dass beide Führungsarten aufeinander aufbauen, wenn langfristig Führungserfolg sichergestellt werden soll.

In einem ersten Schritt (bspw. zu Beginn einer Führungsbeziehung) bildet der transaktionale Führungsrahmen den Ausgangspunkt einer gegenseitigen Verständigung. Damit gibt sich die Arbeits- und Führungsbeziehung einen Ausgangspunkt, auf den sie mindestens zurückfallen kann.

Tab. 8.7: Transaktionale und transformationale Führung (vgl. Stock-Homburg, 2013, S. 464).

	Transaktionale Führung	Transformationale Führung
Koordinationsmechanismus	Verträge, Belohnung, Bestrafung	Begeisterung, Selbstverpflichtung, Vertrauen
Fokus der Motivation	Äußere Anreize (extrinsisch)	Die Aufgabe selbst (intrinsisch)
Fokus der Zielerreichung	Eher kurzfristig	Mittel- bis langfristig
Zielinhalte	Materielle Ziele	Ideelle Ziele
Rolle der Führungskraft	Instrukteur	Lehrer, Coach

Tab. 8.8: Elemente transaktionaler Führung (vgl. Weibler, 2011, S. 379).

Bedingte Verstärkung	Aufgabenverteilung
– Anreizsysteme – Aussicht auf Beförderung	– Aufgabenbeschreibungen – Organisationsstruktur – Eskalationsmechanismen

Tab. 8.9: Elemente transformationaler Führung (vgl. Weibler, 2011, S. 379).

Exemplarisches Vorbild (Idealized Influence)	Inspirierende Motivation (Inspirational Motivation)	Geistige Anregung (Intellectual Stimulation)	Individuelle Zuwendung (Individualized Consideration)
– respektvoll – moralisch – vertrauensvoll – uneigennützig – integer	– Visionen vermittelnd – enthusiastisch – zuversichtlich – ermutigend	– etablierte Denkmuster aufbrechend – neue Einsichten vermittelnd – ermutigen, neue Wege zu gehen	– sich Zeit nehmen – bedürfnissensibel – individuell fördernd

Dieser strukturelle Orientierungsrahmen auf der unteren Ebene erfasst die „bedingte Verstärkung" (bspw. Vergütungssysteme, Aussicht auf Beförderung, …) und „grundlegende Aufgabenverteilung" (bspw. Aufgabenbeschreibungen, Übereinkunft (vgl. Tab. 8.8), wer was bis zu welchem Zeitpunkt erledigt, …), in die nur im Ausnahmefall eingegriffen wird.

Für die Höherentwicklung einer Führungsbeziehung und für herausfordernde Aufgaben reicht aber die rein transaktionale Führungsbeziehung nicht aus (vgl. Tab. 8.9). Erst wenn es gelingt, durch transformationale Führung Begeisterung, Selbstverpflichtung, Vertrauen und intrinsische Motivation zu wecken, wird der ideelle Führungskontext als nächste Stufe erreicht.

Abb. 8.20: Full Range of Leadership (vgl. Stock-Homburg, 2011, S. 465).

Die Komponenten transformationaler Führung wurden von Bass als die „vier I's" bezeichnet:
- **Idealized Influence** (Führungskräfte sollen durch gutes Verhalten (bspw. durch respektvolles, moralisch einwandfreies, uneigennütziges und integres Verhalten) den Mitarbeitern als Vorbild dienen),
- **Inspirational Motivation** (Führungskräfte sollen eine Vision überzeugend kommunizieren und in der Verfolgung der Vision engagiert auftreten; darüber hinaus sollen sie die Mitarbeiter ermutigen und befähigen, der Vision nachzueifern),
- **Intellectual Stimulation** (Führungskräfte sollen zur Problemlösung anregen, unkonventionelle Lösungen vorschlagen, die Mitarbeiter ermutigen, eigene Wege zu gehen sowie neue Einsichten und Perspektiven vermitteln) und
- **Individualized Consideration** (Führungskräfte sollen sich dem Mitarbeiter zuwenden, einfühlsam sein, sich Zeit nehmen und die Stärken der Mitarbeiter fördern und Schwächen beseitigen).

Die Zusammenführung transaktionaler und transformationaler Führung wird häufig auch als „Full Range of Leadership" bezeichnet (vgl. Abb. 8.20), da es angeblich alle relevanten Dimensionen einer Führungsbeziehung erfasst.

Die 1990er-Jahre der Führungsforschung waren geprägt von Bass' Ansatz, der sich dennoch – und vielleicht auch deswegen – ernst zu nehmender Kritik ausgesetzt sieht. So wird bspw. die Schlichtheit des Modells kritisiert, das undifferenziert transformationale Führung und Erfolgsgrößen in Verbindung setzt. Mittlerweile liegen auch viele situationsspezifische Varianten des Ansatzes vor, sodass der eigene Anspruch die „full range of leadership" abzubilden, nicht haltbar ist.

Da der transformationale Führer große Ähnlichkeit mit dem charismatischen Führer aufweist, lassen sich viele Kritikpunkte, die bei der eigenschafts- bzw. charismatischen Führung diskutiert wurden, hier wiederholen.

8.3 Spezielle Aspekte der Führung

Im Folgenden sollen die theoretisch geführte Diskussion um spezielle Aspekte ergänzt werden. Hierzu zählen die grundlegenden Menschenbilder, die Einfluss auf die Führer-Geführten-Beziehung haben, mögliche Führungssubstitute und Führungsdilemmata, der Themenkomplex Frauen und Führung sowie Aspekte interkulturelle Führung.

8.3.1 Menschenbilder der Führung

Die Vielfalt der Führungsansätze zeigt, dass die Führende-Geführten-Beziehung nicht nur aus einer Perspektive (bspw. aus der eigenschaftsorientierten Führerperspektive) erfasst werden kann. Bisher wurde das der Führungsbeziehung zugrunde gelegte Menschenbild als Ausgangspunkt der Führungsbeziehung nicht thematisiert, obwohl dies die Entscheidungen und das Handeln von Führungspersonen entscheidend prägt (vgl. Staehle 1999, S. 192).

Das **Menschenbild** ist die Gesamtheit der Annahmen über Eigenschaften, Bedürfnisse, Erwartungen und Einstellungen sowie Motive von Menschen in Organisationen (vgl. Steinle/Ahlers, 2004, Sp. 1142).

McGregor (1960) hat mit der Entwicklung des Gegensatzpaares der sog. Theorie X und der sog. Theorie Y verschiedene Auffassungen über den Menschen in Organisationen gesammelt und systematisiert (vgl. Abb. 8.21).

Theorie X	Theorie Y
Der Mensch hat eine angeborene Abneigung gegen Arbeit und versucht ihr aus dem Weg zu gehen.	Arbeitsscheue ist nicht angeboren. Der Mensch möchte sich körperlich und geistig anstrengen und verausgaben.
Weil der Mensch durch Arbeitsunlust gekennzeichnet ist, muss er gezwungen, gelenkt und mit Strafen bedroht werden, um ihn dazu zu bewegen, das vom Unternehmen gesetzte Soll zu erreichen.	Es hängt von den Bedingungen ab, ob Arbeit als Quelle der Befriedigung oder als Strafe erlebt wird.
Der Durchschnittsmensch zieht es vor, an die Hand genommen zu werden, möchte sich vor Verantwortung drücken, besitzt wenig Ehrgeiz und ist vor allem auf Sicherheit aus.	Überwachung und Bedrohung unterdrücken das Bedürfnis nach Selbstverpflichtung und Selbstkontrolle. Flucht vor Verantwortung ist die Folge schlechter Erfahrungen und nicht angeborenes Wesensmerkmal.
	Die Möglichkeit, sich selbst zu entfalten, motiviert den Menschen. Er wird Arbeitseifer und Einfallsreichtum zeigen und Verantwortung übernehmen.

Abb. 8.21: Menschenbilder Theorie X und Theorie Y.

Gemäß der Theorie X wird der Mensch als von Natur aus faul, passiv und verantwortungsscheu angesehen. Die Theorie Y beinhaltet demgegenüber ein Menschenbild als Idealtyp, dass der Einzelne nach möglichst großer Selbstverwirklichung strebt. Je nach individueller Auffassung wird das Führungsverhalten eher durch Kontrolle (Theorie X) oder durch Aktivierung und Motivation (Theorie Y) konkretisiert.

McGregor forderte Führungskräfte auf, das positive Menschenbild zu verinnerlichen, da alle Menschen die Elemente der Theorie Y in sich tragen. Er warf denjenigen, die ein eher pessimistisches Menschenbild verfolgten, vor, sie seien bloß unfähig, ihre Mitarbeiter zu motivieren. Selbst wenn sie schlechte Erfahrungen mit ihren Mitarbeitern machen würden, läge das am Phänomen der sich selbst erfüllenden Prophezeiung (unterstellt ein Vorgesetzter bspw. lange genug, dass sein Mitarbeiter faul ist, so kann er diese Annahme im Laufe der Zeit wahrscheinlich bestätigt finden – aus McGregors Sicht aber nur deshalb, weil er entsprechend autoritär geführt und kontrolliert hat und somit das mangelnde Engagement des Mitarbeiters nur die Reaktion auf das Führungsverhalten darstellt).

Trotz der allgemeinen, undifferenzierten und in dieser Form nicht aufrechtzuerhaltenden Aussagen hat McGregor mit der Beschreibung der Theorien X und Y eine eingängige, aber eben auch stark simplifizierende Beschreibung der Konsequenzen zweier extrem unterschiedlicher Menschenbilder in die Führungsforschung eingebracht.

Als eine differenziertere Einteilung kann die Systematisierung der Menschenbilder nach Schein gelten (vgl. Tab. 8.10), der die restriktiven Annahmen der Theorie

Tab. 8.10: Menschenbilder nach Schein (vgl. Schein, 1980; Staehle, 1999, S. 194 f.).

	Menschenbild	Organisatorische Konsequenz
rational man	– Motiviert durch monetäre Anreize – Passiv und muss kontrolliert werden	– Planung, Kontrolle, Informationssysteme – Ungewünschtes Verhalten muss korrigiert werden
social man	– Motiviert durch soziale Bedürfnisse – Auf der Suche Ersatzbefriedigung, wenn die Motive nicht befriedigt werden	– Aufbau und Förderung von Gruppenarbeit – Sicherstellen von sozialer Anerkennung
self-actualizing man	– Motiviert durch Autonomie und Verantwortung – Selbstverwirklichung und Selbstkontrolle	– Führungskräfte sind Unterstützer und Förderer (und nicht Kontrolleure) – Handlungsspielraum am Arbeitsplatz
complex man	– Motivstruktur wandelt sich permanent	– Führungskräfte sind Diagnostiker und passen ihre Handlungen an Bedürfnisse an

X und Y realitätsnäher erweiterte (vgl. Schein, 1969, 1980; ferner Neuberger, 2002, S. 79 ff.):
- rational man (der rationale Mensch),
- social man (der soziale Mensch),
- self-actualizing man (der sich selbst verwirklichende Mensch) und
- complex man (der komplexe Mensch).

Würdigung

Menschenbilder sind real in den Köpfen der Führungskräfte und Mitarbeiter und wirken dort handlungsleitend. Die aufgestellten Typologien können dabei helfen, manche (auf den ersten Blick unlogischen) Handlungen auf das zugrundliegende Menschenbild zurückzuführen und so die spezifische Handlung besser einordnen und verstehen zu können.

Kritisiert wird die normative Komponente der Taxonomisierung von Menschenbildern, die (wenn auch mit guter Absicht) zu einem politisch motivierten Zwangsideal stilisiert wird. Die Probleme der empirischen Bestätigung von Menschenbildern und die Identifikation des Einflusses auf das Führungsverhalten führen wohl auch in der Zukunft dazu, dass in diesem Kontext Alltagstheorien, Spekulation oder Erfahrung bestimmend bleiben (vgl. Steinle/Ahlers, 2004).

8.3.2 Substitute der Führung

Der Fokus der meisten Führungsforscher liegt auf der Identifizierung von Führungsverhalten und Führungserfolg. Kerr (1977) wechselt die Perspektive und fragt, ob menschliche Führung zukünftig nicht gänzlich unnötig (oder sogar schädlich) sein wird (vgl. Weibler, 2011, S. 386).

Der Gedanke war damals revolutionär, da eine Vorstellung von Führung ohne zwischenmenschliche Beziehung unvorstellbar erschien. Mittlerweile kennt und akzeptiert die Arbeitswelt Führung auf Distanz (bspw. über E-Mail und Videokonferenzen) oder sogar unpersönliche Führungselemente (bspw. Workflows oder automatisierte Zielvereinbarungen und -feststellungen).

Die Substitutionstheorie (vgl. Tab. 8.11) unterscheidet zwischen (vgl. Weibler, 2011, S. 387)
- **Substitute** (menschliches Führungsverhalten wäre unnötig, (im besten Fall) redundant oder sogar schädlich; Substitute besitzen denselben Führungseffekt wie menschliches Führungsverhalten) und
- **Neutralisierer** (bewirken, dass menschliches Führungsverhalten nicht ausgeübt werden kann oder dass es unwirksam wird, ohne jedoch selbst einen Führungseffekt wie das Führungsverhalten hervorzurufen).

Als Beispiel für ein **Substitut** wird die steigende Qualifikation der Mitarbeiter angeführt. Einen hervorragend qualifizierten Mitarbeiter, der die Aufgabe alleine umsetzen könnte, wäre die dauernde fachliche Mitsprache des Vorgesetzten (im besten Fall) egal oder er wäre durch die Hinweise genervt. Aufgabenorientiertes Führungsverhalten wäre in diesem Fall ineffizient, da keine positive Wirkung von ihr ausgehen wird, es aber Opportunitätskosten verursacht.

Ein **Neutralisierer** hemmt oder verhindert Führungsverhalten, ohne selbst an dessen Stelle zu treten. In einer Situation, in der eine automatisierte Bonusvergabe durch ein IT-System oder die Personalabteilung erfolgt, lässt die Möglichkeit für personalisierte Führung entfallen. Der Mitarbeiter wird die Bonusvergabe als Teil des Systems, jedoch nicht als Ergebnis einer Führungsbeziehung mit seinem Vorgesetzten ansehen.

Die Substitutionstheorie kennt vier Einflussfaktoren, die zwischenmenschliche Führung ersetzen können:

- **Professionelle Orientierung**: Die zunehmende Akademisierung und Höherqualifizierung führen dazu, dass Geführte eine lange Ausbildung absolvieren und eine starke Identifikation mit den Aufgaben oder dem Berufsstand entwickeln. Aufgabenorientierte Führung kann hier keine positive Wirkung entfalten, da die für die Leistungserfüllung benötigten Informationen zunehmend selbst gesucht oder erarbeitet werden oder von hierarchisch gleichgestellten Fachkollegen kommen. Personenorientierte Führung kann hier aber noch einen moderat positiven Effekt auf die Motivation oder Zufriedenheit entfalten, da die Anerkennung oder Bestätigung auch aus der Aufgabe und deren Erfüllung selbst kommen könnte oder ebenfalls von hierarchisch gleichrangigen Fachkollegen.
- **Aufgabenzuschnitt**: Zunehmende Spezialisierung sowie die Übernahme von Steuerung und Information durch Computersysteme reduzieren den Einflussbereich aufgabenorientierter Führung. So übernimmt bspw. in der Produktion die Maschine und das hinterlegte Programm die aufgabenorientierte Steuerung, in dem es die nächsten Schritte akustisch oder visuell einfordert und die Qualität vollautomatisch steuert. Für die personenorientierte Führung gilt hier das Gleiche wie bei dem Einflussfaktor professionelle Orientierung.
- **Automatisches Feedback**: Mitarbeiter erhalten ohne den „Umweg" eines Vorgesetzten unmittelbar Rückmeldung durch das IT-System. Bspw. messen oder prüfen Systeme die Qualität der Erledigung, verarbeiten die ggf. von anderer Seite eingegeben Daten zu einem Leistungsfeedback (bspw. der in der Logik von Ampelfarben visualisierte Projektstatus, Zielstatus, Umsatzerlöse, Kundenreklamationen, ...). Das Feedback wird als Teil des Systems und nicht als Ergebnis einer personenorientierten Führungsbeziehung wahrgenommen.
- **Organisationsstruktur**: Abgeflachte Organisationsstrukturen führen zu einer größeren Führungsspanne und die einzelne Führungskraft muss die Aufmerksamkeit auf mehrere Mitarbeiter verteilen. Die Projektorganisation, das Zurückgreifen auf Arbeitsgruppen und die auf Kommunikationstechnik (bspw. Mail, Video, Telefon) beruhende Führung auf Distanz (bspw. sind die Mitarbeiter über mehrere Länder oder Standorte verteilt) entzieht der Führungskraft den persönlichen Zugriff und den Einfluss auf den einzelnen Mitarbeiter.

Tab. 8.11: Beispiele für Substitute und Neutralisierer.

	Führt tendenziell zur Substitution oder Neutralisation von	
	beziehungsorientierter Führung	aufgabenbezogener Führung
Professionelle Orientierung		
– Akademisierung		X
– Bedarf an Autonomie	X	X
– Bewusstsein für den Berufsstand	X	
– Professionalisierung/professionelle Einstellung	X	
Aufgabenzuschnitt		
– Spezialisierung		X
– Steuerung und Kontrolle durch Systeme (Workflow, QM-Systeme, Handbücher, …)		X
Automatisches Feedback		
– Systemseitige Hinterlegung von Kennzahlen	X	X
Organisationsstruktur		
– Flache Hierarchien	X	X
– Projektorganisation	X	X
– Führung auf Distanz	X	X

8.3.3 Dilemmata der Führung

Die Schwierigkeit der guten Führung liegt darin, viele komplexe Situationen, in denen es kein einfaches „richtig" oder „falsch" gibt, sinnvoll zu lösen. Gäbe es immer klare Kriterien, die quasi mechanisch mithilfe der Linearen Optimierung aufgelöst werden könnten, so wäre das Ausbilden einer guten Führung schon im Studium problemlos möglich.

Führungskräfte befinden sich häufig in Dilemmasituationen, in der die Reaktionsmöglichkeit A genauso richtig oder falsch ist wie die Reaktionsmöglichkeit B (vgl. im Folgenden Blessin/Wick, 2013, S. 458 ff.).

Dilemma: Eine Situation, in der eine Entscheidung zwischen zwei gleichwertigen und gegensätzlichen Alternativen getroffen werden muss.

Die Definition weist auf drei Problembereiche von Dilemmata im Kontext von Führung hin:

– **„muss":** Es besteht ein Entscheidungszwang oder Handlungsdruck, dem man sich nicht entziehen kann.
– **„Entscheidung":** Die Situation ist durch eine Wahl endgültig aufzulösen.

– **„gleichwertige und gegensätzliche Alternativen"**: Beide Seiten der Alternativen werden begehrt oder gefürchtet und schließen sich gegenseitig aus (in der Ausprägung Ziel-Ziel-Dilemma: die Wahl zwischen Pest oder Cholera; Buridans Esel, der zwischen zwei gleich attraktiven Heuhaufen schließlich verhungert; als Ziel-Mittel-Dilemma: wenn ein Ziel A mit Mitteln verfolgt wird, das ungewollt, aber vorhersehbar ein Ergebnis X produziert, das dem eigentlichen Ziel A widerspricht (bspw. wird eine Gewinnsteigerung mit einem Kostensenkungsprogramm angestrebt, das jedoch gleichzeitig als Ergebnis eine hohe technische Störanfälligkeit nach sich zieht und Ziel A gefährdet).

Die folgenden, auf den Führungsforscher Neuberger zurückgehenden Führungssituationen zeigen Widersprüche in Führungshandlungen auf (vgl. Tab. 8.12), deren einseitiges Verfolgen zwar konsequent, aber mit Sicherheit zum Scheitern führen würde.

Aufbauend auf der oben vorgestellten Definition lassen sich folgende Handlungsempfehlungen zum Umgang mit Dilemmata-Situationen ableiten, die im Wesentlichen darin bestehen, das Dilemma zu negieren (vgl. Blessin/Wick, 2014, S. 464 ff.).

Wird die Existenz **zweier gegensätzlicher Alternativen** bestritten, ergeben sich mehrere Handlungsmöglichkeiten:
– Entdichotomisierung: Suche nach mehreren Gegensatzpaaren, um sich aus einem Gegenpol zu lösen, sodass sich bspw. die Möglichkeit zur Priorisierung oder Kompromissfindung eröffnet.
– Bestreiten der Gegensätzlichkeit: Die als gegensätzlich wahrgenommene Wirkungskette erweitern, sodass ggf. eine langfristige Gleichläufigkeit der Ziele erkannt werden kann.
– Umdeutung: Am Beispiel der Ausprägung Autonomie vs. Kontrolle kann die Alternative Kontrolle zur Erfolgsabsicherung umgedeutet werden.

Tab. 8.12: Ausgewählte Dilemmata der Führung nach Neuberger.

Dilemmata der Führung	
Objekt	**Subjekt**
Mitarbeiter als Kostenfaktoren, „Mensch ist Mittel. Punkt"	Persönlichkeit des Mitarbeiters, „Mensch ist Mittelpunkt"
Gleichbehandlung	**Einzelfall**
Fairness, Gerechtigkeit, keine Bevorzugung	Rücksichtnahme auf die Besonderheiten des Einzelfalls
Distanz	**Nähe**
Sicherung einer rationalen Entscheidungsfindung	Aufbau persönlicher Beziehungen, Bedürfnisermittlung
Konkurrenz	**Kooperation**
Wettbewerb, Leistungsorientierung	Harmonie, Hilfeleistung, Solidarität
Aktivierung	**Zurückhaltung**
Antreiben, motivieren, begeistern	Autonomie, Freiräume gewähren

Wird bestritten, dass eine Situation durch **Entscheidung aufgelöst** werden soll, ergeben sich folgende Handlungsmöglichkeiten:
- Kompromisse finden: Gegensätze vereinen.
- Exportieren: Probleme an andere Stakeholder delegieren, Outsourcing des Dilemmas.
- Granularisierung: Das Problem verengen, sodass eine Entscheidung unter den definierten Umständen A, B, C, D, … so getroffen werden kann und beim Eintreten der Umstände E, F, G und H eine andere Entscheidung möglich wird.

Wird die Notwendigkeit einer Entscheidung bestritten (**„muss"**), so kann die Führungskraft:
- abwarten bzw. das Problem aussitzen,
- den Zufall entscheiden lassen oder
- von einer Determinierung der Entscheidungssituation durch die Umwelt ausgehen („wir können gar nicht anders als so zu entscheiden").

8.3.4 Frauen und Führung

Die Sicht auf die Rolle der Frau im Wirtschaftsleben hat in den letzten Dekaden große Veränderung erfahren (vgl. Abb. 8.22). Im Jahre 1956 erschien der Klassiker „The Organization Man" (Whyte, 1956), der als erstrebenswertes Ideal die „Two-Person-Career" vorstellt: der Mann in der Rolle des Ernährers und die Frau als Familienbeglückerin zu Hause, deren sozialer Status durch die berufliche Position des Ehemannes definiert wird (vgl. Kasper/Meyer/Schmidt, 2003).

§ 1354 BGB (in der Fassung von 1900)
– Dem Manne steht die Entscheidung über das gemeinschaftliche eheliche Leben betreffenden Angelegenheiten zu.

§ 1356 BGB (in der Fassung von 1900)
– Die Frau ist … ist verpflichtet, das gemeinschaftliche Hauswesen zu leiten.

§ 1356 BGB (in der Fassung von 1958)
– Die Frau führt den Haushalt in eigener Verantwortung.

§ 1356 BGB (in der Fassung von 1977)
– Die Ehegatten regeln die Haushaltsdurchführung im eigenen Einvernehmen. Ist die Haushaltsführung einem der Ehegatten überlassen, so leitet dieser den Haushalt in eigener Verantwortung. Beide Ehegatten sind berechtigt, erwerbstätig zu sein.

Abb. 8.22: Stellung der Frau im Wandel der Zeit.

Mit der Emanzipationsbewegung der 1970er-Jahre wurde diese eingefahrene Kategorisierung (Mann/Frau – Beruf/Familie) hinterfragt. 1977 wurde der schon damals antiquiert wirkende § 1356 BGB geändert, sodass Frauen – nun auch gesetzlich legitimiert – ohne Genehmigung ihres Ehemannes berufstätig werden durften.

In den 1990er-Jahren hat sich das „Gender Mainstreaming" als institutionalisiertes Gleichstellungsprogramm und eigene Forschungsrichtung etabliert. Der englischsprachige Begriff „Gender" bezieht sich auf die gesellschaftlich bedingte und konstruierte Differenzierung der Geschlechterrollen (im Gegensatz zum englischen „sex", das die biologische Differenzierung zwischen den Geschlechtern ausdrückt). Das „Mainstreaming" (Hinführen in die gesellschaftliche Mitte) ist dabei als politisch-gestaltendes Ziel zu verstehen, die Gleichstellung von Frau und Mann in allen Lebenssituationen zu erreichen (vgl. Weibler, 2011, S. 494).

Betrachtet man die Repräsentanz von Frauen in Entscheidungsgremien (bspw. Aufsichtsräte, Vorstände, Führungspositionen, Verwaltungsräte, Parteien, …), so sind sie auch heute noch weit von ihrer zahlenmäßigen Verteilung in der Gesellschaft entfernt.

Betrachtet man den Anteil von Frauen in Führungspositionen im internationalen Vergleich (vgl. Abb. 8.23), fällt auf, dass der Anteil in westlichen Kulturen höher liegt als in anderen Kulturregionen. Innerhalb der einzelnen Länder würde ein branchenspezifischer Vergleich (bspw. Chemie/Industrie vs. Gesundheitswesen, Einzelhandel) oder ein Vergleich zwischen Berufsgruppen (Ingenieure vs. Lehrer) ein weiter differenziertes Bild ergeben (vgl. Weibler, 2011, S. 497).

Die Ergebnisse werfen zwei Fragestellungen auf:

– Warum ist der Anteil von Frauen in Führungspositionen so gering?
– Führen Frauen anders und/oder besser als Männer?

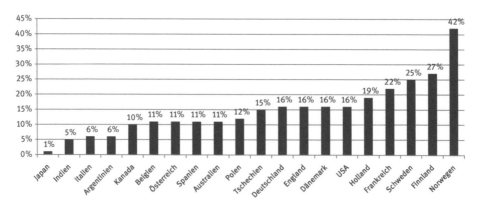

Abb. 8.23: Frauen in Führungspositionen (vgl. EU, 2012, S. 9).

Warum ist der Anteil von Frauen in Führungspositionen so gering?

In der Literatur finden sich unterschiedliche Antworten auf diese Frage. So wird bspw. die stark **selektive Berufswahl** weiblicher Absolventen als eine Ursache für die geringe Repräsentanz weiblicher Führungskräfte als mögliche Ursache diskutiert.

Die Top 10 der von Männern und Frauen gewählten Ausbildungsberufe ist in Abb. 8.24 abgebildet. Dabei ergreifen über die Hälfte der weiblichen Auszubildenden eine der hier aufgeführten Ausbildungen (etwa ein Drittel der männlichen Azubis wählen einen der zehn beliebtesten Ausbildungsberufe).

1. Kraftfahrzeugmechatroniker	1. Kauffrau Einzelhandel
2. Kaufmann Einzelhandel	2. Verkäuferin
3. Industriemechaniker	3. Bürokauffrau
4. Elektroniker	4. Medizinische Fachangestellte
5. Anlagenmechaniker	5. Zahnarzthelferin
6. Verkäufer	6. Industriekauffrau
7. Fachinformatiker	7. Friseurin
8. Fachkraft Lagerlogistik	8. Kauffrau Bürokommunikation
9. Kaufmann Groß-und Einzelhandel	9. Fachverkäuferin Lebensmittel
10. Koch	10. Hotelfachfrau

Abb. 8.24: Die beliebtesten Ausbildungsberufe von Männern und Frauen (vgl. BiBB, 2014).

Auch bei der Wahl des Studiums gibt es große Unterschiede zwischen Männern und Frauen, die sich in den Absolventenzahlen widerspiegeln (vgl. Abb. 8.25). Während

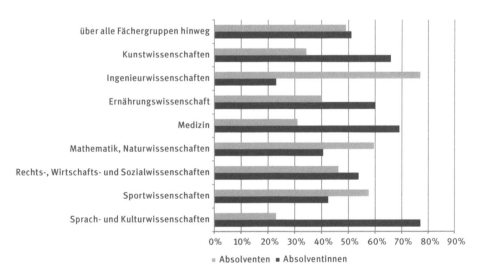

Abb. 8.25: Absolventinnen und Absolventen nach Fächergruppen (vgl. HRK, 2013, eigene Berechnung).

Frauen in den geisteswissenschaftlichen Fächern überrepräsentiert sind, dominieren die männlichen Absolventen die ingenieurwissenschaftlichen Studiengänge.

Eine Folge der selektiven Ausbildungs- und Studienwahl ist die Beschränkung der beruflichen Karrierechancen weiblicher Absolventinnen auf wenige inhaltliche Fächer, die zudem dadurch gekennzeichnet sind, dass sie weniger institutionalisierte Aufstiegsmöglichkeiten bieten (so kennt bspw. das Berufsbild des Industrieelektronikers mit dem Vorarbeiter, Meister, Techniker, Produktionsleiter aufbauende Hierarchiestufen; wohingegen das Berufsbild des Friseurs oder Arzthelfers weniger Aufstiegsmöglichkeiten bietet).

Eine weitere Ursache für die geringe Präsenz weiblicher Führungskräfte ist das Problem der **Vereinbarkeit von Beruf, Karriere und Familie**. Während Frauen unter 30 Jahren noch fast genauso häufig in führenden Positionen vertreten sind wie ihre männlichen Kollegen, nimmt ihr Anteil im weiteren Altersverlauf stark ab. Ein entsprechender Anstieg nach der Familienphase lässt sich allerdings nicht mehr feststellen. Dies deckt sich mit der Erkenntnis, dass der Anteil kinderloser Frauen in Führungspositionen höher ist als der Anteil von Frauen in Führungspositionen mit Kindern. Im Gegensatz dazu leben die meisten männlichen Führungskräfte mit Frauen und Kindern zusammen und nur ein geringer Anteil männlicher Führungskräfte lebt alleine (vgl. Stock-Homburg, 2013, S. 729 f.).

Eine dritte Ursache für die Unterrepräsentanz weiblicher Führungskräfte wird in der sog. „**gläsernen Decke**" gesehen. Diese unsichtbare, aber vermutete Begrenzung, soll Frauen (bei gleicher Qualifikation im Vergleich zu männlichen Kollegen) hindern, Führungspositionen einzunehmen. Als mögliche Gründe für die „glass ceiling" werden Geschlechterstereotype, geringe Aufstiegsorientierung weiblicher Beschäftigter oder ein Mangel an weiblichen Vorbildern genannt (vgl. Stock-Homburg, 2013, S. 730).

Führen Frauen anders und/oder besser als Männer?
Zu dieser Frage finden sich viele Studien, deren Ergebnisse sich jedoch nicht harmonisch zu einem einheitlichen Bild zusammenfügen:
- **Führungsstile:** In einer Metastudie wurden keine geschlechtsspezifischen Unterschiede in der Anwendung eines aufgaben- oder mitarbeiterorientierten Führungsstils gefunden (vgl. mit weiteren Literaturhinweisen Weibler, 2011, S. 500).
- **Führungserfolg:** Hier existieren zahlreiche Studien, die einen positiven Einfluss von Frauen in Vorstands- oder Aufsichtsratspositionen auf den Unternehmenserfolg herausgefunden haben. Allerdings gibt es mindestens ebenso viele Studien, die genau das Gegenteil besagen, sodass eine wertende Aussage hier noch nicht getroffen werden kann.

8.3.5 Interkulturelle Führung

In internationalen Führungssituationen stehen Führungskräfte vor der Herausforderung, Mitarbeiter zu führen, deren kultureller Hintergrund vom eigenen abweicht.

In Kap. 3.2.1 wurde schon einführend auf das Konstrukt Kultur eingegangen. Darauf aufbauend wurden die Ergebnisse der Kulturforschung vorgestellt, die Ausprägungen von Kulturdimensionen diskutiert und beispielhaft Länder und Ländergruppen in kulturelle Cluster eingeteilt.

Dabei bezogen sich die Ausführungen allgemein auf die unterschiedlichen Voraussetzungen für das internationale Personalmanagement. Die folgenden Überlegungen bauen daher auf die Ausführungen in Kap. 3.2.1 auf und konkretisieren sie mit Blick auf den Kontext der Führung. Dabei wird insb. auf die Ergebnisse der sog. GLOBE-Studien zurückgegriffen.

Hintergrund der GLOBE-Studie

Die bisher umfangreichste Untersuchung in der international-vergleichenden Führungsforschung wurde unter dem Akronym GLOBE (Global Leadership and Organisational Behavior Effectiveness) bekannt (vgl. im Folgenden Weibler, 2011, S. 532 ff.).

Die Zielsetzung der Studie bestand in der Erforschung des Zusammenhangs zwischen Landeskultur und Führung. Hierzu wurden rund 17.000 Manager aus 951 Organisationen in 59 Ländern

- zur Ausprägung ihrer Landeskultur,
- zur Vorstellung von idealer Führung (förderliches/hinderliches Führungsverhalten) und
- zur tatsächlichen Führungseffektivität

befragt.

Im Rahmen der GLOBE-Studie lassen sich drei Phasen unterscheiden: In der ersten Phase erfolgte Mitte der 1990er-Jahre die Entwicklung eines konzeptionellen Bezugsrahmens, auf dessen Basis die zugrunde gelegte Führungstheorie (implizite Führungstheorie), das Forschungsdesign (schriftliche Befragung ergänzt durch Inhalts- und Dokumentenanalysen) und die grundlegenden Hypothesen (Kultur prägt Führungsverhalten prägt Führungserfolg) aufgestellt wurden. In der zweiten Phase wurden die Kulturdimensionen definiert und die empirische Untersuchung durchgeführt. In der dritten Phase werden (weiterhin) Langzeiteffekte und Veränderungen der Kulturen untersucht. Die Hauptergebnisse der seit Mitte der 1990er-Jahre durchgeführten Studie wurden im Jahr 2004 und 2007 veröffentlicht. Im weiteren Zeitverlauf wurden weitere Ergebnisse publiziert.

Tab. 8.13: Kulturdimensionen im Vergleich.

Hofstede	GLOBE
Hohe vs. geringe **Machtdistanz**	Hohe vs. geringe **Machtdistanz**
Hohe vs. geringe **Unsicherheitsvermeidung**	Hohe vs. geringe **Unsicherheitsvermeidung**
Kollektivismus vs. **Individualismus**	Hoher vs. geringer **institutioneller Kollektivismus** Hoher vs. geringer **In-Group-Kollektivismus**
Maskulinität vs. **Feminität**	Hohe vs. geringe **Leistungsorientierung** Hohe vs. geringe **Bestimmtheit** Hohe vs. geringe **Geschlechtergleichstellung**
Langfristigkeit vs **Kurzfristigkeit**	Hohe vs. geringe **Zukunftsorientierung**
	Hohe vs. Geringe **Humanorientierung**

Bezugsrahmen der GLOBE-Studie

Die Grundannahme der Studie ist, dass unterschiedliche Kulturen auch unterschiedliches Führungsverhalten nach sich ziehen bzw. Führungsverhalten in unterschiedlichen Kulturen zu unterschiedlichen Ergebnissen führt.

Als theoretische Fundierung wurde die implizite Führungstheorie herangezogen, da davon ausgegangen wird, dass die kulturelle Eingebundenheit von Mitarbeitern und Führungskräfte (bspw. Überzeugungen, Annahmen, Einschätzungen, Wertungen, ...) implizit leitend für die Vorstellung von guter Führung sind.

Um das Konstrukt Kultur greifbar zu machen (vgl. Tab. 8.13), wurde auf die Vorüberlegungen Hofstedes zurückgegriffen (vgl. einleitend Kap. 3.2.1). Die Dimensionen Machtdistanz und Unsicherheitsvermeidung entsprechen weitgehend den Überlegungen Hofstedes. Die Ursprungsdimension Kollektivismus wurde aufgespalten in *institutioneller Kollektivismus* und *gruppen-/familienbasierter Kollektivismus* und die Ursprungsdimension Maskulinität wurde aufgespalten in *Leistungsorientierung*, *Bestimmheit* und *Geschlechtergleichstellung*. Die Zeitdimension Hofstedes wurde inhaltlich als *Zukunftsorientierung* präzisiert. Die Dimension Humanorientierung wurde neu aufgenommen (vgl. Weibler, 2011, S. 536). Damit wurde das Konstrukt Kultur durch neun Kulturdimensionen operationalisiert (vgl. Tab. 8.14).

Ergebnisse: Kulturcluster

Mit den neun Dimensionen sollte es gelingen, Landeskulturen ausreichend gut beschreiben und unterscheiden zu können, da sie sowohl Spezifika von Organisationen, Gesellschaften und Individuen abdecken.

Kulturen mit hoher **Unsicherheitsvermeidung** weisen ein besonders hohes Maß an Ordnung, Stetigkeit und Struktur im täglichen Leben auf, was jedoch mit geringerer Flexibilität und Kreativität und einer geringeren Innovationsfreude einhergeht. Solche Kulturen haben die Tendenz, Geschäftsprozesse zu formalisieren, die bei Verstoß

Tab. 8.14: Kulturdimensionen der GLOBE-Studie (vgl. Schmidt/Kotulla, 2010, S. 63).

Dimension	Beschreibung
Machtdistanz	Grad, zu dem Mitglieder einer Kultur eine Ungleichverteilung von Macht erwarten oder akzeptieren
Unsicherheitsvermeidung	Grad, zu dem Mitglieder einer Kultur Unsicherheitssituationen durch das Vertrauen auf Tradition, bürokratisches Verhalten, o. ä. zu vermeiden suchen
Institutioneller Kollektivismus	Grad, zu dem Institutionen innerhalb einer Kultur die kollektive Verteilung von Ressourcen bzw. ein kollektives Handeln fördern oder belohnen
Gruppen-/Familienkollektivismus	Grad, zu dem Mitglieder einer Gruppe (bspw. einer Familie oder eine Organisation) Stolz, Loyalität und Zusammenhalt zeigen
Leistungsorientierung	Grad, zu dem Mitglieder einer Kultur zu Leistungssteigerungen und hervorragenden Leistungen angespornt oder dafür belohnt werden
Bestimmtheit	Grad, zu dem Mitglieder einer Kultur dominant, durchsetzungsfähig, konfrontativ und aggressiv in ihrem Verhalten und ihren Beziehungen zu anderen sind
Geschlechtergleichstellung	Grad, zu dem innerhalb einer Kultur geschlechtliche Gleichberechtigung forciert wird
Zukunftsorientierung	Grad, zu dem Mitglieder einer Kultur zukunftsbezogen handeln
Humanorientierung	Grad, zu dem innerhalb einer Kultur Anreize oder Belohnungen für faires, großzügiges, mitfühlendes und uneigennütziges Verhalten existieren

dagegen auch geahndet werden. Die einzelnen Kulturkreise unterscheiden sich bei der Unsicherheitsvermeidung stark. Das germanische Europa und Nordeuropa weisen hier die höchsten Ausprägungen bei den kulturellen Praktiken und die geringsten bei den kulturellen Werten auf. Das bedeutet, dass hier klare Regeln bzw. bürokratische Verhältnisse vorherrschen, die jedoch nicht unbedingt als wünschenswert empfunden werden (vgl. hierzu und im Folgenden Schmidt/Dost, 2009).

Kulturen mit hoher **Machtdistanz** erkennt man an der hohen Bereitschaft, Befehle und Anweisungen zu befolgen und an der Akzeptanz des Senioritätsprinzips von Statussymbolen als Ausdruck von Macht. Die Ergebnisse zeigen, dass hier die kulturellen Praktiken überall weitaus stärker ausgeprägt sind als die kulturellen Werte. Dies legt die Vermutung nahe, dass überall starre Machtstrukturen existieren, die von den meisten befragten Managern als unangenehm empfunden werden. Während Südasien die stärksten Ausprägungen bei den kulturellen Praktiken aufweist, liegt der Nahe Osten bei den kulturellen Werten vorne.

Ein stark ausgeprägter **institutioneller Kollektivismus** lässt sich am Grad der Loyalität zur Gruppe erkennen, auch wenn das auf Kosten individueller Ziele geht. Bei dieser Dimension sind die kulturellen Werte in der Regel stärker ausgeprägt als die kulturellen Praktiken. Dies bedeutet, dass sich die befragten Manager eine stärkere Betonung der kollektiven Interessen und Ziele wünschen. In Nordeuropa, im konfuzianischen Asien sowie (wenn auch in geringem Ausmaß) im angelsächsischen Raum sind die kulturellen Praktiken hingegen stärker ausgeprägt als die kulturellen Werte.

Die Ausprägung des **gruppen-/familienbasierten Kollektivismus** lässt sich bspw. daran erkennen, inwieweit Kinder auf die Leistungen ihrer Eltern stolz sind und umgekehrt. Charakteristisch für diese Dimension ist auch die Fürsorge für die Eltern im hohen Alter und dass Kinder bis zur Heirat im Elternhaus wohnen. Südasien, der Nahe Osten, Osteuropa, Lateinamerika und das konfuzianische Asien weisen hier hohe Skalenwerte bei den kulturellen Praktiken auf. Am stärksten ausgeprägt sind die kulturellen Werte in Lateinamerika und im angelsächsischen Raum, am schwächsten hingegen in den germanischen Teilen Europas und im konfuzianischen Asien. Dies widerspricht der häufigen Annahme, dass insb. in Asien starker gruppen- und familienbasierter Kollektivismus erwünscht ist. Erwähnenswert ist auch, dass sowohl der angelsächsische Raum als auch Nordeuropa große Abweichungen zwischen kulturellen Praktiken und Werten aufweisen.

Die **Geschlechtergleichberechtigung** lässt sich bspw. am Bildungsgrad von Frauen, an der Besetzungsquote von Führungspositionen oder an den Vergütungsunterschieden zwischen Männern und Frauen ablesen. In keinem Kulturkreis gibt es bei den kulturellen Praktiken eine „feminine Dominanz". Im Nahen Osten ist die Dominanz des männlichen Geschlechts besonders hoch. Die kulturellen Werte sind generell stärker ausgeprägt als die kulturellen Praktiken, was darauf hinweist, dass in der Realität von den Geschlechtern bestimmte Rollen erwartet werden, obwohl dies nicht in gleichem Maße erwünscht ist. Am höchsten sind die kulturellen Werte in den germanischen Teilen Europas, im angelsächsischen Raum und in Nordeuropa. In diesen Kulturkreisen wird besonderer Wert (im Vergleich mit den übrigen Kulturkreisen) auf Gleichbehandlung gelegt.

Gesellschaften mit einem hohen Grad an **Bestimmtheit** schätzen dominantes Verhalten, Wettbewerb, Erfolg und direkte Kommunikation, während bei einem geringeren Grad eher Wert auf Bescheidenheit, Kooperation, Solidarität und eine gesichtswahrende indirekte Kommunikation gelegt wird. Die Studie zeigt, dass in fast allen Kulturkreisen ein geringeres Maß an Bestimmtheit gewünscht wird, als es in der Realität zu beobachten ist. Eine Ausnahme bilden lediglich Südasien und das konfuzianische Asien. Interessant ist insb. das germanische Europa: Hier liegt im Vergleich zu den anderen Kulturkreisen die stärkste Ausprägung bei den kulturellen Praktiken und die schwächste Ausprägung bei den kulturellen Werten vor.

Zukunftsorientiertes Handeln drückt sich bspw. in umfangreichen Planungen und Investitionen in die Zukunft aus. In der Regel haben Unternehmen in Gesellschaften mit einer starken Zukunftsorientierung einen langen Planungshorizont. Die Individuen sehen materiellen Erfolg und spirituelle Erfüllung als gleichberechtigte Ziele im Leben an. Bei der Zukunftsorientierung weisen alle Kulturkreise stärkere Ausprägungen der kulturellen Werte als der kulturellen Praktiken auf. Dennoch sind Unterschiede erkennbar: In Nordeuropa und im germanischen Europa liegen die beiden

Werte relativ nah beieinander, wohingegen im Nahen Osten und in Lateinamerika die Differenz zwischen kulturellen Praktiken und kulturellen Werten relativ groß ist.

Länder mit einer hohen **Leistungsorientierung** würdigen das berufliche Fortkommen, eine gute Bildung und dem Willen, etwas zu erreichen. Länder mit niedriger Ausprägung dieser Dimension wertschätzen die Möglichkeiten sozialer und familiärer Beziehungen als Treppe zum sozialen Aufstieg („Vitamin B", die *richtige* Schule, die *beste* Referenz). Generell sind bei der Leistungsorientierung die kulturellen Werte weitaus stärker ausgeprägt als die kulturellen Praktiken. Die Studie bietet dafür zwei Erklärungen: Zum einen könnte es ein (universelles) menschliches Bedürfnis sein, zu einer leistungsorientierten Gesellschaft zu gehören. Zum anderen könnten die stark ausgeprägten kulturellen Werte lediglich auf sozial erwünschtes Antwortverhalten zurückzuführen sein.

Die **Humanorientierung** einer Kultur lässt sich an der Fürsorge und Sensibilität für andere, eine allgemeine Wertschätzung von Beziehungen, Freundlichkeit und Großzügigkeit sowie eine hohe Toleranz für Fehler erkennen. Bei der Humanorientierung weisen alle Kulturkreise ähnlich starke kulturelle Werte auf. Signifikante Unterschiede ergeben sich jedoch bei den kulturellen Praktiken. Sie sind insb. in Südasien und Afrika verhältnismäßig stark, im germanischen und romanischen Europa hingegen eher schwach ausgeprägt.

Eine Zusammenfassung der Ergebnisse zeigt Tab. 8.15.

Tab. 8.15: Zuordnung von Länderclustern zu Kulturdimensionen (vgl. Scholz, 2014, S. 982).

	Niedrige Ausprägung	Hohe Ausprägung
Machtdistanz	Nordeuropa, Germanisches Europa	Südeuropa, Osteuropa, Teile Mittlerer Osten
Unsicherheitsvermeidung	Mittlerer Osten, Lateinamerika, Osteuropa	Nordeuropa, Germanisches Europa
Institutioneller Kollektivismus	Europa, Lateinamerika	Nordeuropa, Konfuzianisches Asien
Gruppen-Kollektivismus	Angelsachsen, Germanisches und Nordeuropa	Südasien, Mittlerer Osten, Lateinamerika
Leistungsorientierung	Latein-Europa, Osteuropa	Germanisches Europa, Angelsachsen
Bestimmtheit	Nordeuropa	Germanisches Europa, Osteuropa
Geschlechtergleichstellung	Mittlerer Osten	Nord- und Germanisches Europa
Zukunftsorientierung	Mittlerer Osten, Lateinamerika, Osteuropa	Nord- und Germanisches Europa
Humanorientierung	Latein-Europa, Germanisches Europa	Südasien, Sub-Sahara, Afrika

Tab. 8.16: Persönlichkeitscluster (vgl. Ringle/Ladwig/Richter, 2013, S. 929).

	Extraversion	Verträglichkeit	Gewissenhaftigkeit	Neurotizismus	Offenheit
GER, USA, NZA, DAN	3,8	3,2	4,5	2,3	3,8
IRL, CH, FRA	4,1	3,6	4,4	2,5	3,8
TAI, KOR	3,1	3,5	4,0	3,1	3,4
ISR, MEX	4,3	2,9	4,4	2,7	4,2
RUS	4,0	3,5	4,3	3,2	3,9
Philippinen	4,2	4,1	4,0	2,3	3,9
JAP	3,0	4,1	3,9	3,3	3,0

Ergebnisse: Persönlichkeit

Eine auf den Kulturdimensionen aufbauende Studie untersuchte die Persönlichkeitsmerkmale der Menschen anhand der Big-Five-Typologie (vgl. Tab. 8.16). Danach lassen sich auf der Ebene der individuellen Persönlichkeit ähnliche, aber nicht deckungsgleiche Cluster identifizieren (im Vergleich zu den Kulturclustern der GLOBE-Studie). Dunkelblaue Werte signalisieren eine starke Ausprägung der jeweiligen Persönlichkeitsdimension, hellblaue Werte eine schwache Ausprägung der jeweiligen Persönlichkeitsdimension (vgl. hierzu und im Folgenden Ringle/Ladwig/Richter, 2013).

Die ersten beiden Cluster (GER, USA, ... und IRL, CH, FRA) zeigen eher durchschnittliche Ausprägungen bei (fast) allen Persönlichkeitsmerkmalen und werden deshalb als gemäßigte Cluster bezeichnet. Lediglich die unterdurchschnittliche Ausprägung des Neurotizismus im ersten Cluster deutet darauf hin, dass der zugehörige Personenkreis innerlich gefestigt ist und sich nicht leicht „aus der Ruhe bringen" lässt. Das dritte Cluster (Taiwan und Korea) zeichnet sich hingegen durch starken Neurotizismus und geringe Extraversion, Gewissenhaftigkeit und Erfahrungsoffenheit aus. Die Personen in diesem Cluster geraten schnell in Stress, bleiben lieber im Hintergrund, sind eher reserviert bei ihrer Kommunikation und weniger offen für Neues.

Ganz ähnlich fällt die Beschreibung für Japan aus, mit dem Unterschied, dass hier eine überdurchschnittliche Verträglichkeit zu finden ist. Die Japaner schätzen den freundlichen Umgang mit anderen und sind hilfsbereit. Cluster 4 (Israel und Mexiko) weist hohe Extraversion und Erfahrungsoffenheit, kombiniert mit einer geringen Verträglichkeit, auf. Die Personen in diesem Cluster suchen Aufmerksamkeit und zeichnen sich durch intellektuelle Neugier und abweichende Verhaltens- und Denkweisen aus. Sie scheuen sich aber nicht, andere zu kritisieren.

Als Ergebnis kann man festhalten, dass eine globale Persönlichkeit nicht existiert. Dies bedeutet für das Management im internationalen Kontext, dass Funktionen, Prozesse und Managementtechniken weiterhin an kulturelle Cluster bzw. nationale Persönlichkeiten angepasst werden sollten.

Tab. 8.17: Bewertung globaler Führungsstile (vgl. Schmidt/Kotulla, 2010, S. 65).

	Charis-matisch	Team-orientiert	Partizipativ	Human-orientiert	Autonomie-orientiert	Defensiv
Angelsachsen	6,05	5,74	5,73	5,08	3,82	3,08
Germ. Europa	5,93	5,62	5,86	4,71	4,16	3,03
Rom. Europa	5,78	5,73	5,37	4,45	3,66	3,19
Nordeuropa	5,93	5,77	5,75	4,42	3,94	2,72
Osteuropa	5,74	5,88	5,08	4,76	4,20	3,67
Lateinamerika	5,99	5,96	5,42	4,85	3,51	3,62
Südasien	5,97	5,86	5,06	5,38	3,99	3,79
Naher Osten	5,35	5,47	4,97	4,80	3,68	3,79
Afrika	5,79	5,70	5,31	5,16	3,63	3,55

Ergebnisse: Führungsverhalten und -ergebnisse

Die GLOBE-Studie erkannte sechs Führungsstile, die global angewandt werden (vgl. Tab. 8.17). Hierzu zählen

- charismatischer Führungsstil (visionär, inspirierend, integer, leistungsorientiert),
- teamorientierter Führungsstil (diplomatisch, kollaborativ, integrierend),
- partizipativer Führungsstil (nicht autokratisch, partizipativ),
- humanorientierter Führungsstil (bescheiden, human),
- autonomieorientierter Führungsstil (Freiheiten lassen, Spielraum gewähren) und
- defensiver Führungsstil (selbstbezogen, status- und konfliktorientiert, bürokratisch).

Über alle Kulturkreise hinweg scheint es weitgehend Einigkeit darüber zu geben, welche Führungsstile als **wünschenswert** bzw. als wenig wünschenswert angesehen werden. Die drei erstgenannten Führungsstile (charismatisch, teamorientiert und partizipativ) werden global als wünschenswert bezeichnet, die human- und autonomieorientierten Führungsstile als weitgehend neutral und der defensive Führungsstil als wenig wünschenswert eingeschätzt (vgl. im Folgenden Schmidt/Kotulla, 2010).

Mit Blick auf die **Vorteilhaftigkeit** existieren Unterschiede in der Rangfolge. Die Werte wurden auf einer Likert-Skala von 1 (sehr nachteilig) bis 7 (sehr vorteilhaft) eingestuft.

Während der charismatische und der teamorientierte Führungsstil – mit Ausnahme des Nahen Ostens – über alle Kulturkreise hinweg sehr ähnlich – positiv – bewertet werden, sind hinsichtlich der übrigen Führungsstile kulturelle Schwankungen zu erkennen.

Der partizipative Führungsstil wird vor allem im angelsächsischen Raum, im germanischen Europa und in Nordeuropa als überdurchschnittlich vorteilhaft betrachtet, während er in Osteuropa, im asiatischen Raum und im Nahen Osten deutlich schlechter eingeschätzt wird. Der humanorientierte Führungsstil wird vor allem in Südasien

Tab. 8.18: Führung in Abhängigkeit der Machtdistanz (vgl. Stock-Homburg, 2013, S. 649).

	Kulturen mit hoher Machtdistanz	Kulturen mit niedriger Machtdistanz
Rolle des Unternehmens für die Mitarbeiter	Quelle für sozialen Status	Quelle für Selbstentfaltung außerhalb der Hierarchie
Umgang mit Verantwortung	Aufgabenerfüllung verantwortet die Führungskraft	Aufgabenerfüllung verantworten Führungskraft und Mitarbeiter gemeinsam
Umgang mit Konflikten	Hohes Maß an Schuldzuweisungen	Konstruktiver Umgang mit Konflikten
Wettbewerbsverhalten der Mitarbeiter	Hohe Ausprägung zwischen den Mitarbeitern	Mittlere Ausprägung bei Betonung der Teamarbeit
Motivation der Mitarbeiter	Äußerer Druck	Leistung basiert auf eigener Nutzenabwägung
Lernverhalten der Mitarbeiter	Große Angst vor Fehlern	Lernkultur, Fehler als Chance zur Verbesserung
Führungsverhalten	Mitarbeiter erwarten, dass man ihnen sagt, was sie tun sollen	Mitarbeiter erwarten, dass mit ihnen Rücksprache gehalten wird
Beispielländer	Mexiko, Frankreich, Japan	Deutschland, Schweden, England, Niederlande

Tab. 8.19: Führung in Abhängigkeit des Kollektivismus (vgl. Stock-Homburg, 2013, S. 650).

	Kulturen mit hohem Kollektivismus	Kulturen mit niedrigem Kollektivismus
Rolle des Unternehmens für die Mitarbeiter	Familie	Arbeit und Privates meist getrennt
Umgang mit Verantwortung	Verantwortung trägt das Kollektiv	Verantwortung trägt der Einzelne
Umgang mit Konflikten	Hohe Bedeutung der Teamharmonie	Offene Austragung von Konflikten und Meinungsverschiedenheiten
Wettbewerbsverhalten der Mitarbeiter	Wettbewerb wird als kontraproduktiv gesehen	Wettbewerb wird als produktiv angesehen
Motivation der Mitarbeiter	Bedürfnis nach Geborgenheit und Integration	Bedürfnis nach Selbstverwirklichung
Lernverhalten der Mitarbeiter	Hohe Bedeutung des kollektiven Lernens	Hohe Bedeutung der individuellen fachlichen Entwicklung
Führungsverhalten	Appell an Gemeinschaftswerte, das Besondere hervorheben, Fehler nicht ansprechen	Direkte Ansprache, Auszeichnung von Leistung
Beispielländer	Hongkong, Westafrika, Japan	USA, England, Schweden, Deutschland

und in Schwarzafrika als überdurchschnittlich vorteilhaft angesehen, wohingegen er im romanischen Europa und in Nordeuropa deutlich schlechter abschneidet als in den übrigen Kulturkreisen. Der – durchschnittlich weitgehend neutral bewertete – autonomieorientierte Führungsstil schneidet im germanischen Europa und in Osteuropa noch am besten ab; in Lateinamerika wird er deutlich negativer angesehen. Und der defensive Führungsstil wird nirgends auch nur annähernd so schlecht eingestuft wie in Nordeuropa, vor allem im Vergleich zur Bewertung in Asien und im Nahen Osten.

Implikationen für die Führungspraxis

Die globalen Unterschiede in der Wahrnehmung von Führungsverhalten führt zur Frage, welche Implikationen für die Führungspraxis abgeleitet werden können. Dies soll am Beispiel der Dimensionen Machtdistanz (vgl. Tab. 8.18), Kollektivismus (vgl. Tab. 8.19) und Unsicherheitsvermeidung (vgl. Tab. 8.20) und ausgewählter führungsrelevanter Merkmale dargestellt werden (vgl. hierzu Stock-Homburg, 2013).

Länder mit hoher Machtdistanz sind bspw. Mexiko, Frankreich oder Japan. Länder mit niedriger Machtdistanz sind bspw. Deutschland, Schweden, England und

Tab. 8.20: Führung in Abhängigkeit der Unsicherheitsvermeidung (vgl. Stock-Homburg, 2013, S. 652).

	Hohe Unsicherheitsvermeidung	Niedrige Unsicherheitsvermeidung
Rolle des Unternehmens für die Mitarbeiter	Enge Bindung an das Unternehmen, Streben nach sicherem Arbeitsplatz	Relativ geringe Bindung an das Unternehmen, Arbeitgeberwechsel sind üblich
Umgang mit Verantwortung	Verantwortungsvermeidung durch fachliche Abgrenzung	Verantwortungsübernahme für eigene Ideen und Vorschläge
Umgang mit Konflikten	Vermeidung von Konflikten	Offener Umgang mit Konflikten
Wettbewerbsverhalten der Mitarbeiter	Geringere Ausprägung	Hohe Ausprägung, da Vergleiche mit anderen gesucht werden
Motivation der Mitarbeiter	Wunsch nach Sicherheit und beständiger Entwicklung	Wunsch nach Zielerreichung und Selbstverwirklichung am Arbeitsplatz
Lernverhalten der Mitarbeiter	Regelkenntnisse („Neue Entwicklung im Einkommenssteuerrecht") als Fortbildung	Problemlösungen, Kreativität als Fortbildung
Führungsverhalten	Sicherheit vermitteln	Wettbewerbsgedanken vermitteln
Beispielländer	Deutschland, Japan, Frankreich, Brasilien	USA, Großbritannien, Schweden, Dänemark

Niederlande. Mittlere Ausprägungen in dieser Dimension werden der USA zugeschrieben.

Die Kulturdimension Kollektivismus beschreibt, inwiefern sich die Mitglieder einer Gesellschaft als unabhängige Individuen oder als Mitglieder einer Gruppe definieren. Für Mitglieder von Kulturen mit hohem Kollektivismus ist es wichtig, „das Gesicht zu wahren", sodass in diesen Ländern selten hart oder in der Öffentlichkeit kritisiert wird, Konfrontationen werden nicht mit Sieg oder Niederlage beendet.

Die Kulturdimension Unsicherheitsvermeidung beschreibt den Grad, in dem sich die Mitglieder einer Kultur von ungewissen und unbekannten Situationen bedroht fühlen. Die Kulturen entwickeln bestimmte Muster, um mit der subjektiv wahrgenommenen Bedrohungslage umzugehen (bspw. durch Bürokratisierung, durch den Ruf nach dem starken Staat, der Risiken ausgleicht, durch Versicherungen, Sicherheitsmaßnahmen, Gesetze, …). Länder mit hoher Ausprägung der Unsicherheitsvermeidung sind Japan, Deutschland, Frankreich oder Brasilien. Zu den Ländern mit niedriger Ausprägung in dieser Dimension zählen bspw. die USA, England, Großbritannien und Schweden.

8.4 Führung und Gruppen

Die meisten der bisher vorgestellten Führungstheorien stellen die Führungskraft-Mitarbeiter-Beziehung in den Mittelpunkt ihrer Betrachtung. Auch wenn sich diese Erkenntnisse problemlos auf Gruppen übertragen lassen, so gibt es doch einige Besonderheiten im Kontext von Gruppen, die im Folgenden vorgestellt werden.

8.4.1 Charakteristika von Gruppen

Gruppen oder Teams (die Begriffe werden nunmehr synonym verwendet) lassen sich von einer bloßen Ansammlung von Einzelpersonen unterscheiden. Hierfür kann auf eine Definition zurückgegriffen werden, die die konstituierenden Merkmale einer Gruppe beinhaltet (vgl. im Folgenden Stock-Homburg, 2013, S. 555 ff.).

Gruppen sind ein Zusammenschluss von mehr als zwei Personen, die versuchen, ein gemeinsames Ziel zu erreichen und dabei auf die Zusammenarbeit untereinander angewiesen sind.

Aus dieser Definition lassen sich konstituierende und beschreibende Merkmale von Gruppen oder Teams ableiten (vgl. Tab. 8.21), die für die Besonderheiten von Gruppen gegenüber einer bloßen Ansammlung von Einzelpersonen verantwortlich sind. Um von einer Gruppe zu sprechen, müssen alle Merkmale kumulativ erfüllt sein.

Tab. 8.21: Konstituierende und beschreibende Merkmale von Gruppen (vgl. Stock-Homburg, 2013, S. 555).

Konstituierende Merkmale	
Multipersonalität	Eine Gruppe besteht aus mindestens drei Mitgliedern
Zielorientierung	Teammitglieder arbeiten zusammen auf ein Ziel hin
Gegenseitige Abhängigkeit	Bei der Zielerreichung sind die Gruppenmitglieder aufeinander angewiesen
Beschreibende Merkmale	
Interaktion	Gruppenmitglieder tauschen sich regelmäßig aus
Wahrnehmung von Mitgliedschaft	Gruppenmitglieder fühlen sich als soziale Einheit
Strukturierte Beziehung	Existenz von Rollen, Regeln und Normen, die das Verhalten steuern
Gegenseitige Beeinflussung	Gruppenmitglieder beeinflussen sich in den Einstellungen und Verhaltensweisen gegenseitig

Tab. 8.22: Beispiel für eine Ansammlung von Einzelpersonen.

Konstituierende Merkmale	**Ansammlung von Einzelpersonen, die auf einen Zug warten**
Multipersonalität	Ja, es warten mehrere Einzelpersonen auf das Eintreffen des Zugs
Zielorientierung	Ja und nein, sie haben zwar ein gemeinsames Ziel, arbeiten aber nicht gemeinsam darauf hin
Gegenseitige Abhängigkeit	Nein, die Einzelpersonen sind zur Zielerreichung nicht aufeinander angewiesen
Beschreibende Merkmale	
Interaktion	Nein, die Einzelpersonen tauschen sich nicht (institutionalisiert) aus
Wahrnehmung von Mitgliedschaft	Nein, die Gruppenmitglieder fühlen sich nicht als soziale Einheit
Strukturierte Beziehung	In bestimmten Situationen bilden sich ungeschriebene Normen heraus (bspw. Pendler)
Gegenseitige Beeinflussung	Nein, wenn überhaupt nur eine sehr indirekte gegenseitige Beeinflussung

Damit grenzen sich die Gruppen oder Teams (so wie es hier verstanden wird) gegen andere Formen von sozialen Gruppen ab (bspw. eine Ansammlung von Einzelpersonen, die auf das Eintreffen eines Zugs wartet; vgl. Tab. 8.22).

Auch wenn die Definition durch die Vielzahl an Bedingungen recht eng gefasst ist, so hat sich in der Unternehmenspraxis eine Bandbreite an verschiedenen Arten von Teams herausgebildet (vgl. Abb. 8.26).

Dabei lassen sich die Arten von Teams nach der **hierarchischen Verortung** unterscheiden. Während Ausführungsteams (bspw. in der Fertigung) primär mit der operativen Umsetzung einer Aufgabe betraut sind, nehmen Managementteams steuernde und koordinierende Aufgaben wahr.

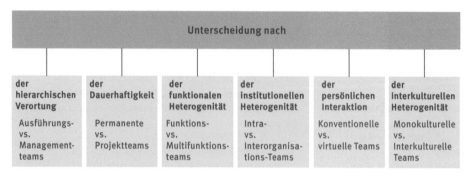

Abb. 8.26: Kriterien zur Beschreibung von Teams (vgl. Stock-Homburg, 2013, S. 561).

Mit Blick auf die **Dauerhaftigkeit** kann zwischen permanenten und projektbezogenen Teams unterschieden werden. Permanente Teams bearbeiten eine Aufgabe über einen längeren, meist nicht abschließend definierten Zeitraum. Projektbezogene Teams bearbeiten spezifische, meist zeitlich begrenzte Aufgabenstellungen (bspw. Einführung eines neuen Organisationskonzepts).

Die **funktionale Heterogenität** bezieht sich darauf, ob die Mitglieder der Gruppe aus demselben oder unterschiedlichen Funktionsbereichen stammen. Funktionsbezogene Teams setzen sich aus Mitgliedern einer Unternehmensfunktion (bspw. ein Vertriebsteam) zusammen. Multifunktionale Teams hingegen findet man bspw. in Innovationsteams oder bei der funktionsübergreifenden Betreuung eines Großkunden.

Die **institutionelle Heterogenität** gibt Auskunft darüber, inwieweit Mitglieder eines oder mehrerer Unternehmen in ein Team integriert sind. In intraorganisationalen Teams stammen die Teammitglieder aus einem Unternehmen, interorganisationale Teams werden aus Mitgliedern mehrerer Unternehmen gebildet (bspw. bei Teams, die aus Mitgliedern eines Konsumgüterherstellers und Handelsunternehmen zusammengesetzt sind; bei der Entwicklung von Automobilkomponenten aus Mitgliedern des Zulieferers und des OEM; bei der Hinzuziehung von externen Unternehmensberatern in ein intraorganisationales Team).

Unterscheidet man Teams nach der **Art der Interaktion**, begegnet man konventionellen Teams, deren Mitglieder sich persönlich austauschen, da sich die Arbeitsplätze in räumlicher Nähe zueinander befinden und virtuellen Teams, die regional verteilt an einer gemeinsamen Aufgabe arbeiten. Der Austausch findet hier meist über Informationssysteme (bspw. E-Mail, Telefon oder Video) statt.

Die letzte Unterscheidung wird anhand der **interkulturellen Heterogenität** getroffen. Monokulturelle Teams bestehen aus Mitglieder einer Länderkultur, internationale Teams aus Mitgliedern mehrerer Kulturen.

Daneben existieren noch formelle und informelle Gruppen sowie künstliche und natürliche Gruppen. Formelle Gruppen sind durch die Organisation verankert und offiziell (bspw. im Organigramm, in Memos, in Telefonlisten, auf Visitenkarten, …) au-

Abb. 8.27: Team-Führungskraft-Konstellationen (vgl. Stock-Homburg, 2013, S. 566).

torisiert. Innerhalb oder außerhalb von formellen Gruppen können informelle Gruppen „von selbst" durch soziale Beziehungen im Verlauf des Arbeitsalltags entstehen. Meist erkennt man informelle Gruppen an der gemeinsamen Pausengestaltung, privaten Interessen, Fahrgemeinschaften oder Betriebssportaktivitäten. Der Beitritt oder Austritt in bzw. aus solchen Gruppen erfolgt meist fließend. In der Forschung werden darüber hinaus noch natürliche und künstliche Gruppen unterschieden. Natürliche Gruppen existieren auch ohne ein Forschungsinteresse (bspw. Familien, Orchester, Arbeitsgruppen), künstliche Gruppen werden nur für ein Forschungsvorhaben und das Forschungsinteresse zusammengestellt (bspw. um bestimmte Experimente durchzuführen) (vgl. Berthel/Becker, 2013, S. 66).

Eine weitere Besonderheit von Teams ergibt sich durch die Position der Führungskraft (vgl. Abb. 8.27). Während die klassische Führungsrolle als hierarchische Top-down-Führungsrolle – Abteilungsleiter und Mitarbeiter – konzipiert ist (wobei nicht jede Abteilung definitionsgemäß ein Team ist), kann die Position des Führenden in Teamstrukturen unterschiedlich ausgestaltet sein (vgl. Tab. 8.23).

In der Konstellation des **moderierten Teams** steht die Führungskraft außerhalb des Teams, das sich weitgehend selbst organisiert. Die Führungskraft agiert als Moderator, in dem sie dem Team beratend zur Seite steht, Feedback gibt und Arbeitsergebnisse zurückspiegelt.

In **autonomen Teams** werden Entscheidungen und Zuständigkeiten im Wesentlichen durch das Team selbst festgelegt. Die Führungskraft tritt erst in Erscheinung, wenn grundlegende Ziele gefährdet sind oder wesentliche Entscheidungen getroffen werden müssen.

Bei **integriert geführten Teams** ist die Führungsperson in die Entscheidungsprozesse involviert und wirkt selbst bei der Aufgabenerfüllung mit.

Wird ein Team durch ein **Leitungsteam** geführt, so werden die Entscheidungen über Aufgaben und Vorgehensweisen durch ein anderes Team (meist Management-Teams) getroffen.

Tab. 8.23: Aufgaben und Verantwortung in unterschiedlichen Teamstrukturen.

	Aufgabe der Führungskraft	Verantwortung
Moderiertes Team	Unterstützung und Beratung des Teams, Feedback zu den Prozessen und Ergebnissen	Führungskraft ist letztverantwortlich für Prozesse und Zielerreichung
Autonome Teams	Eingreifen bei Gefahr einer Zielverfehlung; Konfliktlösung, wenn vom Team gewünscht	Team ist selbst für Prozesse und Zielerreichung verantwortlich
Integriert geführte Teams	Festlegung der Teamziele, Verteilung von Aufgaben	Führungskraft ist in die Entscheidungs- und Umsetzungsprozesse involviert und wirkt selbst mit
Leitungsteam-Team	Abstimmung und Koordination von Zuständigkeiten, Prozessen und Terminen	Leitungsteam übernimmt Letztverantwortung
Teamsprecher-Team	Durchsprache von Prozessen, Ergebnissen und Konflikten mit dem Teamsprecher	Führungskraft ist letztverantwortlich für Prozesse und Zielerreichung

Teams, die einen **Teamsprecher** bestimmt haben, kommunizieren über diesen mit der Führungskraft. Der Teamsprecher übernimmt die Mittlerrolle zwischen Team und Teamleitung.

8.4.2 Gruppenphänomene

Die erfolgreiche Führung von Gruppen setzt die Kenntnis von Phänomenen voraus, die sich durch die sozialen Prozesse und Dynamiken in Gruppen ergeben können.

Lebenszykluskonzept von Gruppen

Ein Ziel des Einsatzes von Gruppen besteht darin, die Leistung im Vergleich zur Summe der Einzelarbeit zu erhöhen. Daher stellt sich die Frage, ab welchem Zeitpunkt ein neu gebildetes Team tatsächlich mehr leisten kann (vgl. im Folgenden Stock-Homburg, 2013, S. 582 f.).

Die Idee, das Gruppen eine Art Lebenszyklus durchlaufen, wurde von Tuckman (1965) formuliert (vgl. Abb. 8.28). Ein neu gebildetes Team ist, so die Annahme, nicht von Anfang an in vollem Umfang leistungsfähig. Es muss erst verschiedene Entwicklungsphasen durchlaufen, bis es schließlich ein höheres Leistungsniveau als die Summe der Einzelarbeit erreicht.

In der Phase des **Formings** treffen die Gruppenmitglieder erstmals aufeinander. Sie benötigen Zeit, um sich auszutauschen, sich kennen und einschätzen zu lernen. Erste Unsicherheiten werden durch Ausprobieren von Verhaltensweisen reduziert

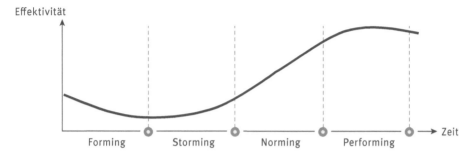

Abb. 8.28: Entwicklungsphasen von Gruppen.

(bspw. was ist akzeptabel, was funktioniert, wie reagieren die anderen, welche Rolle kann ich einnehmen, …?) Daher wird in dieser Phase wenig Zeit auf aufgabenbezogene Aktivitäten verwendet, die Teamleistung ist daher noch gering und geht sogar (im Vergleich zur Einzelarbeit) zurück.

In der **Storming**-Phase wird die gestellte Gruppenaufgabe meist abgelehnt („das ist doch gar nicht zu machen", „reine Zeitverschwendung", …). Trotz der gemeinsamen Ablehnung werden Rivalitäten aufgebaut, Rollen definiert, Macht- und Abgrenzungsfragen sowohl aufgabenbezogen als auch beziehungsbezogen gestellt. Die Austragung von Konflikten lässt die Teamleistung weiter sinken.

Tab. 8.24: Entwicklungsphasen von Gruppen (vgl. Stock-Homburg, 2013, S. 584).

Phase	Führungsverhalten
Forming	– Führungsschwerpunkt: Beziehungsebene – Rolle der Führungskraft: Beziehungsmanager – Maßnahmen: Schaffen von Gelegenheiten zum informellen und formellen Austausch, Auffordern zum Äußern von Ideen und Meinung, Identifizierung von Stärken und Schwächen
Storming	– Führungsschwerpunkt: Beziehungs- und Sachebene – Rolle der Führungskraft: Schlichter und Wegweiser – Maßnahmen: Einsatz der Gruppenmitglieder entsprechend ihrer Stärken, Deeskalation durch Rückführung der Beziehungsebene auf die Sachebene
Norming	– Führungsschwerpunkt: Sachebene – Rolle der Führungskraft: Koordinator – Maßnahmen: Vereinbaren von Zielen, Aufstellen von Leitlinien zur Kommunikation, Aufgabenbearbeitung und Rückmeldung, Leistungserwartung formulieren und kontrollieren
Performing	– Führungsschwerpunkt: Sachebene – Rolle der Führungskraft: Coach – Sicherstellung des Ressourcenflusses, Übertragung von Handlungsspielraum und Kompetenzen, Kommunikation der Leistung nach innen und außen

In der **Norming**-Phase schleifen sich Verhaltensweisen ein und bilden sich Gruppennormen heraus (bspw. zur Pünktlichkeit, zur Arbeitsdisziplin oder zur Kommunikation). In dieser Phase steigt die Gruppenleistung erstmals wieder an, da die Konflikte (hoffentlich) bereinigt wurden.

In der **Performing**-Phase sind alle Entwicklungsprozesse durchlaufen, die Gruppenmitglieder haben sich kennengelernt, die Rollen im Team sind verteilt und die Gruppennormen haben sich herausgebildet. Jetzt können sich die teambezogenen Vorteile entfalten und die Arbeitsleistung kann über die Summe der Einzelarbeiten hinausgehen.

Für die Führungskraft bedeutet dies, dass in den einzelnen Phasen spezifische Führungsaufgaben anfallen. Tab. 8.24 zeigt den erfolgreichen Führungsstil, die Rolle der Führungskraft und mögliche Maßnahmen in Abhängigkeit des Lebenszykluskonzepts.

Social-Loafing-Konzept

Mit der Einbindung von Mitarbeitern in Arbeitsgruppen kann die Situation auftreten, dass die Leistung einzelner Mitglieder, jedoch auch die der ganzen Gruppe zurückgeht. Die Frage, unter welchen Umständen Leistungsrückgänge und -zurückhaltungen innerhalb von Gruppen auftreten, beantwortet das Social-Loafing-Konzept (vgl. im Folgenden Stock-Homburg, 2013, S. 585 f.).

Social Loafing (häufig auch: soziales Faulenzen oder Trittbrettfahren) beschreibt die absichtsvolle, aber meist verdeckte Leistungsreduktion im Schatten der Gruppenleistung

---

Die sog. sozialen Faulenzer partizipieren von der Gruppenleistung, ohne sich selbst im vergleichbaren Umfang dafür zu engagieren. Abb. 8.29 zeigt Indikatoren, begünstigende Effekte und mögliche Gegenmaßnahmen.

Kohäsion

Kohäsion ist ein Maß für Zusammenhalt und Stabilität einer Gruppe. Die Kohäsion ist umso stärker, je größer
- die Komplementarität der Bedürfnisse und
- die Ähnlichkeit der Interessen und Einstellungen
der Mitglieder ist (vgl. im Folgenden Berthel/Becker, 2013, S. 89).

Als Folge wird die Attraktivität, die die Gruppe auf aktuelle und künftige Mitglieder ausübt, gesteigert. Umgangssprachlich wird von Kohäsion häufig als Wir-Gefühl gesprochen. In der Forschung wird eher ein zweidimensionaler Zugang zum Verständnis von Kohäsion gewählt. Kohäsion lässt sich hier als Ausdruck einer sozio-emotionalen Ebene (Streben nach emotionaler Befriedigung durch Anerkennung und Sicherheit in der Gruppe, Wir-Gefühl) und einer instrumentellen-aufgabenbezogenen Ebene

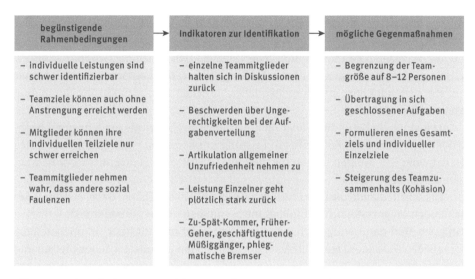

begünstigende Rahmenbedingungen	Indikatoren zur Identifikation	mögliche Gegenmaßnahmen
– individuelle Leistungen sind schwer identifizierbar – Teamziele können auch ohne Anstrengung erreicht werden – Mitglieder können ihre individuellen Teilziele nur schwer erreichen – Teammitglieder nehmen wahr, dass andere sozial Faulenzen	– einzelne Teammitglieder halten sich in Diskussionen zurück – Beschwerden über Ungerechtigkeiten bei der Aufgabenverteilung – Artikulation allgemeiner Unzufriedenheit nehmen zu – Leistung Einzelner geht plötzlich stark zurück – Zu-Spät-Kommer, Früher-Geher, geschäftigtuende Müßiggänger, phlegmatische Bremser	– Begrenzung der Teamgröße auf 8–12 Personen – Übertragung in sich geschlossener Aufgaben – Formulieren eines Gesamtziels und individueller Einzelziele – Steigerung des Teamzusammenhalts (Kohäsion)

Abb. 8.29: Rahmenbedingungen, Indikatoren und Gegenmaßnahmen des sozialen Faulenzens.

(gegenseitige Abhängigkeit bei der Erreichung von individuellen und gemeinsam verfolgten Ziele).

Höhere Kohäsion entsteht tendenziell in
- kleineren Gruppen,
- erfolgreichen Gruppen,
- homogenen Gruppen (in Bezug auf Einstellungen, Ausbildung, Alter, ...),
- Gruppen, die sich in einem Intergruppenwettbewerb befinden, und in
- Gruppen mit längerer Dauer des Zusammenseins.

Welche **Wirkungen** werden mit einer hohen Kohäsion verbunden?
- Angleichung der Meinungen, Ziele und Normen,
- Ablehnung von Außenstehenden oder Gruppenmitgliedern, die sich nicht hinreichend konform verhalten (klare Grenzziehung zwischen „wir" und „die"),
- Akzeptanz neuer Mitglieder, sofern sie die geltenden Meinungen, Ziele und Normen teilen (konformitätsbestärkende Selektion), und
- Zunahme der Kommunikationsdichte.

Welche **Folgen** zeigen kohäsive Gruppen?

Eine Vielzahl von Studien in den unterschiedlichen Kontexten (Industrie, Handel, Sport, Forschung, Bildung) haben herausgefunden, dass Gruppen mit hoher Kohäsion zufriedener und leistungsstärker sind.

Gleichzeitig erhöht sich die Bereitschaft der Mitglieder, sich für die Gruppe zu engagieren, Zeit und Ressourcen einzusetzen und eigene Bedürfnisse zugunsten der

Gruppe zurückzustellen, was der Gruppe Produktivitäts- und Innovationspotenzial verleiht.

Mit wachsender Kohäsion intensiviert sich die Dynamik einer Gruppe, Gruppenziele und Entscheidungen werden schneller erkannt, der Konformitätsdruck nimmt zu, abweichendes oder gruppenschädliches Verhalten wird sozial (bspw. durch Ausgrenzung) sanktioniert.

Leider ist die Befundlage aber nicht so eindeutig. So wurde experimentell beobachtet, dass eine hohe Kohäsion mit Leistungsminderungen einhergehen kann. Dies ist dann der Fall, wenn die Streuung der Einzelleistungen um den Durchschnitt langsam abnimmt.

Der ausbleibende positive Effekt von Gruppenkohäsion hängt dabei meist mit der fehlenden organisatorischen Einbindung zusammen. Anders ausgedrückt: Kohäsive Gruppen sind dann erfolgreich, wenn sie sich nicht nur mit ihrer Gruppenaufgabe identifizieren, sondern auch mit einer übergeordneten organisatorischen Zielsetzung (vgl. Staehle, 1999, S. 283).

Groupthink

Groupthink-Prozesse (vgl. Janis, 1982; Abb. 8.30) entstehen, wenn die Kohäsion so stark geworden ist, dass sich die positive Wirkung der Kohäsion umkehrt.

Groupthink beschreibt übermäßiges Streben nach Einmütigkeit, Harmonie und Konsens in einer Gruppe auf Kosten einer kritischen Analyse der Sachlage.

Bei der Analyse einflussreicher politischer Entscheidungsfehler (Fehlentscheidungen in der Außenpolitik im Kontext von Pearl Harbor, dem Koreakrieg, der Schweine-

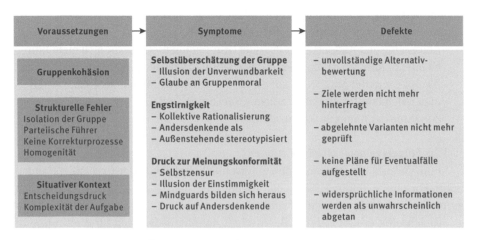

Abb. 8.30: Groupthink-Modell (Janis, 1982, S. 244).

bucht-Invasion und dem Vietnamkrieg) wurde ein wiederkehrendes Interaktions-
muster entdeckt und als Modell konzeptualisiert (vgl. im Folgenden Berthel/Becker,
2013, S. 92 ff.).

Innerhalb des Modells werden drei Groupthink verursachende bzw. verstärkende
Bedingungen genannt: eine hohe Gruppenkohäsion, strukturelle Fehler der Organisation und ein bestimmter, situativer Kontext.

– **Gruppenkohäsion**: ein übersteigerter Gruppenzusammenhalt, der zu einer
  Gruppendynamik führt, die über das normale Maß hinausgeht.
– **Strukturelle Fehler**: Isolierung der Gruppe (räumlich oder inhaltlich); partei-
  ische Führung, die auf eine schnelle Entscheidungsfindung abzielt; Fehlen von
  Entscheidungs- und Korrekturprozessen, sodass einmal getroffene Entscheidungen nicht mehr überdacht werden können; eine starke Homogenität (insb. ideologisch) innerhalb der Gruppe, die die Einmütigkeit beim Finden von Lösungen
  vereinfacht.
– **Situativer Kontext**: äußerer Druck, eine schnelle Entscheidung treffen zu müssen; die Komplexität der Aufgabe führt zu einem „Verstecken" der Mitglieder hinter der Mehrheitsmeinung; Bedrohungsszenarien.

Diese drei Faktoren oder Bedingungen führen zum Grouphtink-Phänomen, das durch
acht Symptome gekennzeichnet ist. Die Symptomgruppe der Selbstüberschätzung
zeichnet sich aus durch ein Gefühl der Unverwundbarkeit und den festen Glauben
an eine gruppeninhärente Moral (der Glaube an ehrenwerte Standards unterdrückt
ethische Zweifel).

Die zweite Symptomgruppe wird als Engstirnigkeit beschrieben. Die getroffenen
Entscheidungen werden kollektiv rationalisiert („wir haben alles in unserer Macht
Stehende getan", „wir waren alle einer Meinung") und Andersdenkende als Außen-
stehende und Unwissende gebrandmarkt. Dies stärkt wiederum den Druck zur Mei-
nungskonformität als dritte Symptomgruppe. Die Mitglieder zensieren/filtern ihre
Meinung („die Schere im Kopf") und Schweigen wird als Zustimmung gewertet. Der
Druck auf Andersdenkende wird durch die Illusion der Einmütigkeit weiter erhöht.
In der Gruppe bilden sich sog. mindguards heraus, also Gruppenmitglieder, die die
Einhaltung des Gruppendenkens überwachen, sanktionieren oder Andersdenkende
bloßstellen.

Als Folge werden Alternativen nicht vollständig durchdacht, Ziele nicht mehr auf
Sinnhaftigkeit geprüft, die Risiken der Durchführung systematisch unterschätzt, einmal abgelehnte Varianten nicht mehr geprüft und keine Pläne für Eventualfälle aus-
gearbeitet, da widersprüchliche Informationen als unwichtig oder unwahrscheinlich
abgeblockt werden.

Entscheidungen, die unter dem Einfluss des Groupthink-Phänomens getroffen
wurden, müssen nicht zwingend schlecht sein, doch steigt die Wahrscheinlichkeit für
Fehleinschätzungen und Fehlurteile stark an.

Um die gewünschte Gruppenkohäsion nicht zu zerstören, aber Groupthink-Prozesse zu vermeiden, lassen sich eine Vielzahl von Maßnahmen und Ratschläge finden, die in Tab. 8.25 zusammengefasst wurden.

Tab. 8.25: Maßnahmen zur Unterdrückung des Groupthink-Effekts.

Maßnahme	Effekt
Vergrößerung der Gruppe	Fördert die Bildung von Subgruppen und erhöht die Normenvarianz
Reduktion von Gruppenbesprechungen	Soziale Dynamik bildet sich langsamer aus
Räumliche Trennung	Gruppenmitglieder entkoppeln sich mental vom Druck der Einmütigkeit
Institutionalisierte Ergebnisprüfung	2nd chance meetings, advocatus diaboli, Einladen von Externen bündeln Restzweifel
Parallele Bearbeitung einer Sachfrage	Subgruppen bearbeiten unabhängig voneinander Lösungen
Individuelle Leistungsbewertung	Erhöhung der internen Konkurrenz

Risikoschub (risky shift)

Kühnheit, Risikobereitschaft, Draufgängertum oder Furchtlosigkeit sind Attribute, die eher Einzelpersonen und nicht Gruppen zugeordnet werden. Daher würde man eher erwarten, dass Gruppen tendenziell weniger risikofreudig entscheiden.

In der Sozialpsychologie ist man durch experimentelle Versuchsanordnungen auf kontraintuitive Ergebnisse gestoßen. Die Gruppenentscheidungen waren meist risikofreudiger als die Einzelurteile (vgl. Abb. 8.31).

Die Experimente folgen dabei meist der Vorgehensweise, dass Individuen Situationen zur Bewertung und Lösung vorgelegt werden. Als Lösungsvorschläge werden attraktive, aber risikoreiche bzw. weniger attraktive, doch dafür sichere Varianten präsentiert. Nach der individuellen Auswahl einer Lösung müssen die Individuen nun in der Gruppe die Situation diskutieren und zu einer einstimmigen Entscheidung gelangen. Dabei zeigte sich, dass die Risikofreude der Gruppe meist höher liegt als der Durchschnitt der vorherigen Einzelurteile.

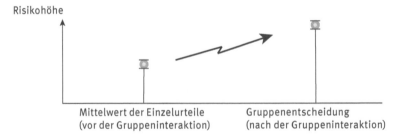

Abb. 8.31: Risikoschub (vgl. Steinmann/Schreyögg/Koch, 2013, S. 567).

Das Risikoschub-Phänomen lässt sich durch eine Vielzahl von Erklärungen verstehen (vgl. Steinmann/Schreyögg/Koch, 2013, S. 567 f.):

- **Diffusion der Verantwortung**: Ein höheres Risiko wird akzeptiert, weil die Handlungskonsequenzen von der ganzen Gruppe getragen werden („wir können es ja mal probieren, was soll (mir) schon passieren").
- **Höheres Informationsniveau**: Die Gruppendiskussion bringt (vermeintlich) bessere Informationen zusammen und reduziert die gefühlte Unsicherheit („wir haben alle denkbaren Argumente abgewogen").
- **Risikoattraktivität**: Risikofreudigere Meinungen sind attraktiver als vermeintlich kleinmütig-abwägend-zaudernde Meinungen.
- **Entscheidungsautismus**: Selbstbestätigung und Rechtfertigung durch die Gruppe (vgl. Groupthink-Erklärungen).
- **Entrapment**: Kritische Prüfungen der einmal getroffenen Entscheidungen werden unterbunden („sollen wir das jetzt alles nochmal diskutieren?"), selbst in Fällen, in denen sich schon zeigt, dass es falsche Entscheidungen waren („das haben wir so entschieden, jetzt ziehen wir es auch durch").
- **Überzeugende Argumente** (persuasive argument theory): Jedes Gruppenmitglied hat schon eine angelegte Meinungstendenz. Bei der Gruppendiskussion hört er weitere Argumente, die ihn in seiner Tendenz bestätigen und verfestigen.

Auch wenn die Erklärungen plausibel sind, so muss bedacht werden, dass das Risikoschub-Phänomen sehr häufig nur in Experimentalgruppen nachgewiesen werden konnte. Neuere Studien haben überdies gezeigt, dass in Situationen, in denen Risikofreude gesellschaftlich eher negativ bewertet wird, Gruppenentscheidungen eher übervorsichtig ausfallen. Man spricht hier vom **Vorsichtsschub** (cautious shift).

8.4.3 Ergebnis von Gruppenarbeit

Die Notwendigkeit, Teams zu bilden, hat sich in der Unternehmenspraxis fast schon zu einem Wert an sich gewandelt. Diese Entwicklung hat viele Gründe und kann auf gute Argumente, die für die Gruppenarbeit sprechen, zurückgreifen. Allerdings gibt es auch gewichtige Nachteile, die mit Gruppenarbeit einhergehen. Im Folgenden sollen die möglichen Chancen und Risiken von Gruppenarbeit vorgestellt werden.

Das Unternehmen kann durch Gruppenarbeit komplexe Aufgaben, die ein Einzelner nur schwer lösen kann oder als sequentielle Folge von Einzelleistungen nur sehr langsam bewältigt werden, zur Bearbeitung delegieren.

Die Gruppe übernimmt die Koordination der Aufgabenbearbeitung und entlastet die Vorgesetzten der einzelnen Gruppenmitglieder. Häufig lassen sich gruppenbasierte Entscheidungen auch leichter in der Organisation verankern und durchsetzen.

Die Delegation von Aufgaben in eine Gruppe sichert dem Unternehmen Wissen, das sonst nur einzelne Mitarbeiter als Herrschaftswissen behalten würden, da das

Wissen, das in Gruppen generiert wird, meist auch nach dem Ausscheiden Einzelner in der Gruppe verfügbar ist. Gleichzeitig können neue Mitarbeiter durch das komprimierte Erleben von ungeschriebenen Kommunikationsregeln, Normen und Werten eines Unternehmens innerhalb von Gruppen schneller sozialisiert werden.

Der individuelle Nutzen von Gruppenarbeit liegt in der Befriedigung von sozialen Bedürfnissen nach sozialen Kontakten, Nähe, Sicherheit und Anerkennung. Die Gruppe bietet Schutz nach außen (bspw. gegenüber Vorgesetzten), Gelegenheit für schnelles, informelles Lernen von anderen und die Möglichkeit für Selbsterfahrung und Feedback.

Tab. 8.26 zeigt den Nutzen von Teamarbeit aus der Perspektive des Unternehmens und des Mitarbeiters.

Tab. 8.26: Nutzen von Gruppenarbeit.

Organisatorische Nutzen	Individueller Nutzen
– Komplexe Aufgaben können übertragen werden – Koordination durch die Gruppe entlastet die Hierarchie – Sicherung von Wissen – Schnelle Sozialisation neuer Mitarbeiter	– Befriedigung sozialer Bedürfnisse nach Kontakten, Nähe, Sicherheit und Anerkennung – Schutz nach außen – Schnelles, informelles Lernen – Selbsterfahrung und Feedback

Leider lassen sich **keine universellen** Leistungsvorteile von Gruppenarbeit aufzählen. Vielmehr hängt das Leistungsverhalten von Gruppen von zahlreichen Faktoren ab. Dabei kann zwischen den Leistungsvorteilen, die durch psychosoziale Prozesse (vgl. hierzu die Ausführungen zu den Gruppenphänomenen in Kap. 8.4.2) entstehen und dem Aufgabentyp als Einflussfaktor unterschieden werden. Beim Aufgabentyp können körperliche und geistige Arbeiten unterschieden werden.

Bei **körperlichen Arbeiten** (bspw. bei Tätigkeiten des Tragens und Hebens, des Suchens und Findens oder des Zählens und Festsetzens) ergeben sich durch die Addition der Kräfte und Ressourcen erhebliche Leistungsvorteile. Allerdings dürften die Vorteile durch die Mechanisierung und Automatisierung noch übertroffen werden (vgl. Staehle, 1999, S. 287).

Bei **geistigen Arbeiten** führt nicht jede Hinzunahme einer Arbeitskraft zu einer entsprechenden Leistungssteigerung. Tab. 8.27 zeigt, dass in Abhängigkeit des Aufgabentyps auch Nachteile der Gruppenarbeit in Kauf genommen werden müssen.

Abschließend können noch weitere Nachteile von Gruppenarbeit aus organisatorischer und individueller Perspektive aufgeführt werden (vgl. Tab. 8.28). Aus der Perspektive des Unternehmens wird es durch Gruppenarbeit schwieriger, Hoch- und Minderleister zu identifizieren, da die einzelnen Beiträge der Gruppenmitglieder in eine Gesamtleistung transformiert werden. Was kurzfristig für das Unternehmen zu tolerieren ist, stellt es langfristig aber vor Probleme, wenn es darum geht, Karriere- und Führungsentscheidungen zu treffen.

Tab. 8.27: Vor- und Nachteile von Gruppenarbeit in Abhängigkeit des Aufgabentyps (vgl. Staehle, 1999, S. 288).

Problem	Vorteile	Nachteile

Analyse-probleme	– Großes Entdeckungspotenzial
	– Breites Wissensspektrum
		– Zielidentität notwendig, sonst:
		  – Gefahr von Auffassungsunterschieden
		  – Schwierigkeit des koordinierten Vorgehens

Such-probleme	– Erfahrungskumulation – Stimulierung von Assoziationen	– Produktion vieler Alternativen ohne Mehrwert, die aber durch Gruppenentscheidung ausgeschlossen werden müssen
Konsequenz-probleme	– Größeres Wissen über Algorithmen, Zusammenhänge	– Störung des individuellen Nachvollziehens der Denkschritte – Setzt lückenlose Informationsübermittlung voraus
Auswahl-probleme	– Tendenz zu objektiven Entscheidungen – Weniger Widerstand bei der Durchsetzung der ausgewählten Alternative	– Konflikte zwischen Teammitgliedern – Langwieriger Prozess
Querschnitts-probleme	– Leistungsmotivation durch Kohäsion	– Social Loafing – Groupthink – Risky shift

Tab. 8.28: Nachteile von Gruppenarbeit (vgl. Staehle, 1999, S. 288).

Organisatorische Nachteile	Individuelle Nachteile
– Schwierige Identifikation der individuellen Leistung – Konfliktgefahr steigt	– Nicht-Befriedigung sozialer Bedürfnisse nach Individualisierung, Routine, Sicherheit – Erhöhtes Stresslevel

Darüber hinaus steigt durch Gruppenarbeit die Wahrscheinlichkeit für Konflikte an, da die Dimension *Aufgabenorientierung* durch die Dimension *Beziehungsorientierung* ergänzt oder sogar überlagert wird. Wenn Kompetenzen, Aufgaben und individuelle Leistungsbeiträge durch die Gruppenarbeit nicht mehr strukturell (bspw. durch Abteilungsgrenzen oder Stellenbeschreibungen) abgegrenzt werden können, kommen menschliche Bedürfnisse nach Individualisierung oder Routine zu kurz und mögliche Streitpunkt hinzu.

Die individuellen Nachteile von Gruppenarbeit spiegeln sich in denen der organisatorischen Nachteile. Menschen möchten als Individuen identifiziert werden und nicht (nur) in der Gruppe untergehen. Zudem möchte nicht jeder dem potenziellen Konfliktpotenzial oder der Möglichkeit, Feedback und Selbsterfahrung zu sammeln, ausgesetzt werden. Der damit einhergehende erhöhte Stresslevel stellt für viele Individuen eine Belastung dar.

9 Personalentgelt und Arbeitsleistung

Die Höhe und Art der Vergütung von Mitarbeitern und Führungskräften wird seit Jahrzehnten – nicht nur in der Personalwirtschaft – intensiv und emotional diskutiert. Dies überrascht nicht, da der Ausgestaltung betrieblicher Anreiz- und Vergütungssysteme vielfältige, teilweise auch sich widerstrebende, Funktionen zugeschrieben werden. So sollen Anreizsysteme bei möglichst geringer Kostenbelastung bspw. der motivationalen Verhaltenssteuerung dienen, Entgeltgerechtigkeit im Unternehmen und in der Gesellschaft herstellen, die Koordinationsbereitschaft zwischen Abteilungen erhöhen oder das Bindungsverhalten von Mitarbeitern fördern.

Um die vielfältigen Gestaltungsmöglichkeiten kennenzulernen, wird im Folgenden auf die Darstellung und Analyse einzelner Anreiz- und Vergütungsbestandteile eingegangen. Im ersten Schritt werden die für das weitere Verständnis notwendigen **theoretischen Grundlagen** (vgl. Kap. 9.1) erarbeitet. Im Anschluss daran wird der Prozess der **Entgeltfindung** (vgl. Kap. 9.2 und 9.3) im Rahmen der **Entgeltsystematik** diskutiert. Dabei wird auch auf die Besonderheiten eingegangen, die sich bei der Unterscheidung verschiedener Entgeltbestandteile sowie bei der Differenzierung der Entgeltformen nach (betrieblichen) **Zielgruppen** ergeben (bspw. Führungskräfte, Arbeiter bzw. Angestellte oder Beamte) (vgl. Kap. 9.4).

9.1 Theoretische Grundlagen

In Kap. 9.1 werden motivationstheoretische, gerechtigkeitstheoretische und volkswirtschaftliche Grundlagen der Entgeltfindung und -gestaltung vorgestellt.

9.1.1 Motivationstheoretische Grundlagen

In den vergangenen Jahrzehnten ist eine Vielzahl von motivationstheoretischen Ansätzen entstanden, die den Anspruch haben, Bedingungen und Faktoren zur Entstehung von Motivation zu erfassen und den Einfluss der Motivation auf die individuelle Leistung zu untersuchen. Die einflussreichsten Ansätze sollen hier vorgestellt und deren Implikationen für die Gestaltung von Vergütungssystemen beschrieben werden.

Ausgangspunkt motivationstheoretischer Erklärungen sind **Bedürfnisse**, die durch Mangelempfindungen ausgelöst werden und zu **Motiven** als innere Beweggründe von Handlungen führen (Handlungsbereitschaft). Motive können unterteilt werden in primäre Motive, die meist physiologisch bedingt sind (Hunger, Durst, Kälteschutz, Luft, …) und sekundäre Motive, die häufig zur Befriedigung primärer Motive dienen (bspw. Macht, Sicherheit, Geld, Prestige, …). Ohne **Anreize** führen Motive aber nicht zum Handeln. Während die Handlung beobachtbar ist, kann auf die

https://doi.org/10.1515/9783110541526-009

Abb. 9.1: Motivationstheoretische Ansätze im Überblick.

dahinterstehende Handlungsbereitschaft (Motiv) nur geschlossen werden. Motivationstheorien soll daher erklären, warum ein Mensch sich in bestimmten Situationen so und nicht anders verhält.

Motivation ist für die Intensität, Richtung und Art des Verhaltens verantwortlich (vgl. Gniech, 1993, S. 468).

Durch die weite Definition von Motiven, Motivation und Handlung wird deutlich, dass sich mit Vergütungssystemen zwar ein natürlicher Anknüpfungspunkt ergibt, die Bedeutung von Motivation aber weit über die Betrachtung einer vergüteten Arbeitsleistung hinausgeht. Empirische Belege zeigen bspw. die Wirkung von Motivation auf Anwesenheits- bzw. Abwesenheitszeiten, auf die Arbeitszufriedenheit oder auf die Fluktuationsrate.

Diese vielfältigen Bezugspunkte verdeutlichen die Komplexität des Themas. Eine Vielzahl von Modellen und Ansätzen versucht der Komplexität dadurch zu begegnen, indem sie einzelne Aspekte des Konstruktes Motivation herausgreifen und beleuchten. Ein integratives Modell, mit dessen Hilfe Arbeitsverhalten bzw. -leistung umfassend erklärbar ist, ist nicht verfügbar (vgl. Weinert/Scheffer, 2004, Sp. 327). Eine Möglichkeit, die in diesem skizzierten Zusammenhang relevanten Motivationstheorien zu klassifizieren, ist eine grundlegende Einteilung in sog. inhalts- und prozesstheoretische Erklärungsansätze (vgl. Abb. 9.1).

Inhaltstheorien beschreiben dabei, **was** motiviert bzw. was im Individuum welche Handlungen erzeugt. **Prozesstheorien** versuchen zu erklären, **wie** diese Motive aktiviert und gelenkt werden, um eine effiziente Arbeitsleistung zu erreichen (vgl. Staehle, 1999, S. 221).

Inhaltstheoretische Ansätze

Die den inhaltstheoretischen Ansätzen zuzuordnende **Bedürfnistheorie von Maslow** (1954) beruht auf klinisch-psychologischen Erfahrungen und wurde ursprünglich nicht als Motivationstheorie gesehen, sondern sollte die (psychologischen) Wachstums- und Entfaltungsmöglichkeiten eines Individuums aufzeigen. Demnach entsteht Motivation durch das Streben nach Bedürfnisbefriedigung und wird in ihrer Ausprägung durch die Stärke und Intensität des Strebens beeinflusst. Sobald ein Bedürfnis befriedigt ist, erlischt auch seine Motivationswirkung. Gleichzeitig wird durch die Befriedigung eines Bedürfnisses das Bedürfnis der nächsthöheren Stufe aktiviert. Zwar treten dann die rangniedrigeren vor den ranghöheren Bedürfnissen in den Hintergrund, können aber bei veränderten situativen Bedingungen wieder aktiviert werden (vgl. Abb. 9.2). Das Zusammenspiel der unterschiedlichen Bedürfnisse und ihrer hierarchischen Anordnung wurde als Pyramide definiert, mit den grundlegenden Defizitmotiven auf unterer Ebene und dem Wachstumsmotiv auf oberer Ebene (vgl. Maslow, 1981, S. 155 ff.; Maslow, 1987, S. 62 ff.; Staehle, 1999, S. 221 ff.).

Maslow unterscheidet fünf Bedürfnisklassen, die als Defizit- oder Wachstumsmotive gekennzeichnet werden. **Physiologische Bedürfnisse** umfassen die Grundbedürfnisse eines Menschen wie bspw. Nahrung, Wasser, Schlaf oder Luft. **Sicherheitsbedürfnisse** sind durch den Wunsch nach einer stabilen, beherrschbaren und verlässlichen Umgebung beschreibbar. **Soziale Bedürfnisse** repräsentieren das Bedürfnis nach Zugehörigkeit, Liebe oder Akzeptanz durch Familie oder Freunde. **Anerkennungsbedürfnisse** entstehen durch den Wunsch nach Respekt oder Achtung durch andere. Das Wachstumsmotiv der **Selbstverwirklichung** wird als höchstes erreichbares Bedürfnis angesehen. Es beruht auf dem Verlangen nach Entfaltung der eigenen Fähigkeiten, Altruismus oder Kontemplation.

Abb. 9.2: Bedürfnispyramide nach Maslow.

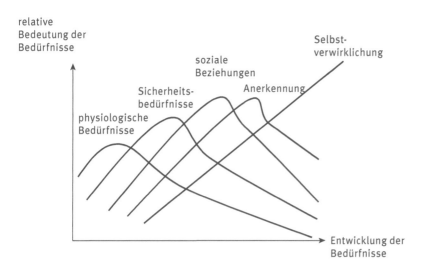

Abb. 9.3: Relative Bedeutung der Bedürfnisse (vgl. Krüger, 2012, S. 322)

Jedoch werden diesem Ansatz von Maslow erhebliche **Kritikpunkte** entgegengebracht, bspw. die willkürliche Motivstufung und inhaltliche Klassifikation der einzelnen Stufen, die mangelnde empirische Überprüfbarkeit oder auch die fehlende eindeutige Zuordnung von Handlungsweisen zu Motivarten. Darüber hinaus wird argumentiert, dass die Kategorisierung lediglich am westlich-industriellen Statusdenken anknüpft, Bedürfnisse gleichzeitig entstehen können (bspw. der hungernde Künstler) oder emotionale Aspekte vernachlässigt werden (bspw. die Mutter, die für ihr Baby hungert). Ebenso muss beachtet werden, dass Motivstrukturen einem zeitlich-gesellschaftlichen Wandel unterworfen sind. Untersuchungen zum Wertewandel haben ergeben, dass früher dominierende Akzeptanzwerte wie Gehorsam und Pflichterfüllung durch Werthaltungen abgelöst wurden, die nach Selbstverwirklichung streben. Empirische Untersuchungen zur Gültigkeit des Maslowschen Modells konnten die hierarchisch angeordneten Bedürfnisse nicht bestätigen (vgl. Salancik/Pfeffer, 1977, S. 435 ff.). Zur Verteidigung sei aber angemerkt, dass Maslow selbst keine Pyramidenhierarchie im Sinne hatte, sondern vielmehr auf die relative Bedeutung der Bedürfnisse hingewiesen hat, die sich in einer dynamischen Betrachtung ergänzen, aufeinander aufbauen und nebeneinander entstehen können. Abb. 9.3 zeigt die Idee der dynamischen Bedürfnisentwicklung.

Ein weiterer inhaltstheoretischer Ansatz stellt die **Existence-Relatedness-Growth-Theorie (ERG-Theorie)** von Alderfer (1972) dar, die auf den Bedürfniskategorien von Maslow basiert und diese auf drei Kategorien reduziert. Hierbei werden physiologische und materielle Bedürfnisse (**Existence**), welche die beiden untersten Kategorien Maslows abdecken, die Bedürfnisse nach Kontakt und Anschluss (**Relatedness**) sowie die Bedürfnisse nach geistig-seelischem Wachstum (**Growth**) unterschieden. Die wesentliche Aussage dieser Theorie ist, dass durch die wachsende

Befriedigung eines Bedürfnisses dieses Bedürfnis an Gewicht verliert und dadurch Bedürfnisse der nächsthöheren Kategorie aktiviert werden. Mit fallender Befriedigung eines Bedürfnisses verliert es an Bedeutung und regt so Bedürfnisse der nächsttieferen Kategorie an. Somit finden sowohl Motivation als auch Demotivation Beachtung. Alderfer ging davon aus, dass unterschiedliche Bedürfnisse simultan und gegensätzlich aktiviert werden können. Die Funktionsweise beschrieb er durch vier Hypothesen:
- Frustrations-Hypothese,
- Frustrations-Regressions-Hypothese,
- Frustrations-Progressions-Hypothese und
- Befriedigungs-Progressions-Hypothese.

Nicht befriedigte Bedürfnisse leiten das Streben von Menschen und werden dominant (**Frustrations-Hypothese**). Wird ein Bedürfnis nicht befriedigt, wird das tieferliegende Bedürfnis aktiviert (**Frustrations-Regressions-Hypothese**). Nicht befriedigte Bedürfnisse können gleichzeitig auch zu einer Verstärkung des Bedürfnisses führen bzw. das nächsthöhere Bedürfnis aktivieren (bspw. wird durch Scheitern das nächsthöhere Bedürfnis aufgrund gewonnener Reife oder Einsicht aktiviert) (**Frustrations-Progressions-Hypothese**). Befriedigte Bedürfnisse aktivieren nächsthöhere Bedürfniskategorien (**Befriedigungs-Progressions-Hypothese**).

In einer **kritischen** Betrachtung fällt positiv auf, dass die ERG-Theorie sowohl Motivation und Demotivation erklären kann und das Zusammenspiel der Bedürfnisse dynamisch ausgestaltet ist. Allerdings löst die Verringerung der Anzahl der Klassen nicht das Problem der Zuordnung von Handlungsweisen zu Motivarten (vgl. Drumm, 2008, S. 394). In empirischen Studien konnte die ERG-Theorie zwar eine größere Erklärungskraft als die Maslowsche Bedürfnishierarchie aufweisen, dennoch sind die Ergebnisse von einer allgemeinen Bestätigung weit entfernt (vgl. Becker, 2002, S. 182 f.).

Die **Theorie der gelernten Bedürfnisse** wurde entscheidend von McClelland (1953) geprägt (vgl. Abb. 9.4), der dabei unterscheidet zwischen
- Machtmotiven (need for power),
- Leistungsmotiven (need for achievement) und
- Beziehungsmotiven (need for affiliation).

Die Ausprägungen dieser Motive variieren individuell. Sie werden durch die Sozialisation, den kulturellen Hintergrund, die Erfahrungen und die gegenwärtige Arbeitssituation geprägt (vgl. Stock-Homburg, 2013, S. 72).

Bezüglich des **Machtmotivs** unterscheidet McClelland zwischen der personalisierten und der sozialisierten Macht. Der Unterschied liegt darin, dass es dem Individuum bei der Form der personalisierten Macht um den individuellen Vorteil geht, der meist nur auf Kosten anderer zu erreichen ist. Bei der sozialisierten Macht hingegen wird die Macht vom Individuum zum allgemeinen Nutzen ausgeübt, indem sie bspw. anderen Personen Selbstvertrauen oder Hoffnung gibt. Für Unternehmen ist es daher sinnvoll, möglichst Führungskräfte mit sozialisierten Machtmotiven zu gewinnen, da

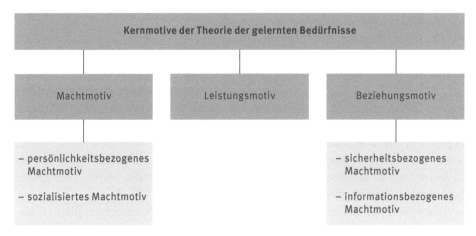

Abb. 9.4: Kernmotive bei McClelland (vgl. Stock-Homburg, 2013, S. 73).

dies laut McClelland zu einer positiven Führungskultur und einer hohen organisatorischen Effektivität führt.

Das **Leistungsmotiv** zeigt sich in dem Bestreben, etwas Schwieriges zu erreichen und andere oder die eigenen Leistungen zu übertreffen.

Dabei wird vom Leistungsmotiv angenommen, dass es sich um ein überdauerndes Persönlichkeitsmerkmal handelt, dessen Ausprägung von Mensch zu Mensch unterschiedlich ist. Es wird, wie das Machtmotiv, nicht als angeboren, sondern als im Laufe der Sozialisation erworben betrachtet. Dementsprechend ist das aktuelle Leistungsverhalten geprägt von positiven und negativen Erfahrungen in vergangenen Leistungssituationen (vgl. McClelland, 1953). Als Voraussetzung für die Aktivierung des Leistungsmotivs gelten die folgenden Bedingungen (vgl. Stock-Homburg, 2013, S. 73):
–   Die Ziele müssen realistisch sein,
–   die Ziele erlauben ein hohes Maß an Eigenverantwortung und
–   ein unmittelbares Feedback über die erbrachte Leistung wird erteilt.

Dabei kann die Motivation intrinsisch oder extrinsisch sein. Motivation wird als intrinsisch bezeichnet, wenn eine Person aus einer Handlung direkt Befriedigung zieht (vgl. Nerdinger, 1995, S. 51). Bei der extrinsischen Motivation wird der Nutzen indirekt über das Ergebnis erzielt, das eine Handlung zur Folge hat (bspw. ein Bonus für den erfolgreichen Abschluss eines Projekts).

Das **Beziehungsmotiv** äußert sich im Bestreben nach Nähe, Kontakt und freundschaftlich-harmonischen Beziehungen zu anderen Menschen. Dabei kann zwischen zwei Ausprägungen unterschieden werden (vgl. Stock-Homburg, 2013, S. 74):

- das sicherheitsbezogene Beziehungsmotiv und
- das informationsbezogene Beziehungsmotiv.

Das **sicherheitsbezogene Beziehungsmotiv** ist geleitet von der eigenen Unsicherheit. Diese soll durch enge, stabile Beziehungen reduziert werden. Daher stehen hier auch die zwischenmenschlichen Beziehungen im Mittelpunkt und weniger die organisationale Effektivität. Menschen mit einer starken Ausprägung des **informationsbezogenen Beziehungsmotivs** streben zwar auch nach harmonischen Beziehungen, setzen diese aber vornehmlich zur Erfüllung der organisatorischen Aufgaben ein (bspw. in dem sie Informationen zwischen Abteilungen austauschen oder ein großes berufliches Netzwerk pflegen).

Folgt man der Theorie, dann lassen sich aus dem Zusammenspiel der drei Motivarten erfolgreiche von nicht erfolgreichen Führungskräften unterscheiden. Insbesondere die starken Ausprägungen des sozialisierten Machtmotivs, des Leistungsmotivs und des informationsbezogenen Beziehungsmotivs sind dann gute Prädiktoren für eine erfolgreiche Führungskraft. Dabei geht McClelland nicht von dem geborenen Führenden aus, sondern er ist von der Veränderbarkeit menschlicher Verhaltensgewohnheiten überzeugt.

Die Theorie McClellands hat weite Verbreitung gefunden und konnte auch empirisch bestätigt werden (vgl. McClelland 1978; Stock-Homburg, 2013, S. 74). Außerdem gibt sie konkrete Hilfestellungen für die Führungspraxis (vgl. Tab. 9.1). Dem steht **kritisch** gegenüber, dass es sich bei diesem Ansatz um eine idealisierte Betrachtung handelt, innerhalb derer das komplexe Phänomen Macht auf eine gute und eine negative Variante reduziert wird. Auch sind McClellands positivistische Vorstellungen der Veränderbarkeit von erwachsenen Menschen zu diskutieren. Ebenso ist zu kritisieren, dass in der Realität kein universelles, situationsübergreifendes Leistungsmotiv vorzufinden ist (vgl. Zimbardo/Gerrig, 2008, S. 442 f.).

Zu den Inhaltstheorien zählt auch das **Zwei-Faktoren-Modell** von Herzberg, der sich im Gegensatz zur Bedürfnistheorie auf empirische Untersuchungsergebnisse stützt. Die Ergebnisse basieren auf einer Untersuchung (der sog. Pittsburgh-Studie), in der ca. 200 Ingenieure und Buchhalter im Hinblick auf angenehme und unangenehme Arbeitssituationen befragt wurden (vgl. Herzberg/Mausner/Snyderman, 1967).

Die Untersuchungen ergaben, dass die Ursachen für gute und schlechte Arbeitssituationen selten die gleiche Basis hatten (vgl. Abb. 9.5). Daraus leitete Herzberg die Vermutung ab, dass die Faktoren für Zufriedenheit und Unzufriedenheit unterschiedlich sind. Er unterscheidet dabei zwischen

- Motivatoren und
- Hygienefaktoren.

Motivatoren können Zufriedenheit erzeugen und wirken somit als Anreize zur Arbeitsmotivation. Diese Faktoren können auf einem Kontinuum mit den Polen „Arbeitszufriedenheit – keine Arbeitszufriedenheit" abgebildet werden. **Hygienefaktoren** da-

Tab. 9.1: Erklärungsbeitrag für das Handeln von Führungskräften (vgl. Stock-Homburg, 2013, S. 75).

Dominantes Motiv der Führungskraft	Typische Verhaltensweisen der Führungskraft
Persönlichkeitsbezogenes Machtmotiv	– egoistisches, häufig nicht mit den Unternehmenszielen konformes Handeln – Erwarten von Gehorsam und Loyalität durch die Mitarbeiter
Sozialisiertes Machtmotiv	– Verlangen, den Mitarbeitern Selbstvertrauen und Zuversicht zu vermitteln – Zurückstellen eigener Interessen zugunsten organisationaler Ziele – Streben nach Gerechtigkeit
Leistungsmotiv	– Streben nach perfekten Lösungen – Schwierigkeiten bei der Delegation von Aufgaben
Sicherheitsorientiertes Beziehungsmotiv	– Streben nach harmonischen Beziehungen, um die eigene Unsicherheit zu reduzieren – aber auch: individuelle Ad-hoc-Ausnahmen zur Aufrechterhaltung eines (kurzfristigen) harmonischen Beziehungsgefüges (das die übrigen Mitarbeiter als ungerecht empfinden)
Informationsbezogenes Beziehungsmotiv	– Streben nach Beziehungen, die den Austausch von Informationen ermöglichen – Aufbau von Netzwerken, Zugehen auf Personen, die über wichtiges Wissen verfügen

gegen können nur Unzufriedenheit abbauen bzw. verhindern, jedoch keine Zufriedenheit erzeugen. Diese Faktoren lassen sich auch mit einem Kontinuum visualisieren, dessen Pole „Unzufriedenheit – keine Unzufriedenheit" lauten (vgl. Abb. 9.6). Der Nutzen dieser Hygienefaktoren als Mittel zur Leistungssteigerung wird folglich als sehr gering eingeschätzt (vgl. Herzberg, 1981, S. 109 ff.).

Da dieser Ansatz nur auf einer Fallstudie basiert, wird ihm eine mangelnde empirische Fundierung vorgeworfen. Die Ergebnisse konnten in anderen Studien nur selten bestätigt, oftmals sogar widerlegt werden (vgl. Rosenstiel, 1975, S. 161 ff.; Bröckermann, 2012, S. 284). Dies liegt vermutlich daran, dass die Zuordnung von Ereignissen oder Rahmenbedingungen als Motivator bzw. Hygienefaktor durch die Individuen situativ (bspw. in Abhängigkeit von Alter, Qualifikation oder Erfahrungen) unterschiedlich bewertet wird und somit keine Allgemeingültigkeit besitzt.

Trotz dieser Kritikpunkte prägt die Pittsburgh-Studie bis heute das Verständnis von Arbeitszufriedenheit. Während früher eher die Rahmenbedingungen (insb. Entlohnung) als Erklärungsbeitrag zur Arbeitszufriedenheit dienten, wurde die Diskussion durch Herzberg auf den Arbeitsinhalt und die daraus resultierende Anerkennung gelenkt.

Das **Job Characteristics Model** von Hackman/Oldham (1980) greift die Ergebnisse der Pittsburgh-Studie auf und betont die Bedeutung der Arbeitsinhalte für die Motivation. Sofern der Mitarbeiter in die Lage versetzt wird, dass er die Ergebnisse

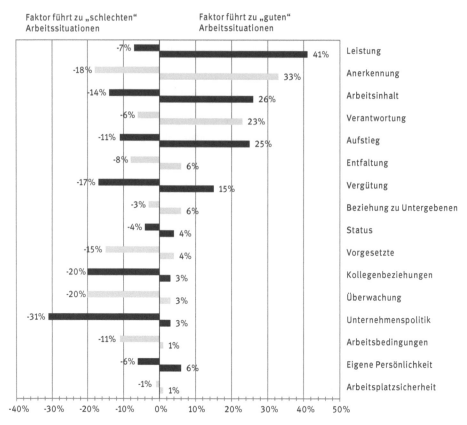

Abb. 9.5: Ergebnisse der Pittsburgh-Studie.

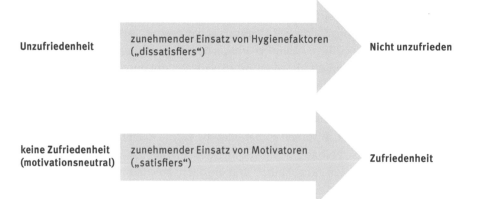

Abb. 9.6: Dimensionen der Arbeitszufriedenheit.

Abb. 9.7: Job Characteristics Model von Hackman/Oldham.

seines Handelns kennt, dafür Verantwortung übernehmen kann und die Sinnhaftigkeit seiner Tätigkeit erlebt, stellen sich eine hohe Arbeitsleistung, hohe Arbeitszufriedenheit sowie geringere Fehlzeiten und Fluktuation ein. Diese psychologischen Zustände werden wiederum durch die Arbeitsinhalte bzw. die fünf Hauptmerkmale der Arbeit erreicht: Vielfältigkeit, Ganzheitlichkeit, Bedeutung der Aufgabe, Autonomie und Feedback. Außerdem beeinflussen sog. Moderatorenvariablen, wie individuelle Qualifikationen und Fähigkeiten, das Bedürfnis nach Entfaltung sowie diverse Kontextfaktoren die Beziehung zwischen den Tätigkeitsmerkmalen und der Motivation. Abb. 9.7 verdeutlicht den Zusammenhang.

In der Realität lässt sich das Modell nicht als Blaupause für die Gestaltung aller Arbeitsplätze nutzen: nicht jeder Mitarbeiter kommt mit großer Vielfalt zurecht oder will mehr Verantwortung tragen. So müssten die Kontextfaktoren immer berücksichtigt werden – ob bspw. überhaupt das Bedürfnis nach stärkerer Entfaltung oder die Fähigkeiten für komplexere Aufgaben besteht –, was das Modell beliebig werden lässt. Ebenfalls müsste das Gleichgewicht zwischen den neuen Aufgaben und dem Gehalt gewahrt und ggf. angepasst werden. Darüber hinaus lässt das Modell viele Fragen unbeantwortet, bspw. wie sich negatives Feedback auswirkt oder wodurch Mitarbeiter in Führungspositionen motiviert werden, deren Aufgaben und Verantwortungen bereits komplex und vielfältig sind (vgl. Doyle, 2003, S. 97 f.).

Zusammenfassend kann festgehalten werden, dass die vorliegenden Inhaltstheorien erheblicher Kritik ausgesetzt sind. Dennoch lassen sich mit Blick auf die Gestaltung von Anreiz- und Vergütungssystemen **Handlungsempfehlungen** ableiten.

Die Unterteilung von Bedürfniskategorien macht deutlich, dass das Interesse
eines Mitarbeiters nicht ausschließlich in der Einkommensmaximierung liegt. Zwar
dient der Erhalt von Vergütungszahlungen zuerst der Befriedigung der Grundbedürfnisse und dem Streben nach Sicherheit. Monetäre Anreize können darüber hinaus
aber auch höherstehende Bedürfnisschichten wie Anerkennung, Status und Macht
befriedigen. Dies bedeutet, dass die motivierende Wirkung der Vergütung auch von
der Gestaltung immaterieller Anreize beeinflusst wird, die auf die Befriedigung höher
liegender Bedürfnisse abzielen. Grundsätzlich dürfte mit steigendem Einkommen die
Anreizwirkung sinken, da immer mehr Defizit-Bedürfnisse befriedigt werden (vgl.
Oechsler/Mitlacher, 2004). Abschließend lässt sich zusammenfassen, dass Geld und
Zusatzleistungen eine hohe Instrumentalität für die Befriedigung unterschiedlicher
Bedürfnisse zukommen. Es dürfte daher eines der effektivsten Mittel zu Motivation
sein. Daneben kann aus den Inhaltstheorien auch gefolgert werden, dass aufgrund
der möglichen Vielschichtigkeit menschlicher Bedürfnisse ein flexibler Einsatz unter-
schiedlicher Anreize sinnvoll sein kann (vgl. Winter, 1997).

Prozesstheoretische Ansätze

Während im Rahmen der dargestellten Inhaltstheorien die Art, der Inhalt sowie die
Wirkung individueller Bedürfnisse im Vordergrund stehen, legen die Prozesstheorien
ihren Schwerpunkt auf die Erklärung, **wie** Motivation unabhängig von Bedürfnisin-
halten entsteht und das Leistungshandeln von Menschen steuert.

Die prozesstheoretischen Ansätze lassen sich in erwartungs- und gleichheitstheoretische Theorien unterteilen.

Erwartungstheoretische Ansätze versuchen, Motivation unter Berücksichtigung menschlicher Erwartungen zu erklären.

Der hierbei zugrunde liegende Gedanke ist, dass die Stärke einer Tendenz zum Handeln von der Stärke der Erwartung abhängt, dass ein entsprechendes Ergebnis (Belohnung) auf die Handlung folgt und dass dieses Ergebnis erstrebenswert ist (vgl. Lawler,
1977).

Gleichheitstheoretische Ansätze erklären Motivationsprozesse auf Basis psychischer Gleichge-
wichts- und Ungleichgewichtszustände.

Der grundlegende erwartungswerttheoretische Ansatz wurde von **Vroom** (1964) formuliert. Die von ihm formulierte **Valenz-Instrumentaliäts-Erwartungs-Theorie**
(**VIE-Theorie**) unterstellt, dass die Motivation eines Individuums nicht nur von der

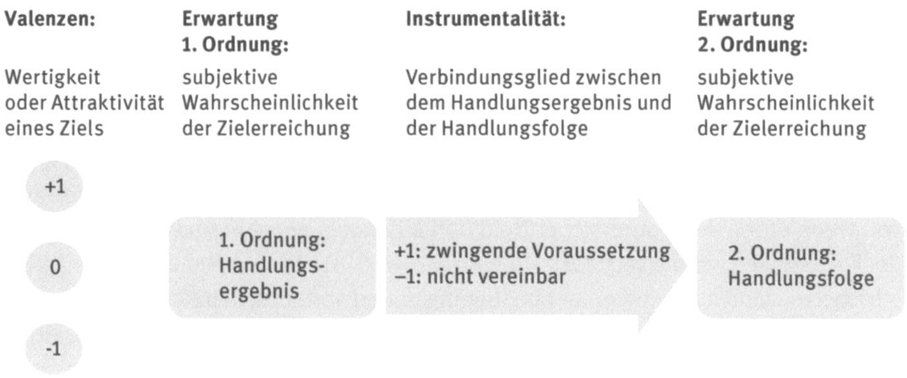

Valenzen:	Erwartung 1. Ordnung:	Instrumentalität:	Erwartung 2. Ordnung:
Wertigkeit oder Attraktivität eines Ziels	subjektive Wahrscheinlichkeit der Zielerreichung	Verbindungsglied zwischen dem Handlungsergebnis und der Handlungsfolge	subjektive Wahrscheinlichkeit der Zielerreichung

+1

0 — 1. Ordnung: Handlungs-ergebnis — +1: zwingende Voraussetzung −1: nicht vereinbar — 2. Ordnung: Handlungsfolge

−1

Abb. 9.8: Wirkungskette der VIE-Theorie.

Sozialisation, der Situation oder der charakterlichen Prädisposition abhängig ist, wie dies in den Inhaltstheorien der Motivation postuliert wird, sondern von einer individuellen Nutzenmaximierung getrieben wird (vgl. Oechsler/Mitlacher, 2004; Abb. 9.8). Vroom modelliert dabei drei Variablen, die er multiplikativ verknüpft:

- Valenz,
- Instrumentalität und
- Erwartungen.

Unter **Valenz** wird dabei die Wertigkeit eines Ziels verstanden. Dabei unterscheidet Vroom zwei Ebenen. Die Wertigkeit kann sich in der Wertschätzung des Handlungsergebnisses (1. Ordnung) oder in der Wertschätzung der Handlungsfolge (2. Ordnung) ausdrücken. Mathematisch wird die Valenz auf einer Skala zwischen −1 (starker Wunsch nach Vermeidung) und +1 (starkes Verlangen) verortet. Bringt ein Mitarbeiter einer Bonuszahlung eine sehr hohe Wertschätzung entgegen, wird die Valenz des Handlungsergebnisses (das heißt der Bonuszahlung, 1. Ordnung) mit +1 beschrieben. Soll durch die Bonuszahlung gleichzeitig auch noch das Ansehen gesteigert werden (Handlungsfolge, 2. Ordnung), liegt die Valenz ebenfalls bei +1 (vgl. hierzu Stock-Homburg, 2013, S. 79 f.).

Unter **Erwartung** wird die subjektive Wahrscheinlichkeit dafür verstanden, dass ein Ergebnis der ersten Ebene zur Erreichung der vom Individuum selbst angestrebten Ziele und Bedürfnisse führt (Ergebnis 2. Ordnung). In diesem Fall hängt die Motivation einerseits von der erwarteten Wahrscheinlichkeit ab, dass Arbeitseinsatz zu einer erfolgreichen Leistung führt und andererseits davon, dass die erfolgreiche Leistung eine Belohnung erfährt (vgl. Staehle, 1999, S. 231 f.). Die Erwartung wird auf einer Skala von 0 (unwahrscheinlich) bis 1 (sehr wahrscheinlich) gemessen. Die Erwartung orientiert sich weitgehend an den Fähigkeiten des Mitarbeiters.

Die **Instrumentalität** ist das Verbindungsglied zwischen dem Handlungsergebnis (1. Ordnung) und der Handlungsfolge (2. Ordnung) und gibt Aufschluss darüber, inwiefern das Ergebnis einer Anstrengung (Handlungsergebnis) zu wünschenswerten Konsequenzen (Handlungsfolge) führt. Auch die Instrumentalität wird zwischen −1 (die Handlungsfolge ist sicher ohne das Handlungsergebnis zu erreichen bzw. das Handlungsergebnis macht die Handlungsfolge unmöglich) und +1 (Handlungsergebnis ist zwingende Voraussetzung für die Handlungsfolge) gemessen. Im obigen Beispiel nimmt die Instrumentalität Werte nahe +1 an, wenn ein Mitarbeiter durch die Bonuszahlung sicher an Ansehen gewinnen wird; negative Instrumentalität läge dann vor, wenn durch den Bonus sicher Neid und Missgunst entsteht und das Ansehen in der Folge sinken würde (vgl. Stock-Homburg, 2013, S. 81). Die Instrumentalität ergeibts ich überwiegend aus den Rahmenbedingungen und vorhandenen Regeln.

Da die Variablen multiplikativ verknüpft sind, ergibt sich Motivation dann, wenn eine positive Valenz auf eine positive Erwartungshaltung trifft, die durch eine positive Instrumentalität kanalisiert wird.

Die VIE-Theorie zählt zu den wichtigsten theoretischen Ansätzen zur Erklärung der Motivation. Die Gültigkeit der VIE-Theorie konnte durch eine Vielzahl von Untersuchungen belegt werden (vgl. Weinert, 2004, S. 207). **Kritisch** anzumerken ist, dass keine Aussage darüber getroffen wird, anhand welcher Faktoren die Erwartung der Mitarbeiter beeinflusst werden kann (vgl. Hentze et al., 2005, S. 134). Zudem liefert die Theorie keine Hinweise und Erklärungen, welche Faktoren für die Mitarbeiter von Bedeutung sind und wie ihre Wertigkeiten entstehen. Dem ist entgegenzuhalten, dass die Theorie Hinweise liefert, wo die Führungsperson zur Motivationssteigerung der Mitarbeiter ansetzen kann.

Aufbauend auf dem VIE-Modell entwickelte Evans (1970) das **Weg-Ziel-Modell** (vgl. Abb. 9.9). Hier wählt eine Person diejenigen Handlungen, die nicht nur dabei helfen, das erwünschte Ziel zu erreichen helfen, sondern auch einen „sicheren Weg" zu diesen Zielen versprechen. Motivation ist damit eine Funktion der Produktsumme über alle individuellen Ziele, des Wegs zum Ziel (Instrumentalität) und der Bedeutung des Ziels (Valenz) (vgl. Neuberger, 1976, S. 245). In der Funktion als Produktsumme sind die Faktoren Instrumentalität und Bedeutung multiplikativ verknüpft (vgl. Evans, 1970, S. 279).

Die **Theorie der Zielsetzung** (Goal-Setting Theory) geht auf Locke (1968) und Locke/Latham (1984a und 1984b) zurück, die im Vergleich zu anderen Ansätzen Ziele als alleinigen Aspekt der Motivation betrachten (vgl. Abb. 9.10). Sie postulieren, dass die Art und Weise, wie Mitarbeitern Ziele gesetzt werden, die Motivation und Leistungsbereitschaft der Mitarbeiter beeinflusst.

Ausgangpunkt ihrer Überlegungen war die Erkenntnis, dass einzelne Arbeitnehmer unter ansonsten gleichen Arbeitsbedingungen bessere Leistungen erbringen als andere. Sie folgerten, dass hierfür die Ziele und die Rückmeldung über die Zielerfüllung maßgeblich sind. Hintergrund ist der psychologische Effekt, dass Zielsetzungen zwar zu anfänglichen Spannungen führen, diese aber mit zunehmender Annäherung reduziert werden (vgl. Staehle, 1999, S. 236).

Dabei wird folgender Zusammenhang formuliert: Die Motivation ist umso höher, je schwieriger und spezifischer ein Ziel formuliert ist. Diese lässt sich auf den Ziel-

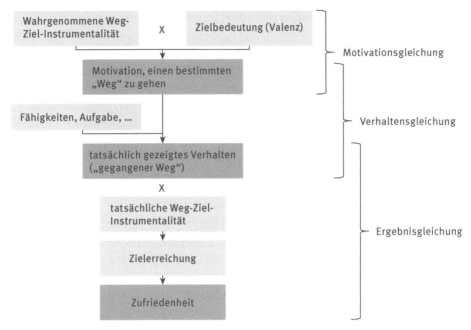

Abb. 9.9: Weg-Ziel-Modell von Evans.

Abb. 9.10: Wirkungszusammenhänge der Zielsetzungstheorie (vgl. Stock-Homburg, 2013, S. 82).

schwierigkeitseffekt zurückführen (vgl. Kohnke, 2000, S. 40). Demnach führen herausfordernde und präzise formulierte Ziele zu besseren Leistungen, als leicht zu erreichende Ziele, die allgemein oder vage formuliert wurden. Die individuelle Motivation wird dann gestärkt, wenn sich die Mitarbeiter mit den Zielen identifizieren (Internalisierung der Ziele) und diese akzeptieren (bspw. durch Partizipation oder finanzielle Anreize). Die individuellen Aktivitäten, die durch Ziele ausgelöst werden, hängen darüber hinaus noch von den vorhandenen Fähigkeiten zur Umsetzung der Ziele und von der Rückmeldung (die dann die Spannung zwischen Zielsetzung und -erreichung reduziert) ab.

Zahlreiche empirische Studien konnten den Zusammenhang zwischen der Art der Zielsetzung (schwierig und spezifisch) und der Leistung bestätigen. Ebenso wurde die positive Rückmeldung für die Motivation hervorgehoben. Die daraus ableitbaren Hinweise hat die Praxis freudig aufgenommen und in ihre Managementkonzepte (bspw. Zielvereinbarungsverfahren, Management by Objectives, vgl. Kap. 9.3.2) integriert.

Mit der **ökonomischen Theorie** der Motivation untersucht Frey das Zusammenspiel zwischen intrinsischer und extrinsischer Motivation und stellt die Hypothese auf, dass Bezahlung unter bestimmten Bedingungen die intrinsische Motivation verdrängt.

Die **intrinsische** Motivation ist auf die Handlung selbst gerichtet. Die **extrinsische** Motivation wird durch die Konsequenz des Handlungsergebnisses erzeugt.

Die Verdrängung der intrinsischen Motivation durch die extrinsische Motivation erfolgt dann, wenn die betroffene Person die monetären Anreize als Kontrolle und Reglementierung wahrnimmt. Dann kann eine Gehaltserhöhung dazu führen, dass Menschen sich ihrer Arbeit weniger verpflichtet fühlen und ihre Leistung reduzieren. Denn Menschen arbeiten nicht nur aufgrund extrinsischer, sondern auch aus intrinsischer Motivation (vgl. hierzu und im Folgenden Frey, 1997; Frey/Osterloh, 2002).

Verantwortlich für diesen Effekt sind die „verborgenen Kosten der Belohnung" (Frey, 1997, S. 23). Sie erwachsen aus der mit einem externen Eingriff verbundenen Einschränkung der Selbstbestimmung, die sich zudem negativ auf die Selbsteinschätzung auswirkt. Eine Person fühlt sich nicht mehr selbst für die Aufgabe verantwortlich und ist der Chance beraubt, etwas freiwillig – „der Sache willen" – zu tun. Um sich nicht übermotiviert zu fühlen, vermindern Menschen den intrinsischen Anteil an Motivation, den sie selbst kontrollieren können (vgl. Frey/Osterloh, 2002, S. 30).

Die versteckten Kosten tauchen nicht nur auf, wenn eine monetäre Belohnung avisiert wird, sondern auch dann, wenn eine Intervention in Form von Regulierung (bspw. durch eine Anweisung oder einem Befehl) erfolgt. Doch die Eingriffe von außen verdrängen die intrinsische Motivation nur dann, wenn das Individuum diese als Kontrolle bzw. Maßregelung empfindet. Wird dagegen die externe Intervention als unterstützend bzw. wertschätzend wahrgenommen, vergrößert diese die intrinsische Motivation. Dadurch wird das Selbstbewusstsein gepflegt, und das Individuum nimmt eine größere Handlungsfreiheit wahr, was wiederum die Selbstbestimmung erhöht. Letztendlich ist die entscheidende Bedingung, wie eine Person die Intervention individuell wahrnimmt.

Der Verdrängungseffekt ist besonders stark, wenn intrinsische Motivation für das Verhalten besonders wichtig ist (vgl. Abb. 9.11). Das ist bspw. in persönlichen Beziehungen, bei interessanten (Arbeits-)Aufgaben der Fall oder wenn man bei Entscheidungen mitbestimmen kann.

Unter gewissen Umständen kommt es zu einem Übertragungseffekt. Die intrinsische Motivation wird nicht nur im betroffenen Gebiet, sondern darüber hinaus ver-

Abb. 9.11: Verdrängungseffekt.

drängt (im schlechten Fall) bzw. ausgeweitet (im guten Fall). Dies kann geschehen, wenn der betroffene und nicht betroffene Bereich in Zusammenhang stehen. Als Beispiel sei ein engagierter Arbeitnehmer angeführt, der wegen einmaliger Unpünktlichkeit kritisiert wird. Er könnte diese Kritik zum Anlass nemmen, seinen gesamten Arbeitseinsatz zu reduzieren.

Vorteile intrinsisch motivierter Arbeit sind ein höheres Wohlgefühl und eine höhere Lernfähigkeit bei den Beschäftigten. Auch erleichtert sie das Lösen kognitiv schwieriger Arbeiten. Schließlich kann der Arbeitgeber so Überwachungs- und Disziplinarkosten einsparen. Das ist vor allem bei Tätigkeiten wichtig, bei denen die Kontrollkosten hoch sind. Doch sollten die handlungsleitenden Effekte intrinsischer Motivation nicht überbewertet werden, da auch negative Effekte intrinsischer Motivation zu beobachten sind. So lassen sich bspw. intrinsisch Motivierte schwieriger beeinflussen und ggf. vom falschen Weg abbringen.

Im Mittelpunkt der bisher genannten Motivationstheorien steht das Handeln einer Person. Bei der **Gleichheitstheorie** (Equity Theorie) von Adams (1963, 1965) steht zusätzlich der interpersonelle Vergleich im Vordergrund (vgl. Abb. 9.12). Ausgangspunkt ist die Annahme, dass der Arbeitnehmer zum einen die Arbeitssituation als Austauschbeziehung zwischen Arbeitgeber und Arbeitnehmer wahrnimmt und Vergleiche zwischen seinem Aufwand und seinen Bemühungen (**Input**) und dem Ertrag (**Outcome**) anstellt. Leistung, Arbeitseinsatz, Erfahrung oder Ausbildung des Arbeitnehmers werden dabei als Inputgrößen bezeichnet. Der Output stellt die Belohnung durch den Arbeitgeber in Form von Entgeltzahlungen, Sozialleistungen oder Status-

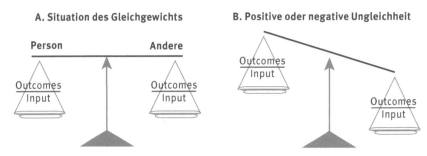

Abb. 9.12: Interpersonelle Gerechtigkeitsvergleiche.

Tab. 9.2: Reaktion auf Ungleichgewichte.

Reaktion auf wahrgenommenes Ungleichgewicht:	
Mitarbeiter verändert seinen **Input**	(Bsp.: Mitarbeiter reduziert Arbeitsintensität)
Mitarbeiter verändert seinen **Outcome**	(Bsp.: Mitarbeiter fragt nach Gehaltserhöhung)
Kognitive Verzerrung von Input/Outcome	(Bsp.: Mitarbeiter redet sich das Ergebnis schön)
Mitarbeiter bricht **Beziehung** ab	(Bsp.: Mitarbeiter kündigt)
Einwirken auf Vergleichsperson	(Bsp.: Anderer Mitarbeiter soll mehr/weniger arbeiten)
Suche von anderem **Vergleichsmaßstab**	(Bsp.: Maßstab wird auf außerberufliche Aspekte verschoben)

symbolen dar. Zum anderen vergleicht sich der Arbeitnehmer mit Bezugspersonen bezüglich der Leistung (Einsatz) und der Belohnung (Ertrag) in ähnlichen Arbeitssituationen.

Der Arbeitnehmer ist motiviert, zwischen seinem erbrachten Input und dem entsprechenden Output des Arbeitgebers einen Gleichgewichtszustand zu erzeugen. Er vergleicht sein eigenes Input-Output-Verhältnis mit dem seiner Kollegen. Abweichungen von diesem Verhältnis nach oben oder unten führen zu Spannungen, denn sie werden als ungerecht erlebt. Liegt dieser Fall vor, ist der Mitarbeiter bestrebt, einen Gleichgewichtszustand herzustellen. Hierzu stehen eine Vielzahl von Reaktionsmöglichkeiten zur Verfügung (vgl. Tab. 9.2).

Auf der Basis der Gleichheitstheorien wurde eine Vielzahl von empirischen Untersuchungen durchgeführt. Ergebnisse zeigen, dass das Modell nur im Falle einer Unterbezahlung Gültigkeit besitzt (überbezahlte Mitarbeiter empfinden demnach kein Ungleichgewicht). Unklar ist zudem die Frage, wie Vergleichspersonen ausgewählt und wie Input und Output bewertet werden (vgl. Weinert, 2004, S. 213). Zwar gibt es eine Fülle von möglichen Reaktionen, doch bleibt unklar, wann welche Reaktionsmöglichkeit gewählt wird.

Zusammenfassend lassen sich auch aus den Prozesstheorien Erkenntnisse zur Gestaltung von Anreizsystemen ableiten:

Die VIE-Theorie zeigt, dass Anreize direkt und indirekt als Mittel zur Bedürfnisbefriedigung dienen können. Damit wird auf die Bedeutung des subjektiven Nutzens für das individuelle Handeln aufmerksam gemacht. Hier wird deutlich, dass überdurchschnittliche Leistungen auch die Erwartung einer Erhöhung des individuellen Nutzens nach sich ziehen. Werden diese Erwartungen nicht befriedigt, wirkt sich das negativ auf die Leistungsbereitschaft aus. Darüber hinaus kann angenommen werden, dass ein enger Zusammenhang zwischen Leistung und Belohnung wichtig ist, um die auf Lerneffekten basierende Motivation zu fördern. Daneben kann die Motivation nicht nur durch eine Erhöhung der Belohnung verbessert werden, sondern auch durch eine Erhöhung der subjektiven Eintrittswahrscheinlichkeit, bspw. indem versucht wird, einen möglichst engen Zusammenhang zwischen Leistung und Belohnung herzustellen und die Belohnungsstruktur (Modalitäten der Zielfeststellung und der darauffolgenden Vergütungshöhe) so transparent wie möglich zu gestalten.

Daneben weist die Equity-Theorie von Adams darauf hin, dass die Valenz einer Belohnung stark von deren relativer Gerechtigkeit abhängt. Damit wird auf den sozialen Bezug von Anreizsystemen hingewiesen. Im Rahmen der Gestaltung des Anreiz- und Motivationssystems ist dies zum Beispiel bei der Festlegung des Grundentgelts bzw. der Bestimmung der Gehaltsbandbreiten zu beachten (vgl. Oechsler/Mitlacher, 2004).

Eingeschränkt bzw. relativiert werden die Erkenntnisse durch die Hinweise zur intrinsischen Motivation. Hier erfolgt die Belohnung über die erfolgreiche Ausführung der Handlung selbst, weshalb zur Verhaltensmotivation äußere Anreize oder Kontrollen weder notwendig noch zweckdienlich sind. Für die Gestaltung von Anreizsystemen wirft ein derartiges Motivationskonzept wichtige Fragen auf, die sich vornehmlich auf den Verdrängungs- bzw. Ausstrahlungseffekt beziehen. Folgt man der These, führten Ausgaben im Rahmen von Vergütungskonzepten lediglich zur Verdrängung der intrinsischen Motivation (vgl. Winter, 1997). Dieser Auffassung kann nicht vollumfänglich gefolgt werden. Jedoch können wichtige Hinweise für die Grenzen von ausgefeilten und kleinteiligen Vergütungsbausteinen (insb. bei Leistungsbeurteilungen) abgeleitet werden.

9.1.2 Gerechtigkeitstheoretische Überlegungen der Entgeltfindung

Die Bestimmung der absoluten und relativen Lohnhöhe stellt eine der zentralen Fragestellungen der Betriebswirtschaftslehre dar. Allerdings konnte sich bisher kein allgemein akzeptierter **absoluter Gerechtigkeitsmaßstab** herausbilden, da die Vorstellung von Gerechtigkeit als normative Kategorie von unterschiedlichen individuellen und gesellschaftlichen Wertvorstellungen gekennzeichnet ist. Vielmehr hat sich die Vorstellung durchgesetzt, dass die Vergütung (deren Zusammensetzung und Höhe in Geldeinheiten) nur aus der Perspektive einer **relativen Lohngerechtigkeit** zu beurteilen ist (vgl. hierzu und im Folgenden Paul/Schäfer, 2009 und Bleich/Paul, 2013; Tab. 9.3).

In der Vergangenheit haben sich unterschiedliche Konzepte zur Ausgestaltung eines gerechten Lohnes entwickelt, die im Einzelfall zu unterschiedlichen Ergebnissen in der Entgeltfindung führen können.

Die **Anforderungsgerechtigkeit** stellt die Schwierigkeit der einzelnen Arbeitstätigkeiten, also die Anforderungen eines Arbeitsplatzes, in den Mittelpunkt der Gerechtigkeitsbetrachtung. Dabei wird explizit nicht auf die individuelle Leistung des Arbeitsplatzinhabers abgestellt, sondern auf die abstrakte und unabhängig vom Beschäftigten feststellbare Komplexität der zu verrichtenden Arbeitsleistung. Anforderungsgerechtigkeit ist dann erreicht, wenn die Mitarbeiter, die eine Arbeit mit hohen

Tab. 9.3: Konzepte der Entgeltgerechtigkeit (vgl. Paul/Schäfer, 2009, S. 150).

Gerechtigkeitskonzept	wird erreicht durch
Anforderungsgerechtigkeit	Arbeitsbewertungsverfahren
Leistungsgerechtigkeit	Verfahren der Leistungsbeurteilung, Zielvereinbarungen, Akkord- oder Prämienlöhne
Bedarfs- bzw. Sozialgerechtigkeit	Kindergeld, Familienzuschlag, Ballungsraumzulage, Jubiläumszuwendungen, Elterngeld
Marktgerechtigkeit	Vergütungsstudien, Benchmarking
Potenzial- bzw. Qualifikationsgerechtigkeit	Potenziallohn
Verteilungs- bzw. Vergleichsgerechtigkeit	Vergleichsmaßstäbe, Erfolgsbeteiligungen, Kapitalbeteiligungen
Verfahrensgerechtigkeit	Zeitliche Konstanz bei der Entgeltfindung, Objektivität (Willkürfreiheit, Nachvollziehbarkeit, Transparenz), Prozessherrschaft (Widerspruchs- und Beschwerderechte)

Anforderungen ausführen, höher vergütet werden, als Mitarbeiter, die einen Arbeitsplatz mit niedrigeren Anforderungen besetzen. Erreicht wird dieses Gerechtigkeitsziel durch Verfahren der sog. Arbeitsbewertung (vgl. Kap. 9.3.1), mit deren Hilfe man die Anforderungen der einzelnen Arbeitsplätze in einer Maßzahl ausdrücken und im Vergleich zueinander bewerten kann.

Während Aussagen über die Komplexität bzw. die Anforderungen eines Arbeitsplatzes unabhängig vom Arbeitsplatzinhaber getroffen werden, kann man **Leistungsgerechtigkeit** nur über die Differenzierung und Vergütung der individuellen Leistung eines Arbeitnehmers herstellen. Bei Unterschieden in der Leistung (im Vergleich verschiedener Mitarbeiter oder bei Leistungsschwankungen eines Mitarbeiters im Zeitablauf) führt eine leistungsbezogene Lohndifferenzierung auch zu variierender Lohnhöhe. Instrumente, die diese Form der Gerechtigkeit aufgreifen sind Akkordlöhne, Zielvereinbarungen oder Formen der Leistungsbeurteilung.

Stellt man die **Bedarfsgerechtigkeit** in den Mittelpunkt, orientiert sich die Entgeltfindung an objektiv nachvollziehbaren sozialen Faktoren (anders als bei der nur subjektiv feststellbaren Bedürfnisgerechtigkeit). Um sich einer Bedarfsgerechtigkeit anzunähern, werden bspw. Sozialleistungen wie Kindergeld, Verheiratetenzuschlag oder Ballungsraumzulagen gewährt. Die Befürworter solcher Entgeltbestandteile argumentieren, dass damit die bisher erwähnten Gerechtigkeitsvorstellungen ergänzt bzw. korrigiert werden.

Die Entgelthöhe ergibt sich bei der **Marktgerechtigkeit** aus dem Zusammentreffen von Angebot und Nachfrage am Arbeitsmarkt. Bei der Bestimmung eines marktgerechten Lohns wird in der Praxis häufig auf die von Personalberatungen veröffentlichten Vergütungsstudien zurückgegriffen, die durch einen Vergleich der Löhne ähnlicher Positionen in unterschiedlichen Unternehmen eine Orientierungshilfe bieten.

Von **Potenzial-** oder **Qualifikationsgerechtigkeit** spricht man, wenn die Vergütung nicht nur die gegenwärtig ausgeübte Tätigkeit, sondern auch die abrufbare Qualifikation des Arbeitnehmers honoriert.

Neben den klassischen Gerechtigkeitskonzepten existieren weitere, integrative Vorstellungen von Lohngerechtigkeit. Beispiele hierfür sind die Verteilungs- bzw. Vergleichsgerechtigkeit und die Verfahrensgerechtigkeit.

Die Frage nach einer **Verteilungs- bzw. Vergleichsgerechtigkeit** (distributive Gerechtigkeit) lässt sich mit Rückgriff auf die sog. Equity- oder Gleichgewichtstheorie von Adams beantworten (vgl. Kap. 9.1.1). Dabei wird die eigene Entlohnung durch einen Vergleich des Verhältnisses zwischen eigenem Arbeitsaufwand (bspw. Anstrengung oder Ausbildung) im Verhältnis zum Outcome (bspw. Vergütung oder Nebenleistungen) mit Kollegen des eigenen Unternehmens sowie extern Beschäftigten beurteilt. Die wahrgenommene Verteilungsgerechtigkeit beruht so nicht auf objektiven, sondern auf subjektiven Einschätzungen und Wahrnehmungen.

In der Praxis ist zu beobachten, dass die wahrgenommene Gerechtigkeit nicht nur von den Ergebnissen, also der Entgelthöhe, abhängig ist. Einen weiteren Einfluss wird der empfundene **Verfahrensgerechtigkeit** (prozedurale Gerechtigkeit), also die Art und Weise des Zustandekommens der Entgelthöhe, zugeschrieben. Als verfahrensgerecht wird empfunden, wenn die Prozesse der Entgeltfindung
- über einen gewissen Zeitraum hinweg konsistent angewendet werden,
- objektive Kriterien (also bspw. Willkürfreiheit, Nachvollziehbarkeit oder Transparenz) über die Gewährung von Vergütungsbestandteilen und -höhe entscheiden und
- wenn ein Mindestmaß an Prozessherrschaft (bspw. über Beschwerde-, Einspruch- oder Widerspruchsrechte) gewährt wird.

Die Vielzahl der Konzepte zur Lohngerechtigkeit macht deutlich, wie schwierig es ist, einen allgemein akzeptierten Gerechtigkeitsmaßstab bei der Entlohnung zu finden, zumal zwischen den vorgestellten Konzepten nicht zwangsläufig Zielharmonie vorliegt. So kann bspw. die Entlohnung marktgerecht sein (also die Nachfrage der angebotenen Qualifikation auf dem Arbeitsmarkt entsprechen) und trotzdem den Gedanken der sozialen oder Verfahrensgerechtigkeit widersprechen.

Ein geeignetes Maß an Lohngerechtigkeit wird sich daher, wenn überhaupt, stets nur in einer konkreten Situation für die jeweilig beteiligten Gruppen bestimmen lassen. Das Personalmanagement kann die Erreichung dieses Ziels zum einen durch die Bereitstellung geeigneter Argumentationshilfen (bspw. durch intensive Informationsvermittlung, Transparenz oder definierten Beschwerdemöglichkeiten) verfolgen und zum anderen durch die Anwendung geeigneter Instrumente (bspw. Arbeitsbewertungs- und Leistungsbeurteilungsverfahren, vgl. Kap. 9.3.1 und Kap. 9.3.2) den Aushandlungsprozess zwischen Arbeitgebern und Arbeitnehmern lenken.

9.1.3 Volkswirtschaftliche Theorien zur Entgeltfindung

Mit dem neoklassischen Arbeitsmarktmodell, der Effizienzlohntheorie, dem Insider-Outsider-Modell und der Theorie impliziter Kontrakte liefert die Arbeitsmarktökonomik unterschiedliche Erklärungsansätze für die Vergütung von Mitarbeitern (vgl. hierzu und im Folgenden Bleich/Paul, 2013).

Das **Neoklassische Modell** des Arbeitsmarktes beschreibt einen Markt, der keinen marktverzerrenden Regulierungen (wie bspw. dem Arbeitsrecht) unterliegt. Daher passt sich der Lohnsatz jeder Änderung auf dem Arbeitsmarkt umgehend an, sodass der markträumende Lohn einen Ausgleich zwischen Arbeitskräfteangebot und -nachfrage erzeugt.

Abb. 9.13 zeigt das Zusammenspiel von Angebot und Nachfrage auf einem Arbeitsmarkt. Das Arbeitsangebot L^S ist eine positive Funktion des Reallohns (w/P), das heißt, die Haushalte bieten bei steigendem Reallohn mehr Arbeit L an. Die Arbeitsnachfrage L^D ist negativ abhängig vom Reallohn (w/P), das heißt, die Unternehmen fragen umso mehr Arbeit L nach, je niedriger der Reallohn (w/P) ist. Die beiden Kurven schneiden sich beim gleichgewichtigen Reallohn (w^*/P). Bei diesem Lohnsatz ist der hier betrachtete Arbeitsmarkt vollständig geräumt. Ist der Mechanismus zur automatischen Lohnanpassung blockiert (bspw. durch Restriktionen des Arbeitsrechts oder durch die Rechtsprechung) und erhöhen sich die Löhne von (w^*/p) auf ($w/P)_1$, kommen Angebot und Nachfrage nicht mehr zusammen und es entsteht Arbeitslosigkeit.

Bei der **Effizienzlohntheorie** heben die Arbeitgeber die Löhne absichtlich über das markträumende Niveau an. Diese irrational anmutende Annahme ist aber kompatibel mit dem Gewinnmaximierungskalkül von Unternehmen. Die Unternehmen kompensieren die über dem Gleichgewichtslohn liegende Vergütung durch die überlegene Wettbewerbsposition, die sie durch bessere (bspw. in dem sie qualifizierte Mitarbeiter von Konkurrenten fernhalten) und motiviertere (basierend auf der Annahme,

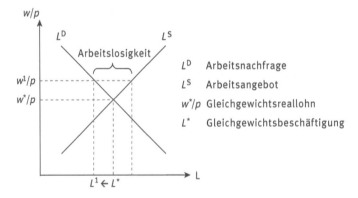

Abb. 9.13: Neoklassische Lohnfindung (vgl. Bleich/Paul, 2013, S. 574).

dass die gezeigte Leistung positiv von der gezahlten Vergütung abhängt) Mitarbeiter erwirtschaften können. Darüber hinaus halten die Unternehmen durch Zahlung eines höheren Lohnsatzes ihre Arbeitnehmer dazu an, die Arbeitszeit produktiv zu nutzen, anstatt zu bummeln oder für private Dinge zu verwenden. Dahinter steckt die Idee, dass bei einem marktüblichen Lohn jeder Mitarbeiter sofort zu einem anderen Unternehmen wechseln könnte, ohne Einbußen bei der Entgelthöhe in Kauf nehmen zu müssen. Insofern hätte nicht vertragskonformes Verhalten für Arbeitnehmer keinerlei negative Konsequenzen. Anders sieht die Situation für die Arbeitnehmer aus, wenn Unternehmen Löhne oberhalb des Gleichgewichts zahlen. Unproduktive Arbeitnehmer müssen dann fürchten, auf dem Arbeitsmarkt nur noch eine geringer entlohnte Tätigkeit ausüben zu können.

Die **Insider-Outsider-Theorie** liefert ebenfalls eine Erklärung für eine Vergütung oberhalb des Marktgleichgewichts. Allerdings zahlen die Arbeitgeber hier nicht freiwillig höhere Löhne. Hier können die beschäftigten Arbeitnehmer höhere Löhne aufgrund ihrer selbst geschaffenen bzw. durch Gesetzgebung, Rechtsprechung, Tarifverträge oder Betriebsvereinbarungen gestärkten Machtpositionen durchsetzen. In der Insider-Outsider-Theorie werden unterschiedliche Gruppen von Arbeitnehmern gebildet, die sich insb. hinsichtlich ihrer Machtpositionen voneinander unterscheiden. Dabei bilden die Insider die Gruppe der (meist unbefristet) beschäftigten Arbeitnehmer. Zu den Outsidern zählen insb. Arbeitssuchende.

Die Macht der Insider lässt sich auf mehrere Faktoren zurückführen. Zum einen sind Insider firmenspezifisch qualifiziert und bereits längere Zeit im Unternehmen tätig. Das Unternehmen hat für die Aus- und Weiterbildung und die Einstellung dieser Stammbeschäftigten irreversible Kosten aufgewandt; eine Entlassung bzw. das erneute An- bzw. Einlernen neuer Arbeitnehmer würde zusätzliche Kosten auf Arbeitgeberseite verursachen. Zum anderen erhöht sich die Verhandlungsmacht der Insider zulasten der Outsider durch eine Vielzahl von arbeitsrechtlichen Regelungen (bspw. der Kündigungsschutz oder die Regelungen in Tarifverträgen). Diese Machtposition nutzen die Insider für Lohnverhandlungen über dem eigentlichen Marktpreis. Ein Austausch der Insider gegen die günstigeren und arbeitswilligen Outsider ist für die Unternehmen aus mehreren Gründen nicht attraktiv bzw. möglich:

- Das Unternehmen müsste auf die niedrigeren monatlichen Kosten des Outsiders die Kosten für eine erneute Suche, Einstellung und Qualifizierung addieren.
- Eine Substituierung der Insider durch Outsider ist ohnehin gar nicht bzw. nur unter Inkaufnahme prohibitiv wirkender hoher Kosten möglich, da die Insider durch das Arbeitsrecht (bspw. das Kündigungsschutzgesetz oder durch Schutzklauseln in Tarifverträgen) geschützt sind.
- Insider können durch abgestimmtes Verhalten ein Drohpotenzial entfalten, indem sie sich gegenüber den zu niedrigeren Löhnen neu eingestellten Outsidern unkooperativ verhalten oder kollektiv Produktionsabläufe bspw. durch einen Streik stören.

In der Folge führt die Insidermacht zur Beschäftigungssicherung bei einem Lohnniveau oberhalb des Marktgleichgewichts und gleichzeitig wachsender Arbeitslosigkeit. Die Outsider hingegen verfügen über wenig Verhandlungsmacht, da sie dem Unternehmen gegenüber keine ausreichend gute Verhandlungsposition aufbauen konnten. Die durch die Vielzahl von arbeitsrechtlichen Regelungsebenen gestärkte Verhandlungsposition der Insider können sie nicht in Anspruch nehmen.

Mit der **Theorie der impliziten Kontrakte** wird Lohnrigidität bei Arbeitslosigkeit erklärt.

Lohnrigidität bezeichnet die Inflexibilität der Löhne nach oben oder unten („Lohnstarre").

Im Laufe eines Konjunkturzyklus passen Arbeitgeber demnach die Löhne nicht – wie es im idealtypischen Neoklassischen Arbeitsmarktmodell der Fall ist – nach unten an, sondern zahlen unabhängig vom Auslastungsgrad ihrer Produktion stets ein geglättetes Lohnniveau. Damit ist der tatsächlich gezahlte Lohn in Wachstumsphasen geringer und in Rezessionen höher als der im Neoklassischen Arbeitsmarktmodell geltende Gleichgewichtslohn.

Die Ursache hierfür liegt darin, dass die zwischen Arbeitgebern und Arbeitnehmern abgeschlossenen Verträge nicht nur die reine Austauschbeziehung zwischen Leistung (Arbeitskraft) und Gegenleistung (Entlohnung) beschreiben, sondern darüber hinaus auch noch einen implizit vereinbarten Versicherungsbestandteil beinhalten. Die risikoaversen Arbeitnehmer erhalten unter Inkaufnahme eines Lohnabschlags gegenüber dem Marktgleichgewicht von den risikoneutralen Arbeitgebern die Zusage, dass über den Konjunkturzyklus hinweg weder Lohnanpassungen nach unten noch Entlassungen erfolgen.

Tab. 9.4: Volkswirtschaftliche Theorien zur Lohnfindung.

Theorie	Mechanismus	Lohnfindung	Arbeitslosigkeit
Neoklassisches Modell	Angebot und Nachfrage	Markträumender Lohn	Nein
Effizienzlohntheorie	Wettbewerb zwischen Unternehmen, Produktivität der Arbeitnehmer	Löhne oberhalb des Marktgleichgewichts	Ja
Insider-Outsider-Modell	Macht der Insider	Löhne oberhalb des Marktgleichgewichts	Ja
Theorie der impliziten Kontrakte	Risikoaverse Arbeitnehmer	Löhne unterhalb (in Phasen der Rezession) bzw. oberhalb (in Wachstumsphasen) des Marktgleichgewichts	Ja

Die Konsequenz ist ein geglättetes Lohnniveau, das unabhängig vom Auslastungsgrad der unternehmensindividuellen Kapazitätsauslastung gezahlt wird. Wegen der Versicherungsprämie liegt dieses geringfügig unterhalb des durchschnittlichen Marktlohns, der im Durchschnitt über den kompletten Konjunkturzyklus hinweg ohne den Versicherungsvertrag zu erwarten wäre.

Die vorgestellten Theorien sollen einen Beitrag zum (volkswirtschaftlichen) Verständnis der Mechanismen der Lohnfindung leisten (vgl. Tab. 9.4). Dabei beansprucht keine der Theorien, die in der Realität anzutreffenden Lohnaushandlungsprozesse zwischen Arbeitnehmern und Arbeitgebern abschließend zu beschreiben. Hierfür sind die unterschiedlichen Ursachen und Konsequenzen der zugrundliegenden Marktunvollkommenheit zu komplex. Eine integrative Lohntheorie, die alle angesprochenen Aspekte der Lohnfindung vereint, steht noch aus.

9.2 Ziele und Systematik von Anreizsystemen

Anreizsysteme sind Bestandteil jeder Managementkonzeption. Mit ihnen wird versucht, Mitarbeiter zu motivieren, zu steuern und zu binden (vgl. Abb. 9.14). Um ein gemeinsames Verständnis von Anreizsystemen zu entwickeln, bietet sich eine Differenzierung auf unterschiedlichen Ebenen an (vgl. Berthel/Becker, 2013, S. 445).

Motivationsfunktion

- Motive sollen in Motivation umgesetzt werden
- Steuerung der Motivation mit Blick auf Unternehmensziele
- gutes Verhalten soll belohnt, schlechtes Verhalten soll
  sanktioniert werden

Selektionsfunktion

- Steigerung der Wahrscheinlichkeit, passende Bewerber zu finden
- Positionierung auf dem Arbeitsmarkt als attraktiver Arbeitgeber
- Unterstützung der Selbstselektion durch Leistungsdifferenzierung

Kooperationsfunktion

- Koordination von unternehmerischen Teilbereichen
- Verfolgung kollektiver (statt individueller) Interessen
- Förderung von Interaktion

Abb. 9.14: Zielsetzungen von Anreizsystemen.

- **Anreizsysteme im weitesten Sinne:** Alle verhaltensbeeinflussenden Stimuli, die ein Unternehmen bewusst oder unbewusst aussendet. Hierunter fallen alle Anreize, die aus strukturellen, prozessualen oder operativen Entscheidungen resultieren (bspw. Standort, Branche, Image, monetäre und immaterielle Anreize, …). Aus dieser Perspektive **ist** das gesamte Unternehmen und seine Umwelt ein Anreizsystem.
- **Anreizsysteme im weiten Sinne:** Hierunter fallen alle Anreize, die das Unternehmen zielgerichtet gestaltet bzw. deren Entstehung und Verbreitung es akzeptiert, so bspw. Anreize, die aus einem Führungssystem, der Unternehmenskultur, der Organisationsstruktur, Arbeitsbedingungen oder Planungs- und Kontrollsystemen resultieren. Aus dieser Perspektive **hat** das Unternehmen ein Anreizsystem.
- **Anreizsysteme im engeren Sinne:** Alle monetären und geldwerten Anreize, die zur zielgerichteten Motivation, Steuerung oder Bindung von Mitarbeitern eingesetzt werden. Aus dieser Perspektive **setzt** ein Unternehmen ein Anreizsystem **ein.**

Dieses Kapitel beschäftigt sich inhaltlich mit Anreizsystemen im engeren Sinne.

Mit dem Angebot eines Anreizsystems werden unterschiedliche (nicht immer überschneidungsfreie) **Zielsetzungen** verfolgt.

Die vorhandenen Mitarbeitermotive sollen aktiviert und in Motivation umgesetzt werden (**Motivationsfunktion**). Daher ist es für die Gestaltung von Anreizsystemen von zentraler Bedeutung, ob es gelingt, solches Verhalten zu motivieren, das auf die Erreichung der Unternehmensziele ausgerichtet ist. Dabei sollen gute Leistungen belohnt und schlechte sanktioniert werden (vgl. Winter, 1997, S. 617).

Anreizsysteme sollen dazu beitragen, die richtigen Mitarbeiter für das Unternehmen zu gewinnen und diese im Unternehmen halten zu können (**Selektionsfunktion**). Das Anreizsystem kann als Anreizmechanismus einen Beitrag zur Erhöhung der Wahrscheinlichkeit einer guten Auswahlentscheidung leisten. Dies kann auf unterschiedliche Wege erfolgen. Zum einen kann eine überdurchschnittliche Vergütung dazu beitragen, bereits eingestellte Mitarbeiter vom Arbeitsmarkt fernzuhalten bzw. qualifizierte Bewerber (ggf. von Konkurrenten) anzuziehen. Zum anderen soll das Anreizsystem nur die besten Mitarbeiter umwerben. Hier ergibt sich das Problem, dass von einer überdurchschnittlichen Bezahlung gut und schlecht qualifizierte Mitarbeiter gleichermaßen angezogen werden (vgl. hierzu die Ausführungen zur Principal-Agent-Theorie in Kap. 2.3.3). Nicht geeignete Kandidaten hoffen dann darauf, dass ihre mangelnde Qualifikation oder Eignung für die Stelle nicht bzw. später entdeckt wird. Anreizsysteme sollen daher die Selbstselektion durch eine starke Leistungsdifferenzierung unterstützen. Die Differenzierung muss so beschaffen sein, dass ein ungeeigneter Mitarbeiter erwarten muss, im Unternehmen weniger zu verdienen, bzw. ein geeigneter Bewerber erwarten kann, mehr zu verdienen als in alternativen Unternehmen (vgl. Winter, 1997, S. 619).

Abb. 9.15: Entgeltsystematik.

Anreizsysteme sollen dazu beitragen, die Kooperationsbereitschaft im Unternehmen zu fördern und Ressortegoismen zu unterdrücken (**Kooperationsfunktion**). Eine gute Kooperation von unternehmerischen Teilbereichen gewinnt in der Praxis zunehmende Bedeutung, da innerhalb von Unternehmen neben Güterströmen zunehmend Dienstleistungsprozesse gesteuert werden, die auf den Erfolg von Teileinheiten Einfluss haben können. An dieser Stelle sollen Anreizsysteme die individuell rational handelnden Personen dabei unterstützen, kollektive Interessen zu vertreten. Hier zeigen sich in der Praxis die Probleme von Anreizsystemen, wenn fixe Belohnungspools unter einer Gruppe von Personen aufgeteilt werden. Dies fördert die Sichtweise des Kollegen als Wettbewerber und dadurch den Aufbau von Interaktionsbarrieren. Das Anreizsystem hat somit auch die Aufgabe, wechselseitige Abhängigkeiten aufzuzeigen und den einzelnen Managern Anreize dafür zu setzen, diese Interdependenzen angemessen in ihren Handlungen zu berücksichtigen (vgl. Winter, 1997, S. 617).

Die erläuterten Ziele, die mit monetären Anreizsystemen verbunden werden, können durch die Zusammensetzung und Ausgestaltung unterschiedlicher Entgeltkomponenten umgesetzt werden. Im Folgenden (vgl. Abb. 9.15) wird ein analytisches Raster vorgestellt, mit dem sich Vergütungssysteme analysieren und beschreiben lassen.

Die Basis von Vergütungssystemen bildet das fixe **Grundentgelt**, das auf unterschiedliche Weise ermittelt werden kann (vgl. Kap. 9.3.1). Darauf aufbauend werden variable Vergütungskomponenten vergeben, die sich entweder auf die **individuelle Leistung** (vgl. Kap. 9.3.2) beziehen oder die in Abhängigkeit von kollektiven Erfolgsgrößen als Erfolgsbeteiligung gewährt werden. **Erfolgsbeteiligungen** werden dann anhand einer Erfolgsgröße des Unternehmens oder eines unternehmerischen Teilbereichs gemessen und entsprechend eines Verteilungsschlüssels auf die Berechtigten verteilt (vgl. Kap. 9.3.3).

Schließlich besteht die Möglichkeit der **Kapitalbeteiligung**. Diese Komponente wird vor allem für Führungskräfte genutzt, um sie strategisch am Erfolg des Unternehmens als Kapitaleigner zu beteiligen (vgl. Kap. 9.3.3).

Zusatzleistungen vergeben die Unternehmen im Rahmen ihrer betrieblichen Sozialpolitik, um Motivation und Bindungen zu erreichen (vgl. Kap. 9.3.4). Je nach Inhalt können diese Zulagen mehr oder weniger fix bzw. variabel sein. Beispiele hierfür sind Firmenwagen oder Altersversorgung.

9.3 Verfahren der Entgeltfindung

Im Folgenden werden die einzelnen Vergütungsbausteine – Grundentgelt, Leistungsentgelt, Erfolgsbeteiligungen, Kapitalbeteiligungen und Zusatzleistungen beschrieben und die damit verbundenen Verfahren und Instrumente dargestellt.

9.3.1 Methoden zur Bestimmung des Grundentgelts

Die am häufigsten eingesetzten Methoden zur Bestimmung des Grundentgelts (vgl. Abb. 9.16) sind die anforderungsorientierte, qualifikationsorientierte und marktorientierte Festlegung des Grundentgelts.

Abb. 9.16: Ideen und Instrumente zur Grundentgeltfindung.

Anforderungsorientierte Verfahren zur Grundentgeltfindung
Soll das Grundentgelt an den Anforderungen, die eine Stelle mit sich bringt, ausgerichtet werden, so muss zunächst ein einheitliches „Schwierigkeitsmaß" einer Stelle ermittelt werden. Das Instrument hierzu ist die sog. Arbeitsbewertung.

Die **Arbeitsbewertung** ist ein Verfahren zur Untersuchung und zum bewertenden Vergleich von Anforderungen einer Stelle. Sie dient dazu, eine Entgeltdifferenzierung auf Basis unterschiedlicher Arbeitsanforderungen zu erreichen.

Tab. 9.5: Verfahren der Arbeitsanalyse.

	Personenorientierte Arbeitsanalysen	Technisch-orientierte Arbeitsanalysen
Orientierung	Psychologisch	Arbeitswissenschaftlich
Methode	Qualitativ	Quantitativ
Hauptgegenstand der Analyse	Arbeitsplatz als Ganzes	Abläufe, Arbeitsoperationen
Analysetechniken	Fragebogen, Interview, Beobachtung	Zeitmessung, Videoanalyse, Fotografie
Beispielverfahren	ABAKABA, PAQ, FAA, TAI, KABA, ...	REFA, MTM, ...

Um die Arbeitsbewertung und die darauf aufbauende Grundentgeltfindung anwenden zu können, sind mehrere Schritte notwendig:
(1) Arbeitsanalyse durchführen,
(2) Stellenbeschreibung erstellen,
(3) Arbeitsbewertung durchführen,
(4) Grundentgeltanspruch aus anforderungsorientierter Perspektive festlegen.

Verfahren der **(1) Arbeitsanalyse** dienen der empirischen Ermittlung der Anforderungen an einzelne Arbeitsplätze, die anschließend in eine Stellenbeschreibung überführt werden können. Arbeitsanalysen sollen dabei helfen, relevante Arbeitsinhalte zu erfassen, zu gliedern und aggregiert wiederzugeben. Hierbei kann zwischen personenorientiert-psychologischen und technisch-arbeitswissenschaftlichen Verfahren unterschieden werden. Einen Überblick über die beiden Verfahren gibt Tab. 9.5 (vgl. Frieling, 1977, S. 150).

Aus der Vielzahl von Verfahren sollen der Position Analysis Questionnaire (PAQ), das Arbeitswissenschaftliche Erhebungsverfahren zur Tätigkeitsanalyse (AET) und das Tätigkeits-Analyse-Inventar (TAI) vorgestellt werden.

Der **Position Analysis Questionnaire** (PAQ) ist ein Fragebogen, der an Stelleninhaber oder deren Vorgesetzte ausgegeben wird. Er umfasst sechs Merkmalsbereiche, die knapp 200 Einzelmerkmale erfassen (vgl. zum Verfahren McCormick/Jeanneret/Mecham, 1969). Die Einzelmerkmale werden durch unterschiedliche Arbeitstätigkeiten und konkrete Handlungen bei der Arbeit beschrieben, die am Ende wieder auf die übergeordneten Dimensionen verdichtet werden. In der deutschen Bearbeitung (Fragebogen der Arbeitsanalyse – FAA) werden die Tätigkeitsmerkmale in vier Dimensionen zusammengeführt (vgl. Tab. 9.6).

Ein weiteres Verfahren zur Erstellung von Stellenbeschreibungen auf arbeitsanalytischer Grundlage stellt das **Arbeitswissenschaftliche Erhebungsverfahren zur Tätigkeitsanalyse** (AET) dar (vgl. Landau/Rohmert, 1980). Das AET folgt dabei auch dem Ansatz, einzelne Arbeitselemente zu identifizieren, wobei das AET stärker auf Praktikabilität ausgerichtet ist und deshalb nur grundlegende Tätigkeitsmerkmale erfasst. Das AET wird vorwiegend im Produktionsbereich eingesetzt.

Tab. 9.6: Deutsche Bearbeitung des PAQ.

Dimensionen der Arbeitsanalyse	
Informationsaufnahme und -verarbeitung	**Arbeitsausführung**
– Quellen der Arbeitsinformation	– Gebrauch von Werkzeugen, Apparaturen und
– Sinnes- und Wahrnehmungsprozesse	Anlagen
– Beurteilungsleistungen	– Grad der körperlichen Anstrengung
	– Bewegungs- und Koordinationsleistungen
Arbeitsrelevante Beziehungen	**Umgebungseinflüsse und Arbeitsbedingungen**
– Kommunikationsformen	– Verantwortung
– Zwischenmenschliche Beziehungen	– Strukturierung der Arbeit
– Umfang persönlicher Kontakte	– Verschiedenes

Das **Tätigkeits-Analyse-Inventar** (TAI) (vgl. Frieling/Buch 2004, Sp. 184 ff.) stellt ein neueres, ebenfalls sehr aufwendiges Instrument zur Arbeitsanalyse dar, mit dessen Hilfe Tätigkeiten modulartig als Bestandteil eines komplexen Beschäftigungsgebildes untersucht werden. Auf diese Weise können über den einzelnen Arbeitsplatz hinausgehende Auswirkungen, bedingt bspw. durch den Einsatz neuer Technologien oder durch die Realisierung neuer Organisationsformen, analysiert werden.

In der Praxis finden die personenorientiert-psychologischen Verfahren zur Arbeitsanalyse nur noch wenig Verbreitung. Zwar wird durch die Anwendung einer Arbeitsanalyse die Güte der resultierenden Stellenbeschreibungen erhöht, doch wird der Nutzen im Vergleich zum Aufwand als gering angesehen. Der Problemdruck erhöht sich noch, wenn sich Stellenanforderungen durch dynamische Unternehmensumwelten oder den technologischen Wandel schnell ändern und dadurch eine Anpassung der Stellenbeschreibungen sowie im Vorfeld eine erneute Arbeitsanalyse erforderlich wird. Aus dieser Perspektive erscheint die Anwendung von Arbeitsanalyseverfahren häufig unwirtschaftlich.

Auf der Basis der in der Arbeitsanalyse systematisch gewonnen Informationen über die Inhalte eines Arbeitsplatzes kann in der Folge eine **(2) Stellenbeschreibung** erstellt werden.

Eine **Stelle** ist eine personenunabhängige, abstrakte Einheit im Organisationsgefüge, der Aufgaben-, Kompetenz- und Verantwortungsbereiche zugeordnet sind.

Stellenbeschreibungen beinhalten daher meist:
– Tätigkeitsbeschreibung für den Aufgabenträger, das heißt die Aufstellung aller wesentlichen in einer Stelle zu verrichtenden Tätigkeiten hinsichtlich Art und Umfang,
– organisatorische Einordnung der Stelle mit Angabe der organisatorischen Beziehungen (Über- und Unterordnungen),

- Kompetenzen im Sinne von Befugnissen und Verantwortlichkeiten, die dem Stelleninhaber zur Ausübung seiner Aufgaben übertragen werden,
- spezifische Leistungsanforderungen an den Stelleninhaber und
- die zur Übernahme dieser Stelle erforderliche Qualifikation in Form von Bildungsabschlüssen, Kenntnissen und Erfahrungen.

Die Stellenbeschreibung dient als Anknüpfungspunkt zahlreicher personalwirtschaftlicher Entscheidungen und Hilfsmittel (bspw. der Stellenausschreibung, als Instrument zum Abgleich der Charakteristika des Bewerbers mit den Stellenanforderungen, als Instrument zur Einarbeitung, der Personalentwicklung, der Grundentgeltfindung oder der Leistungsbeurteilung). Allerdings hängt die Güte der darauf aufbauenden Entscheidungen davon ab, ob die Stellenbeschreibungen tatsächlich den gegenwärtigen und zukünftigen Anforderungen des Arbeitsplatzes entsprechen. Stellenbeschreibungen sollten folglich methodisch korrekt erstellt werden. Ansonsten sind die Ergebnisse einer noch so genauen, anschließend erfolgenden Arbeits- und Leistungsbewertung von vornherein kritisch zu betrachten.

Aus Gründen der Wirtschaftlichkeit dominiert in der Praxis die „handgestrickte" Stellenbeschreibung, die auf irgendeine Weise zwischen Personalabteilung, den Mitarbeitern oder Vorgesetzten zustande kommt, bspw. durch Selbstaufschreibung, durch erinnerungsgestützte Zusammenstellung von Tätigkeiten und erforderlichen Qualifikationen durch den Vorgesetzten oder aus Nützlichkeitsüberlegungen der beteiligten Akteure. Auch wenn die so ermittelte Stellenbeschreibung aus methodischer Perspektive kritisch zu hinterfragen sind, zeigt sich in der Praxis doch, dass der Wert einer über die Arbeitsanalyse ermittelten Stellenbeschreibung geringer eingeschätzt wird, als die einfache „handgestrickte" Stellenbeschreibung.

Unabhängig von der methodischen Güte einer Stellenbeschreibung werden mit ihr zahlreiche Vor- und Nachteile verbunden (vgl. Tab. 9.7).

Tab. 9.7: Vor- und Nachteile von Stellenbeschreibungen.

Vorteile	Nachteile
- Ansatzpunkt für zahlreiche weitere personalwirtschaftliche Aktivitäten - Instrument zur Einarbeitung - Orientierungsrahmen für Mitarbeiter - Konfliktlösungsmechanismus bei Kompetenz- und Verantwortungsüberschneidungen	- Zeit- und Organisationsaufwand bei der Erstellung und kontinuierlichen Weiterentwicklung - Bildet Realität bei manuellen, einfachen Tätigkeiten ab; bei dynamisch-komplexen Tätigkeiten stößt die Beschreibung an die Grenzen - Entweder ist die Beschreibung präzise (und damit schnell veraltet) oder vage (und damit wenig hilfreich) - Fördert die mitarbeiterseitige Fixierung auf die beschriebenen Tätigkeiten - Förderung von Überorganisation und Bereichsdenken - Not-my-Job-Syndrom

Auf dieser Basis kann die **(3) Arbeitsbewertung** durchgeführt werden.

Die **Arbeitsbewertung** ist ein Verfahren zur Untersuchung und zum bewertenden Vergleich von Anforderungen einer Stelle. Ergebnis der Arbeitsbewertung ist die Ermittlung eines sog. Arbeitswerts bzw. Arbeitsplatzwerts für jede Stelle.

Im Rahmen der Arbeitsbewertung kommen summarische und analytische Verfahren zur An-wendung, wobei beide Verfahrenstypen jeweils in Form der Reihung und Stufung durchführbar sind (vgl. Ridder, 2004, Sp. 198; Abb. 9.17).

	summarisch Bewertung der Gesamtanforderung als Ganzes	**analytisch** Bewertung der Einzelkriterien der Gesamtanforderung und Summierung
Reihung	**Rangfolgeverfahren**	**Rangreihenverfahren**
Stufung	**Katalogverfahren**	**Stufenwertzahlverfahren**

Abb. 9.17: Arbeitsbewertungsverfahren.

Bei **summarischen Verfahren** der Arbeitsbewertung wird jede Stelle als Ganzes betrachtet. Somit wird die Gesamtanforderung an diese Stelle direkt bewertet. Bei **analytischen Verfahren** gliedert man zunächst die Gesamtanforderung an eine Stelle in mehrere Teilanforderungen auf, bewertet diese und führt die Teilbewertungen erst abschließend zu einer Gesamtbewertung der Stelle zusammen.

Reihung bedeutet, dass die einzelnen Anforderungen in eine hierarchische Rangreihe gebracht werden, von der Stelle mit den höchsten Anforderungen bis zu der, mit den niedrigsten. Bei der **Stufung** werden Merkmalsausprägungen bzw. Stufendefinitionen festgelegt, in die einzelne Tätigkeiten eingeordnet werden.

Aus der Kombination von summarischen bzw. analytischen Verfahren mit den Prinzipien der Reihung bzw. Stufung ergeben sich vier unterschiedliche Ansätze zur Arbeitsbewertung.

Summarische Verfahren

Zu den summarischen Verfahren zählen Rangfolge- und Katalogverfahren. Die **Rangfolgemethode** (aus der Kombination summarisch/Reihung) stellt eine Reihung aller Stellen nach dem Kriterium ihrer Gesamtschwierigkeit dar (vgl. Abb. 9.18). Die Reihung erfolgt durch einen paarweisen Vergleich der Stellen und eine darauf aufbauende Einschätzung der Schwierigkeit. Je höher der Rang einer Stelle im Stellengefüge, desto höher ist entsprechend der Arbeitsplatzwert und somit das Grundentgelt. Bei einer globalen Rangfolge von Stellen tritt allerdings das Problem auf, dass die Abstände bzw. Unterschiede zwischen den Stellen unterschiedlich groß sind und daher die angestrebte Entgeltdifferenzierung nur sehr grob vorgenommen werden kann. Der Vorteil dieser Methode liegt in der leichten Anwendbarkeit, die jedoch mit steigen-

paarweiser Vergleich der Anforderungen:	Rang	Funktion	Entgeltstufe
Arbeiter < Vorarbeiter	1	Helfer	1
Springer < Arbeiter	2	Arbeiter	2
Vorarbeiter > Springer	3	Springer	3
Werkstattleiter > Vorarbeiter	4	Vorarbeiter	4
Helfer < Arbeiter	5	Werkstattleiter	5

Abb. 9.18: Rangfolgeverfahren.

der Anzahl der Stellen an ihre Grenzen stößt. Je mehr Stellen existieren und je unterschiedlicher diese Arbeitsplätze sind, desto schwieriger und unüberschaubarer wird die Bildung von Rängen. Daher findet das Verfahren nur sehr selten Eingang in die personalwirtschaftliche Praxis.

Die **Katalogmethode** (manchmal auch: Lohngruppenmethode) (aus der Kombination Summarisch/Stufung) basiert auf dem Prinzip der Stufung. Im Rahmen dieser Methode werden für bestimmte Schwierigkeitsgrade Definitionssätze und Richtbeispiele definiert, für die bestimmte Entgeltgruppen gebildet und abgestuft werden. Einzelne Arbeitsplätze ordnet man den adäquat erscheinenden Definitionssätzen und so einer ganz bestimmten, dahinter stehenden Lohngruppe zu. Innerhalb der summarischen Methoden wird die Katalogmethode in Tarifverträgen vorgezogen. Zu bedenken ist dabei allerdings, inwieweit unterschiedliche Schwierigkeitsgrade von Stellen über einige Zeilen definitorischer Merkmale methodisch exakt und sinnvoll voneinander abgegrenzt werden können. Trotzdem zählt dieses Verfahren zu den am weitesten verbreiteten Arbeitsbewertungsverfahren. Es wird häufig im öffentlichen Dienst (bspw. im TVöD) eingesetzt. Ein Beispiel zeigt Tab. 9.8.

Der generelle Nachteil von summarischen Verfahren der Arbeitsbewertung liegt darin, dass Stellen über relativ undifferenzierte globale Tätigkeitsangaben in eine Rangordnung gebracht bzw. in einen sehr pauschalen Katalog eingestuft werden. Auch ein Vorurteil beim Bewerter hinsichtlich der Wertigkeit der Stelle bzw. ihres Schwierigkeitsgrads kann bestehen. Summarische Verfahren sind folglich bezüglich der methodischen Gütekriterien Objektivität, Reliabilität und Validität mit Mängeln behaftet.

Analytische Verfahren

Durch analytische Methoden der Arbeitsbewertung sollen differenziertere Ergebnisse ermittelt werden. Bei diesen Methoden werden unterschiedliche Anforderungsarten jeweils getrennt bewertet. Zunächst müssen diese Teilanforderungen jedoch definiert werden. Auch heute liegt den meisten Methoden der analytischen Arbeitsbewertung das sog. **Genfer Schema** zugrunde, das auf einer internationalen Tagung von Arbeitswissenschaftlern zur Arbeitsbewertung 1950 in Genf entwickelt wurde (vgl. Gehle, 1950).

Tab. 9.8: Katalogverfahren am Beispiel des Tarifvertrags für Diakonissen.

	Beschreibung	Beispiel
1	Beschäftigte mit einfachsten Tätigkeiten	Reinigungskräfte
2	Beschäftigte mit einfachen Tätigkeiten, für die eine Einarbeitung nötig ist	Wäschereikräfte
3	Beschäftigte mit Tätigkeiten, für die eine eingehende Einarbeitung erforderlich ist.	Hausmeister
4	Beschäftigte mit Tätigkeiten, die Fachkenntnisse erfordern	Kraftfahrer
5	Beschäftigte mit schwierigen Tätigkeiten, die gründliche Fachkenntnisse erfordern	Pädagogische Mitarbeiter in Kindertageseinrichtungen
6	Beschäftigte mit schwierigen und vielseitigen Tätigkeiten, die überwiegend gründliche Fachkenntnisse erfordern	Kursleiter in Familienbildungsstätten
7	Beschäftigte mit schwierigen und vielseitigen Tätigkeiten, die überwiegend gründliche und vielseitige Fachkenntnisse erfordern	Diätassistenten, Leiter von eingruppigen Kindertagesstätten
8	Beschäftigte mit schwierigen und vielseitigen Tätigkeiten, die umfassende Fachkenntnisse und überwiegend Selbständige Leistungen erfordern	Fachbereichsleiter in Familienbildungsstätten
9	Beschäftigte mit schwierigen und vielseitigen Tätigkeiten, die umfassende Fachkenntnisse und überwiegend Selbständige Leistungen erfordern mit besonders verantwortlichen Tätigkeiten	Sozialarbeiter, Pfarrdiakone
10	Beschäftigte mit schwierigen und vielseitigen Tätigkeiten, die umfassende Fachkenntnisse und überwiegend Selbständige Leistungen erfordern mit besonders verantwortlichen Tätigkeiten, die sich über Stufe 9 herausheben	Leiter von Kindertagesstätten (fünfgruppig), Sozialarbeiter (FH)
11	Beschäftigte mit schwierigen und vielseitigen Tätigkeiten, die umfassende Fachkenntnisse und überwiegend Selbständige Leistungen erfordern mit besonders verantwortlichen Tätigkeiten, die sich über Stufe 10 herausheben	Leiter Jugendhilfe

Das Genfer Schema umfasst als Anforderungsarten geistige und körperliche Anforderungen sowie Verantwortung und Arbeitsbedingungen, die jeweils durch weitere Unterdimensionen ausdifferenziert werden.

Die Auswahl der im Genfer Schema einbezogenen Anforderungen basierte nicht auf modelltheoretischen Überlegungen, sondern war das Ergebnis einer pragmatischen Übereinkunft. Die heute zwischen Arbeitgebern und Gewerkschaften ausgehandelten Anforderungsarten folgen dieser Überlegung in kleineren Variationen, sodass einzelne Branchen unterschiedliche Anforderungen mit unterschiedlicher Gewichtung berücksichtigen.

Analytische Verfahren der Arbeitsbewertung sind Rangreihenverfahren und Wertzahlverfahren. Im Rahmen des **Rangreihenverfahrens** (aus der Kombination Analytisch/Reihung) werden für jede Teilanforderung Rangreihen aller zu bewertenden

Tab. 9.9: Stufenwertzahlverfahren (vereinfacht nach Südwestmetall, 2003).

Merkmal	Stufe	Beschreibung	Punkte
Wissen und Können	1	Anlernzeit erstreckt sich nicht länger als ein Jahr	6
	3	Fachausbildung	14
	4	Zusatzausbildung (Techniker, Meister)	17
	5	Studium	21
Erfahrung	1	Bis 1 Jahr	1
	2	Bis 2 Jahre	3
	3	Mehr als zwei Jahre	5
Denken	1	Schwierig zu erfassende Informationen mit geführten Lösungswegen	3
	2	Anwendung bekannter Lösungswege	5
	3	Bekannte Lösungsmuster müssen kombiniert werden	8
	4	Lösungsmuster müssen weiterentwickelt werden	12
	5	Lösungsmuster müssen neu gefunden werden	20
Handlungsspielraum	1	Ausführungen nach Anweisung	1
	2	Ausführung nach Anweisung mit wenig Spielraum	3
	3	Ausführung nach Anweisung mit weitem Spielraum	5
	4	Ausführung mit allgemeinen Anweisungen	9
	5	Zielvorgaben ohne Handlungsanweisungen	14
Kommunikation	1	Informationsaufnahme und -weitergabe	1
	2	Abstimmung in Einzelfragen	3
	3	Koordinierung von Einzelfragen	7
	4	Interessenvertretung gegenüber anderen	10

Stellen gebildet, angefangen mit der Stelle mit dem höchsten Anforderungsgrad bis zur Stelle mit dem niedrigsten Anforderungsgrad. Aufgrund der Position einer Stelle innerhalb der einzelnen Rangreihen ergeben sich für jeden Arbeitsplatz Teilarbeitswerte, die dann zum Gesamtarbeitswert addiert werden.

Bei Anwendung des **Wertzahlverfahrens** (aus der Kombination Analytisch/ Stufung), auch Stufenwertzahlmethode genannt, werden die festgelegten Teilanforderungen nach einem gewichteten Schema bewertet: Für jede Teilanforderungsart werden Bewertungsstufen definiert, denen bestimmte Wertzahlen (= Stufenwerte) zugeordnet sind. Für jede Stelle werden die Wertzahlen der einzelnen Teilanforderungsarten zu einem Gesamtwert summiert und einer Entgeltstufe zugeordnet. Aufbauend auf dem Wertzahlverfahren in Tab. 9.9 könnte bspw. die Stelle eines Einkäufers in der Teilanforderung Wissen und Können mit 17 Punkten (Fachausbildung mit darauf aufbauender Zusatzausbildung), bei Erfahrung mit 3 Punkten (bis zu zwei Jahren), bei Denken mit 8 Punkten (bekannte Lösungsmuster müssen kombiniert werden), in der Teilanforderung Handlungsspielraum mit 5 Punkten (weiter Handlungsspielraum) und in der Teilanforderung Kommunikation mit 10 Punkten (Interessenvertretung gegenüber anderen) bewertet werden. In der Summe hätte die Stelle des Einkäufers 43 Punkte, was zur Entgeltgruppe 5 führt.

Tab. 9.10: Entgelt-Punkte-Relation.

Entgeltgruppe	Punkte
1	12–19
2	20–27
3	28–35
4	36–42
5	43–49
6	50–57
7	58–64
8	65–70

Bei Anwendung analytischer Arbeitsbewertungsverfahren können die Teilanforderungen unterschiedlich gewichtet werden. Eine getrennte Gewichtung erfolgt, indem die einzelnen Anforderungsarten mit einem vorher festgelegten Prozentsatz in die Gesamtbewertung eingehen. Die Addition der Prozentsätze aller Anforderungen ergibt 100 %. Bei gebundener Gewichtung werden die Anforderungswerte unmittelbar aus tariflichen Bewertungstabellen entnommen, wobei die Gewichtung in diese Werte bereits eingerechnet wurde. Tab. 9.10 zeigt ein Beispiel für eine Entgelt-Punkte-Relation auf Basis der oben dargestellten Stufenwerte.

Der Vorteil analytischer Arbeitsbewertung liegt in ihrer Transparenz. Die Entscheidungen einer Einstufung können nachvollziehbar erklärt werden.

Hinsichtlich der Gütekriterien Objektivität, Reliabilität und Validität (vgl. Kap. 7.3.2) sind analytische Verfahren der Arbeitsbewertung insgesamt zwar besser einzuschätzen als summarische, jedoch weisen auch sie methodische Mängel auf. So kann die Auswahl und Gewichtung von Anforderungsarten versteckter bzw. mittelbarer Diskriminierung Vorschub leisten. Als Beispiele werden häufig die sog. Leichtlohngruppen genannt, die dann entstehen, wenn typische Frauenberufe (bspw. Kindergärtnerin) durch die systematische Höhergewichtung körperlicher Anforderungen zuungunsten psychischer Anforderungen (vgl. Jochmann-Döll, 1990, S. 70 ff.) abgewertet werden.

Summalytische Verfahren

In der Praxis haben sich Mischverfahren von summarischer und analytischer Arbeitsbewertung etabliert. Diese werden als summalytische Arbeitsbewertungsverfahren bezeichnet. Durch die Kopplung beider Verfahrensweisen versucht man die Treffsicherheit der Bewertung zu erhöhen.

Ansätze hierzu finden sich bspw. im Entgeltgruppenplan des Bundesentgelttarifvertrags Chemie (vgl. Tab. 9.11). Die dort angeführten 13 Tarifgruppenbeschreibungen sind zwar insgesamt als summarisch zu bezeichnen, enthalten jedoch auch analytische Komponenten, indem dort auf unterschiedliche Abstufungen verschiedener Schwierigkeitsgrade der Anforderungen bezüglich der Merkmale Ausbildung, Erfahrung, Selbstständigkeit, Verantwortung und Personalführung eingegangen wird.

Tab. 9.11: Summalytisches Verfahren der Arbeitsbewertung (vgl. Bundesentgelttarifvertrag Chemie, 2004).

EG	Beschreibung	Richtbeispiele
13	Arbeitnehmer, die im Rahmen allgemeiner Richtlinien selbständig Tätigkeiten verrichten, für die neben umfangreicher Berufserfahrung Spezialwissen vorausgesetzt wird und bei denen Verantwortung für Teilgebiete zu tragen ist.	Qualifizierte Tätigkeiten mit übertragener Budgetverantwortung, Durchführen schwieriger Forschungs- und Entwicklungsarbeiten, Anwendungstechnisches Beraten von Kunden im Außendienst

Probleme von Arbeitsbewertungsverfahren

Abgesehen von der mangelnden methodischen Fundierung der Verfahren der Arbeitsbewertung zeigen sich weitere Anwendungsschwierigkeiten, die sich in wirtschaftliche, konzeptionelle und konfliktorientierte Probleme untergliedern lassen (vgl. Abb. 9.19). Für die stabile Industriegesellschaft der 70er-Jahre, gekennzeichnet durch einförmige Massenproduktion und tayloristische Arbeitsstrukturen, ist eine starre Grundlohnermittlung mittels herkömmlicher Arbeitsbewertungsverfahren adäquat, die zu einer rigiden Entgelthierarchie führten. Resultat ist ein starres System von Lohn- und Gehaltsempfängern, das die Personaleinsatzflexibilität einschränkt. Durch das Aufkommen neuer Technologien und die Schaffung flexibler Organisationsstrukturen können sich die Arbeitsanforderungen jedoch schnell und grundlegend ändern, sodass die Anwendung von Arbeitsbewertungsverfahren zu Inflexibilität und hohem Verwaltungsaufwand führt (vgl. Ridder, 2004, Sp. 205). Mit jeder Anforderungsänderung müssten Stellenbeschreibungen angepasst und erneut eine – summarische oder analytische – Arbeitsbewertung durchgeführt werden. Vor diesem Hintergrund wird die Arbeitsbewertung, insb. die analytische Arbeitsbewertung, zu-

Ressourcen- und Wirtschaftlichkeitsaspekte

- Zeit und Kosten (zahlreiche Akteure wirken an der Arbeitsbewertung mit)
- organisatorischer und technologischer Wandel erfordern permanente Anpassung, Verwaltung und Weiterentwicklung

Konzeptionelle Probleme

- Arbeitsbewertungen sind schnell veraltet (siehe Wirtschaftlichkeitsaspekte)
- Arbeitsbewertung basiert auf allgemeinen Formulierungen (sind damit überdauernder, aber auch vage) oder auf spezifischen Formulierungen (sind damit zwar präziser, aber schneller veraltet)
- Trennung zwischen Stelle und Stelleninhaber in der Praxis schwierig

Konflikte

- unterschiedliche Interessenlagen der Akteure (Mitarbeiter, Betriebsrat, Gewerkschaft und Arbeitgeberverband)

Abb. 9.19: Probleme von Arbeitsbewertungsverfahren.

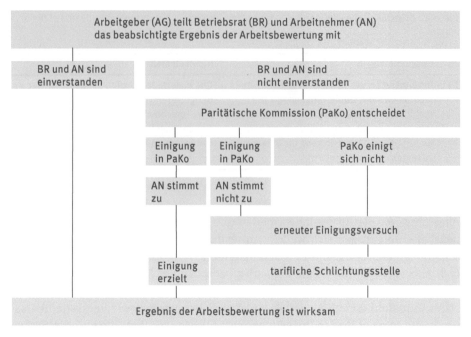

Abb. 9.20: Konfliktlinien bei der Arbeitsbewertung (vgl. Südwestmetall, 2003).

nehmend unpraktikabel. Hier kann auf die analoge Problemlage bei der Generierung von Stellenbeschreibungen verwiesen werden (eine Arbeitsbewertung auf Basis allgemeiner Formulierungen ist zu vage, eine Arbeitsbewertung auf Basis spezifischer Formulierungen erfordert permanente Neudurchführungen). Zudem führt der technologische Wandel zu einer Verlagerung von physischen/manuellen Tätigkeiten hin zu von Kreativität, Überwachung, Steuerung und Verantwortung geprägten Tätigkeiten, wobei gleichzeitig Umgebungseinflüsse an Bedeutung verlieren und neue Phänomene (wie bspw. Stress) auftreten, die in herkömmlichen Verfahren der Arbeitsbewertung nicht berücksichtigt werden. Darüber hinaus ist die gedankliche Trennung zwischen der Stelle, die bewertet werden soll, und dem tatsächlichen Stelleninhaber schwierig, da dieser den Blick auf die Schwierigkeit der Stelle wesentlich prägt.

Verstärkt wird die Problematik herkömmlicher Arbeitsbewertungsverfahren noch durch die vernetzten Produktionsformen, da traditionelle Arbeitsbewertungsverfahren auf einzelne Arbeitsplätze ausgerichtet waren und dies den neuen Wertschöpfungsprozessen nicht gerecht wird. Sehen sich Mitarbeiter Arbeitsstellen gegenüber, die sich durch wechselnde dispositive, ausführende oder kontrollierte Inhalte auszeichnen, versagen insb. differenzierte analytische Arbeitsbewertungsverfahren.

Darüber hinaus ist die Arbeitsbewertung eine Quelle für Konflikte zwischen den beteiligten Akteuren (Mitarbeiter, Betriebsrat und Gewerkschaften auf der einen Seite, Personalabteilung und Arbeitgeberverband auf der anderen Seite). Hintergrund hier-

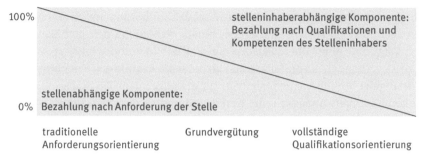

Abb. 9.21: Qualifikationsorientierung.

für ist die Tatsache, dass das Ergebnis der Arbeitsbewertung – die Grundentgeltfindung – durch unterschiedliche Interessenlagen charakterisiert ist. Die Mitarbeiter haben ein Interesse daran, das Ergebnis der Arbeitsbewertung möglichst hoch ausfallen zu lassen, um so in höhere Entgeltkategorien eingestuft zu werden. Die Arbeitgeber sind nicht frei von der Überlegung, durch enge Auslegungen geringere Einstufungen herbeizuführen, um Personalkosten einzusparen. Die vielfältigen Ansatzpunkte im Prozess der Arbeitsbewertung zeigt Abb. 9.20. In der Darstellung ist der tarifvertraglich festgelegte Verlauf einer Einstufung nebst Eskalationsmechanismus abgebildet. Dadurch wird deutlich, dass Konflikte auch immer eine „politische" Dimension in der Arbeitgeber-Arbeitnehmer-Beziehung aufweisen.

Nach der Bestimmung der Anforderungen einer Stelle erfolgt die **(4) Zuordnung** der Stellen zu einem meist tariflich fixierten Grundentgeltanspruch (vgl. Abb. 9.21).

Qualifikationsorientierte Grundentgeltfindung

Eine weitere Möglichkeit der Grundentgeltfindung stellt die Orientierung an der vom Mitarbeiter angebotenen Qualifikation dar (vgl. v. Eckardstein, 1991).

Bis Anfang der 1990er-Jahre gab es durch die IG Metall mehrere Versuche, Tarifverträge so zu gestalten, dass der Grundlohn ausschließlich von der vom Arbeitnehmer angebotenen und unternehmensrelevanten Qualifikation abhängt. Dies stellt einen Bruch mit den Prinzipien der Arbeitsbewertung dar, da die Arbeitsbewertung streng den Arbeitsplatz und eben nicht den Arbeitsplatzinhaber untersucht. Die qualifikationsorientierte Grundentgeltfindung betrachtet hingegen den Arbeitnehmer und gerade nicht den Arbeitsplatz (vgl. Abb. 9.21). Als eines der wenigen Beispiele für eine qualifikationsorientierte Eingruppierung zählte das Entgeltsystem der Vögele AG aus Mannheim. Diese unterzeichnete 1983 einen Haustarifvertrag, der eine qualifikationsorientierte Eingruppierung vorsah, der kurze Zeit später allerdings wieder gekündigt wurde und sich nicht durchsetzen konnte.

Die positiven Effekte einer qualifikationsorientierten Grundentgeltfindung werden darin gesehen, dass für die Mitarbeiter ein monetärer Anreiz zur kontinuierlichen

Weiterbildung entsteht. Dies kann sich positiv bei der Einführung und dem Umgang mit neuen Technologien auswirken. Darüber hinaus werden mit der qualifikationsbezogenen Vergütung eine höhere Personaleinsatzflexibilität und schnellere Anpassungsprozesse verbunden, da die Mitarbeiter nicht für die Ausführung einer bestimmten Arbeitsaufgabe bezahlt werden, sondern für die angebotene Qualifikation. Dies kann eine konfliktärmere Anpassung der Wertschöpfungsprozesse an veränderte Rahmenbedingungen ermöglichen, da kein Mitarbeiter befürchten muss, durch Umorganisationen eine niedriger bewertete Tätigkeit durchführen zu müssen.

Dabei ist zu berücksichtigen, dass sich ein solches Vorgehen sicherlich nur für klein- und mittelständische Unternehmen eignet, die keine Massenfertigung, sondern eher Einzel- und Kleinserienfertigung mit hoher Qualitätsorientierung betreiben. Für Großunternehmen, insb. bei Massenfertigung, erscheint dieses Modell der Entgeltfindung eher ungeeignet. Darüber hinaus trägt der Arbeitgeber das Risiko der Qualifikationsleerkosten: Der Arbeitgeber ist in der Pflicht, für jeden Qualifikationsanstieg eine qualifikationsadäquate Aufgabe vorzuhalten, sodass die erhöhten Personalkosten durch eine produktivere Aufgabe gerechtfertigt würden.

Die qualifikationsorientierte Grundentgeltfindung konnte sich in Deutschland daher nicht durchsetzen. Es finden sich allenfalls Mischformen, die die Idee der Qualifikationsorientierung aufgreifen und als eine mitarbeiterbezogene Teilanforderung in das Arbeitsbewertungsverfahren einbringen.

Marktorientierung als Maßstab zur Grundentgeltfindung

Der steigende Wettbewerbsdruck (sowohl im Rahmen der Produkt-Markt-Strategie als auch im Hinblick auf das Personalmarketing) macht es notwendig, Höhe und Struktur der Personalkosten regelmäßig am Markt auszurichten. Besonders in nicht tarifgebundenen Unternehmen oder bei Positionen, die nicht an die Vorgaben eines Tarifvertrags gebunden sind (sog. AT-Angestellte), kann die Grundentgeltfindung an den Marktmechanismus von Angebot und Nachfrage gekoppelt werden.

Dabei können unterschiedliche Strategien verfolgt werden (vgl. hierzu und im Folgenden Stock-Homburg, 2014, S. 403):

– Unternehmen, die eine **Benchmarking-Strategie** verfolgen, gewähren ihren Mitarbeitern Vergütungspakete oberhalb des Marktniveaus. Dabei verfolgen sie das Ziel, Führungskräfte und Mitarbeiter (ggf. vom Wettbewerber) zu gewinnen und zu binden.
– Bei der **Matching-Strategie** orientiert sich das Unternehmen bei der Vergütung am Marktniveau.
– Bei der **Lagging-Strategie** entspricht die Vergütung nicht dem Marktniveau. Obwohl das Unternehmen die Marktpreise kennt, kann oder will es die Vergütung aufgrund strategischer Überlegungen (bspw. aufgrund einer Kostenführerstrategie) oder externer Einflüsse (bspw. schlechte Ertragslage) nicht auf oder über Marktniveau anheben.

Tab. 9.12: Vergütungsstrategien (vgl. Stock-Homburg, 2014, S. 405).

	überdurchschnittlich	Sicherheitsorientierte Benchmarking-Strategie	Leistungsorientierte Benchmarking-Strategie
Relative Vergütungshöhe	durchschnittlich	Sicherheitsorientierte Matching-Strategie	Leistungsorientierte Matching-Strategie
	unterdurchschnittlich	Sicherheitsorientierte Lagging-Strategie	Leistungsorientierte Lagging-Strategie
		gering	hoch
		Variabler Vergütungsanteil	

Ergänzt man zur relativen Vergütungshöhe noch den Anteil der variablen Vergütung als weitere Dimension, so lassen sich sechs unterschiedliche Vergütungsstrategien unterscheiden. Diese sind in Tab. 9.12 dargestellt.

Die **sicherheitsorientierte Lagging-Strategie** kann dann zielführend sein, wenn Abläufe und Prozesse planbar sind und nur geringe Schwankungen erfahren. Unternehmen, die diese Strategie verfolgen, setzen hauptsächlich fixe Vergütungskomponenten ein. An dieser Strategie ausgerichtete Vergütungssysteme finden sich in Behörden und öffentlichen Einrichtungen (vgl. hierzu und im Folgenden Stock-Homburg, 2014, S. 403).

Die **leistungsorientierte Lagging-Strategie** zielt auf die Steigerung der Leistung ab. Durch einen hohen variablen Vergütungsanteil sollen Leistungsanreize gesetzt werden. Allerdings sind die Unternehmen aufgrund ihrer Marktposition nicht in der Lage, das gesamte Vergütungspaket entsprechend dem Marktdurchschnitt zu zahlen. Gerade neugegründete Unternehmen verfolgen diese Strategie, um bei positiven Wachstumsraten später durchschnittliche oder überdurchschnittliche Vergütungspakete anbieten zu können.

Ebenso kann bei der **Matching-Strategie** zwischen sicherheitsorientierter und leistungsorientierter Ausgestaltung unterschieden werden. Bei der **sicherheitsorientierten** Variante dominieren fixe Vergütungskomponenten, die den Beschäftigten den Status quo der Vergütung absichern. Veränderungen in der Vergütungszusammensetzung werden von den Mitarbeitern eher zurückhaltend aufgenommen. Tendenziell findet sich eine solche Strategie in Großunternehmen, in denen sich Vergütungskonzepte über Jahre hinweg entwickelt haben.

Die **leistungsorientierte Matching-Strategie** setzt eine gewisse Risikobereitschaft der Mitarbeiter voraus. Auch wenn das Vergütungssystem am Marktdurchschnitt ausgerichtet ist, kann die individuelle Vergütungshöhe bei positiver Leistung darüber oder darunter liegen. Solche Vergütungsstrategien lassen sich im Vertrieb oder in Dienstleistungsunternehmen beobachten.

Bei einer **sicherheitsorientierten Benchmarking-Strategie** liegt die Vergütung oberhalb des Marktdurchschnitts. Dabei werden primär fixe Vergütungsbestandteile eingesetzt. Diese Vergütungsstrategie findet sich in ertragreichen Großkonzernen, die sich über Jahre eine überlegene Marktposition erarbeiten konnten. Diese Unternehmen verfügen über die Ressourcen, überdurchschnittlich vergüten zu können, sind aber durch die Mitbestimmung in der Gestaltung leistungsorientierter Vergütung eingeschränkt.

Die **leistungsorientierte Benchmarking-Strategie** ist gekennzeichnet durch eine überdurchschnittliche Vergütung mit einem hohen variablen Vergütungsanteil. Eingesetzt wird diese Strategie in Branchen, die ertragreich sind und in denen Fachkräfte mit den erforderlichen Qualifikationen am Arbeitsmarkt knapp sind, bspw. im Investmentbanking oder in der Unternehmensberatung.

Um sich bei der Vergütung an Wettbewerbern auf dem Arbeitsmarkt zu orientieren, muss sich ein Unternehmen Informationen über das am Arbeitsmarkt erzielbare Vergütungsniveau beschaffen. Hierzu stehen dem Unternehmen mehrere Möglichkeiten zur Verfügung. Neben eigener Marktanalysen und Recherchen (bspw. bei Kooperationsunternehmen oder Verbänden) kann auch auf kommerzielle Vergütungsstudien zurückgegriffen werden. Unternehmensberatungen stellen darin Informationen über Marktentgelte, gegliedert nach zahlreichen Unternehmens- (Branche, Größe, wirtschaftliche Situation, Organisationsstruktur, internationale Verflechtung) und Positionsmerkmalen (Hierarchie, Führungsspanne oder Anforderungsprofil) zur Verfügung.

Die am Markt gehandelten Vergütungsvergleiche lassen sich nach unterschiedlichen Gesichtspunkten klassifizieren. Ein **Unterscheidungsmerkmal** ist die Zu-

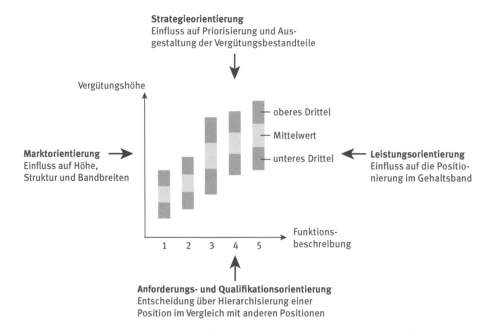

Abb. 9.22: Einflüsse in Vergütungsstudien (vgl. von Hören/Hünninghausen, 2006, S. 17).

gänglichkeit. Offene Vergleiche können von jedem Unternehmen oder Interessenten erworben werden. Geschlossene Vergütungsvergleiche sind in der Verbreitung begrenzt, bspw. auf die Teilnehmer der Studie oder Verbandsmitglieder. Ebenso kann zwischen dem Grad der Standardisierung einer Studie unterschieden werden. Für große Branchen kann auf standardisierte Studien – mit Blick auf die Auswahl der Positionsprofile oder der Unternehmensstrukturen – zurückgegriffen werden. Soll sich der Vergütungsvergleich auf ein seltenes Stellenprofil oder auf eine kleinere Branche erstrecken, muss die Studie darauf zugeschnitten werden.

Bei der kurzen Darstellung von Vergütungsstudien wird deutlich, dass die unterschiedlichen Zugänge zur Grundentgeltfindung miteinander verwoben sind. So wird eine Marktstudie immer auch durch Elemente der Anforderungsorientierung (nicht zuletzt durch das zu vergleichende Jobprofil), Leistungsorientierung oder Strategieorientierung geprägt. Die personalpolitische Priorisierung muss dann unternehmensindividuell erfolgen. Der Zusammenhang zwischen den einzelnen Bezugspunkten ist in Abb. 9.22 dargestellt.

9.3.2 Verfahren und Probleme der Leistungsbeurteilung

Seit mehreren Jahrzehnten wird intensiv darüber diskutiert, ob variable Vergütungskomponenten tatsächlich leistungssteigernd wirken. Die empirischen Ergebnisse sind widersprüchlich und bieten weiterhin viel Raum zur Interpretation. Die möglichen Vor- und Nachteile variabler Vergütungsbestandteile werden in Tab. 9.13 überblicksartig dargestellt.

Tab. 9.13: Vor- und Nachteile variabler Vergütung.

Vorteile	Nachteile
Aus Unternehmenssicht:	Aus Unternehmenssicht:
– Kann die Motivation der Mitarbeiter steigern	– Hoher organisatorischer Aufwand (Konzeption, Durchführung, Auswertung, Durchsprache, …)
– Anknüpfungspunkt für weitere personalwirtschaftliche Maßnahmen (Schulungen, Beförderung, Kritik, …)	– Intrinsische Motivation kann durch extrinsische Motivation verdrängt werden
– Attraktivität für leistungsstarke Mitarbeiter	– Kein Beurteilungsverfahren ohne methodische Kritik
– Variabilisierung der Personalkosten	– Verengung der Leistung auf vorgegebene Kriterien → Gefahr der Konzentration auf kurzfristige Ziele
Aus Mitarbeitersicht:	Aus Mitarbeitersicht:
– Stärkung der Identifikation und Eigenverantwortung der Beschäftigten	– Fördert Egoismus und Neid
– Transparenz über Erwartungshorizont	– Höherer Leistungsdruck und finanzielles Risiko
– Gute Leistung wird belohnt, schlechte sanktioniert	

Wenn man sich aber für ein leistungsorientiertes Vergütungssystem entscheidet – hier besteht in den unterschiedlichen Forschungsrichtungen weitgehend Einigkeit –, dann sollten die eingesetzten Verfahren adäquat und abhängig von der verfolgten Zielsetzung ausgestaltet werden. Da bei der leistungsorientierten Entgeltfindung vornehmlich auf die in der Vergangenheit gezeigten Leistungen abgestellt wird, liegt in der folgenden Darstellung ein Schwerpunkt auf Verfahren und Methoden der vergangenheitsorientierten Leistungsbeurteilung (anders als bspw. bei den tendenziell prognostischen Verfahren, die eher die in der Zukunft liegenden Potenziale entdecken möchten). Eine Zwitterstellung nehmen dabei die Zielsetzungsverfahren ein, da diese zwar Leistungen einer abgelaufenen Periode honorieren sollen, deren Zielsetzung oder Zielvereinbarung jedoch mit Blick auf die Zukunft getroffen wird.

Anforderungen an Leistungsbeurteilungen

Bei dem Kriterium der **personalwirtschaftlichen Optimierung** geht es um eine Abstimmung mit den personalpolitischen Zielsetzungen sowie weiterer personalwirtschaftlichen Instrumente des personalwirtschaftlichen Instrumentariums (vgl. Abb. 9.23). Weiterhin ist auch der wirtschaftliche Einsatz der Personalbeurteilung (bspw. beteiligte Beurteiler, Abstimmungsprozesse, Beurteilungsfrequenz und -dauer) zu beachten. Die personalwirtschaftliche Optimierung stellt i. d. R. eine unternehmensspezifische Bedingung dar, die die Gewährleistung der weiteren Anforderungen wesentlich beeinflusst.

Darüber hinaus ergeben sich **methodische Anforderungen**. Determinanten der methodischen Güte sind dabei die Kriterien Objektivität, Reliabilität und Validität. Objektiv sind Verfahren dann, wenn sie frei von subjektiven Einflüssen konstruiert und eingesetzt werden. Reliabilität beinhaltet neben der Objektivität den Aspekt

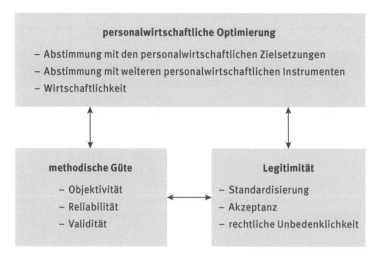

Abb. 9.23: Anforderungen an Leistungsbeurteilungsverfahren.

der zeitlichen Stabilität: Beurteiler sollen also im Zeitverlauf mit demselben Verfahren bei gleich bleibender Leistung des Beurteilten zum selben Beurteilungsergebnis kommen. Validität bedeutet, dass mit dem Verfahren das gemessen wird, was auch gemessen werden soll, das heißt die Leistung bzw. bestimmte Leistungsdimensionen.

Die **Legitimität** misst sich am Grad der Formalisierung bzw. Standardisierung von Verfahren der Leistungsbeurteilung. Sie ist aus Gründen der Verwertbarkeit für personalwirtschaftliche Entscheidungen und vor allem im Hinblick auf die Gleichbehandlung der betroffenen Mitarbeiter ein wichtiges Entscheidungskriterium. Dieses Kriterium hängt stark mit der des gewählten Systems bei Beurteilern und Beurteilten zusammen, die jedoch auch von weiteren Einflussfaktoren wie bspw. Partizipation und Benutzerfreundlichkeit abhängig ist. Die rechtliche Unbedenklichkeit wird durch die – immer wieder auch wechselnde – BAG-Rechtsprechung herausgefordert. Beurteilungen durch den Arbeitgeber sind demnach „im Grundsatz" zulässig. Eingebettet und z. T. eingeschränkt wird dieses Recht durch die Partizipationsrechte des Betriebsverfassungsgesetzes. Der Arbeitnehmer kann nach § 82 Abs. 2 BetrVG verlangen, dass ihm die Beurteilungen seiner Leistungen, auch dann, wenn kein formelles Beurteilungsverfahren im Unternehmen existiert, erörtert werden. Darüber hinaus steht dem Arbeitnehmer das Recht der Einsichtnahme in seine Personalakte nach § 83 Abs. 1 BetrVG zu. Diese enthält in der Regel auch die Aufzeichnungen der Mitarbeiterbeurteilung. Die §§ 84–86 BetrVG regeln das Beschwerderecht des Arbeitnehmers. Sie greifen dann, wenn der Mitarbeiter mit einer Beurteilung nicht einverstanden ist. Bei der Einführung eines Beurteilungsverfahrens kommen weitere Partizipationsrechte des Betriebsrats zum Tragen. So legt § 94 Abs. 2 BetrVG das Mitbestimmungsrecht bei der Aufstellung allgemeiner Beurteilungsgrundsätze fest.

Die Erfüllung dieser Kriterien kann als notwendige Voraussetzung effizienter Leistungsbeurteilungsverfahren angesehen werden, wobei weder eine vollständige Zielharmonie, noch eine Gleichrangigkeit angenommen werden darf. Je nach Funktion und gewähltem Ansatzpunkt der Personalbeurteilung werden bestimmte Anforderungen besser oder schlechter zu erfüllen sein.

Formen der Leistungsbeurteilung

Für die Messung und Bewertung unterschiedlicher individueller Leistungen zur Entgeltfindung steht eine Reihe von Verfahren und Ausgestaltungsalternativen zur Verfügung (vgl. Abb. 9.24), die ebenfalls im Folgenden kurz erläutert werden (vgl. zu den Verfahren Schuler, 1989, S. 410 ff.; ferner Hentze, 1980, S. 146 ff.; Becker, 2009).

Beurteilungen können nach dem **Turnus** unterschieden werden. Regelmäßig wiederkehrend werden die jährliche Mitarbeiterbeurteilung oder am Geschäftsjahr ausgerichtete Zielvereinbarungsrunden durchgeführt. Anlassbedingt können Beurteilungen bspw. aufgrund eines Vorgesetzten- oder Abteilungswechsels oder bei einem Projektende durchgeführt werden.

Turnus	Zeithorizont	Zuständigkeit	Kriterien-differenzierung	Form
regelmäßige Beurteilung	Leistungs-beurteilung	Selbst-beurteilung	summarische Beurteilung	freie Verfahren
anlassbedingte Beurteilung	Potenzial-beurteilung	Kollegen-beurteilung	analytische Beurteilung	gebundene Verfahren
		Vorgesetzten-beurteilung		
		360-Grad-Beurteilung		

Abb. 9.24: Differenzierungskriterien der Leistungsbeurteilung.

Der **Zeithorizont** unterscheidet nach der Beurteilungsrichtung. Wird die Beurteilung tendenziell vergangenheitsorientiert durchgeführt (bspw. im Rahmen des jährlichen Mitarbeitergesprächs zur Bestimmung der leistungsorientierten Vergütungskomponente), kommen Verfahren der Leistungsbeurteilung zum Einsatz. Bei der zukunftsorientierten Beurteilung (wie bspw. im Assessment Center) werden hingegen Prognosen über Potenziale und das Leistungsvermögen abgegeben.

Die sog. Vorgesetztenbeurteilung, das heißt die Beurteilung der Leistung durch den Vorgesetzten, der für das Leistungsergebnis seiner Mitarbeiter organisatorisch verantwortlich ist, ist in der Praxis die üblichste Form der Beurteilung. Die **Zuständigkeit** kann tws. auch auf den jeweiligen Mitarbeiter selbst übertagen werden. Dies ermöglicht dem Beurteilten bzw. der Führungskraft, mehrere Perspektiven der Beurteilung, ggf. mit einem Rückkopplungseffekt, hinzuzufügen. Eine weitere Beurteilungsart ist die Kollegenbeurteilung (Peer Rating), wobei hierarchisch gleichgestellte sich gegenseitig beurteilen. Dies kann für die Lösung von Kooperationsproblemen und die Ausgestaltung von Gruppenprozessen förderlich sein (bspw. im Rahmen einer Supervision zur Konfliktlösung) oder diese auch verschärfen (insb. wenn Entgeltbestandteile mit dem Beurteilungsergebnis gekoppelt sind).

Integriert man noch weitere Beurteiler in eine umfassende Leistungsbeurteilung (bspw. die Kunden als Leistungsempfänger), wird eine sog. 360°-Beurteilung erreicht, bei der alle Anspruchsgruppen zur Beurteilung aufgerufen werden.

Wird eine Beurteilung analytisch durchgeführt, so sollen mehrere **Beurteilungskriterien** eine differenzierte Leistungsbetrachtung ermöglichen. Die summarische Beurteilung dagegen betrachtet in einer Gesamtschau die Leistung des Mitarbeiters (vgl. Kap. 9.3.1).

Die Leistungsbeurteilung kann ihrer **Form** nach in freie und gebundene Verfahren unterschieden werden (siehe folgender Abschnitt).

Formen und Verfahren der Leistungsbeurteilung

Eine Übersicht über mögliche Verfahren zur Leistungsbeurteilung zeigt Abb. 9.25.

Die Verfahren der Leistungsbeurteilung werden grundsätzlich in freie und gebundene Verfahren eingeteilt, wobei aus Gründen der Einfachheit und Vergleichbarkeit den gebundenen Verfahren größere Bedeutung zukommt.

Eines der einfachsten **freien Verfahren** ist die freie Eindrucksschilderung, die an bestimmten Merkmalen ausgerichtet oder völlig ohne Merkmalsvorgabe durchgeführt werden kann. Dieses Verfahren kann den Vorteil haben, dass Vorgesetzte leistungswirksame oder schädliche Handlungen der Mitarbeiter heranziehen und damit arbeitsbezogen (und nicht merkmalsgesteuert) beurteilen. Ebenso sind die freien Verfahren dazu geeignet, komplexe Sachverhalte aufzunehmen und einer Bewertung zugänglich zu machen (bspw. in Form eines Gutachtens). Es kann aber auch sehr leicht dazu führen, dass beim Vorgesetzten völlig irrelevante Eindrücke aus der Arbeit und den Handlungen der Untergebenen haften bleiben und beurteilt werden, ganz abgesehen von individuell unterschiedlicher Ausdrucksfähigkeit und Sprachverständnis bei der Beurteilung.

Aus methodischer Perspektive sind die freien Verfahren sehr subjektiv und weisen eine nur geringe Reliabilität auf. Die Validität kann jedoch hoch sein, wenn es dem Beurteiler gelingt, in der freien Meinungsbildung die tatsächlichen Leistungsergebnisse abzubilden.

Auch wenn derartige Verfahren nur sehr selten für die regelmäßige Leistungsbeurteilung in der Unternehmenspraxis herangezogen werden, so findet man freie Verfahren häufiger entweder als Ergänzung oder in kritischer Abgrenzung zu den gebun-

Abb. 9.25: Verfahren der Leistungsbeurteilung.

Tab. 9.14: Arten von Beurteilungsfehlern.

Beurteilungsfehler	Kurzbeschreibung
Halo-Effekt	– Eine Eigenschaft überstrahlt andere Eigenschaften.
	– Positiver oder negativer Schluss von einer Eigenschaft des Beurteilten auf andere Eigenschaften.
Sympathie/Antipathie	– Zu- oder Abneigung führt zu verfälschten Ergebnissen.
Same-as-me-Effekt	– Ähnlicher Werdegang, Ausbildung, Charakter oder Herkunft führen zu verbesserter Bewertung.
Nikolauseffekt	– Leistungen, die vor kurzem gezeigt wurden, wiegen stärker als Leistungen, die länger zurückliegen.
Kontrasteffekt	– Jeder Beurteilte wird mit seinem Vorgänger verglichen. Durchschnittliche Leistungen werden schlechter beurteilt, wenn der Vorgänger besonders gut war.
Hierarchieeffekt	– Hierarchisch höhere Mitarbeiter werden tendenziell besser beurteilt als hierarchisch niedrigere.
	– Statuseffekt („wer es soweit gebracht hat, wird schon gut sein").
Benjamineffekt	– Unterschätzung eines (meist jungen) Mitarbeiters.
	– Statuseffekt („so jung, der muss noch viel lernen").
Idiosynkratische Prozesse	– Beurteiler ordnet (bspw. aufgrund unterschiedlicher Sozialisation) einem Beurteilungsmerkmal eine andere Bedeutung als die im Unternehmen üblicherweise verstandene zu.
Kleber-Effekt	– Vorausgegangene (positive oder negative) Beurteilungen haften dem Beurteilten an.
Primacy-/Recency-Effekt	– Der erste oder der letzte Eindruck dominiert die Beurteilung.
Stereotypen	– Vorurteile prägen Gesamturteil (Asiaten – fleißig, Dicke – gemütlich, Brille – Nerd, …).
Tendenz zur Mitte/Strenge	– Ist der Beurteilende in seinem Urteil unsicher bzw. möchte er/sie Härte und Anspruch demonstrieren, führt dies häufig zu besseren bzw. schlechteren Beurteilungen, als es notwendig wäre.
Systemimmanente Fehler	– Weist das Beurteilungsverfahren Unstimmigkeiten, Lücken, doppelte Gewichtungen, … auf, sind die darauf aufbauenden Beurteilungen systemimmanent verzerrt.

denen Verfahren (häufig als Freitext mit dem Hinweis „Ergänzende Eindrücke oder Hinweise").

Im Rahmen der **gebundenen Verfahren** sollen **Einstufungsverfahren** vor allem die Vergleichbarkeit der Beurteilung gewährleisten. Hier werden Aspekte arbeitsrelevanten Handelns und Leistungsprofile auf einer Einstufungsskala, die oftmals der Vergabe von Schulnoten entspricht, beurteilt. Dieser Verfahrenstyp ist in der privaten Wirtschaft und im öffentlichen Dienst am häufigsten anzutreffen. Die Vorteile dieses Verfahrenstyps liegen in der Formalisierung und damit Vergleichbarkeit von Beurteilungen. Die Nachteile liegen in einer Reihe von Beurteilungstendenzen, die empirisch nachgewiesen wurden (vgl. Schuler, 1977, S. 182 f.). Tab. 9.14 beschreibt häufig vorkommende Beurteilungsfehler.

Die methodische Güte **eigenschaftsorientierter** Einstufungsverfahren verbessert sich, wenn die sehr abstrakten eigenschaftsorientierten Merkmale zugunsten von Einstufungen abgelöst werden, die sich auf konkret beobachtbares Verhalten stützen können.

Tab. 9.15 zeigt eine eigenschaftsorientierte Leistungsbeurteilung. Die Tabelle verweist dabei auf das Leistungsbeurteilungsverfahren in der Metall- und Elektroindustrie und findet sich mit wenigen Variationen auch in vielen anderen Branchen. Kritisch zu beurteilen ist jedoch die Wahl der Kriterien, an denen Leistung festgemacht wird. Vielfach handelt es sich dabei um theoretische Konstrukte (bspw. Flexibilität, Qualität oder Kooperation), die zwar durch eine Beschreibung konkretisiert werden, aber aufgrund ihrer Komplexität immer noch einen weiten Spielraum für eine subjektive Interpretation der Kriterien bietet.

Den methodischen Mängeln von eigenschaftsorientierten Einstufungsverfahren kann zum einen durch verhaltensorientierte Skalenverankerungen begegnet, zum anderen durch die Anwendung weiterer gebundener Verfahrenstypen entgegengewirkt werden.

Aufgabenbezogene, verhaltensorientierte Beurteilungsskalen liegen in zwei grundsätzlichen Varianten vor (vgl. hierzu Domsch/Gerpott, 1985, S. 666 ff.; ferner Schuler, 1989, S. 412 ff.). Die **Verhaltenserwartungsskalen** (Behavioral Expectation Scales – BES) werden aus Beschreibungen von tätigkeitsrelevanten Verhaltensweisen gebildet (vgl. Abb. 9.26). Diese repräsentieren positive, negative oder neutrale Ausprägungen von wichtigen Beurteilungsaspekten. Hierzu bedarf es eines aufwendigen, auf die jeweilige Stelle bezogenen Verfahrens unter Beteiligung mehrerer Arbeitsgruppen von Beurteilern und eventuell auch betroffener Stelleninhaber (vgl. hierzu Domsch/Gerpott, 1985, S. 670).

Die **Verhaltensbeobachtungsskalen** (Behavioral Observation Scales – BOS), eine einfachere Variante verhaltensorientierter Einstufungsverfahren, stellen Skalen mit adverbialen Häufigkeitsbezeichnungen (bspw. „fast immer" bis „fast nie") dar, die zu Beschreibungen von Leistungsdimensionen gehören (vgl. Abb. 9.27). Diese Einzelaussagen beziehen sich nur auf beobachtbares Verhalten (bspw. „bereitet sich auf Besprechungen vor"; „hält Termine ein") und werden auf arbeitsanalytischem Wege gewonnen. Diese Verfahrensvariante weist daher große Ähnlichkeit mit Kennzeichnungsverfahren auf.

Als Vorteil dieser Verfahren gilt die strikte Verhaltensorientierung. Unterstützt wird dies durch empirische Befunde, dass Anwender die einfacher konstruierten BOS-Skalen den herkömmlichen Eigenschaftsskalen und den aufwendig konstruierten BES-Skalen hinsichtlich „Benutzerfreundlichkeit", „Möglichkeit zur Differenzierung" und „Eignung für Feedbackgespräche" vorziehen (vgl. Wiersma/Latham, 1986, S. 625).

Diese Ergebnisse empirischer Forschung zeigen, dass verhaltensorientierte Einstufungsverfahren ungeachtet methodischer Vor- oder Nachteile gute Grundlagen für

Tab. 9.15: Eigenschaftsorientierte Leistungsbeurteilung am Beispiel des ERA-TV.

Merkmale	Beurteilungsstufen				
	A Die Leistung entspricht dem Ausgangs-Niveau der Arbeitsaufgabe	**B** Die Leistung entspricht im Allgemeinen den Erwartungen	**C** Die Leistung entspricht in vollem Umfang den Erwartungen	**D** Die Leistung liegt über den Erwartungen	**E** Die Leistung liegt weit über den Erwartungen
1 **Effizienz** (z. B. wirksame Arbeitsausführung; Einhalten von Terminen)	0	2	4	6	8
2 **Qualität** (z. B. sorgfältige Durchführung von Aufgaben; Häufigkeit von Fehlern)	0	2	4	6	8
3 **Flexibilität** (z. B. Erledigung wechselnder Aufgaben unter wechselnden Arbeitsbedingungen)	0	1	2	3	4
4 **Verantwortlichkeit** (z. B. Zielorientierung; Ressourcenumgang; Verantwortungsübernahme)	0	1	2	3	4
5 **Kooperation** (z. B. Zusammenarbeit bei gemeinsamer Erledigung von Arbeitsaufgaben)	0	1	2	3	4
6 **Führungsverhalten** (z. B. Delegation; Integration; Motivation, Informationsverhalten)	0	1	2	3	4

Gesamtpunktzahl:

Leistungsentgelt (%) = (Gesamtpunktzahl / maximale Punktzahl) * 30 =

Abb. 9.26: Beispiel einer Verhaltenserwartungsskala (diskutiert bei Holtmann, 2008, S. 77).

I. Umgang mit Widerstand von Mitarbeitern gegen Veränderungen:

Beschreibt den Mitarbeitern die Einzelheiten der Veränderung.

| Fast nie | 1 | 2 | 3 | 4 | 5 | Fast immer |

Erklärt, warum die Veränderung notwendig ist.

| Fast nie | 1 | 2 | 3 | 4 | 5 | Fast immer |

Erläutert, wie die Veränderung die Mitarbeiter betreffen wird.

| Fast nie | 1 | 2 | 3 | 4 | 5 | Fast immer |

Hört die Bedenken der Mitarbeiter an.

| Fast nie | 1 | 2 | 3 | 4 | 5 | Fast immer |

Bittet die Mitarbeiter um Mithilfe, um Veränderungen umzusetzen.

| Fast nie | 1 | 2 | 3 | 4 | 5 | Fast immer |

Setzt einen Termin für eine Nachfolge-Besprechung an, in der auf die Bedenken der Mitarbeiter eingegangen wird.

| Fast nie | 1 | 2 | 3 | 4 | 5 | Fast immer |

Abb. 9.27: Beispiel einer Verhaltensbeobachtungsskala (vgl. Holtmann, 2008, S. 78).

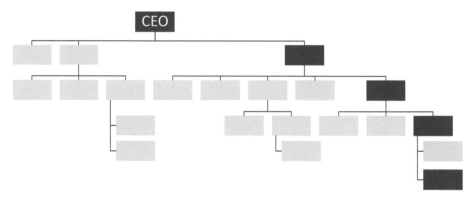

Abb. 9.28: Kaskadierung von Zielen.

eine Personalbeurteilung als Führungsmittel abgeben können, wenn die Festlegung spezifischer Verhaltenserwartungen durch Vorgesetzte und Mitarbeiter auf arbeitsanalytischer Grundlage erfolgt ist, was allerdings sehr aufwendig ist.

Anhand **ergebnisorientierter** Einstufungsverfahren wird die Erfüllung qualitativer und quantitativer Leistungskriterien bewertet. Hierbei erfolgt ausschließlich eine Bewertung des Arbeitsoutputs. Ergebnisorientierte Verfahren können als **Zielvorgabe-** oder **Zielvereinbarungsverfahren** ausgestaltet sein. Üblicherweise sind diese in eine umfassendere MbO-Konzeption (**Management by Objectives**) integriert (vgl. Breisig, 2004; Bröckermann, 2012, S. 245 f.), die im Deutschen, je nach Ausgestaltung oder Schwerpunkt, zumeist mit Zielvereinbarung, Zielsetzung, als Führungskonzeption oder als Führen durch Ziele übersetzt wird. Die Leistung des Mitarbeiters wird hier im Sinne des Beitrags zu den Zielen der Organisation als Sollgröße aufgefasst, die am Ende des Beurteilungszeitraums mit der Istgröße verglichen wird. In einem Beurteilungsgespräch wird dann der Grad der Zielereichung besprochen und in eine entgeltwirksame Entscheidung transformiert.

Der Vorteil dieser Verfahren liegt darin, dass durch die Kaskadierung der Ziele von oben nach unten eine konsistente Steuerung über das gesamte Unternehmen erreicht werden kann (vgl. Abb. 9.28). So kann bspw. der Vorstandsvorsitzende seine Ideen und Ziele operationalisieren und für die einzelnen Vorstandsressorts konkretisieren. Die Ressortvorstände operationalisieren ihre Ziele wiederum für ihre Abteilungen, aus denen die Ziele für die Unterabteilungen hervorgehen. So entsteht ein konsistentes Bündel an Zielen, das den einzelnen Beschäftigten verdeutlicht, welchen Beitrag ihre Ziele für die Erreichung der übergeordneten Zielsetzung leisten.

Unternehmen aller Größenklassen und Branchen (neuerdings auch der öffentliche Sektor) versprechen sich von diesen Verfahren einen effizienten und flexiblen Steuerungsmechanismus der Leistungsprozesse. Die gestiegene Attraktivität von Zielvereinbarungen kann durch die vielfältigen positiven Erwartungen an das Konzept erklärt werden, das aber nicht ohne Kritik auskommt (vgl. Tab. 9.16).

Tab. 9.16: Vor- und Nachteile von Zielsetzungsverfahren.

Vorteile	Nachteile
– Steuerung (Abstimmung, Anpassung und Ausrichtung) durch Kaskadierung der Ziele von oben nach unten – Beschäftigte werden auf Zielerreichung verpflichtet – Stärkung der Identifikation und Eigenverantwortung der Beschäftigten – Anknüpfungspunkt für weitere personalwirtschaftliche Maßnahmen (Personalentwicklung, Beförderung, Kritikgespräche, …)	– Qualitative Ziele finden selten Eingang in Zielvereinbarungssystemen (schlechte Quantifizierbarkeit) – Gefahr der Vernachlässigung qualitativer Ziele – Fördert Ressort-Egoismus – Hoher organisatorischer Aufwand (Festsetzung von Zielgrößen, Zwischenbericht, Zielfeststellung, personalwirtschaftliche Verwaltung, …)

Aufgrund theoretischer Befunde (vgl. hierzu die Annahmen der Goal-Setting-Theorie in Kap. 9.1.1) und praktischer Erfahrung werden vielfältige Anforderungen an die festzulegenden Ziele formuliert. Bekannt geworden ist inzwischen die sog. SMART-Regel (häufig mit den Adjektiven **s**pezifisch, **m**essbar, **a**nspruchsvoll, **r**ealistisch und **t**erminiert beschrieben), die die theoretischen Anforderungen an Ziele als Akronym zusammenfasst.

So sollen die Ziele im Einzelnen spezifisch fixiert, präzise und klar formuliert sein, daneben sollen sie messbar, das heißt in Zahlen ausdrückbar, nachvollziehbar und überprüfbar sein. Darüber hinaus sollen Ziele anspruchsvoll, aber dennoch realistisch und damit erreichbar sowie terminiert sein, das heißt Ziele werden auf einen konkreten Zeitraum bezogen. Mit Hilfsfragen kann die SMART-Regel überprüft werden (vgl. Abb. 9.29).

Bei den **Kennzeichnungsverfahren** wird dem Beurteiler eine Reihe von arbeitsrelevanten Beschreibungen vorgelegt, zwischen denen er entscheiden muss, inwieweit die jeweiligen Aussagen auf den Beurteilten zutreffen. Der Beurteiler kennt aber die dahinter liegende Auswertungslogik (also bspw. ob seine Aussage eine positive oder negative Bewertung nach sich zieht) nicht. Die Auswertung der Beurteilung (Gewichtung, Formulierung, Übersetzung in ein Leistungsergebnis) obliegt daher nicht dem Beurteiler selbst, sondern einer Auswertungsinstanz (häufig der Personalabteilung). Die Kennzeichnungsverfahren können als Freiwahlverfahren (vgl. Abb. 9.30) oder als Wahlzwangverfahren (vgl. Abb. 9.31) durchgeführt werden.

Während bei **Freiwahlverfahren** der Beurteiler die in einer Liste enthaltenen Leistungsmerkmale dahingehend überprüft, ob sie bei der entsprechenden Person zutreffen oder nicht, wird der Beurteiler beim **Wahlzwangverfahren** zu einer Differenzierung gezwungen, d. h, er muss zwischen den ihm vorgelegten Aussagen wählen.

Der Vorteil der Kennzeichnungsverfahren liegt in der Einfachheit der Durchführung. Der Beurteiler muss lediglich die ihm vorliegenden Aussagen prüfen und kennzeichnen. Die Formulierung und Bewertung erfolgt durch eine andere Instanz. Das

Spezifität

– Würde auch ein Dritter verstehen, was mit dem Ziel erreicht werden soll?
– Beinhaltet die Zielbeschreibung versteckte Annahmen, die später anders ausgelegt werden kann?

Messbarkeit

– Ist das Ziel in einer messbaren Dimension (Skalen, Ratings, Punkte, Zeit, …) beschrieben?

Anspruchsvoll (im englischen häufig auch *achievable* oder *actionable*)

– Erfüllt das Ziel die Erwartungen, die das Unternehmen an die Position stellt?
– Kann das Ziel erreicht werden und ist hierfür ein besonderes Maß an Einsatz notwendig?

Relevanz

– Wurde das Ziel aus der übergeordneten Planung abgeleitet?
– Lässt sich das Ziel in einen übergeordneten Planungsrahmen integrieren?

Terminierung
– Wann soll das Ziel erreicht sein?
– Hilft es/schadet es, wenn das Ziel früher/später erreicht wird?

Abb. 9.29: SMART-Regel.

	Ja	Nein
Hat er/sie gute Ideen?	○	○
Hat er/sie ein besonderes Interesse an der Arbeit gezeigt?	○	○
Verfolgt er/sie die unternehmenspolitischen Zielsetzungen?	○	○
Ist er/sie gegenüber Kunden freundlich?	○	○
Werden die Anweisungen der Führungskraft befolgt?	○	○
Werden bei der Aufgabenbearbeitung die richtigen Prioritäten gesetzt?	○	○
Hält er/sie zeitliche Vorgaben ein?	○	○

Abb. 9.30: Freiwahlverfahren.

Beurteilung eines Ausbilders

Kennzeichnen Sie die **zwei** Aussagen, die am besten zutreffen!

1. Hat Geduld mit langsam Lernenden.   ○
2. Vermittelt beim Unterricht Zutrauen.   ○
3. Erweckt Interesse und Aufmerksamkeit bei den Unterrichteten.   ○
4. Teilt Klasse die Lernziele der nächsten Stunde im voraus mit   ○

Abb. 9.31: Wahlzwangverfahren.

versetzt den Beurteiler in die Lage, ohne Vorbehalte (bspw. weil er einem Mitarbeiter keine schlechte Bewertung geben oder weil er nicht „schuld" an einer unterdurchschnittlichen Leistungsbewertung seines Mitarbeiters sein möchte) die Kennzeichnung durchführen. Das Ergebnis verantwortet dann die externe Instanz. Da diese Verfahren in der (psychometrischen) Konstruktion sehr aufwendig sind, haben sich die Kennzeichnungsverfahren in der Praxis nicht durchsetzen können, obwohl sie hinsichtlich der methodischen Gütekriterien der Validität und der Reliabilität durchaus positive Ergebnisse verzeichnen können. Ein weiterer Nachteil ergibt sich direkt aus dem oben angesprochenen Vorteil. Unternehmen wünschen sich von Führungskräften, dass sie sich gerade mit guten und schlechten Mitarbeiterleistungen auseinandersetzen sollen und nicht die Verantwortung einer Beurteilung einer externen Instanz überlassen (um Sätze wie „ich weiß auch nicht warum die Personalabteilung Ihre Leistung als schlecht auswertet" zu vermeiden).

Zusammenfassende Kritik der Leistungsbeurteilungsverfahren

Die Darstellung und Kritik der einzelnen Leistungsbeurteilungsverfahren zeigt, dass alle hinsichtlich methodischer Anforderungen, Praktikabilität und personalwirtschaftlicher Zielsetzungen Mängel aufweisen. Vor allem die am weitesten verbreiteten Einstufungsverfahren müssen zu den schwächsten Verfahren gerechnet werden, wenn sie sich auf abstrakte eigenschaftsorientierte Leistungsmerkmale beziehen. Methodisch besser abgesicherte Verfahren, wie bspw. verhaltensverankerte Beurteilungsskalen, sind auf der anderen Seite nur mit einem erheblichen Konstruktionsaufwand zu realisieren. Gleichzeitig lassen sie interpersonelle, unternehmensweite Vergleiche nur unter Einschränkungen zu.

Eine durchaus vertretbare Konsequenz ist, dass unter methodischen Gesichtspunkten die Anwendung von Leistungsbeurteilungsverfahren mit dem Ziel der leistungsbezogenen Entgeltdifferenzierung oder von Karriereentscheidungen völlig abgelehnt werden muss (vgl. Neuberger, 2001). Das einzig vertretbare Ziel ist hiernach, auf der Grundlage einer anforderungs- und tätigkeitsbezogenen Leistungsbeurteilung in ein Führungsgespräch einzutreten, Probleme zwischen dem Vorgesetzten und Mitarbeiter zu erörtern und dadurch eine Basis für die künftige Arbeit herzustellen. Formalisierte Beurteilungsverfahren werden somit zum Hilfsmittel für ein strukturiertes und auf konstruktive Handlungsempfehlungen ausgerichtetes Mitarbeitergespräch. Der vereinzelt vorgeschlagene völlige Verzicht auf formale Verfahren zugunsten eines „Mitarbeitergesprächs" kann insofern nicht überzeugen (vgl. Leonhardt, 2004, S. 91 ff.), da auch hier Leitfäden und Handreichungen für dessen Durchführung eingesetzt werden, die ebenfalls inhaltliche Leistungskriterien enthalten. Wird auf formale Verfahren verzichtet, besteht die Gefahr, dass willkürlich Beurteilungskriterien herausgegriffen werden, die in der Folge ebenfalls keine positiven Erwartungen bezüglich der methodischen Güte aufweisen dürften.

9.3.3 Beteiligungssysteme – Erfolgs- und Kapitalbeteiligung

Als konstitutives Kennzeichen für den Arbeitnehmer gilt in unserer Wirtschaftsordnung der vom jeweiligen betrieblichen Erfolg unabhängige Entgeltanspruch für geleistete Arbeit. Dessen Ermittlung und Differenzierung nach Anforderungen und individuellen Leistungsbeiträgen ist die Aufgabe von Entgeltsystemen.

Die Kapitalgeber dagegen tragen das finanzielle Risiko der unternehmerischen Tätigkeit, weshalb ihnen auch der Gewinn alleine zusteht.

Beteiligungssysteme beteiligen Arbeitnehmer über das Entgelt für geleistete Arbeit hinaus am Erfolg bzw. am Risiko des Unternehmens.

Auch wenn Mitarbeiterbeteiligungen immer wieder aus sozialpolitischen Gesichtspunkten diskutiert werden, stellen sie keine Sozialleistung dar, da Sozialleistungen originär unabhängig vom erbrachten oder noch zu erbringenden Leistungsbeitrag des Mitarbeiters gewährt werden. Beteiligungsmodellen wird dagegen stets – wenn auch in unterschiedlicher Form – eine leistungsbezogene Bemessungsgrundlage für die Ermittlung der Vergütungshöhe zugrunde gelegt.

Bei der Einführung von Beteiligungssystemen steht eine Palette von Gestaltungsalternativen zur Verfügung, aus der je nach Prioritätenlage geeignete Varianten gewählt werden können. Folgende Ziele und Argumente werden in diesem Zusammenhang diskutiert:

– **Verteilungspolitische Argumente**: Eine Umverteilung des Vermögens ist notwendig, da sich ein Großteil des Eigentums an Produktivvermögen auf wenige Markteinheiten (Unternehmen, Privathaushalte) konzentriert. Eine Änderung dieser Situation zugunsten einer breiteren Vermögensstreuung wird über Beteiligungssysteme angestrebt.

– **Gesellschaftspolitische Argumente**: Im Vordergrund gesellschaftspolitischer Argumente steht die Einschränkung wirtschaftlicher Macht durch eine breitere Vermögensstreuung und die Tendenz zur Gleichberechtigung der Faktoren Kapital und Arbeit. Dies bedeutet, dass mit dem Vermögensbeteiligungsmodell auch ein Partizipationsmodell verbunden wird.

– **Personalwirtschaftliche Argumente**: Mittlerweile werden Beteiligungssysteme, insb. die Erfolgsbeteiligung, aus einer leistungsorientierten Perspektive abgeleitet. Dahinter steht der Wille, dass aus einer Beteiligung am Erfolg des Unternehmens und an der veränderten Verteilungsrelation von Kapital eine höhere Arbeitsmotivation und -leistung der Mitarbeiter erwächst, die zudem positive Einflüsse auf Fluktuation und Fehlzeiten haben kann. Unter akquisatorischen Gesichtspunkten wird zudem eine höhere Attraktivität von Unternehmen mit einer Erfolgs- oder Kapitalbeteiligung als Vergütungsbestandteil am Arbeitsmarkt vermutet.

Gestaltungshinweise für erfolgreiche Beteiligungsmodelle:

– **Harmonisierung** der Zielsetzung des Beteiligungssystems und der Unternehmensstrategie,

– Beteiligungssysteme können gewünschtes Verhalten **honorieren**, aber **nicht erzeugen**,

– Belohnungseffekt ist am stärksten, wenn die eigene Leistung mit der Beteiligung **verknüpft** werden kann,

– Beteiligungssysteme müssen unterschiedliche **Risikobereitschaft** der Mitarbeiter abbilden können und

– positive Wirkung von Beteiligungssystemen hängt mit der **Transparenz**, **Akzeptanz** und mitarbeiterseitigen **Verfahrenskontrolle** zusammen.

Abb. 9.32: Erfolgsvoraussetzungen für Beteiligungssysteme.

In der Bundesrepublik Deutschland existiert kein offizielles Berichtswesen, in wie vielen Unternehmen Modelle der Mitarbeiterbeteiligung praktiziert werden, sodass die **Verbreitung** von Beteiligungsmodellen nur über Umfragen ermittelt werden kann.

Die beiden erstgenannten Argumente fanden vor allem in der Vergangenheit weite Verbreitung. Standen laut einer empirischen Untersuchung für die Bundesrepublik Deutschland für Beteiligungen in den 1970er-Jahren eher verteilungspolitische Motive im Vordergrund (vgl. Guski/Schneider, 1977, S. 32), so änderte sich dies spätestens in den frühen 1990er-Jahren. Seitdem dominieren personalwirtschaftliche Überlegungen als Gründe für die Einführung von Beteiligungssystemen.

Über die **Effizienz** von Beteiligungssystemen gibt es widersprüchliche empirische Ergebnisse, sodass diese mit Blick auf die Zielsetzung von Beteiligungsmodellen nicht generell befürwortet oder abgelehnt werden können. Dennoch lassen sich aus den Studien prinzipielle **Gestaltungshinweise** für die Einführung von Erfolgs- oder Kapitalbeteiligungen ableiten (vgl. Beblo/Wolf/Zwick, 2005, S. 80 ff., und Mez, 1991, S. 227 f.; Abb. 9.32):

– Beteiligung und Unternehmensphilosophie müssen harmonieren.

– Mitarbeiterkapitalbeteiligung kann erwünschtes Verhalten nicht erzeugen, nur honorieren und damit stabilisieren.

– Der Belohnungseffekt ist dort am stärksten, wo der Zusammenhang zwischen eigener Leistung und den Auswirkungen auf die Beteiligungsgröße wahrgenommen werden kann (also meist in kleineren Unternehmen oder Geschäftseinheiten).

– Bei der Gestaltung eines Beteiligungsmodells muss die differierende Risikobereitschaft der Belegschaft berücksichtigt werden, um eine möglichst große Attraktivität für diese zu erreichen.

– Die positive Wirkung eines Beteiligungsmodells hängt eng mit der Akzeptanz, Transparenz und mitarbeiterseitigen Verfahrenskontrolle zusammen.

Mit den Zielen einer Mitarbeiterbeteiligung in engem Zusammenhang steht auch die grundsätzliche Entscheidung, überbetriebliche oder betriebliche Beteiligungssysteme einzusetzen.

Überbetriebliche Beteiligung bedeutet, dass Arbeitnehmer bspw. einen Anteil am Gewinn der Unternehmen einer Branche erhalten. Dies soll über eine Zwischenschaltung eines allgemeinen Fonds oder Branchenfonds erreicht werden. Ziel ist also eine Beteiligung aller Arbeitnehmer an der Vermögensbildung. Vorschläge für derartige Fonds sind bisher von gewerkschaftlicher Seite erarbeitet worden (meist verbunden mit dem Wunsch nach staatlicher Absicherung des Fonds), konnten sich jedoch nicht durchsetzen.

Die **betriebliche Beteiligung** sieht eine Beteiligung der Arbeitnehmer an dem sie beschäftigenden Unternehmen vor. Damit steht nicht so sehr der Aspekt der Verteilungsgerechtigkeit im Vordergrund, sondern eher der Gedanke der betrieblichen Partnerschaft und der arbeitnehmerseitigen Einbindung in das wirtschaftliche Gefüge des Unternehmens. In der Praxis besitzen betriebliche Beteiligungsformen, häufig abgesichert durch kollektive Betriebsvereinbarungen, die größere Bedeutung.

Als Hauptformen von (betrieblichen) Beteiligungssystemen kommen die **Erfolgsbeteiligung**, bei der dem Personal Teile des Betriebsergebnisses zur Verfügung gestellt werden und die **Kapitalbeteiligung**, bei der dem Personal Gewinnanteile aus der Stellung als Kapitalgeber zufließen, in Betracht.

Erfolgsbeteiligungen

Die Erfolgsbeteiligung stellt einen zusätzlich zum tariflichen Entgelt gewährten Anteil am Betriebserfolg dar, der an den in Abb. 9.33 dargestellten Bemessungsgrundlagen ausgerichtet werden kann (vgl. Schneider, 2004, Sp. 715; Guski/Schneider, 1977).

Die **Ertragsbeteiligung** geht als Bemessungsgrundlage von Leistungs- und Marktgrößen aus (bspw. Umsatz, Wertschöpfung oder Ertrag). Dabei ist zu beachten, dass die Umsatzbeteiligung zur Ausschüttung kommt, ohne dass gemäß der Gewinn- und Verlustrechnung der nötige Spielraum vorhanden wäre. Zur Umgehung des Problems bieten sich Beteiligungen am Gewinn an.

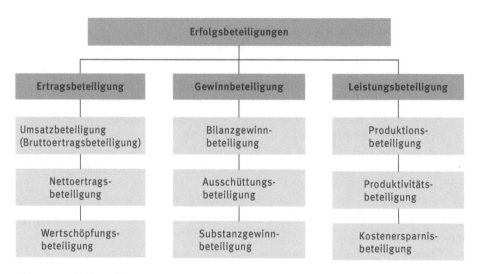

Abb. 9.33: Erfolgsbeteiligungen.

Tab. 9.17: Verbreitung und Ausgestaltung von Gewinnbeteiligungen (vgl. iwd, 2007).

Verbreitung von Gewinnbeteiligungen in Abhängigkeit der Unternehmensgröße

Unternehmensgröße	Verbreitung
1–4 Mitarbeiter	23,1 %
5–100 Mitarbeiter	26,0 %
101–199 Mitarbeiter	41,5 %
200–499 Mitarbeiter	35,4 %
500–1.999 Mitarbeiter	35,4 %
2.000 und mehr Mitarbeiter	75,0 %

Jahressonderzahlungen („Weihnachtsgeld") in Abhängigkeit vom Gewinn

Branche	Normalsatz und erfolgsabhängige Spanne
Bergbau	Normalsatz: 100 %, Spanne: 80–120 %
Chemische Industrie	Normalsatz: 95 % Spanne: 80–125 %
E.ON (Konzerntarifvertrag)	Zusätzliche Sonderzahlung bei normalen Geschäftserfolg 60 %, Spanne: 20–100 %
Deutsche Telekom (Firmentarifvertrag)	Festbetrag plus leistungs- und ergebnisbezogene Komponente
Privates Bankgewerbe	Normalsatz: 50 % Spanne: 0–100 %

Der **Gewinnbeteiligung** können unterschiedliche Formen des Gewinns, wie ausschüttungsfähiger Gewinn, Bilanzgewinn oder Substanzgewinn, zugrunde liegen. In der Praxis hat sich die Gewinnbeteiligung (häufig ausgedrückt durch Kennzahlen wie EBIT, EBITDA, Gewinn nach Handels- oder Steuerbilanz) als dominante Form der Erfolgsbeteiligung durchgesetzt, da der Erfolgsanteil nur fällig wird, wenn das Unternehmen auch Mittel zur Ausschüttung erwirtschaftet hat. Zudem sind Gewinnbeteiligungssysteme einfach konstruiert, überschaubar und benötigen selten Anpassungen an veränderte Umweltbedingungen.

Der **Leistungsbeteiligung** liegt die betriebliche Leistung als Bemessungsgrundlage zugrunde. Bei Überschreiten einer vereinbarten Normalleistung muss ein Erfolgsanteil unabhängig von Markteinflüssen ausgezahlt werden. Leistungsbeteiligungen können bspw. auch dann eingesetzt werden, wenn Erfolgsbeteiligungen als Anreizinstrument gewährt werden sollen, in einzelnen Geschäftseinheiten aber kein abgrenzbarer Gewinn ausgewiesen wird.

In der Praxis spielt der Tarifvertrag als Rechtsgrundlage für Beteiligungssysteme nur eine untergeordnete Rolle. Es existieren nur wenige Branchen, die tarifvertraglich Erfolgsbeteiligungen vorsehen. Daher werden Beteiligungssysteme meist über Betriebs- bzw. einzelvertragliche Vereinbarungen geregelt (vgl. Tab. 9.17).

Kapitalbeteiligung

Merkmal der Kapitalbeteiligung ist die Kapitaleinlage der Arbeitnehmer. Bei der Wahl der Form der Kapitalbeteiligung spielen rechtsformspezifische Aspekte, Haftungsaspekte, steuerliche Aspekte und Mitsprache eine Rolle. Grundsätzlich können eine Be-

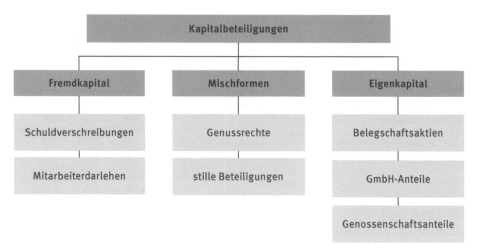

Abb. 9.34: Kapitalbeteiligungen.

teiligung auf Fremd- oder Eigenkapitalbasis sowie Mischformen unterschieden werden (vgl. Abb. 9.34).

Formen der Fremdkapitalbeteiligung können bspw. Mitarbeiterdarlehen oder Mitarbeiterschuldverschreibung sein, wobei der Mitarbeiter für das von ihm zur Verfügung gestellte Kapital einen Zins vom Unternehmen erhält. Der Mitarbeiter hat jedoch keine Partizipationsmöglichkeit aufgrund seiner Fremdkapitaleinlage. Anders ist dies grundsätzlich bei der Eigenkapitalbeteiligung. Formen wie Belegschaftsaktien und die sog. stille Beteiligung haben hierbei die größte praktische Bedeutung. Bei der Ausgestaltung ist bspw. denkbar, dass Erfolgs- und Kapitalbeteiligung nebeneinander bestehen, wobei es dem Personal freigestellt ist, für welches System es sich entscheidet und/oder ob Erfolgsanteile zum Erwerb von Kapitalanteilen verwendet oder ausgeschüttet werden. Alternativ ist es auch möglich, Erfolgs- und Kapitalbeteiligung so zu verknüpfen, dass der Erfolgsanteil zur Kapitalbildung verwendet wird und damit im Unternehmen verbleibt. Das Personal erhält dann neben dem Grundentgelt einen Erfolgsanteil und einen Gewinnanteil aufgrund der Kapitalbeteiligung.

9.3.4 Sozial- und Zusatzleistungen

Betriebliche Sozial- oder Zusatzleistungen dienen nicht der unmittelbaren Abgeltung von bisherigen oder zukünftigen Arbeitsleistungen, sondern orientieren sich meist an Bezugspunkten wie Betriebszugehörigkeit, Hierarchie oder Status von Arbeitnehmern oder Gruppen von Arbeitnehmern (bspw. Führungskräfte auf einer bestimmten Ebene).

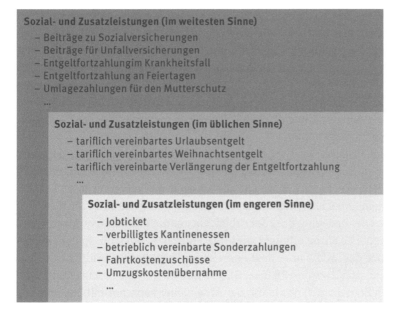

Abb. 9.35: Sozial- und Zusatzleistungen.

Betriebliche Sozial- und Zusatzleistungen umfassen vom Betrieb früheren und aktuellen Mitarbeitern sowie deren Familienangehörigen gewährte Sachgüter, Dienstleistungen, Nutzungen und Zahlungen, die über das vereinbarte Arbeitsentgelt hinausgehen.

Bei der Definition von Sozial- und Zusatzleistungen (vgl. Abb. 9.35) kann nach der jeweiligen zugrunde liegenden **Reglungsebene** unterschieden werden in gesetzliche (sehr weite Definition), tarifliche (übliche Definition) und zusätzliche bzw. freiwillige Zusatzleistungen (enge Definition). Alle Zusatzleistungen werden finanziell vom Betrieb getragen und dort als Personalaufwand ausgewiesen.

Unter **gesetzlichen Sozialleistungen** sind in erster Linie die Sozialversicherungsbeiträge des Arbeitgebers zu fassen. Dazu zählen die Beiträge zur Renten-, Kranken-, Pflege- und Arbeitslosenversicherung. Zu den gesetzlichen Sozialleistungen zählen ferner die Entgeltfortzahlung im Krankheitsfall, die Beiträge zur Betriebsunfallversicherung, Zahlungen im Rahmen von Mutterschutz oder bezahlte Feiertage. Die sehr weite Definition von Zusatzleistungen entspricht am ehesten dem Begriff der betrieblichen Sozialleistung.

Tarifvertraglich festgelegte Sozial- und Zusatzleistungen beziehen sich inhaltlich auf Arbeitszeit, Rentenbeihilfe, Urlaub/Bildungsurlaub, Arbeitsbedingungen, Rationalisierungsschutz, Entgeltfortzahlung über die gesetzliche Fortzahlungsgrenzen hinaus und besonderen Kündigungsschutz.

Freiwillige Zusatzleistungen sind Leistungen, auf die Arbeitnehmer zunächst keinen gesetzlichen oder tarifvertraglichen Anspruch haben. Die Entscheidung über deren Einführung, Ausgestaltung und Abschaffung unterliegen der betrieblichen Mitbestimmung. Ebenso besteht nach mehrmaliger – meist dreimaliger – Gewährung ein Rechtsanspruch der Arbeitnehmer auf diese Leistungen aufgrund betrieblicher Übung. Beispiele hierfür sind zusätzliche Zahlungen wie das sog. Weihnachtsgeld oder Urlaubszuwendungen, Tankgutscheine, Fahrtkostenzuschüsse oder Kostenübernahme von Kindergartengebühren.

Freiwillige Zusatzleistungen werden entweder auf Einzelvertragsebene oder – verbreiteter – über eine Betriebsvereinbarung geregelt. Fragen der Mitbestimmung ergeben sich bei der Höhe der für freiwillige Sozialleistungen zur Verfügung gestellten Mittel, deren allgemeine Zweckbestimmung sowie die Festlegung des zu begünstigenden Personenkreises. Dies bedeutet, dass der Arbeitgeber einmalig alleine verfügen kann, dass eine bestimmte Leistung erbracht wird (die Frage des „ob"), die spätere Ausgestaltung (die Frage des „wie") unterliegt dann in der Folge der Mitbestimmung (§ 87 Abs. 1 Nr. 8–10 und Abs. 2 sowie § 88 BetrVG). § 87 BetrVG beinhaltet echte Mitbestimmungsrechte des Betriebsrats, das heißt, der Arbeitgeber kann nur mit Zustimmung des Betriebsrats handeln. Kommt keine Einigung bspw. über den begünstigten Personenkreis oder das Verfahren der Mittelverteilung zustande, entscheidet die Einigungsstelle.

Da sich gesetzlich verankerte Zusatz- oder Sozialleistungen und tariflich vereinbarte Leistungen der Gestaltung des einzelnen Arbeitgebers entziehen, kann sich die betriebliche Anreizgestaltung nur auf die freiwilligen betrieblichen Zusatzleistungen beziehen. Hier muss der Arbeitgeber Entscheidungen vor dem Hintergrund **strategischer** und **finanzieller** Überlegungen treffen.

Strategische Ziele der Anreizgestaltung durch betriebliche Zusatzleistungen haben sich im Zeitablauf gewandelt. Stand früher noch das Motiv der sozialen Sicherheit im Vordergrund, dominieren heute eher ökonomische Motive, bspw. Motivation der Arbeitnehmer zur Leistungssteigerung, Akquisition von Mitarbeitern am Arbeitsmarkt oder Bindung der Mitarbeiter an das Unternehmen. Hieraus ergeben sich Berührungspunkte und Abstimmungsbedarf mit anderen personalwirtschaftlichen Instrumenten wie Personalbeschaffung, Personalentwicklung und Personalführung. Dieser Perspektivwandel hat auch auf Arbeitnehmerseite stattgefunden. Während früher Zusatzleistungen als Erfüllung des Bedürfnisses nach sozialer Sicherheit verstanden wurden, werden heute viele Leistungen (wie bspw. das Weihnachtsgeld) mit sozialer Funktion gewohnheitsmäßig gewährt und damit als Selbstverständlichkeit betrachtet (vgl. im Folgenden Oechsler/Kastura 1993).

In einer Zeit der Flexibilisierung und Individualisierung ist es daher fraglich, ob die Funktionen betrieblicher Zusatzleistungen noch erfüllt werden können, wenn aufgrund der umfangreichen, starren und kostenintensiven gesetzlichen und tariflichen Vorgaben auf Unternehmensebene nur ein geringer **finanzieller** Gestaltungsspielraum verbleibt. Gerade auf betrieblicher Ebene können die sich wandelnden

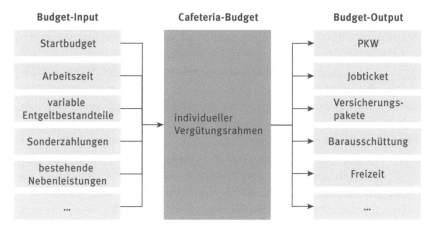

Abb. 9.36: Cafeteria-Modell.

Bedürfnisse von Arbeitnehmern bzw. Arbeitnehmergruppen am deutlichsten erkannt werden, worauf dann ein individuell und flexibel ausgestaltetes Angebot an freiwilligen Sozialleistungen eine Antwort sein kann, das als Motivator interpretierbar ist. Es wäre also im Zuge des gesellschaftlichen Wertewandels und gesellschaftlicher Individualisierungstendenzen zu diskutieren, den betrieblichen Handlungsspielraum bezüglich freiwilliger betrieblicher Sozialleistungen zu Lasten von gesetzlichen und tariflichen Regelungen zu vergrößern. Dadurch könnten auch alternative Modelle, wie bspw. das **Cafeteria-Modell**, umsetzbar werden. So könnte das heute vorherrschende „Gießkannenprinzip", nach dem Zusatzleistungen pauschal für Arbeitnehmer oder Arbeitnehmergruppen verteilt werden, zugunsten einer individualisierten Verteilungslogik verändert werden.

Im Rahmen des Cafeteria-Modells haben Mitarbeiter die Möglichkeit, zwischen verschiedenen Leistungen innerhalb eines vorgegebenen Budgets zu wählen (vgl. Abb. 9.36). Es existiert also ein **Wahlangebot** mit einer Reihe von Alternativen, aus denen die Arbeitnehmer periodisch wiederkehrend diejenigen wählen können, die am ehesten ihrer aktuellen Bedürfnis- und Finanzlage entsprechen (vgl. hierzu und im Folgenden Wagner, 2004, Sp. 631 ff.). Umsetzbar wäre dies bspw., indem Mitarbeiter je nach Status, Betriebszugehörigkeit oder Hierarchie unterschiedlich hohe Punktebudgets zur Verfügung gestellt bekommen. Mit diesem können sie die vom Arbeitgeber angebotenen und mit einem Punktewert versehenen Zusatzleistungen wählen bzw. „einkaufen".

Die innerhalb eines Cafeteria-Systems anzubietenden Leistungen (Auswahlelemente) müssen mit Blick auf die Arbeitgeber- und Arbeitnehmerseite festgelegt werden. Aus Mitarbeitersicht sind solche Elemente dann attraktiv, wenn es sich um Barauszahlungen handelt, sich dadurch ein höheres Nettoeinkommen ergibt oder der individuelle Nutzen der Mitarbeiter bezogen auf immaterielle Werte ansteigt. Die Attraktivität freiwilliger Sozialleistungen für die Arbeitgeberseite hängt von finanziellen Gesichtspunkten ab. Einerseits kann das Nettoeinkommen (und die damit verbundene Motivationswirkung) durch die Nutzung von Steuervorteilen erhöht werden (bspw. durch das Angebot von Firmenwagen, Direktversicherungen und zusätzlichen Unfallversicherungen). Andererseits hat das Unternehmen die Möglichkeit, größendegressionsbedingte Vorteile zu nutzen, da Unternehmen meist günstigere Konditionen erhalten als Einzelpersonen, bspw. beim Abschluss von Leasingverträgen oder Gruppenversicherungen. So kann das Unternehmen den Arbeitnehmern Leistungen zu Kosten anbieten, die niedriger liegen als der Wert, der ihnen von Arbeitnehmerseite zugemessen wird. Dies kann eine Alternative zur Erhöhung des Bruttoentgeltes sein, da diese bei Arbeitnehmern mit einer hohen individuellen Steuerbelastung nur zu einer relativ geringen Steigerung des Nettogehalts führt.

Nicht entgelterhöhende Maßnahmen wirken in erster Linie dann, wenn sie immaterielle Bedürfnisse der Arbeitnehmer ansprechen. Dem Bedürfnis nach mehr Selbstbestimmung kann bspw. mit flexiblen Regelungen zur Urlaubsabgeltung oder Arbeitszeitfestlegung Rechnung getragen werden.

Zudem kann das Unternehmen Leistungen anbieten, deren Kosten die Mitarbeiter tragen. Der Vorteil für die Mitarbeiter liegt in diesem Fall darin, dass das Unternehmen Angebotsbeschaffung und -organisation übernimmt, wozu der Arbeitnehmer als Einzelner nicht in der Lage wäre. Hierunter fällt bspw. das Angebot von Kindergartenplätzen und Firmenwohnungen. Unternehmen können somit durchaus wirksame freiwillige Sozialleistungen anbieten, ohne die Kostenbelastung allzu hoch werden zu lassen.

Die Akzeptanz und Wirkung betrieblicher Sozialleistungen ist am größten, wenn die Beschäftigten selbst gewünschte Systemelemente vorschlagen können, bspw. im Rahmen einer Mitarbeiterbefragung.

Nach der Entscheidung, welche Nebenleistungen angeboten werden, sollte dieses Angebot in frei wählbare und fixe Leistungen unterteilt werden, das heißt jedem Mitarbeiter zukommende Sozialleistungen. Nach Art der Leistungen wird zunächst bestimmt, welche Elemente nicht frei wählbar sind, also Elemente des sog. Kernsystems werden. In diesem Bereich fallen Leistungen, die als „Wahlleistungen" nicht infrage kommen können oder die allen Mitarbeitern zufließen. Hierzu zählen bspw. Maßnahmen für mehr Arbeitssicherheit und Unfallschutz oder das Kantinenangebot. Als Wahlleistungen sollten Elemente eingebunden werden, die einkommenssteuerlich vorteilhaft und kostenmäßig quantifizierbar sind. Diese Elemente können den Mitarbeitern völlig frei zur Wahl gestellt oder bereits zu Bündeln, das heißt zu Leistungspaketen zusammengefasst, angeboten werden.

Auch wenn mit Cafeteria-Modellen viele Vorteile verbunden werden (Motivationswirkung, Sichtbarmachen von Arbeitgeberleistungen, Bedürfnisbefriedigung durch individuelle Auswahl von Zusatzleistungen, größere Auswahl an möglichen Leistungen, Arbeitnehmer ist nicht nur Entgeltempfänger, sondern Entgeltgestalter, usw.), haben sich Cafeteria-Modelle nicht flächendeckend durchgesetzt. Die Zurückhaltung von Arbeitgeberseite lässt sich auf mehrere Ursachen zurückführen.

Tab. 9.18: Personalkosten in Deutschland (eigene Berechnung in Anlehnung an iwd, 2012a, S. 8).

Vertraglich vereinbartes Entgelt	100,00 Euro
Vergütung für arbeitsfreie Tage	
Urlaub	13,37 Euro
Bezahlte Feiertage	5,35 Euro
Entgeltfortzahlung bei Krankheit	4,68 Euro
Sonderzahlungen	
Weihnachtsgeld, Urlaubsgeld, …	9,89 Euro
Vermögensbildung	0,53 Euro
Sozial- und Zusatzleistungen	
Beiträge zu Sozialversicherungen	19,20 Euro
Betriebliche Altersvorsorge	7,49 Euro
Sonstige Personalkosten (Ausbildung, …)	5,61 Euro
Personalkosten, inkl. Sozial- und Zusatzleistungen	162,82 Euro

So bleibt nach Festlegung der Kernbestandteile, die das Unternehmen aufgrund seiner Fürsorgepflicht oder gesetzlicher Notwendigkeit allen Mitarbeitern gewähren will, häufig nur wenig finanzieller Spielraum für attraktive Leistungen übrig, die wahlweise angeboten werden können. Eine Übersicht über mögliche Nebenkosten, die zuzüglich zum vertraglich vereinbarten Entgelt gezahlt werden müssen findet sich in Tab. 9.18. Weitere Nachteile bestehen in der zeitlichen Bindung bestimmter Optionen (bspw. Mitarbeiterdarlehen) und der Höhe des Verwaltungsaufwands sowie der Komplexität der Abwicklung (bspw. bei der Abwicklung von Lebensversicherungen).

9.4 Entgeltermittlung differenziert nach Entgeltempfängern

Nachdem auf die theoretischen und konzeptionellen Grundlagen der Entgeltfindung eingegangen wurde, ist es hilfreich, auf die Besonderheiten der Entgeltfindung einzelner Gruppen von Entgeltempfängern aufmerksam zu machen. Im Folgenden beziehen sich die Ausführungen auf die Besonderheiten der Lohn- und Gehaltsfindung für Arbeiter und Angestellt (vgl. Kap. 9.4.1), Führungskräfte (vgl. Kap. 9.4.2), ins Ausland entsandte Mitarbeiter (vgl. Kap. 9.4.3) und für Beamte bzw. Mitarbeiter im öffentlichen Dienst (vgl. Kap. 9.4.4).

9.4.1 Lohn- und Gehaltsfindung für Arbeiter und Angestellte

Traditionell wurde zwischen Entgeltformen für Arbeiter einerseits und Angestellte andererseits unterschieden. Die Unterscheidung zwischen Arbeitern und Angestellten wurde dabei inhaltlich entlang der Art der ausgeübten Tätigkeit vorgenommen.

Tab. 9.19: Angleichungsprozess von Arbeitern und Angestellten (vgl. Meine, 2005, S. 79).

Jahr	Arbeits- und Sozialrecht	Tarifliche Regelungen (ME-Industrie)
1956		Lohnfortzahlung auch für Arbeiter
1957	Angleichung der Leistung der Rentenversicherung	
1969	Lohnfortzahlungsgesetz	
1973		Angleichung der Gehälter von kaufmännischen und technischen Angestellten
1989	Einheitliche gesetzliche Krankenversicherung	
1993	Einheitliche gesetzliche Kündigungsfristen	
1994		Monatslohn statt Stundenlohn
2001	Keine Unterscheidung zwischen Arbeiter und Angestellte im Betriebsverfassungsgesetz	
2003		Gemeinsame Entgeltfindung (Verfahren und Tabellen) für Arbeiter und Angestellte
2005	Einheitliche Rentenversicherung	

Als **Arbeiter** wurden Arbeitnehmer bezeichnet, die im Rahmen ihres Arbeitsverhältnisses überwiegend körperlich-mechanisch tätig sind; als **Angestellte** wurden die Arbeitnehmer bezeichnet, deren Tätigkeit überwiegend geistig-gedanklich ist.

Häufig wurde die Klassifizierung als Arbeiter oder Angestellte am jeweiligen Arbeitsort – Arbeiter arbeiten in der Produktionshalle, Angestellte arbeiten im Büro – festgemacht.

Die Unterscheidung war aber nicht nur sprachlicher Natur – Arbeiter bekamen Lohn, Angestellte Gehalt –, sondern auch rechtlich bedeutend. Gesetze oder Tarifverträge sahen unterschiedliche Leistungen, Fristen oder Instrumente zur Entgeltfindung vor (vgl. Tab. 9.19).

In den vergangenen Jahrzehnten kam es durch die kontinuierliche Aufwertung von Facharbeit und einer Rückverlagerung von dispositiven Elementen in die Produktion zu einer Angleichung zwischen Arbeitern und Angestellten (vgl. Abb. 9.37). Im Bereich der Fertigung werden ehemals getrennte Aufgabenbereiche integriert.

Die neuen Aufgabenzuschnitte enthalten dabei häufig Elemente, die ehemals als vor- oder nachgelagerte Tätigkeiten, als „indirekte" Arbeit von Facharbeitern im Zeitlohn verrichtet wurden (bspw. Arbeitsvorbereitung oder Disposition). Arbeiter führen also zunehmend planende und dispositive Tätigkeiten aus, die bisher Angestellten vorbehalten waren. Diese Entwicklung stellte die herkömmliche Unterscheidung in Arbeiter und Angestellte, die durch tayloristische Arbeitszuschnitte verfestigt wurde, grundsätzlich infrage.

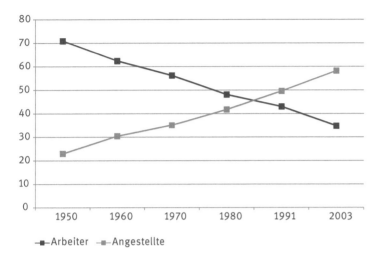

Abb. 9.37: Anteil der Arbeiter und Angestellten an den Gesamtbeschäftigen in % (vgl. Meine, 2005, S. 80).

Nachdem in der Vergangenheit im Bundesentgelttarifvertrag für die chemische Industrie gemeinsame Entgeltrahmentarifverträge für Arbeiter und Angestellte abgeschlossen wurden, konnte dies nun auch in größeren Branchen (bspw. der Metall- und Elektroindustrie (ERA-TV) oder dem öffentlichen Dienst (TVöD)) erreicht werden.

Die bis dahin vorgenommene Unterscheidung von Entgeltformen für Arbeiter und Angestellte erscheint in diesem Zusammenhang heute kaum mehr brauchbar. Es bleibt aber zu vermuten, dass ein gewisses Beharrungsvermögen der Kategorien Arbeiter und Angestellte in der betrieblichen Realität gegeben sein wird, auch wenn die objektiven Abgrenzungskriterien und rechtlichen Folgen längst entfallen sind. So ist und bleibt die Unterscheidung in Arbeiter und Angestellte immer noch im Alltagsbewusstsein und in der betrieblichen Wahrnehmung und Sprache fest verankert.

Im Folgenden werden daher typische Entgeltformen für Arbeiter und Angestellte entlang der Entgeltsystematik systematisiert und erläutert.

Grundentgelt bei Arbeitern und Angestellten

Die übliche Form des Grundentgelts ist heute sowohl bei Arbeitern als auch Angestellten der **Zeitlohn**. Bei der Entlohnung in Form des Zeitlohns wird das Arbeitsentgelt nach Dauer der Arbeitszeit (bspw. Jahres, Monats-, Wochen-, Tages-, Stundenentgelt) ohne direkten Bezug zur erbrachten Arbeitsleistung gewährt (dies gilt auch bei einer Arbeitszeitregelung, die bspw. auf Vertrauensarbeitszeit setzt; hier ist die für die Entgeltfindung maßgebliche Zeiteinheit meist der Monat). Da allein die Anwesenheitszeit ausschlaggebend ist, wird beim reinen Zeitlohn davon ausgegangen, dass der Arbeitnehmer zumindest im Durchschnitt eine für allgemein üblich gehaltene, im Übrigen auch juristisch sanktionierbare, „Normalleistung" erbringt. Trotz einer dadurch sich entwickelnden Kontrollproblematik (wer hat was und wie viel gearbeitet) ist der Zeitlohn mittlerweile auch im gewerblichen Bereich die am weitesten verbreitete Lohnform. Der Zeitlohn wird aufgrund seiner einfachen Berechenbarkeit dann gewählt, wenn keine direkte Beeinflussbarkeit der quantitativen Arbeitsleistung gegeben ist. Darüber hinaus wird diese Form der Vergütungsfindung dann eingesetzt, wenn qualitative Anforderungen wie Sorgfalt, Gewissenhaftigkeit oder Präzision die Arbeitsaufgabe dominieren, sodass kein Anreiz für quantitative Mehrleistung besteht und auch nicht wünschenswert wäre (bspw. bei Arbeiten mit hoher Unfallgefahr).

Variationen des Zeitlohns, bspw. das **Qualifikationsentgelt** (vgl. Kap. 9.3.1) oder sog. Skill-based-pay-Systeme, bei denen das Grundentgelt von der vom Mitarbeiter angebotenen Qualifikation abhängt, konnten sich nicht durchsetzen.

Leistungsentgelt

Bei der Bestimmung des Leistungsentgelts sind die Unterschiede zwischen Arbeitern und Angestellte am deutlichsten zu sehen. Während Angestellten über Jahrzehnte keinen oder nur einen geringen leistungsbezogenen Entgeltanteil (meist über eine Leistungsbeurteilung anhand unterschiedlicher Dimensionen, vgl. Kap. 9.3.2) gewährt wurde, werden Arbeiter in einigen Betrieben auch heute noch unmittelbar leistungsbezogen im **Akkord** vergütet.

Akkordlohn vergütet im Gegensatz zum Zeitlohn nicht die Dauer der Arbeit, sondern die dabei erzielte Arbeitsleistung.

Durch die direkte Kopplung von Arbeitsleistung und Lohnhöhe soll der Anreiz geschaffen werden, die Ausbringungsmenge pro Zeiteinheit zu erhöhen (vgl. Hentze, 2004, Sp. 1107 ff.). Die Voraussetzungen der Akkordfähigkeit, Akkordreife und an die Ausbringungsmenge sind in Tab. 9.20 dargestellt. Der Hintergrund der Voraussetzungen wird deutlich, wenn man sich die Ermittlung des Akkordlohns betrachtet.

Der Akkordlohn wird wie folgt ermittelt: Als Bezugsleistung zum Vergleich mit der tatsächlichen Leistung der Arbeitnehmer wird üblicherweise die von der REFA (gegründet als „Reichsausschuß für Arbeitszeitermittlung" (REFA), heute „Verband für Arbeitsgestaltung, Betriebsorganisation und Unternehmensentwicklung") definierte Normalleistung gewählt.

Tab. 9.20: Voraussetzungen für Akkordvergütung.

Akkordfähigkeit: Arbeit ist	**Akkordreife:** Arbeitsablauf	**Ausbringungsmenge:**
– im Voraus bekannt	– frei von Mängeln, standardisiert	– ist durch den Arbeiter beeinflussbar
– gleichartig	– mit Normalleistung erlernbar	
– regelmäßig wiederkehrend	– mit Normalleistung beherrschbar	
– messbar		

Begriffe		Annahmen	
tariflicher Grundlohn GL (€/h):	laut Tarifvertrag	tariflicher Grundlohn:	14 €
Akkordzuschlag AZ (%):	laut Tarifvertrag	Akkordzuschlag:	20 %
Akkordrichtsatz AR (€):	GL + AZ	Vorgabezeit pro Stück:	10 Minuten
Akkordsatz AS:	AR/Vorgabezeit	Ist-Leistung:	7 Stück/Stunde
Minutenfaktor:	AR/60		
Vorgabezeit:	Soll-Zeit pro Stück		
Ist-Leistung:	erbrachte Leistung		

Beispiel: Zeitakkord	**Beispiel: Geldakkord bzw. Stückakkord**
Formel: Ist-Leistung × Vorgabezeit × Minutenfaktor	Formel: Akkordsatz × Ist-Leistung
Beispiel: $7 \text{ Stk} \times 10 \frac{\text{Min}}{\text{Stk}} \times 0{,}28 = 19{,}60 \text{ €/h}$	Beispiel: $\frac{14 \text{ €} \times 20\,\%}{6 \text{ Stück/h}} \times 7 \text{ Stk/h} = 19{,}60 \text{ €/h}$

Abb. 9.38: Beispiel für Zeit- und Geldakkord.

Normalleistung bezeichnet eine Leistung, die von einem geeigneten und eingearbeiteten Beschäftigten bei normalem Kräfteeinsatz ohne Gesundheitsschädigung auf Dauer erreichbar ist.

Die reale mengenmäßige Ist-Leistung der einzelnen Arbeitnehmer wird nun mit dieser Normalleistung verglichen. Erbringen die Arbeitnehmer tatsächlich die „Normalleistung", erhalten sie den **Akkordrichtsatz**. Der Akkordrichtsatz besteht aus zwei Komponenten: Zum einen wird ein tariflich garantierter Grundlohn ausgezahlt, der zumeist einem anforderungsorientierten Zeitlohn entspricht. Die zweite Komponente des Grundlohns bildet der **Akkordzuschlag** in Prozent des tariflichen Mindestlohns (ca. 10–20 %). Durch den Akkordzuschlag liegt der Grundlohn höher als der Tarifgrundlohn. Die Arbeitnehmer erhalten den Akkordzuschlag bereits bei Erbringung der Normalleistung, um die grundsätzlich bestehende Bereitschaft zum Akkord und die höhere Arbeitsintensität im Vergleich zum Zeitlohnarbeiter auszugleichen.

Das geschilderte Grundprinzip wird in Form des **Stückakkords** (synonym auch: Geldakkord) und des **Zeitakkords** angewandt (vgl. Abb. 9.38).

Beim **Stück-** oder **Geldakkord** wird direkt ein bestimmter Geldsatz pro Mengeneinheit festgelegt. Dem Arbeiter wird so pro Werkstück ein bestimmter Geldsatz gutgeschrieben und vergütet. Der Arbeiter erhält dann mehr Lohn, wenn er mehr Werkstücke herstellt, als die Normalleistung vorsieht.

Beim gebräuchlicheren **Zeitakkord** wird für die Ausführung einer Tätigkeit bei Normalleistung eine bestimmte Arbeitszeit vorgegeben. Diese Zeit heißt Vorgabezeit. Hält der Arbeitnehmer diese Zeit ein, erhält er den Grundlohn nebst Akkordzuschlag, unterschreitet er sie, ist also schneller als die vorgesehene Normalleistung, führt dies zu einem Mehrverdienst.

Der Grund für die häufigere Anwendung des Zeitakkords besteht darin, dass bei Tarifänderungen lediglich die Veränderungen des Geldfaktors je Vorgabezeit vorge-

Abb. 9.39: Zeitarten bei der Erfassung der Soll-Zeit (vgl. REFA (Hrsg.), 1992).

nommen werden müssen, wogegen beim Stückakkord alle Geldsätze je Mengeneinheit neu zu berechnen sind.

Durch das Beispiel wird deutlich, dass Akkordvergütung „**politisch**" aufgeladen ist, da sich zwischen Arbeitgeber und Arbeitnehmern ein **Zielkonflikt** entwickelt. So haben die Arbeitgeber ein Interesse daran, die Normalleistung möglichst hoch anzusetzen und die Vorgabezeiten möglichst gering zu wählen. Die Arbeitnehmer verfolgen entgegengesetzte Absichten (bspw. Rationalisierungsbemühungen nicht in die Vorgabezeit zu integrieren oder Ausfallzeiten in die Normalleistung einzuberechnen). Um diesen Konflikt zu lösen, hat sich bei der Ermittlung von Vorgabe- bzw. Auftragszeiten durchgesetzt, dass ein externer Dritter, bspw. ein REFA-Ingenieur, Arbeitszeitstudien zur Ermittlung der Vorgabezeit durchführt. Der Vorteil liegt dann darin, dass die Ermittlung von Vorgabezeiten durch standardisierte, das heißt betriebs- und branchenübergreifende Instrumente und Wege erfolgt und als Methode von Arbeitgebern und Arbeitnehmern zur **Konfliktlösung** akzeptiert wird.

Exemplarisch für solche Arbeitszeitstudien soll das REFA-Schema der Zeitmessung und -erfassung vorgestellt werden (vgl. Abb. 9.39). Dabei wird die benötigte Arbeitszeit untergliedert, sodass eine Zuordnung der Arbeitsschritte zu Ausführungszeiten, Rüstzeiten, persönlichen Pausen und ablaufbedingten Unterbrechungen möglich wird.

Auf der Grundlage dieser Zeitkomponenten gliedert sich die Vorgabe- oder Auftragszeit für ein bestimmtes Werkstück in Rüst- und Ausführungszeit. **Rüstzeiten** sind dabei Zeiten für die Vorbereitung einer Ausführung (bspw. durch Reinigung der Maschine oder vorbereitende Einstellungen). Die **Ausführungszeit** ergibt sich aus der tatsächlichen Bearbeitung des Werkstücks. Die hier interessierende Vorgabezeit pro Stück besteht aus der Grund-, Erholungs- und Verteilzeit. Die Grundzeit besteht aus der Sollzeit für alle Abläufe, die zur Erstellung eines Werkstücks erforderlich sind. Sie enthält die Tätigkeitszeiten und auch ablaufbedingte (planmäßige) Unterbrechungen (bspw. Trocknungszeiten oder Maschinenlaufzeiten). Die Erholungszeit besteht aus

Tab. 9.21: Vor- und Nachteile der Akkordvergütung.

Vorteile	Nachteile
– Hohe Anreizwirkung – Einfache Berechnung der Vergütung – Anforderungs- und Leistungsgerechtigkeit – (Ertragsbezogene) Planungssicherheit für Unternehmen	– Interessengegensätze zwischen Arbeiter und Arbeitgeber werden offengelegt – Basieren auf dem Mitarbeiterbild des Scientific Managements – Sozialer Druck durch Kollegen im Gruppenakkord – Akkordvergütung führt zu Puffern und gebundenem Kapital – Anreize werden zur Erhöhung der Ausbringungsmenge gesetzt, nicht zur Steigerung der Qualität

den für das Personal notwendigen Regenerationszeiten, die zur Erstellung eines Werkstücks erforderlich sind. In der Verteilzeit werden unregelmäßig auftretende Unterbrechungen berücksichtigt, die störungsbedingt (sachliche Verteilzeit) oder persönlich bedingt (persönliche Verteilzeit) sein können.

Durch die Darstellung werden die Vor- und Nachteile der Akkordvergütung im Vergleich mit dem Zeitlohn deutlich (vgl. Tab. 9.21).

Als **Vorteil** der Akkordvergütung wird die hohe Anreizwirkung genannt, die über den Mechanismus der Ausbringungsmenge Leistungsgerechtigkeit herstellt. Ebenso wird die einfache Berechnung der Vergütung (Ausbringungsmenge mal Akkordlohn) sowie die Planungssicherheit genannt. Als **nachteilig** wird angesehen, dass der Akkordlohn in einem Bereich von Interessenkonflikten angesiedelt ist, der zu einem grundsätzlichen Misstrauen zwischen Arbeitgeber und Arbeitnehmer führen kann. Als weiterer Nachteil wird angeführt, dass das Vorgehen zur Bestimmung von Vorgabezeiten und die damit einhergehende Lohnermittlung eher zum Mitarbeiterbild des Scientific Managements passt, jedoch der Rolle des Mitarbeiters als Humanvermögen nicht gerecht wird.

Ebenso wird in der Variante des Gruppenakkords (Mehr- und Minderleistungen gegenüber der Normalleistung werden auf Basis der durchschnittlichen Gruppenleistung berechnet) angeführt, dass hier sozialer Druck der Mitarbeiter untereinander aufgebaut wird, da leistungsschwächere Mitarbeiter den gemeinsam erarbeiteten Mehrverdienst schmälern. Als weiterer Nachteil wird angeführt, dass der mit der Akkordvergütung immanente Anreiz, an einzelnen Stellen die Ausbringungsmengen zu erhöhen und damit in Puffern und Lager Kapital zu binden, betriebswirtschaftlich nicht sinnvoll erscheint. Auch die aktuelle hohe Qualitätsorientierung bezüglich der zu erstellenden Endprodukte stellt den Akkordlohn zunehmend infrage. Nicht die quantitative Leistung ist primär im Blickpunkt, sondern die qualitative, was sich in entsprechenden Strategien, Arbeitsstrukturen (bspw. Teamorganisation) sowie der Gestaltung personalwirtschaftlicher Instrumente widerspiegelt. Auch die Form der Entgeltermittlung muss mit dem Leitgedanken der Qualitätsoptimierung harmo-

Abb. 9.40: Bezugsmerkmale für Prämienlohn.

nieren und Anreize hierfür schaffen. Deshalb hat sich, selbst wenn Akkordreife und -fähigkeit gegeben sind, ein schleichender Verzicht auf den Akkordlohn durchgesetzt.

Eine Entgeltform, die das Problem der mangelnden Qualitätsorientierung des Arbeitsoutputs lösen soll, stellt der **Prämienlohn** dar (vgl. Abb. 9.40). Dieser besteht aus einem vereinbarten Grundlohn und einer Prämie für quantitative oder insb. qualitative Mehrleistungen (vgl. Hentze, 2004, Sp. 1109). Werden Mengenprämien gegeben, so hat der Prämienlohn ähnliche Wirkungen wie der Akkordlohn.

Der **Prämienlohn** kommt dann zum Einsatz, wenn die Arbeitsbedingungen einem ständigen Wechsel unterworfen sind (mangelnde Akkordreife) und die Bezugsbasis der Prämie an unterschiedlichen qualitativen Kriterien ansetzen soll.

So können bspw. Qualitätsprämien für Ausschussvermeidung und Erreichung eines einwandfreien Gütegrads, Ersparnisprämien für die Materialausbeute oder Energieeinsparung sowie Nutzungsprämien für die Reduktion von Warte-, Leerlauf- und Maschinenstillstandszeiten vergeben werden. Zudem können im Prämienlohn mehrere dieser Kriterien kombiniert (additiv oder multiplikativ), gewichtet oder ungewichtet miteinander verknüpft werden (vgl. Hentze, 2005, S. 132 f.).

Eine weitere Vergütungsform stellt der **Pensumlohn** dar. Während Akkord- und Prämienlohn an die bereits erbrachte Leistung anknüpfen, vereinbaren Arbeitgeber und Arbeitnehmer für einen bestimmten, zukünftigen Zeitraum eine höhere Arbeitsleistung (Pensum) und einen höheren Lohn. Im Anschluss an den vertraglich definierten Zeitraum der Mehrleistung gilt wieder der Ursprungsvergütung.

9.4.2 Entgeltfindung für Führungskräfte

Zunächst gilt es, die gesonderte Behandlung der Entgeltfindung für Führungskräfte zu begründen. Hierbei sind mehrere Argumente von Bedeutung:
– Führungskräfte haben durch ihre hierarchisch herausgehobene Stellung im Unternehmen einen größeren **Einfluss auf den Unternehmenserfolg**, sodass hier

bei der Vergütung andere Schwerpunkte gesetzt werden können (bspw. die stärkere Ausrichtung der Entgeltbestandteile am Unternehmenserfolg).

– Darüber hinaus lässt sich beobachten, dass den Führungskräften ein größerer **Freiheitsgrad bei der Bewältigung ihrer Arbeit** eingeräumt wird. Die damit einhergehende Gefahr, dass Führungskräfte den Spielraum opportunistisch für sich ausnutzen, kann durch indirekte Kontroll- und Steuerungsinstrumente begrenzt werden. So leitet sich aus der Principal-Agent-Theorie ab, dass auf Unternehmensebene das Anreiz- und Motivationssystem so gestaltet werden soll, dass es eine steuernde Wirkung im Sinne der Prinzipale hat (Kap. 2.3.3). Dies soll einen im Eigeninteresse der Agenten optimierten Umgang mit asymmetrisch verteilten Informationen begrenzen (vgl. Fallgatter, 2003, S. 704; Kramarsch, 2004, S. 13).

– Bei der Gestaltung von Entgeltsystemen für Mitarbeiter besteht aufgrund gesetzlicher, tariflicher oder betriebsverfassungsrechtlicher Regelungen nur wenig Spielraum. Da Führungskräfte oftmals leitende Angestellte (Begriffsdefinition in § 5 Abs. 3 BetrVG) oder außertarifliche Mitarbeiter sind, entfalten **tarifliche oder betriebsverfassungsrechtliche Regelungen keinen oder nur geringen Einfluss**. Dies hat zur Folge, dass die im Tarifbereich vorherrschende Anforderungsorientierung zugunsten einer stärkeren Markt- und Leistungsorientierung weichen bzw. die Kombination einzelner Entgeltkomponenten freier vereinbart werden kann.

– Darüber hinaus leiten Führungskräfte andere Mitarbeiter an und üben **Einfluss auf deren Verhalten und Handlungen** aus. Daraus lässt sich bspw. ableiten, dass das Entgeltsystem für Führungskräfte langfristig angelegt sein sollte, um kurzfristige Fehlsteuerungen zu verhindern.

– Entgeltsysteme für Führungskräfte sind durch einen **Konflikt zwischen langfristiger und kurzfristiger** Motivationssteuerung gekennzeichnet. Dieser Konflikt kann bspw. bei der Forderung der Eigentümer nach einem strategisch-orientierten Entgeltsystem und dem Interesse der Führungskräfte entstehen, den variablen Anteil des Entgelts an taktischen/operativen Ergebnisgrößen zu orientieren. Hintergrund ist, dass strategische Erfolge erst nach mehreren Jahren eintreten und bewertet werden können und erst dann zu adäquaten Belohnungen führen. Motivational wirkt der Anreiz aber am stärksten, wenn unmittelbar nach der Handlung eine Belohnung erfolgt.

Die nachfolgenden Ausführungen beschreiben **Vorüberlegungen**, die sich bei der Gestaltung von Anreizsystemen für Führungskräfte ergeben und mögliche **Gestaltungsoptionen** bei der Entgeltfindung für Führungskräfte.

Vorüberlegungen zur Gestaltung von Vergütungssystemen für Führungskräfte

Bei der Gestaltung von Vergütungssystemen für Führungskräfte sind Vorüberlegungen zu den vier Gestaltungsparametern Bemessungsgrundlagen, Anreizmenge, Relationen und administrativer Rahmen anzustellen (vgl. hierzu und im Folgenden Winter, 1997; Tab. 9.22).

Tab. 9.22: Vorüberlegungen zur Gestaltung von Anreizsystemen (vgl. Winter, 1997, S. 626).

Systemkomponente	Empfehlung	Unterstützte Funktion
Bemessungsgrundlage	– Verwendung relativer Bemessungsgrundlagen – Verwendung gruppenorientierter Bemessungsgrundlagen	– Motivation – Koordination
Anreizmenge	– Cafeteria-Systeme	– Motivation
Relation	– Durchschnittliche Vergütung bei durchschnittlicher Leistung – Hohe Variabilität	– Selektion – Motivation
Administrativer Rahmen	– Veröffentlichung von Vergütungsinformationen	– Motivation

Wann immer **Bemessungsgrundlagen** für Vergütungsbestandteile definiert werden, ist es ratsam, sich nicht nur auf absolute Erfolgsindikatoren zu stützen (bspw. Gewinn oder Aktienkurs), die durch konjunkturelle Effekte beeinflusst werden und nicht zwingend die Leistung der Führungskraft widerspiegeln. Vielmehr erscheint es sinnvoll, mögliche Bemessungsgrundlagen relativ zu anderen Unternehmen oder Branchen zu integrieren. Beispiel: Steigt der Aktienkurs in einem Unternehmen um 10 %, dann lässt sich die Managementleistung daran nicht vollständig erkennen. Viel aussagekräftiger ist hingegen ein Vergleich mit der Aktienkursentwicklung anderer Unternehmen. Bleibt die Entwicklung des Aktienkurses anderer Unternehmen hinter den eigenen 10 % zurück, kann hieraus viel eher auf eine gute Managementleistung geschlossen werden als aus der losgelösten Betrachtung des 10 %-igen Anstiegs und umgekehrt. Gleichzeitig steigt dadurch der Anreiz, sich nicht nur individuell-rational zu verhalten, sondern auch die Belange anderer Gruppen im Unternehmen heranzuziehen, um gemeinsam die Unternehmensperformance zu steigern.

Bei der Festsetzung der **Anreizmenge** kann auf die Erkenntnisse der Motivationstheorien zurückgegriffen werden. Die Inhaltstheorien der Motivation weisen auf die Vielfalt möglicher Anreize hin, während die Prozesstheorien den Wert einer Belohnung (Valenz) für die Motivation hervorheben. Daher greift man auf eine Vergütung in Geldeinheiten zurück. Dies versetzt den Empfänger in die Lage, seine verschiedenen Bedürfnisse zu befriedigen. Alternativ könnte man den Empfängern Wahlmöglichkeiten unter verschiedenen Entlohnungskomponenten in Form von Cafeteria-Systemen (vgl. Kap. 9.3.4) anbieten. Dies hätte gleichzeitig den Vorteil, dass die Führungskraft entlang ihrer Präferenzstruktur den subjektiven Wert der Vergütung steigern kann.

Die **Relation** zwischen den Bemessungsgrundlagen und der Anreizmenge beschreibt den Zusammenhang, der zwischen einem Erfolgsindikator und der Höhe der Vergütung besteht. Der Arbeitsmarkt und die individuellen Erwartungen geben hier mögliche Ober- und Untergrenzen vor. Die Relation zwischen Leistung und Vergütung muss so bemessen sein, dass durchschnittliche Leistung auch durchschnittliche Vergütung nach sich ziehen wird. Auf Dauer wird ein Unternehmen keine Relation

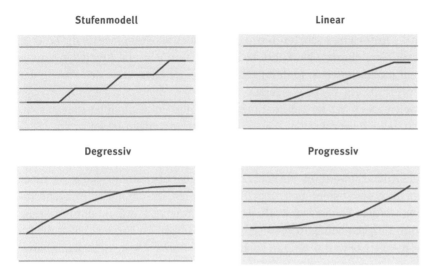

Abb. 9.41: Mögliche Relationen zwischen Leistung und Vergütungsrahmen.

durchsetzen können (ohne Fluktuation leistungsstarker Führungskräfte zu riskieren), die im Marktvergleich grundsätzlich zu niedrigerer Vergütung führt. Die Obergrenze markiert hingegen das Wettbewerbsmodell zwischen den Unternehmen. Relationen, die zu dauerhafter Überbezahlung führen, werden langfristig nicht immer steigende Leistungen, aber immer steigende Kosten nach sich ziehen. Die erhöhten Kosten müssen dann am Markt als Gewinnmarge verdient werden.

Die Relation zwischen erbrachter Leistung und dem Vergütungsumfang kann linear, progressiv, degressiv oder als Stufenmodell ausgestaltet sein (vgl. Abb. 9.41). Welche Relation gewählt wird, hängt von den unternehmensindividuellen Voraussetzungen ab.

Mit dem **administrativen Rahmen** werden Regelungen bezüglich Informations- und Mitwirkungsrechten bezeichnet. Von zentraler Bedeutung sind umfangreiche Vergütungsinformationen, da gemäß der Equity-Theorie (vgl. Kap. 9.1.1) das Gerechtigkeitsempfinden ein zentrales Element der Motivation ist. Problematisch hieran ist, dass die Informationskultur so ist, dass die zum Vergleich notwendigen Gehaltsinformationen nicht weitergegeben werden. Die Geheimhaltung von Informationen führt jedoch nicht dazu, dass Gerechtigkeitsbewertungen unterbleiben, sondern dass diese dann mit spekulativen Informationen und Mutmaßungen durchgeführt werden. Empirische Untersuchungen legen die Vermutung nahe, dass bei solchen uninformierten Abwägungen systematische Überschätzungen der Entlohnung von Kollegen und folglich Unzufriedenheit über die eigene Vergütung üblich sind. Um das Problem zu umgehen, könnte bspw. auf die Offenlegung von Spannweiten und Durchschnitten der Entlohnung zurückgegriffen werden.

Grundbezüge für Führungskräfte

Auch wenn die **Anforderungsorientierung** häufig noch als Grundlage für die Festsetzung der fixen Grundbezüge bei Führungskräften dient, wird die Arbeitsbewertung entweder mit modifizierten Anforderungen angewendet oder durch das Prinzip der **Marktorientierung** ergänzt bzw. ersetzt.

Als problematisch bei der anforderungsorientierten Entgeltfindung erweist sich, dass es insb. bei Führungskräften schwierig ist, Anforderungen losgelöst vom Stelleninhaber zu definieren und zu untersuchen (die Führungskräfte sind den Bewertern bekannt und mit ihnen ist ein bestimmtes Leistungsimage verbunden). Dies erschwert eine Arbeitsbewertung, die vom Stelleninhaber abstrahieren sollte. Darüber hinaus wird auch der Stelleninhalt, also die Tätigkeiten, die auf der Führungsposition verrichtet werden, häufig vom konkreten Stelleninhaber geprägt: Führungskräfte gestalten ihre Tätigkeit häufig in gewissem Umfang selbst. Die Folge ist, dass die Ergebnisse von Arbeitsbewertungen nur solange gelten können, wie der Stelleninhaber nicht wechselt.

Diese Problematik umgeht die Methode des Marktvergleichs bzw. Benchmarkings, da es die Marktgehälter äquivalenter Positionen am Markt vergleicht (bspw. Einkaufsleiter des Unternehmens A mit x Mio. Budget mit der Position des Einkaufsleiters des Unternehmens B mit vergleichbarem Budget). Externe Beratungsunternehmen bieten hierzu Vergleichsstudien an, aus denen Hinweise für die Höhe des Marktgehalts abgeleitet werden können.

Variable Bezüge als operative, taktische und strategische Anreize

Der Ermittlung variabler Bezüge erfolgt meist durch eine Leistungsbewertung, die sich hauptsächlich am Leistungsergebnis und weniger am Leistungsverhalten orientiert. Dabei kann zwischen operativen und strategischen Leistungsbezügen unterschieden werden.

Innerhalb des **operativen Anreizsystems** können anlassbezogen Tantiemen, Boni oder Sonderzahlungen für besondere kurzfristige Erfolge (bspw. für die erfolgreiche Einführung eines CRM-Systems oder die Einwerbung eines großen Auftrags) oder regelmäßige Sonderzahlungen gewährt werden (vgl. Abb. 9.42). Regelmäßig wiederkehrende Sonderzahlungen oder Boni sind zwar in der Höhe variabel, die „Spielregeln" zur Bestimmung der Vergütungshöhe ist aber durch die a priori festgelegte Basis und Berechnungsmethode vorgegeben. Der methodische Anspruch an ein operatives Anreizsystem beinhaltet die Bestimmung eines angemessenen Verhältnisses zwischen dem Erfolgsanteil und dem Leistungsbeitrag. Für die Bemessungsgröße Erfolg bieten sich in der Praxis verschiedene Möglichkeiten.

Dabei wird als Bezugszeitraum meist ein Jahr gewählt. Wichtige Bezugsgrößen können bspw. sein:

- Gewinn,
- Rentabilität,

Standard-Modell	mögliches Vergütungssystem für Führungskräfte	
Grundentgelt	marktorientiertes Grundgehalt	
	operatives Anreizsystem	strategisches Anreizsystem
Leistungsvergütung	– jährlicher Bezugszeitraum	– mittel- bis langfristiger Bezugszeitraum

	– Bezugsgrößen können bspw. Umsatz, Gewinn, Wachstum oder Rentabilität sein	– marktindizierte Anreize
		    – Restricted Stock Plan
		    – Stock Option Plan

Erfolgsbeteiligung		– Stock Appreciation Right Plan – Phantom Stocks

Kapitalbeteiligung		– leistungsindizierte Anreize
		    – Performance Share Plan
		    – Performance Unit Plan
		    – Deferred Compensation

Zusatzleistungen	Cafeteria-Modell	

Abb. 9.42: Gestaltungsoptionen von Anreizsystemen für Führungskräfte.

–   Umsatz,
–   Wachstum oder
–   Dividendenausschüttung.

Variable Bezüge im Rahmen des **strategischen Anreizsystems** werden für mittelfristig bis langfristige Zeitabschnitte gewährt. Dabei können zwischen **marktindizierten** und **leistungsbezogenen** Anreizsystemen unterschieden werden (vgl. hierzu und im Folgenden Grötzinger/Hohmann, 2004, S. 36 ff.; Becker, 1990, S. 36 ff. und Becker/Holzer, 1986, S. 443; Kramarsch, 2004, S. 132).

Zu langfristigen, **marktindizierten Anreizsystemen** sind folgende Erfolgsbeteiligungsarten zu rechnen:
–   **Restricted Stock Plans** (Aktienerwerb mit Auflagen): Den Führungskräften wird entweder eine bestimmte Anzahl von Aktien des Unternehmens zugeteilt oder es wird ihnen die Möglichkeit geboten, Unternehmensaktien günstiger (im Vergleich zum Marktpreis) zu erwerben. Die Besonderheit des bedingten Aktienerwerbs bzw. (je nach Ausgestaltung) der bedingten Aktienüberlassung liegt in der zeitlichen Verfügungsbeschränkung. So sieht eine Sperrfrist von bspw. drei Jahren vor, dass in dieser Zeit über die Restricted Stocks nicht verfügt werden darf. In der Praxis ist die Gewährung bedingter Aktien häufig mit arbeitsrechtlichen oder steuerlichen Nachteilen verbunden. So stellen in Deutschland Restricted Stocks zum Zeitpunkt der Zuteilung einen geldwerten Vorteil dar, der entsprechend versteuert werden muss.
–   **Stock Option Plans** (Optionspläne): Die Führungskräfte erhalten Optionen auf die Aktien der Unternehmung. Diese Aktienoption verbrieft das Recht, eine bestimmte Anzahl von Aktien zu einem festgelegten Preis während eines bestimm-

ten Zeitraums zu erwerben. Die Führungskraft partizipiert bei Kursanstieg, weil in diesem Fall die Aktie durch das Bezugsrecht günstiger als am Markt erworben werden kann. Steigt die Aktie nicht, wird die Option nicht ausgeübt und verfällt am Ende der (ggf. mehrjährigen) Laufzeit für den Teilnehmer wertlos.

– **Stock Appreciation Right Plans:** Bei diesem steuerlich nicht begünstigten langfristigen Anreizsystem wird der Empfänger am Kursgewinn der Aktie zu einem zukünftigen Zeitpunkt beteiligt. Die Führungskräfte erhalten hierbei jedoch keine Aktien. Im Gegensatz zur Aktienoption wird der Teilnehmer nur am Wertzuwachs beteiligt. Bei einer Beteiligung am Wertzuwachs im Verhältnis 1:1 erhält man für jeden Euro Kursanstieg einen Euro aus dem Wertsteigerungsrecht. Diese Art der Beteiligung wird auch virtuelle Aktienbeteiligung genannt.

– **Phantom Stock Plans** (Phantomaktien): Die Führungskräfte bekommen eine bestimmte Anzahl fiktiver Aktien, für deren Kurssteigerung in einem bestimmten Zeitraum ein ent-sprechender Betrag in bar oder in Aktien ausgezahlt wird.

Bei den marktindizierten Anreizsystemen hängt die Bonushöhe vom Aktienkurs ab, der allerdings nicht nur von den operativen Leistungsergebnissen, sondern auch von anderen externen Determinanten bestimmt wird, sodass bspw. hohe Belohnungen bei nicht leistungsadäquatem Verhalten möglich sind oder daraus trotz guten Leistungsverhaltens keine oder niedrige Belohnungen resultieren. Besonders die Möglichkeit hoher Einkommen bei, gemessen am Marktdurchschnitt, unterdurchschnittlicher Leistung (windfall-profits) haben Kritik an aktienbasierten Vergütungssystemen hervorgerufen.

Bei langfristigen, **leistungsbezogenen Anreizsystemen** wird die Belohnung von der Erreichung definierter langfristiger Ziele abhängig gemacht (bspw. Wachstumsziele für drei bis fünf Jahre).

– **Performance Share Plans:** Die Perfomance Share Plans basieren auf dem Aktienkurs des Unternehmens und dem Erreichen von definierten Zielgrößen. Je nach Zielerreichungsgrad und Höhe des Aktienkurses erhalten die Führungskräfte eine bestimmte Anzahl vorher festgelegter Aktien. Der Gewinn für den Teilnehmer hängt somit von der Anzahl der zugeteilten Aktien, vom Erreichen der Erfolgsziele und von der Kursentwicklung der Aktien ab. Die Ausgestaltung kann kapitalmarktbezogen oder bezogen auf eine Unternehmenskennzahl sein.

– **Performance Unit Plans:** Die Performance Unit Plans sind den Performance Share Plans sehr ähnlich. Sie unterscheiden sich darin, dass statt Aktien sog. Beteiligungseinheiten (Units) in Aussicht gestellt werden, deren Wert nicht vom Aktienkurs, sondern bspw. vom Gewinn abhängt. Dies ermöglicht die Anwendung für Unternehmen, die nicht in der Rechtsform der Aktiengesellschaft geführt werden.

– **Deferred Compensation Systems:** Das Ziel der Deferred Compensation Systems ist die Beteiligung der Führungskräfte an der periodischen Entwicklung operativer Erfolgskriterien. In der ersten und den folgenden Perioden werden Boni aufgrund der erreichten Ergebnisse nach bestimmten Zeiträumen gezahlt. Der Wert der zurückgestellten (Deferred) Auszahlung kann sich analog der Veränderung des Jahresergebnisses positiv und negativ ändern. Durch die aufgeschobene Zahlung der Boni ergibt sich eine kontinuierliche und an mehreren Perioden ausgerichtete Erfolgsbeteiligung. Werden auf diese Weise Einkommensbestandteile bspw. in den Zeitraum nach der Pensionierung verlagert, ergibt sich neben der Verzinsung eine erhebliche Steuerersparnis.

An dieser Stelle sei darauf hingewiesen, dass der Begriff **Deferred Compensation** noch in einem anderen Zusammenhang verwendet wird (vgl. Grawert, 2004, Sp. 673 ff.). Bei diesem zweiten Begriffsinhalt, der aktuell stärker in der Diskussion steht, handelt es sich nicht um ein leistungsorientiertes Entgeltmodell, sondern um ein flexibles Modell der betrieblichen Altersversorgung für Führungskräfte. Die Führungskraft verzichtet auf die Barauszahlung von Gehaltsteilen zugunsten einer wertgleichen Pensions- bzw. Direktzusage. Das Hauptargument für dieses Modell sind die steuerlichen Vorteile, die sich daraus ergeben, dass die Zahlungen erst bei Zufluss versteuert werden müssen, also nach der Pensionierung, wenn die individuelle Steuerbelastung niedriger ist (vgl. Oechsler/Wiskemann, 1998, S. 242).

Die Kritik an den langfristigen, leistungsbezogenen Anreizsystemen richtet sich darauf, dass das Streben nach Steigerung operativer Leistungsergebnisse strategisches Leistungsverhalten verhindert (vgl. Oechsler/Wiskemann, 1998, S. 240). Die Führungskraft ist also Zielkonflikten ausgesetzt, will sie sowohl vom operativen als auch vom taktischen Anreizsystem profitieren. Hinzu kommt, dass aufgrund der von Führungskräften zunehmend geforderten Generalisierungstendenz und dem damit verbundenen Wechsel der Positionen innerhalb des Unternehmens oder gar zwischen Unternehmen eher eine Orientierung am kurzfristigen Erfolg zu beobachten ist. In diesem Fall sind Führungskräfte häufig nicht lange genug auf einer Stelle, um den langfristigen Erfolg im Auge behalten zu müssen. Neueste Studien werfen dem weitverbreiteten „Pay-for-Performance"-System für Führungskräfte einen mangelnden Zusammenhang zwischen dem Unternehmensergebnis und den variablen Managergehältern vor (vgl. Rost/Osterloh, 2008, S. 139 ff.).

Zusatzleistungen

Zusatzleistungen stellen quasi eine „Restgröße" im Rahmen der Führungskräfteentlohnung dar, weil es sich hierbei um ein Konglomerat heterogener personenbezogener Privilegien handelt. Sie umfassen sonstige Geld- und Sachleistungen sowie Vorteile, die neben dem Grundgehalt und den variablen Bezügen der Führungskräfte zur Sicherung bzw. Verbesserung der Lebensqualität einmalig oder wiederholt gewährt werden. Art und Umfang werden vor allem bestimmt durch positionsbezogene Faktoren und sind meist Gegenstand einzelvertraglicher Regelungen (vgl. Oechsler/Kastura, 1993).

Die Gewährung von Zusatzleistungen unterstützt, soweit nach außen hin demonstrierbar, das Statusdenken vieler Führungskräfte und manifestiert ihren Wert für das Unternehmen. Durch eine stärkere Identifikation kann das Unternehmen damit unbeabsichtigte Fluktuationen vermeiden. Andere Leistungen kommen den spezifischen Sicherheitsbedürfnissen der Führungskräfte entgegen. Viele Vergünstigungen (bspw. Laptop, Handy, Bonusprogramme bei Fluglinien) können steuerfrei oder zumindest steuerbegünstigt angeboten werden und tragen daher zu einer steuerlichen Entlastung bei. Die aufgeführten Leistungsarten sind in der Praxis in sehr unterschiedlichem Ausmaß anzutreffen. Als wichtigste Zusatzleistung gilt die betriebliche Alters- und Hinterbliebenenversorgung, weil andernfalls bei Pensionierung der gewohnte Lebensstandard auf alleiniger Basis der staatlichen Angestelltenrente nicht aufrechtzuerhalten ist.

Die Ausgestaltung des Angebots an Zusatzleistungen (siehe hierzu auch die Ausführungen zum Cafeteria-System in Kap. 9.3.4) ist im Einzelfall abhängig von unternehmensbezogenen und arbeitsmarktbezogenen Merkmalen (bspw. Unternehmensgröße, Branche, Ertragslage, Stellung des Unternehmens auf dem Arbeitsmarkt).

Eine Übersicht über die Gestaltungsoptionen bei der Entgeltfindung für Führungskräfte findet sich in Abb. 9.42.

9.4.3 Vergütung für Mitarbeiter im Ausland

Eine weitere Besonderheit ergibt sich durch Mitarbeiter, die ins Ausland entsandt werden. Bei der Entsendung von Mitarbeitern ins Ausland ist zunächst nach der Entsendungsform zu unterscheiden, ob der entsandte Mitarbeiter weiterhin seinen Arbeitsvertrag mit dem deutschen Stammunternehmen behält (Abordnung/Delegation) oder ob eine vertragliche Anstellung bei der ausländischen Tochtergesellschaft besteht (Versetzung). Eine Abordnung wird meist zwischen einigen Monaten bis zu einem Jahr dauern, eine Versetzung mehrere Jahre, meist mit Wiedereinstellungszusage im Inland.

Aus den unterschiedlichen Entsendungsformen ergeben sich unterschiedliche Anforderungen an das Vergütungssystem. Die folgenden Anforderungen an ein Vergütungssystems sind nicht gleichzeitig zu erreichen, sondern lediglich als Vorlage zur Diskussion bei der Gestaltung eines unternehmensindividuell anzupassenden Vergütungssystems zu verstehen (vgl. hierzu und im Folgenden Oechsler, Trautwein, Schwab, 2011):

- Integration in das Gehaltsgefüge im Einsatzland,
- Teilnahme an der Gehaltsentwicklung im Heimatland,
- Wahrung des Lebensstandards im Einsatzland,
- Sicherstellung der weiterlaufenden finanziellen Verpflichtungen im Heimatland (insb. Sozialversicherung),
- weltweite Anwendbarkeit des Vergütungssystems,

- Ausrichtung an externen Rahmenbedingungen (bspw. Wechselkurs, Lebenshaltungskosten, Steuern, Sozialabgaben) oder
- Einfachheit, Verständlichkeit und Planbarkeit.

Die folgenden drei Gehaltsmodelle werden in der Praxis häufig angewandt. Sie haben Stärken und Schwächen. Kein Modell kann alle genannten Anforderungen gleichzeitig erfüllen.

Heimatlandansatz:
Im heimatlandbasierten Ansatz (home country approch) wird die Höhe und Entwicklung der Vergütung nach den Regeln des Unternehmens im Heimatland bestimmt (vgl. Abb. 9.43).

Vorteile
- Alle Delegierten aus dem gleichen Ursprungsland werden unabhängig vom Tätigkeitsland ähnlich behandelt, da sie nicht an die lokalen Gehaltsstrukturen gebunden sind.
- Planbarkeit durch weitgehende Beibehaltung der gewohnten Gehaltsstruktur.
- Erfüllung der im Heimatland weiterlaufenden Verpflichtungen (Raten, Versicherungen, Kredite, …) ist sichergestellt.
- Einfache Berücksichtigung von Erschwernis-, Mobilitäts- oder Sonderzulagen möglich.
- Einfache Wiedereingliederung bei der Rückkehr, da lediglich die Zulagen auf das im Inland gezahlte Grundentgelt wegfallen.

Nachteile
- Delegierte aus verschiedenen nationaler Nationen und lokale Mitarbeiter erzielen bei gleicher Funktion und gleicher Leistung im gleichen Tätigkeitsland unterschiedliche Gehälter.

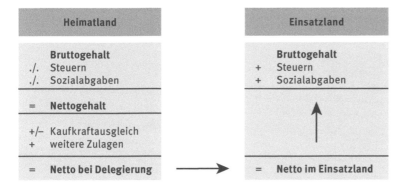

Abb. 9.43: Heimatlandansatz (vgl. Oechsler, Trautwein, Schwab, 2011).

– Die Integration der Delegierten in die Auslandsgesellschaft wird nicht gefördert, sie bleiben aus einer Vergütungsperspektive ein „Fremdkörper".
– Je nach Entsendungsrichtung kann der Lebensstandard nicht beibehalten werden, da nur das im Heimatland verfügbare Einkommen zugesichert wird (bspw. problematisch bei der Entsendung von Deutschland in die Schweiz, die höhere Lebenshaltungskosten aufweist).

Gastlandansatz:

Beim Gastlandansatz (host country approch) ist der Maßstab der Vergütungshöhe das lokale Gehaltsgefüge. Hier existiert keine inhaltliche Verbindung zwischen der Vergütung im Heimat- und der im Einsatzland (vgl. Abb. 9.44).

Vorteile
– Wegen der Gleichbehandlung der Delegierten mit lokalen Kollegen und mit Delegierten aus anderen Heimatländern werden Konflikte und Neid vermieden.
– Hohe Flexibilität und Anpassungsfähigkeit bei Veränderungen vor Ort.
– Das Modell ist oftmals kostengünstiger (abhängig von Entsendungsrichtung) und administrativ leichter zu handhaben.

Nachteile
– Lokale Gehaltsstrukturen unterscheiden sich von denen des Heimatlandes des Mitarbeiters (was ggf. die mitarbeiterseitige Bereitschaft zur Entsendung schmälert).
– Kein Ausgleich für Mobilität und Erschwernis.
– Konvertierungs- und Transferrisiken bei Geldüberweisungen ins Heimatland.
– Die Mitarbeiter sind schwer zu motivieren, an Einsatzorten mit einem niedrigen Gehaltsniveau zu arbeiten.

Abb. 9.44: Gastlandansatz (vgl. Oechsler, Trautwein, Schwab, 2011).

Bilanzansatz:

Die Mitarbeiter werden im Bilanzansatz („best of both") in die Gehaltsstruktur der aufnehmenden Gesellschaft integriert (vgl. Abb. 9.45). Die für das Heimatland ermittelten Nettobezüge werden, einschließlich einer Transferzulage und bereinigt um Unterschiede der Lebenshaltungskosten, im Einsatzland („Netto-Lebensstandard") garantiert. Wird der „Netto-Lebensstandard" durch die Gehaltsstruktur im Einsatzland nicht erreicht, werden erforderliche ergänzende Gehaltsteile geleistet (Flexible Income Adjustment – FIA).

Heimatland		**Einsatzland**	
	Bruttogehalt		**Bruttogehalt** (Gastland)
./.	Steuern	./.	Steuern
./.	Sozialabgaben	./.	Sozialabgaben
+/–	Kaufkraftausgleich	=	(Gastland-)**Netto (G)**
+	ggf. Transferzulagen		
=	(Heimatland-)**Netto (H)**		Vergleich:
			G > H → G
			H > G → G + FIA (= H)

Abb. 9.45: Bilanzansatz (vgl. Oechsler, Trautwein, Schwab, 2011).

Vorteile
- weltweite Anwendbarkeit
- Teilnahme an der Gehaltsentwicklung im Heimatland
- Integration in das Gehaltsgefüge im Heimatland
- Zusicherung des im Heimatland verfügbaren Nettoeinkommens
- Berücksichtigung externer Einflussgrößen möglich (Erschwernisse, Mobilität, Wechselkurs, Steuern, …)
- Erfüllung der im Heimatland weiterlaufenden Verpflichtungen (Raten, Versicherungen, …) sichergestellt
- einfache Wiedereingliederung bei der Rückkehr aus dem Ausland, da lediglich die Zulagen auf das im Inland gezahlte Grundentgelt wegfallen

Nachteile
- Ansatz ist komplex und schwierig zu kommunizieren
- bei hohen Gehältern im Einsatzland (bspw. Schweiz) ist Reintegration in das Gehaltssystem im Heimatland schwierig
- Mitarbeiter im Einsatzland im Vergleich zu lokalen Kollegen besser gestellt, da er ggf. zusätzliche (geldwerte) Leistungen bzw. Benefits erhält (bspw. Heimflugbudget, Wohnungsbudget, Budget für Partner)

– relativ hohe Kosten (wird meist von Einsatzlandgesellschaft getragen); dadurch evtl. geringe Bereitschaft zur Entsendung bei aufnehmender Gesellschaft (Kosten-Nutzen-Aspekt).

Unabhängig von der Vergütungsstrategie kann einzelvertraglich eine Vielzahl von Vergütungsbestandteilen und Benefits zwischen Arbeitgeber und Arbeitnehmer verhandelt werden. Eine Übersicht nebst möglicher Argumentationsbasis findet sich in Tab. 9.23.

Tab. 9.23: Weitere Benefits bei der Auslandsentsendung (vgl. Oechsler, Trautwein, Schwab, 2011).

Benefits	Ausgestaltung
Pauschalen	Bei Ausreise und Rückkehr werden häufig Pauschalen gewährt, die verschiedene kleinere Aufwendungen des Mitarbeiters abdecken sollen (z. B. Gebühren für behördliche Urkunden, Fahrten zu Botschaften, internationaler Führerschein).
Umzugsnebenkosten-pauschale	Neben der Übernahme aller Kosten des Umzugs (z. B. Containertransport, Ab- und Aufbau, Luftfracht) kann eine Umzugsnebenkostenpauschale gewährt werden.
Mietkostenzuschuss	Die Mietkosten können bis zu einem lokal definierten Limit übernommen (ggf. unter Berücksichtigung eines Mieteigenanteils) werden; die Mietnebenkosten (wie Strom oder Wasser) werden meist nicht vom Unternehmen übernommen.
Kinderbetreuungs- bzw. Schulkosten (ggf. Internatskosten)	In der Regel kommen nur (teure) deutsche oder internationale Privatschulen in Frage, um den Schulwechsel für die Kinder so reibungslos wie möglich zu gestalten. Die Schulkosten können in vielen Ländern einen signifikanten Betrag zu den Gesamtkosten eines Transfers beitragen. Falls die Familiensituation eine Mitausreise der Kinder nicht erlaubt, können auch Internatskosten im Heimatland anfallen.
Heimflüge	Um den Kontakt mit Freunden und Familie im Heimatland aufrechterhalten zu können, wird eine bestimmte Anzahl an Heimflügen gewährt (in der Economy- oder Businessclass).
Dienstwagen, Transport	Je nach Funktion und Position sowie lokalen Gepflogenheiten/Notwendigkeiten, kann ein Dienstwagen, ggf. mit Fahrer (z. B. in China, Kolumbien), zur Verfügung gestellt werden. In manchen Ländern werden auch Transportpauschalen als Unterstützung zur Mobilität vor Ort ausbezahlt.
Clubbeiträge	Zur Integration in soziale Strukturen und zum Aufbau von Netzwerken werden in manchen Ländern Beiträge zu Clubmitgliedschaften von Unternehmen übernommen.
Hausangestellte	Insbesondere in Asien ist die Beschäftigung einer Haushaltshilfe („Maid") – auch aus sozialen Gründen – notwendig.
Steuerberatungskosten	Die Erstellung der Steuererklärungen im In- und Ausland übernehmen aufgrund der Komplexität des Themas fast immer Steuerberater.

9.4.4 Entgelt im öffentlichen Dienst und Beamtenbesoldung

Die Entgeltfindung im **öffentlichen Dienst** umfasst traditionell Lohn für Arbeiter und Gehalt für Angestellte, die im neuen Tarifvertrag für den öffentlichen Dienst nun einheitlich zusammengeführt wurden sowie **Besoldung** für Beamte, die wiederum im Bundesbesoldungsgesetz geregelt ist. Im Folgenden wird die Entgeltfindung im öffentlichen Dienst für Arbeitnehmer und Beamte dargestellt.

Entgeltfindung für Arbeitnehmer im öffentlichen Dienst

Im Januar 2003 haben sich die Tarifvertragsparteien des öffentlichen Dienstes (TVöD) auf eine umfassende Neugestaltung des Tarifrechts für den öffentlichen Dienst geeinigt. Die Grundzüge des neuen Tarifrechts gelten nun seit dem 1. Oktober 2005 für alle Arbeitnehmer von Bund und Kommunen (für Landesbedienstete hat sich mehrheitlich die Abkürzung TV-L für den Tarifvertrag der Länder durchgesetzt). Diese Reform des auf das Jahr 1961 zurückgehenden Bundesangestelltentarifvertrags (BAT) wurde seit Langem erwartet. Die vorgegebene Zielsetzung war dabei eine grundlegende Modernisierung des über 50 Jahre alten Bundesangestelltentarifvertrags (vgl. hierzu und im Folgenden Oechsler, 2005 und 2007).

Im Mittelpunkt der Reform stehen die Einführung von Leistungszulagen, die Aufhebung der Trennung von Arbeitern und Angestellten und die daraus resultierende einheitliche Entgelttabelle, welche die bisherigen Lohn- und Vergütungstabellen des BAT ersetzt. Die Tabelle enthält 15 Entgeltgruppen, die der bisherigen Differenzierung im BAT entsprechen.

Die **Grundentgeltfindung** erfolgt im öffentlichen Dienst herkömmlicherweise über die Anwendung von summarischen Arbeitsbewertungsverfahren (vgl. Kap. 9.3.1). Aus Flexibilitätsgesichtspunkten ist entscheidend, dass die bisher vorhandenen Lebens- und Dienstaltersstufen durch Entwicklungsstufen ersetzt werden. Damit wird Abstand genommen vom Bewährungs- oder Zeitaufstieg, der ein höheres Grundentgelt automatisch nach Dienstaltersstufen gewährte. Das Erreichen einer höheren Gehaltsstufe innerhalb einer Entgeltgruppe hängt nun von der Leistung des einzelnen Arbeitnehmers ab und nicht vom Ansammeln von Lebensjahren. So wird es möglich, dass besonders gute Leistungen zu schnelleren Aufstiegen führen und dass bei erheblich unter dem Durchschnitt liegenden Leistungen keine Stufensteigerung und damit Einkommenserhöhung stattfindet.

Als weitere Neuerung sieht der Tarifvertrag den Einstieg in **leistungsorientierte** Bezahlung vor. Die Einführung erfolgte schrittweise, das heißt, der leistungsabhängige Entgeltbestandteil begann 2007 mit 1 % und kann bis auf 8 % des Gehaltsvolumens steigen. Finanziert wird dies unter anderem durch eine Reduzierung der Jahressonderzahlung (in den unteren Engeltgruppen auf 90 %, in den höheren Entgeltgruppen auf 60 %), den Wegfall der Kinderzuschläge sowie durch künftige Tariferhöhungen.

Damit werden Teile der bisher fixen Jahressonderzahlung variabilisiert und leistungsorientiert vergeben. Mit Blick auf diese leistungsorientierten Entgeltkomponenten ergibt sich die Chance, ausgehend von den strategischen Zielsetzungen der jeweiligen Institution, Zielsysteme zu operationalisieren und Zielvereinbarungssysteme mit den Mitarbeitern einzuführen.

Zusammenfassend kann mit Blick auf die Entgeltsystematik festgestellt werden, dass bei der Grundentgeltfindung die bisherige Vorgehensweise leicht modifiziert fortgeführt wird. Der bisher dominierende **Senioritätsmechanismus** beim Vorrücken in Entgeltgruppen greift nur noch nach dem ersten Jahr. Danach wird das Vorrücken oder das Verbleiben in Stufen durch die Beurteilung der Leistung gesteuert. Darüber hinaus ist es möglich, eine leistungsorientierte Vergütung zu gewähren.

Beamtenbesoldung

In der Beamtenbesoldung dominiert das **Alimentationsprinzip**, nach dem der Beamte seine Arbeitskraft für den Dienstherrn einzusetzen hat und der Dienstherr dafür den Beamten und dessen Familie lebenslang standesgemäß unterhält. Die Zusammensetzung und Höhe der Alimentation ergibt sich, im Unterschied zur privaten Wirtschaft, nicht durch das Aushandeln und Vereinbaren von Tarif- oder Arbeitsverträgen, sondern durch Gesetz (vgl. im Folgenden Schnellenbach, 2005).

Die Besoldung eines Beamten setzt sich aus dem Grundgehalt, dem Familienzuschlag (bisher: Ortszuschlag), Zulagen und sonstigen Vergütungsbestandteilen zusammen.

Das **Grundgehalt** ist die Hauptkomponente und orientiert sich zum einen an der Einstiegsqualifikation und zum anderen an der Art der Tätigkeit. Die Beamtenbesoldung kennt die folgenden Besoldungsordnungen (vgl. Tab. 9.24):

Tab. 9.24: Beispielhafte Amtsbezeichnungen und Beförderungsämter der Besoldungsordnung A, W und R.

Besoldungsordnung A		Besoldungsordnung W		Besoldungsordnung R	
A7:	Polizeimeister	W1:	Juniorprofessor	R1:	Richter am Amtsgericht
A8:	Polizeiobermeister	W2:	Professor an	R2:	Richter am
A9:	Polizeihauptmeister		Fachhochschulen oder		Oberlandesgericht
A10:	Polizeikommissar		Dualen Hochschulen	R3:	Vorsitzender Richter am
A11:	Polizeioberkommissar	W3:	Universitätsprofessor		Oberlandesgericht
A12:	Polizeihauptkommissar			R4-R6:	Präsident des
A13:	Polizeirat				Amtsgerichts
A14:	Polizeioberrat				(größenabhängig)
A15:	Polizeidirektor			R7-R8:	Präsident des
A16:	Leitender Polizeidirektor				Oberlandgerichts
					(größenabhängig)

- **Bundesbesoldungsordnung A** mit den in Abhängigkeit von der Dienstaltersstufe aufsteigenden Gehältern von A1 bis A5 im Einfachen Dienst, von A5 bis A9 im Mittleren Dienst, von A9 bis A13 im Gehobenen Dienst und von A13 bis A16 im Höheren Dienst. Die Bundesbesoldungsordnung A enthält als Anlage die Auflistung der Amtsbezeichnungen in den einzelnen Besoldungsgruppen. So erhält bspw. ein Inspektor oder Polizeikommissar ein Grundgehalt der Besoldungsgruppe A9 und ein Studienrat mit der Befähigung für das Lehramt an Gymnasien oder an beruflichen Schulen bei einer der Befähigung entsprechenden Verwendung ein Grundgehalt der Besoldungsgruppe A13.
- **Bundesbesoldungsordnung B** bezieht sich ausschließlich auf den höheren Dienst. Die Besoldungsordnung erstreckt sich von B1 bis B11. So wird bspw. ein Ministerialrat bei einer obersten Landesbehörde in die Besoldungsgruppe B2 eingruppiert und der Präsident des Bundesrechnungshofs sowie Staatssekretäre im Bundesbereich in Besoldungsgruppe B11.
- **Bundesbesoldungsordnung W** (ehemals Besoldungsgruppe C) mit aufsteigenden Gehältern von W1 bis W3. Bei den Grundgehältern W1, W2 und W3 handelt es sich um Festgehälter für Hochschullehrer (Professoren) ohne Dienstaltersstufen. Die Grundgehälter W1, W2 und W3 wurden im Vergleich zu den Grundgehältern der Bundesbesoldungsordnung C erheblich abgesenkt. Als Ausgleich für die gegenüber der C-Besoldung reduzierten Grundgehälter sollen Leistungsbezüge vergeben werden. Dabei wird zwischen Berufungs- und Bleibeleistungsbezügen, besonderen Leistungsbezügen für Lehre und Forschung und Funktionsleistungsbezügen (durch die Übernahme bestimmter Ämter wie bspw. Rektor, Dekan oder Präsident) unterschieden.
- **Bundesbesoldungsordnung R** mit den in Abhängigkeit vom Lebensalter aufsteigenden Gehältern R1 und R2 sowie den festen Gehältern R3 bis R10. Die Besoldungsordnung R regelt die Vergütung für Richter und Staatsanwälte. In die Besoldungsgruppen R1 und R2 werden bspw. Richter und Vorsitzende Richter an Amts-, Arbeits- und Sozialgerichten eingruppiert. Richter am Bundesarbeitsgericht fallen bspw. unter die Besoldungsgruppe R6, der Präsident des Bundesarbeitsgerichts erhält R10.

Die Höhe des Familienzuschlags (früher: Ortszuschlag) richtet sich nach der Besoldungsgruppe und nach der Zahl der Familienmitglieder. Zusätzlich zur Grundvergütung und zum Familienzuschlag können unter bestimmten Bedingungen Zulagen (Amtszulagen, Stellenzulagen, Erschwerniszulagen oder Sonderzulagen) gewährt werden.

Eine Besonderheit bei der Besoldung von Beamten ist das **Laufbahnprinzip**. Die Laufbahngruppen sind miteinander verzahnt, sodass die Besoldungsgruppen A5, A9 und A13 sowohl Eingangsamt der höheren Besoldungsgruppe als auch Beförderungsamt der darunter liegenden Besoldungsgruppe sein können, wobei Obergrenzen für

Beförderungsämter gesetzlich kontingentiert sind. Ein Laufbahnwechsel in eine höhere Laufbahngruppe (also bspw. der Wechsel vom gehobenen zum höheren Dienst) gestaltet sich schwierig und bedarf einer gesonderten Begründung (bspw. mit Blick auf Eignung, Dienstzeit von mehreren Jahren im gehobenen Dienst, Verleihung eines Beförderungsamts und Feststellung der Bewährung in der neuen Laufbahn).

Das **Leistungsprinzip** im öffentlichen Dienst sieht vor, dass Beamte Regelbeurteilungen unterzogen werden. Unter der dienstlichen Beurteilung ist eine Äußerung des Dienstvorgesetzten über Eignung, Befähigung und fachliche Leistung des Beamten im betrachteten Beurteilungszeitraum zu verstehen (vgl. Schnellenbach, 2005). Das Gesamturteil der periodischen Beurteilung wird nach einem Einstufungsverfahren mit einer notenähnlichen Bemerkung zusammengefasst, die in den Bundesländern unterschiedlich geregelt ist.

9.5 Fallbeispiel: Entgeltmanagement der SAP AG

Der systematische Ansatz bei der Gestaltung von Vergütungssystemen lässt sich vor dem möglichen „Instrumentenkasten" einer betrieblichen Vergütungs- und Zusatzleistungspolitik vielfältig ausgestalten. Am Beispiel der SAP AG wird aufgezeigt, wie die konzeptionellen und theoretischen Erwägungen aus den vorherigen Kapiteln in ein Vergütungssystem in der Praxis umgesetzt werden können (vgl. hierzu und im Folgenden Oechsler/Wiskemann, 2008).

Die SAP AG stellte für die Gestaltung ihres Entgeltsystems folgende Anforderungen auf (vgl. Tab. 9.25):

Tab. 9.25: Barvergütung bei der SAP AG (vgl. Oechsler/Wiskemann, 2008, S. 18).

Baustein	Name	Fix oder variabel?	Für wen?	Hängt ab von:
Grundentgelt	Monatsgehalt	Fix	Alle Mitarbeiter	Markt
Zielvereinbarung	Bonusplan	Variabel	Mitarbeiter ab Professional-Level (ca. 95 % aller Mitarbeiter)	Zielerreichung
Individuelle Leistungsvergütung	Prämie	Variabel	Alle Mitarbeiter, die nicht am Bonusplan-Programm teilnehmen	individuelle Leistung
Kollektive Leistungsvergütung	Erfolgsbeteiligung	Variabel	Alle Mitarbeiter	Unternehmenserfolg
Kapitalbeteiligung	STARs	Variabel	Alle Mitarbeiter ab gewissen Eintrittsdatum	Aktienkursentwicklung
Kapitalbeteiligung	Stock Options	Variabel	Key Performer	Aktienkursentwicklung

- **Berücksichtigung der internen Struktur:** Über das Vergütungssystem soll die unterschiedliche Wertigkeit der betrieblichen Funktionen im Hinblick auf die Wertschöpfungsprozesse abgebildet werden.
- **Marktbezogene Gehälter:** Die Vergütungshöhe und -zusammensetzung muss den Markt (im Hinblick auf Konkurrenten wie Softwarehäuser oder IT-Dienstleister) reflektieren. Dabei soll das Vergütungspaket attraktiv genug sein, leistungsstarke Mitarbeiter von anderen Unternehmen zu rekrutieren, jedoch nicht zu einer generellen Überbezahlung führen, da dies die Wettbewerbsfähigkeit des Unternehmens schmälern würde. Grundsätzlich sollen Entgelte, die über dem Marktniveau liegen, in Form variabler Vergütungsbestandteile gezahlt werden.
- **Leistungsorientierung:** Das Vergütungssystem soll flexibel (das heißt nach oben und unten) auf Leistungsschwankungen des Mitarbeiters reagieren können.
- **Positiver Beitrag zur Beschäftigungspolitik.** Durch einen möglichst hohen flexiblen Anteil an den Gehaltskosten wird es dem Unternehmen ermöglicht, diese in wirtschaftlich schwierigen Zeiten ohne Personalabbau abzusenken bzw. in wirtschaftlich guten Zeiten die Vergütungshöhe zu steigern.

Bei der Betrachtung der grundsätzlichen Vorüberlegungen fallen zwei wesentliche Zielsetzungen auf. Das Vergütungssystem soll **marktorientiert** und von **variablen** Entgeltbestandteilen geprägt sein.

Den einzigen **fixen Gehaltsbestandteil** stellt das Monatsgehalt im Sinne eines Grundgehalts dar. Dieser wird marktorientiert (bspw. über Benchmarks) und funktionsorientiert vergütet. Eine Anforderungsorientierung wird nicht verfolgt. Auf klassische Vergütungskomponenten wie Urlaubs- oder Weihnachtsgeld wird bei der SAP AG verzichtet. Hintergrund ist die Überlegung, diese Vergütungsbestandteile als Erfolgsbeteiligung auszuzahlen.

Der **variable Anteil** an der Barvergütung beträgt im Unternehmensdurchschnitt 23 %, was ungefähr 30 % des Grundgehalts entspricht. Dabei gilt, dass je mehr ein Mitarbeiter verdient, desto höher ist der variable Anteil der Vergütung (Chancen-Risiko-Anteil).

Ein wichtiges Instrument stellen **Bonuspläne** dar, bei denen alle Mitarbeiter ab dem Professional-Level teilnehmen. Die Zielvereinbarungspläne sind in ihrer Struktur vorgegeben (Individual-, Team- und Unternehmensziele; Mindestgewichtung einzelner Ziele, minimale und maximale Anzahl an Zielen, Zielerreichung-Entgeltrelation, Erwartungsstufen – 100 % entspricht einer vollständigen Zielerreichung des anspruchsvollen Ziels, 50 % Zielerreichung entspricht einer deutlichen Verfehlung der angestrebten Ziele), die konkrete inhaltliche Ausgestaltung wird aber zwischen Vorgesetzten und Mitarbeiter dezentral vereinbart.

Das **Erfolgsbeteiligungsmodell** der SAP AG sieht vor, dass ein Mitarbeiter bei ganzjähriger Beschäftigung ein Monatsgehalt zusätzlich bekommt, wenn eine spezifisch für das jeweilige Geschäftsjahr definierte Zielgröße (wie bspw. das Betriebsergebnis) im Geschäftsjahr erreicht wurde. Wird das Unternehmensziel zu mehr als 100 % erreicht, dann bekommt jeder Mitarbeiter für jeden Prozentpunkt über der

Auszahlungslinie

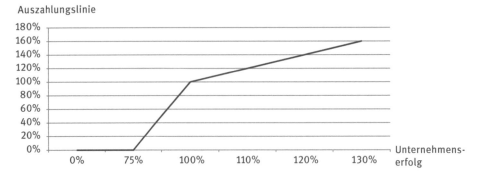

Abb. 9.46: Gestaltung der Erfolgsbeteiligung.

Tab. 9.26: Gestaltungsoptionen der SAP AG.

Standardmodell	Vergütungskomponenten der SAP AG
Grundentgelt	Markt- und funktionsorientiertes Grundgehalt
Leistungsvergütung	Zielvereinbarungen führen zu individuellen Bonusplänen
Erfolgsbeteiligung	Erfolgsbeteiligung an der Unternehmensperformance
Kapitalbeteiligung	Virtuelle Kapitalbeteiligung: STARs (Stock Appreciation Rights)
Zusatzleistungen	Definierte Zusatzleistungen für alle Mitarbeiter Cafeteria-Modell für bestimmte Leistungen

100-%-Marke zusätzlich 2 % mehr ausgezahlt (vgl. Abb. 9.46). Ist die Erreichung des Unternehmensziels geringer als 100 %, dann bekommt der Mitarbeiter eine Auszahlung linear zur Zielerreichung, bei weniger als 75 % Zielerreichung schließlich entfällt die Erfolgsbeteiligung ganz. In einem realistischen Zielerreichungskorridor ist das Programm für die Mitarbeiter insgesamt von Vorteil (da das Programm eine höhere Chance als Risiko bietet). Gleichzeitig „atmet" die Personalkostenstruktur mit dem Unternehmenserfolg und stellt somit sicher, dass nur dann etwas ausgezahlt wird, wenn dieses auch vorher erwirtschaftet wurde.

Mit dem virtuellen Aktienoptionsprogramm **STAR** (Stock Appreciation Right) beteiligt das Unternehmen die Mitarbeiter an der Entwicklung des Unternehmenswertes. Die Ausgabe der sog. STARs erfolgt einmal jährlich und richtet sich nach dem durchschnittlichen Kurs der SAP-Aktie in einem fest definierten Bezugszeitraum.

In einer Gesamtvergütungsperspektive ergänzen sich bei SAP AG fixe und variable Barvergütungsbestandteile sowie ausgewählte **Zusatzleistungen**. Hervorzuheben sind Leistungen, wie bspw. Firmenwagen für Professionals nach dreijähriger Betriebszugehörigkeit oder verbilligte Baudarlehen, die Möglichkeit Sabbaticals zu nehmen oder die betriebliche Versorgung, die in Form eines Cafeteria-Ansatzes ausgestaltet ist (der Mitarbeiter kann die Aufteilung eines Budgets auf die Hinterbliebenen-, Alters- oder Berufsunfähigkeitsversorgung bedarfsgerecht wählen).

Eine Übersicht über die Gestaltungsoptionen bei der Entgeltfindung der SAP AG findet sich in Tab. 9.26.

10 Personalentwicklung und Arbeitsqualifikation

Der Begriff der Personalentwicklung ist von Heterogenität und Unschärfe gekennzeichnet. Eine weite Definition des Begriffs kann folgendermaßen gefasst werden:

Personalentwicklung umfasst alle Maßnahmen der Bildung, der Förderung und der Organisationsentwicklung, die durch eine Organisation zielgerichtet geplant, durchgeführt und evaluiert werden. Alle Lernvorgänge, Sozialisations- und Integrationsleistungen, die ungeplant stattfinden, werden durch die Definition nicht erfasst (Gegendefinition) (vgl. Becker, 2013, S. 3).

Tab. 10.1 zeigt die drei Säulen Bildung, Förderung und Organisationsentwicklung und deren möglichen Instrumente im Überblick. Hieran orientiert sich auch die Gliederung des Kapitels. Aufbauend auf den theoretischen Grundlagen und der Darstellung der vorbereitenden Personalentwicklungsplanung werden die Aspekte der Bildung in Kap. 10.3, der Förderung in Kap. 10.4 und der Organisationsentwicklung in Kap. 10.5 betrachtet. Abgerundet werden die Erkenntnisse durch den Einbezug rechtlicher Überlegungen, die Perspektive des öffentlichen Diensts und Fallbeispiele zur Illustration der drei Säulen der Personalentwicklung.

Tab. 10.1: Inhalte und Definitionen von Personalentwicklung (vgl. Becker, 2013, S. 5).

Bildung	Förderung	Organisationsentwicklung
– Berufsvorbereitende Bildung – Berufsbegleitende Bildung – Berufsverändernde Bildung – …	– Nachfolge- und Karriereplanung – Auslandseinsatz – Mentoring – …	– Change Management
Enge Definition von Personalentwicklung	Erweiterte Definition von Personalentwicklung	Weite Definition von Personalentwicklung

10.1 Theoretische Vorüberlegungen

Aus lerntheoretischer Perspektive wird Lernen als ein Prozess der Veränderung des Verhaltens, Denkens und Fühlens aufgrund von Erfahrung verstanden. Lerntheorien stellen Erkenntnisse zur optimalen Gestaltung der Lernumgebung zur Verfügung. Die klassischen Lerntheorien stellen das Lernen des Individuums in den Mittelpunkt, neuere Lerntheorien gehen davon aus, dass nicht nur Individuen, sondern auch Gruppen und Organisationen lernen.

https://doi.org/10.1515/9783110541526-010

10.1.1 Klassische Lerntheorien

Die ersten gedächtnispsychologischen Experimente wurden von Herrmann Ebbinghaus durchgeführt. Er konstruierte sinnfreie Silben (bspw. „wor", „mup", „gog", „tra"), mit denen die Versuchspersonen keine Assoziationen verbanden, also von ihnen neu gelernt werden mussten. Ebbinghaus untersuchte den Lernprozess in unterschiedlichen Zusammenhängen, bspw. maß er die Zeit, die es benötigte, eine bestimmte Anzahl von Silben zu lernen, wie schnell diese wieder vergessen wurden oder wie viele Durchgänge die Versuchsperson für eine fehlerfreie Wiedergabe benötigten. Aus seinen Aufzeichnungen ergab sich bspw. eine Lernkurve, die anfangs steil ansteigt und bis zum Leistungsmaximum stark verflacht bzw. eine Vergessenskurve, die zwar anfänglich steil fällt, im Zeitablauf aber immer flacher wird. Aufbauend auf den Erkenntnissen formulierte Adolf Jost, dass von zwei Wissenselementen dasjenige als Erstes vergessen wird, das jünger ist. Ebenso kann man sich ein zeitlich früher gelerntes Wissenselement schneller und intensiver wieder einprägen als ein zeitlich jünger gelerntes Wissenselement.

Aus den Erkenntnissen sind plausible Leitsätze der Gedächtnispsychologie geformt worden (vgl. Krahl, 2014):

- **Lernkurve**: Etwas mehr Lernstoff erfordert deutlich mehr Wiederholungen.
- **Vergessenskurve**: Der Wissensverlust ist am Anfang am stärksten.
- **Ersparniskurve**: Was einmal gelernt wurde, kann schneller wieder erlernt werden.
- **Jost´sche Gesetz**: Das anfänglich gelernte Wissen bleibt am längsten in Erinnerung.
- **Primär-** und **Rezenzeffekt**: Mittlere Wissenselemente lernt man am schwersten.

Zahlreiche Folgeversuche haben die Leitsätze noch weiter spezifiziert und konkretisiert. So kennt man heute bspw. (vgl. Oppolzer, 2006; Tucke, 2003, S. 196)

- die Wirkungen von **Lernhemmungen** (die Ähnlichkeitshemmung erschwert das Lernen zweier aufeinanderfolgender, aber ähnlicher Wissenselemente; der Prozess des Lernens wird durch zwischenzeitlich auftretende positive oder negative Emotionen affektiv gehemmt);
- den Prozess des **Überlernens** (es stellt sich nur ein geringer positiver Effekt bei der Wiederholung eines gelernten Stoffs ein; die Wiederholung nach einer ersten Vergessensphase zeigt dagegen einen großen positiven Effekt);
- den **Betonungseffekt** (farbliche oder durch eine andere Kennzeichnung hervorgehobene Elemente führen zu einer höheren Erinnerungsleistung dieser Elemente).

10.1.2 Behavioristische Lerntheorien

Ansätze der behavioristischen Lerntheorie sind dadurch gekennzeichnet, dass sie Lernen als das Ergebnis eines einfachen Reiz-Reaktions-Mechanismus (Stimulus-Response-Modell bzw. S-R-Modell) begreifen. Nicht der Lernprozess als solches wird analysiert, sondern nur das beobachtbare Verhalten steht im Mittelpunkt der Betrachtung. Das Erkenntnisinteresse ist darauf ausgerichtet, wie Lernen von außen gelenkt werden kann (vgl. Becker, 2013, S. 139). Dabei kann das Lernen durch Verstärkung oder Abschwächung gesteuert werden. Gewünschtes Verhalten kann bspw. durch Lob oder eine Belohnung positiv verstärkt werden, unerwünschtes Verhalten kann durch negative Reize abgeschwächt werden.

Klassische Konditionierung nach Pawlow

Der russische Physiologe Iwan P. Pawlow entdeckte zufällig die Mechanismen der klassischen Konditionierung bei seinen Untersuchungen zu den Verdauungsabläufen bei Hunden (vgl. Abb. 10.1). Er implantierte Schläuche in die Drüsen und Verdauungsorgane und leitete die dort bei der Verdauung produzierten Körpersekrete nach außen. Um die Verdauung anzuregen, applizierte er Fleischpulver in den Mund der Hunde. Nachdem er diese Prozedur mehrfach durchgeführt hatte, beobachtete er ein unerwartetes Verhalten: Die Hunde speichelten bevor ihnen das Pulver in den Mund gegeben wurde. Sie fingen schon damit an, wenn sie das Pulver sahen, und später, wenn sie nur denjenigen sahen, der das Futter brachte, und sogar bereits, wenn sie nur die Schritte des Essensbringers hörten. Pawlow erkannte, dass jeder Stimulus, der regelhaft der Gabe von Futter vorausging, den Speichelfluss in Gang bringen kann (vgl. Zimbardo/Gerring, 2008, S. 196 ff.).

Pawlow gab seine physiologischen Experimente auf (für die er 1904 den Nobelpreis bekam) und erforschte fortan die psychologischen Auswirkungen des Konditionierens (vgl. Tab. 10.2). Er untersuchte unbedingte Reize/ungelernte Reflexe (bspw.

Abb. 10.1: Versuchsaufbau von Pawlow.

Tab. 10.2: Klassische Konditionierung (verkürzt nach Zimbardo/Gerring, 2008, S. 196).

	Reiz	Reaktion
vor der Konditionierung	unbedingter Reiz (bspw. Futter)	unbedingte Reaktion (Speichelfluss)
	neutraler Reiz (bspw. Glocke)	keine oder irrelevante Reaktion
während der Konditionierung	neutraler Reiz (Glocke) + unbedingter Reiz (Futter)	unbedingte Reaktion (Speichelfluss)
nach der Konditionierung	bedingter Reiz (Glocke)	bedingte Reaktion (Speichelfluss)

Speichelfluss, Pupillenkontraktion, Lidschlagreflex, Kniesehnenreflex), die zu angeborenen Reiz-Reaktionsverbindungen führen. Er reproduzierte unter kontrollierten Bedingungen seinen ursprünglichen Versuchsaufbau und verband einen neutralen Reiz, das heißt einen Reiz, der mit keinem angeborenen Reiz-Reaktions-Schema verknüpft ist (bspw. Geräusche wie das Läuten einer Glocke, Lichtreflexe oder bestimmte Verhaltensweisen), mit einem unbedingten Reiz-Reaktions-Schema. Auch unter kontrollierten Bedingungen konnte er die Ergebnisse seines zufälligen Funds wiederholen. Aus dem neutralen Reiz wurde ein bedingter Reiz, der zu einer bedingten Reaktion führt (vgl. Zimbardo/Gerring, 2008, S. 196 ff.).

Die Versuche wurden im Verlauf ausgefeilter (bspw. durch die Kopplung mehrerer neutraler Reize hintereinander, Versuche zur Rückwärtskonditionierung oder simultanen Konditionierung) und später auch auf den Menschen übertragen. Hierdurch konnten Erklärungen für Alltagsphänomene (bspw. die Angst vor Donner, die sich schon beim Blitz bemerkbar macht) und medizinische Therapieformen abgeleitet werden (bspw. die Suchtentwöhnung durch Aversionserzeugung).

Operantes und instrumentelles Konditionieren

Etwa zur gleichen Zeit beobachtete **Edward L. Thorndike** Katzen, wie sie versuchten, aus sog. Puzzleboxen (Rätselkisten) zu entkommen. Er beobachtete, wie sie zunächst gegen die Enge im Käfig ankämpften. Wenn sie dabei zufällig den Türmechanismus auslösten (der Mechanismus löste eine Gewichtshalterung, welche die Tür aufzog), kamen die Tiere frei und an das vor dem Käfig aufgestellte Futter (vgl. hierzu und im Folgenden Zimbardo/Gerring, 2008, S. 208 ff.).

Diese Prozedur wiederholte Thorndike mit denselben Katzen mehrmals und stellte fest, dass die Tiere sich mit der Zeit immer schneller aus dem Käfig befreien konnten. Die Tiere lernten aus Versuch und Irrtum: Folgt auf eine Reaktion (Mechanismus betätigen) eine angenehme Konsequenz (Freiheit und Futter), so erhöht sich die Häufigkeit dieser Reaktion. Umgekehrt vermindert sich die Auftrittswahrscheinlichkeit einer Reaktion, wenn diese zu einer nicht angenehmen Konsequenz führt.

Thorndike bezeichnete dem Zusammenhang als „Gesetz des Effekts" (law of effect) und die dahinter liegende Konditionierung **operante Konditionierung**. Operante Reaktionen werden nicht durch spezifische Reize ausgelöst, wie dies beim klassischen Konditionieren der Fall ist. Bspw. plappern Babys von sich aus; wenn dies zur Folge hat, dass sich die Eltern dem Baby zuwenden, führt dies dazu, dass das Baby künftig mehr plappern wird.

B. F. Skinner führte die Überlegungen von Thorndike fort und entwickelte Methoden zur **instrumentellen Konditionierung**. Er erfand eine Vorrichtung (die sog. Skinner-Box), die es ihm erlaubte, die Konsequenzen von Verhalten zu manipulieren. Wenn das Versuchstier ein Verhalten zeigt, das vom Versuchsleiter als wünschenswert definiert wurde, gab eine Vorrichtung Futter frei. So sollten die Tiere bspw. lernen, erst im Kreis zu laufen, bevor sie den Hebel zur Futterfreigabe drücken. Durch Variationen konnte Skinner herausfinden, unter welchen Umständen Verstärker oder Kombinationen von Verstärkern eine Konditionierung bewirken.

Der Unterschied zwischen operanten und instrumentellen Konditionieren liegt in der Intention. Beim operanten Konditionieren wird beliebiges (ggf. auch unbeabsichtigt oder zufällig erzeugtes) Verhalten betrachtet, das auch unabhängig von Problemen, Rätsel oder Situationen gezeigt wird. Die instrumentelle Konditionierung stellt den Zweck des Verhaltens in den Vordergrund. Das Verhalten wird zum Instrument, um ein gewünschtes Ergebnis herbeizuführen. Die Versuchsanordnungen und Schlussfolgerungen beider Konzepte gehen fließend ineinander über.

Soll ein bestimmtes Lernergebnis erzeugt werden, so werden **Verstärker** eingesetzt (vgl. Tab. 10.3). Folgt auf ein Verhalten ein angenehmer Reiz, spricht man von positiver Verstärkung; eine negative Verstärkung tritt dann ein, wenn auf ein Verhalten die Entfernung eines aversiven Reizes folgt. Negative Verstärkung kann in zwei Lernumständen auftreten. Fluchtkonditionierung erzeugt Reaktionen, um einem aversiven Stimulus zu entkommen (einen Regenschirm aufzuspannen hilft da-

Tab. 10.3: Kontingenz zwischen Reiz, Verhalten und Konsequenzen (vgl. Zimbardo/Gerring, 2008, S. 210).

Mechanismus		Reiz	Reaktion	Konsequenz
Positive Verstärkung	Verhalten erzeugt eine angenehme Konsequenz	Getränke-automat	Münze einwerfen	Getränk erhalten, um Durst zu löschen
Negative Verstärkung	Verhalten vermeidet unangenehme Konsequenz	Regen	Regenschirm aufspannen	Dem Regen entkommen
Bestrafung 1. Art	Auf Reaktion folgt ein aversiver Reiz	Rotes Licht	Anfassen	Schmerz durch Hitzeeinwirkung
Bestrafung 2. Art	Auf Reaktion folgt die Entfernung eines angenehmen Reizes	Spinat	Weigerung, Teller aufzuessen	Kein Nachtisch

bei, dem Nasswerden zu entkommen). Bei der Vermeidungskonditionierung lernen die Versuchsteilnehmer Reaktionen, die es ihnen ermöglichen, aversiven Reizen zu entkommen, bevor diese einsetzen (bspw. das erlernte Verhalten, einen Regenschirm mitzunehmen, wenn es nach Regen aussieht).

Eine zweite Technik zur Konditionierung sind **Bestrafungen**. Ein Bestrafungsreiz ist ein Reiz, der die Wahrscheinlichkeit einer Reaktion im Zeitablauf senkt. Auch hier wird zwischen positiver und negativer Bestrafung unterschieden (alternativ: Bestrafung 1. Art und Bestrafung 2. Art). Folgt auf ein Verhalten eine positive Bestrafung (Bestrafung 1. Art), wird ein aversiver Reiz ausgelöst (bspw. der Griff auf eine heiße Herdplatte löst Schmerzen aus). Wenn auf ein Verhalten der Wegfall eines angenehmen Reizes folgt, spricht man von negativer Bestrafung (bspw. nach einer Rangelei wird als Strafe das Taschengeld entzogen).

Der Unterschied zwischen Verstärkern und Bestrafungen liegt in der Richtung, in der die Wahrscheinlichkeit für gewünschtes Verhalten erzeugt wird. Verstärker erhöhen die Wahrscheinlichkeit, Bestrafungen senken die Wahrscheinlichkeit für das Wiederauftreten einer Reaktion.

Eine der **Hauptkritikpunkte** am Behaviorismus ist das mechanische Menschenbild. Der Mensch wird als ein von der Umwelt determiniertes, passives Objekt betrachtet. Komplexe Erklärungsmuster scheitern an der einfachen Sicht auf das Lernen als Ablauf von Reflexketten.

10.1.3 Kognitive Lerntheorien

Die Erklärungskraft der Konditionierung kommt dann an ihre Grenzen, wenn Lernvorgänge erklärt werden sollen, in denen der Lernende weder eine aktive Rolle im Reiz-Reaktions-Zusammenhang inne hat noch einen erkennbaren Verstärker erhalten hat. So wissen wir bspw. auch ohne eigene Erfahrung, welche Speisen wir essen können und welche nicht. Die Erfahrungen hierzu haben andere vor und für uns gemacht, sodass wir alleine durch Beobachten und Nachahmen (Kinder lernen von ihren Eltern, welche Speisen essbar sind) lernen.

Kognitive Lerntheorien setzen an der Kritik des Behaviorismus an und versuchen, die Black Box des Lernprozesses zu erhellen, in dem sie die Prozesse der Wissensaufnahme, -verarbeitung und -speicherung eines Individuums untersuchen. Der Mensch lernt nicht nur durch äußere Reize (wie es die Behavioristen sehen), sondern auch durch die Auseinandersetzung mit der Umwelt und durch Denkvorgänge. Wesentliche Voraussetzung für Lernprozesse ist dabei die Fähigkeit zur Reflexion (vgl. Becker, 2013, S. 139).

Als Beispiel für diese andere Art des Lernens (abseits des einfachen Reiz-Reaktions-Schemas) ist das beobachtbare Lernen. Es kommt ohne ständige Versuch-und-Irrtum-Prozesse aus und orientiert sich an bei anderen beobachteten und als erfolgreich wahrgenommenen Prozeduren.

Abb. 10.2: Bobo-Doll-Studie.

Kognitives Lernen ist eng mit **Albert Bandura** verknüpft. In der sog. Bobo-Doll-Studie (vgl. Bandura/Ross/Ross, 1961) demonstrierte Bandura, dass aggressives Verhalten allein durch Beobachtung und Imitation gelernt werden kann (vgl. Abb. 10.2). Er zeigte Gruppen von Kindern ein Video, auf dem ein Erwachsener auf eine Puppe namens Bobo Doll einschlug und diese beschimpfte. Die Videos wurden in unterschiedlichen Varianten vorgeführt. In der ersten Variante blieb das Geschehene unkommentiert (Kindergruppe 1). In einer zweiten Variante kam am Ende ein zweiter Erwachsener hinzu, der den schimpfenden Mann lobte und ihm Süßigkeiten gab (Gruppe 2). Das dritte Ende bestand darin, dass die hinzukommende Person den schlagenden Erwachsenen selbst schlug, beschimpfte und Drohungen aussprach (Gruppe 3) (vgl. hierzu und im Folgenden Hecht/Desnizza, 2012, S. 137 f.).

Im Anschluss wurden die Kinder einzeln in einen anderen Raum geführt, in dem die Puppe aus dem Video lag, und alleine gelassen. Bandura beobachtete das Verhalten der Kinder im Umgang mit der Puppe. Er konnte Folgendes feststellen: Über alle Gruppen hinweg waren die Jungen aggressiver als die Mädchen. Die Bereitschaft zur Aggressivität war bei den unterschiedlichen Gruppen aber verschieden ausgeprägt: Die Kinder, die die Bestrafungsvariante sahen (Gruppe 3), waren deutlich weniger aggressiv als die Kinder, die das unkommentierte Ende (Gruppe 1) bzw. die Belohnungsversion (Gruppe 2) sahen.

Anschließend wurde den Kindern eine Belohnung versprochen, wenn sie einzelne Szenen des Videos nachspielten. Die Nachahmungsrate war nun bei allen Gruppen etwa gleich hoch.

Aus der Perspektive der kognitiven Lerntheorie ergibt sich eine Vielzahl neuer Erkenntnisse. Das Gelernte muss nicht unmittelbar gezeigt werden, vielmehr kann durch Internalisierung das Gelernte auch später oder in anderen Kontexten abgerufen werden. Weitere Experimente bestätigten, dass selbst eine Beschreibung über Dritte ausreicht, um etwas zu lernen.

Das soziale Lernen verstärkt sich, wenn:

- das (Lern-)Modell als positiv, beliebt und respektiert wahrgenommen wird,
- der Beobachtende dafür belohnt wird, seine Aufmerksamkeit auf das Verhalten des Modells zu richten,
- der Beobachter die Möglichkeit hat, das Verhalten zu imitieren, und
- das Befolgen des Modells verstärkende Konsequenzen einbringt.

Aus der kognitiven Lerntheorie lassen sich Empfehlungen für das allgemeine Lernen ableiten. Ein Lernvorgang wird demnach erst eingeleitet, wenn die Aufmerksamkeit des Lernenden geweckt und das individuelle Vorwissen aktiviert wurde. Das Lernen erfolgt dabei umso besser, je stärker Wahrnehmungsprozesse unterstützt werden und das neue Wissen überprüft und angewendet werden kann (vgl. Zimbardo/Gerring, 2008, S. 226).

10.1.4 Konstruktivistische Lerntheorie

Die Hauptthese der konstruktivistischen Lerntheorie beruht auf der Annahme, dass es keine objektive Realität gibt, die ein Lehrer einem Lernenden vermitteln kann. Der Lernende konstruiert, in Abhängigkeit seines Vorwissens, die aufgenommenen Informationen zu einer neuen Realität und schafft sich sein Wissen selbst. Er benötigt die Umwelt lediglich als Anregung seiner Entwicklung (vgl. im Folgenden Becker, 2013, S. 139 ff.).

Der Mensch sucht eigenständig und aktiv Probleme seiner Umwelt, um mit der Problemlösung Erkenntnis aufzubauen. Dabei betrachtet sich der Mensch „von außen", deutet seine Routinen und wägt ab, ob er neue Strukturen ausbilden muss oder bewährte Prozesse beibehalten kann. Konstruktivistische Ansätze gehen also nicht davon aus, dass das Wissen von außen „hineintransportiert" wird.

In der Folge kann Wissen nicht übertragen werden, sondern muss sich im Gehirn des Lernenden neu erschaffen. Folgt man der konstruktivistischen Lerntheorie, dann nimmt der Lernende nicht das übertragene, kommunizierte Wissen des Lehrers auf, sondern interpretiert dieses, fügt es in seine Lebenswirklichkeit und konstruiert es damit neu. Hieraus lässt sich schlussfolgern, dass eine direkte Vermittlung von objektivem Wissen nicht möglich ist. Der Lernende muss in die Lage versetzt werden, eigene Weltbilder aufzubauen, zu hinterfragen und ggf. neu zu konstruieren. Hierzu wird ein breites Arsenal an problemorientierte Methoden empfohlen (bspw. Gruppenarbeit, Rollenspiele, forschendes Lernen, selbstgesteuertes Lernen).

10.1.5 Organisationales Lernen

Der Idee des organisationalen Lernens wurde von Cyert/March (1963) geprägt. Hintergrund ihrer Forschungsarbeiten war die Frage, ob und wie Unternehmen ihre Wissensbasis vergrößern und nutzen können.

Organisationales Lernen (OL) beschreibt die Wissensbasis eines Unternehmens, die sich durch die Interaktion zwischen den Individuen, dem Unternehmen und der Welt verändert.

March/Olsen (1975) griffen die Idee auf und entwickelten einen Pionieransatz, der in die Geschichte des Forschungsfelds einging und bis heute seine Wirkung zeigt. Spätere Ansätze wie die von Argyris/Schön (1978) oder Duncan/Weiss (1979) beschäftigten sich mit unterschiedlichen Lerntypen, die für die Organisation eine gemeinsame Wirklichkeit darstellen. Neuere Ansätze (bspw. Nonaka/Takeuchi, 1997) untersuchten, wie implizites Wissen in explizites Wissen umgewandelt werden kann.

Organisationales Lernen als Adaption

March/Olsen (1975) definieren vier Lernschritte. Ausgangs- und Endpunkt des organisationalen Lernens sind die Individuen einer Organisation. Sie prägen mit ihrer Wahrnehmung, ihren Präferenzen und individuellen Handlungen die Organisation (vgl. Abb. 10.3).

Stellen die Individuen eine Diskrepanz zwischen der gewünschten und der erlebten Umwelt fest, so übersetzen die Individuen ihre Wünsche in organisationale Handlungen, bspw. durch Einflussnahme, Partizipation, Gremienarbeit oder Vorlage von Entscheidungshilfen. Diese Handlungen „versteht" das Unternehmen und kann sie in ihren Strukturen verarbeiten (Meetings, Tischvorlagen, Präsentationen, Aushandlungsprozesse). Das Ergebnis kann dann eine veränderte organisationale Wissensbasis darstellen, bspw. Handbücher, Verfahrensregelungen oder Skripte. Passen die gewünschte und erlebte Wirklichkeit weiterhin nicht zusammen, so beginnt der Prozess von neuem, indem bewährte Muster beibehalten werden bzw. nicht adäquate Muster durch neue ersetzt werden.

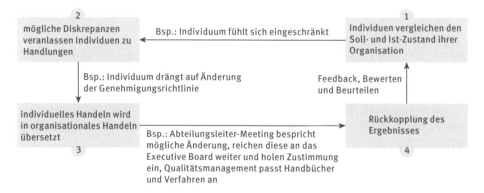

Abb. 10.3: Organisationales Lernen nach March/Olsen.

Organisationales Lernen als Entwicklung einer gemeinsamen Wirklichkeit

Argyris/Schön (1978) betrachten organisatorisches Handeln als individuelles, durch bestimmte organisatorische Rollen geleitetes Handeln (vgl. Abb. 10.4). Ihr Handeln wird durch zwei Typen von Theorien bestimmt: den offiziell geäußerten Handlungstheorien und den realen Gebrauchstheorien. Stimmen diese beiden Theorien nicht überein, so werden Lernprozesse stimuliert.

Beim Single-Loop-Lernen (anpassendes Lernen) werden von den Betroffenen Zielabweichungen und Anpassungsfehler erkannt und korrigiert. Dabei werden nur die Parameter in vorgegebene Denk- und Verhaltenschemata geändert („Sinkender Absatz?" – „Wir brauchen mehr Vertriebsaktivitäten"). Double-Loop-Lernen (Innovationslernen) bedeutet Lernen durch Bewertung und Entwicklung neuer methodischer Schemata, Ziele, Lösungen oder Normen. Es werden nicht nur Handlungsfehler korrigiert, sondern auch ihre Ursachen analysiert („Sinkender Absatz?" – „Warum? Liegt es an der Produktqualität oder an der fehlenden Werbung"). Deutero-Lernen (lernendes Lernen), ein Meta-Lernen, erfordert eine Selbstreflexion der Lernprozesse. Dabei wird das Wissen über vergangene Lernprozesse (Single- und Double-Loop-Prozesse) gesammelt und kommuniziert. Während beim Single-Loop-Lernen die Effizienzsteigerung im Mittelpunkt steht, steht beim Double-Loop-Lernen die Frage der Effektivität im Zentrum. Deutero-Lernen hingegen erfordert ein grundsätzlichers Umdenken („Sinkender Absatz?" – „Sind wir überhaupt im richtigen Markt aktiv?") (vgl. Franken/Franken, 2009, S. 147 f.)

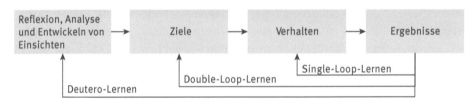

Abb. 10.4: Drei Lerntypen nach Argyris und Schön (vgl. Franken/Franken, 2009, S. 147).

Organisationales Lernen als Entwicklung einer gemeinsamen Wissensbasis

Duncan/Weiss (1979) gingen davon aus, dass Unternehmen über eigene Wissensbestände (Kenntnisse über Ursache-Wirkung-Zusammenhänge) verfügen, die, unabhängig von ihren Mitgliedern, Kenntnisse über die Effektivität organisationaler Handlungen beinhalten. Organisationales Lernen vollzieht sich im Prozess der Weiterentwicklung der gemeinsamen Wissensbasis. Diese kann durch neues Wissen ergänzt, ausgetauscht bzw. verändert oder bestätigt werden. Organisationales Lernen ist also nicht ein wachsender Speicher, sondern der Prozess der Verarbeitung und Optimierung selbst. Wesentliche Rahmenbedingungen für das Lernen ergeben sich aus den Normen und Werten der Organisationsmitglieder. Sie interpretieren (mikropoli-

Tab. 10.4: Typologie klassischer Ansätze (verkürzt nach Soramäki, 2005, S. 24).

| | Organisationales Lernen ... | | |
	als Adaption	als Entwicklung einer ge- meinsamen Wirklichkeit	als Entwicklung einer ge- meinsamen Wissensbasis
Hauptvertreter	March/Olsen	Argyris/Schön	Duncan/Weiss
OL ist ...	Anpassung an die Umwelt	Konstruktion einer gemein- samen Wirklichkeit und deren Anpassung durch Verhandeln	Prozess, bei dem Wissen über Ursache-Wirkung- Beziehungen entwickelt wird
Wie wird gelernt?	Reihe von Interaktionen zwischen Anpassungen auf individueller und kollektiver Ebene	Fehlerkorrekturen in- nerhalb der gegebenen Parameter, innerhalb oder außerhalb des Systems	Auswahlprozesse, Entscheidungsprozesse werden mikropolitisch verhandelt
Lernniveau	Single-Loop (Anpassung von Zielen, Verfahren, Suchregeln, ...)	Single-Loop, Double-Loop und Deutero-Ebene	Single-Loop (Anpassung der Kenntnisse über Ursache-Wirkungs- Beziehungen)

tisch) Ergebnisabweichungen und mögliche Ursachen, die wiederum in Änderungen des Wissensspeichers übersetzt werden (vgl. Klimecki/Thomae, 1997, S. 6). Eine Typologie der klassischen Ansätze ist in Tab. 10.4 dargestellt.

Wissensgenerierung nach Nonaka/Takeuchi

Eine moderne Lerntheorie stammt von den Japanern Nonaka/Takeuchi (1997). Während klassische Ansätze der Frage nachgehen, wie das Wissen verarbeitet wird, fragen Nonaka/Takeuchi wie neues Wissen generiert wird. Dabei muss zwischen implizitem (unbewusste, nicht abschließend formulierbare und personengebundene Wissensele-mente) und explizitem (bewusste, definierbare und vervielfältigbare Wissenselemen-te) Wissen unterschieden werden. Westliche Unternehmen, so Nonaka/Takeuchi, fas-sen Wissen traditionell als etwas Formales, Systematisches (also Explizites) auf, das sie in Zahlen, Worten und Grafiken ausdrücken und mitteilen können. Japanische Un-ternehmen hingegen haben ein anderes Verständnis von Wissen. Wissen ist haupt-sächlich implizit. Subjektive Einsichten, Ahnung und Intuition wirken als Argument mindestens gleichberechtigt, wenn nicht sogar stärker (vgl. hierzu und im Folgenden Franken/Franken, 2011, S. 151 ff.).

Um einen Bezugsrahmen für Lernprozesse zu erstellen, tragen Nonaka/Takeuchi zwei Dimensionen mit den Endpunkten explizites und implizites Wissen sowohl als Ausgangspunkt als auch als Ziel ab. In dieser 2x2-Matrix werden vier grundlegende Wissensumwandlungsprozesse definiert, die die Wissensbasis der Organisation er-weitern (vgl. Tab. 10.5).

Tab. 10.5: Formen der Wissensumwandlung (vgl. Franken/Franken, 2011, S. 153).

Sozialisation	Externalisierung
Ausgangspunkt: implizites Wissen	Ausgangspunkt: implizites Wissen
Ziel: implizites Wissen	Ziel: explizites Wissen
Erfahrungsaustausch, bei dem implizites Wissen entstehen und verbreitet werden kann. Fertigkeiten werden durch Nachahmen, Beobachten und Praxis erlernt.	Implizites Wissen wird in Form von expliziten Konzepten (Modelle, Theorien, Zahlen oder Fakten) kommunizierbar gemacht (bspw. durch Metaphern, Analogien, Induktion und Deduktion).

Internalisierung	Kombination
Ausgangspunkt: explizites Wissen	Ausgangspunkt: explizites Wissen
Ziel: implizites Wissen	Ziel: explizites Wissen
Integration expliziten Wissens in die implizite Wissensbasis des Individuums durch Theorie- und Praxis-Transfer (bspw. Modellbildung und Anwendungsbezug)	Verschiedene Bereiche expliziten Wissens werden miteinander verbunden, wobei neues Wissen entstehen kann. Dieses Wissen wird über Medien, Dokumente, … ausgetauscht.

- **Sozialisation** bedeutet die Verwandlung des impliziten Wissens in implizites Wissen und dient dem Austausch vom impliziten Wissen durch Interaktion (bspw. Erfahrungsaustausch oder Lernen am Modell).
- **Externalisierung** wird von einem Dialog oder kollektiver Reflexion ausgelöst und führt zur Artikulation impliziten Wissens (implizit zu explizit). Das implizite Wissen wird verbalisiert (mündlich oder schriftlich) und kommuniziert.
- **Kombination** entsteht durch die Verbindung von Wissensinhalten verschiedener Akteure sowie von neu geschaffenem und bestehendem Wissen (explizit zu explizit) (bspw. durch Kombination von Meinungen, Kenntnissen und Erfahrungen).
- **Internalisierung** resultiert aus dem Learning by Doing – einer Integration der expliziten Wissensbasis in die implizite Wissensbasis.

Dynamisiert man die vier Prozesse und bezieht die Menge der Wissensträger ein, so ergibt sich eine sog. Wissensspirale(vgl. Abb. 10.5).

10.2 Personalentwicklungsplanung

Ausgangspunkt der Personalentwicklung ist die unternehmerische Zielbestimmung aktuell und künftig benötigter Kompetenzen zur Implementierung und Durchsetzung einer unternehmerischen Strategie. Damit ist die Personalentwicklungsplanung Teil der qualitativen und quantitativen Personalplanung.

Der Bedarfsplan der Personalentwicklung ergibt sich aus dem Gegenüberstellen von Soll-Kompetenzen des Anforderungsprofils und dem aktuellen Fähigkeitsprofil

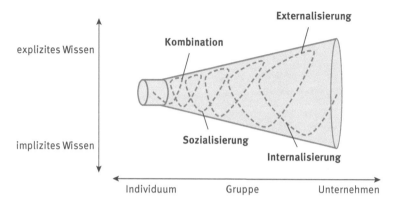

Abb. 10.5: Dynamische Wissensspirale (vgl. Franken/Franken, 2011, S. 155).

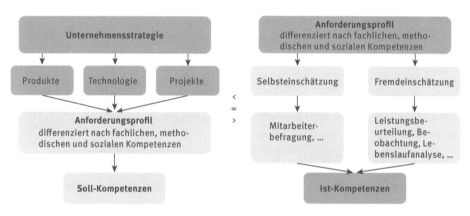

Abb. 10.6: Konzeption der Personalentwicklungsplanung.

eines Mitarbeiters. Aus der möglichen Differenz ergeben sich die Maßnahmen der Personalentwicklung. Trennt man dieses Vorgehen analytisch, so umfasst die Personalentwicklungsplanung vier Aufgabenbereiche (vgl. Abb. 10.6):

(1) Bestimmung des Personalentwicklungsziels (**Soll-Kompetenzen**),
(2) Ermittlung der verfügbaren Kompetenzen (**Ist-Kompetenz**),
(3) Ermittlung des Entwicklungsbedarfs (**Soll-Ist-Differenz**),
(4) Ableitung von Maßnahmen der Personalentwicklung (**Maßnahmenplan**).

(1) Bestimmung der Soll-Kompetenzen

Die Bestimmung der **Soll-Kompetenzen** kann auf strategischer und/oder operativer Ebene erfolgen. Auf **strategischer Ebene** leiten sich die benötigten Kompetenzen aus der Projektion der Produkt-Markt-Entwicklung des Unternehmens ab. Die Leitfrage

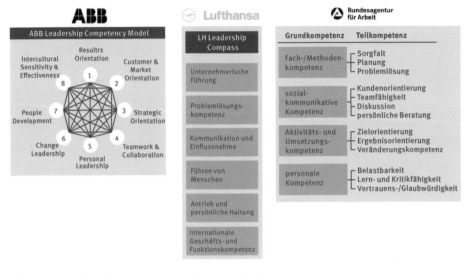

Abb. 10.7: Beispiele für Kompetenzmodelle aus der Praxis.

lautet: Über welche Kompetenzen müssen unsere Mitarbeiter künftig verfügen, wenn der Wertschöpfungsprozess im Rahmen der Unternehmensstrategie ausgefüllt werden soll. Aus den zukünftigen Produktprogramm, Projekten, Technologien oder Märkten werden Anforderungsprofile abgeleitet.

Die Anforderungsprofile lassen sich differenzieren und aggregieren:

- **Fachliche Kompetenzen**: Kenntnisse eines Mitarbeiters, entweder allgemein über Abschlüsse (bspw. Industriemechaniker, Ingenieur, Meister, Techniker) oder spezifisch differenziert (bspw. Kenntnisse in der Energierückgewinnung, Hybridtechnologie, US-GAAP, ...).
- **Methodische Kompetenzen**: Übersetzung der fachlichen Kompetenz in Arbeitsergebnisse erfordert methodische Kompetenzen (bspw. SAP-, Excel- oder Projektmanagement-Kenntnisse).
- **Soziale Kompetenzen**: beschreiben die Fähigkeit zur Interaktion mit anderen (bspw. Team- und Konfliktfähigkeit, Führungskompetenz, ...).

In der Praxis werden die drei Oberkategorien häufig noch tiefer oder mit anderen Schwerpunkten aufgespalten. Abb. 10.7 zeigt drei Beispiele.

Auf **operativer Ebene** ergeben sich die Soll-Kompetenzen aus der kurzfristigen Personalbedarfsprognose bzw. aus dem individuellen Vergleich der Qualifikation eines Mitarbeiters und der aus seiner Position resultierenden Anforderungen (Job-Man-Fit-Ansatz). Die hierfür benötigten Informationen ergeben sich in der Praxis aus der Stellenbeschreibung, der Leistungsbeurteilung oder der Einschätzung des Vorgesetzten.

(2) Ermittlung der Ist-Kompetenzen

Um den Soll-Kompetenzen die tatsächlich verfügbaren Kompetenzen gegenüberzustellen, ist eine Bestandsaufnahme der Ist-Kompetenzen notwendig. Die Identifikation kann auf Basis einer Selbst- oder Fremdeinschätzung erfolgen. In der Praxis werden häufig die aus dem Lebenslauf ermittelbaren Angaben genutzt, um einen Überblick über den biografisch-zertifikatsbasierten Kompetenzstand zu gewinnen (bspw. Schul-, Ausbildungs- oder Hochschulabschlüsse sowie sonstige Zertifikate). Im Anschluss daran werden die Mitarbeiter gebeten, eigene Kompetenzen aus einer vorgegebenen Auswahl zu ergänzen bzw. sich selbst bzgl. ihrer Kompetenzen einzuschätzen (bspw. Fremdsprachen, IT-Kenntnisse, spezielle Fachkenntnisse). Diese Datenbasis kann ergänzt werden um die Ergebnisse aus Leistungsbeurteilungen, Zielvereinbarungen oder anderen Dokumenten.

(3) Ermittlung der Soll-Ist-Differenz

Bei der Ermittlung des Entwicklungsbedarfs (**Soll-Ist-Differenz**) werden die Ergebnisse der Ermittlung der Soll- und Ist-Kompetenz gegenübergestellt.

Ein **Einsatzoptimum** liegt dann vor (vgl. Berthel/Becker, 2013, S. 326),

(1) wenn **bestehende** Arbeitsplätze derart besetzt sind, dass
   – die Mitarbeiterqualifikation den Stellenanforderungen aktuell entsprechen,
   – die Mitarbeiterqualifikationen genutzt werden können,
   – die Mitarbeiterqualifikationen den künftigen Stellenanforderungen entsprechen;
(2) wenn für aktuelle und künftige **freie** Arbeitsplätze (Vakanzen)
   – Kandidaten zur Besetzung verfügbar sind bzw.
   – so vorbereitet werden, dass sie zum Zeitpunkt der Vakanz verfügbar sind.

Analog hierzu ergeben sich Abweichungen, wenn die Voraussetzungen für das Einsatzoptimum nicht erfüllt sind.

(4) Ableitung von Maßnahmen zur Schließung der Qualifikationslücke

Der letzte Schritt der Personalentwicklungsplanung ist die Ableitung von Einzelmaßnahmen bzw. Maßnahmebündeln, um die Soll-Ist-Differenz zu schließen. Hierfür stehen die Instrumente der Personalentwicklung als Bildung (enge Definition), Personalentwicklung als Förderung (erweiterte Definition) oder die Organisationsentwicklung (weite Definition) zur Verfügung.

10.3 Personalentwicklung als Bildung

Die enge Definition der Personalentwicklung als Bildung (vgl. Abb. 10.8) unterscheidet zwischen berufsvorbereitende, berufsbegleitende und berufsverändernde Bildung.

Abb. 10.8: Bereiche der Berufsbildung.

10.3.1 Berufsvorbereitende Bildung

Die berufsvorbereitende Bildung unterscheidet zwischen der Anlernausbildung, der Berufsausbildung, Dualem Studium, Praktika- und Traineeprogrammen.

Anlernausbildung

Die **Anlernausbildung** ist durch eine relativ kurze Dauer von wenigen Tagen bis einigen Monaten gekennzeichnet. Sie ist auf die Anforderungen eines bestimmten Arbeitsplatzes zugeschnitten und führt zu keinem staatlich anerkannten Abschluss. Arbeitsplätze, deren Tätigkeiten für eine Anlernausbildung infrage kommen, umfassen typischerweise einfache, wenig komplexe Tätigkeiten, die von Helfern (bspw. Maschinenhelfer oder Lagerhelfer) ausgeübt werden können. Es werden keine spezifischen Fachkenntnisse vorausgesetzt, die über die allgemein schulpflichtige Grundausbildung hinausgehen.

Berufsausbildung

Die **Berufsausbildung** dagegen hat eine Mindestdauer von zwei Jahren und endet mit einem staatlich anerkannten Abschluss. Der rechtliche Rahmen ist im Berufsbildungsgesetz geregelt, das 2005 novelliert wurde (so können nun bspw. auch Ausbildungsabschnitte im Ausland absolviert werden). Die Berufsausbildung ist in der Regel eine berufliche Erstausbildung und erfolgt in einem dualen System, das seinen Ursprung im mittelalterlichen Ausbildungswesen der Zünfte und Gilden hat (vgl. Jung, 2005, S. 258).

Die Berufsausbildung in Deutschland ist durch ihre institutionelle Dualität, der Dualität der Ausbildungsregelung und der Dualität der Ordnungskompetenzen gekennzeichnet (vgl. Tab. 10.6).

Tab. 10.6: Dualität der Ausbildung in Deutschland.

Dualität der Berufsausbildung	
Institutionelle Dualität	Staatliche Berufsschulen und private bzw. öffentliche Unternehmen vermitteln die Ausbildungsinhalte. Berufsschulen übernehmen dabei den fachtheoretischen und allgemeinbildenden Teil, Unternehmen den fachpraktischen Teil der Ausbildung.
Dualität der Ausbildungsregelung	Bundeseinheitliche Rechtsordnungen sichern die bundesweite inhaltliche Vergleichbarkeit der Abschlüsse, den Ländern obliegt die Ausgestaltung der Lehrpläne für die Berufsschule.
Dualität der Ordnungs-kompetenzen	Auf Bundesebene erfolgt die Umsetzung im Berufsbildungsgesetz, den Ländern steht die Finanzierung und Ausstattung der Berufsschulen zu.

Die **institutionelle Dualität** besagt, dass sowohl die staatlichen Berufsschulen als auch die privaten oder öffentlichen Unternehmen in die Vermittlung der Ausbildungsinhalte involviert sind. Dabei soll die Berufsausbildung im Betrieb berufspraktisch am jeweiligen Stand der Technik erfolgen, während die Berufsschule die Ausbildung im Betrieb fachtheoretisch ergänzt und die Allgemeinbildung weiter vertieft bzw. ausbaut (Drumm, 2008, S. 323).

Die Ausbildung in der Berufsschule erfolgt mit durchschnittlich zwölf Stunden pro Woche (wöchentlich oder blockweise im Wechsel zwischen Ausbildungsunternehmen und Berufsschule). Das Ausbildungsverhältnis zwischen dem Auszubildenden („Azubi") und dem Unternehmen wird durch einen Ausbildungsvertrag begründet. Der Azubi verpflichtet sich, die notwendige Handlungskompetenz durch tätiges Bemühen zu erwerben, zur Beachtung der geltenden Ordnung der Ausbildungsstätte, zur pfleglichen Behandlung von Werkzeug, Maschinen und sonstigen Einrichtungen sowie zur Wahrung von Betriebsgeheimnissen (§ 13 BBiG). Die Pflichten der Ausbildenden erstrecken sich auf die Vermittlung beruflicher Handlungskompetenz, die sachliche, zeitliche und planmäßige Gliederung der Ausbildung gem. Berufsordnung und die kostenlose Bereitstellung von Werkzeug, Materialien und zur angemessenen Vergütung der Azubis.

Damit eng verbunden ist die **Dualität der Ausbildungsregelung**, die eine Aufteilung der Regelungsbereiche in bundeseinheitliche Rechtsverordnungen im Rahmen der betrieblichen Ausbildung und länderspezifische Regelungen des Berufsschulbereichs beinhaltet. Das duale Ausbildungssystem in Deutschland umfasst ca. 330 staatlich anerkannte Ausbildungsberufe. Ferner besteht eine Trennung nach privatrechtlichem Ausbildungsvertrag als Grundlage des betrieblichen Ausbildungsverhältnisses und öffentlich-rechtlichem Status der Berufsschulen.

Das Berufsbildungsgesetz legt fest, dass die sachliche und zeitliche Gliederung der Vermittlung der beruflichen Fähigkeiten, Fertigkeiten und Kenntnisse in den Ausbildungsordnungen der einzelnen Ausbildungsberufe zu regeln ist. In der Praxis ha-

Tab. 10.7: Strukturmodelle der Ausbildung (Beispiel) (vgl. Becker, 2013, S. 277 und 279).

		Mechaniker/in für Karosserieinstandhaltung	Kraftfahrzeugmechatroniker/in	Karosserieund Fahrzeugbaumechaniker/in	Struktur der Ausbildungsberufe im Einzelhandel
Ausbildungsjahr	3,5	Berufliche Fachausbildung	– PKW – Nutzfahrzeuge – Motorrad – Kommunikation	– Fahrzeugbau – Karosseriebau – Instandhaltung	Wahlqualifikationseinheit II (Personal, IT, Analyse, Prozesssteuerung)
	3.				
	2.		Berufliche Fachausbildung	Berufliche Fachausbildung	Wahlqualifikationseinheit I (Warenlogistik, Marketing, Beratung und Verkauf)
	1.	Gemeinsame Grundausbildung			Pflichtqualifikationseinheiten (Waren, Kasse, Rechnungswesen, Beratung und Verkauf, ...)
		Monoberuf ohne Spezialisierung	mit Spezialisierung in Schwerpunkten	mit Spezialisierung in Fachrichtungen	Modularisierte Ausbildungsstruktur

ben sich unterschiedliche Modelle herausgebildet. So können bspw. Ausbildungsberufe ohne Spezialisierung, mit Spezialisierung in Fachrichtungen, mit Spezialisierung in Schwerpunkten oder eine modularisierte Ausbildung unterschieden werden (vgl. Tab. 10.7).

Eine Ausbildung ohne Spezialisierung ist bspw. die des/der Mechanikers/-in für Karosserieinstandhaltung. Nach der gemeinsamen Grundausbildung, die mit den anderen Berufen der Ausbildungsgruppe identisch ist, erfolgt keine weitere fachliche Ausdifferenzierung. Bei der Ausbildung zum/zur Karosserie- und Fahrzeugbaumechaniker/-in hingegen besteht ab dem zweiten Lehrjahr die Möglichkeit zur Spezialisierung in Fachrichtungen. Der/die Kraftfahrzeugmechatroniker/-in hingegen kann Schwerpunkte in seiner/ihrer Ausbildung setzen. Eine modularisierte Ausbildung bietet bspw. die Ausbildung für Berufe im Einzelhandel. Auszubildende können zwischen festgelegten Pflicht- und Wahlqualifikationseinheiten wählen (vgl. Becker, 2013, S. 277 f.).

Die Inhalte und Bezeichnungen der Berufe werden fortlaufend sowohl inhaltlich als auch in der Bezeichnung angepasst bzw. neu aufgelegt. So wurde bspw. 2006 der Ausbildungsberuf des/der Kaufmanns/-frau für Dialogmarketing für die Call-Center-Branche oder 2008 der Personaldienstleistungskaufmann/-frau für die Zeitarbeitsbranche entwickelt. Der Ausbildungsberuf des/der Radio- und Fernsehtechnikers/-in wurde zum Informationselektroniker/-in weiterentwickelt. Tab. 10.8 zeigt exemplarisch den Rahmenlehrplan des/der Industriemechanikers/-in und seine Genealogie.

Tab. 10.8: Rahmenlehrplan und Stammbaum des/der Industriemechanikers/-in.

	Stunden im Ausbildungsjahr				
	1.	**2.**	**3.**	**4.**	
Fertigen					**Stammbaum:**
– mit handgeführten Werkzeugen	80				Schlossmacher (seit 1937)
– mit Maschinen	80	80			Systemmacher Gewehr (1937–1987)
Herstellen von einfachen Baugruppen	80				Maschinenschlosser (1936–1987)
Technische Systeme					Gürtler (1937–1987)
– Warten	80	60			Betriebsschlosser (1937–1987)
– Installieren und Inbetriebnahme					Feinmechaniker (1935–1987)
– Instandsetzen/Instandhalten		40	80		Metallgewebemacher (1938–1987)
– Herstellen			60	80	→Industriemechaniker (seit 1987)
– Planen und Realisieren				60	**Verzweigungen:**
– Optimieren					Mechatroniker
Montieren von technischen Systemen		40			Industrieelektriker
Numerisch gesteuerte Maschinen		60			Industriekaufmann
Produkt- und Prozessqualität			60		Industrieisolierer
Automatisierter Systeme			80		Industriekeramiker
SUMME	**320**	**280**	**280**	**140**	**Weiterbildung:** Industriemeister Industrietechniker Technischer Betriebswirt

Tab. 10.9: Zweijährige Ausbildungsberufe und mögliche Fortsetzungsberufe.

2-jährige Ausbildung	Mögliche Fortsetzungsberufe
Verkäufer/-in	Kaufmann/-frau im Einzelhandel
Fachlagerist/-in	Fachkraft für Lagerlogistik
Maschinen- und Anlagenführer/-in	Fertigungsmechaniker/-in
Fachkraft im Gastgewerbe	Restaurantfachmann/-frau Hotelfachmann/-frau
Kraftfahrzeugservicemechaniker/-in	Kraftfahrzeugmechatroniker/-in Zweiradmechaniker/-in

Neben den Ausbildungsberufen mit einer dreieinhalbjährigen Ausbildung wurden in den letzten Jahren vermehrt Berufe mit einer zweijährigen Ausbildung angeboten. Der Anteil der zweijährigen Ausbildungen an allen neu abgeschlossenen Ausbildungsverträgen beträgt konstant 9 %. Die bei der Einführung geäußerte Sorge, dass die schnelle Ausbildung die traditionelle verdrängt, wurde nicht bestätigt. Tab. 10.9 zeigt die häufigsten zweijährigen Ausbildungsberufe und die möglichen Fortsetzungsberufe (vgl. iwd, 2012b).

Die Berufsausbildung endet mit dem Bestehen einer Abschlussprüfung, die von der Industrie- und Handelskammer bzw. der Handwerkskammer abgenommen wird.

Unter **Dualität der Ordnungskompetenzen** wird die Aufteilung der Verantwortungsbereiche zwischen Bund (gesamte Berufsausbildung) und Ländern (berufsschulische Ausbildung) verstanden (vgl. Drumm, 2008, S. 323).

Ein Vorteil des dualen Systems der Berufsausbildung liegt darin, dass die Berufsschule allgemeine Bildungsaufgaben übernimmt, welche die Ausbilder sowohl fachlich als auch zeitlich überfordern würden. Demgegenüber ist eine praktische Ergänzung des theoretischen Schulunterrichts in Form von konkreten Aufgaben und eigenverantwortlichen Projekten zum Sammeln eigener Erfahrungen, insb. in der Planung, Organisation und Koordination, sinnvoll. Außerdem kann das Sozialverhalten durch Tätigkeiten im Ausbildungsbetrieb trainiert werden und eine Eingliederung in den soziokulturellen Raum eines Betriebs erfolgen. Auch die bessere technische Ausstattung der Betriebe, die schnelle Anpassung der Ausbildung an sich verändernde Qualifikationsanforderungen des entsprechenden Berufsfelds sprechen für eine betriebliche Beteiligung an der Berufsausbildung.

Ein Nachteil ist darin zu sehen, dass die Qualität der Ausbildung in Abhängigkeit von der Unternehmensgröße, der Branche und der Region stark differenziert. So ist die Ausbildung vor allem in Kleinbetrieben oft unkoordiniert und inhaltlich unvollständig. Es findet zudem häufig keine Abstimmung zwischen den Lehrplänen der Schulen und den betrieblichen Ausbildungsinhalten statt. Ein Problem bei den Berufsschulen besteht darin, dass ein Lehrermangel herrscht und die Geräte- und Lehrmittelausstattung veraltet ist.

Duales Studium

Der Grundgedanke der dualen Ausbildung wurde mittlerweile auf die Hochschulebene übertragen. Fachhochschulen integrieren Pflichtpraktika in das Studium und Universitäten (insb. im technischen Bereich) streben eine curriculare Verzahnung zwischen Theorie und Praxis an. Duale Hochschulen (in Baden-Württemberg) bzw. Berufsakademien (in vielen anderen Bundesländern) übertragen den Gedanken der dualen beruflichen Ausbildung dabei am konsequentesten auf die Hochschulebene.

Drei Merkmale kennzeichnen das Modell des dualen Studiums:
- Studium und praktische Ausbildung werden kombiniert. Die Verteilung des Curriculums auf zwei Lernorte (Hochschule und Unternehmen) wird meist blockweise wechselnd durchgeführt.
- Die Studierenden sind gleichzeitig sozialversicherungspflichtig Beschäftigte (inklusive Arbeitsvertrag und Vergütungsanspruch) und Studenten.
- Die Integration von theoretischem und praktischem Wissen führt zu einer höheren Arbeitsbelastung (häufig ohne Semesterferien).

Innerhalb des dualen Studiums haben sich vielfältige Varianten entwickelt. Die Differenzierung in ein ausbildungsintegriertes, praxisintegriertes, berufsintegriertes und berufsbegleitendes Studium ist in Tab. 10.10 beschrieben.

Tab. 10.10: Varianten des dualen Studiums.

„Ausbildungsintegriert"	„Praxisintegriert"	„Berufsintegriert"	„Berufsbegleitend"
Gleichzeitige Durchführung einer beruflichen Ausbildung und eines Hochschulstudiums, die zu zwei Abschlüssen führt	Studenten erwerben in unterschiedlichen Phasen ihres Studiums praktische Kenntnisse bei einem Unter- nehmen (bspw. bei Pflichtpraktika, Seminararbeiten, Abschlussarbeiten)	Nach einer einschlägigen Ausbildung führen die Studenten ein Hochschulstudium unter Anrechnung einzelner Leistungen der Ausbildung durch	Vergleichbar mit einem Fern- studium, d. h. Phasen des Selbststudiums wechseln sich mit Vorlesungen ab. Unter- schied: der Arbeitgeber unter- stützt das Studium mit Leistungen (bspw. Freistellungen oder finanzielle Unterstützung)

Traineeprogramme

Eine weitere Form der berufsvorbereitenden Bildung sind Traineeprogramme, die eine Möglichkeit der betrieblichen Einarbeitung von Hochschulabsolventen darstellen (vgl. Jung, 2005, S. 283). Trainees durchlaufen in einem Zeitraum von ein bis zwei Jahren verschiedene Abteilungen eines Unternehmens und werden in systematisch kombinierten und/oder wechselnden Funktionen eingesetzt. Durch die Mitarbeit an unterschiedlichen Arbeitsplätzen und durch zusätzliche Weiterbildungsveranstaltungen können die Trainees ihre Neigungen und praktischen Fähigkeiten ausbilden und sich auf die Übernahme einer qualifizierten Funktion vorbereiten. Außerdem bekommen sie einen Einblick in das betrieblich-soziale Zusammenspiel, einen breiten Unternehmensüberblick und können sich so ein Netzwerk an Kontakten erarbeiten. Primäre Zielgruppe für Traineeprogramme sind Hochschulabsolventen.

Das Traineeprogramm kann je nach Zielsetzung bereichsübergreifend oder bereichskonzentriert mit fester oder loser Abfolge von Ausbildungsstationen angeboten werden. Gerade bei großen Unternehmen hat sich das durchstrukturierte Traineeprogramm in den zwei Varianten bereichsübergreifend (mit einem General-Management-Ansatz) oder bereichskonzentriert (mit einem Fokus auf eine betriebswirtschaftliche Funktion) durchgesetzt (vgl. Tab. 10.11).

Nach Abschluss der berufsvorbereitenden Bildungsmaßnahmen erfolgt der eigentliche Berufseinstieg. Damit ist die Qualifizierung des Arbeitnehmers aber nicht abgeschlossen. An dieser Stelle setzt die berufsbegleitende Bildung an. Hierzu zählen alle Arten der Fort- und Weiterbildung.

10.3.2 Berufsbegleitende Bildung

Im Rahmen der berufsbegleitenden Bildung werden die Begriffe Fortbildung und Weiterbildung häufig synonym gebraucht. Der Gesetzgeber hat den sinngleichen Ge-

Tab. 10.11: Beispiel für ein Traineeprogramm.

	On the job	Off the job
Phase 1 6 Monate	– 4 Monate im Kerneinsatzbereich – 2 Monate im Nebeneinsatzbereich – Netzwerkveranstaltungen	– Einführungsveranstaltungen – Begleitung durch Mentor und Betreuer
Phase 2 6 Monate	– 6 Monate im Kerneinsatzbereich	– Weitere Informationsveranstaltungen – Energiewirtschaft – Systematisch voRWEg gehen
Phase 3 6 Monate	– 4 Monate im Kerneinsatzbereich – 2 Monate im Nebeneinsatzbereich – Netzwerkveranstaltungen	Qualifizierungen nach individuellen Bedarf – Projektmanagement, Qualität – Führung – Rhetorik, Präsentation

brauch der Begrifflichkeiten im SGB III aufgegriffen und berufsbegleitende Bildungsmaßnahmen unter den Oberbegriff Weiterbildung subsumiert. Will man die Begriffs-
paare dennoch definitorisch und gedanklich trennen, so kann man die Fortbildung
tendenziell als Anpassungsqualifizierung und die Weiterbildung als Aufstiegsqualifizierung kennzeichnen.

Als **Fortbildung** werden zeitlich kurze Maßnahmen zur Erhaltung, Anpassung oder Vertiefung der beruflichen Qualifikation bezeichnet. Als **Weiterbildung** werden länger andauernde Maßnahmen bezeichnet, die die Fortsetzung des organisierten Lernens nach Abschluss einer ersten Bildungsphase
zum Ziel hat.

Durch die kurzen Definitionen wird deutlich, dass eine strenge Unterscheidung in
Fort- oder Weiterbildung nur schwer durchzuhalten ist. So kann der eintägige Kurs
„Tabellenkalkulation" noch recht einfach als Fortbildung und die zweijährige Technikerausbildung als Weiterbildungsmaßnahme eingeordnet werden, doch lassen
sich die meisten betrieblichen Maßnahmen nicht zweifelsfrei einer der beiden Maß-
nahmenfamilien zuordnen (bspw. die mehrwöchige Schulung im Rahmen einer Six
Sigma-Ausbildung oder der über mehrere Wochenenden laufende Zertifikatskurs
„Arbeitsrecht für Führungskräfte"). Daher bietet sich eine Unterscheidung in Anpas-
sungs- und Aufstiegsqualifizierung an, die nach dem Ziel der Entwicklungsmaßnahme fragt.

Zur **Anpassungsqualifizierung** zählen die Maßnahmen, die benötigt werden,
damit der Mitarbeiter die veränderten Anforderungen seines Arbeitsplatzes oder der
Arbeitsumgebung bewältigen kann. Eine Positionsänderung findet nicht statt. Die
Aufstiegsqualifizierung dagegen qualifiziert den Mitarbeiter für die Übernahme
einer höherwertigen Tätigkeit. **Ergänzungsqualifizierungen** bezeichnen Maßnahmen, die nicht primär auf die Erfüllung bestimmter Anforderungen abzielen, sodass

Tab. 10.12: Zielsetzungen berufsbegleitender Bildungsmaßnahmen.

Ziele des Arbeitgebers	Ziele des Beschäftigten
– Steigerung der Produktivität (Effizienz und Effektivität) der Mitarbeiter – Steigerung der Innovationskraft – Erhöhung der horizontalen und vertikalen Mobilität der Mitarbeiter (Flexibilität im Personaleinsatz) – Steigerung der Attraktivität als Arbeitgeber (Arbeitgebermarke und Mitarbeiterbindung) – Erhöhung der Motivation der Mitarbeiter	– Persönlicher und fachlicher Qualifikationsausbau – Sicherung des Arbeitsplatzes – Steigerung des persönlichen Marktwerts – Verdienstmöglichkeiten erhöhen – Selbstverwirklichung

sie über den aktuellen oder perspektivischen Stellen- oder Positionsbezug hinausgehen. Dies ist bspw. dann der Fall, wenn der Arbeitgeber grundsätzlich eine finanzielle Unterstützung für mitarbeiterinitiierte, eigentlich aber in die Privatsphäre des Arbeitnehmers fallende, Qualifizierungen zusagt (bspw. der Italienischkurs ohne Bezug zur beruflichen Tätigkeit).

Die dabei verfolgten Zielsetzungen sind vielfältig (vgl. Tab. 10.12).

10.3.3 Berufsverändernde Bildung

Als dritter Bereich der Berufsbildung gilt die berufsverändernde Bildung. Hierzu zählen die berufliche Umschulung und die berufliche Rehabilitation. Die **Umschulung** zielt auf den Erwerb eines neuen Berufs ab (vgl. § 1 Abs. 5 BBiG). Die Motivation zur Umschulung kann auf unterschiedliche, teilweise sich überschneidende, Gründe zurückgeführt werden:

– Erkrankung (bspw. Allergien, Hautkrankheiten oder Rückenprobleme),
– längere Abwesenheit vom ursprünglich erlernten Beruf (bspw. aufgrund einer Schwangerschaft und anschließender Erziehungszeit),
– persönliche Gründe (dauernde Schichtarbeit, Unzufriedenheit im alten Beruf, örtliche Veränderung) oder
– geringe Nachfrage auf dem Arbeitsmarkt nach dem erlernten Berufsbild (bspw. Drucker, Bergmann).

Die Finanzierung der Umschulung wird durch die Ausbildungsvergütung sichergestellt. Wenn die familiäre oder persönliche Situation es erfordert, übernimmt die Arbeitsagentur einen Teil der Finanzierung, bspw. durch die Übernahme von Fahrtkosten oder Ausbildungszuschüssen.

Die berufliche **Eingliederung** bzw. **Rehabilitation** nach längerer Krankheit oder von Personen mit körperlicher, seelischer und geistiger Behinderung kann durch den Arbeitgeber und externe Stellen finanziell unterstützt werden. Häufig arbeiten Versicherungsträger, Berufsgenossenschaften oder der Betriebsarzt bei der Integration zusammen. Die beteiligten Akteure unterstützen sich bei der Auswahl und Finanzierung der Anpassungsmaßnahme (bspw. der Kauf eines höhenverstellbaren Schreibtischs, der Umbau von Zugängen oder die Anschaffung von Lesehilfen).

10.3.4 Gestaltung von Bildungsmaßnahmen

Die Gestaltung von Bildungsmaßnahmen kann nach unterschiedlichen Gesichtspunkten gegliedert werden:
– **Träger** der Bildungsmaßnahme (interne vs. externer Bildungsträger),
– **Beteiligungsniveau** der Lernenden (aktive vs. passive Methoden),
– **Anzahl der Teilnehmer** (Einzel- und Gruppenmaßnahmen) und
– **Arbeitsplatzbezug** der Maßnahme (into, on, near oder off the Job).

Die Durchführung von Qualifizierungsmaßnahmen kann vom Unternehmen selbst oder in dessen Auftrag durch einen externen **Träger** durchgeführt werden. Die Entscheidung hierüber wird in Abhängigkeit von der pädagogischen Zielsetzung (Standard- oder individuell zugeschnittene Maßnahme) sowie den ökonomischen (Kosten für Trainer, Anzahl der Teilnehmer, Reisekosten) und sonstigen Rahmenbedingungen (Verfügbarkeit von Trainern, Entfernung zum Schulungsort, Motivationseffekt des Teilnehmenden, ...) geplant. Abb. 10.9 zeigt mögliche Einflussfaktoren, die für oder gegen einen externen Qualifizierungsträger sprechen.

Als externe Träger treten am Markt bspw. Seminaranbieter, Ausbildungszentren, Herstellerschulungen, überbetriebliche Bildungswerke wie Kammern, Innungen, Wirtschaftsverbände, private Weiterbildungsinstitute oder Hochschulen auf.

ökonomische Kriterien
– Reise- und Übernachtungskosten
– bezahlte Ausfallzeit
– Kosten für den Trainer
– Anzahl der Teilnehmer aus dem
  eigenen Unternehmen

sonstige Kriterien
– Beratungsqualität
– Verfügbarkeit von Trainern
– inhaltliche Nähe des Schulungsinhalts zu den
  Bedingungen am Arbeitsplatz
– Möglichkeiten zum Networking
– Motivationsaspekt des Teilnehmers

pädagogische Kriterien
– Erfahrungen mit dem externen Anbieter
– Praxisnähe
– Lehrmittelausstattung
– Anzahl der Teilnehmer

Abb. 10.9: Entscheidungskriterien für oder gegen einen externen Qualifizierungsträger.

Eine weitere Unterteilung ergibt sich durch das **Beteiligungsniveau** der Lernenden. Je nach Intensität bei der Erarbeitung des Stoffes wird zwischen aktiven und passiven Bildungsmethoden unterschieden. Bei aktiven Bildungskonzepten werden die Teilnehmer von Anfang an in den Lernprozess einbezogen. Dies ist bspw. durch Gruppenarbeit, Diskussionsrunden oder Rollenspiele möglich. Dabei wird die Selbstständigkeit und Kooperation gefördert und Teilnehmerinteressen und -probleme können berücksichtigt werden. Nachteile der aktiven Bildungsmethoden ist die Beschränkung auf eine relativ geringe Teilnehmerzahl, die schwere Messbarkeit des Lernerfolgs sowie die aufwendige Vorbereitung, was mit hohen Kosten verbunden ist. Konzentrieren sich die vermittelnden Aktivitäten hauptsächlich auf den Schulungsleiter, spricht man von passiven Bildungskonzepten. Dazu gehören der klassische Frontalunterricht, Vorträge, Referate oder Anweisungen. Vorteilhaft erscheint dabei, dass viele Informationen in kurzer Zeit vermittelt, Grundlagen für spätere aktive Weiterarbeit geschaffen und eine große Teilnehmerzahl erreicht werden können. Allerdings wird so das selbstständige Lernen und Arbeiten nicht gefördert, das Arbeitstempo und die Arbeitsinhalte hängen entscheidend von der Kompetenz des Schulungsleiters ab und es können Lerntransferprobleme entstehen (vgl. Meier, 1995, S. 8).

Weiterhin ist eine Klassifikation nach der **Anzahl der Teilnehmer** in Einzel- oder Gruppenbildung möglich. Einzelbildung bedeutet, dass keine Interaktion zwischen den Teilnehmern entsteht. Von Vorteil ist hierbei die Möglichkeit, die Vermittlung des Lernstoffs und der Lerngeschwindigkeit individuell zu steuern. Darüber hinaus kann die Bildungsmaßnahme (bspw. als Einarbeitung, programmierte Unterweisung oder Lehrgespräch) unabhängig vom Lernort durchgeführt werden. Die isolierte Situation des Lernenden kann aber zu Motivationsverlusten führen. Die systematische Interaktion innerhalb der Gruppe sowie die Mitwirkung an Lerninhalten und -zielen führen dagegen zu sozialen Kontakten und zum Erfahrungsaustausch. Zusätzlich zum angestrebten Qualifizierungsziel wird die Möglichkeit für Feedback und Netzwerkbildung geschaffen (vgl. Meier, 1995, S. 9).

Die wohl gängigste Systematisierung der Bildungsmaßnahme, die auch den folgenden Ausführungen zugrunde gelegt werden soll, ist die Einteilung in Abhängigkeit des **Arbeitsplatzbezugs**. Hier kann zwischen Training into the Job (als Vorbereitungsmaßnahmen), Training on the Job (am Arbeitsplatz), Training off the Job (außerhalb des Arbeitsplatzes) und Training near the Job (zwar nicht am Arbeitsplatz, aber mit direktem Arbeitsplatzbezug) unterschieden werden (vgl. Abb. 10.10).

Training into the Job

Aktivitäten, die darauf ausgerichtet sind, einen Mitarbeiter an das Berufsbild heranzuführen bzw. hierfür auszubilden, sind weitgehend deckungsgleich mit Bildungsmaßnahmen wie sie in Kap. 10.3.1 als berufsvorbereitende Bildung besprochen wurden.

Abb. 10.10: Systematisierung von Bildungsaktivitäten.

Training on the Job

Die **Einarbeitung** bzw. **Unterweisung** bietet sich an, wenn Mitarbeiter neu in das Unternehmen kommen oder von anderen Abteilungen versetzt werden, Änderungen im Arbeitsablauf durchgeführt werden, neue Methoden, Materialien oder Maschinen zum Einsatz kommen oder situativ zur Beseitigung von Missständen, umständlicher Arbeitsweise oder Qualitätsproblemen.

Die **Einarbeitung** bzw. die **Unterweisung** soll auf methodische Weise Kenntnisse, Fähigkeiten und einen Überblick über die Verantwortlichkeit vermitteln, die für die Erfüllung von Arbeitsaufgaben benötigt werden (vgl. Olfert, 2012, S. 465).

Die Einarbeitung (vgl. Abb. 10.11) umfasst die funktionalen Qualifizierungsprozesse für eine neue Position („tätigkeitsbezogene Einarbeitung") und den individuellen Sozialisierungsprozess in die Organisation („kulturelle und soziale Eingliederung"). Als Zielgruppe kommen bspw. Berufsanfänger, Mitarbeiter aus anderen Abteilungen bzw. Unternehmen sowie Mitarbeiter mit neuen Rollen (bspw. Projektleiter oder Führungskräfte) infrage. Die Einarbeitung bezieht sich zeitlich auf die ersten Wochen oder Monate nach einem Positionsantritt. Die Notwendigkeit eines Einarbeitungsprogramms bzw. dessen Dauer und Intensität hängen dabei von organisationsbezogenen Faktoren (Branche, Struktur, Größe des Unternehmens), funktionsbezogenen Faktoren (Komplexitätsgrad der Aufgabe, Führungsfunktion, ...) und personenbezogenen Faktoren (Berufs-, Branchen-, Organisationserfahrung, Vorwissen, ...) ab (vgl. Becker, 2004).

In der Literatur werden unterschiedliche Strategien der Einarbeitung diskutiert (vgl. hierzu und im Folgenden Becker, 2004):

– Die „**Wirf-ins-kalte-Wasser-Strategie**" (auch: „Hire-and-forget-Strategie") lässt die Einarbeitung obsolet erscheinen. Nach der Vermittlung von Basisinformationen wird unmittelbar mit dem „normalen" Arbeitsprozess begonnen.

– Mit der „**Schon-Strategie**" werden zu Beginn der Tätigkeit (bewusst) niedrige Leistungsansprüche an neue Mitarbeiter formuliert. Die Gefahr dieser Vorgehensweise liegt in der systematischen Unterforderung der Mitarbeiter.

Fachliche Einarbeitung	Soziale Eingliederung
Tätigkeitsbezogene Einarbeitung Vermittlung von Informationen zum Arbeitsplatz	Integration in Organisation Integration in Arbeitsgruppe
Ziel: effiziente und effektive Erfüllung der Arbeitsaufgabe	Ziel: erfolgreiche Sozialisation

Abb. 10.11: Zwei Säulen der Einarbeitung (in Anlehnung an Becker, 2004, S. 514).

Vor-Eintrittsphase	Konfrontationsphase	Einarbeitungs- und Integrationsphase	Sicherungs- und Abschlussphase
nach Vertragsunterzeichnung: Unternehmensinformationenzusenden, Kollegen informieren, administrativeVorbereitungen (Visitenkarten, Mailaccount, Telefonverzeichnis, Trainings buchen, ...)	**erster Arbeitstag:** Begrüßung, Vorstellungsrunde, Einführungsgespräch mit Vorgesetzten und ggf. Vor-Vorgesetzten, allgemeine Informationsveranstaltungen (Arbeitssicherheit, Unternehmenspräsentation, ...), Arbeitsplatz und -umgebung vorstellen	**in den ersten drei Monaten:** Feedbackgespräche, ggf. Zielvereinbarungen aktualisieren, soziale Veranstaltungen organisieren (Einstand, Gruppenaktivitäten, Abteilungsabende), institutionalisierte Durchspracheder Arbeitsinhalte	**nach fünf bis sechs Monaten und wiederkehrend:** Feedbackgespräche, ggf. Ziele aktualisieren, Entscheidungen über weitere Trainings durchsprechen
kurz vor Arbeitsantritt: Begrüßungsschreiben inkl. Checkliste für Unterlagen senden, Arbeitsplatz einrichten	**in der ersten Woche:** Zielsetzungen des Arbeitsplatzes und mögliche Durchführungswege durchsprechen, Technische Trainings durchführen		

Abb. 10.12: Phasen der Einarbeitung (in Anlehnung an Becker, 2004, S. 516 und 518.

– Mit der **Überforderungs-Strategie** (auch: Entwurzelungs-Strategie) werden bewusst hohe bis sehr hohe Leistungsansprüche formuliert, die ohne Vorwissen nicht erfüllt werden können. Den Mitarbeitern sollen so ihre Grenzen aufgezeigt und verunsichert werden, um sie im Anschluss besser lenken zu können.

Die Kritik an solchen Strategien entzündet sich insb. daran, dass die Bedürfnislage der Mitarbeiter ignoriert wird. Als sinnvoll gelten Einarbeitungsprogramme, die den Mitarbeiter an die Aufgabe und das gewünschte Leistungsniveau durch geplante, aufbauende und wiederholbare Prozessfolgen zügig heranführen. Daher werden Einarbeitungsprogramme meist arbeitsteilig durchgeführt. Bspw. können Vorgesetzte, Kollegen und ggf. der Personalbereich oder Mitarbeiter selbst beteiligt werden. Um die fachliche Einarbeitung und Sozialisierung zu gewährleisten beginnt die Einarbeitung neuer Mitarbeiter bestenfalls schon vor dem ersten Arbeitstag bzw. schon mit der Vertragsunterzeichnung und endet frühestens mit dem Ende der Probezeit (vgl. für einen beispielhaften Einarbeitungsprozess Abb. 10.12).

Die Vier-Stufen-Methode als Instrument zur **Unterweisung** (vgl. Tab. 10.13) kennt die Phasen Vorbereitung, Vormachen und gemeinsame Durchführung sowie Übung und Kontrolle.

Tab. 10.13: Vier-Stufen-Methode der Unterweisung (vgl. Olfert, 2012, S. 466).

Vorbereitung	Kontaktaufnahme, Groblernziel vorstellen, Zielbewusstsein herstellen, Vorkenntnisse abfragen, Materialien und Instrumente erläutern
Vormachen	Aufbrechen des Gesamtvorgangs in Abschnitte, Schritt-für-Schritt-Erläuterung, Lernende können beobachten und Fragen stellen, ggf. mehrmaliges Vormachen
Gemeinsame Durchführung	Lernender vollzieht die Arbeitsschritte unter enger Anleitung und Führung des Lehrenden eigenständig, ggf. mehrmalige Durchführung
Übung und Kontrolle	Sämtliche Arbeitsschritte werden eigenständig durch den Lernenden durchgeführt, abschließende Lernerfolgskontrolle, ggf. mit zeitlichem Abstand wiederholte Kontrolle

Abb. 10.13: Job Rotation, Job Enlargement und Job Enrichment.

Zu den klassischen **arbeitsplatzbezogenen Personalentwicklungsmaßnahmen** zählt die Arbeitsstrukturierung. Die Konzepte lassen sich dabei in Job Rotation, Job Enlargement und Job Enrichment unterteilen (vgl. Abb. 10.13).

Grundidee der **Job Rotation** ist die individuelle Qualifizierung eines Mitarbeiters durch planmäßigen Wechsel von Arbeitsplätzen.

Job Rotation ist der systematisch geplante Wechsel von Arbeitsplätzen hinsichtlich Aufgaben, Kompetenzen und Verantwortung zur fachlichen und persönlichen Weiterentwicklung.

Der geplante Stellenwechsel kann horizontal und vertikal ausgestaltet sein. Horizontale Job Rotation bedeutet, dass der Stellenwechsel auf gleicher Hierarchiestufe stattfindet (also bspw. der Wechsel von einem Arbeitsplatz im Wareneingang zum Warenausgang und von dort zur Kommissionierung). Bei der vertikalen Job Rotation werden Hierarchiegrenzen übersprungen (bspw. die wechselnde Übernahme einer Projektleitung innerhalb eines Projektteams).

Als Vorteil der Job Rotation gilt, dass die teilnehmenden Mitarbeiter zu Generalisten werden, das gedankliche „Einrosten" verhindert, die Einsatzflexibilität gesteigert, der Gefahr einer Arbeitsmonotonie begegnet und die Kommunikation zwischen den einzelnen Arbeitsplätzen durch den Aufbau eines Netzwerks gesteigert wird. Als Nachteil wird der latente Konflikt zwischen den Zielen der Personalentwicklung und dem unternehmerischen Gewinninteresse angesehen, da tendenziell eine Aufgabe durch den Mitarbeiter effizienter (durch Routinegewinn) ausgeführt werden kann, als viele verschiedene Aufgaben. Dadurch ergibt sich die Gefahr von Verzögerungen im Betriebsablauf und langsamere Ausbildung von Erfahrung (durch die ggf. langsam anwachsende Probleme nicht erkannt werden können) (vgl. Berthel/Becker, 2013, S. 363).

Job Enlargement fasst gleichartige Arbeiten in einer horizontalen Aufgabenerweiterung zusammen, die auf dem gleichen Schwierigkeitsniveau liegen.

Job Enlargement vergrößert das Arbeitsumfeld einer Stelle durch das Hinzufügen gleichartiger Aufgaben, die im Leistungsprozess vor- oder nachgelagert sind.

Die Arbeitsinhalte mehrerer aufeinanderfolgenden Arbeitsschritte werden zu einem Arbeitsplatz zusammengefasst. Durch die Aneinanderreihung mehrerer strukturell gleichartiger oder ähnlich komplexer Aufgabenelemente entsteht ein verlängerter Arbeitszyklus (vgl. Ulich, 2005, S. 205 f.) und wirkt einer fragmentierten Arbeitsaufspaltung entgegen.

Die formale Zusammenfassung einzelner Arbeitselemente zu größeren Zeitzyklen war 1973 auch Gegenstand der Lohntarifverhandlungen in Baden-Württemberg, die erstmals zu Streiks wegen der Arbeitsgestaltung führten. Im Rahmentarifvertrag der IG-Metall wurde dann festgelegt, dass bei neuen Prozessen der Arbeitsgang pro Takt nicht unter 1,5 Minuten sinken darf.

Die Vorteile des Job Enlargements werden in der abwechslungsreicher gestalteten Arbeit gesehen,
– die zu einer Erhöhung der Zufriedenheit,
– zu einer gesteigerten Identifikation mit dem Arbeitsergebnis und
– zu einem höheren Qualitätsbewusstsein der bearbeiteten Produkte
führen können.

Auch wenn sich die Vorteile überzeugend anhören, wurden Maßnahmen des Job Enlargements nicht immer wohlwollend begrüßt. Unternehmen wehrten sich gegen die ansteigenden Schulungszeiten, die die Erweiterung der Arbeitsaufgaben mit sich brachten und Mitarbeiter sträubten sich gegen die Schwierigkeiten, die die fachliche Anpassung und gesteigerte Pflichtübernahme mit sich bringen (vgl. Berthel/Becker, 2013, S. 364).

Während Job Enlargement primär eine quantitative Zunahme einzelner Aktivitäten bei der Arbeit bedeutet, bezieht **Job Enrichment** die Elemente der Entscheidung, Ausführung und Kontrolle mit ein.

Job Enrichment reichert die Arbeitstätigkeit durch qualitativ höherwertige Arbeitsaufgaben an (vertikale Anreicherung).

Durch das Zusammenfassen dispositiv-planender (Entscheidungsspielraum), ausführender (Ausführungsspielraum) und kontrollierender Arbeitsinhalte (Kontrollspielraum) wird ein höheres Anforderungsniveau des Arbeitsplatzes erreicht.

Die Vorteile werden darin gesehen, dass die Mitarbeiter durch die vertikale Ausweitung ein höheres Maß an wahrgenommener Verantwortung, Commitment und Motivation zeigen. Auf der anderen Seite müssen die dadurch entstehenden höheren Personalkosten (das höhere Anforderungsniveau führt meist auch zu einer Höhergruppierung innerhalb der Entgeltgruppen, vgl. Kap. 9.3.1) durch die positiven Effekte kompensiert werden. Können die Vorteile die Steigerung der Personalkosten nicht überkompensieren, sinkt die Produktivität.

Training off the Job

Es existiert eine Vielzahl von Aktivitäten der Wissensvermittlung off the Job. Sie können in individuelle und kollektive Methoden unterteilt werden (vgl. Tab. 10.14).

Der Begriff **Selbststudium** entstammt der Bologna-Terminologie. In der Variante des individuellen Selbststudiums wird ein vorgegebener Lerninhalt (bspw. eine Vorlesung) eigenverantwortlich, das heißt ohne Lern- oder Arbeitsaufträge, aufbereitet. Es findet auch keine Auftragslenkung oder Kontaktbegleitung statt. Eine Lernkontrolle erfolgt durch den Lehrenden nach Abschluss einer Lerneinheit. Das sog. freie Selbststudium steht für Lernaktivitäten über das eigentliche Lernziel hinaus, bspw. Auf der Basis persönlicher Interessen. Auch hier erfolgt keine Auftragslenkung und Begleitung durch Lehrende; eine Lernkontrolle am Ende findet im Gegensatz zum individuellen Selbststudium nicht statt (vgl. Landwehr/Müller, 2008).

Die **programmierte Unterweisung** erfordert, dass das zu vermittelnde Wissen in eine planmäßige Abfolge von Informationen, Fragen, Antworten, Kontrolle und Feedback aufbereitet werden kann. Für einfache Fakten-Wissensbestände können lineare Lern- und Drillprogramme zur Anwendung kommen. Durch eine intensive Nutzung adaptiver (Anpassung an individuelle Lernfolge, -geschwindigkeit und -erfolge) Lehr- und Lernmittel können auch komplexere Wissensbestände Teil von programmierten Lernmethoden werden (vgl. Berthel/Becker, 2013, S. 406).

Tab. 10.14: Methoden der Personalentwicklung off the Job (vgl. Berthel/Becker, 2013, S. 404).

Individuelle Methoden	Kollektive Methoden
Selbststudium	Vortrag
Programmierte Unterweisung	Lehrkonferenz
	Fallstudie/Planspiel
	Rollenspiel
	Gruppendynamische
	Trainingsformen

In **Lehrvorträgen** wird einer Gruppe von Lernenden in zeitlicher kompakter Form ein relativ umfangreiches Themengebiet vermittelt. Hierin wird auch der größte Vorteil des Lehrvortrags gesehen: Die systematische Stoffvermittlung in relativ kurzer Zeit. Als Nachteil wird angeführt, dass die Lernenden zu passiver Aufnahme verpflichtet sind, meist ohne Möglichkeit zur Einübung und Festigung des gehörten Wissens (vgl. Stock-Homburg, 2013, S. 230).

Die **Konferenzmethode** (häufig auch: Lehrgespräch) konzentriert sich im Gegensatz darauf, bereits vorhandenes Wissen durch eine dialogische Form zu festigen oder zu vertiefen. Die Verantwortung für den Gesprächsverlauf liegt beim Dozenten. Der kontinuierliche Wechsel zwischen Fragen und Antworten zwingt die Teilnehmer, dem Gedankengang des Dozenten zu folgen. Als Vorteil wird die dadurch eingeübte Verfestigung des Wissens gesehen. Bei der Erschließung neuer Wissensgebiete, bei dem die Teilnehmer noch über keinerlei Erfahrungen oder Vorwissen verfügen, kommt die Methode an ihre Grenzen (vgl. hierzu und im Folgenden Berthel/Becker, 2013, S. 406 ff.).

Gegenstand des **Rollenspiels** ist die Bewältigung einer sachlichen oder zwischenmenschlichen Problemsituation, die allen Beteiligten beschrieben und erläutert wird. Häufig werden Führungssituationen simuliert (bspw. Kritikgespräch, Konfliktsituationen oder Ablehnungen), bei dem die Teilnehmer sich in den anderen hineinversetzen, eigene Standpunkte vertreten und Entscheidungen durchsetzen müssen. Ein Vorteil von Rollenspielen ist, dass das Verhalten der Teilnehmer selbst Teil der Methode ist. Fehler oder Ungeschicklichkeiten werden sofort erlebbar, können aber auch nach dem Ende des Rollenspiels einer tieferen Reflexion zugeführt werden. Allerdings werden an das Rollenspiel hohe Anforderungen gestellt. Ein (zu) konstruierter Fall kann zwar als interessant wahrgenommen werden, eine Verwertung des erworbenen Wissens scheint dann jedoch fraglich.

Das **Planspiel** bzw. die **Fallstudie** simuliert konkrete Entscheidungssituationen und Probleme innerhalb eines zeitlich vorgegebenen Rahmens. Das Planspiel verläuft über mehrere Perioden, bei dem die Teilnehmer gelernte Modelle und Kausalitäten antizipieren und anwenden müssen, da die Entscheidungsergebnisse aus früheren Perioden fortgeschrieben und in einem Endergebnis aggregiert werden. Planspiele eignen sich weniger zur Vermittlung von Wissen, sondern eher zur Anwendung, Übung und Verdeutlichung von Kausalitäten.

Gruppendynamische Trainingsformen konzentrieren sich auf ungelenkte Gruppensituationen, die durch das stattfindende Verhalten geprägt werden. Die Analyse der stattgefundenen Interaktionsbeziehungen liefert einen Ansatzpunkt zur Gewinnung eines realistischen Selbstbildes. Die Idee dahinter beruht auf der Erkenntnis, dass Mitarbeiter im Arbeitsalltag häufig nur fachliches, aber kein persönliches Feedback erhalten. Hierzu spielen die Teilnehmer Handlungsweisen durch, die dann von den anderen Teilnehmern und/oder einem Supervisor analysiert und rückgespiegelt werden. Die Vorteile liegen in der Möglichkeit zur Selbsterkenntnis, Erwerb der Fähigkeit zur Diagnose eigener oder fremder Verhaltensweisen und das

Tab. 10.15: Vorteile des Trainings on und off the Job.

Vorteile des Trainings on the Job	Vorteile des Trainings off the Job
– Nähe zur täglichen Arbeit – Direkte Erprobung des Erlernten möglich – Geringere Kosten	– Spezialisierte Trainer – Professionelles Lernumfeld – Konzentration auf das Training – Möglichkeit zum Networking – Vorgesetzte opponieren ggf. gegen neue Techniken/Methoden

Verständnis zwischenmenschlicher Beziehungen. Die Grenzen liegen darin, dass sich solche Maßnahmen (bspw. das Sensitivity-Training) nicht zur Vermittlung fachlicher Inhalte eignet. Darüber hinaus erscheint es fragwürdig und sehr optimistisch, dass in wenigen Tagen Trainingsdauer (häufig sogar nur ein Tag) Persönlichkeitsstrukturen und Verhalten grundlegend geändert werden können. Ebenso sind der geringe Grad an Strukturiertheit und der hohe Grad an Konfrontation geeignet, Trainingssituationen eskalieren zu lassen. Problematisch ist auch, dass die teilnehmende Gruppe in der Laborsituation offene und ehrliche Rückmeldungen geben soll und kann, in der realen Arbeitswelt dann jedoch andere Grenzen für Feedbacks gelten (bspw. nicht vor anderen und keine schonungslose Rückspiegelung des Verhaltens) bzw. förderlich sind (vgl. Berthel/Becker, 2013, S. 410).

Die Vor- und Nachteile der Personalentwicklung on und off the Job entsprechen sich gegenseitig in der Form, dass die Vorteile der einen tendenziell die Nachteile der anderen Entwicklungsart darstellen. Tab. 10.15 zeigt eine Übersicht der jeweiligen Vorteile.

Training near the Job

Training near the Job findet nicht während der konkreten Arbeitstätigkeit statt, beschäftigt sich aber mit aktuellen Problemen in unmittelbarer Nähe des Arbeitsplatzes, wobei darin auch konkrete tätigkeitsbezogene Lerninhalte vermittelt werden können.

Eine Bildungsmethode, die meist dem Training near the Job zugeschrieben wird, ist der **Qualitätszirkel**. Hierarchisch gleichgestellte Mitarbeiter (bzw. für die Dauer des Qualitätszirkels werden Hierarchien aufgehoben) werden zu einem Qualitätszirkel zusammengezogen. Sie beraten dann regelmäßig qualitäts- oder prozessorientierte Probleme und entwickeln hierfür Lösungen. Die Grundidee von Qualitätszirkeln ist, dass die Mitarbeiter ihren Arbeitsbereich selbst am besten kennen und somit ein großes Problemlösungs- und Kreativitätspotenzial besitzen. Innerhalb von Qualitätszirkeln kann über vorgegebene oder selbst gewählte Probleme diskutiert werden, wobei die Gruppe zumeist von einem Moderator unterstützt wird. Der Zirkel soll mögliche Problemlösungen vorschlagen, durchführen und eigenständig bewerten (vgl. Meier, 1995, S. 270).

Das Instrument der **Stellvertretung** kann systematisch geplant (bspw. einzelne Prozesse, Projektschritte oder wiederkehrende Sitzungen) oder situativ (bspw. als Urlaubs- oder Krankheitsvertretung) als Maßnahme der Personalentwicklung angewendet werden. Mitarbeiter werden so in die Probleme übergeordneter und qualitativ anderer Aufgabenbereiche eingeführt und müssen dann, je nach Status, als Nachfolger oder Stellvertreter ein unterschiedliches Maß an Verantwortung übernehmen. Innerhalb der Stellvertretung wird dabei zwischen drei Typen unterschieden:
– geteilte Stellvertretung (Stellvertreter übernimmt einen Teil der Aufgaben eigenverantwortlich),
– begrenzte Stellvertretung (Stellvertreter übernimmt alle Aufgaben, allerdings nur mit vorher festgelegten Kompetenzen und Entscheidungsbandbreiten) und
– echte Stellvertretung (umfasst den gesamten Aufgabenbereich mit allen Rechten und Pflichten, häufig zeitlich beschränkt).

Die aufgeführten Methoden leiden häufig darunter, dass die Lernenden das gelernte Wissen bei der Rückkehr an ihren Arbeitsplatz nicht (direkt) anwenden können. Dadurch steigt die Gefahr, dass alte Muster und Routinen wieder aufleben. Die Methode des Action Learning hingegen versucht solche Fähigkeiten zu nutzen, die die Mitarbeiter an ihren Arbeitsplätzen auch einsetzen können.

Action Learning stellt einen kontrollierten Prozess dar, in dem sich Mitarbeiter neue Fach- und Methodenkenntnisse aneignen, in dem sie real existierende Problemstellungen des Unternehmens bearbeiten.

Ausgangspunkt bildet demnach ein konkretes Problem, das in Form eines Projekts formuliert und zur Bearbeitung an eine Projektgruppe oder einen Projektmitarbeiter übergeben wird. Typische Zielsetzungen können bspw. Kostensenkung, Markteinführung eines Produkts, Produktentwicklung sowie Verkaufs- oder Produktivitätssteigerung sein. Der Vorteil dieser Methode liegt darin, dass die Teilnehmer konkrete Probleme für das Unternehmen lösen, das Unternehmen weiterentwickeln und gleichzeitig ihre Fähigkeiten (bspw. im Projektmanagement, bei der Mitarbeiterführung, …) zeigen, üben, festigen oder ausbauen können (vgl. Stock-Homburg, 2013, S. 248).

10.3.5 Bildungscontrolling – Evaluation der Personalentwicklung

Investitionen in Maßnahmen der Personalentwicklung stellen Humankapitalinvestitionen dar, deren Evaluation mit erheblichen Schwierigkeiten verbunden ist. So ist die Errechnung eines Return on Investments von Bildungsmaßnahmen komplex, da zumeist nur die Auszahlungen, nicht aber die auf die Bildungsmaßnahme erfolgenden höheren Einzahlungen zurechenbar sind (vgl. Drumm, 2008, S. 354 ff.).

Definition	systematisches Vorgehen zur Überprüfung der Wirksamkeit einer Personalentwicklungsmaßnahme	
Dimensionen	ökonomische Wirksamkeit	pädagogische Wirksamkeit
Funktionen	Legitimationsfunktion Optimierungsfunktion Feedbackfunktion	

Abb. 10.14: Ziele und Funktionen des Personalcontrollings.

Ziele und Funktion der Evaluation

Eine Personalentwicklung ist dann als erfolgreich anzusehen, wenn sowohl die Ziele des Unternehmens (vgl. Abb. 10.14) als auch die der Mitarbeiter erfüllt werden konnten. Die Erfolgskontrolle der Personalentwicklung lässt sich daher anhand von Funktion konkretisieren:

- **Legitimationsfunktion:** Hierbei steht die Rechtfertigung von Maßnahmen der Personalentwicklung im Vordergrund. Bildungsbudgets können begründet bzw. gerechtfertigt oder die Akzeptanz von Maßnahmen durch das betroffene Personal nachgewiesen werden.
- **Optimierungsfunktion:** Die Evaluation von Kursen, Programmen und sonstigen Maßnahmen der Personalentwicklung kann zu deren Verbesserung bzw. Optimierung genutzt werden.
- **Feedbackfunktion:** Durch Rückmeldung der Lernerfolge an Vorgesetzte und Mitarbeiter können weitere Entwicklungsschritte angestoßen bzw. Motivation erzeugt werden.

Es wird deutlich, dass Evaluationsansätze gleichermaßen die Frage nach der pädagogischen und ökonomischen Vorteilhaftigkeit einer Maßnahme stellen müssen. Die **pädagogische Wirksamkeit** einer Entwicklungsmaßnahme ergibt sich aus einer Vorher-nachher-Betrachtung des Lernprozesses, ausgedrückt in Wissenseinheiten, Verhaltensmustern, Fähigkeiten und Fertigkeiten. Die pädagogische Wirksamkeit ist nachgewiesen, wenn bspw. nach einer Unterweisung weniger Fehler in der Arbeitsausführung festzustellen sind, nach einem Englischkurs das Sprachniveau gestiegen ist oder wenn nach einer Produktschulung der Verkäufer die Eigenschaften eines Produkts beschreiben kann. Die **ökonomische Wirksamkeit** stellt auf objektiv erfassbare personalwirtschaftliche und finanzielle Kenngrößen ab. Eine Maßnahme gilt dann als vorteilhaft, wenn sie höhere finanzielle Rückflüsse generiert als eine Alternativmaßnahme.

Tab. 10.16: Fünf-Stufen-Evaluationsmodell (erweitert nach Kirkpatrick/Kirkpatrick, 2006).

Stufe	Evaluationsziel	Kernfrage
1	Kosten	Welche Kosten sind entstanden?
2	Reaktion	Waren die Teilnehmer mit den Inhalten, dem Trainer, dem Ablauf, … zufrieden?
3	Lernen	Wissen die Teilnehmer mehr? Können die Teilnehmer etwas besser, umfangreicher, sicherer?
4	Transfer	Hat sich durch das Training das Verhalten oder die Arbeitsweise geändert?
5	Ergebnisse	Wie haben sich betriebswirtschaftliche Erfolgsgrößen durch das Training verändert?

Konzeption eines Bildungscontrollings

Bei der Konzeption eines geeigneten Kontrollsystems kann das Vier-Ebenen-Modell nach Kirkpatrick/Kirkpatrick (2006) als Grundlage herangezogen werden. Die vier im Modell definierten Stufen (reaction, learning, behavior und results) bilden die Abfolge bei der Evaluation von Weiterbildungsprogrammen ab.

Auf der ersten Ebene wird die **Reaktion** der Teilnehmer und somit deren Kundenzufriedenheit gemessen. Der **Lernerfolg** im Sinne eines Wissens- und Kompetenzerwerbs wird auf der zweiten Ebene ermittelt. Während auf der dritten Ebene geprüft wird, ob die Teilnehmer das im Training erworbene Wissen am Arbeitsplatz umsetzen können und ob eine Verhaltensänderung stattgefunden hat (**Transfer**), erfasst die vierte Ebene die finalen **Ergebnisse** in Form von Leistungs- und Produktionsdaten. Kirkpatrick betont, dass alle Stufen nacheinander durchlaufen werden müssen, um herauszufinden, ob eine Maßnahme erfolgreich war. Die Identifikation eines Misserfolgs bspw. auf der dritten Ebene bedeutet daher nicht zwangsläufig, dass die Maßnahme gescheitert ist und in Zukunft nicht mehr weitergeführt werden sollte, da ein Lernerfolg (Stufe 2) nicht zwangsläufig eine Verhaltensänderung (Stufe 3) nach sich ziehen muss (vgl. Kirkpatrick/Kirkpatrick, 2006).

Es bietet sich an, das Modell so zu **erweitern**, dass sich die erste Stufe mit dem Rentabilitätsgedanken der vierten Stufe verbinden lässt. Demnach umfasst das Modell fünf Stufen (vgl. Tab. 10.16). Auf der ersten Stufe werden nunmehr die Kosten erfasst, die später (in der jetzt fünften Stufe) zur Erfolgs- bzw. Ergebnisbetrachtung herangezogen werden können.

Die Evaluation der ersten Ebene – **Kosten** – erfasst die Gestaltungskriterien und die daraus entstehenden Kosten. Als mögliche Kennzahlen kommen bspw. das Bildungsbudget, das Bildungsbudget pro Mitarbeiter, Lohnausfallkosten, Kosten je Seminar, Organisationskosten oder die in Kostenwerte umrechenbaren Weiterbildungstage, Teilnehmer pro Seminar oder Anzahl und Anteile bestimmter Weiterbildungsaktivitäten infrage.

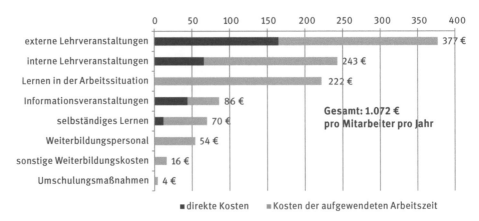

Abb. 10.15: Verteilung der Kosten der Personalentwicklung pro Mitarbeiter pro Jahr (vgl. iwd, 2006b).

Eine Umfrage des iwd ergab, dass sich die direkten Kosten der Personalentwicklung (bspw. Lehrgangsgebühren, Honorare, Reise- und Übernachtungskosten oder Lernmaterialien) und die Kosten der ausgefallenen Arbeitszeit auf über 1.072 Euro pro Mitarbeiter und Jahr summieren (mit Werten einer Umfrage aus dem Jahr 2004). Darin sind die durchschnittlichen Organisationskosten (bspw. der Mitarbeiter, die für die Koordination der Personalentwicklung zuständig sind) enthalten. Abb. 10.15 gibt einen Überblick über die durchschnittliche Kostenverteilung für einzelne Entwicklungsmaßnahmen (vgl. iwd, 2006b).

Die Frage nach der **Reaktion** – Zufriedenheit – auf die Entwicklungsmaßnahme lässt sich durch Fragebogen im Anschluss an die Veranstaltung beantworten. Typischerweise werden den Teilnehmern Fragen zur Auswahl und Aufbereitung der Inhalte (Struktur, Stoffmenge, Praxisbezug, …), zur Vermittlung (Medieneinsatz, Geschwindigkeit, Möglichkeit zur Fragestellung), zur Dozentenpersönlichkeit (Vortragsweise, Fachkompetenz, …) und dem erwarteten Praxistransfer gestellt.

Die Evaluation der dritten Ebene – **Lernergebnisse** – hängt vom Entwicklungsziel (Verbesserung kognitiver Prozesse, Verbesserung von Fähigkeiten/Fertigkeiten oder affektive Verhaltensänderung) ab. Kognitive Ergebnisfortschritte können durch punktuelle Lernkontrollen ermittelt werden (bspw. durch Wissensabfragen oder Befragungen). Verbesserte Fähigkeiten/Fertigkeiten können in Zeit- bzw. Qualitätseinheiten oder in der Anzahl beherrschter Varianten gemessen werden. Affektive Verhaltensänderungen können beobachtet oder in Reflexionsrunden erfragt werden.

Die Überprüfung des **Transfererfolgs** zielt darauf ab, ob das neu erlangte Wissen Auswirkungen auf den Arbeitsvollzug und die Begleitumstände der Arbeit hat. Sie kann durch Eigen- oder Fremdbeurteilung erfolgen. Der Vorgesetzte oder die Mitarbeiter selbst können im Nachgang einer Maßnahme (üblicherweise drei bis sechs Monate später) bspw. die geänderte Verhaltenseinstellung, das veränderte Zeitmanagement,

Rentabilitätsbericht einer Schulung zur Gewinnung von Neukunden

Kosten der Maßnahme		Veränderungen durch die Schulung
– Trainingskosten:	50.000 €	– Anzahl der Neukunden pro Quartal vor der Schulung: 500
– ausgefallene Arbeitszeit:	140.000 €	– Anzahl der Neukunden pro Quartal nach der Schulung: 700
– sonstige Kosten:	10.000 €	**Finanzielle Bewertung**
– SUMME	**200.000 €**	– Gewinn pro Neukunde: 2.500 €

Return on Investment

$$\text{ROI (\%)} = \frac{\text{Nutzen € − Kosten €}}{\text{Kosten €}} * 100 \quad \longrightarrow \quad \text{ROI (\%)} = \frac{500.000\,€ - 200.000\,€}{200.000\,€} * 100 = \textbf{150 \%}$$

Abb. 10.16: Beispiel für eine Rentabilitätsrechnung.

den effizienteren Umgang mit einer Software oder die problemlosere Kommunikation in einer Fremdsprache beurteilen.

Die fünfte und letzte Ebene des Bildungscontrollings zielt auf **betriebswirt-schaftliche Ergebnisse** ab, die den Maßnahmen zugerechnet werden können. Als Kennziffern kommen bspw. die Veränderung der Ausschussquote, des Wartungsaufwands, der Produktivität, der Anzahl von Kundenreklamationen, der Umsatzzahlen oder der Anzahl von Neukunden in Betracht.

Die Rentabilität einer Bildungsmaßnahme kann errechnet werden durch den bewerteten Nutzenvergleich. Abb. 10.16 illustriert ein Beispiel.

Probleme der Evaluation

Gegen eine Evaluation von Maßnahmen der Personalentwicklung werden häufig folgende Argumente vorgebracht (vgl. Berthel/Becker, 2013, S. 411):

– Evaluation ist nicht **nötig**, da Bildungsmaßnahmen unumgängliche Sozialleistungen eines Unternehmens sind, die dazugehören und nicht legitimiert werden müssen.

– Evaluation ist **schwierig** und überschreitet, will man zu validen Aussagen kommen, die sachlichen und personellen Möglichkeiten eines Unternehmens.

– Evaluation ist **teuer**, da die Summe des personellen, sachlichen und zeitlichen Aufwands den Nutzen eines systematischen Bildungscontrollings übersteigt.

Das erste Argument ist eher eine Frage des Standpunkts und lässt sich nur normativ beantworten. Stellt man die Schwierigkeit der Evaluation in den Mittelpunkt, so kann man das Argument bejahen. Dabei stellt nicht nur die methodisch-technische Dimension der Evaluation den Evaluator vor große Probleme, sondern auch der Facettenreichtum von Evaluationen selbst (vgl. Neuberger, 1994, S. 276). Das größte methodische Problem ist die Messung des Nutzens einer Maßnahme (vgl. Tab. 10.17). Während sich die Kosten einer Maßnahme problemlos ermitteln lassen, ist die **Nutzenmessung** nur über Umwege und höchst unzuverlässig zu erreichen. Hinzu kommen Probleme bei der **Operationalisierung**. Maßnahmen, die darauf ausgerichtet sind, Bewusstsein

Tab. 10.17: Mögliche Kennzahlen und Probleme der Evaluierung.

Ebene	Kennzahlen	Probleme der Evaluierung
Kosten	Bildungsbudget, Lohnausfallkosten, Kosten je Seminar, Organisations- kosten, Weiterbildungstage, Teilnehmer je Seminar, Anteil Seminartyp	Werden nur direkte oder auch indirekte Kosten erfasst?
Reaktion	Fragebogen zur Zufriedenheit (Organisation, Materialien, Dozent, Möglichkeit, Fragen zu stellen, …)	Beurteilungsfehler, häufig sachfremde Abfragen, Verzerrungen möglich
Lernen	Kognitive Ergebnisse: punktuelle Wissenstests; Fähig- und Fertigkeiten: Qualität, Geschwindigkeit, Variantenreichtum; Affektive Ergebnisse: Verhaltensänderungen	Rechtliche Hürden bei der Durchführung von Tests, affektive Verbesserung methodisch kaum erfassbar
Transfer	Einschätzungen durch Eigen- oder Fremdbeobachtung	Verzerrung und Beurteilungsfehler
Ergebnisse	Umsatzsteigerung, Kostenersparnis, Produktivität, ROI, Durchlaufzeit, Reklamationen, Abschlüsse	Zuordnung, Operationalisierung kaum möglich, Verzerrung und Beurteilungsfehler

und differenziertes Verständnis für Vorgänge oder Verhaltensweisen zu steigern bzw. Erfahrungswissen aufzubauen, entziehen sich aufgrund ihrer Multidimensionalität einem Operationalisierungsversuch. Als Letztes sind noch **Beurteilungsfehler** und **kognitive Verzerrung** anzusprechen. Führungskräfte neigen bei der Beurteilung der Wirksamkeit einer Schulung ihrer Mitarbeiter dazu, die Maßnahme als Erfolg darzustellen. Hintergrund dieser Verzerrung ist zum einen die Überlegung, dass eine negative Zuschreibung das Verhältnis zum Mitarbeiter ohne Not verschlechtern kann und zum anderen fürchten sie, dass bei einer negativen Evaluation Rückfragen und administrative Prozesse aufseiten der Personalabteilung ausgelöst werden.

Ob das dritte Argument gültig ist, ist eine unternehmensindividuelle Frage. Da die wenigsten Unternehmen Personalentwicklungsmaßnahmen umfassend evaluieren (das heißt hinsichtlich ihres pädagogischen und ökonomischen Erfolgs), erscheint der Nutzen des Bildungscontrollings häufig geringer als der damit verbundene Aufwand.

10.4 Personalentwicklung als Förderung

Die Förderung als Baustein der Personalentwicklung ist durch vielfältige, teilweise sich inhaltlich überschneidende, Instrumente geprägt. So können die im Folgenden dargestellten Instrumente der Laufbahn-, Karriere- und Nachfolgeplanung, der Mentorenprogramme, des Coachings und der Entsendung unverbunden, aufeinander aufbauend oder parallel zur Anwendung kommen.

10.4.1 Laufbahn-, Karriere- und Nachfolgeplanung

Die Förderung der Mitarbeiter durch Laufbahn-, Karriere- und Nachfolgeplanung ist eng mit der Personalplanung verknüpft, da sie eine ähnliche Zielsetzung verfolgen: Beide Planungssysteme zielen auf eine antizipative Feststellung von Angebot und Nachfrage quantitativer und qualitativer Humanressourcen. Die Personalplanung setzt dabei eher an der Bedarfssituation des Unternehmens an, die Laufbahn-, Karriere- und Nachfolgeplanung geht dagegen von den Fähigkeiten und Entwicklungsbedürfnissen der Mitarbeiter aus und legt danach die berufliche Entwicklung und die dazu erforderlichen Maßnahmen fest (vgl. Mentzel, 1997, S. 132 f.). Mit der systematischen Einbindung in die Personalplanung grenzt sie sich gegen zufällige, mikropolitisch intendierte oder nur auf aktuellem Bedarf basierende Qualifizierungs- und Beförderungsentscheidungen ab.

Obwohl das Instrument potenziell für alle Mitarbeiter einsetzbar ist, wird es in der Praxis aufgrund von Problemen bei der Abschätzung von Fähigkeiten und der begrenzten Ressourcen zumeist nur für Führungskräfte und Führungskräftenachwuchs eingesetzt (vgl. Drumm, 2008, S. 282).

Zielsetzung

Aus der Perspektive der Laufbahn-, Karriere- und Nachfolgeplanung ist in den letzten Jahren ein Spannungsfeld entstanden, das durch folgende Faktoren beschrieben werden kann:
- Das Verhältnis der Anzahl von Führungs- zu Mitarbeiterpositionen hat sich verringert (bspw. durch die Dezentralisierung, durch die Organisation flacher Hierarchien oder durch die Reduzierung von Stabsstellen).
- Der Wunsch in Führungspositionen zu gelangen, hat sich erhöht (bspw. durch die Sozialisation der voranschreitenden Akademisierung).
- Geburtenstarke Jahrgänge (Baby Boomer) werden zeitlich eng aufeinanderfolgend aus dem aktiven Berufs- und Führungsleben aussteigen und nur wenig neue Arbeitskräfte hinzukommen.

Die zielgerichtete Förderung von Mitarbeitern kann das Spannungsfeld zwar nicht auflösen, aber die Interessen des Unternehmens hinsichtlich benötigter personeller Ressourcen und die der Mitarbeiter nach beruflicher Entwicklung integrieren (vgl. Tab. 10.18).

Karrieretypen

Neben der traditionellen Führungslaufbahn mit dem Prinzip pyramidischer Karriereentwicklung haben viele Unternehmen die Fachlaufbahn und Projektlaufbahn alternativ und gleichwertig zur Führungslaufbahn geschaffen (vgl. Abb. 10.17; Tab. 10.19).

Tab. 10.18: Ziele von Fördermaßnahmen (vgl. Stock-Homburg, 2013, S. 265 f.).

Ziele des Unternehmens	Ziele der Mitarbeiter
– Sicherung des Führungskräfte- und Fachkräftenachwuchs – Steigerung der Attraktivität des Unternehmens als Arbeitgeber – Bindung der Mitarbeiter an das Unternehmen – Produktivitätssteigerung durch die Positionierung der Mitarbeiter nach Eignung und Neigung	– Transparenz über berufliche Zukunft – Unterstützung bei der beruflichen und persönlichen Entfaltung – Selbstverwirklichung – Motivationssteigerung durch Weiterentwicklung

  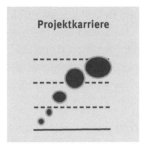

——— tatsächliche Hierarchieebene ——— fachlicher Bedeutungszuwachs

Abb. 10.17: Verläufe unterschiedlicher Karrieren.

Tab. 10.19: Karriereformen.

	Führungskarriere	Fachkarriere	Projektkarriere
Wahrgenommene Kompetenz	Führungskompetenz	Fachkompetenz	Methodenkompetenz
Verantwortungs-bereiche	Personal- und Organi-sationsverantwortung	Fachverantwortung	Projektverantwortung (€, Team, Funktions-bereiche)
Fachaufgaben	Verringerung des fachlichen Anteils	Steigerung von Anspruch und Umfang	Ausbildung tiefer Kenntnisse in Einzelbereichen

Dadurch werden Mitarbeitern mehrere Aufstiegsmöglichkeiten eröffnet und die Personalplanung kann mit Wechselmöglichkeiten zwischen den Laufbahnmodellen flexibel gehalten werden (vgl. hierzu und im Folgenden Meier/Schindler, 2004):

–   **Führungslaufbahnen** sind eine Folge hierarchisch aufsteigender Versetzungen von Führungskräften innerhalb eines Funktionsbereichs als sog. Kaminaufstieg. Die Führungslaufbahn entspricht dem traditionellen Karriereverständnis und bedeutet für Mitarbeiter mehr Verantwortung und Entscheidungskompetenz, Zuwachs an Status, Macht und Vergütung.

–   **Fachlaufbahnen** zeichnen sich durch ein hierarchisches Positionsgefüge für qualifizierte Fachkräfte aus. Dadurch werden zusätzliche Aufstiegsmöglichkeiten geschaffen, wobei der Aufstieg in dieser Hierarchie primär auf nachgewiesener fachlicher Kompetenz beruht und nicht mit einem Zuwachs an Managementaufgaben einhergeht. Der Einsatz von Fachlaufbahnen bietet sich vor allem dort an, wo viele Fachspezialisten tätig sind (bspw. im IT-Bereich oder in der Unternehmensberatung, für Stabs- und Betriebsbereiche wie Controlling oder Personalmanagement). Oftmals dienen sie auch als Basis oder Zwischenschritt für den späteren Wechsel in eine Führungslaufbahn.

–   **Projektlaufbahnen** können in Organisationen angeboten werden, die (bereichsübergreifend) eine projektorientierte Gestaltung von Führungs- und Kooperationsbeziehungen als Ersatz oder Ergänzung hierarchischer Organisationsstrukturen nutzen. Damit wird klar, dass es nicht reicht, die sowieso schon durchgeführten Projekte ad hoc als Projektlaufbahn zu deklarieren, sondern dass es dabei um eine systematische Einbindung der Projektarbeit in die Organisationsstruktur geht. Die Projektlaufbahn konnte sich allerdings in der Praxis nicht vollends etablieren, da meist eine differenzierte und gezielte Aufeinanderfolge von mehreren sich steigernden Projekten nicht angeboten werden kann. Ebenso bildet sich zwar tiefes Wissen in den durchgeführten Projektbereichen aus, doch leidet darunter der Aufbau von spezifischem Funktionswissen und klassischen Führungskompetenzen.

In der Praxis finden sich auch sog. **Pseudokarrieren** (vgl. Becker, 2013, S. 611 f.):

–   Die **Titelkarriere** zeichnet sich insb. dadurch aus, dass die Stellenbezeichnung mit wohlklingenden Titeln versehen oder in Analogie zur tatsächlich gelebten Nomenklatur gewählt wird (bspw. in dem eine Stabsstelle als Director HR Social Media bezeichnet wird, die Stelle aber weder mit großer Führungs-, noch gesteigerte Fach- oder Projektverantwortung einhergeht).

–   Die **Einkommenskarriere** substituiert hierarchischen Aufstieg durch Einkommenssteigerungen (bspw. auf das Niveau hierarchisch höherer Positionen). In der Regel geschieht dies als Ersatz für ein fehlendes, institutionell abbildbares Fachkarrieremodell oder zur Überbrückung der Wartezeit auf eine frei werdende, höhere Position für den aktuellen Stelleninhaber.

–   Die **Berufskarriere** spiegelt sich in den Wertvorstellungen des Einzelnen bzw. der Gesellschaft wider. Früher wurden bspw. kaufmännische Arbeiten höherwertiger eingeschätzt als produktionsnahe Tätigkeiten, selbst wenn die Vergütung bzw. die Ausbildungsdauer formal gleich waren (bspw. eine dreijährige Ausbildung zum Industriekaufmann bzw. Industriemechaniker). Als Berufskarriere galt dann bspw. der Werdegang eines Mitarbeiters vom Facharbeiter in der Produktion zum Sachbearbeiter in der Arbeitsvorbereitung hin zum Einkaufssachbearbeiter.

Aufgaben und Maßnahmen

Die Laufbahn-, Karriere- und Nachfolgeplanung als Instrument der Förderung besteht aus drei Bausteinen:
- Ermittlung der **Fördererwartung**,
- Evaluation von **Förderungsmöglichkeiten** und
- Festlegung der **Förderungsmaßnahmen**.

Zur Bestimmung der **Fördererwartung** kommen Instrumente wie Mitarbeiter- und Vorgesetztengespräche (bspw. im Rahmen des jährlichen Mitarbeitergesprächs) oder Befragungen in Betracht. Hier sollen die gegenseitigen Erwartungen zum Ausdruck gebracht werden.

Die Informationen, ob und welche **Förderungsmöglichkeiten** bestehen, ergeben sich aus einer Potenzialprognose. Die Prognose stellt auf die noch aktivierbaren Qualifikations- und Leistungsreserven ab, die auf anderen oder höherwertigen Stellen zum Einsatz kommen können. Studien haben ergeben, dass Instrumente der Potenzialprognose (bspw. Potenzialgespräche, Tests, Assessment Center oder Vorgesetzteneinschätzungen) eine prognostische Validität zwischen 0,4 und 0,6 besitzen. Das heißt, dass der untersuchte Mitarbeiter mit einer Wahrscheinlichkeit zwischen 40 % und 60 % eine andere bzw. höhere Aufgabe erfolgreich wahrnehmen kann. Die geringe Aussagekraft (und die in der Praxis trotzdem überraschend hohe Gläubigkeit) hängt mit einer Reihe von Unzulänglichkeiten ab, die mit Potenzialanalysen verbunden sind (Becker, 2013, S. 627 f.; Abb. 10.18).

Grenzen von Instrumenten der Potenzialprognose

- Zukunftsverzerrung – die Zukunft wird mit den Augen der Gegenwart gesehen: zukünftige Ereignisse werden so lange „umgedacht", bis sie in das Bild des Potenzialkandidaten passen

- Tätigkeitsverzerrung – die Durchführung der Analyse erfolgt durch einen Personaler oder dem aktuellen Vorgesetzten, die beide, wenn überhaupt, nur zufällig die Umsetzung des entdeckten Potenzials in praktische Arbeit bewirken

- Verzerrungen durch Befürchtungen, Beschränkungen, Egoismus – die Analyse wird meist von Vorgesetzten durchgeführt, deren Sichtweise durch Befürchtungen, Egoismen oder beschränkte Einsichten verzerrt sein kann

- Verzerrungen durch weitere Beurteilungsfehler (Halo-Effekt, Nikolauseffekt, fundamentaler Attributionsfehler, ...)

Abb. 10.18: Grenzen von Potenzialanalysen (vgl. Becker, 2009, S. 627).

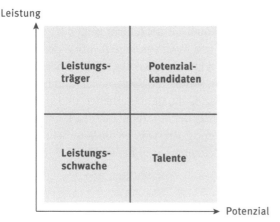

Abb. 10.19: Personalportfolio.

Die Ergebnisse der Mitarbeiterpotenziale können in ein gedachtes oder tatsächlich erstelltes Personalportfolio übertragen werden. Zusammen mit dem aktuell gezeigten Leistungsverhalten (bspw. ablesbar über die Leistungsbeurteilung, die Ergebnisse von Zielvereinbarungen, Projekterfolgen oder Vorgesetzteneinschätzungen) lassen sich Gruppen von Mitarbeitern bilden. Die Personalentwicklung (enge Definition) versucht, leistungsschwache Mitarbeiter zu qualifizieren, die Personalentwicklung (erweiterte Definition) versucht leistungs- und potenzialstarke Mitarbeiter zu fördern. Das Unternehmen muss gleichzeitig prüfen, welche Möglichkeiten zur Förderung stellenbezogen zur Verfügung stehen. Ein Beispiel für ein Personalportfolio wird in Abb. 10.19 gezeigt.

Bei der Auswahl notwendiger **Fördermaßnahmen** bedient sich die Personalförderung aus dem Instrumentenkasten (bspw. Trainings on, off oder near the Job) der Personalentwicklung (enge Definition) (vgl. Kap. 10.3.4).

Das Ergebnis ist ein Entwicklungsplan für jeden infrage kommenden Mitarbeiter, der die bis zu einem Zielzeitpunkt vorgesehenen Stellen- und Entwicklungsmaßnahmen sowie die Veränderung der Leistungsstufen im Zeitablauf beschreibt.

Grenzen

Beim Start eines Förderprogramms oder bei Neueintritt eines Mitarbeiters scheinen die Vorteile von Karriere-, Laufbahn- und Nachfolgeplänen noch zu überwiegen. Wenn das Förderprogramm aber läuft, so entstehen im Zeitablauf sowohl Gewinner als auch Verlierer.

So können Enttäuschungen aufseiten der Mitarbeiter entstehen, die nicht für eine Förderung ausgewählt wurden (Verlierer 1. Art). Wenn diese keine Karrieremöglichkeiten mehr sehen bzw. ihnen attestiert wird, keine Karriereaussichten mehr zu haben, erhöht sich die Wahrscheinlichkeit einer inneren oder tatsächlichen Kündigung. Verlierer 2. Art werden produziert, wenn die Förderversprechen nicht eingelöst werden können, entweder weil sich das vermutete Potenzial doch nicht zeigt oder weil keine Entwicklungsmöglichkeit (bspw. in Form von Aufstiegsstellen) vorhanden ist. Damit die Motivation aufgrund von enttäuschten Erwartungen über die Entwicklung der eigenen Karriere nicht der Frustration weicht, sollten die Vorgesetzten durch Vermeidung falscher Versprechungen, objektiver Darlegung der Mitarbeiter- und Unternehmenssituation sowie dem frühzeitigen Einbezug der Mitarbeiter in den Planungsprozess vorbeugen. In beiden Fällen (Verlierer 1. und 2. Art) werden die Mitarbeiter wieder in ihre betriebliche Ursprungsfunktion zurückkehren und als Verlierer stigmatisiert sein.

10.4.2 Mentorenprogramme

Die Idee von Mentorenprogrammen liegt darin, eine erfahrene Person (den Mentor) und eine unerfahrenen Person (den Mentee) für einen definierten Zeitraum zur beruflichen und persönlichen Diskussion und zum Austausch zusammenzubringen (vgl. hierzu und im Folgenden Weckmüller/Biemann, 2014, S. 46 ff.).

Als Zielgruppen kommen dabei vornehmlich neue Mitarbeiter, Nachwuchsführungskräfte und Frauen in Betracht:

- **Neue Mitarbeiter:** Der Mentor soll durch seine Erfahrung, sein berufliches Netzwerk und die Kenntnisse über geschriebene und ungeschriebene Regeln die persönliche und fachliche Eingewöhnung neuer Mitarbeiter unterstützen.
- **Frauen:** Seit einigen Jahren werden häufiger auch Frauen als Zielgruppe für Mentorenprogramme einbezogen. Häufig sind die Programme so ausgestaltet, dass gezielt weibliche Führungskräfte für weibliche Nachwuchskräfte die Aufgabe als Mentorin übernehmen. Damit soll Frauen der Weg zu Führungspositionen geebnet werden.
- **Mitarbeiter mit neuen Aufgaben:** Besonders bei der Übernahme erstmaliger Führungsverantwortung bzw. bei der Übernahme von größeren Projekten können Mentoren ihre Mentees bei der Bewältigung ihrer veränderten Rolle unterstützen und Orientierung bieten.

Das Programm kann sowohl formell als auch informell ausgestaltet sein. **Informelles** Mentoring liegt dann vor, wenn die Akteure ohne institutionelle Verankerung zueinanderfinden. Von **formellen** Mentoring spricht man, wenn die Beziehungsgestaltung durch Regeln und Pläne (über das Zusammenfinden, die Dauer, die Schwerpunkte – fachlich und/oder persönlich –, die Häufigkeit der Treffen und die Form der Beendigung) strukturiert ist.

Mit Mentoringprogrammen als Instrument der Personalentwicklung wird ein großer Nutzen verbunden (vgl. Abb. 10.20).

– für den Mentee:	fachliche Beratung
	persönliche Unterstützungsleistung
	Einführung in berufliche Netzwerke
– für den Mentor:	Erweiterung des Netzwerks, ggf. über die aktive Laufbahn hinaus
	Einflussnahme auf die Unternehmenspolitik (durch Prägung und Platzierung von Mentees)
	erfahrene Wertschätzung
– für das Unternehmen:	günstiges Instrument der Personalentwicklung

Abb. 10.20: Möglicher Nutzen von Mentorenprogrammen.

Während die grundlegende Idee und die möglichen Vorteile des Mentoring plausibel klingen, bleibt trotzdem die Frage, ob und unter welchen Umständen die systematische Umsetzung dieser Idee nicht nur für Mentor und Mentee, sondern auch für das Unternehmen einen Mehrwert ergeben (vgl. für die Diskussion empirischer Evidenz Weckmüller/Biemann, 2014).

Metastudien ergaben, dass die Karriere- und Gehaltsverläufe von Beschäftigten, die an einem Mentorenprogramm teilnahmen, im Vergleich zu einer Kontrollgruppe von Nichtteilnehmern, positiv waren. Auch wenn der positive Effekt nicht sehr stark ausgeprägt und zudem durch Selektionseffekte (bei der Auswahl von Mentees werden meist die potenzialstarken Mitarbeiter ausgewählt) nach oben verzerrt ist, so scheinen sich die vermuteten Vorteile für **Mentees** (in geringem Umfang) zu bestätigen.

Die positiven Auswirkungen für **Mentoren** scheinen sich ebenfalls zu bestätigen. Der Einsatz als Mentor steigert den Glauben an die eigene Führungsqualität, die Arbeitszufriedenheit und den eigenen Karriereerfolg.

Für die **Unternehmen** als Anbieter von Mentoringprogrammen ergibt sich aus empirischer Perspektive ein ambivalentes Bild. Zwar profitiert das Unternehmen davon, durch ein relativ kostengünstiges Instrument der Personalentwicklung zufriedene Mitarbeiter zu haben, doch zeigen Studien, dass die Ein- und Durchführung von Mentorenprogrammen keinen signifikant positiven Zusammenhang zu anderen personalwirtschaftlichen Zielgrößen (wie bspw. die Fluktuationsrate oder die Bindungswirkung ehemaliger Mentees) aufweist.

10.4.3 Coaching

Der Coachingprozess bietet die Möglichkeit, die eigenen beruflichen Ressourcen und Möglichkeiten zu reflektieren. Coaching kommt insb. bei anstehenden Veränderungsprozessen und wichtigen Entscheidungen zur Anwendung.

Coaching ist eine personenzentrierte Unterstützung zur Steigerung der Fähigkeit zur Selbstreflexion und Entscheidungsfindung.

Coaching-Werkzeuge

– Fokussierung auf den Klienten (Augenkontakt, Konzentration, genügend Zeit und Diskretion)

– offene Fragen (was, wo, wann, wer und warum)

– aktives Zuhören (das Gesagte paraphrasieren, zusammenfassen, ...)

– Schweigen und Stille zulassen

Abb. 10.21: Werkzeuge und Rahmenbedingungen des Coachings.

Abb. 10.22: Ablauf einer Coachingsitzung (eigene Abbildung, Inhalte entnommen von Whitemore, 2009).

Der Coach steuert den Klienten durch aktives Zuhören und Fragen, sodass der Klient zur Selbstreflexion angehalten wird. Dies soll ihn in die Lage versetzen, seine Situation zu bewerten und selbst zu lösen. Der Coach selbst liefert dabei keine Antworten, Rückmeldung oder Vorschläge (vgl. Abb. 10.21).

Um die Vorgehensweise zu verdeutlichen kann auf das GROW-Modell (vgl. Whitemore, 2009) zurückgegriffen werden. Das auf vier Schritten aufbauende Modell soll eine Handlungsanleitung zur Strukturierung einer Coachingsitzung anbieten.

Abb. 10.22 zeigt den möglichen Ablauf einer typischen Sitzung und passende Fragestellungen des Coaches.

Die **Herausforderungen** des Coaches bestehen darin,

– nicht in eine Expertenrolle zu fallen und Ratschläge zu geben oder die Vorschläge des Klienten zu bewerten,

– die Fragen zu sehr auf die Lösungsfindung auszurichten und

– keine Verantwortung für die Lösungsfindung zu übernehmen.

Coaching kann dabei zwei **Funktionen** wahrnehmen. Zielt das Coaching eher auf fachliche Fragen, so kann es der Sphäre der traditionellen Personalentwicklung zugerechnet werden. Die therapeutische Funktion steht dann im Vordergrund, wenn Coaching als Instrument zur Verminderung des beruflich-emotionalen Leidens oder zur Förderung der Selbstverwirklichung eingesetzt wird (die Abgrenzung zur Psychotherapie ergibt sich aus der deutlich geringeren Tiefe und dem inhaltlich-beruflichen Fokus). Analog hierzu können auch die **Anlässe** variieren. Coachings können in Krisensituationen (individuell: Burnout, Mobbing, Stress; kollektiv: Konflikte) oder zur Steuerung in Wachstumsphasen eingesetzt werden (Strategiefindung, Synergien und Leistungsreserven nutzen, Zusammenarbeit stärken) (vgl. Scholz, 2014, S. 1185 f.).

10.4.4 Auslandseinsatz von Arbeitnehmern – Expatriate Management

Seit Anfang der 1990er-Jahre stellt besonders die internationale Orientierung der Unternehmen einen wettbewerbsstrategischen Erfolgsfaktor für unternehmerisches Handeln dar. Die internationalen Aktivitäten von Unternehmen gewinnen aufgrund der intensiveren weltwirtschaftlichen Verflechtungen, der Realisierung des europäischen Binnenmarkts sowie der Öffnung Osteuropas zunehmend an Bedeutung (vgl. Kap. 3.2.1). Der grenzüberschreitende Einsatz von Personal wurde so vom Spezial- zum Normalfall.

Strategische Perspektiven des Auslandseinsatzes
Je nach Ausrichtung der Unternehmenspolitik lassen sich bei der Besetzung von Positionen in den Auslandsgesellschaften grundsätzlich vier Strategien unterscheiden (vgl. Perlmutter, 1969; Abb. 10.23):
– **Ethnozentrische Besetzungsstrategie**: Aufgrund der stark durch das Stammhaus bestimmten Unternehmenspolitik werden Schlüsselpositionen in den Auslandsniederlassungen ausschließlich mit Führungskräften aus dem Land des Stammhauses besetzt.
– **Polyzentrische Besetzungsstrategie**: Die Besetzung von Führungspositionen in unterschiedlichen Ländern erfolgt allein durch Arbeitnehmer vor Ort.
– **Geozentrische Besetzungsstrategie**: Führungspositionen werden unabhängig vom Herkunftsland des Mitarbeiters besetzt. Dabei sind in erster Linie Qualifikationsgesichtspunkte entscheidend.
– **Regiozentrische Besetzungsstrategie**: Hier stehen die Gemeinsamkeiten einer bestimmten Region im Vordergrund, sodass nur Führungskräfte aus einer bestimmten Region für die Besetzung von dortigen Führungspositionen infrage kommen.

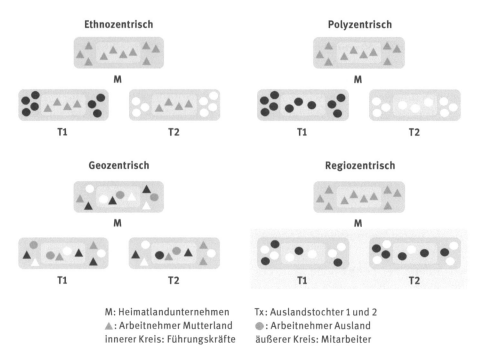

M: Heimatlandunternehmen   Tx: Auslandstochter 1 und 2
▲: Arbeitnehmer Mutterland   ●: Arbeitnehmer Ausland
innerer Kreis: Führungskräfte   äußerer Kreis: Mitarbeiter

Abb. 10.23: Besetzungsstrategien.

Ursprünglich wurde die Entsendung nur für Führungskräfte aus dem Heimatlandunternehmen (also ethnozentrisch) konzipiert (vgl. Drumm, 2008, S. 647). In der betrieblichen Praxis werden die Besetzungsstrategien nach den Anforderungen an die zu besetzende Stelle gewählt. So werden bspw. Positionen in der Forschung und Entwicklung entsprechend der Qualifikation der Bewerber – also geozentrisch – besetzt; wenn hingegen lokale Eigenheiten (Mentalitäten, Bräuche, Sprache, ...) im Vordergrund stehen, bspw. im Vertrieb, wählen die Unternehmen häufig die polyzentrische Besetzungsstrategie.

Grundsätzlich kann in internationalen Unternehmen je nach **Entsendungsdauer** und **Vertragsgestaltung** zwischen folgenden Formen der Auslandsentsendung differenziert werden (vgl. Tab. 10.20):

– **Dienstreise:** Diese stellt einen kurzfristigen Aufenthalt im Ausland dar, der regelmäßig drei Monate nicht überschreitet und im Rahmen des Arbeitsvertrags vom Arbeitgeber aufgrund seines Direktionsrechts verlangt werden kann. Der bisherige Arbeitsvertrag mit dem Stammhaus bleibt dabei meist unverändert bestehen.

– **Abordnung/Delegation:** Hierbei handelt es sich um eine mittelfristige Entsendungsform. Neben dem unveränderten Arbeitsvertrag mit dem Stammhaus werden regelmäßig zusätzliche arbeitsvertragliche Regelungen bezüglich der Entsendungsbedingungen getroffen.

Tab. 10.20: Gestaltungsformen der Entsendung (vgl. Oechsler/Trautwein/Schwab, 2011).

Art	Zweck	Dauer	Vertrag
Dienstreise	Weiterbildung, Kennenlernen der Auslandsgesellschaften, Sprachkenntnisse/Tätigkeit in befristeten Projekten	3–6 Monate	Weiterlaufender Vertrag mit der Heimatgesellschaft, ggf. mit Ergänzungsvertrag
Abordnung/ Delegierung	Know-how-Transfer, Führungskräfteentwicklung	2–6 Jahre	Aktiver Vertrag mit aufnehmenden Gesellschaft, ruhender Vertrag mit Heimatgesellschaft
Versetzung	Übernahme einer Funktion mit dauerhafter Integration in die aufnehmende Gesellschaft	Unbefristet	Aktiver Vertrag mit aufnehmender Gesellschaft

- **Versetzung:** Die konkrete Dauer dieser langfristigen Entsendungsform ist vom jeweiligen Einsatzzweck abhängig. Mit der ausländischen Gesellschaft wird ein neuer Arbeitsvertrag geschlossen, wobei das bisherige Arbeitsverhältnis während des Auslandeinsatzes ruht und danach wieder auflebt.

Während im Rahmen der Dienstreise der bisherige Arbeitsvertrag mit dem Stammhaus unverändert bestehen bleibt, werden bei einer Auslösung oder Delegation spezielle Vereinbarungen erforderlich, obwohl bspw. der Wohnsitz und die Familie im Inland bleiben und auch das Entgelt vom Stammhaus in inländischer Währung gezahlt wird. So werden häufig die Problembereiche der Anrechnung von Dienstzeiten, Regelungen zur Altersversorgung oder die Sicherstellung des Versicherungsschutzes gesondert vereinbart.

Die konkrete Entsendungsdauer und -form kann nur für den Einzelfall in Abhängigkeit der **Ziele und Motive** des internationalen Personaleinsatzes bestimmt werden.

Motive und Ziele aus Sicht des Unternehmens:
- Sicherung der Unternehmensinteressen vor Ort,
- Verbesserung der Zusammenarbeit von Mitarbeitern unterschiedlicher Gesellschaften,
- Mangel an qualifizierten Arbeitskräften,
- Transfer von Technologie und Know-how oder
- Qualifizierung für den nächsten Karriereschritt.

Motive und Ziele aus Sicht des Mitarbeiters:
- Verbesserung der innerbetrieblichen Aufstiegsmöglichkeiten,
- Persönlichkeitsentwicklung und Qualifikationsverbesserung oder
- finanzielle Anreize.

Hinsichtlich des Auslandseinsatzes von Mitarbeitern hat sich vor diesem Hintergrund ein umfassendes Instrumentarium zur Begleitung von Auslandseinsätzen herausgebildet, das sich in vier Phasen – **Auswahl, Vorbereitung, Betreuung** und **Wiedereingliederung** der Entsandten – unterteilen lässt.

Auswahlphase

Die Entsendung eines Mitarbeiters ist mit vielfältigen Kosten verbunden. Daher haben Unternehmen ein vitales Interesse daran, das Risiko einer Fehlinvestition so gering wie möglich zu halten. Ein wesentlicher Faktor für den Erfolg einer Entsendung ist der Entsandte selbst. Zur Vermeidung von Fehlbesetzungen ist deshalb eine detaillierte Ermittlung der Anforderungen sowie eine entsprechende Gegenüberstellung der Bewerbereignung erforderlich. Neben der entsprechenden Fach- und Führungskompetenz sowie den notwendigen Fremdsprachenkenntnissen ergeben sich darüber hinaus auch persönliche Anforderungskriterien an den zu Entsendenden (vgl. Dülfer, 2008, S. 521 ff.):

- **Offenheit für fremde Kulturen:** Für einen effektiven Auslandseinsatz ist ein besonderes Interesse für die jeweilige Kultur wichtig. Erst die Einsicht in fremde Umweltbedingungen sowie das Verständnis und die Akzeptanz der gegebenen Besonderheiten befähigt den Auslandsmitarbeiter, die Ziele des Unternehmens in der ungewohnten Umwelt optimal zu erreichen. Dabei ist die Bereitschaft zur Akzeptanz als Basis für die notwendige Lernfähigkeit in Bezug auf andersartige Lebensverhältnisse zu sehen.
- **Akzeptanz von fremdem Verhalten:** Zu der Offenheit für fremde Kulturen muss weiterhin eine Toleranz gegenüber fremdem Verhalten hinzutreten. Andersartige Rituale und Einstellungen der Kommunikationspartner sollten unter Voraussetzung einer gewissen Selbstdisziplin als selbstverständlich betrachtet und schließlich auch respektiert werden. Dadurch lassen sich negative Eindrücke bzw. Reaktionen vermeiden, was zur Verbesserung der persönlichen sowie betrieblichen Beziehungen zu ausländischen Geschäftskollegen führt. Diese passive kulturelle Anpassung fördert somit den beruflichen und geschäftlichen Erfolg des Entsandten.
- **Eigene Verhaltensanpassung:** Die aktive Verhaltensanpassung des Mitarbeiters beinhaltet sowohl die Kenntnis der jeweiligen Sprache (oder einer Sprache, mit der der Entsandte sich verständlich machen kann) als auch die Anpassung an geltende Normen des Sozialverhaltens.
- **Gesundheitlich-physische Kondition:** Die organische Belastbarkeit ist insb. hinsichtlich klimatischer Bedingungen und häufiger Ortswechsel von Bedeutung. Besondere Belastungen können sich unter anderem für die Atmung, das Herz-Kreislauf-System und das vegetative System ergeben. Zudem kann die Einsatzfähigkeit auch von den Impferfordernissen, der Impffähigkeit und -bereitschaft abhängen.

– **Psychische Belastbarkeit**: Die Eingewöhnung in eine fremde Umwelt, der Verlust des gewohnten Freundeskreises sowie die Trennung von der Familie setzen auch eine gewisse psychische Belastbarkeit der entsprechenden Mitarbeiter voraus. Vor allem Menschen, die hinsichtlich täglicher Verhaltensweisen sehr gewohnheitsorientiert sind, sehen sich in ungewohnten Situationen und Schwierigkeiten überfordert, weshalb ihre Eignung für Auslandsaufträge fraglich erscheint.

– **Familiäre Flexibilität**: Im Gegensatz zu kurzfristigen Einzelentsendungen kann sich der Auslandseinsatz von verheirateten Mitarbeitern (und deren Familien) als problematisch erweisen. Probleme können sich vor allem aufgrund der eingeschränkten sozialen Kontakt- sowie Kommunikationsmöglichkeiten ergeben. Andererseits stellen auch körperliche Belastungen und die Akzeptanz der geringeren Freizeit des Mitarbeiters während der Einarbeitungsphase hohe Anforderungen an den Partner dar. Für Frauen können in bestimmten Ländern geschlechtsspezifische Akzeptanzprobleme auftreten. Darüber hinaus resultieren Probleme oft aus der eingeschränkten Möglichkeit zur beruflichen Betätigung des Partners. Letzteres veranlasste einige Großunternehmen dazu, sog. Tandem-Modelle anzubieten, um dem begleitenden Partner einen angemessenen Arbeitsplatz im Ausland zu garantieren. Auch eine adäquate Ausbildung der Kinder kann ein weiteres Problemfeld darstellen und geeignete Hilfe durch das Unternehmen erforderlich machen.

– **Motivation**: Vorgenannte Belastungen und Probleme können nur dann bewältigt werden, wenn eine ausgeprägte Motivation des Mitarbeiters vorliegt. Seine Motivation sollte dem Unternehmen daher bekannt sein bzw. durch das Unternehmen weiterentwickelt und stabilisiert werden.

Die Analyse des bisherigen Werdegangs kann anhand der Bewerbungsunterlagen durchgeführt werden, die Auskunft über Ausbildungsdaten sowie die bisherige berufliche Entwicklung geben. Zudem kann die Analyse bisheriger Leistungsbeurteilungen Aufschluss über die fachliche Eignung des Kandidaten liefern (vgl. Domsch/ Lichtenberger, 2003, S. 519). Problematisch hierbei ist allerdings, dass die Leistungsbeurteilung auf Tätigkeiten im Inland basiert und deshalb deren Ergebnisse nicht ohne weiteres auf die Verhältnisse im Ausland übertragen werden können (vgl. Kammel/Teichelmann, 1994, S. 81 ff.). Um spezifisch internationale Anforderungsmerkmale abzuprüfen, kann der Einsatz eines biografischen Fragebogens herangezogen werden. Hier wird vor allem „die persönliche Entwicklung des Bewerbers und seine Fähigkeit, sich in unterschiedlichen Situationen zurechtzufinden" (Dülfer, 2008, S. 553) untersucht. Dabei können Vergleiche mit den biografischen Daten von denjenigen Mitarbeitern durchgeführt werden, die bereits eine entsprechende Tätigkeit im Ausland erfolgreich ausgeübt haben (vgl. Dülfer, 2008, S. 553 ff.; zur Kritik an biografischen Fragebögen vgl. Kap. 5).

Tab. 10.21: Ziele und Instrumente zur Vorbereitung auf einen Auslandseinsatz.

Ziele der Vorbereitungsphase:	Instrumente:
– aktuelle politische, wirtschaftliche und soziale Verhältnisse kennenlernen – mit rechtlichen, sozialen und kulturellen Besonderheiten vertraut machen – die Kulturabhängigkeit des Denkens und Handelns erlernen – Besonderheiten eigener und fremder Normen realisieren – Verhaltensweisen zur leichteren Anpassung an fremde Umwelten erlernen	– Informationsansatz – Lernmodell interkultureller Kommunikation – Cultural Self-Awareness – Cultur-Assimilator-Ansatz – Sensitivity Training – interkulturelles Training on the Job

Vorbereitungsphase

Nach Abschluss der Auswahlphase erfolgt eine systematische Vorbereitung für den Auslandsaufenthalt. Die Vorbereitung soll vor allem die frühzeitige Einstimmung des Mitarbeiters auf die fremde Kultur gewährleisten und sowohl fachliche als auch verhaltensbezogene Aspekte beinhalten (vgl. Weber/Festing, 1991, S. 15).

Da die fachlichen Vorbereitungsmaßnahmen aufgabenbezogen auf den jeweiligen Einzelfall abzustimmen sind (vgl. Kammel/Teichelmann, 1994, S. 84 f.), soll im Weiteren ausschließlich die verhaltensbezogene Vorbereitung näher betrachtet werden (vgl. Tab. 10.21).

Es gibt mehrere Möglichkeiten und Instrumente (Informationsansatz, Lernmodell interkultureller Kommunikation, Cultural Self-Awareness, Culture-Assimilator-Ansatz, Sensitivity-Training oder interkulturelles Training on the Job) diese Ziele zu erreichen. Allen Ansätzen ist gemein, dass die kulturelle Assimilation sukzessive durch Information und/oder Konfrontation der eigenen mit der fremden Kultur zunimmt:

Der **Informationsansatz** geht davon aus, dass durch die Vermittlung von Einsichten und Informationen das notwendige Rüstzeug für eine erfolgreiche Entsendung gegeben wird. Die Informationsvermittlung kann bspw. durch Vorbereitungsreisen an den Einsatzort, ausführliche Gespräche über Abordnungsbedingungen sowie Gespräche mit auslandserfahrenen Mitarbeitern durchgeführt werden. Ebenso denkbar sind Sprachunterricht, die Bereitstellung von landeskundlichem Material sowie die Vermittlung von Informationen über die Lebensumstände (bspw. Einkaufsmöglichkeiten, Wohnraumbeschaffung, Behördengänge, Versicherungen, Steuer, PKW) des jeweiligen Landes (vgl. Oechsler/Trautwein/Schwab, 2011).

Im Rahmen des kulturspezifischen Trainings zur Beherrschung von Interaktionen wird ein **Lernmodell interkultureller Kommunikation** vertreten, welches fünf Ebenen umfasst (vgl. Beamer, 1992, S. 285 ff.). Auf der ersten Ebene soll durch geführte Diskussionsrunden ein Bewusstsein für die kulturelle Vielfalt geschaffen werden.

Auf der zweiten Ebene erfolgt die Entwicklung spezieller Stereotypen, die eine Kultur und ihre Mitglieder beschreiben. Auf der dritten Ebene gilt es, kulturspezifische Stereotype zu hinterfragen, zu reflektieren und ggf. zu verneinen oder zu bestätigen. Das daraus gewonnene Wissen wird auf der vierten Ebene dazu verwendet, Kommunikation anhand von Beispielen zu analysieren. Auf der fünften Ebene wird interkulturelle Kompetenz dadurch erworben, dass nicht nur Fremd-Kultur-Botschaften entschlüsselt werden, sondern die Mitarbeiter selbst solche generieren.

In diesem Modell bauen die einzelnen Ebenen systematisch aufeinander auf, wobei der kulturelle Integrationseffekt über die Ebenen hinweg zunimmt. Ausgehend von der Information über Fakten des Gastlands erfolgt eine Steigerung der kognitiven und affektiven Eingebundenheit.

Das Konzept der **Cultural Self-Awareness** zielt darauf ab, einen differenzierten Umgang mit Verhaltensmustern und Wertvorstellungen zu erreichen. Das Konzept will zunächst Verhaltensweisen und Wertvorstellungen der eigenen Kultur bewusst machen und daraufhin das Verständnis für kulturelle Ähnlichkeiten, Unterschiede und Einflussgrößen schaffen. Diese Kulturkontrast- und -konfrontationskonzepte beruhen auf der Erkenntnis, dass gerade der Beginn eines Auslandsaufenthalts durch Bewusstwerden eigenkultureller Selbstverständlichkeiten und interkultureller Differenzen geprägt ist. Dadurch kann eine gezielte Vorbereitung auf den zu erwartenden Kulturschock erfolgen (vgl. Hofstede, 1993, S. 235 ff.). Es werden Reflexions- und Vergleichsprozesse angestoßen, die auch persönlichkeitsbildend wirken sollen. Im Rahmen dieses persönlichkeitsbildenden Konzepts ist besonder der Einsatz von Gruppendiskussionen zu empfehlen. Dabei können bspw. Grundlagen und Auswirkungen des westlichen Individualismus mit gruppenorientierten Kulturen des fernen Ostens konfrontiert werden. Dieses Konzept ermöglicht zwar die Stärkung der Kultursensibilität, jedoch bleibt offen, wie Kulturgegensätze verarbeitet werden und ob dies wesentlich zur Handlungsfähigkeit im Gastland beiträgt.

Der **Culture-Assimilator-Ansatz** will darüber hinaus befähigen, Handlungssituationen aus der Perspektive von Mitgliedern einer anderen Kultur zutreffend zu bewerten. Hierbei werden verschiedene kritische Interaktionssituationen vorgestellt und mehrere Handlungsmöglichkeiten vorgegeben, unter denen sich die Teilnehmer mit einer entsprechenden Begründung entscheiden müssen. Bei falschen Lösungen wird die Begründung für den Fehler gegeben, wobei die Problemsituation nochmals zu bearbeiten ist. Um den Lerneffekt zu fördern, werden bei richtigen Handlungsmöglichkeiten zusätzliche Hintergrundinformationen bereitgestellt. Der Ansatz ist darauf ausgerichtet, in realitätsnahen Problemsituationen kulturelle Lern- und Verständigungsprozesse über Verhaltensweisen auszulösen. Dieser hohe Anspruch stellt entsprechende Anforderungen an die Konstruktion des Verfahrens. So müssen repräsentative, kulturkritische Problemsituationen konstruiert werden, die den Teilnehmern Einblick in Wahrnehmungs-, Denk- und Attributionskonzepte der Interaktionspartner ermöglichen sollen (vgl. Thomas, 1989, S. 285 ff.).

Die Methode des **Sensitivity-Trainings**, die aus der Personalentwicklung bereits bekannt ist, kann auch zur gezielten Änderung von Einstellungen und Verhaltensweisen mit Blick auf interkulturelle Anforderungen eingesetzt werden. Dies soll erreicht werden, indem die Teilnehmer in Gruppensitzungen Ansichten, Probleme und Gefühle austauschen sowie eigene und fremde Reaktionen wahrnehmen und durchdenken. Die Erfahrungen der Gruppe können durch gemeinsame Problemlösungsprozesse oder Rollenspiele unterstützt werden. Der Nachteil dieser Trainingsmethode besteht darin, dass sie schon im eigenen Kulturkreis eine hohe psychische Belastbarkeit voraussetzt, was vor allem beim Einsatz mit interkultureller Besetzung Probleme ergeben kann. Deshalb müssen erfahrene Trainer in den betroffenen Kulturkreisen Unterstützung bei der kulturspezifischen Interpretation von Aktionen und Reaktionen geben. Ein weiteres Problem stellt die Erzielung eines Transfereffekts dar. Zur Verbesserung des Transfers sollten Möglichkeiten zur Einübung neuer Verhaltensweisen gegeben werden.

Interkulturelles Training on the Job besteht aus sog. Feldprogrammen. Die künftigen Auslandskandidaten werden für eine begrenzte Zeit im jeweiligen Zielland eingesetzt. Dabei sind verschiedene Formen in Betracht zu ziehen. Eine Vorbereitungsreise bietet die Möglichkeit, erste Kontakte mit der Kultur des Gastlands aufzunehmen sowie einen ersten Eindruck hinsichtlich Eignung und Interesse für den eigentlichen Auslandsaufenthalt zu gewinnen.

Betreuungsphase

An die Phase der Vorbereitung des Mitarbeiters schließt sich der eigentliche Auslandseinsatz an, während dessen der Betreuung des Entsandten besondere Bedeutung zukommt. Die Betreuungsnotwendigkeiten können generell anhand eines Fünf-Phasen-Modells des Auslandseinsatzes beschrieben werden, wobei die einzelnen Phasen durch einen unterschiedlichen Grad der Zufriedenheit und der Anpassung des Mitarbeiters an die Bedingungen des Gastlands gekennzeichnet sind (vgl. Dülfer, 2008, S. 543 ff.):

– **Erwartungsphase:** Während der Erwartungsphase befindet sich der zu Entsendende noch in der Vorbereitung auf den Auslandsaufenthalt. Zu diesem Zeitpunkt ist eine positive Erwartungshaltung hinsichtlich der neuen Aufgabenstellung festzustellen und somit auch ein hoher Grad an Zufriedenheit.
– **Kulturschock-Phase:** Zu Beginn des Auslandseinsatzes erfolgt eine Konfrontation mit neuen und fremden Umweltverhältnissen. Die daraus resultierenden Probleme des Kulturschocks können zu einer Abwehrhaltung mit sinkender Zufriedenheit und sinkender Bereitschaft zur Anpassung führen.
– **Anpassungsphase:** Nach der Phase des Kulturschocks tritt allmählich eine Gewöhnung an die zunächst fremde Umwelt ein. Somit ergeben sich wieder positivere Einstellungen wodurch auch der Grad der Zufriedenheit steigt.

- **Kontra-Kulturschock-Phase:** Nach Ende der Delegation tritt bei der Wiedereingewöhnung der entgegengesetzte Kulturschock auf. Dieser resultiert einerseits aus dem Verzicht auf die im Gastland genossenen Privilegien. Andererseits erfolgt eine Enttäuschung des Mitarbeiters, weil er im Ausland nur die Vorteile seines Heimatlands herbeisehnte, die alltäglichen Nachteile allerdings nicht berücksichtigt hat.
- **Wiederanpassungsphase:** Allmählich ergibt sich schließlich wieder eine Anpassung an die gewohnten Umweltverhältnisse bis zur völligen Reintegration, wobei von einem mittleren Zufriedenheitsniveau auszugehen ist.

Da zu Beginn der zweiten Phase regelmäßig über den Erfolg bzw. Misserfolg der Entsendung entschieden wird, sollen die bereits erörterten Vorbereitungsaktivitäten vor allem den in dieser Phase auftretenden erfolgskritischen Problemen entgegenwirken.

Darüber hinaus ist während des Auslandsaufenthalts flankierend eine Betreuung des Entsandten vor Ort sowie eine Interessenvertretung im Inland erforderlich. Zur Gewährleistung einer fachlichen und personellen Betreuung empfiehlt sich deshalb eine Kooperation der jeweiligen Fach- und Personalabteilungen während des Auslandsaufenthalts. Neben fachlichen Informationen erhält der Auslandsmitarbeiter somit auch Informationen über wirtschaftliche und politische Entwicklungen sowie Aktivitäten im Stammhaus, wie bspw. über strategische und organisatorische Änderungen oder Produktinnovationen. Diese Informationen dienen dazu, die innere Loslösung des Betroffenen vom Geschehen im Stammhaus zu vermeiden (vgl. Weber/Festing/Dowling/Schuler, 2001).

Eine Unterstützung der Interessenvertretung im Stammhaus kann über ein Mentoren-Modell erfolgen. Im Rahmen dieses Modells wird dem Entsandten eine erfahrene Führungskraft zugewiesen. Dieser Mentor sorgt dafür, dass die Interessen des Abwesenden (bspw. bei Stellenbesetzungen) im Unternehmen angemessen berücksichtigt werden.

Wiedereingliederungsphase

Die Art und Intensität der Wiedereingliederungsprobleme ist von folgenden Einflussfaktoren abhängig:
- **Dauer und Häufigkeit des Auslandseinsatzes:** Je länger der Auslandsaufenthalt andauert, desto schwerer wird dem Mitarbeiter und seiner Familie die Reintegration fallen. Dabei besteht durch die Absolvierung mehrerer Auslandsaufenthalte die Möglichkeit, Erfahrungen zur Bewältigung möglicher Probleme bei der Rückkehr sowie zur Bildung realistischerer Erwartungen zu sammeln.
- **Kulturelle Distanz:** Bestehen zwischen Gast- und Heimatland große kulturelle Unterschiede, so fällt die Integration in die Heimatkultur nach einer Anpassung an die Kulturen des Gastlands besonders schwer.

- **Persönliche Situation des Rückkehrers:** In Abhängigkeit vom Alter werden unterschiedliche Erwartungen an die Wiedereingliederung geknüpft. Während jüngere Mitarbeiter darin Karrierechancen sehen, kann bei älteren Mitarbeitern mit der Rückkehr der Wunsch des Übergangs in den Ruhestand verbunden sein. Auch die Probleme der Reintegration des (Ehe-)Partners sowie der Kinder sind an dieser Stelle zu berücksichtigen.
- **Hierarchische Position vor dem Auslandseinsatz und im Ausland:** Auch die hierarchische Position des Entsandten vor dem Auslandseinsatz und im Ausland ist für die Reintegration von Bedeutung, da bspw. im Ausland erworbene Generalistenqualifikationen im Stammhaus häufig nicht benötigt werden bzw. sich der Entscheidungsspielraum bei der Rückkehr reduzieren kann.
- **Betreuung während des Auslandsaufenthalts:** Zudem erleichtert eine gute Kontaktpflege und Information des Auslandsmitarbeiters die Wiedereingliederung. Je besser der Entsandte durch das Stammhaus über die Vorgänge informiert wird, desto geringer ist auch die Gefahr falscher Erwartungen.

Die innerbetriebliche Sozialisation kann erschwert werden, wenn die Anforderungen an den Rückkehrer aufgrund der hohen Erwartungshaltung der Kollegen und Vorgesetzten zu hoch sind, die früheren Kollegen Neid zeigen oder diese inzwischen eine höhere hierarchische Position erreicht haben, ohne jedoch im Ausland tätig gewesen zu sein (Dülfer, 2008, S. 544 ff.).

Erfolgskontrolle

Da der Auslandseinsatz von Stammhausdelegierten spezifischen Zielsetzungen dient, ist die Erreichung dieser Zielsetzungen auch einer Erfolgskontrolle zu unterwerfen. In diesem Zusammenhang wird der Entsendungserfolg an zwei Parametern gemessen: der Beitrag des Entsandten zum Erfolg der Auslandsgesellschaft und die Erfüllung der spezifischen Leistungserwartungen (bspw. der Projekterfolg, die erfolgreiche Inbetriebnahme oder der Verkaufsabschluss) (vgl. Scherm, 1999, S. 217 ff.).

Die globale Dimension des Erfolgs der Auslandsgesellschaft ist methodisch wegen ungelöster Zuordnungsprobleme von Ursachen und Wirkungen kaum befriedigend zu leisten. Die an spezielle Leistungsziele geknüpfte Evaluation findet im Rahmen der Personalbeurteilung statt. Die Leistungsbeurteilung grenzüberschreitend eingesetzter Mitarbeiter wirft neben den bekannten methodischen Problemen zusätzliche Probleme auf, weil interkulturell das Verständnis von Leistung und Erfolg variieren kann und die Rahmenbedingungen im Ausland spezielle Beurteilungsverfahren erforderlich machen (vgl. Scherm, 1999, S. 270 ff.). Die Beurteilung des Stammhausdelegierten durch den Vorgesetzten im Gastland birgt die Gefahr, dass dort ein anderes Leistungsverständnis herrscht, das auch den Zielen des Auslandseinsatzes nicht gerecht wird. Dies würde eine ergänzende Beurteilung seitens des Stammhauses nahe legen. Dabei ist allerdings problematisch, dass die Rahmenbedingungen im Ausland, die sich leistungshemmend auswirken können, nicht bekannt sind.

Mit Blick auf die genannten Probleme der Erfolgskontrolle und Leistungsbeurteilung empfiehlt es sich daher, die Ziele des Auslandseinsatzes möglichst anhand von messbaren Daten zu definieren und die erfolgskritischen Aufgaben zu identifizieren. Auf dieser Grundlage könnte sowohl eine Beurteilung im Ausland als auch eine ergänzende Beurteilung im Stammhaus durchgeführt werden. Deren Ergebnisse sollten dabei abgeglichen und mit dem Stammhausdelegierten besprochen werden. Dieses obligatorische Mitarbeitergespräch bietet zudem die Möglichkeit, Feedback-Informationen über das der Auswahl zugrunde gelegte Anforderungsprofil und die daraus abgeleiteten Auswahlkriterien zu erhalten. Darüber hinaus lassen sich aus diesem Gespräch auch Informationen über den Erfolg der Vorbereitungsmaßnahmen gewinnen.

10.5 Organisationsentwicklung und Change Management

Die Idee der Organisationsentwicklung und des Change Managements überschneiden sich. Beide zielen auf eine Verbesserung von Problemlösungs- und Erneuerungsprozessen in Organisationen ab (vgl. French/Bell, 1994, S. 31; Tab. 10.22).

Organisationsentwicklung und **Change Management** initiieren, fördern und begleiten organisatorische Veränderungsprozesse.

Auch wenn die beiden Konzepte die gleiche Zielrichtung haben, lassen sie sich anhand ihrer Blickrichtung unterscheiden. Die Ursprünge beider Disziplinen liegen in der Aktionsforschung sowie der psychologischen Untersuchung der Mechanismen der Gruppendynamik (vgl. Staehle, 1999, S. 922) und wurden insb. durch die Human Relations-Bewegung initiiert (vgl. Kap. 2.2.1). Die Idee der Organisationsentwicklung zielt dabei vornehmlich auf Personalentwicklungsmaßnahmen einzelner Organisationsmitglieder ab, die durch interne oder externe Veränderungen notwendig werden. Change Management hingegen stellt den Prozess der Veränderung in den Mittelpunkt (vgl. ausführlich Wimmer, 2004).

Tab. 10.22: Unterschiede zwischen Organisationsentwicklung und Change Management.

	Organisationsentwicklung	Change Management
Fokus	Veränderungen durch Änderung der Mitarbeiter	Veränderung durch Änderung der Strukturen/Prozesse
Instrumente	Personalentwicklung	Kommunikation
Ausrichtung	bedarfsgeleitet	phasengeleitet

10.5.1 Ursachen für organisatorische Veränderungen

Organisationsstrukturen sind per definitionem auf Dauer angelegt. Allerdings erfordern veränderte Bedingungen (bspw. Wettbewerber, rechtliche Neuerungen, Marktentwicklung oder Kundenpräferenzen) Reaktionen und Veränderungen in der Organisation. Im Folgenden sollen mögliche Ursachen für organisatorische Veränderungen aus unterschiedlichen Perspektiven (Lebenszyklusmodelle, makroökonomische Modelle, praktisch-empirische und theoretische Perspektive) beschrieben werden.

Lebenszyklusmodelle organisatorischer Veränderung

Die Ursache von Veränderungen sind aus der Perspektive der Lebenszyklusmodelle verschiedene Entwicklungsstadien, die ein Unternehmen durchläuft. Die jeweilige Anpassung an eine neue Phase im Lebenslauf geht mit Wandelaktivitäten einher.

Ein Konzept, das auf die (unternehmensinternen) Faktoren Alter, Größe und Managementkonzepte eines Unternehmens abstellt, ist das **Wachstumsmodell von Greiner** (vgl. Greiner, 1972). Das Wachstumsmodell unterscheidet fünf Phasen der Evolution und Revolution (vgl. Abb. 10.24).

Die im historischen Kontext (Greiner geht von drei bis fünf Jahren aus) wiederkehrenden Krisensituationen werden durch Innovationen im Bereich der Organisation und Führung überwunden und ermöglichen ein weiteres Unternehmenswachstum. Das Überleben eines Unternehmens wird durch die Fähigkeit zur Überwindung der Krisen sichergestellt, externe Einflussfaktoren werden dabei ignoriert.

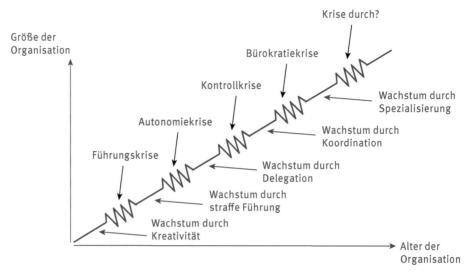

Abb. 10.24: Wachstumsmodell von Greiner (vgl. Greiner, 1972, S. 41).

Ebenso betont Greiner, dass eine Organisation alle Phasen der Evolution und Revolution durchläuft, da sie Lernprozesse beinhalten, die für die zukünftige Entwicklung einer Organisation unentbehrlich sind. Die Ursache für die Krise in Phase fünf bleibt unbenannt. Einige Autoren schlagen als Ursache der fünften Krise die „psychologischen Saturation" der Organisationsmitglieder vor. Die Abfolge von Krisen und der dadurch ausgelöste Druck zu innovativen Lösungen haben Organisationsmitglieder erschöpft (vgl. Kirsch/Esser/Gabele, 1979, S. 150). Welchen Weg eine Organisation zur Lösung dieses Problems einschlägt, bleibt offen.

Das **Phasenmodell des St. Galler-Managementmodells** bezieht im Gegensatz zum Wachstumsmodell unternehmensexterne Einflussfaktoren als Erklärungsvariable mit ein. Vier unterschiedliche Unternehmenstypen durchlaufen zeitlich definierte Phasen, die jeweils zum Ende einer Phase durch Krisensymptomatiken gekennzeichnet sind (vgl. hierzu und im Folgenden Schulte-Zurhausen, 2010, S. 343 ff.).

Auslöser für eine Unternehmensgründung ist eine Idee oder eine technische Innovation, die in ein Produkt-Markt-Konzept umgesetzt wird (vgl. Abb. 10.25). Die Pionierphase wird durch die Schaffenskraft der Gründer bestimmt, die die Produkttechnologie und die Produktgestaltung in den Mittelpunkt stellen und ansonsten in situativen Strukturen operative Probleme (Finanzierung, Kundengewinnung, Verwaltung) lösen. Die Unternehmensziele sind identisch mit den persönlichen Zielen der Gründer. Die Phase der Markterschließung vermittelt den Nutzen des Produkts einem breiteren Kundenkreis. Die damit einhergehende Professionalisierung wird durch die Einführung von Strukturen und Prozessen begleitet. Da weiterhin eine homogene Produktstruktur angeboten wird, wird die Organisation durch eine funktionale Organisationsstruktur abgebildet. Die Zentralisierung überlastet die Gründer, die daraufhin weitere Hierarchien und Stäbe einführen.

In der Diversifikationsphase treten neue oder differenzierte Produkte zum Kernprodukt hinzu. Die Entwicklung der neuen Geschäftsfelder ist wieder von Kreativität

Abb. 10.25: Phasen der Unternehmensentwicklung (vgl. Schulte-Zurhausen, 2010, S. 344 und 347).

und Pioniergeist geprägt, sodass sich die Organisation über die Projektorganisation im Zeitablauf zu einer Geschäftsbereichsorganisation verändern kann. Die Komplexität erzwingt eine Professionalisierung der betrieblichen Funktionen. Da das interne Wachstum durch die Professionalisierungs- und Effizienzbemühungen ausgereizt ist, tritt das Unternehmen in eine Akquisitionsphase ein. Der Zukauf neuer Geschäftseinheiten erfordert eine Neuorganisation in eine Divisional- oder Matrixorganisation. Weiteres Wachstum wird dann über Kooperationen (Lizenzvergabe, Franchising, Joint Ventures oder strategische Allianzen) erzielt. Das Wende-Unternehmen kann in seiner Entwicklung zwei Richtungen der Restrukturierung einschlagen. Gelingt es, den Niedergang der komplexen, nur schwer steuerbaren Organisation aufzuhalten, so kann das Unternehmen die Reifekrise meistern und sich restrukturieren (bspw. durch Konzentration auf zukunftsfähige Geschäftsfelder und damit verbunden einen Rücksprung auf eine frühere Lebensphase vollziehen).

Makroökonomische Erklärungen für Veränderungen

Die makroökonomischen Erklärungen beziehen sich auf die konjunkturellen Schwankungen der Branche, der Volks- oder Weltwirtschaft, die die Notwendigkeit für Veränderungen von Organisationen erklären.

Eine der bekanntesten Erklärungsansätze für konjunkturelle Schwankungen stammt von Nikolai Kondratieff. Er beschrieb mit der **Theorie der langen Wellen**, auch Kondratieff-Zyklen genannt, gemeinsame Bestimmungsgründe für langfristige Strukturänderungen und Konjunkturschwankungen (vgl. Abb. 10.26). Der Theorie der langen Wellen liegt die Vorstellung zugrunde, dass sich die wirtschaftliche Entwicklung als Abfolge von Auf- und Abschwüngen vollzieht, die mit einer Regelmäßigkeit von 40–60 Jahren auftreten (vgl. Burr/Stephan, 2006, S. 38 ff.).

Kondratieff (1926) schreibt den Wellen typische, wiederkehrende Eigenschaften zu. Dem Ursprung einer Welle liegt eine Basisinnovation zugrunde, die von der bishe-

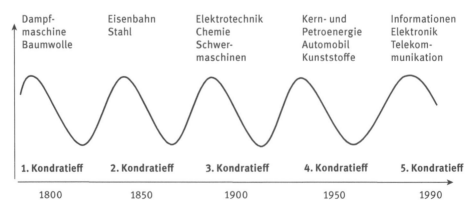

Abb. 10.26: Theorie der langen Wellen.

rigen Technologie grundlegend abweichen. Die Basisinnovation schafft neue Märkte und Absatzmöglichkeiten (Phase des Wachstums). Durch die hohen Gewinne werden Nachahmer angezogen, die zum gesamtwirtschaftlichen Wachstum beitragen (Phase der Prosperität). Da mittlerweile viele Anbieter auf dem Markt sind, die Nachfrage jedoch gesättigt ist, sinken die Preise, die Wirtschaftsleistung sinkt (Phase der Rezession) und die Anzahl der Anbieter konsolidiert sich (Phase der Depression). Die frei gewordenen Ressourcen suchen neue Märkte, bis abermals eine Basisinnovation entsteht und die Konjunkturwelle erneut beginnt (auch „Schweinezyklus" genannt).

Die erste lange Welle ist geprägt durch die Erfindung einer gänzlich neuen Basistechnologie: der Dampfmaschine, die eine erhebliche Verbesserung der Mechanisierung folgte. Durch die damit verbundene Verbesserung der mechanischen Kraft- und Geschwindigkeitsübertragung markiert sie auch den Übergang von der Agrar- zur Industriegesellschaft. Die produktiver gewordene Fabrikarbeit erzwang eine gesellschaftliche Umschichtung, die die Menschen vom Land in die Stadt brachte. Der Ablauf der fünften Welle markiert erneut einen Wendepunkt. Während bisher primär die Verwertung von Bodenschätzen, Stoffumwandlungsprozessen und Energien im Vordergrund standen, so durchdringt die Informationstechnik in der fünften Welle alle Bereiche der Gesellschaft. Für die erwartete sechste Welle werden viele Vorschläge diskutiert. Als Kandidaten für die Basisinnovation werden bspw. der Informationsmarkt, der Umweltmarkt, die Biotechnologie, optische Technologien und der Gesundheitsmarkt genannt (vgl. Burr/Stephan, 2006, S. 38 ff.).

Auch wenn die Theorie einprägsam und plausibel ist, wird ihr auch Kritik entgegengebracht. So wird argumentiert, dass nicht der 40–60-jährige Schweinezyklus für Wachstum und Scheitern von Branchen verantwortlich ist, sondern der technologische Fortschritt, das Wachstum der Bevölkerung und historische Brüche. Weiter wird kritisiert, dass die Konjunkturwellen geografisch nicht abgrenzbar sind und global für viele Regionen eigene Wellenbewegungen mit anderen Auslösern und Verläufen nachzuweisen sind. Diese Kritik geht einher mit der Bemerkung, dass zwar die x-Achse beschriftet ist (Dimension Zeit), die y-Achse meist aber undefiniert und damit interpretationsoffen bzw. beweisschuldig bleibt (so wird nicht klar, ob die y-Achse Wachstumsraten, BIP oder andere Wohlstandsindikatoren kennzeichnet und auf welche geografische Region sie sich bezieht). Hinzu kommt, dass sich selbst mit Zufallszahlen (sofern man sie mit einem gleitenden Durchschnitt verbindet) Auf- und Abbewegungen nachzeichnen lassen.

Praktisch-empirische Einsichten zu Anlässen von Veränderungen

Betrachtet man die Anlässe zu Veränderungen aus der Perspektive der Unternehmen, dann ergibt sich als Basisaussage, dass eine bessere Zukunft – im Vergleich mit der als unzureichend oder problematisch empfundenen Gegenwart – geschaffen werden soll. Die viel beachteten CapGemini-Studien (2012) erfragen regelmäßig Unternehmen nach den konkreten Veränderungsanlässen. Dabei haben sich in den vergangenen

Tab. 10.23: Top 5 der Anlässe zu Veränderungen im Zeitablauf (vgl. CapGemini, 2012, S. 16).

1. Restrukturierung/ Reorganisation	Restrukturierung/ Reorganisation	Restrukturierung/ Reorganisation	Restrukturierung/ Reorganisation	Restrukturierung/ Reorganisation
2. Wandel Strategie	Kostensenkung	Wachstums-initiative	Kostensenkung	Veränderte Kun-denstrategie
3. Kostensenkung	Wandel Strategie	Wandel Strategie	Wachstums initiative	Wandel Strategie
4. M&A	M&A	Kostensenkung	Wandel Strategie	Kostensenkung
5. Externe Verände-rungen	Veränderte Kun-denstrategie	Veränderte Kun-denstrategie	M&A	Wachstums-initiative
2003	2005	2008	2010	2012

Jahren mehrere Hauptgründe für Veränderungen herauskristallisiert, die aufgrund der konjunkturellen Rahmenbedingungen in ihrer jeweiligen Priorität zwar wechseln, aber immer unter den fünf meistgenannten Antworten zu finden sind (vgl. Tab. 10.23).

Als weitere Auslöser für Veränderungsprozesse werden bspw. IT-Innovationen, veränderte Personalkonzepte, Börsengang, Abwehr einer Übernahme oder der kontinuierliche Verbesserungsprozess genannt (vgl. CapGemini, 2010, S. 14).

Veränderungen und ihr Einfluss auf die Organisation aus theoretischer Perspektive
Kontingenztheoretische Ansätze messen der Unternehmensumwelt als Einflussfaktor für Veränderungsnotwendigkeit die größte Bedeutung zu. Besonders in den 1960er-Jahren wurde in kontingenztheoretischen Ansätzen postuliert, dass das Organisationsmodell so angepasst werden soll, dass ein „Fit" zwischen Unternehmen und Umwelt erreicht wird. Erst wenn eine optimale Passung hergestellt ist, wird sich unternehmerischer Erfolg realisieren lassen. Verändernde Umweltbedingungen zwingen Unternehmen dann dazu, jeweils mit einer entsprechenden organisatorischen Variante zu reagieren.

Eine Vielzahl von empirischen Forschungsarbeiten ermittelte konkrete Umweltsituationen (bspw. Intensität des Wettbewerbs, Grad der Internationalisierung, Marktgeschehnisse, technische Entwicklung, ...), die mit einer zwingend erscheinenden Organisationsstruktur (bspw. funktional, divisional, Matrixorganisation) verknüpft werden musste, wenn man als Unternehmen überleben wollte.

Der Zusammenhang zwischen einer definierten Umweltsituation, der daraus abgeleiteten Organisationsstruktur und dem (hoffentlich) eintretenden wirtschaftlichen Erfolg wurde als **Kongruenz-Effizienz-Hypothese** (je besser die Übereinstimmung, der „Fit", zwischen Umwelt und Organisation, desto effizienter ist das Unternehmen) bekannt.

Ausgehend von der deterministischen Sichtweise des kontingenztheoretischen Ansatzes entwickelten sich in den 1970er- und 1980er-Jahren **konsistenztheoreti-**

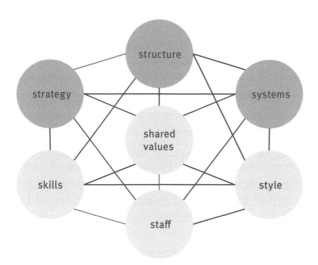

Abb. 10.27: 7-S-Framework (vgl. Peters/Waterman, 1982).

sche Ansätze. Dabei steht die Annahme im Vordergrund, dass ein interner Fit unabhängig von den Umweltentwicklungen mit bestimmten Modellen der Organisation und Führung zum Organisationserfolg führen kann. Das Organisationsmodell und die unternehmerischen Funktionen (bspw. Personal, Finanzen, Einkauf, Produktion, ...) müssen dabei in sich konsistent und aufeinander abgestimmt sein und eine hierzu passende Organisationskultur vermitteln. Damit wird der Kongruenz-Effizienz-Hypothese des kontingenztheoretischen Ansatzes die **Konsistenz-Effizienz-Hypothese** entgegengesetzt.

Als eines der bekanntesten konsistenztheoretischen Modelle gilt das sog. 7-S-Modell von Peters/Waterman (1982). Unternehmen sind demnach nur dann erfolgreich, wenn sie eine konsistente Abstimmung zwischen den „harten" (structure, systems, strategy) und „weichen" (staff, skills, style, shared values) Organisationselementen erreichen (vgl. Abb. 10.27).

Sowohl konsistenz- als auch kontingenztheoretische Ansätze gehen von einer rationalen Beeinflussung der Organisation aus. Die Annahme, Organisationen könnten vollständig rational gestaltet werden, ist umstritten. Besonders die Vertreter einer **evolutionsorientierten** Organisationstheorie verweisen auf die nur begrenzte Rationalität organisatorischer Gestaltung, die im Wesentlichen auf unterschiedlich gelagerten Interessen, unvollständiger Information und unzureichender Kontrolle über die Gestaltungsparameter innerhalb der Organisation beruht (vgl. Kieser/Woywode, 2014, S. 310 f.). Evolutionstheoretische Prozesse lassen sich in diesem Kontext durch die Mechanismen der Variation, Selektion und Retention erklären (vgl. Klimecki/Gmür, 2004):

- **Variation** ist das Ergebnis von Mutation. Sie kann zufällig oder geplant auftreten. Die zentrale Annahme ist, dass Variation und Selektion unabhängig voneinander auftreten, wonach der Prozess der Variation keinen Einfluss auf die Selektion hat.
- **Selektion** ist das Ergebnis des Wettbewerbs der Einheiten um bestandssichernde Ressourcen.
- **Retention** ist die Erhaltung der im Selektionsprozess erfolgreichsten Variante durch Reproduktion. Bei der Reproduktion werden sozialer Einheiten kopiert.

Als wesentlicher evolutionstheoretischer Ansatz ist der **Population-Ecology-Ansatz** zu nennen, der sich an Theorien der biologischen Evolution orientiert und den oben genannten Mechanismen orientiert (vgl. hierzu und im Folgenden Kieser/Woywode, 2006, S. 311 ff.; Staehle, 1999, S. 51 f.). Der Ansatz stellt nicht auf einzelne Organisationen, sondern auf Populationen von Organisationsformen ab (bspw. innerhalb einer Branche). Dabei herrscht innerhalb einer Population eine gemeinsame Grundstruktur bzw. ein gemeinsames Basismuster vor. Im Vordergrund der Betrachtung stehen Unternehmensneugründungen als wichtigster Ausgangspunkt evolutionärer Prozesse. Durch den nie ganz gelingenden Versuch, bestehende (erfolgreiche) Organisationsformen zu imitieren, entstehen zufällige Variationen innerhalb einer Population. Diese neuen Variationen können sich entweder am Markt etablieren bzw. durchsetzen oder sie werden aufgrund des Marktmechanismus eliminiert. Technologische Innovationen sind im Population-Ecology-Ansatz ein Hauptgrund für die Entstehung neuer Organisationsformen, da bestehende Organisationen als zu unflexibel betrachtet werden, neue Technologien weiterzuentwickeln oder sich schnell genug an ihre Umwelt anzupassen. Es kommt zu „Spin-offs" und somit zur Entstehung neuer Populationen, häufig zunächst in geschützten Nischen, in denen keine weiteren Wettbewerber agieren.

Die im Rahmen der organisationalen Evolution ablaufende Selektion erfolgt in zweifacher Weise. Zum einen werden durch den Konkurrenzkampf weniger effiziente Organisationen durch Konkurs eliminiert (vgl. Hannan/Freeman, 1977; ebenso McKelvey/Aldrich, 1983). Zum anderen verbreiten sich in organisationalen Populationen langfristig Wissenselemente (sog. Comps oder Gene der Organisation), die die Problemlösungsfähigkeit einer Organisation erhöhen und somit weniger effiziente Lösungen verdrängen. Die selektierten, relativ erfolgreicheren Organisationsformen werden innerhalb des Population-Ecology-Ansatzes vor allem durch gesellschaftliche Institutionalisierung (Wissensspeicherung in Büchern und Vermittlung durch Ausbildungsinstitutionen) und die Etablierung bürokratischer Strukturen konserviert und weitergegeben. Die jeweils erzielten Evolutionsgewinne innerhalb einer Population bleiben aufgrund von Isolationsmechanismen erhalten, das heißt, Organisationen können nicht von einer Form zu einer anderen mutieren. Bei der Suche nach verbesserter Problemlösungsfähigkeit orientieren sich Organisationen an ihrer engeren Umwelt (ihrer Population), da Wissensübertragung als zu langfristig und langsam abgelehnt wird.

Die wesentliche Kritik am Population-Ecology-Ansatz bezieht sich auf die Analogie zur biologischen Evolution, deren Transfer auf Unternehmen eine limitierte Erklärungskraft zugeschrieben wird. So lassen sich häufig nur ex post Evolutionsprozesse nachzeichnen, bei denen vom tatsächlichen Überleben auf Überlebensfähigkeit im Sinne der Evolutionsmechanismen geschlossen werden muss. Weitere Kritikpunkte sind eine zu einseitige Fokussierung auf Organisationen als Ganzes, denn intraorganisationale evolutionäre Prozesse, die die Problemlösungsfähigkeiten betreffen, werden nicht problematisiert. Unterschätzt wird ebenfalls die Fähigkeit von Organisationen, auf Umweltprobleme mit zielgerichteten Variationen zu reagieren und sich dadurch anzupassen sowie die Möglichkeit von Organisationen, ihre Umwelt aktiv zu beeinflussen (zu weiterführender Kritik zum Population-Ecology-Ansatz vgl. Kieser/Woywode, 2006, S. 311 ff.). Vor dem Hintergrund der dargestellten Kritikpunkte stellt sich die Frage, welche Gestaltungsimplikationen der Population-Ecology-Ansatz für die Praxis bereithält. Spricht man Organisationen die Fähigkeit zu zielgerichteter Anpassung an ihre Umwelt ab, können im Prinzip nur allgemeine Empfehlungen gegeben werden.

10.5.2 Arten des organisatorischen Wandels

Die in Kap. 10.5.1 diskutierten Ursachen stellen Veränderungen entweder als Sequenz von Zeitabschnitten (Lebenszyklusmodelle), als makroökonomisch determiniert, als Ergebnis innerorganisatorischer Entscheidungen (bspw. Reorganisation, Strategiewechsel, Kostensenkungsinitiativen, ...), als Ausrichtung an der Umwelt (Kontingenztheorie) bzw. als innerorganisationale Harmonisierung der Funktionsbereiche dar (Konsistenztheorie) oder aber als Ergebnis von Selektion, Variation und Retention (Population-Ecology-Ansatz). Diesen Ursachen ist gemeinsam, dass an deren Endpunkt ein Wandel der Verhältnisse steht.

Betrachtet man den Prozess des Wandels, kann zwischen einem inkrementalen und einem fundamentalen Wandel unterschieden werden (vgl. Schulte-Zurhausen, 2010, S. 351):

- Der **inkrementale Wandel** (häufig auch: Wandel 1. Ordnung, kontinuierlicher Wandel, evolutionärer Wandel, gradual change) beinhaltet die dauernde Veränderung und Verbesserung einer Organisation über einen längeren Zeitraum. Der Wandel wird durch eine Vielzahl kleinerer Anpassungsmaßnahmen vollzogen.
- Der **fundamentale Wandel** (häufig auch: Wandel 2. Ordnung, tiefgreifender Wandel, revolutionärer Wandel, radical change) vollzieht die Änderung durch große, einschneidende Maßnahmen innerhalb einer kurzen Zeitspanne.

Neben den idealtypischen Arten des Wandels können analytisch auch Mischformen (progressiver und degressiver Wandel) beschrieben werden (vgl. Abb. 10.28). Der progressive Wandel beginnt mit kleineren Einzelschritten und vollzieht am Ende die Ver-

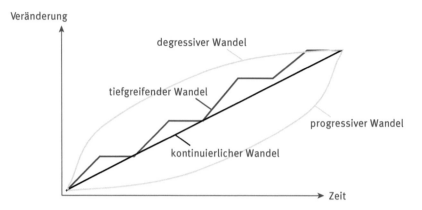

Abb. 10.28: Arten des Wandels.

Tab. 10.24: Vorteile der Arten des Wandels.

Vorteile des kontinuierlichen Wandels	Vorteile des tiefgreifenden Wandels
– Wettbewerbsvorteile können schneller realisiert werden – Kleinere Änderungen sind weniger aufwändig als wenige große – Mitarbeiter gewöhnen sich an Veränderungen, Wandel wird zur Routine – Status- und Beharrungseffekte können sich nicht ausbilden	– In Ruhephasen können sich effiziente Arbeitsroutinen herausbilden – In Ruhephasen kann der Wettbewerb beobachtet werden, Nachahmer müssen die Fehler der Pioniere nicht wiederholen – Status- und Beharrungseffekte können in einem großen Schritt überwunden werden

änderung durch einschneidende Maßnahmen in kurzer Zeit, der degressive Wandelprozess kann durch tiefgreifende Einschnitte zu Beginn und graduelle Anpassungen am Ende beschrieben werden.

Beispiele für kleinere Änderungsschritte sind veränderte Arbeitsanweisungen oder die veränderte Nutzung der vorhandenen Arbeitsmittel innerhalb des gegebenen Prozesses. Mäßiger Wandel wird bspw. durch neue Arbeitsmittel innerhalb des gegebenen Prozesses vollzogen. Größerer Wandel ergibt sich bei veränderten Aufgaben und Arbeitsmitteln in veränderten Strukturen. Radikaler Wandel ist gekennzeichnet durch eine sich verändernde Unternehmenskultur oder neue Standorte.

Die Vorteile des kontinuierlichen Wandels sind die Nachteile des tiefgreifenden Wandels und umgekehrt (vgl. Tab. 10.24).

10.5.3 Widerstände und organisatorischer Konservatismus

Es scheint gesellschaftlicher und unternehmerischer Konsens, Fortschritt zu fordern und zu fördern. Allerdings ist es ein populärer Irrtum zu glauben, dass Innovatio-

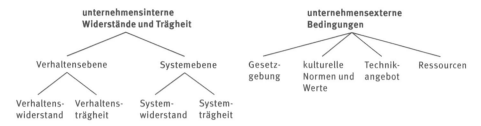

Abb. 10.29: Ursachen für den organisationalen Konservatismus (vgl. Kieser/Hegele/Klimmer, 1998).

nen und damit verbundene Änderungen jederzeit willkommen sind. Wer Innovationen realisieren will, erlebt den Konflikt und das Spannungsfeld zwischen Verändern und Bewahren.

Als **organisationale Trägheit** oder **organisationaler Konservatismus** wird die Beharrungstendenz bezeichnet, die durch das Bedürfnis nach Kontinuität, Identität und Sicherheit ausgelöst wird.

Dabei kann die Beharrungskraft unternehmensinterne und -externe Ursachen haben (vgl. Abb. 10.29). Der unternehmensinterne Konservatismus kann weiter in Widerstand oder Trägheit auf der Verhaltens- und Systemebene differenziert werden (vgl. hierzu und im Folgenden Kieser/Hegele/Klimmt, 1998, S. 120 ff.). Die Ursachen und die empfundenen Folgewirkungen der Veränderung werden als gravierend eingestuft, sodass sich der Widerstand häufig in aktiven Handlungen gegen die Veränderung zeigt. Trägheit drückt sich dadurch aus, dass die Veränderung zwar nicht abgelehnt wird, aber auch keine aktiven Schritte zur Veränderung unternommen werden.

Externe Faktoren, die den Wandel erschweren oder gänzlich behindern sind bspw. die geltende Gesetzeslage (bspw. Starrheit des Arbeitsrechts), das verfügbare Technikangebot (neue Softwareversionen sind nicht verfügbar), die in der Gesellschaft vorherrschenden Werte und Normen (bspw. gegenüber genmanipulierten Essen) und die verfügbaren Ressourcen (bspw. aufgrund einer Zurückhaltung von Mitteln durch Kreditgeber oder das verfügbare Arbeitskräfteangebot mit speziellen Kenntnissen).

Auf der Verhaltensebene kann der Konservatismus dem Nichtwollen, Nichtkönnen, Nichtwissen oder Nichtdürfen zugeordnet werden, was sich in Trägheit oder Widerstand ausdrücken kann (vgl. Tab. 10.25). **Verhaltenswiderstand** hat seinen Ursprung tendenziell im Nichtwollen und kann ausgelöst werden durch die Angst vor einem Arbeitsplatzverlust oder vor einem Verlust von Privilegien und Statussymbolen.

Verhaltensträgheit folgt meist aus einem Zustand des Nichtwissens oder dem Nichtkönnens. Beispiele für Verhaltensträgheit sind festgefahrene Denkstrukturen, das Festhalten an langjährig (mit Erfolg) praktizierten Verhaltensweisen oder mangelnde Bereitschaft zur Übernahme von Sonderaufgaben.

Tab. 10.25: Beispiele für organisatorischen Konservatismus.

Verhaltenswiderstand	Verhaltensträgheit

– Angst vor Arbeitsplatzverlust
– Angst vor Verlust von Einfluss und Macht
– Angst vor Verlust von Privilegien und Status-
  symbolen
– Aufgabe von Herrschaftswissen
	– Mangelnde zeitliche Kapazitäten
	– Festhalten an langjährigen (erfolgreichen)
	  Routinen
	– Mangelnde Kenntnisse zur Durchführung
	  neuer Prozesse
	– Bürokratie

Systemwiderstand	**Systemträgheit**

– Inkompatible oder sich widersprechende
  Veränderungsziele
– Alltagsgeschäft
– Widersprechende organisationale Vorgaben
  (bspw. in Handbüchern, Verfahrensanwei-
  sungen, Zielvereinbarungen, Genehmigungs-
  richtlinien, …)
	– Infrastruktur der Hard- und Software
	– Aktuell wahrgenommener Erfolg
	– „Macht des Faktischen"
	– Komplexität der Veränderungsaufgabe
	– Mitarbeiter sind nicht befähigt oder geschult
	  Änderungen umzusetzen

Auch Organisationen als soziale Systeme streben nach innerer Ordnung und Stabilität. Dies drückt sich bspw. durch Organigramme, Routinen, Workflowprozesse,
Qualitätshandbücher, Verfahrensanweisungen oder Genehmigungsrichtlinien aus.
Diese Instrumente tragen dazu bei, dass Änderungen, selbst wenn sie von Mitgliedern
der Organisationen gewollt und verfolgt werden, am Systemwiderstand scheitern, da
sich das organisationale System der Änderung widerstrebt (**Systemwiderstand**).
Bspw. kann eine hohe Ressourcenbeanspruchung durch das Alltagsgeschäft (bspw.
wichtige Kundenaufträge) dazu führen, dass keine Zeit für die Umsetzung der Veränderung vorhanden ist, der Sollzustand „inkompatibel" mit den aktuell vorhandenen
Genehmigungsrichtlinien ist oder die aktuellen Zielvereinbarungen (und damit auch
die monetäre Wertschätzung) andere Ziele als die durch die Änderungsinitiative vorgegebenen Ziele nahelegt.

Systemträgheit kann seine Ursachen bspw. in der IT-Infrastruktur (zu langsam,
Abstürze, keine Genehmigungen für die Nutzer hinterlegt), in fehlenden Unterweisungen der Mitarbeiter für neue Arbeitsmittel oder in der Zusammensetzung und Ent-
scheidungsbefugnis von Projektteams haben (vgl. Kieser/Hegele/Klimmt, 1998).

10.5.4 Change Management – Instrument der Organisationsentwicklung

Change Management ist ein schillernder Begriff. Im Folgenden sollen Handlungsfelder des Change Managements erläutert werden, die – aufeinander abgestimmt – dazu
beitragen können, Veränderungsprozesse in Unternehmen zu vollziehen.

Strategien des Wandels

Veränderungsstrategien beinhalten konzeptionelle Festsetzungen hinsichtlich der Basisannahmen (bspw. in der Frage, ob die angestrebte Veränderung rational, normativ oder durch Macht vermittelt werden soll) und der Veränderungsrichtung (bspw. von oben nach unten, von unten nach oben, …).

Es können folgende Basisannahmen über die Veränderung sozialer Systeme unterschieden werden (vgl. Staehle, 1999, S. 935 ff.):

– **Empirisch-rationale Strategien:** Diesen Strategien liegt die Annahme rationalen Handelns und der Nutzenmaximierung des Individuums zugrunde. Die Betroffenen akzeptieren den Wandel dabei umso eher, je mehr sie von der Vorteilhaftigkeit der Änderung überzeugt sind und der Wandel sich rational rechtfertigen lässt. Die notwendige Aufklärung der Betroffenen kann durch die Verbreitung neu gewonnener Erkenntnisse durch Bildungsaktivitäten, dem Entwurf realistischer Strategien sowie Verbesserungen der Kommunikation erreicht werden.

– **Normativ-reedukative Strategien:** Ausgangspunkt dieser Strategien ist die verhaltensprägende Kraft soziokultureller Normen und Werte und die Identifikation mit diesen. Eine Veränderung von Handeln und Verhalten von Individuen gelingt nur dann, wenn zugrunde liegende Normen, Werte, Gefühle oder Gewohnheiten der Menschen geändert werden können (vgl. ausführlich zur normativ-reedukativen Strategie French/Bell, 1994, S. 72 ff.). In diesem Sinne ist Veränderung ein von den Betroffenen aktiv zu vollziehender Lernprozess. Die reedukative Strategie unterstellt, dass die Mitarbeiter selbst über Entwicklungspotenzial verfügen und deshalb das aktive Einbeziehen der Betroffenen nachhaltigen Wandel der Werthaltungen ermöglicht.

– **Macht- und Zwangsstrategien:** Die Durchsetzung dieser Strategien erfolgt durch die Ausübung von Macht, die mittels ökonomischen, politischen oder sozialen Sanktionsmöglichkeiten erwünschtes Verhalten erzwingen kann. Dabei werden notwendige Änderungen der Einstellung und Denkweise der Organisationsmitglieder nicht unmittelbar berücksichtigt (vgl. Glasl/Houssaye, 1975, S. 221). Aufgrund der in Organisationen vorhandenen Machtstrukturen reicht die Macht- und Zwangsstrategie in die beiden bereits erwähnten Strategien hinein (vgl. Wehrmann, 1995, S. 109).

Aufbauend auf den Basisstrategien lassen sich Veränderungsstrategien nach ihrer Interventionsrichtung klassifizieren (vgl. Abb. 10.30). Da bei großen Organisationen gleichzeitige Veränderungen aller Organisationseinheiten kaum möglich sind, stellt sich die Frage, welche Ebene sich eignet, um den Organisationsentwicklungsprozess zu starten (vgl. Wehrmann, 1995, S. 110):

– **Top-down-Strategie:** Die Veränderung geht von der Organisationsspitze aus und verläuft sukzessive über die nachgeordneten Ebenen. Vorteil dieser Strategie ist, dass die Entwicklungen dem Topmanagement nicht zuwiderlaufen. Gleichzeitig ist die Einbeziehung von Betroffenen erst zu einem relativ späten Zeitpunkt mög-

Top-down-Strategie   Bottom-up-Strategie

Bipolare Strategie   Keil-Strategie

Multiple-Nucleus-Strategie

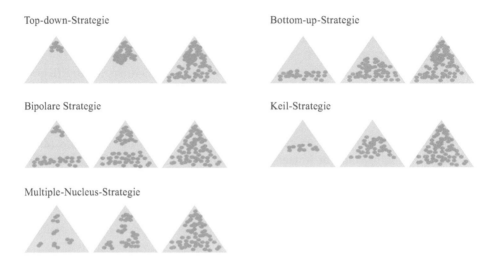

Abb. 10.30: Strategien des Wandels (vgl. Becker, 2013, S. 777).

lich, was zu Misstrauen gegenüber den Entwicklungsplänen bzw. Verzögerungen und Blockaden führen kann (vgl. Becker, 2013, S. 445).

– **Bottom-up-Strategie:** Bei dieser Strategie wird davon ausgegangen, dass der Beginn der Organisationsentwicklung an der Basis ansetzt und bis hin zur Organisationsspitze weitergeführt wird. Hierdurch ist der Entwicklungsprozess für die unteren Hierarchiestufen transparent. Problematisch ist jedoch, dass Veränderungen der Strukturen und Prozesse, für welche die Organisationsleitung verantwortlich ist, erst gegen Ende der Entwicklungen sichtbar werden. Diese von der Mitarbeiterbasis getriebenen Prozesse müssen unter erheblichem Motivationsverlust modifiziert werden, wenn es nicht gelingt, die übergeordnete Ebene von den Veränderungen zu überzeugen.

– **Bipolare Strategie:** Der Organisationsentwicklungsprozess beginnt hier gleichzeitig an der Organisationsspitze und an der Basis. Eine mangelhafte Koordination der beiden Ebenen kann dabei aber zu Problemen führen. Zudem kann die Zielerreichung gefährdet werden, wenn das mittlere Management Widerstände gegen den Entwicklungsprozess leistet.

– **Keilstrategie:** Diese Strategie stellt eine Lösung gegen die Widerstände des mittleren Managements dar und ist das Gegenteil der bipolaren Strategie. Der Wandelprozess wird von der mittleren Hierarchieebene initiiert und breitet sich von dort in beide Richtungen aus. Der Hintergrund dieser Strategie ist die Annahme, dass das mittlere Management mit den spezifischen Problemen beider Ebenen vertraut ist und sich somit für die Rolle des Vermittlers eignet.

– **Multiple-Nucleus-Strategie:** Es kann sich anbieten, innerhalb der Organisation Pilotprojekte zu starten, diese zu fördern und adäquat auszustatten. Von diesen Pilotprojekten kann ein positives Signal der Machbarkeit und der Vorteilhaftigkeit ausgehen, sodass sich andere Organisationseinheiten anschließen möchten.

Tab. 10.26: Vor- und Nachteile der Einführungsstrategien (vgl. Becker, 2013, S. 778).

	Top-down	Bottom-up	Bipolar	Keil	Multiple
Vorteile	Gute Steuerung möglich, kein Ausfransen	Berücksichtigung von Bedürfnissen unterer hierarchischer Ebenen	Schnelles Verbreiten des Gedankenguts	Wichtige Mitarbeiterschicht wird mit Change-Gedanken vertraut gemacht	Berücksichtigung von Sondereffekten, Lernen von Fehlern
Risiken	Ausschluss unterer Hierarchieebenen, fördert Misstrauen, kein Erfahrungswissen	Probleme bei der Gewinnung der Vorgesetzten für das Anliegen der unteren Hierarchieebenen	Missverständnisse, Konflikte und Blockaden durch Diskrepanz zwischen Interessen der oberen und unteren Hierarchieebenen	Sicherung und Ausbau der Privilegien auf mittlerer Ebene kann Gesamtprojekt gefährden	Gefährdung der Gesamtstrategie durch mangelnde Koordination und Abstimmung

Mit den jeweiligen Strategien werden spezifische Vor- und Nachteile verbunden, wobei die jeweiligen Vorteile meist die Nachteile des Strategiegegenstücks (Top-down-Strategie vs. Bottom-up-Strategie; Bipolare Strategie vs. Keil-Strategie) darstellen (vgl. Tab. 10.26).

Phasenmodelle und Interventionstechniken

Im Anschluss an den gewählten Weg durch die Hierarchie (bspw. Top-down, bottom-up, …) werden in der Literatur vielfältige **Phasenmodelle** des Wandels zur Strukturierung der Change-Management-Aktivitäten und **Interventionstechniken** diskutiert. Dabei ist zu beachten, dass die **akademische Freude** an diesen Modellen und Instrumenten in der **Praxis** nicht geteilt wird (vgl. Abb. 10.31). So nutzen laut einer Studie nur 18 % der Change Manager ein bestimmtes Modell bzw. adaptieren ein vorhandenes Modell, 35 % der Change Manager haben sich mit der gewonnenen Erfahrung ein eigenes, intuitiv passendes Vorgehensmodell entwickelt und 47 % der Change Manager verwenden gar kein Modell (vgl. CapGemini 2010, S. 87).

Im Folgenden sollen mit den **Phasenmodellen** von Lewin und Kotter die beiden bekanntesten Phasenmodelle des Wandels vorgestellt werden. Im Anschluss daran wird eine Synopse abgebildet, die unterschiedliche Modelle und ihre Phasen im Verhältnis zu den beiden vorgestellten Modellen zeigt.

Das klassische Phasenmodell ist der Kraftfeld-Ansatz (field theory, force field analysis) von **Kurt Lewin**. Es umfasst die Phasen des „Auftauens" (unfreezing), des „Änderns" (moving) und des „Wiedereinfrierens" (freezing).

Lewin geht davon aus, dass in jeder Situation Kräfte wirksam sind, die den Wandel vorantreiben (driving forces) oder behindern (restraining forces). Ist die Summe beider Kräfte gleich groß, so besteht ein Gleichgewicht. Will das Unternehmen erfolgreich sein, so muss es für die Mitarbeiter einen Gleichgewichtszustand herstellen (bspw.

Modell-Nutzer   Modell-Entwickler   Modell-Verweigerer

18%   35%   47%

Abb. 10.31: Einsatz von Change-Management-Modellen in der Praxis (vgl. CapGemini, 2010, S. 87).

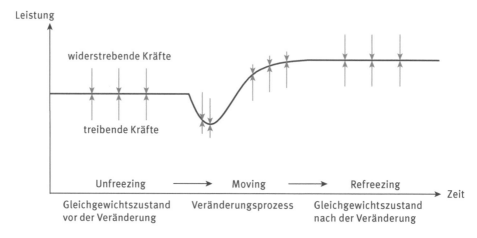

Abb. 10.32: Wandel als Veränderung von Gleichgewichtszuständen (vgl. Vahs, 2012, S. 389).

um Effizienzgewinne zu realisieren). Wenn ein aktueller Gleichgewichtszustand zugunsten eines künftigen Gleichgewichtszustands aufgegeben (also eine Veränderung herbeigeführt) werden soll, so muss das Kräfteverhältnis zunächst geändert werden, um es später wieder auf höherem Niveau zu stabilisieren. Abb. 10.32 verdeutlicht den Zusammenhang. Soll bspw. durch veränderte Prozesse eine höhere Leistung erzielt werden, so wird in der Phase der Unruhe (moving) die Leistung durch widerstrebende Kräfte reduziert werden, bevor sie auf höherem Niveau wieder stabilisiert werden kann (vgl. Vahs, 2012, S. 388):

– **Phase 1 – Auftauen:** Ziel ist es hier, die Veränderung des Gleichgewichtszustands vorzubereiten. Die Mitarbeiter sollen von der Notwendigkeit des Wandels und den möglichen negativen Konsequenzen einer Fortführung des Status quo überzeugt werden. Als Mechanismen werden dabei die Verunsicherung (bspw. mit Hinweisen auf mögliche Umsatzeinbrüche), die Induzierung von Schuldangst (bspw. durch Betitelung als reaktionär oder uneinsichtig) oder durch die Vermittlung von Sicherheit trotz Wandel (bspw. durch Zusicherung des Arbeitsplatzes) vorgeschlagen.

- **Phase 2 – Verändern**: Hier wird das Ziel verfolgt, den ursprünglichen Zustand neu zu gestalten. Durch unterstützende Maßnahmen, wie bspw. Schulungen, Partizipation oder Kommunikation, sollen die treibenden Kräfte gestärkt werden.
- **Phase 3 – Wiedereinfrieren**: Die Änderung soll stabilisiert werden. Lewin postulierte, dass erst das komplette Durchlaufen der beiden erstgenannten Phasen ein Zurückfallen in alte Muster verhindern kann (vgl. Vahs, 2012, S. 389 f.).

Wohl kein anderer Change-Management-Ansatz hat seit Mitte der 1990er-Jahre so große Beachtung gefunden wie das **Acht-Stufen-Modell** von John P. Kotter. 1995 veröffentlichte Kotter in der Harvard Business Review einen Beitrag, in dem er erfahrungsbasiert die Gründe für das Misslingen von Veränderungsprojekten aufbereitete. Das darauf veröffentlichte Buch „Leading Change" wurde zum „Management Book of the Year 1996" gekürt. Kotter (2013) beschreibt darin die acht Kardinalfehler, die er aus einer umgekehrten Perspektive zu acht Phasen für erfolgreiche Veränderungsprojekte zusammenführte (vgl. hierzu und im Folgenden Plag, 2007, S. 51 ff.; vgl. Tab. 10.27):

- **Erzeuge ein Gespür für Dringlichkeit**: Organisationsmitglieder nehmen erst dann die Notwendigkeit einer Veränderung wahr, wenn dies von ihnen selbst als unausweichlich bzw. wenn das Verharren im Status quo als gefährlicher angesehen wird als die mit Ungewissheit verbundene Veränderung. Ziel der Phase 1 ist es somit, ein Bewusstsein für die Dringlichkeit des Wandels zu erzeugen.
- **Bilde eine mächtige Koalition der Erneuerer**: Veränderungsprojekte scheitern, wenn die Unterstützung einflussreicher Organisationsmitglieder (bspw. Topmanagement, informelle Führer, ...) ausbleibt. Die Anzahl der Koalitionäre soll während der Veränderung anwachsen. Ziel von Phase 2 ist die Bildung einer Koalition, die gemeinsam als Team agiert und über genügend Macht verfügt, um den Wandel durchzusetzen.
- **Entwickle eine Vision**: Organisationsmitglieder müssen von Anfang an verstehen, welches Ziel die Veränderung hat. Durch eine Vision werden Einzelinitiativen gebündelt und Veränderungskräfte ausgerichtet. In Phase 3 soll demnach eine für die Organisationsmitglieder verständliche Vision entwickelt werden.
- **Kommuniziere die Vision**: Erst wenn eine verständliche Vision auch kommuniziert wird, kann sie verstanden werden. Die Vision wird aber nur als glaubwürdig aufgefasst, wenn das Handeln der Führungskräfte mit den Grundsätzen der Zielrichtung vereinbar ist. Es ist daher das Ziel von Phase 4, die Vision in Wort und Tat verständlich und glaubhaft zu kommunizieren und vorzuleben.
- **Räume Hürden zur Umsetzung**: Organisationsmitglieder werden im Veränderungsprozess auf Hürden stoßen, die sie allein nicht umgehen können. Change Manager sollen in Phase 5 dafür sorgen, dass organisationale (bspw. Genehmigungsrichtlinien, Ressourcen, ...) und persönliche (bspw. mangelnde Qualifikationserfordernisse, freie Ressourcen, ...) Hindernisse keine Gefahr für die Veränderung darstellen.
- **Plane und erschaffe kurzfristige Erfolge**: Veränderungsprozesse benötigen Zeit. Um den Prozess und die Notwendigkeit zur Veränderung „beweisen" zu kön-

Tab. 10.27: The Eight-Stage-Process of Creating Major Change (vgl. Kotter, 2013, S. 21).

1 **Establishing a Sense of Urgency**
  - Examining the market and competitive realities
  - Identifying and discussing crises, potential crises, or major opportunities
2 **Creating the Guiding Coalition**
  - Putting together a group with enough power to lead the change
  - Getting the group to work together like a team
3 **Developing a Vision and Strategy**
  - Creating a vision to help direct the change effort
  - Developing strategies for achieving that vision
4 **Communicating the Change Vision**
  - Using every vehicle possible to constantly communicate the new vision and strategies
  - Having the guiding coalition role model the behaviour expected of employees
5 **Empowering broad-based Action**
  - Getting rid of obstacles
  - Changing systems or structures that undermine the change vision
6 **Generating Short-Term Wins**
  - Planning for visible improvements in performance or „wins"
  - Creating those wins
7 **Consolidating Gains and Producing More Change**
  - Using increased credibility to change all systems, structures, and policies that don´t fit the vision
  - Hiring, promoting, and developing people who can implement the vision
8 **Anchoring New Approaches in the Culture**
  - Articulating the connections between new behaviors and organizational success
  - Developing means to ensure leadership development and succession

nen, können kurzfristig vorzeigbare Erfolge die Glaubwürdigkeit der Zielsetzung erhöhen. Das Aufspüren, Realisieren und Kommunizieren kurzfristiger Erfolge ist das Ziel von Phase 6.

- **Feiere Siege nicht zu früh bzw. gib nicht zu früh auf**: Einzelne Rückfälle oder die kurzfristigen Siege aus der vorangehenden Phase bedeuten nicht das Ende des Veränderungsprojekts. In Phase 7 sollen die erzielten Verbesserungen ausgebaut werden, zwischenzeitliche Hindernisse beseitigt werden und neue Ressourcen (bspw. Geld, Mitarbeiter, Zeit) einen Impuls für die weitere Veränderungsbereitschaft auslösen. Die Stabilisierung und der Ausbau des Veränderungsprozesses ist daher das Ziel dieser Phase.

- **Verankere das Neue in der Unternehmenskultur**: Veränderungen müssen fest mit sozialen Normen und gemeinsamen Wertvorstellungen übereinstimmen. Daher sollen in Phase 8 die Neuerungen mit den übrigen Prozessen verwoben werden (bspw. bei der Rekrutierung neue Mitarbeiter danach aussuchen, inwieweit sie in der Lage sind, die neuen Prozesse umzusetzen oder das gewünschte Verhalten durch die Vergütung oder Karriereaufstiege zu belohnen).

Kotter	Lewin	Becker	Deppe	Dewey	Krüger	Lippit
Dringlichkeit herstellen	Unfreezing	Bewusstsein für Probleme schaffen	Daten-sammlung	Anstoß	Initialisierung	Bedürfnis nach Veränderung
				Vertiefung		
Koalition aufbauen			Intervention			Herstellen einer Beziehung
Vision entwickeln		Diagnose	Diagnose	Hypothesen	Konzipierung	
Kommunikation	Moving	Gestaltung Umsetzung	Steuerung	Folgerung	Umsetzung	Arbeiten für den Wandel
Empowerment						Alternativ-prüfung
Erfolge generieren						Bemühung erproben
Erfolge sichern	Freezing				Verstetigung	Wandel stabilisieren
Kultur erzeugen						
		Evaluierung		Überprüfung		

Abb. 10.33: Synopse unterschiedlicher Phasenmodelle (erweiterte Darstellung nach Becker, 2013, S. 781.)

Neben (bzw. nach) Lewin und Kotter haben sich vielfältige Phasenmodelle des Wandels entwickelt. Diese setzen Schwerpunkte oder fassen die von Lewin und Kotter bekannten Schritte zusammen. In Abb. 10.33 werden in einer Synopse unterschiedliche Phasenmodelle eingeordnet und verwandte Phasen den einzelnen Schritten von Lewin und Kotter gegenübergestellt.

Um die Zielsetzungen der einzelnen Phasen zu realisieren, existieren zahlreiche Interventionstechniken.

Interventionstechniken sind Aktivitäten, die Veränderungen in Organisationen initiieren, vorantreiben und/oder stabilisieren. Diese können mit Unterstützung eines externen oder internen Agenten des Wandels („Change Agent") durchgeführt werden (vgl. Staehle, 1999, S. 943 f.).

Im Folgenden wird die Klassifikation möglicher Interventionen daran ausgerichtet, welche Zielgruppe innerhalb der Organisation davon angesprochen werden soll). Hierfür bieten sich die drei Ebenen des Individuums, der Gruppe und der Organisation an (vgl. Staehle, 1999, S. 945 ff.; Beisel, 1996; Tab. 10.28).

Aufgrund der Vielzahl der Organisations- und Personalentwicklungstechniken sollen zur Veranschaulichung einige, für die jeweilige Ebene prägnante Techniken, exemplarisch dargestellt werden (vgl. dazu Becker, 2013).

Ausgangspunkt früherer Bemühungen auf der Ebene des Individuums waren sog. **Sensitivity-Training-Laboratorien** (vgl. French/Bell, 1994, S. 176 ff.). Lernziele des

Tab. 10.28: Interventionstechniken (in Anlehnung an Beisel, 1996, S. 307).

Individuelle Ebene	Gruppenebene	Organisationsebene
Sensitivity-Training	Teamentwicklung	Survey Feedback
Encounter-Gruppen	Prozessberatung	Konfrontationssitzung
Transaktionsanalyse	Drittparteien-Intervention	GRID-OE
Coaching	Intergruppen-Intervention	Management by Objectives
Feedback	Lernstatt	NPI-Modell
Karriereplanung	Qualitätszirkel	Systemtische Intervention

Sensitivity-Trainings sind Selbsterkenntnis, das Kennenlernen der Bedingungen, welche die Gruppenarbeit hemmen oder fördern, das Verständnis zwischenmenschlicher Beziehungen in Gruppen sowie die Entwicklung von Fähigkeiten, die die Diagnose des Verhaltens von Individuen, Gruppen und Organisationen ermöglichen (vgl. auch die Ausführungen in Kap. 10.4.4). Ausgangspunkt des Sensitivity-Trainings ist die Beobachtung, dass Individuen im normalen Alltag kein realistisches Verhaltensfeedback bekommen. Beim Sensitivity-Training treffen sich Personen, die sich nicht kennen und zukünftig möglichst keine Berührungspunkte mehr haben, konzentriert für einen Zeitraum (bspw. eine Woche), um sich ein gegenseitiges Feedback über ihre Verhaltensweisen zu geben. Die Vorgehensweise folgt dem Phasenschema von Lewin. Zunächst wird das alte Verhalten infrage gestellt (Unfreezing). Dadurch sollen Einstellungs- und Verhaltensänderungen (Moving) angestoßen werden, die im letzten Schritt zu neuen Verhaltensweisen gefestigt werden (Refreezing).

Die Intervention mittels **Encounter-Gruppen** (häufig auch: Selbsterfahrungsgruppen) stellt das individuelle Wachstum und die Persönlichkeitsentwicklung in den Mittelpunkt. Ziel ist die Verbesserung des Selbstbildes, Entwicklung von Offenheit und Flexibilität und damit verbunden eine Erhöhung der Teamfähigkeit, das Überdenken von Verhaltensweisen und somit insgesamt eine Steigerung der individuellen Kompetenz im sozio-emotionalen Bereich. Die Vorgehensweise erfolgt schrittweise hin zu einer personalen Veränderung. Gefühle sollen akzeptiert und als nützliche Erkenntnisse für sich und für den Umgang mit anderen erkannt werden.

Im Mittelpunkt der **Transaktionsanalyse** steht die Analyse und Aufzeichnung verbaler und nonverbaler Kommunikation. Grundannahme dabei ist, dass Menschen, die sich selbst differenziert kennen bzw. kennenlernen, konfliktfreier und verständnisvoller mit anderen Menschen umgehen. Somit stellt die Transaktionsanalyse ein Kommunikationsmodell dar, das durch verschiedene Formen der gezielten Analyse (Struktur-, Transaktions-, Skript- oder Spielanalyse) von Kommunikationsstrukturen und -beziehungen dabei hilft, das eigene Verhalten im Kontext zwischenmenschlicher Beziehungen zu verstehen und zu verbessern (vgl. Meier, 1995, S. 320).

Die auf der Gruppenebene anfallenden Interventionstechniken betonen stärker die Prozesse und Interaktionen in und zwischen Gruppen. **Teamentwicklung** findet dabei nicht aufgrund eines akuten Problems statt, sondern wegen des generellen

Wunschs vonseiten des Management oder der Gruppe, die Kohäsion und Effizienz einer bestehenden oder zu gründenden formellen Arbeitsgruppe zu erhöhen (vgl. Staehle, 1999, S. 953). Ziele der Teamentwicklung sind unter anderem die Klärung der Rollen der einzelnen Gruppenmitglieder sowie das Entwickeln gemeinsamer Gruppenziele und das Herausbilden gegenseitigen Vertrauens (vgl. Becker, 2013). Darüber hinaus können Arbeitsweise, Zeiteinteilung oder Problemlösungs- bzw. Entscheidungsverhalten der Gruppe diskutiert werden. Ansatzpunkt der Teamentwicklung ist die Diagnose der Gruppensituation. Instrumente hierfür sind bspw. Umfragen mittels Fragebögen oder Einzelinterviews. Die erhaltenen Informationen werden je nach Priorität der Gruppe in einem Katalog denkbarer Problemlösungsmaßnahmen verarbeitet. Abschließend werden weitere Handlungen geplant und ein gemeinsames Aktionsprogramm durchgeführt. Der Erfolg solcher Maßnahmen hängt weniger vom Berater selbst ab als vielmehr von der Unterstützung des Managements und der Vorgesetzten sowie dem zur Verfügung stehenden Handlungsspielraum der Gruppen.

Bei der **Prozessberatung** übernimmt ein Berater die Aufgabe der Hilfe zur Selbsthilfe, indem er der Gruppe hilft, Prozesse im Unternehmen besser wahrzunehmen, zu verstehen und entsprechende Handlungsalternativen daraus abzuleiten. Der Berater soll hierbei keine Lösungsvorschläge anbieten, sondern lediglich Gruppenphänomene aufzeigen, die sich bspw. in Kommunikations- und Führungsbeziehungen, Problemlösungs- und Entscheidungsprozessen oder in Rollen und Funktionen der Gruppenmitglieder zeigen können. Daraus wird ersichtlich, dass der Erfolg der Prozessberatung stark von den Fähigkeiten und Erfahrungen des Beraters (Change Agent) abhängt. Wenn die Gruppe nach einem gewissen Zeitraum selbstständig die Analyse und Diagnose der Gruppenprozesse durchführen kann und eigene Lösungen entwickelt, sodass der Berater sich selbst „überflüssig" gemacht hat, war die Beratung erfolgreich (vgl. Staehle, 1999, S. 951 f.).

Zielsetzung der **Intergruppen-Intervention** ist die Optimierung der Schnittstellen zwischen verschiedenen Arbeitsgruppen. So sollen Kommunikationsstörungen und Konkurrenzdenken zwischen Gruppen minimiert werden. Zur Erreichung dieser Zielsetzungen können unterschiedliche Vorgehensweisen gewählt werden. So können die Gruppen erst getrennt voneinander die positiven und negativen Verhaltensweisen und erwarteten Meinungen der anderen Gruppe auflisten und sie dann gemeinsam mithilfe eines Beraters diskutieren. Eine andere Vorgehensweise besteht in der getrennten Diskussion, innerhalb derer immer wieder Informationen ausgetauscht werden und letztlich versucht wird, eine Annäherung bzw. Lösung der aufgezeigten Probleme in einer gemeinsamen Sitzung zu erreichen. Stärker konfliktorientiert ist die Methode, beide Gruppen in einem Raum ihre Probleme aufzeigen zu lassen, wobei erst eine Gruppe vorträgt und die andere nur zuhören darf und dann die Rollen getauscht werden. Insgesamt ist festzustellen, dass alle Aktivitäten dieser Art in relativ kurzer Zeit die Beziehungen zwischen Gruppen verbessern können und sich Probleme und Spannungen vermindern oder gar lösen lassen. Dadurch können sowohl die Kommunikation als auch die Interaktionen zwischen den Gruppen optimiert werden (vgl. French/Bell, 1994, S. 152 ff.). Hierbei ist aber zu beachten, dass eine ausgeprägte Harmonie zwischen Gruppen nicht immer ein Idealzustand sein muss, da unterschiedliche Wahrnehmungen, Einstellungen und Interpretationen von Ereignissen auch die Folge unterschiedlicher Umweltzustände sein können, in denen sich die Individuen befinden (vgl. Staehle, 1999, S. 954 f.).

Im Rahmen der Interventionstechniken auf organisationaler Ebene steht die **Survey-Feedback-Methode** im Mittelpunkt. Mittels standardisierter Fragebögen werden systematisch Daten erhoben. Nach Auswertung der anonymen Befragung werden die Ergebnisse an die Teilnehmer zur Analyse, Interpretation und Planung von Verbesserungen weitergeleitet. Durch die Datenerhebung (bspw. hinsichtlich der Arbeitszufriedenheit) wird das Interesse der Organisationsmitglieder geweckt und durch die Rückkopplung über die Ergebnisse eine Möglichkeit geschaffen, mit den Organisationsmitgliedern problemorientiert in ein Gespräch über Entwicklungsperspektiven einzutreten. Auf der Organisationsebene sollten alle Organisationsteilnehmer in den Prozess eingeschlossen werden und sowohl die Daten als auch konstruktive Änderungsvorschläge von Ebene zu Ebene transportiert werden (vgl. French/Bell, 1994, S. 162 ff.; ferner Staehle, 1999, S. 962 ff.).

Ziel des **NPI-Modells** des Niederländischen Pädagogischen Instituts ist die körperliche, seelische und geistige Förderung der Menschen in der Organisation. Es wird versucht, die Realität der Organisation mit einem Idealkonzept in Einklang zu bringen. Innerhalb des offenen Verfahrens wird idealtypisch anhand von fünf Phasen die Organisationsentwicklung vollzogen. In der Orientierungsphase wird Problembewusstsein geschaffen und über Konsequenzen der Organisationsentwicklung gesprochen. Die zweite Phase stellt auf kognitive Veränderung ab. Dabei wird eine Situationsdiagnose erstellt, auf deren Basis das Verhalten der Organisationsmitglieder geschult wird. Die dritte Phase stellt erwartete Veränderungen in den Mittelpunkt. Anhand der Organisationsziele werden die Mitglieder zur Selbstorganisation geführt. In der vierten Phase sollen sich intentionale Veränderungen einstellen. Mithilfe genauer Veränderungspläne, bspw. über Terminierungen, Finanzen oder Reihenfolgeplanungen, wird der Rückzug des Change Agent vorbereitet. Abschließend werden die Abweichungen zwischen Ist- und Soll-Situation erfasst und ggf. Korrekturmaßnahmen eingeleitet (vgl. Becker, 2013).

Akteure und Organisation des Wandels

Wandelprozesse betreffen regelmäßig eine Vielzahl von Akteuren. Hierunter sind an erster Stelle diejenigen zu zählen, die ein immanenter Teil der Veränderung sind (bspw. ganze Belegschaften bei M&A-Aktivitäten, Abteilungen, die organisatorisch anders verbunden werden, Mitarbeiter oder Führungskräfte, deren Arbeitsaufgabe sich durch einen neuen Prozess verändert) (**Betroffene-Beteiligten-Perspektive**), und diejenigen, die als Initiatoren, Berater oder Change Agents den Prozess begleiten (**organisatorische Perspektive**).

Die Erfahrungen in der Praxis zeigen, dass es für die erste Gruppe (Betroffene-Beteiligten-Perspektive) typische Reaktionsmuster auf die geplante Änderung gibt. Etwa ein Drittel der Betroffenen steht dem Wandel offen und positiv gegenüber, ein Drittel verhält sich neutral bzw. abwartend, und das letzte Drittel lehnt die Veränderung offen oder verdeckt ab (vgl. hierzu und im Folgenden Vahs, 2012, S. 357 f.).

- **Visionäre** und **Missionare** gehören meist dem Topmanagement oder den Initiatoren an, die die Ziele erarbeitet haben. Sie sind von der Notwendigkeit, Richtigkeit und dem Vorgehen überzeugt und versuchen andere zu überzeugen, aktiv mitzuarbeiten.
- Dabei haben sie Erfolg bei den **aktiven Gläubigen**, die die Veränderung nicht nur akzeptieren, sondern auch aktiv dafür eintreten (bspw. indem sie andere ebenfalls überzeugen oder ihre Arbeitskraft für die Veränderung nutzen)
- Die **Opportunisten** wägen zunächst die Vor- und Nachteile ab, die der Wandel bringen wird. Gegenüber den Vorgesetzten nehmen sie eine leicht positive Haltung ein, gegenüber Kollegen eine neutrale bis skeptische.
- Die Mehrheit gehört zur Gruppe der **Abwartenden** und **Gleichgültigen**. Die Bereitschaft, sich aktiv zu beteiligen, ist gering („haben wir schon gehabt, hat nichts gebracht"). Um sie zu überzeugen, müssen schnell deutliche Erfolge und eine spürbare Verbesserung erkennbar sein.
- Zu den aktiven Gegnern zählen die **Untergrundkämpfer** und **offenen Gegner**. Die Untergrundkämpfer streuen Gerüchte und Verlangsamen den Prozess. Ihre Zielsetzung ist häufig die Sicherung ihres Status quo, ihrer Privilegien oder Macht. Die offenen Gegner sind dagegen akzeptierte Gesprächspartner. Sie halten das Ziel oder den eingeschlagenen Weg für falsch, argumentieren jedoch in der Sache. Ihre Einwände und Ideen können positiv zur Veränderung beitragen.
- Die **Emigranten** haben sich entschlossen, die Veränderung nicht mitzutragen. Sie verlassen das Unternehmen. Häufig handelt es sich hier um Leistungsträger, die keine ausreichende Perspektive für die Zeit nach der Veränderung sehen.

Change Manager versuchen häufig, die Mitarbeiter nicht nur hinsichtlich ihrer Einstellung gegenüber dem organisatorischen Wandel einzuteilen, sondern auch danach, welche Rolle ihnen im Machtgefüge einer Organisation zukommt bzw. wie stark sie vom Wandel betroffen sind. Eine beispielhafte Verteilung ist in Abb. 10.34 zu finden. Kommt man so zu einer Einteilung, wie sie in Abb. 10.35 dargestellt ist, so könnte bspw. der offene Gegner, der zwar nicht übermäßig vom Wandel betroffen ist, aber über einen hohen Einfluss verfügt, und der Opportunist, der hier über ein mittleres Macht- und Betroffenheitsniveau nicht hinauskommt, durch den Missionar, der über eine hierarchisch und machttaktisch bessere Position verfügt, überzeugt werden. Gelingt dies beim offenen Gegner nicht, so können Alternativangebote (wie bspw. eine Versetzung, ein Wegloben nach oben oder das Ruhighalten) „erkauft" werden – bspw. durch die Zustimmung zu seinen Projekten oder durch eine bessere Ressourcenausstattung. Der aktiv Glaubende, der wenig betroffen ist (bspw. weil er einer anderen Ab-

Abb. 10.34: Typische Einstellungen gegenüber dem organisatorischen Wandel (vgl. Vahs, 2012, S. 357).

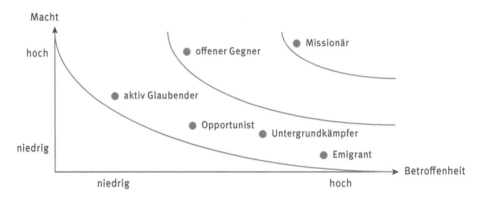

Abb. 10.35: Macht-Betroffenheits-Rollen-Diagramm.

teilung angehört), doch grundsätzlich mit dem Projekt einverstanden ist, kann bspw. dem absprungwilligen Emigranten eine Versetzung in seine Abteilung vorschlagen.

Aus der organisatorischen Perspektive folgt der begleitenden Struktur von Veränderungsprojekten häufig eine organisatorische Dreiteilung mit einem Sponsor, einem Lenkungsausschuss (häufig auch: Lenkungskreis, Steuerungskreis, Steering Committee) und dem Projektteam mit einem Projektleiter und den Change Agents/Change Manager:

- Der **Sponsor** ist häufig ein Vertreter des Topmanagements, der den Auftrag erteilt oder dem Projekt aufgrund der Ressourcenfreigabe (Geld, Mitarbeiter, Zeit) zustimmt. Der Sponsor nominiert meist die Teilnehmer für den Lenkungskreis.
- Das **Steering Committee** kann sich aus dem Sponsor, Vertretern der zweiten Managementebene, deren Einflussbereich durch die Projektaufgabe betroffen ist, und Vertretern des Betriebsrats zusammensetzen. Sie entscheiden über Grundsatzfragen und in Fällen, in denen die Kompetenzen des Projektleiters (bspw. weil

Tab. 10.29: Klassifikation und Charakteristika eines Change Agents.

Schein (1993)	– **Experte**: gibt Informationen oder bereitet Informationen auf – **Arzt**: übernimmt Verantwortung für die Diagnose, die Therapie und Heilung – **Prozessberater**: versteht sich ausschließlich als Helfer, wo Hilfe benötigt wird
Lippit/Lippt (1977)	– **Advokat**: bemüht sich, den Klienten inhaltlich und/oder methodisch zu beeinflussen – **Technischer Spezialist**: übernimmt als Experte die Lenkung bis der Klient selbst dazu fähig ist – **Trainer/Erzieher**: stellt Lernbedarf fest und lehrt bzw. organisiert Wissensvermittlung – **Forscher**: findet Informationen – **Reflektor**: spiegelt Ereignisse und Beobachtungen an die Projektteams zurück
von Rosenstiel (1991)	– **Opportunist**: sagt das, was die Mehrheit denkt, ohne eigene Stellungnahme – **Verlorener Sohn**: vertritt Gegenmeinung und lässt sich durch Argumente überzeugen – **Opponent**: vertritt die Gegenmeinung und behält Standpunkt bei
Jones (1969)	– **Change Agent**: hilft, Probleme selbst zu lösen – **Change Catalysator**: entscheidet nicht über Lösungen, sondern stellt Energie zur Prozessförderung bereit – **Peacemaker**: ist kein Simulator, sondern Stabilisator des Wandels

mehrere Abteilungen von einer Auswirkung betroffen sind) enden. Darüber hinaus können sie als einflussreiche Promotoren auftreten, die das Veränderungsprojekt in ihrer Organisationseinheit (Abteilungen, Betriebsrat, …) bekannt machen und vertreten. Zum Abschluss jeder Projektphase evaluieren sie den Projektfortschritt.

– Das **Projektteam** erarbeitet die operative Umsetzung. Es setzt sich aus einem Projektleiter sowie aus Experten (häufig auch externe Spezialisten – bspw. IT-Spezialisten, Juristen, Unternehmensberater), Betroffenen aus den jeweiligen Abteilungen und Change Agents/Change Managern zusammen. Der Projektleiter berichtet regelmäßig an das Steering Committee.

– Der **Change Agent** (häufig auch: Change Manager, OE-Berater) ist ein überfachlicher Begleiter des Veränderungsprozesses. Seine Aufgaben und Rollen ändern sich mit dem Fortschritt des Change-Prozesses (vgl. hierzu Beisel, 1996, S. 318 ff.; Tab. 10.29).

Je nachdem, ob ein Change Agent Mitglied in einer betreffenden Organisation ist, spricht man von einem internen oder externen Berater (vgl. Tab. 10.30). Viele große Unternehmen leisten sich eigene Abteilungen mit auf Wandelprozesse spezialisierten Beratern. Die wesentlichen Vorteile eines externen Change Agents sind sein breiter

Tab. 10.30: Vorteile interner und externer Berater im Vergleich (vgl. Becker, 2013, S. 784).

Vorteile des internen Beraters	Vorteile des externen Beraters
– Vertrautheit mit der Organisation – Leichtere Informationsbeschaffung – Intensivere Betreuung (permanente Anwesenheit) – Keine vorgefertigten Lösungsschablonen externer Beratungen, sondern betriebsindividuelle Lösungen können in das Gesamtsystem der Organisation eingebunden werden – Keine finanzielle Auftrags-Abhängigkeit	– Unterstützung durch das Top-Management – keine Versagung der Anerkennung („Prophet im eigenen Land") – Keine Befangenheit und Eingebundenheit in machtpolitische Strukturen – „Blick von außen", Expertenwissen – Risiko- und Konfliktbereitschaft

Erfahrungsschatz, eine geringere Betriebsblindheit sowie weitgehende Akzeptanz bei dem als Auftraggeber fungierenden Topmanagement. Da er ferner nicht in die Macht- und Politikstrukturen eingebunden ist, kann er hiervon befreit agieren. Dadurch ist der externe Change Agent eher bereit, einschneidende Maßnahmen zu forcieren, als ein interner Berater. Allerdings wird der interne Change Agent eher von den Mitarbeitern akzeptiert und besitzt zudem eine bessere Vertrautheit mit der betroffenen Organisation sowie eine weitgehende Identität der Wertvorstellungen der Organisation (vgl. Becker, 2013). Allerdings hängt der externe Berater finanziell vom Auftraggeber (und damit von dessen – machtpolitischen – Zielen) ab, sodass die unterstellte Neutralität in Zweifel gezogen werden kann.

10.6 Rechtlicher Regelungsrahmen der Personalentwicklung

Der Betriebsrat (vgl. Tab. 10.31) kann nach § 96 Abs. 1 BetrVG Vorschläge für die Förderung der Berufsbildung der Arbeitnehmer machen. Der Arbeitgeber hat auf Verlangen des Betriebsrats den Berufsbildungsbedarf zu ermitteln und mit ihm Fragen der Berufsbildung der Arbeitnehmer des Betriebs zu beraten. Dabei sollen die Belange älterer Mitarbeiter, Mitarbeiter in Teilzeit oder Mitarbeiter mit Familienpflichten berücksichtigt werden.

Die Einführung von Bildungsmaßnahmen unterliegt zwar dem Direktionsrecht des Arbeitgebers, doch muss er gem. § 97 Abs. 1 BetrVG über die Errichtung und Ausstattung betrieblicher Einrichtungen zur Berufsbildung, die Einführung betrieblicher Berufsbildungsmaßnahmen und die Teilnahme an außerbetrieblichen Berufsbildungsmaßnahmen mit dem Betriebsrat beraten. Hat der Arbeitgeber Maßnahmen geplant oder durchgeführt, die dazu führen, dass sich die Tätigkeit der betroffenen

Tab. 10.31: Mitbestimmung des Betriebsrats.

BetrVG	Recht des BR	Ausgestaltung
§ 96 Abs. 1	– Initiativrecht – Beratungsrecht	– BR kann verlangen, dass der AG den Berufsbildungsbedarf ermittelt – und mit dem BR die daraus entstehenden Fragen und Folgen berät.
§ 96 Abs. 1	– Vorschlagsrecht	– BR kann nach der Beratung Vorschläge zur Umsetzung machen.
§ 97 Abs. 1	– Beratungsrecht	– über die Errichtung und Ausstattung betrieblicher Einrichtungen zur Berufsbildung, – über die Einführung betrieblicher Bildungsmaßnahmen und – über die Teilnahme an außerbetrieblichen Bildungsmaßnahmen.
§ 97 Abs. 2	– Mitbestimmungsrecht	– plant oder führt der Arbeitgeber Maßnahmen durch, die die Anforderungsprofile der Mitarbeiter ändern, so hat der BR bei der Einführung von Bildungsmaßnahmen mitzubestimmen. Kommt keine Einigung zustande, entscheidet die Einigungsstelle.
§ 98 Abs. 1	– Mitbestimmungsrecht	– bei der Durchführung von Maßnahmen der betrieblichen Bildung.
§ 98 Abs. 2	– Widerspruchsrecht	– bei der Beauftragung von Personen, die der AG zur Durchführung von Bildungsmaßnahmen beauftragt (bspw. Ausbilder, externe Anbieter).
§ 98 Abs. 3 und 4	– Mitbestimmungsrecht	– BR kann Mitarbeiter vorschlagen, die auch an Bildungsmaßnahmen teilnehmen sollen, bei Nichteinigung entscheidet die Einigungsstelle.

Arbeitnehmer ändert und ihre beruflichen Kenntnisse und Fähigkeiten zur Erfüllen ihrer Aufgaben nicht mehr ausreichen, besitzt der Betriebsrat nach § 97 Abs. 2 BetrVG bei der Einführung von Maßnahmen der betrieblichen Berufsbildung ein Mitbestimmungsrecht. Kommt eine Einigung nicht zustande, so entscheidet die Einigungsstelle.

Ein Mitbestimmungsrecht steht dem Betriebsrat gemäß § 98 Abs. 1 BetrVG bei der Durchführung von Maßnahmen der betrieblichen Berufsbildung zu. Ein Widerspruchsrecht hat der Betriebsrat bzgl. der Weiterbeschäftigung oder Einstellung von Ausbildern, die den Anforderungen im Sinne des BBiG nicht gerecht werden (§ 98 Abs. 2 BetrVG). Nach § 98 Abs. 3 BetrVG kann der Betriebsrat unter bestimmten Voraussetzungen Vorschläge für die Teilnahme an der beruflichen Bildung machen. Kommt bei den Abschnitten 1 und 3 keine Einigung zwischen Betriebsrat und Arbeitgeber zustande, entscheidet nach § 98 Abs. 4 BetrVG die Einigungsstelle.

10.7 Personalentwicklung im öffentlichen Dienst

Wie auch die übrigen personalwirtschaftlichen Funktionsbereiche unterliegt die Personalentwicklung in der öffentlichen Verwaltung zahlreichen rechtlichen Regelungen, die die freie Ausgestaltung und Anwendung einschränken (vgl. Oechsler, 1982).

Die **Ausbildung** zur mittleren Beamtenlaufbahn (vgl. Kap. 9.4.4) ist verwaltungsintern angelegt. Die Ausbildungsinhalte werden in erster Linie am Arbeitsplatz vermittelt und durch eine theoretische Ausbildung an Verwaltungsschulen ergänzt. Die Zugangsvoraussetzung für die Einstellung in den Vorbereitungsdienst war bisher die mittlere Reife bzw. der Hauptschulabschluss in Verbindung mit einer mindestens zweijährigen Berufsausbildung. Mit der Ausbildung wird das Ziel verfolgt, dass der Anwärter möglichst vielseitig einsetzbar ist. Die Ausbildung wird nach mindestens zwei Jahren mit der Laufbahnprüfung abgeschlossen.

Die Ausbildung zum gehobenen Verwaltungsdienst wird in den Fachhochschulen für den öffentlichen Dienst vorgenommen und dauert meist drei Jahre. Die Zugangsvoraussetzungen sind die Fachhochschulreife, die Berufung in ein Beamtenverhältnis sowie die Zulassung zum Studium nach einem speziellen Auswahlverfahren (meist Allgemeinwissens- und Abstraktionstests). Während der Ausbildung werden ständig studienbegleitende Leistungsprüfungen durchgeführt. Am Ende ist die Laufbahnprüfung abzulegen.

Die Zugangsvoraussetzungen für den höheren Dienst waren bisher ein abgeschlossenes Hochschulstudium und die Ableistung eines zweijährigen Vorbereitungsdiensts.

Auch die **Fortbildung** der Beamten ist gesetzlich geregelt (bspw. in § 46 Bundeslaufbahnverordnung). Dabei wird nach dienstlicher und eigener Fortbildung unterschieden. Unter dienstlicher Fortbildung werden Maßnahmen verstanden, die der Erhaltung und Verbesserung der Befähigung der Beamten für ihren Dienstposten oder für gleich bewertete Tätigkeiten dienen, sowie solche Maßnahmen, die bei Änderungen der Laufbahnausbildung eine Angleichung an den neuen Befähigungsstand zum Ziel haben. Die Unterscheidung in Anpassungsfortbildung und Förderfortbildung orientiert sich dabei an den in der privaten Wirtschaft üblichen Begrifflichkeiten.

Auch im öffentlichen Dienst sollen die fachliche Leistung und die Eignung der Beschäftigten das berufliche Fortkommen bestimmen bzw. Grundlage einer Beförderung sein. Hierzu wurde ein Aufsteigen in Leistungsstufen eingeführt (vgl. Oechsler, 2002, S. 365 f.). Leistungsstufen, die im Rahmen einer Leistungseinschätzung festgestellt werden, sollen nicht in zeitlicher Nähe zu allgemeinen Beförderungen vergeben werden und ergänzen diese somit leistungsorientiert. Dauerhaft gute Leistungsergebnisse in der Gesamtbewertung der Leistungseinschätzung können durch eine vorgezogene Leistungsstufe finanziell honoriert werden.

Die Beteiligungsrechte des **Personalrats** sind vergleichbar mit den Mitbestimmungsrechten des Betriebsrats (vgl. Kap. 10.6).

Für die Fortbildung von Bediensteten in der öffentlichen Verwaltung steht eine Vielzahl von **Einrichtungen** zur Verfügung: Verwaltungsschulen, Fachhochschulen der öffentlichen Verwaltung (bspw. die Fachhochschule der Bundeswehr oder der Arbeitsagentur) und Universitäten (bspw. die Hochschule für Verwaltungswissenschaften in Speyer oder die Universitäten der Bundeswehr).

11 Personalanpassung und Arbeitsbeendigung

Personalanpassungen werden dann notwendig, wenn die vorhandenen quantitativen und qualitativen Ressourcen nicht mit den benötigten Kapazitäten übereinstimmen. Maßnahmen der Personalfreisetzung und Arbeitsbeendigung müssen dabei nicht zwingend mit Kündigungen einhergehen. Vielmehr steht ein Bündel von proaktiven und reaktiven Instrumenten zur Verfügung, mit denen man eine Übereinstimmung zwischen Bedarf und Kapazitäten herstellen kann. Kündigungen sind dabei lediglich Ausdruck einer Ultima Ratio.

Im Folgenden sollen die Ursachen von möglichen Strukturveränderungen dargestellt werden (Kap. 11.1). Diese unterscheiden sich nicht nur in ihrer Herkunft, sondern auch danach, welches Instrument als Reaktion darauf adäquat erscheint. Die Vielzahl der Anpassungsstrategien, -instrumente und -strukturen sowie Kriterien zur Beurteilung der Alternativen beleuchten Kap. 11.2 und Kap. 11.3. Ein wesentliches Kriterium ist dabei die rechtliche Durchsetzbarkeit (Kap. 11.4). Da Personalanpassungen meist mit sozialen Nachteilen für die betroffenen Mitarbeiter einhergehen, hat die Rechtsprechung und betriebliche Praxis Maßnahmen zur Abfederung bzw. Milderung sozialer Härten entwickelt. Diese werde in Kap. 11.5 dargestellt.

11.1 Ursachen von Personalstrukturveränderungen

Die Notwendigkeit Veränderungen in der Personalstruktur vorzunehmen, kann auf unterschiedliche Ursachen zurückgeführt werden. Die Ursachen unterscheiden sich in ihrer Herkunft (mitarbeiter-, unternehmens- und umweltbezogene Qualität) und in ihrer Gestaltbarkeit (vgl. Abb. 11.1).

So lassen sich mitarbeiterbezogene Ursachen bspw. auf enttäuschte Erwartungen, lang andauernde Konflikte oder Leistungsmängel bzw. geringe Leistungsbereitschaft zurückführen. Die Reaktion auf mitarbeiterbezogene Ursachen ist meist einzelfallbezogen.

Unternehmensbezogene Ursachen können in planbare und nicht planbare Ursachen unterschieden werden. Die Folgen betreffen häufig mehrere Mitarbeiter (eines Standorts, eines Betriebsteils, einer Produktionslinie, einer Abteilung oder einer bestimmten Hierarchieebene).

Umweltbezogene Ursachen für Strukturveränderungen können bspw. konjunkturellen Schwankungen, technologischem Wandel (Auftreten von Substituten, Veränderung der Produktionsprozesse durch neue Technologien, ...) oder der Marktlogik folgen (bspw. Anleger fordern höhere Renditen, wodurch sich der Vorstand zur Initiierung von Sparprogrammen veranlasst sieht). Auch hier sind die Folgen meist für mehrere Mitarbeiter spürbar, sodass kollektive Maßnahmen notwendig werden.

https://doi.org/10.1515/9783110541526-011

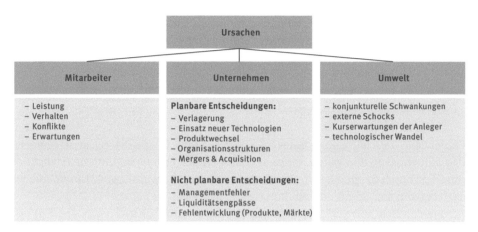

Abb. 11.1: Ursachen von Personalstrukturveränderungen.

Abb. 11.2: Zielsetzung der Personalanpassung.

11.2 Maßnahmen der Personalanpassung

Die Notwendigkeit, Personalanpassungen vorzunehmen, kann auf zwei Motive zurückgeführt werden (vgl. Abb. 11.2):

– **Reduktion der mitarbeiterbezogenen Überkapazitäten**: Die Personalanpassungen sollen die in der Personalbedarfsplanung festgestellten Überhänge reduzieren.

– **Verstetigung der Beschäftigung**: Die Verstetigung der Beschäftigung soll dazu beitragen, dass sich wirtschaftliche Schwankungen (und in der Folge Umsatzentwicklung, Produktionsvolumen, Auslastungsgrade, ...) nicht unmittelbar auf den Personalbestand auswirken müssen. In wirtschaftlich unbeständigen Zeiten stellt sich diese Aufgabe als Herausforderung zur Beschäftigungssicherung dar.

Beide Zielsetzungen können durch den Einsatz proaktiver oder reaktiver Maßnahmebündel erreicht werden. In Abhängigkeit der unternehmerischen Beschäftigungsstrategie kommt es allerdings häufig zu einer Betonung eines der Maßnahmenbündel.

Im Folgenden sollen daher zunächst Überlegungen zur grundsätzlichen Beschäftigungsstrategie vorgestellt und im Anschluss der proaktive und reaktive Instrumentenkasten der Personalanpassung diskutiert werden.

11.2.1 Beschäftigungsstrategien

Betriebliche Beschäftigungsstrategien (häufig auch: Beschäftigungsmanagement, Beschäftigungspolitik) waren nur selten ein zentrales Thema der Unternehmensführung. Erst durch die globale Wirtschaftskrise im Jahr 2009 wurden viele Unternehmen dazu gezwungen, bewusste Gestaltungsentscheidungen zu treffen.

Werden Beschäftigungsschwankungen primär durch Einstellungen und Entlassungen ausgeglichen („amerikanisches Modell", häufig auch „Kopfzahlenanpasser"), so bedienen sich Unternehmen tendenziell aus dem reaktiven Anpassungsinstrumentarium. Versuchen Unternehmen das Beschäftigungsniveau zu halten und das sich verändernde Arbeitsvolumen über einen Zeitausgleich zu bewältigen („japanisches Modell", häufig auch: „Arbeitszeitanpasser"), greifen sie tendenziell auf proaktive Maßnahmen der Personalanpassung zurück (vgl. hierzu und im Folgenden Martin, 2004).

Die beiden Extreme zeigen, dass die Beschäftigungsstrategien eng mit der Unternehmens- und Personalstrategie bzw. mit der Unternehmenskultur verzahnt sind (vgl. Tab. 11.1). Das Bestreben eines Unternehmens, lebenslange Beschäftigung zu garantieren, führt zu einem anderen Verständnis des Austauschverhältnisses von Leistung und Gegenleistung (Betonung des Vertrauensverhältnisses, psychologischer Arbeitsvertrag) als das eines Unternehmens, das im Arbeitsverhältnis ein jederzeit kündbares Tauschverhältnis sieht. Die Unterschiede lassen sich auch mit Blick auf die Elastizität der Einstellungsneigung beobachten. So wird häufig darauf hingewiesen, dass Unternehmen in Deutschland trotz deutlichen Umsatzwachstums nur zögerlich Neueinstellungen vornehmen, da die durch die bessere Geschäftslage anfallende Mehrarbeit von den bereits beschäftigten Mitarbeitern geleistet wird (bspw. durch Aufbau von Urlaubs- und Zeitkonten, Einsatz von Leiharbeitern, . . .).

11.2.2 Instrumente und Maßnahmen

Zur Umsetzung ihrer Beschäftigungsstrategien können die Unternehmen auf eine Vielzahl von Instrumenten zurückgreifen. Ihr Einsatz lässt sich in proaktive und reaktive Maßnahmen unterscheiden und der jeweiligen Situation entsprechend zu spezifischen Maßnahmenbündeln kombinieren (vgl. Abb. 11.3).

Tab. 11.1: Beschäftigungsstrategien.

	Beschäftigungsstrategien	
Modell	Amerikanisches Modell	Japanisches Modell
Mechanismus	Kopfzahlenanpasser	Arbeitszeitanpasse
Wirkung	Schwankungen werden durch Einstellungen und Entlassung ausgeglichen	Schwankungen werden durch veränderte Arbeitszeitvolumen ausgeglichen
Instrumentenkasten	Tendenziell reaktive Maßnahmen	Tendenziell proaktive Maßnahmen
Vertragsverständnis	Austauschverhältnis	Vertrauensverhältnis
Einstellungselastizität	Hoch	Niedrig

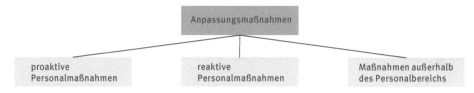

Abb. 11.3: Übersicht über Anpassungsmaßnahmen.

Proaktive Maßnahmen

Die vorgestellten proaktiven Maßnahmen sollen dem Unternehmen die Bildung eines Flexibilitätspuffers ermöglichen, der in Zeiten wirtschaftlicher Schwächen hilft, Beschäftigungsstabilität zu gewährleisten (vgl. Abb. 11.4). Sollten es die wirtschaftlichen Rahmenbedingen bspw. aufgrund der Intensität oder Dauer einer Krise erfordern, weitere Kapazitäten abzubauen, so wird der Einsatz reaktiver Maßnahmen notwendig.

Für eine Darstellung der einzelnen Maßnahmen sei auf die jeweiligen Unterkapitel verwiesen (vgl. für den Aufbau eines monetären Flexibilitätspuffers Kap. 9.3, für

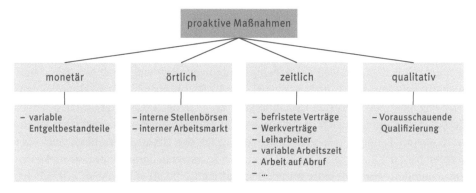

Abb. 11.4: Proaktive Maßnahmen (vgl. Bertelsmann Stiftung, 1999, S. 88).

Abb. 11.5: Reaktive Maßnahmen der Personalanpassung (vgl. Bertelsmann Stiftung, 1999, S. 126).

örtliche Flexibilität Kap. 7.2, für zeitliche Flexibilität Kap. 7.1 und für qualitative Flexibilität Kap. 10.2).

Reaktive Maßnahmen

Reaktive Maßnahmen können – ebenso wie proaktive Maßnahmen – dazu beitragen, den Entscheidungsspielraum und damit die Handlungsautonomie des Unternehmens in Krisenzeiten so groß wie möglich zu erhalten (vgl. Abb. 11.5).

Da viele der reaktiven Maßnahmen schon in vorherigen Kapiteln beschrieben wurden, sollen im Folgenden beispielhaft die Wirkungszusammenhänge des **Über-stundenauf- und -abbaus** sowie der **Kurzarbeit** beschrieben werden.

Um die beschäftigungspolitische Wirkung von **Gleitzeitkonten** bzw. des Auf- und Abbaus von Gleitzeit oder Überstunden zu erklären, sollen für einen Beispielfall folgende Annahmen getroffen werden (vgl. Abb. 11.6): Ein Mitarbeiter hat einen Bruttoverdienst von 4.000 Euro pro Monat bei einer 40-Stunden-Woche. Die Monate haben 20 Arbeitstage, sodass sich daraus ein fiktiver Stundenlohn von 25 Euro errechnet (fiktiv deshalb, weil der Arbeitsvertrag meist eine Vergütung pro Monat und nicht für jede geleistete Stunde vorsieht). Um die Rechnung nicht zu verkomplizieren, wird angenommen, dass der Auszahlungsbetrag, den der Mitarbeiter erhält, mit dem Personalaufwand identisch ist (in der Realität müssten auf den vertraglichen Vergütungsanspruch noch Sozialversicherungsbeiträge des Arbeitgebers hinzugerechnet werden bzw. der auszuzahlbare Betrag um die Sozialversicherungsbeiträge und Steuern gemindert werden). Jeder Mitarbeiter hat ein Gleitzeitkonto, das es ermöglicht, geleistete Mehr- oder Minderstunden zu parken und zu einem späteren Zeitpunkt als Freizeit zu nehmen bzw. nachzuarbeiten.

Annahmen
- 4.000 Euro Bruttoverdienst pro Monat
- 40-Stunden-Woche bzw. 160 Stunden pro Monat
- Stundensatz: 25 € (= 4.000 €/ 160h)
- Auszahlungsbetrag = Aufwandsbetrag
- Existieren des Gleitzeitkonto

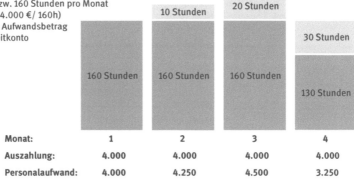

Monat:	1	2	3	4
Auszahlung:	4.000	4.000	4.000	4.000
Personalaufwand:	4.000	4.250	4.500	3.250

Abb. 11.6: Wirkung von Gleitzeitkonten.

In Monat 1 arbeitet der Mitarbeiter seine vertraglich festgelegten 20 Arbeitstage zu je 8 Stunden pro Tag. Er bekommt hierfür 4.000 Euro ausgezahlt und der Gewinn des Unternehmens reduziert sich durch den Personalaufwand um ebenfalls 4.000 Euro. Da die Konjunktur zu einem höheren Auftragseingang führt, arbeitet der Mitarbeiter in Monat 2 zehn Stunden mehr als vertraglich vorgesehen. Der Auszahlungsbetrag bleibt aber unverändert 4.000 Euro. Da das Unternehmen seinen Gewinn jedoch periodengerecht ausweisen möchte, führt es die geleisteten, allerdings nicht ausgezahlten Überstunden einer Rückstellung zu. Die Zuführung der Überstunden in eine Rückstellung in Höhe von 250 Euro (=10 Stunden * 25 Euro) erhöht den Personalaufwand und mindert den Gewinn entsprechend.

In Monat 3 leistet der Mitarbeiter 20 Überstunden im Wert von 500 Euro. Der Auszahlungsbetrag beträgt erneut 4.000 Euro. Da das Unternehmen aber wieder einen periodengerechten Gewinn ausweisen möchte, führt es 500 Euro einer Rückstellung zu, die sich damit auf 750 Euro erhöht. In Monat 4 erlahmt die Konjunktur, sodass nur noch ein Arbeitsvolumen von 130 Stunden zu erbringen ist. Der Auszahlungsbetrag beträgt jedoch weiterhin 4.000 Euro. Das Unternehmen löst seine Rückstellung in Höhe von 750 Euro (oder 30 Stunden * 25 Euro) auf und senkt seinen Personalaufwand bzw. erhöht seinen Gewinn entsprechend. Das Unternehmen profitiert so (über den Konjunkturzyklus hinweg) von der Möglichkeit, Rückstellungen zu bilden bzw. aufzulösen.

Um die beschäftigungspolitische Wirkung von **Kurzarbeit** zu erklären, sollen für einen Beispielfall folgende Annahmen getroffen werden (vgl. Abb. 11.7): Ein Mitarbeiter verdient bei einer 40-Stunden-Woche und 20 Arbeitstagen pro Monat 4.000 Euro. Sein Nettoverdienst liegt bei 2.000 Euro. In Monat 1 arbeitet er regulär 20 Arbeitstage. Sein Bruttoverdienst liegt vertragsgemäß bei 4.000 Euro, nach Abzügen von Steuern und Sozialversicherungen erhält er 2.000 Euro netto. Der Personalaufwand für das

Annahmen
- 40-Stunden-Woche bzw. 160 Stunden pro Monat
- 20 Arbeitstage pro Monat bzw. 5 Tage pro Woche
- 4.000 €Bruttoverdienst pro Monat
- Tagessatz: 200 € (= 4.000 €/20 Arbeitstage)
- Nettoverdienst: 50% des Bruttoverdiensts

Monat:	1		2
Bruttoverdienst:	4.000	3.200	3.200
Personalaufwand:	4.000	3.200	3.200
Nettoverdienst I:	2.000	1.600	1.600
Kurzarbeitergeld:			270
Nettoverdienst II:			1.870

Abb. 11.7: Wirkung von Kurzarbeit.

Unternehmen liegt bei 4.000 Euro (Annahme: siehe vorheriges Beispiel), sodass sich der Gewinn des Unternehmens entsprechend gemindert wird.

In Monat 2 muss das Unternehmen aufgrund Auftragsmangel Kurzarbeit anmelden. Es kann den Mitarbeiter nur vier Tage pro Woche bzw. 16 Tage im Monat beschäftigen. Das Unternehmen ist nun berechtigt, den Mitarbeiter entsprechend seiner Beschäftigung zu vergüten. Da er nur 16 Tage gearbeitet hat, mindert sich sein Bruttoverdienst um 800 Euro (4 Tage * 200 Euro) auf 3.200 Euro, der Nettoverdienst entspricht dann 1.600 Euro. Die Arbeitsagentur gleicht während der Kurzarbeit den entfallenen Entgeltanspruch durch das Kurzarbeitergeld aus. Die Berechnung des Kurzarbeitergelds orientiert sich an der Frage, was der Arbeitnehmer als Arbeitslosengeld bekommen hätte, wenn er die vier Tage arbeitslos gewesen wäre. Das Arbeitslosengeld bemisst sich an 60 % bzw. 67 % (je nach Familienstand) des letzten Nettoverdiensts. So bekommt der Arbeitnehmer ein Kurzarbeitergeld von 270 Euro (67 % des letzten Nettoverdiensts für vier Tage: Bruttoverdienst für vier Tage = 800 Euro; Nettoverdienst für vier Tage = 400 Euro, 67 % von 400 Euro = 270 Euro). Im Ergebnis erhält der Arbeitnehmer für 16 Arbeitstage und 4 Kurzarbeitstage 1.870 Euro netto. Das Unternehmen zahlt in dieser Zeit nur den tatsächlichen Personalaufwand von 3.200 Euro.

Maßnahmen außerhalb des Personalbereichs

Da einzelne Maßnahmen allein im seltensten Fall zur Sicherung von Beschäftigung führen, bedarf es ihrer sinnvollen Kombination (vgl. Abb. 11.8). Wichtig für die Zusammenstellung eines geeigneten Maßnahmenbündels zur Überwindung etwaiger Krisensituation ist das Wissen um die Ursache der Krise. Je nach vermuteter Krisendauer

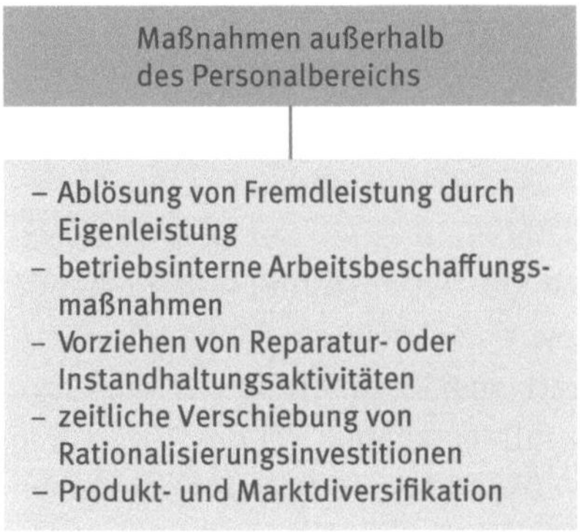

> **Maßnahmen außerhalb des Personalbereichs**
>
> – Ablösung von Fremdleistung durch Eigenleistung
> – betriebsinterne Arbeitsbeschaffungsmaßnahmen
> – Vorziehen von Reparatur- oder Instandhaltungsaktivitäten
> – zeitliche Verschiebung von Rationalisierungsinvestitionen
> – Produkt- und Marktdiversifikation

Abb. 11.8: Maßnahmen außerhalb des Personalbereichs (vgl. Bertelsmann Stiftung, 1999, S. 126).

und -intensität können auch Maßnahmen außerhalb des Personalbereichs beschäftigungsstrategische Wirkung entfalten.

Kurzfristige Auftragsrückgänge können bspw. durch die (zeitlich befristete) Rücknahme von Fremdaufträgen, einen zeitlichen Aufschub von Rationalisierungsvorhaben oder betriebsinterne Arbeitsbeschaffungsprogramme aufgefangen werden. Als langfristig wirksame Maßnahmen außerhalb des Personalbereichs gelten bspw. die Produkt- oder Marktdiversifikation.

11.2.3 Beschäftigungsrelevante Strukturen

Personalwirtschaftliches Handeln erfolgt nicht voraussetzungslos. Es ist in institutionelle Strukturen eingebettet. Beschäftigungsstrategisch relevante Strukturen, die sich dem unternehmerischen Einfluss entziehen, sind bspw. das Arbeitsrecht, die arbeitspolitischen Institutionen (bspw. das System der Arbeitsvermittlung, soziale Sicherungssysteme, Institutionen der schulischen und beruflichen Ausbildung), die Wirtschaftsstruktur und die Wirtschaftspolitik. So konnten Untersuchungen einen Zusammenhang zwischen der Rigidität des Kündigungsschutzes und der Segmentierung des Arbeitsmarkts aufdecken. Existiert bspw. ein hoher Kündigungsschutz so bleibt das schwer auflösbare Standardarbeitsverhältnis der Kernbelegschaft vorbehalten, während sich in der Peripherie „prekäre" Beschäftigungsverhältnisse etablieren, die es den Unternehmen möglich machen, sich dem schwankenden Arbeitskräftebedarf anzupassen (Tsui et al., 1997). Ebenso bedeutsam sind unternehmensinterne Strukturen, die sich in stärkerem Maße als unternehmensexterne Strukturen beeinflussen lassen. Haben bspw. Unternehmensleitung und Betriebsrat ein System des gegenseitigen Vertrauens aufgebaut, so wird man in einer Krisenphase auch unkonventionelle Lösungen zur Förderung der Beweglichkeit und Wettbewerbsfähigkeit eines Unternehmens umsetzen können (Martin, 2004).

11.3 Kriterien zur Beurteilung der Alternativen

Die Vielzahl an Möglichkeiten zur Personalanpassung (vgl. Kap. 11.2.2) suggeriert, dass es jedem Unternehmen freigestellt ist, sich aus dem Instrumentenkasten frei zu bedienen. Allerdings ist es regelmäßig so, dass die Wahl eines Anpassungsinstruments oder eines Bündels von Maßnahmen durch Restriktionen und weitergehende Überlegungen gekennzeichnet ist. So kann es bspw. dazu kommen, dass der Umsatzrückgang so plötzlich (zeitlicher Einfluss) und stark ausfällt (quantitativer Einfluss), dass nur noch eine reaktive Personalanpassung infrage kommt. Da die Anpassung den Rückgang des Umsatzes ausgleichen muss (ökonomische Wirkung), kommen großzügige Abfindungsprogramme oder die vereinzelte Umwandlung von Vollzeit- in Teilzeitstellen nicht mehr in Betracht. Die Sachzwänge filtern so die infrage kommenden Instrumente heraus.

Die nachfolgend dargestellten Kriterien und Fragen können einen Maßstab dafür bilden, ob das gewählte Instrument die erhoffte Wirkung in der jeweiligen Anpassungssituation zeigt (vgl. im Folgenden Berthel/Becker, 2013, S. 394 f.):

- **Quantitative Aspekte:** Gelingt es, die vorhandenen Überkapazitäten abzubauen (bspw. kann die vereinzelte Umwandlung von Vollzeit- in Teilzeitstellen die Überkapazitäten in quantitativer Perspektive nicht ausreichend mildern, sodass weitere Anpassungsmaßnahmen notwendig werden)?
- **Qualitative Aspekte:** Welche Auswirkungen hat das Instrument auf die Qualifikationsstruktur der (verbleibenden) Mitarbeiter (bspw. führen betriebsbedingte Kündigungen und die folgende Sozialauswahl häufig dazu, dass Leistungsträger gehen müssten)?
- **Zeitlicher Aspekt:** Wie schnell muss die mit der Personalanpassung verfolgte Wirkung eintreten (bspw. ziehen betriebsbedingte Kündigungen von langjährigen Mitarbeitern eine lange Kündigungsfrist nach sich, sodass die benötigte Wirkung erst sehr spät einsetzen würde)?
- **Rechtliche Bedingungen:** Kann das verfolgte Anpassungsinstrument überhaupt durchgesetzt werden (bspw. sind Gehaltskürzungen oder Versetzungen häufig nicht gegen den Willen der Mitarbeiter durchsetzbar; an Kündigungen werden hohe rechtliche Anforderungen gestellt, für viele Maßnahmen muss erst die Zustimmung des Betriebsrats oder anderer Institutionen eingeholt werden)?
- **Ökonomische Wirkung:** Gelingt es, durch das Instrument die notwendigen Kosteneinsparungen zu erzielen (so muss die positive Wirkung – Einsparung von Personalkosten – gegen die negativen Wirkungen – Zahlung von Abfindungen, Sozialplankosten, … – abgewogen werden)?
- **Außendarstellung:** Welche Außenwirkung stellt sich durch die Personalanpassung ein?
- **Gesellschaftliche Auswirkungen:** In Zeiten hoher Arbeitslosigkeit können Entlassungen, insb. wenn sie vermehrt in einer Region auftreten, zu sozialen Verwerfungen führen.

Tab. 11.2: Kriterien zur Beurteilung von Maßnahmen der Personalanpassung.

Quantitative Aspekte	Gelingt es, die benötigten Überkapazitäten abzubauen?
Qualitative Aspekte	Welche Auswirkungen sind auf die Qualifikationsstruktur der Mitarbeiter zu erwarten?
Zeitlicher Aspekt	Wie schnell muss die mit der Personalanpassung verfolgte Wirkung eintreten?
Rechtlicher Aspekt	Kann das verfolgte Anpassungsinstrument überhaupt durchgesetzt werden?
Kostenaspekte	Gelingt es, die notwendigen Kosteneinsparungen zu erzielen?
Außendarstellung	Welche Außenwirkung stellt sich durch die Personalanpassung ein?
Gesellschaftliche Perspektive	Wie wirkt sich die Maßnahme auf die Gesellschaft/Region/Stadt aus?
Freigesetzte Mitarbeiter	Sind die Folgen für die von der Maßnahme betroffenen Mitarbeiter zumutbar?
Nicht betroffene Mitarbeiter	Welche Reaktion zeigen die nicht betroffenen Mitarbeiter?

- **Folgen für die freizusetzenden Mitarbeiter**: Sind die Folgen für die von der Maßnahme betroffenen Mitarbeiter zumutbar (so können bspw. Versetzungen zu längeren Anfahrtswegen führen)?
- **Wirkung auf die nicht betroffenen Mitarbeiter**: Häufig zeigen Mitarbeiter, die nicht von den Anpassungsmaßnahmen betroffen sind, das „survival sickness syndrom". So empfinden sie trotz des Verbleibs im Unternehmen nun eine geringere Identifikation oder eine geringere Arbeitszufriedenheit. Die negativen Auswirkungen auf die nicht betroffenen Mitarbeiter sind dabei umso stärker, je deutlicher die Entscheidungen der Unternehmensleitung als unfair oder widersprüchlich wahrgenommen werden (vgl. Stock-Homburg, 2012, S. 312).

Tab. 11.2 fasst die Kriterien zusammen.

11.4 Rechtliche Regelungen zur Freisetzung

Das Arbeitsverhältnis ist ein Dauerschuldverhältnis. Das bedeutet, dass es nicht mit dem einmaligen Austausch von Leistung und Gegenleistung endet, sondern erst wenn ein Beendigungstatbestand erfüllt ist. Eine Übersicht über mögliche Beendigungsgründe zeigt Abb. 11.9.

11.4.1 Einseitige Beendigung durch Kündigung

Die von ihrer gesetzlichen Regelung her bedeutsamste Art der Beendigung des Arbeitsverhältnisses ist die Kündigung.

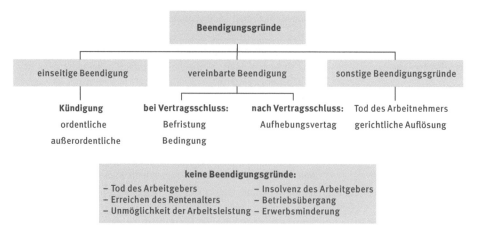

Abb. 11.9: Beendigungsgründe (vgl. Hromadka/Maschmann, 2012, S. 365).

Eine **Kündigung** ist eine einseitige, empfangsbedürftige Willenserklärung, die mit Zugang wirksam wird.

Die Annahme oder Zustimmung zu einer Kündigung ist für die Wirksamkeit nicht notwendig. Sie kann sowohl vom Arbeitgeber als auch vom Arbeitnehmer ausgesprochen werden.

Kündigungserklärung

Für die Wirksamkeit einer Kündigungserklärung gelten allgemeine zivilrechtliche Grundsätze, die durch arbeitsrechtliche Besonderheiten ausdifferenziert werden (vgl. hierzu Hromadka/Maschmann, 2012, S. 376 ff.):

- **Ist die Kündigung hinreichend bestimmt?** Der Gekündigte darf keinen Zweifel haben, ob mit der Erklärung das Arbeitsverhältnis beendet werden soll. Ebenso muss sich aus der Erklärung ableiten lassen, mit welcher Frist die Kündigung ausgesprochen wird.
- **Wurde die Kündigung schriftlich abgegeben?** Die Kündigung bedarf zu ihrer Wirksamkeit der Schriftform (§ 623 BGB). Sie muss eigenhändig unterschrieben sein und im Original übergeben werden. Eine Fotokopie, Telefax oder E-Mail reicht nicht aus.
- **Hat ein Kündigungsberechtigter gekündigt?** Zur Kündigung sind die Vertragspartner und deren Vertreter berechtigt. Grundsätzlich ist nur derjenige zur Kündigung berechtigt, der auch Mitarbeiter einstellen darf. Ob ein Abteilungsleiter zur Kündigung berechtigt ist, ist im Innenverhältnis mit dem Arbeitgeber zu klären. Kündigt ein Nichtberechtigter (es zählt nicht der Überbringer, sondern derjenige, der die Kündigung unterschrieben hat), so ist die Kündigung unwirksam.

- **Ist die Kündigung zugegangen?** Die Kündigung kann erst dann wirksam werden, wenn die Willenserklärung zugegangen ist. Das Bundesarbeitsgericht hat dazu folgenden Grundsatz definiert: Eine Kündigung geht zu, wenn sie in den Machtbereich des Gekündigten gelangt, sodass er unter gewöhnlichen Umständen die Möglichkeit hat, von ihrem Inhalt Kenntnis zu nehmen. Ob und warum der Gekündigte die Kündigung tatsächlich zur Kenntnis nimmt, spielt keine Rolle. Wird die Kündigung persönlich ausgehändigt, ergeben sich keine Probleme. Wird die Kündigung in den Briefkasten eingeworfen, so geht sie zu, sobald mit der nächsten Entnahme zu rechnen ist. Ist der Gekündigte in Urlaub oder im Krankenhaus, so geht die Kündigung auch dann zu, wenn der Arbeitgeber vom abweichenden Aufenthaltsort wusste. Ist der Arbeitnehmer umgezogen, ohne dem Arbeitgeber die neue Adresse mitzuteilen, trägt der Arbeitnehmer das Fristrisiko. Wird die Kündigung an einen Dritten übergeben, bspw. der Ehefrau oder dem Ehemann an der Haustür, so ist der Empfänger Empfangsbote des Gekündigten und die Kündigung gilt für den Zeitpunkt als zugegangen, wenn ihre Übergabe vom Empfangsboten zum Empfänger erwartbar war.

Kündigungsgründe müssen – außer es ist im Tarifvertrag anders vorgegeben – nicht aufgeführt werden. Ausnahmen hierzu existieren für Auszubildende oder bei der Kündigung von Schwangeren. Die Kündigung kann grundsätzlich zu jeder **Zeit** und an jedem **Ort** übergeben werden.

Kündigungsfristen

Die Kündigung ist an die Einhaltung von Fristen gebunden. Das Arbeitsverhältnis endet erst mit Ablauf der gesetzlichen, tarifvertraglichen oder arbeitsvertraglichen Kündigungsfrist. Die Nichteinhaltung von Kündigungsterminen berührt nicht die Wirksamkeit einer Kündigung, sondern betrifft nur das Wirksamwerden. So verschiebt sich der Kündigungstermin auf den nächstmöglichen Termin (vgl. hierzu Hromadka/ Maschmann, 2012, S. 387 ff.).

Die gesetzlichen Kündigungsfristen sind in § 622 BGB definiert:

---

§ 622 Kündigungsfristen bei Arbeitsverhältnissen

(1) Das Arbeitsverhältnis eines Arbeiters oder eines Angestellten (Arbeitnehmers) kann mit einer Frist von vier Wochen zum Fünfzehnten oder zum Ende eines Kalendermonats gekündigt werden.

(2) Für eine Kündigung durch den Arbeitgeber beträgt die Kündigungsfrist, wenn das Arbeitsverhältnis in dem Betrieb oder Unternehmen

zwei Jahre bestanden hat, einen Monat zum Ende eines Kalendermonats,

fünf Jahre bestanden hat, zwei Monate zum Ende eines Kalendermonats,

acht Jahre bestanden hat, drei Monate zum Ende eines Kalendermonats,

zehn Jahre bestanden hat, vier Monate zum Ende eines Kalendermonats,

...

Bei der Berechnung der Beschäftigungsdauer werden Zeiten, die vor der Vollendung des 25. Lebensjahrs des Arbeitnehmers liegen, nicht berücksichtigt.

Obwohl der Wortlaut des § 622 Abs. 2 Satz 2 eindeutig ist, ist die Berechnungsformel nicht mehr anwendbar. Die Berechnungsvorschrift verstößt gegen europarechtliche Diskriminierungsrichtlinien.

Die gesetzlichen Mindestkündigungsfristen können arbeitsvertraglich verlängert und die Zahl der Kündigungstermine kann eingeschränkt werden (bspw. Kündigungen zum Ende eines Quartals). Tarifliche Abweichungen können aber auch eine Verschlechterung für den Arbeitnehmer bewirken (bspw. durch kürzere Kündigungsfristen).

Außerordentliche Kündigung

Die außerordentliche Kündigung kann fristlos oder mit einer Auslauffrist erfolgen. Sie setzt eine schwerwiegende Störung der sich aus dem Arbeitsverhältnis ergebenden Arbeitnehmerpflichten voraus, die die Fortsetzung des Arbeitsverhältnisses, insb. für die Dauer der bei einer ordentlichen Kündigung erforderlichen Kündigungsfrist, unzumutbar macht. Dies ist regelmäßig der Fall bei einmaligem Auftreten einer sehr schwerwiegenden Störung. Ob ein wichtiger Grund vorliegt (im Sinne des § 626 BGB), bedarf einer abwägenden Beurteilung des Einzelfalls (vgl. Schaub, 2009, S. 1339 f.; vgl. Tab. 11.3).

Als Prüfschema ergeben sich folgende Fragen (vgl. Hromadka/Maschmann, 2012, S. 393):

- **Liegt ein wichtiger Grund vor?** Als Beispiele hierfür gelten die beharrliche Arbeitsverweigerung, Krankfeiern, Krankheitsandrohung, Tätlichkeiten oder Diebstahl.
- **Umfassende Interessenabwägung?** Auch wenn ein wichtiger Grund vorliegt, so muss eine Interessenabwägung durchgeführt werden. Bei der Interessenabwägung sind der Ultima-Ratio-Grundsatz (gibt es ein milderes Mittel, um die Vertragsstörung zu beseitigen, bspw. die Abmahnung, die Versetzung oder die ordentliche Kündigung), das Prognoseprinzip (ist die Fortführung des Arbeitsverhältnisses unzumutbar bzw. so beeinträchtigt, dass bspw. ein unüberbrückbarer Vertrauensverlust eingetreten ist), und das Übermaßverbot (Abwägung der betrieblichen Interessen vs. den Interessen des Arbeitnehmers am Bestandsschutz seines Arbeitsverhältnisses) zu beachten.
- **Einhaltung der Kündigungserklärungsfrist?** Die außerordentliche Kündigung muss innerhalb von zwei Wochen nach dem Eintreten eines „sachlichen Grundes" erfolgen. Nach Ablauf der Frist gilt die Vermutung, dass die Fortsetzung des Arbeitsverhältnisses nicht mehr unzumutbar ist, sodass ggf. nur noch eine ordentliche Kündigung in Betracht kommt. Damit will man verhindern, dass Vorratsgründe gesammelt werden (bspw. um eine schwere Pflichtverletzung in der Vergangenheit erst nach Jahren als Grund für eine Kündigung zu nutzen). Die Frist beginnt mit dem Zeitpunkt, in dem der Arbeitgeber über die maßgeblichen Tatsachen Kenntnis erlangt (§ 626 Abs. 2 Satz 2 BGB).

Tab. 11.3: Prüfschema einer außerordentlichen Kündigung.

Leitfrage	Hilfsfragen, Themengebiete, Gesetze
Liegt ein „wichtiger Grund" (im Sinne des § 626 BGB) vor?	Beharrliche Arbeitsverweigerung, Krankfeiern, Androhung von Krankheit, Tätlichkeiten, Diebstahl, schwere sexuelle Belästigung
Ist eine umfassende Interessenabwägung erfolgt?	Ultima Ratio (gibt es mildere Mittel?) Prognose (ist der Vertrauensverlust unüberwindbar?) Übermaßverbot (was spricht für den Arbeitnehmer?)
Wurde die Erklärungsfrist eingehalten?	Zwei Wochen nach Kenntnis des „wichtigen Grunds"

Tab. 11.4: Prüfschema für eine ordentliche Kündigung.

Leitfrage	Hilfsfragen, Themengebiete, Gesetze
Anwendbarkeit des KSchG	Persönliche Anwendbarkeit (Arbeitnehmer, Arbeitsverhältnis > 6 Monate) Betriebliche Anwendbarkeit (>10 Mitarbeiter)
Fristgemäße Erhebung der Kündigungsschutzklage	Drei-Wochen-Frist
Soziale Rechtfertigung	Personen-, verhaltens-, betriebsbedingte Kündigung Prognose Ultima Ratio Interessenabwägung

Ordentliche Kündigung

Der allgemeine Kündigungsschutz, den alle Arbeitnehmer genießen, ist im Kündigungsschutzgesetz (KSchG) geregelt. Das KSchG schränkt die Kündigungsfreiheit des Arbeitgebers ein, in dem es die Vielzahl von denkbaren Kündigungsgründen auf drei Kündigungsgründe verdichtet (vgl. hierzu und im Folgenden Hromadka/Maschmann, 2012, S. 405 ff.).

Als Prüfschema ergeben sich die Voraussetzungen, wie sie in Tab. 11.4 dargestellt sind.

Die **Anwendbarkeit** des KSchG ist durch die persönliche und betriebliche Anwendbarkeit definiert. Das KSchG gilt nur für Arbeitnehmer, die zum Zeitpunkt des Zugangs der Kündigung im selben Betrieb länger als sechs Monate tätig waren (§ 1 Abs. 1 KSchG) (persönliche Anwendbarkeit). Der betriebliche Geltungsbereich wird durch § 23 KSchG bestimmt. Das KSchG gilt nur für Betriebe mit mehr als zehn Mitarbeitern. Bei der Feststellung der Zahl der beschäftigten Arbeitnehmer sind teilzeitbeschäftigte Arbeitnehmer mit einer regelmäßigen wöchentlichen Arbeitszeit von nicht mehr als 20 Stunden mit 0,5 und nicht mehr als 30 Stunden mit 0,75 zu berücksichtigen. Da der Schwellenwert Ende 2003 im Zuge der Hartz-Reformen von fünf auf zehn Mitarbeitern erhöht wurde, können sich für Altfälle Besonderheiten ergeben.

Ist eine Kündigung ausgesprochen, hat der Arbeitnehmer drei Wochen Zeit, die Kündigung durch eine Kündigungsschutzklage durch das Arbeitsgericht prüfen zu lassen (§ 4 Satz 1 KSchG). Versäumt es der Arbeitnehmer, eine **fristgemäße** Kündigungsschutzklage innerhalb der Drei-Wochen-Frist zu erheben, so gilt die Kündigung als von Anfang an rechtswirksam. Eine weitere Überprüfung durch ein Arbeitsgericht ist dann grundsätzlich nicht mehr möglich.

Die Vielzahl möglicher Kündigungsgründe und deren Prüfmaßstab werden durch das KSchG eingeschränkt. Eine Kündigung ist nur möglich, wenn sie **sozial gerechtfertigt** ist. Um sozial gerechtfertigt zu sein, muss die Kündigung auf personenbedingten, verhaltensbedingten oder betriebsbedingten Gründen beruhen (vgl. Tab. 11.5):

- **Personenbedingte Kündigung**: Mithilfe der personenbedingten Kündigung besitzt der Arbeitgeber die Möglichkeit, einen Arbeitsvertrag aufzulösen, dessen Zweck nicht mehr erfüllt werden kann, da der Arbeitnehmer die Fähigkeit zur Erbringung der Arbeitsleistung verloren hat. Die Leistungsstörung erfolgt durch einen Grund, der dem Arbeitnehmer nicht vorzuwerfen ist (bspw. Krankheit).
- **Verhaltensbedingte Kündigung**: Die verhaltensbedingte Kündigung ermöglicht es dem Arbeitgeber, auf ein vertragswidriges Verhalten des Arbeitnehmers zu reagieren, wenn die Schwelle für eine außerordentliche Kündigung noch nicht erreicht ist. Die Vertragsverletzung muss dem Arbeitnehmer vorwerfbar sein.
- **Betriebsbedingte Kündigung**: Mit dem Recht zur betriebsbedingten Kündigung soll der Arbeitgeber die Möglichkeit erhalten, den realen Personalbestand dem tatsächlichen Personalbedarf in dem jeweiligen Betrieb anzupassen, sofern dies betriebswirtschaftlich erforderlich ist. Das BAG definiert es so: eine unternehmerische Entscheidung, aufgrund derer der Arbeitnehmer nicht mehr vertragsgemäß eingesetzt werden kann.

Die Prognose stellt auf die künftige Situation ab. Der Arbeitgeber muss einen Nachweis über eine negative Prognose erbringen. Das Ultima-Ratio-Prinzip verlangt, dass es keine milderen Mittel geben darf, die Leistungsstörung zu beseitigen. Die Interessenabwägung prüft, ob die Betriebsstörung im Einzelfall so bedeutend ist, dass der Arbeitgeber dies nicht mehr billigen muss.

In der Vergangenheit haben sich durch die Rechtsprechung für jede der drei Kündigungsgründe typische Fälle und deren Kündigungsanforderungen herausgebildet. Im Folgenden sollen die wichtigsten Fallgruppen angesprochen werden.

Die krankheitsbedingte Kündigung ist der Hauptfall der **personenbedingte Kündigung**. Hierzu zählt die Kündigung wegen häufiger Kurzerkrankung, wegen Langzeiterkrankung und wegen krankheitsbedingter Leistungsminderung. Die negative Prognose kann durch ein ärztliches Gutachten oder durch einen Blick in die Vergangenheit erbracht werden. Fehlte der Arbeitnehmer in den letzten Jahren regelmäßig länger als sechs Arbeitswochen (am Stück oder in der Summe häufiger Kurzerkrankungen) spricht viel dafür, dass dies auch in Zukunft so sein wird. Kann der Arbeitnehmer die Prognose durch Tatsachen erschüttern (bspw. weil er die Ausheilung einer Krank-

Tab. 11.5: Voraussetzungen einer ordentlichen Kündigung (vgl. Hromadka/Maschmann, 2012, S. 413).

	Personenbedingte Kündigung	Verhaltensbedingte Kündigung	Betriebsbedingte Kündigung
Kündigungsgrund	Erhebliche Beeinträchtigung der betrieblichen Interessen durch eine dem Arbeitnehmer nicht vorwerfbare Vertragsstörung	Dem Arbeitnehmer vorwerfbare Vertragsverletzung	Unternehmerische Entscheidung, aufgrund derer der Arbeitnehmer nicht mehr vertragsgerecht eingesetzt werden kann
Prognose	Vertragsstörung auch in Zukunft	Wiederholungsgefahr	Einsatzmöglichkeit entfällt dauerhaft
Ultima Ratio	Versetzung auf einen (freien) Arbeitsplatz, auf dem nicht mit Vertragsstörungen zu rechnen ist, ggf. nach zumutbaren Fortbildungs- oder Umschulungsmaßnahmen oder zu geänderten Vertragsbedingungen	Abmahnung, es sei denn, der Arbeitnehmer konnte nicht mit Hinnahme der Vertragsverletzung rechnen; Versetzung auf einen (freien) Arbeitsplatz, auf dem nicht mit Vertragsverletzung zu rechnen ist	Abbau von Überstunden und Leiharbeit, Zuweisung eines anderen freien Arbeitsplatzes, ggf. nach zumutbaren Fortbildungs- oder Umschulungsmaßnahmen oder zu geänderten Vertragsbedingungen
Interessenabwägung	Ursache und Ausmaß der Störung, störungsfreier Verlauf des Arbeitsverhältnisses, Lebens- und Dienstalter, Unterhaltspflichten	Ursache und Schwere der Vertragsverletzung (Verstoß gegen ausdrückliche Anordnung, Vereinbarung im Arbeitsvertrag), Folgen der Vertragsverletzung (Störung von Betriebsfrieden oder Betriebsablauf, Schäden), störungsfreier Verlauf des Arbeitsverhältnisses, Lebens- und Dienstalter, Unterhaltspflichten	Statt Interessenabwägung Sozialauswahl: – Vergleichsgruppe bilden – den sozial am wenigsten Schutzbedürftigen auswählen – Arbeitnehmer herausnehmen, deren Weiterbeschäftigung im berechtigten betrieblichen Interesse liegt

heit nachweist), so lässt sich die negative Prognose nicht mehr aufrechterhalten. Das Ultima-Ratio-Prinzip kommt dadurch zur Geltung, dass bspw. Alkoholkranken die Chance zu einer erfolgreichen Entziehungskur zu gewähren ist. Der Abbruch einer Entziehungskur oder der schnelle Rückfall können dann wieder ein Hinweis für eine negative Prognose sein. Die Interessenabwägung verlangt, dass alle Sachverhalte, die für den Arbeitnehmer sprechen, gegen das Interesse des Arbeitgebers abgewogen werden. Hier werden Betriebszugehörigkeit, Alter oder die Krankengeschichte gegen die Interessen an einem störungsfreien Betrieb des Arbeitgebers abgewogen.

Der Grund einer **verhaltensbedingten Kündigung** liegt in der schuldhaften Verletzung der arbeitsvertraglichen Pflichten. Beispiele hierfür sind die Arbeitsverweigerung, die Abwerbung von Kunden, wenn sich der Arbeitnehmer selbstständig machen will, Verstoß gegen Alkoholverbote, Anstiftung von Mitarbeitern zu einem Vertragsbruch, wiederholte Verspätungen, unerlaubte Nebentätigkeit, unerlaubte private Telefongespräche oder Internetnutzung, rüdes Verhalten gegenüber Mitarbeitern oder Kunden, Umgehung oder Missbrauch von Kontrolleinrichtungen (bspw. Stempeluhr) oder die Weitergabe von Geschäftsgeheimnissen. Die Prognose stellt auch hier darauf ab, ob das Arbeitsverhältnis in Zukunft belastet wird. Ein Hinweis für eine negative Prognose ergibt sich bspw. dann, wenn mehrere Abmahnungen in der Vergangenheit nicht dazu geführt haben, dass sich das Verhalten des Mitarbeiters ändert. Die für eine Abmahnung notwendigen Inhalte ergeben sich aus ihren Funktionen (vgl. Tab. 11.6).

Die negative Prognose ist dabei umso berechtigter, je größer die Schuld des Mitarbeiters war. Die Kündigung muss das letzte Mittel sein (Ultima Ratio). Daher ist vorher zu prüfen, ob mildere Mittel ausreichen, um den Arbeitnehmer zur Erfüllung der Vertragspflichten anzuhalten. Mildere Mittel sind bspw. Ermahnungen, Abmahnungen (vgl. Abb. 11.10) oder Versetzungen. Auf eine erteilte Abmahnung kann sich der Arbeitgeber in einem möglichen Kündigungsschutzprozess aber nur dann berufen, wenn sie sich auf eine gleichartige Pflichtverletzung bezieht (so addieren sich eine

Tab. 11.6: Funktionen der Abmahnung (entnommen aus Hromadka/Maschmann, 2012, S. 238).

Funktion	Bedeutung
Hinweisfunktion	Die Abmahnung soll das pflichtwidrige Verhalten verdeutlichen. Die Leistungs- oder Verhaltensmängel müssen hinreichend konkretisiert sein.
Ermahnfunktion	Der Arbeitnehmer muss zu einem pflichtgemäßen Verhalten in Zukunft aufgefordert werden.
Warnfunktion	Dem Arbeitnehmer soll eindringlich vor Augen geführt werden, dass der Arbeitgeber nicht bereit ist, das gezeigte Verhalten hinzunehmen.
Androhungsfunktion	Für den Wiederholungsfall droht der Arbeitgeber arbeitsrechtliche Folgen an.
Dokumentationsfunktion	Durch eine schriftliche Abmahnung soll das Geschehen festgehalten und einer Verwertbarkeit in einem möglichen Kündigungsschutzprozess zugeführt werden.

Sehr geehrte/r Frau/Herr X,

am XX.XX.XXXX um 11.30 Uhr haben Sie das Betriebsgelände verlassen, ohne zuvor Ihre Zeiterfassung zu beenden. So wurde diese Abwesenheitszeit unzulässigerweise als Arbeitszeit erfasst, obwohl es sich um Freizeit handelte.

Durch Ihr Verhalten haben Sie einen Verstoß gegen die betriebliche Arbeitszeitordnung und somit gegen Ihre arbeitsvertraglichen Pflichten begangen. Sie sind verpflichtet, die Arbeitszeiterfassung bei Beenden der Arbeit und/oder Verlassen des Betriebsgeländes zu betätigen und damit die geltende betriebliche Arbeitszeitordnung einzuhalten. Ihr Fehlverhalten verursacht einen finanziellen Schaden.

Wir beanstanden Ihr Verhalten und fordern Sie hiermit auf, künftig Ihre Pflichten aus dem Arbeitsverhältnis ordnungsgemäß zu erfüllen. Hierzu ist es unerlässlich, dass Sie berufliche und private Tätigkeiten durch die Betätigung der Zeiterfassung klar voneinander trennen.

Wir sehen uns gezwungen, Ihnen eine schriftliche Abmahnung zu erteilen.

Wir weisen darauf hin, dass Sie im Wiederholungsfall derartiger oder ähnlicher Verhaltensweisen mit weiteren arbeitsrechtlichen Konsequenzen – bis hin zur ordentlichen oder außerordentlichen Kündigung des Arbeitsverhältnisses – rechnen müssen.

Ihrer Personalakte wird eine Kopie dieser Abmahnung beigefügt.

Abb. 11.10: Beispiel für eine Abmahnung.

Abmahnung wegen Zuspätkommen, eine Abmahnung wegen Schlechtleistung und eine Abmahnung wegen des rüden Ansprechens eines Kollegen nicht auf). Die Interessenabwägung stellt auf die Intensität der Pflichtverletzung, auf das Verschulden des Arbeitnehmers, auf die Dauer der Betriebszugehörigkeit, auf das Mitverschulden des Arbeitgebers oder das Alter des Mitarbeiters ab.

Die betriebsbedingte Kündigung folgt dem oben aufgeführten Prüfungsschema. Allerdings lässt sich der Ablauf der Prüfung anders darstellen (vgl. Abb. 11.11):

Voraussetzung für eine betriebsbedingte Kündigung ist eine **unternehmerische Entscheidung**, die zum Wegfall eines Arbeitsplatzes führt. Die Kündigung ist dann die Folge dieser Entscheidung. Die Sinnhaftigkeit der Entscheidung wird vom Arbeitsgericht nicht überprüft. So muss es das Gericht hinnehmen, wenn ein Arbeitgeber trotz hoher Gewinne die Geschäftstätigkeit aus Unlust an der Fortführung eines Betriebs einstellt. Als Beispiele für unternehmerische Gründe können innerbetriebliche (Ersatz von Arbeit durch Maschinen, Abbau von Hierarchien, Rationalisierung, Kostensenkung, Betriebsstilllegung oder Outsourcing) oder außerbetriebliche (Absatzschwierigkeiten, Auftragsmangel, Umsatzrückgang, Energiemangel, Wegfall von finanziellen Mitteln, Gewinnrückgang, Rentabilitätsverlust) Gründe aufgeführt werden.

Die unternehmerische Entscheidung muss zu einem **Wegfall der Beschäftigungsmöglichkeit** führen. Vor dem Arbeitsgericht muss der Arbeitgeber darlegen,

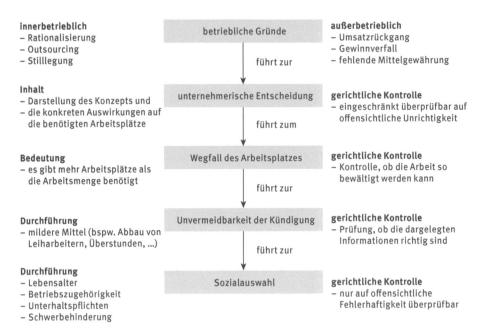

innerbetrieblich
– Rationalisierung
– Outsourcing
– Stilllegung

betriebliche Gründe

führt zur

außerbetrieblich
– Umsatzrückgang
– Gewinnverfall
– fehlende Mittelgewährung

Inhalt
– Darstellung des Konzepts und
– die konkreten Auswirkungen auf
  die benötigten Arbeitsplätze

unternehmerische Entscheidung

führt zum

gerichtliche Kontrolle
– eingeschränkt überprüfbar auf
  offensichtliche Unrichtigkeit

Bedeutung
– es gibt mehr Arbeitsplätze als
  die Arbeitsmenge benötigt

Wegfall des Arbeitsplatzes

führt zur

gerichtliche Kontrolle
– Kontrolle, ob die Arbeit so
  bewältigt werden kann

Durchführung
– mildere Mittel (bspw. Abbau von
  Leiharbeitern, Überstunden, …)

Unvermeidbarkeit der Kündigung

führt zur

gerichtliche Kontrolle
– Prüfung, ob die dargelegten
  Informationen richtig sind

Durchführung
– Lebensalter
– Betriebszugehörigkeit
– Unterhaltspflichten
– Schwerbehinderung

Sozialauswahl

gerichtliche Kontrolle
– nur auf offensichtliche
  Fehlerhaftigkeit überprüfbar

Abb. 11.11: Ablauf einer betriebsbedingten Kündigung (vgl. Hromadka/Maschmann, 2012, S. 427).

welche unternehmerische Entscheidung er getroffen hat, wie er sie umgesetzt hat und welche Auswirkungen das auf die Beschäftigungsmöglichkeit hat (es reicht also nicht aus, den Umsatzrückgang zu belegen, sondern es bedarf der Darstellung, dass es einen Umsatzrückgang gab, daraufhin eine Produktlinie geschlossen wurde und wie sich das konkret auf die Beschäftigungsmöglichkeiten auswirkt).

Auch die betriebsbedingte Kündigung kommt nur als letztes Mittel in Betracht (**Ultima Ratio**). So wird der Arbeitgeber in einem möglichen Kündigungsschutzprozess darlegen müssen, dass keine anderen, milderen Möglichkeiten bestanden, den Beschäftigungsrückgang aufzufangen (bspw. durch den Abbau von Zeitguthaben, Leiharbeitsverhältnissen oder Versetzungen). Insbesondere das Instrument der Versetzung als milderes Mittel führt regelmäßig zu Konflikten. Der Arbeitnehmer kann die Weiterbeschäftigung auf einem vergleichbaren und freien Arbeitsplatz verlangen, der bis zum Ablauf der Kündigungsfrist frei ist bzw. sicher frei wird. Der Arbeitgeber ist nicht dazu verpflichtet, einen neuen Arbeitsplatz zu schaffen. Auch andere Arbeitsplätze können in Betracht kommen, wenn der Arbeitnehmer durch eine verhältnismäßig kurze Umschulung oder Fortbildung in der Lage ist, die Anforderungen des neuen Arbeitsplatzes zu erfüllen. Die Verhältnismäßigkeit richtet sich nach den Umständen des Einzelfalls. Ebenso ist eine Weiterbeschäftigung möglich, wenn der Arbeitnehmer sich bereit erklärt, auf einen geringerwertigen Arbeitsplatz zu wechseln. Es besteht jedoch kein Anspruch auf einen höherwertigen Arbeitsplatz oder eine Beförderungsstelle.

Die **Sozialauswahl** dient der Konkretisierung der Kündigung unter sozialen Gesichtspunkten. Ist die Kündigung unvermeidbar, soll derjenige entlassen werden, der am wenigsten sozial schutzbedürftig ist (vgl. Abb. 11.12). Die Prüfung erfolgt in drei Schritten:

- **Ermittlung der einzubeziehenden Mitarbeiter:** Die Sozialauswahl erstreckt sich auf alle miteinander vergleichbaren Arbeitnehmer. Vergleichbar sind Arbeitnehmer, die gegeneinander austauschbar sind. Als Indiz gelten die gleichen Stellenbeschreibungen, die gleiche Eingruppierung oder die gleiche Berufsausbildung. Fallen bspw. im Lager mehrere Arbeitsplätze auf der Ebene der Lagerhelfer weg, so sind in die Sozialauswahl alle Lagerhelfer einzubeziehen, nicht aber die Lagerleitung, die Kommissionierer oder die Qualitätsprüfer.

- **Ermittlung der sozialen Schutzwürdigkeit:** Steht fest, welche Arbeitnehmer vergleichbar sind, so sind diejenigen auszusuchen, die am wenigsten sozial schutzwürdig sind. Dabei haben sich als Kriterien die Dauer der Betriebszugehörigkeit, das Lebensalter, mögliche Unterhaltspflichten und die Schwerbehinderung herausgebildet. Arbeitgeber und Betriebsrat vereinbaren die einzelne Gewichtung der Kriterien. Die Rangfolge ergibt sich dann bspw. durch folgende Punktezuweisung: einen Punkt für jedes Lebensjahr, ein Punkt für jedes Jahr der Betriebszugehörigkeit, fünf Punkte für jede Unterhaltspflicht und fünf Punkte für eine Schwerbehinderung.

Abb. 11.12: Ablauf der Sozialauswahl (vgl. Hromadka/Maschmann, 2012, S. 436).

– **Herausnahme von Mitarbeitern aus der Sozialauswahl:** Ausnahmsweise kann der Arbeitgeber Mitarbeiter, die nach der Sozialauswahl zu kündigen wären, aus der Sozialauswahl herausnehmen. Dies darf er aber nur, wenn die Weiterbeschäftigung wegen der individuellen Kenntnisse, Fähigkeiten und Leistungen im berechtigten Interesse des Betriebs liegt. Die Arbeitsgerichte legen hier einen hohen Maßstab an. So fragen sie, ob die Besonderheit des Mitarbeiters (bspw. weil er der einzige spanischsprechende Vertriebsmitarbeiter ist, der den gesamten Südamerikavertrieb abdeckt) nicht auch durch andere Mitarbeiter oder Strukturen kompensiert werden können.

Sonderkündigungsschutz

Einen eigenständigen Kündigungsschutz, über die zuvor beschriebenen Vorschriften hinaus, genießen spezifische Arbeitnehmerkreise, wie bspw. Schwangere, Eltern in Elternzeit, Schwerbehinderte, Auszubildende und vor allem Mandatsträger der Betriebsverfassung während und nach ihrer Amtszeit (vgl. Tab. 11.7). Die unterschiedlichen Schutzbestimmungen variieren in ihrer Schutzentfaltung und den jeweils definierten Prozessschritten einer Kündigung.

Tab. 11.7: Besonderer Kündigungsschutz (vgl. Bröckermann, 2012, S. 354).

Rechtsquelle	Geschützter Personenkreis
Betriebsverfassungsgesetz	Mitglieder von Betriebsverfassungsorganen (Betriebsrat, ...)
Personalvertretungsgesetz	Mitglieder von Personalvertretungen
Sozialgesetzbuch	Schwerbehinderte und ihre Vertrauensleute
Mutterschutzgesetz	Schwangere und Wöchnerinnen
Bundeselterngeld- und Elternzeitgesetz	Beschäftigte während der Elternzeit
Pflegezeitgesetz	Beschäftigte während der Pflegezeit
Berufsbildungsgesetz	Auszubildende
Bundes-Immissionsschutzgesetz	Immissionsschutzbeauftragte, Störfallbeauftragte
Kreislaufwirtschafts- und Abfallgesetz	Abfallbeauftragte
Wasserhaushaltsgesetz	Gewässerschutzbeauftragte
Bundesdatenschutzgesetz	Datenschutzbeauftragte

Anhörung des Betriebsrats

Der Betriebsrat ist **vor jeder** Kündigung zu hören (§ 102 Abs. 1 BetrVG). Dies bezieht sich auf alle Kündigungen (außerordentliche, ordentliche, Änderungskündigung, Kündigung vor Arbeitsantritt oder in der Probezeit, Kündigung von befristeten Arbeitnehmern sowie alle anderen denkbaren Fallkonstellationen). Keine Anhörung des Betriebsrats ist notwendig, wenn Arbeitsverhältnisse durch Befristung auslaufen, durch Nichtübernahme von Azubis beendet sind oder durch Aufhebungsverträge einvernehmlich beendet werden (vgl. hierzu und im Folgenden Hromadka/Maschmann, 2012, S. 464).

Sehr geehrter Herr Betriebsratsvorsitzender X,

wir leiten hiermit das Anhörungsverfahren nach § 102 BetrVG ein. Wir beabsichtigen, Herrn X personenbedingt ordentlich zum nächstmöglichen Zeitpunkt nach erfolgter Anhörung – voraussichtlich am X – zum X zu kündigen. Hilfsweise soll die Kündigung zum nächstmöglichen Zeitpunkt erfolgen. Herr X hat folgende Sozialdaten bzw. folgende Angaben sind für das Arbeitsverhältnis relevant:

beschäftigt seit dem:	XX.XX.XXXX als Mitarbeiter Wareneingangskontrolle
Bruttomonatsvergütung:	€ X.XXX
Geburtsdatum:	XX.XX.XXXX
Familienstand:	nicht verheiratet
Unterhaltspflichten:	keine
schwerbehindert:	nein

Die Kündigungsgründe möchten wir Ihnen wie folgt erläutern und durch die im Anhang befindlichen Dokumente belegen: Herr X hat am X offengelegt, dass er Alkoholiker ist und sich einer Entgiftung mit anschließender professioneller Therapie unterzieht. Dies wurde in einer Vereinbarung festgehalten. Beim Verstoß gegen diese Vereinbarung drohten arbeitsrechtliche Maßnahmen. Am X erklärte Herr X, dass er rückfällig geworden sei und deshalb zusätzlich unter Depressionen leide, was einen erneuten stationären Aufenthalt zur Folge hatte (nach abgeschlossener Ersttherapie vom X bis X). Am X fiel Herr X erneut aus, nach eigenen Angaben aufgrund von Tablettensucht und Depressionen. Die Folge war eine erneute Langzeittherapie ab X. Diese endete am X vorzeitig auf Wunsch von Herrn X. Die behandelnde Ärztin kann weitere erhebliche Fehlzeiten auch nach der jetzigen Therapiemaßnahme nicht ausschließen und somit ergibt sich aus dem Sachverhalt (Fehlzeitenhäufigkeit, Erfahrungen mit Herrn X in den vergangenen Jahren, Verlauf der Krankheitsgeschichte, ärztliche Aussagen, Abschlussberichte – siehe Anlagen) eine negative Zukunftsprognose, die wir angesichts der Fehlzeitenentwicklung in den vergangenen Jahren (siehe Anlage) und der erwartbaren erheblichen Fehlzeiten in der Zukunft nicht mehr länger hinnehmen können, auch nicht im Interesse der schwerbehinderten Kollegen im Team.

Leider führten die letzten Gespräche mit Herrn X in der Zeit vor und nach der Therapie zu keinem anderen Gesamtbild (siehe Anlage). Die Aussagen von Herrn X widersprechen sich teilweise mit den uns vorliegenden Informationen. So hat Herr X nach Rückkehr in den Betrieb am X behauptet, [...].

Seit X befindet sich Herr X abermals und bisher ohne Arbeitsunfähigkeitsbescheinigung im Krankenstand und nach eigener Aussage in „psychosomatischer Behandlung". Die jüngste Entwicklung ist ein weiterer Hinweis darauf, dass eine grundlegende Besserung der Situation nicht zu erwarten ist.

Bei der Entscheidung haben wir sein Alter und die persönlich und finanziell belastenden Auswirkungen einer Kündigung gegen

- die relativ kurze Betriebszugehörigkeit,
- unsere vielfältigen und umfassenden Angebote an Herrn X zur Prävention und Rehabilitation (in der Anlage finden Sie dokumentierte Rückkehrgespräche, die Angebote zur betrieblichen Unterstützung, Gesprächsprotokolle mit dem Betriebsrat und dem Betriebsarzt),
- die erheblichen Kosten, wie sie aus der separaten Aufstellung zu den Krankheitszeiten und -kosten hervorgehen,
- die hohen organisatorischen Kosten (erhöhter Koordinationsaufwand, mangelnde Planungssicherheit) durch die Krankheitszeiten,
- die Belastungen der Kollegen in der Abteilung (Abarbeiten der liegengebliebenen Arbeit, Mehrarbeit durch Fehlzeiten, [...])

abgewogen.

Wir bitten Sie um Ihre Rückäußerung innerhalb der gesetzlichen Frist.

Abb. 11.13: Beispiel einer Anhörung im Rahmen des Kündigungsprozesses.

Die Anhörung gibt dem Betriebsrat die Möglichkeit zur Stellungnahme (vgl. Abb. 11.13), auf eine Diskussion muss sich der Arbeitgeber aber nicht einlassen (obwohl das im Normalfall einer guten Zusammenarbeit entspricht). Dabei gilt der Grundsatz der sog. **subjektiven Determination.** Der Arbeitgeber muss die Gründe, die aus seiner Sicht die Kündigung rechtfertigen, darlegen. Der Sachverhalt muss dabei so konkret beschrieben sein, dass der Betriebsrat ohne zusätzliche Nachforschungen in der Lage ist, die Kündigung inhaltlich zu bewerten. Eine pauschale, schlagwortartige Beschreibung („nicht ausreichende Arbeitsleistung") reicht nicht aus, da der Arbeitgeber in einem späteren Kündigungsschutzprozess nur die Informationen vortragen darf, die er auch in der Anhörung vorgetragen hat. Er kann dann keine Tatsachen mehr vortragen (weitere Vorfälle, Abmahnungen, Gesprächsnotizen, Unterlagen, …), auf die er in der Anhörung nicht hingewiesen hat.

Die **Rechtsfolge** einer nicht erfolgten Anhörung ist die Unwirksamkeit der Kündigung. Eine nachträgliche Anhörung oder Zustimmung durch den Betriebsrat kann den Formfehler der vergessenen oder verpassten Anhörung nicht heilen.

Der Betriebsrat hat mehrere Möglichkeiten auf eine Anhörung zu **reagieren** (§ 102 BetrVG). Er kann der Kündigung zustimmen. Dies wird sich im Kündigungsprozess bei der Würdigung des Falles zugunsten des Arbeitgebers auswirken. Der Betriebsrat kann sich nicht äußern, sodass nach Fristablauf (eine Woche bei einer ordentlichen bzw. drei Tage bei einer außerordentlichen Kündigung) die Zustimmung als erteilt gilt oder der Betriebsrat kann Bedenken äußern bzw. der Kündigung widersprechen. Sobald der Betriebsrat reagiert hat, kann der Arbeitgeber kündigen. Er ist nicht auf die Zustimmung des Betriebsrats angewiesen.

Abb. 11.14 zeigt die Themenkomplexe der Kündigung und ihre Verbindung überblicksartig auf.

11.4.2 Vereinbarte Beendigung

Das für das Personal lange Zeit dominierende **unbefristete Vollzeitarbeitsverhältnis** stellt zwar noch das für arbeits- und sozialrechtliche Bestimmungen als Referenzfall dienende Normalarbeitsverhältnis dar, wird aber in der betrieblichen Praxis durch abweichender Beschäftigungs- und Beendigungsformen ergänzt.

Befristete und bedingte Arbeitsverhältnisse

Das am weitesten verbreitete Instrument des flexiblen Personaleinsatzes ist der befristete Arbeitsvertrag. Ein **befristeter Arbeitsvertrag** liegt vor, wenn das Arbeitsverhältnis durch Zeitablauf oder nach Zweckerreichung endet. Zu unterscheiden ist davon der durch den Eintritt einer **Bedingung** sich auflösende Arbeitsvertrag, bei dem das Ende des Arbeitsverhältnisses abhängig gemacht wird von einem von beiden Parteien als ungewiss angesehenen Ereignis in der Zukunft. Das Arbeitsverhältnis endet

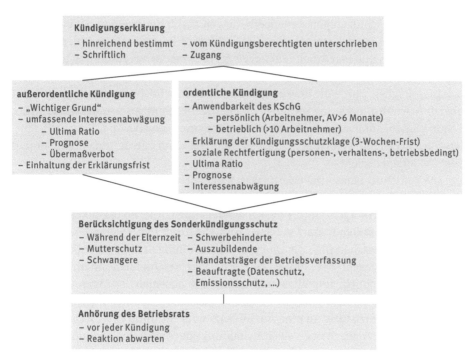

Abb. 11.14: Kündigungen und ihre Voraussetzungen.

bei Eintritt dieses Ereignisses. Da sich die Regelungen für befristete und bedingte Arbeitsverhältnisse ähneln, wird im Folgenden der befristete Arbeitsvertrag in den Mittelpunkt gestellt.

Die Befristung von Arbeitsverhältnissen ist prinzipiell zulässig. Allerdings muss jede Befristung bestimmte Voraussetzungen erfüllen.

Ohne sachlichen Grund kann ein Arbeitsvertrag höchstens für die Dauer von zwei Jahren befristet abgeschlossen werden. Natürlich kann ein Arbeitsverhältnis auch für kürzere Zeit befristet werden, darf dann aber maximal dreimalig verlängert werden. Die Höchstgrenze von zwei Jahren bleibt davon unberührt. Bspw. kann ein Arbeitsvertrag befristet auf ein Jahr abgeschlossen werden. Kurz vor Ablauf des Arbeitsverhältnisses darf der Vertrag um drei Monate verlängert werden (1. Verlängerung), dann nochmals um drei Monate (2. Verlängerung). Soll der Vertrag wieder verlängert werden (3. Verlängerung) darf er maximal um sechs Monate verlängert werden, sodass die Höchstdauer von zwei Jahren nicht überschritten wird.

---

§ 14 Abs. 2 Satz 1 TzBfG:
Eine Befristung nach Satz 1 ist nicht zulässig, wenn mit demselben Arbeitgeber bereits zuvor ein befristetes oder unbefristetes Arbeitsverhältnis bestanden hat.

Mit diesem Einschub sollten Kettenbefristungen verhindert werden. So befürchtete der Gesetzgeber, dass Unternehmen die Zwei-Jahres-Frist ausreizen, einen Tag verstreichen lassen und den Arbeitnehmer wieder befristet für zwei Jahre einstellen würden.

Ursprünglich wurde die Regelung in diesem Sinn sehr streng ausgelegt. Dies hat aber dazu geführt, dass eine vorherige Beschäftigung, bspw. als Schüler während der Sommerferien, auch Jahrzehnte später eine Befristung unwirksam werden ließ. Mittlerweile hat das BAG verdeutlicht, dass sich das Wörtchen „zuvor" auf einen Zeitraum von drei Jahren bezieht.

Die Befristung eines Arbeitsvertrags ist möglich, wenn ein **sachlicher Grund** vorliegt, der die Befristung rechtfertigt. Der Gesetzgeber hat in § 14 Abs. 1 Nr. 1–8 eine Reihe von Beispielen aufgeführt (die die Rechtsprechung mittlerweile konkretisiert hat):

- **Vorübergehender Bedarf an der Arbeitsleistung (Nr. 1):** Damit ist nicht die bloße Ungewissheit über die Quantität der zukünftig benötigten Arbeitsleistung gemeint. Erst wenn der künftige Bedarf bei Vertragsabschluss mit hinreichender Sicherheit zeitlich, inhaltlich und quantitativ absehbar ist (bspw. ein „Weihnachtsmann" im Kaufhaus, der in der Adventszeit die Kunden unterhalten soll).
- **Anschlussbefristung an eine Ausbildung oder Studium (Nr. 2):** Der sachliche Grund liegt vor, wenn nach einer Ausbildung oder einem dualen Studium ein befristeter Vertrag geschlossen werden soll.
- **Vertretung eines anderen Arbeitnehmers (Nr. 3):** Als typische Fälle gelten Krankheits- oder Elternzeitvertretungen.
- **Eigenart der Arbeitsleistung (Nr. 4):** Hauptanwendungsgebiet des Befristungsgrundes sind Arbeitsverträge mit Künstlern (Theaterschauspieler für eine Saison; Regisseure für die Gestaltung eines Stücks), Profisportler (die mit zunehmendem Alter stark abnehmende Leistungen befürchten lassen) oder Trainern (bspw. als bedingte Befristung: „nur für den Fall des Klassenerhalts").
- **Befristung zur Erprobung (Nr. 5):** Hier gilt als Höchstgrenze für die Erprobung ein Zeitraum von bis zu sechs Monaten. Allerdings muss die Anforderung der Stelle und der Erprobungszeitraum in einer nachweisbaren Beziehung stehen (so bedarf es für die Stelle eines Lagerhelfers, der ein bis zwei Stunden eingelernt wird, keine mehrmonatige Erprobungsphase).
- **Besonderheiten des Arbeitnehmers (Nr. 6):** Dieser Befristungsgrund wird von Arbeitsgerichten eng ausgelegt. Er kann bspw. Anwendung finden, wenn ein Ausländer nur eine befristete Arbeitserlaubnis besitzt, der mit großer Wahrscheinlichkeit nicht verlängert wird oder wenn ein Arbeitnehmer aus einer Behindertenwerkstatt entsandt wird, um Berufserfahrung zu sammeln, sodass seine Chancen auf dem Arbeitsmarkt steigen.
- **Vergütung aus Haushaltsmitteln (Nr. 7):** § 14 TzBfG Abs. 1 Nr. 7 findet nur Anwendung im öffentlichen Dienst.
- **Befristung beruht auf einem gerichtlichen Vergleich (Nr. 8)**

Tab. 11.8: Kombination von Verträgen mit und ohne Sachgrund (vgl. Hromadka/Maschmann, 2012, S. 88).

Erstvertrag	Zweitvertrag	Zulässigkeit
Ohne Sachgrund	Ohne Sachgrund	Unzulässig, Ausnahme: – Höchstens dreimalige Verlängerung innerhalb von zwei Jahren – Karenzzeit von mindestens drei Jahren
Ohne Sachgrund	Mit Sachgrund	Zulässig
Mit Sachgrund	Mit Sachgrund	Zulässig
Mit Sachgrund	Ohne Sachgrund	Unzulässig, Ausnahme: – Karenzzeit von mindestens drei Jahren

Die Gerichte mussten sich auch mit der Frage beschäftigten, wie eine Kombination aus sachgrundloser (also zeitlicher) Befristung und Sachgrundbefristung zu bewerten ist. Tab. 11.8 zeigt die Fälle und die Zulässigkeit.

Wenn die Befristung

– unzulässig ist (bspw. weil die Höchstbefristungsdauer überschritten ist oder kein sachlicher Grund vorliegt),
– nicht schriftlich vereinbart wurde oder
– nach einer Befristung das Arbeitsverhältnis (es reicht ein Tag) fortgeführt wird,

wandelt sich das eigentlich befristet abgeschlossene Arbeitsverhältnis in ein unbefristetes Arbeitsverhältnis um.

Aufhebungsvertrag

Der Aufhebungsvertrag ist ein Vertrag zwischen Arbeitgeber und Arbeitnehmer zur Beendigung des Arbeitsverhältnisses (vgl. Abb. 11.15). Er wird häufig vom Arbeitgeber initiiert, der das Prozessrisiko scheut bzw. im Vorfeld einschätzt, dass die Kündigung vom Arbeitsgericht für unwirksam erklärt wird. Im Gegenzug kann der Arbeitnehmer den Aufhebungsvertrag akzeptieren oder ablehnen. Beide Parteien können dann in freier Verhandlung bspw. eine Abfindung, ein Arbeitszeugnis, Freistellungen oder Rückgabe von Firmeneigentum vereinbaren, sodass ein Vertrag zur Beendigung des Arbeitsverhältnisses abgeschlossen werden kann.

Die Vereinbarung zwischen den beiden Akteuren wird durch die Vertragsfreiheit gestützt. Ihre Grenzen findet die Vertragsfreiheit dann, wenn bspw. der Arbeitgeber den Arbeitnehmer rechtswidrig droht oder arglistig täuscht. In diesen Fällen kann der Arbeitnehmer den Aufhebungsvertrag anfechten. Ein einfacher Motivirrtum (bspw. weil der Arbeitnehmer davon ausging, dass der Aufhebungsvertrag keine Sperrfrist beim Bezug von Arbeitslosengeld nach sich zieht) oder die Verwirrung über ein überraschendes Angebot reichen nicht aus.

1 Beendigung des Arbeitsverhältnisses

Die Parteien sind sich darüber einig, dass das zwischen ihnen bestehende Arbeitsverhältnis im gegenseitigen Einvernehmen zum XX.XX.XXXX endet.

Beide Parteien sind sich einig, dass zum XX.XX.XXXX keine Urlaubs- und Gleitzeitansprüche mehr bestehen, da Urlaub und Gleitzeitguthaben in natura genommen wurden.

2 Abfindung

Aus Anlass der Beendigung des Arbeitsverhältnisses erhält Herr/Frau X in entsprechender Anwendung der §§ 9 und 10 Kündigungsschutzgesetz eine Abfindung in Höhe von XXXXX **EUR** brutto, die mit dem folgenden Abrechnungszyklus fällig wird.

Die Abfindung wird gemäß § 3, Ziffer 9 EStG und § 14, Abs. 1 SGB IV verrechnet.

3 Herausgabe von Gegenständen und Unterlagen

Herr/Frau X verpflichtet sich, sämtliche dem Arbeitgeber gehörenden Unterlagen sowie Kopien und Abschriften hiervon und Gegenstände unverzüglich herauszugeben.

4 Hinweis- und Aufklärungspflicht

Herr/Frau X bestätigt, über etwaige Nachteile, die ihr durch den Abschluss des vorliegenden Aufhebungsvertrages beim Bezug von Arbeitslosengeld oder aus sonstiger steuer- oder sozialversicherungsrechtlicher Hinsicht entstehen können, belehrt worden zu sein.

Hinweise über die **rentenrechtlichen Auswirkungen** des Abschlusses eines Aufhebungs- bzw. Abwicklungsvertrages erteilt die DRV (Deutsche Rentenversicherung). Auskünfte über die **arbeitslosenrechtlichen Folgen** des Abwicklungsvertrages erteilt die Agentur für Arbeit. Auskünfte über die Folgen für die **Kranken- und Pflegeversicherung** erteilt die zuständige Kranken- und Pflegekasse. Es ist bekannt, dass die zuständigen Behörden (Finanzamt, Agentur für Arbeit, Krankenkasse und Rentenversicherungsträger) zur Erteilung von Auskünften verpflichtet sind.

Herr/Frau X wurde ferner darüber informiert, dass sie gegenüber der **Agentur für Arbeit** ggf. verpflichtet ist, Eigeninitiative bei der Suche nach einer anderen Beschäftigung zu entfalten und dass sie der zuständigen Agentur für Arbeit das Ende des Beschäftigungsverhältnisses unverzüglich mitteilen muss. Herr/Frau X wurde darauf hingewiesen, dass die verspätete Meldung bei der Agentur für Arbeit zu Kürzungen beim Bezug von Arbeitslosengeld führen kann.

Nachdem die Mitarbeiterin auf die Möglichkeit der Inanspruchnahme von Beratung durch die vorgenannten Stellen hingewiesen wurde und Gelegenheit hatte, sich bei diesen Stellen zu informieren, verzichtet sie auf weitergehende **Hinweise durch den Arbeitgeber**.

5 Schlussformel

Mit dieser Vereinbarung sind sämtliche Ansprüche aus dem Arbeitsverhältnis und in Verbindung mit seiner Beendigung und für die Zeit nach Beendigung – gleich aus welchem Rechtsgrund – erledigt und abgegolten, soweit sich aus dieser Vereinbarung nichts anderes ergibt. Sollte eine Bestimmung dieses Vertrags unwirksam sein, wird die Wirksamkeit im Übrigen davon nicht berührt. Herr/Frau X versichert, dass sie die Inhalte dieses Aufhebungsvertrages vertraulich behandeln wird.

Abb. 11.15: Muster eines einfachen Aufhebungsvertrags.

11.4.3 Sonstige Beendigungsgründe

Sonstige Beendigungsgründe können der Tod des Arbeitnehmers oder die gerichtliche Auflösung darstellen.

Tod des Arbeitnehmers

Da die Arbeitsleistung persönlich zu erbringen ist, müsste der Tod des Arbeitnehmers das Arbeitsverhältnis beenden und Abwicklungsansprüche (bspw. Urlaub- oder Zeitguthaben) auf die Erben übergehen (§ 1922 BGB). Da der Gesetzgeber die Beendigung des Arbeitsverhältnisses bei Tod des Arbeitnehmers nicht ausdrücklich regelt, wird häufig das Arbeitsverhältnis durch den Erben als Rechtsnachfolger gekündigt.

Gerichtliche Auflösung

Wenn Kündigungen vor dem Arbeitsgericht verhandelt werden, kann es vorkommen, dass sich beide Parteien so zerstreiten, dass eine weitere Zusammenarbeit nicht mehr konfliktfrei erwartbar ist. Dann kann das Arbeitsgericht, obwohl die Kündigung unwirksam war, das Arbeitsverhältnis auflösen. Der Arbeitnehmer hat dann einen Anspruch auf eine angemessene Abfindung (§ 9 KSchG), die sich nach der Dauer der Betriebszugehörigkeit und dem Monatsentgelt bemisst (§ 10 KSchG).

11.4.4 Keine Beendigungsgründe

Der **Tod des Arbeitgebers** führt nicht zur Beendigung des Arbeitsverhältnisses, da die Erben als Rechtsnachfolger auch die Funktion des Arbeitgebers übernehmen.

Da das Arbeitsverhältnis auf Dauer angelegt ist, kann der Arbeitsvertrag nicht durch eine zeitweise oder dauerhafte **Unmöglichkeit** der Leistungserbringung aufgelöst werden. Die Ursache für die Unmöglichkeit (bspw. fehlende Maschinen, dauerhafte Krankheit, überflutete Werkshallen oder die dauerhafte Erwerbsminderung) sind an sich nicht geeignet, ein Arbeitsverhältnis zu beenden. Die Folgen der Unmöglichkeit können aber eine Kündigung rechtfertigen. Damit ist die Folge der Unmöglichkeit eine mögliche Rechtfertigung für eine Kündigung, nicht jedoch der finale Beendigungstatbestand.

Üblicherweise endet das Arbeitsverhältnis mit dem Erreichen des **Renteneintrittsalters**. Die Beendigung tritt jedoch nur ein, wenn der Arbeitsvertrag, Betriebsvereinbarung oder Tarifvertrag einen Hinweis darauf liefern, dass das Rechtsverhältnis mit dem Erreichen des Renteneintrittsalters beendet ist.

Im Falle eines **Betriebsübergangs** (bspw. beim Verkauf eines Unternehmens an ein anderes Unternehmen), übernimmt der neue Inhaber alle Rechte und Pflichten aus den bestehenden Arbeitsverhältnissen. Der neue Arbeitgeber hat dann ggf. die Möglichkeit, betriebsbedingte Kündigungen auszusprechen.

Grundsätzlich beendet eine **Insolvenz** (bspw. bei Zahlungsunfähigkeit) kein Arbeitsverhältnis. Der Insolvenzverwalter verfügt dann über das Vermögen und die bestehenden Arbeitsverhältnisse. Wird der Betrieb stillgelegt, kann der Insolvenzverwalter die Arbeitsverhältnisse kündigen, wird das Unternehmen oder ein Teil des Unternehmens verkauft, gehen die Arbeitsverhältnisse (als Betriebsübergang) auf den Käufer über.

11.5 Maßnahmen zur Abfederung sozialer Nachteile

Die folgende Darstellung konzentriert sich auf Maßnahmen, die dazu dienen, die sozialen und wirtschaftlichen Nachteile einer möglichen Personalfreisetzung abzumildern. Mit dem Interessenausgleich (Kap. 11.5.1) und dem Sozialplan (Kap. 11.5.2) werden betriebsverfassungsrechtlich verankerte Instrumente diskutiert. Das Hinzuziehen einer Outplacement-Beratung (Kap. 11.5.3) oder die Einrichtung einer Transfergesellschaft (Kap. 11.5.4) können das Ergebnis eines Sozialplans sein.

11.5.1 Interessenausgleich

Führen Betriebsänderungen (bspw. aufgrund von Umstrukturierungen, neuer Prozesse oder Arbeitsabläufe sowie Rationalisierungsbemühungen) mit mehr als 20 Mitarbeitern zu Nachteilen für die Mitarbeiter, so muss der Arbeitgeber mit dem Betriebsrat über die geplante Betriebsänderung beraten (vgl. Abb. 11.16).

Wenn sich durch die beabsichtigten Änderungen Nachteile für einen großen Teil der Mitarbeiter ergeben, hat der Betriebsrat sogar ein Mitbestimmungsrecht.

Als mögliche Nachteile kommen bspw. in Betracht:
– geringere Entgelte durch Versetzung auf niedriger bewertete Arbeitsplätze,
– längere Anfahrtswege,
– doppelte Haushaltsführung oder
– betriebsbedingte Kündigungen.

Der Interessenausgleich zwischen dem Arbeitgeber und dem Betriebsrat soll klären, ob, wie und wann die Betriebsänderung durchgeführt werden soll. Dabei soll bspw. geklärt werden:
– Werden Arbeitnehmer entlassen?
– Gibt es andere Möglichkeiten, die Entlassung abzuwenden (bspw. durch Abbau von Überstunden, Leiharbeitnehmern, befristet Beschäftigten)?
– Können Arbeitnehmer umgeschult oder versetzt werden?
– Welche sonstigen Nachteile müssen Arbeitnehmer befürchten?
– Wichtig: Ob und wie die Nachteile wirtschaftlich kompensiert werden, ist nicht Gegenstand des Interessenausgleichs, sondern des Sozialplans (vgl. Kap. 11.5.2).

An den Betriebsrat der X GmbH
z. Hd. Herrn/Frau Betriebsratsvorsitzende/r

Verhandlungsangebot im Rahmen eines Interessensausgleichs

Sehr geehrte/r Frau/Herr,
leider sehen wir uns gezwungen, unseren Betrieb in erheblichem Umfang umstrukturieren zu müssen. Im Folgenden möchten wir Ihnen das dahinter stehende unternehmerische Konzept erläutern:
- Alte bisherige Struktur: XXXX
- Geplante neue Struktur: XXXX (ggf. auf Gutachten, Berechnungen oder weitere Informationen im Anhang verweisen)
- Geplanter zeitlicher Ablauf und Auswirkungen auf die Arbeitnehmer: XXXX
- Namensliste der von uns in Betracht gezogenen Arbeitnehmer zum Ausspruch einer betriebsbedingten Kündigung

Beigefügt ist ebenfalls der Entwurf eines Interessenausgleiches. Wir bedauern, dass eine andere Entscheidung nicht möglich war. Aber aus wirtschaftlichen Gründen sehen wir keine andere Alternative, um die Fortführung des dann verkleinerten Betriebes zu gewährleisten. Ohne Abbau der Belegschaft ist dies nicht möglich.
Die Verhandlungen werden auf unserer Seite geführt von Herrn/Frau ....
An Terminen für Verhandlungen schlagen wir vor: XX.XX.XXXX

...

Mit freundlichen Grüßen

Abb. 11.16: Anschreiben des Arbeitgebers an den Betriebsrat (entnommen aus Schaub, 2013, Rn. 259 ff.)

Ein Beispiel eines einfachen Interessenausgleich zeigt Abb. 11.17.

Die gesetzliche Grundlage für den Abschluss eines Interessenausgleichs ist in § 112 BetrVG zu finden:

§ 112 BetrVG:

(1) Kommt zwischen Unternehmer und Betriebsrat ein Interessenausgleich über die geplante Betriebsänderung zustande, so ist dieser schriftlich niederzulegen und vom Unternehmer und Betriebsrat zu unterschreiben.

(2) Kommt ein Interessenausgleich [...] nicht zustande, so können der Unternehmer oder der Betriebsrat den Vorstand der Bundesagentur für Arbeit um Vermittlung ersuchen.

(4) Kommt eine Einigung über den Sozialplan nicht zustande, so entscheidet die Einigungsstelle über die Aufstellung eines Sozialplans. Der Spruch der Einigungsstelle ersetzt die Einigung zwischen Arbeitgeber und Betriebsrat.

Falls betriebsbedingte Kündigungen nicht abzuwenden sind, so werden in der Praxis häufig die betroffenen Arbeitnehmer im Interessenausgleich namentlich benannt. Dies hat für den Arbeitgeber den Vorteil, dass die Arbeitsgerichte dann davon ausgehen, dass die Kündigung der aufgezählten Arbeitnehmer sozial gerechtfertigt ist. Die Gerichte prüfen lediglich, ob bei der Auswahl der Arbeitnehmer grobe Fehler gemacht

Interessenausgleich

zwischen X GmbH, vertreten durch ... und dem Betriebsrat der X GmbH, vertreten durch den Betriebsratsvorsitzenden ......

Es besteht Einigkeit darüber, dass sich unter Berücksichtigung des erheblichen Umsatzrückgangs des Produkts X eine vollständige Schließung der Produktion in der Kostenstelle X nur dadurch vermeiden lässt, dass sie in erheblich verkleinertem und zeitlich verkürztem Umfang fortgeführt wird. Hierzu schließen die Parteien folgenden Interessenausgleich:

1. Arbeitgeber und Betriebsrat sind sich darüber einig, dass der Umsatzrückgang des Produkts X dauerhaft zu erwarten ist. Daher wird die Produktion in der Kostenstelle X im 1-Schicht-Betrieb zum XX.XX.XXXX fortgeführt.
2. Durch die Rückkehr vom 3-Schicht-Betrieb in den 1-Schicht-Betrieb ergibt sich ein Arbeitskräfteüberhang von X Arbeitnehmern.
3. Arbeitgeber und Betriebsrat stimmen darin überein, dass sich der Personalüberhang durch folgende durchzuführende Maßnahmen reduzieren lässt:
   - Maßnahme 1 (bspw. Versetzungen, Qualifizierungen, ...), umgesetzt bis ...
   - Maßnahme 2 (bspw. Verzicht auf Leiharbeiter, Auslaufen der Verträge befristet Beschäftigter, ...), umgesetzt bis ...
4. Da der verbleibende Personalüberhang nicht anders reduziert werden kann, wird der Arbeitgeber X Beendigungskündigungen aussprechen.
5. Die Parteien sind sich darüber einig, dass sich die Auswahl der zu kündigenden Arbeitnehmer an der Erhaltung und Sicherung einer ausgewogenen Personalstruktur orientiert. Hierzu werden folgende Altersgruppen gebildet:
   - Altersgruppe 1
   - Altersgruppe ....
6. Es besteht Einigkeit darüber, dass die Sozialauswahl anteilmäßig gleich in den oben gebildeten Altersgruppen durchgeführt wird. Dies erfolgt so, dass die Sozialauswahl in den jeweiligen Altersgruppen in dem Verhältnis der Anzahl der Mitarbeiter der jeweiligen Altersgruppe zu der Gesamtanzahl der einzubeziehenden Mitarbeiter geschieht.
7. Arbeitgeber und Betriebsrat sind sich darüber einig, dass von der Kündigung die nachfolgenden Arbeitnehmer betroffen sind, deren Arbeitsverhältnisse unter Einhaltung der jeweiligen Kündigungsfristen betriebsbedingt gekündigt werden:
   - Name 1
   - Name ...
8. Zum Ausgleich bzw. zur Milderung der wirtschaftlichen Nachteile der von dem Personalabbau betroffenen Arbeitnehmer wird ein Sozialplan abgeschlossen.
9. ...

Abb. 11.17: Einfacher Interessenausgleich mit Namensliste (nach Vorlagen aus Schaub, 2013, Rn. 259 ff.).

worden sind. Für den Betriebsrat ergibt sich dadurch der Vorteil einer guten Verhandlungsposition, da der Arbeitgeber ein großes Interesse daran hat, das Prozessrisiko etwaiger Kündigungsschutzklagen zu reduzieren.

11.5.2 Sozialplan

Unabhängig davon, ob ein Interessenausgleich gelungen ist, hat der Betriebsrat ein erzwingbares Mitbestimmungsrecht bei der Aufstellung eines Sozialplans.

Der **Sozialplan** ist eine Vereinbarung zwischen Arbeitgeber und Betriebsrat über den wirtschaftlichen Ausgleich entstehender Nachteile.

Die in § 112 BetrVG dargelegten Grundsätze eines Interessenausgleichs gelten fast deckungsgleich (ein Unterschied besteht bspw. darin, dass der Sozialplan wie eine Betriebsvereinbarung unmittelbar und zwingend wirkt, während der einzelne Arbeitnehmer aus dem Interessenausgleich keine unmittelbare Ansprüche ableiten kann) auch für den Sozialplan. So ist er schriftlich anzufertigen und von beiden Parteien zu unterschreiben. In der Regel finden sich in Sozialplänen Hinweise darauf,
- wie Abfindungen berechnet werden (bspw. der Einfluss des Lebensalters, der Betriebszugehörigkeit oder eine mögliche Rentennähe des Arbeitnehmers),
- wie entstandene Anwartschaften behandelt werden,
- ob ggf. noch ausstehende Gewinnbeteiligungen ausgeschüttet werden,
- ob und welche Zuschüsse für längere Fahrten zwischen Arbeitsstelle und Wohnort gewährt werden,
- ob und welche Zusagen zur Entgeltsicherung gemacht werden (bspw. die Zusage, dass bei einer niedrigeren Eingruppierung aufgrund eines Tätigkeitwechsels für 24 Monate das alte Gehalt weitergezahlt wird) oder
- ob und welche Personalentwicklungsmaßnahmen vorgesehen sind.

Abb. 11.18 zeigt das Beispiel eines einfachen Sozialplans. In der Praxis wird der Sozialplan um detailliertere Regelungen bspw. zu Sonderzahlungen, Altersversorgungsansprüche, Urlaubs- und Jubiläumsleistungen oder Wiedereinstellungsklauseln erweitert.

Eine arbeitsrechtliche Besonderheit ergibt sich dadurch, dass Gewerkschaften die eigentlich betriebsbezogenen Verhandlungen auf die Ebene der Tarifparteien ziehen dürfen (vgl. Oechsler, 1996). Die Gewerkschaften dürfen hierzu sogar zu einem betriebsbezogenen Streik zum Abschluss eines Sozialplantarifvertrags aufrufen.

11.5.3 Outplacement-Beratung

Outplacement ist seit den 1970er-Jahren in den USA als eigenständige Beratungsleistung bekannt. Als Unternehmen in den 1990er-Jahren erkannten, dass sich mithilfe von Outplacement-Beratungen lange Restlaufzeiten von Arbeitsverträgen verkür-

---

Sozialplan

zwischen X GmbH, vertreten durch ... und dem Betriebsrat der X GmbH, vertreten durch den Betriebsratsvorsitzenden ......

1. Zum Ausgleich evtl. entstehender Nachteile für die Mitarbeiter steht ein Sozialplanvolumen von ......Mio. EUR zur Verfügung.
2. Für jedes Kind, für das ein Mitarbeiter Anspruch auf Kindergeld hat, erhöht sich seine Abfindung um ...EUR brutto.
3. Schwerbehinderte Menschen erhalten zusätzlich die Leistungen i. H. v. ...EUR.
4. Mitarbeiter, welche die betriebsbedingte Kündigung erhalten haben oder erhalten werden, haben Anspruch auf Abschluss eines Aufhebungsvertrages mit sofortiger Wirkung. In diesem Fall erhöht sich die Abfindung um 50 % der Differenz zwischen den Bruttovergütungen bei fristgerechter und vorzeitiger Beendigung.
5. Arbeitnehmer, denen gem. des Interessenausgleichs vom ... betriebsbedingt gekündigt wird oder die auf Veranlassung des Arbeitgebers einen Aufhebungsvertrag abschließen, erhalten eine Abfindung gem. folgender Regelung:
   a) Jeder Arbeitnehmer erhält als Sockelbetrag ...EUR brutto.
   b) Die weitere Abfindung berechnet sich wie folgt: individuelle Punktzahl ×Punktwert in Euro.
   c) Für jedes vollendete Lebensjahr nach dem 28. erhält der Mitarbeiter je einen Punkt. Mitarbeiter im 56. Lebensjahr erhalten dann 29 Punkte. Ab dem 57. Lebensjahr verringert sich die Gesamtpunktzahl um einen Punkt pro Lebensjahr. Für jedes vollendete Jahr nach dem 5. Jahr der Betriebszugehörigkeit erhält der Mitarbeiter je einen Punkt.
   d) Der Punktwert in Euro ergibt sich aus dem insgesamt zur Verfügung gestellten Sozialplanvolumen abzüglich Sockelbetrag, Leistungen für schwerbehinderte Menschen, Kinderzuschläge, dividiert durch die Punktzahl, die sich insgesamt nach Verteilung aller Punkte auf alle betroffenen Arbeitnehmer ergibt.
6. Die Abfindung ist zum Zeitpunkt der rechtlichen Beendigung des Arbeitsverhältnisses fällig.
7. Insgesamt darf die Gesamtsumme der aufgeführten Maßnahmen (Abfindung, Leistungen für Schwerbehinderte etc.) den Betrag von ......Mio. EUR nicht überschreiten.
8. ...

Abb. 11.18: Einfacher Sozialplan (nach Vorlagen aus Schaub, 2013, Rn. 259 ff.).

zen, Konflikte in der Trennungsphase verhindern und für die beratenden Mitarbeiter schneller eine neue Tätigkeit finden ließen, hat sich die Beratungsleistung auch in anderen Ländern verbreitet (vgl. Lohaus/Habermann, 2009, S. 650).

Outplacement-Beratung ist eine Dienstleistung für die von Personalabbau betroffenen Mitarbeiter.

Anders als die meist kollektiv orientierten Maßnahmen des Ausgleichs sozialer Nachteile, wird die Outplacement-Beratung häufig einzelfallbezogen veranlasst. In der Praxis wird die Dienstleistung meist Führungskräften oder hochqualifizierten Spezialisten im Rahmen des Personalabbaus angeboten (Einzel-Outplacement). Wird die Dienstleistung Gruppen von Arbeitnehmern angeboten, spricht man von Gruppen-Outplacement (meist in Rahmen von Transfergesellschaften, vgl. Kap. 11.5.4).

Tab. 11.9: Stufen der Outplacement-Beratung.

Affektbewältigung	– Emotionale Unterstützung in der Trennungsphase – Vermittlung der Zukunftsorientierung, Sicherstellen der Arbeitsfähigkeit
Potenzial- und Zielanalyse	– Ausgangssituation erkennen (Stärken, Schwächen, Erfolge, Niederlagen) – Ziel- und Profildiskussion
Konzeption	– Positionierung auf dem Arbeitsmarkt – Bewerbungstraining
Bewerbungsphase	– Kontaktvermittlung – Feedback, Unterstützung bei Rückschlägen
Neue Erwerbstätigkeit	– Unterstützung während der Einarbeitungs- und Probezeit – Beratung und Feedback

Der Ablauf einer Outplacement-Beratung kann in fünf Stufen erfolgen (vgl. Tab. 11.9). Im ersten Schritt erfolgt die Affektbewältigung der emotional belastenden Situation einer Trennung. Berater können ihre Klienten dahingehend unterstützen, durch eine positive Zukunftsorientierung die aktuelle und künftige Arbeitsfähigkeit sicherzustellen. Stufe 2 verfolgt das Ziel, ein Bewusstsein für die Interessen, Kompetenzen, Leistungen und Erfolge zu entwickeln und eine realistische berufliche Perspektive zu vermitteln. In Stufe 3 wird die Grundlage für die Positionierung am Arbeitsmarkt geschaffen. Bspw. können hier in Bewerbertrainings die Bewerbungsunterlagen oder die Selbstpräsentation trainiert werden. Während der Bewerbungsphase steht der Berater für Feedback, eventuelle Zielanpassungen oder zur psychischen Unterstützung bei ersten Rückschlagen zur Verfügung. Am Ziel der Beratung steht eine neue Erwerbstätigkeit, die den Vorstellungen und Möglichkeiten der Klienten entspricht (vgl. Lohaus/Habermann, 2009, S. 651).

Mit der Nutzung der meist vom Arbeitgeber finanzierten Beratungsleistung werden sowohl für den Arbeitgeber als auch für den Arbeitnehmer Vorteile verbunden (vgl. Tab. 11.10).

So soll das Instrument die Anzahl der Rechtsstreitigkeiten senken, da der Abschluss einer Outplacementvereinbarung meist mit einem Aufhebungsvertrag (der eine Kündigungsschutzklage ausschließt) einhergeht. Darüber hinaus wird argumentiert, dass durch die konfliktärmere Trennungsphase Imageprobleme bei der Gewinnung und Bindung neuer oder verbleibender Mitarbeitern verringert werden.

Der Mitarbeiter kann davon profitieren, dass er meist schneller als ohne Beratung eine neue, vergleichbare Position findet. Außerdem kann die Inanspruchnahme der Dienstleistung die Enttäuschung der Trennung mithilfe geschulter Berater leichter verarbeitet werden.

Neben den Nutzenerwägungen trifft der Arbeitgeber die Entscheidung für oder gegen die Beauftragung eines Outplacement-Beraters aus Kostensicht. Dabei wägt er

Tab. 11.10: Vorteile der Outplacement-Beratung für Arbeitgeber und Arbeitnehmer.

Vorteile für den Arbeitgeber	Vorteile für den Arbeitnehmer
– Geringere Anzahl an Rechtsstreitigkeiten – Imageverluste können begrenzt werden – Motivations- und Bindungswillen verbleibender und neuer Mitarbeiter werden nicht beeinträchtigt	– Psychische Unterstützung während der Trennungsphase – Meist schnellere Vermittlung in eine neue Tätigkeit – (Bewerbungs-)Trainings durch geschulte Berater

die Kosten ab, die er im Falle einer Standardkündigung zu tragen hat im Vergleich zu den entstehenden Kosten, die bei der Abwicklung des Arbeitsverhältnisses mithilfe einer Outplacement-Beratung entstehen.

Als Alternativen kommen in Betracht:

– **Alternative 1:** Kündigung eines Arbeitnehmers, der sich gerichtlich gegen die Kündigung wehrt. Dies tut der Arbeitnehmer im Wissen, dass er so vermutlich eine Abfindung erhalten wird. In der Zeit zwischen dem Ausspruch der Kündigung und dem Gerichtstermin wird der Arbeitnehmer von der Arbeitspflicht bei vollen Bezügen freigestellt.

– **Alternative 2:** Der Arbeitgeber schlägt dem Arbeitnehmer einen Aufhebungsvertrag mit sofortiger Beendigung des Arbeitsverhältnisses vor. Dabei vereinbaren beide Parteien eine Abfindung und die Hinzuziehung eines Outplacement-Beraters. Der Arbeitgeber argumentiert, dass die Kosten des Beraters die Abfindungshöhe senken muss, der Arbeitnehmer willigt ein.

Die Kostenfunktion der **Alternative 1** ergibt sich durch folgende Überlegungen (vgl. zur Grundlogik der beiden Alternativen Schmeisser, 2008, S. 201 ff.): Dem Arbeitnehmer wird eine Abfindung durch das Gericht zugesprochen. Dabei orientiert sich das Gericht an der „Halbes Monatsgehalt"-Faustformel, die im § 1a KSchG vorgeschlagen wird. Dabei wird 50 % des vertraglich vereinbarten Monatsentgelts mit den Beschäftigungsjahren multipliziert. Die anfallenden Arbeitsgerichtskosten (Anwaltskosten, eventuell Gebühren) werden mit 3 % des Jahresentgelts geschätzt. In der Praxis werden die gekündigten Mitarbeiter meist mit dem Ausspruch der Kündigung von der Arbeit unter Gewährung der vollen Bezüge bis zum Ablauf der Kündigungsfrist freigestellt. Die monatlichen Kosten ergeben sich hierfür aus dem vertraglich vereinbarten Monatsentgelt zuzüglich der Personalnebenkosten in Höhe von 20 %. Dadurch ergibt sich folgender Zusammenhang:

$$\text{Kosten}_{\text{Alternative 1}} = \text{Abfindungskosten} + \text{Arbeitsgerichtskosten} + \text{Freistellungskosten}$$

wobei gilt:

Abfindungskosten$_{Alt. 1}$: $0,5 \cdot$ Monatsentgelt $\cdot$ Betriebszugehörigkeit

Arbeitsgerichtskosten: $0,03 \cdot$ Monatsentgelt $\cdot$ 12 Monate

Freistellungskosten: Monatsentgelt $\cdot 1,2 \cdot$ Kündigungsfrist

Die Kostenfunktion der **Alternative 2** ergibt sich durch folgende Überlegungen: Die Vereinbarung zwischen Arbeitgeber und Arbeitnehmer sehen vor, dass der Arbeitgeber die Kosten für eine Outplacement-Beratung übernimmt. Dabei kann ein marktüblicher Kostensatz von 20 % des Jahresentgelts angenommen werden. Arbeitsgerichtskosten und Freistellungskosten entfallen, da sich beide Parteien auf einen Aufhebungsvertrag einigen, der die sofortige Beendigung des Arbeitsverhältnisses vorsehen. Die Abfindung reduziert sich um einen zu vereinbarenden Prozentsatz. Dadurch ergibt sich folgender Zusammenhang:

Kosten$_{Alternative 2}$ = Outplacementkosten + Abfindungskosten

---

wobei gilt:

Kosten für die Outplacement-Beratung: Monatsentgelt $\cdot$ 12 $\cdot$ 20 %

Abfindung$_{Alt. 2}$: $(1 -$ reduzierte Abfindung in %$) \cdot$ Abfindungskosten$_{Alt. 1}$

Die Vorteilhaftigkeit der Outplacement-Beratung ergibt sich aus der Differenz zwischen den Kosten der Alternative 1 zur Alternative 2. Tab. 11.11 zeigt die Berechnung eines Beispielfalls.

Das Ergebnis des Beispielfalls lässt vermuten, dass die Vorteilhaftigkeit der Alternative 2 immer gegeben ist. Allerdings wird in der Praxis auch der Arbeitnehmer eine ähnliche Rechnung aufstellen und die mögliche Kostenersparnis des Arbeitge-

Tab. 11.11: Beispielrechnung.

Annahmen	
Monatsentgelt €	10.000
Betriebszugehörigkeit (in Jahren)	10
Kündigungsfrist (in Monaten)	4
Reduktion der Abfindung um ... % (in %)	20 %
Kosten der Alternative 1	
Abfindung	50.000
Personalkosten innerhalb der Kündigungsfrist	48.000
Arbeitsgerichtskosten	3.600
SUMME	**101.600**
Kosten der Alternative 2	
Reduzierte Abfindung	40.000
Personalkosten innerhalb der Kündigungsfrist	0
Servicekosten	24.000
SUMME	**64.000**

bers, zumindest teilweise, wieder für sich einfordern und auf seine Abfindungsforderung addieren. Die Rechnung zeigt auch, dass die Vorteilhaftigkeit insb. durch die Personalkosten, die innerhalb der Kündigungsfrist anfallen, bestimmt ist. Ist die Kündigungsfrist sehr kurz, bspw. weil der Mitarbeiter noch nicht lange im Unternehmen ist oder das Gericht schon nach kurzer Zeit einen Gütetermin vereinbart (in der Praxis üblicherweise innerhalb der ersten zwei bis drei Wochen), so wird sich der Einsatz eines Outplacement-Beraters aus Kostenperspektive nicht lohnen.

11.5.4 Transfergesellschaften

Eine weitere Maßnahme zur Abfederung sozialer Nachteile durch die Kündigung stellen Transfergesellschaften (häufig auch: Beschäftigungs- und Qualifizierungsgesellschaft oder Auffanggesellschaft) dar.

Transfergesellschaften sind Organisationen, in die Mitarbeiter ausgegliedert werden, die ein Unternehmen nicht mehr beschäftigen kann.

Eine Transfergesellschaft kann gegründet werden, wenn absehbar ist, dass ein Unternehmen Arbeitnehmer entlassen muss. Die Gründung der neuen, rechtlich selbstständigen und unternehmensexternen Gesellschaft kann vom Unternehmen selbst oder durch einen beauftragten Dritten vorgenommen werden.

Die Transfergesellschaft soll die Arbeitnehmer, die von der betriebsbedingten Kündigung bedroht sind, aufnehmen und während einer Phase der Qualifizierung wieder auf dem Arbeitsmarkt eingliedern (vgl. Abb. 11.19).

Der Arbeitgeber muss sich dazu in einem Sozialplan bereit erklären, für die Mittel für eine Transfergesellschaft aufzukommen (vgl. Abb. 11.20). Der Arbeitnehmer wechselt dann in die Transfergesellschaft, indem er seinen aktuellen, noch ungekündigten Arbeitsvertrag auflöst und einen neuen, befristeten Arbeitsvertrag mit der Transfergesellschaft eingeht. Der Wechselprozess wird zwischen den beteiligten Akteuren (Arbeitnehmer, bisheriger Arbeitgeber und der aufnehmen Transfergesellschaft) häufig von einem Treuhänder abgewickelt.

Da die neu gegründete Transfergesellschaft keine Beschäftigungsmöglichkeit für die neuen Mitarbeiter hat, beantragt diese bei der Arbeitsagentur Kurzarbeitergeld (Kug). Die Arbeitsagentur unterstützt daraufhin die Mitarbeiter in der Transfergesellschaft finanziell mit dem sog. Transfer-Kug für maximal ein Jahr (je nach Fallkonstellation mit bis zu 67 % des letzten Nettoentgelts). Ist im Sozialplan vereinbart, dass der Arbeitgeber einen weiteren Zuschuss übernimmt, kann das vorherige Nettoeinkommen der Arbeitnehmer oftmals für die Zeit in der Transfergesellschaft gesichert werden.

Nach spätestens zwölf Monaten ist das Arbeitsverhältnis mit der Transfergesellschaft beendet. Entweder der Beschäftigte hat bis dahin eine neue Beschäftigung ge-

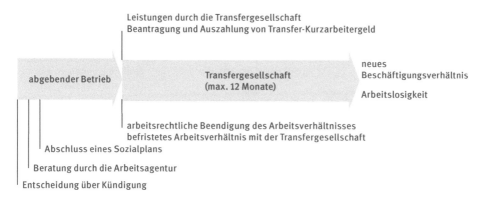

Abb. 11.19: Prozess zur Errichtung und Durchführung einer Transfergesellschaft.

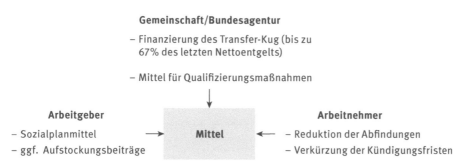

Abb. 11.20: Mittelaufkommen zur Finanzierung der Transfergesellschaft.

funden oder er ist mit dem Ende der Transfergesellschaft arbeitslos. Da der Arbeitnehmer in der Transfergesellschaft nicht als arbeitslos zählt, beginnt die Arbeitslosigkeit auch erst jetzt.

Während der Laufzeit der Transfergesellschaft übernimmt die Transfergesellschaft vielfältige Aufgaben. So kann sie, je nach finanzieller Ausstattung durch den Arbeitgeber und Unterstützungsleistung durch die Arbeitsagentur, unterschiedliche Leistungen anbieten:

– Vermittlung oder Durchführung von Qualifizierungsmaßnahmen,
– Bewerbungstrainings,
– individuelle Beratung,
– Unterstützung auf den Weg in die Selbstständigkeit,
– Kenntnisse des regionalen Arbeitsmarkts,
– Vermittlungsbemühungen in den Arbeitsmarkt.

Trotz der Vielzahl von Vorteilen (vgl. Tab. 11.12) scheint es, dass Transfergesellschaften auch mit unerwünschten Nebeneffekten verbunden sind.

Tab. 11.12: Vorteile von Transfergesellschaften.

Vorteile für den Arbeitgeber	Vorteile für den Arbeitnehmer	Vorteile für den Betriebsrat
– Finanzielle Planungssicherheit (Unterstützungsvolumen kann vorher festgelegt werden) – Keine Gerichtsprozesse (da Übergang in Transfergesellschaft mit dreiseitigem Vertrag) – Keine Pflicht zur Beschäftigung während langer Kündigungsfristen – Liquidität bleibt erhalten (da Leistungen nicht auf einmal, sondern auch monatlich an die Transfergesellschaft gezahlt werden können) – Positive Außendarstellung	– Späterer Eintritt in die Arbeitslosigkeit – Bis zu 67 % des letzten Nettoentgelts für ein Jahr gesichert; ggf. können durch Aufstockungsbeiträge des Arbeitgebers das alte Nettoentgelt gesichert werden – Qualifizierung und Beratung	– Erhöhung der finanziellen Unterstützungsleistung durch Einbezug öffentlicher Mittel – Mitwirkungsrecht bei der Gestaltung der Transfergesellschaft – Positive Außen- und Innendarstellung der Arbeit des Betriebsrats

11.6 Fluktuation und Mitarbeiterbindung

Der Hinweis, dass es Fluktuation immer gab und immer geben wird, vernachlässigt das Problem der Entstehung und Konsequenzen von Mitarbeiterbindung (vgl. Nieder, 2004). Während im angelsächsischen Raum die Fluktuationsforschung ein traditionsreicher Forschungsbereich ist, entwickelt sich im deutschsprachigen Raum erst in den letzten Jahren ein Interesse an diesem Gebiet (vgl. Führing, 2006).

Um sich dem Begriff der Fluktuation zu nähern, ist eine Unterscheidung in natürlicher und geplanter Fluktuation notwendig.

Fluktuation bezeichnet den Fortgang eines Beschäftigten, der ersetzt werden muss.

Da sich die natürliche Fluktuation (bspw. ein Mitarbeiter geht in Rente bzw. stirbt vor Erreichen der Altersgrenze) kaum oder nur indirekt (bspw. durch Prävention oder Maßnahmen zum Gesundheitsschutz) beeinflussen lässt, liegt der Fokus im Folgenden auf der Unterscheidung der geplanten Fluktuation in gewünschte und unerwünschten Fluktuation:

- **Erwünschte Fluktuation**: Fortgang des Mitarbeiters mit dem Willen des Unternehmens (bspw. durch Aufhebungsvertrag, Kündigung oder gerichtliche Auflösung).
- **Unerwünschte Fluktuation**: Fortgang des Mitarbeiters gegen den Willen des Unternehmens (bspw. durch Eigenkündigung oder Versetzungswunsch).

Die Messung der Fluktuation erfolgt über die Fluktuationsquote (vgl. Abb. 11.21). Diese ist definiert als Quotient aus der Anzahl der Mitarbeiter, die das Unternehmen innerhalb eines Jahres verlassen, und der durchschnittlichen Anzahl der Mitarbeiter.

Die Kennziffer kann analytisch weiter aufgespalten werden in eine Fluktuationsquote, die die gesamten Abgänge oder nur die unfreiwillige Fluktuation misst (wobei hier die Grenzfälle wie bspw. die Frühverrentung und Altersteilzeitprogramme definitorisch der erwünschten oder unerwünschtem Fluktuation zuzuordnen sind).

Die Fluktuationsquote unterscheidet sich von Unternehmen zu Unternehmen und Branche zu Branche. Tab. 11.13 zeigt die veröffentlichten Fluktuationsquoten ausgewählter Unternehmen und Branchen. Dabei ist zu beachten, dass jedes Unternehmen bzw. jede Branche ihre eigenen Definitionen bei der Ermittlung zugrunde legt. Bspw. bezieht BMW nur die Fluktuation von Mitarbeitern mit unbefristeten Verträgen ein und lässt Abgänge, die im gegenseitigen Einvernehmen erfolgten (bspw. durch Aufhebungsverträge), außen vor. Andere weisen lediglich die Fluktuationsquote für Deutschland, Europa oder weltweit aus. Daher lässt sich aus der Übersicht zwar eine Tendenz ableiten, aber keine finalen Rückschlüsse über die jeweilige Mitarbeiterbindungskraft einer Branche oder eines Unternehmens ziehen.

Die Betrachtung der erwünschten Fluktuation folgt den Überlegungen in den Kap. 11.1 bis Kap. 11.5. Bei der unerwünschten Fluktuation stellt sich die Frage, wen das Unternehmen gerne behalten hätte (Kap. 11.6.1), warum der Mitarbeiter gekündigt hat (Kap. 11.6.3) und wie sich Strategien zur Mitarbeiterbindung formulieren lassen (Kap. 11.6.4).

Fluktuation: Fortgang eines Beschäftigten, der ersetzt werden muss

      natürliche Fluktuation: Renteneintritt, Tod

      geplante Fluktuation: erwünschte Fluktuation („mit dem Willen des Unternehmens")
                             unerwünschte Fluktuation („gegen den Willen des Untenrehmens")

Fluktuationsquote:

$$\frac{\text{Anzahl der Mitarbeiter, die das Unternehmen innerhalb eines Jahres verlassen}}{\text{durchschnittliche Anzahl der Mitarbeiter innerhalb des Jahres}} \times 100$$

Abb. 11.21: Fluktuation und Fluktuationsquote.

Tab. 11.13: Fluktuationsquoten nach Unternehmen und Branchen.

Nach Unternehmen:		Nach Branchen:	
BMW	3,47 %	Handel	10,3 %
Metro	8,1 %	Krankenhäuser	5,6 %
Henkel	4,9 %	Gastronomie	>30 %
Hannover Rück	2,8 %	IT-Beratung	>25 %

11.6.1 Identifikation von Schlüsselpersonen und -positionen

Um die Bedeutung derjenigen Mitarbeiter zu erfassen, die gegen den Willen des Unternehmens das Unternehmen verlassen, muss im ersten Schritt beschrieben werden, was Schlüsselpersonen oder -positionen ausmacht. Im zweiten Schritt kann dann die Bedeutung der Fluktuation von Schlüsselpersonen und -positionen verdeutlicht werden.

Modelle zur Identifikation von Schlüsselpersonen
Schlüsselpersonen müssen sich nicht zwangsläufig aus der hierarchischen Position eines Mitarbeiters ergeben.

Schlüsselpersonen sind alle Mitarbeiter, die aufgrund ihrer einzigartigen und wertvollen Fähigkeiten von besonderer Bedeutung für die Umsetzung erfolgsrelevanter Größen sind (vgl. Führing, 2006, S. 212).

Für die Identifikation von Schlüsselpersonen lassen sich mit dem **Promotorenmodell** und dem **HR-Portfolio** zwei Ansätze unterscheiden.

Das **Promotorenmodell** typisiert vier Arten von Schlüsseldimensionen (vgl. hierzu Führing, 2006, S. 210), anhand derer Schlüsselpersonen identifizierbar sind:

- **Fachpromotoren:** Ein Fachpromotor verfügt in qualitativer oder quantitativer Hinsicht über (fach-)spezifische Fähigkeiten, die für die Durchführung unternehmerischer Kernprozesse bedeutend sind.
- **Machtpromotoren:** Machtpromotoren sind in der Lage, Interessen oder Entscheidungen durchzusetzen, die für die Durchführung und Entwicklung unternehmerischer Kernprozesse bedeutend sind.
- **Beziehungspromotoren:** Ein Beziehungspromotor verfügt über interne oder externe Beziehungen (Kontakte, Netzwerke, gemeinsame Arbeitserfahrung, Abhängigkeiten, …) verfügt, die für die Durchführung und Entwicklung unternehmerischer Kernprozesse bedeutend sind.
- **Prozesspromotoren:** Prozesspromotoren verfügen über Wissen und Erfahrung (bspw. Aufbau und Ablauf organisatorischer Prozesse, Kenntnisse über die Historie bzw. Entstehungszusammenhänge, Kenntnisse über Möglichkeiten und Grenzen, …), die für Durchführung und Entwicklung unternehmerischer Kernprozesse bedeutend sind.

Abb. 11.22: Schlüsselpersonen.

Eine Klassifikation von Schlüsselpersonen orientiert sich demnach an der Zuschreibung einer oder mehrerer Promotoren-Dimensionen. Allen gemeinsam ist die Befürchtung, dass ein Ausfall oder ein Verlust des Mitarbeiters zur Gefährdung der Unternehmensziele führt. Im Idealfall vereinigt eine Schlüsselperson alle vier Dimensionen auf sich, während Nichtschlüsselpersonen keiner dieser vier Typen zuzuordnen sind.

Schätzungen besagen, dass ca. 5–10 % der Mitarbeiter erfolgskritisches Wissen oder erfolgskritische Fähigkeiten auf sich vereinen.

Ein anderer Ansatz versucht die Zuordnung von Mitarbeitern in einem **HR-Portfolio**. Die Identifikation von Schlüsselpersonen erfolgt meist in einer Matrix mit den Dimensionen Potenzial und Leistung. Ein Beispiel für eine schematische Einteilung zeigt Abb. 11.22. Bspw. können als Schlüsselpersonen alle diejenigen identifiziert werden, die oberhalb einer Geraden mit den Schnittpunkten „hohes Potenzial" und „hohe Leistung" liegen.

Modelle zur Identifikation von Schlüsselpositionen

Einen funktionalen Ansatz verfolgen Modelle zur Identifikation von Schlüsselpositionen.

Als **Schlüsselpositionen** werden Stellen bezeichnet, (1) die eine besondere unternehmerische Funktion wahrnehmen oder (2) für die es einen Bedarf gibt, der sich nur schwer über den internen oder externen Arbeitsmarkt decken lässt.

Die Identifikation von Schlüsselpositionen orientiert sich demnach an zwei Dimensionen. Im Vordergrund stehen die Fragen, welche Unternehmensfunktion für den Wettbewerbserfolg kritisch ist oder ob und wie schnell sich spezifischer Personalbedarf decken lässt (über interne Förderung oder über den externen Arbeitsmarkt).

Tab. 11.14: Schlüsselpositionen in Abhängigkeit der strategischen Ausrichtung (vgl. Trost, 2012, S. 200).

Strategische Ausrichtung	Schlüsselfunktion
Innovation, Technologieführertschaft	Forschung und Entwicklung
Wachstum	Vertrieb, Produktionsplanung
Markenführerschaft	Marketing, Design, Qualität
Preisführerschaft	Einkauf, Produktionsplanung, Logisitk

- **Strategische Unternehmensfunktion:** Bspw. könnten im Handel Schlüsselpositionen im Einkauf und Verkauf liegen. Wenn die Marktforschung bspw. ergibt, dass die Kunden niedrige Preise bei guter Qualität priorisieren, dann wird der Wettbewerbsvorteil primär durch den Einkauf und weniger durch den freundlichen und fachkundigen Verkäufer erzielt (vgl. Trost, 2012). Folgt man den generischen Wettbewerbsstrategien dann lassen sich in Abhängigkeit der strategischen Ausrichtung Schlüsselfunktionen bestimmen. Tab. 11.14 führt die Überlegungen zusammen.

- **Engpassfunktionen:** Als Schlüsselpositionen können auch die Positionen identifiziert werden, die zwar keine strategische Unternehmensfunktion besitzen, deren Besetzung dennoch schwierig ist. Bspw. werden die IT-Systeme in den meisten Unternehmen zwar als notwendig, aber nicht als strategisch relevant eingestuft. Trotzdem kann es für ein Unternehmen sehr schmerzlich werden, einen IT-Spezialisten zu verlieren, da die Wiederbesetzung aufwendig sein kann.

Abb. 11.23 zeigt exemplarisch das Ergebnis einer Differenzierung der Dimensionen strategische Unternehmensfunktion und Engpassfunktion. Die dunkel schraffierten Flächen stellen Schlüsselpositionen dar.

Abb. 11.23: Schlüsselpositionen.

11.6.2 Bedeutung der Fluktuation

Die negativen Folgen der Fluktuation scheinen unbestritten. In der empirisch gestütz-ten Literatur ist die Bedeutung der Fluktuation umstritten. Zwar existiert eine Vielzahl von Studien, die die negativen Wirkungen der Mitarbeiterfluktuation auf den Unter-nehmenserfolg betonen, doch andere Studienergebnisse finden keinen oder sogar ei-nen positiven Effekt (bspw. weil ein Mitarbeiter sich nicht mehr in die Unternehmens-kultur einfügen wollte oder da durch Fluktuation neue Ideen, Ansätze und Wissens-bestände in den Betriebsablauf eingebracht werden).

In einer Metastudie (Park/Shaw, 2013) wurden die Befunde zusammengetragen und analysiert. So ergibt sich überwiegend ein negativer Zusammenhang zwischen Mitarbeiterfluktuation und Unternehmenserfolg, allerdings ist der Effekt in den USA stärker als in Europa. Die negativen Auswirkungen der Fluktuation lassen sich auf mehrere Gründe zurückführen. So führt der Verlust von Schlüsselpositionen oder -personen zu hohen Wiederbesetzungskosten und einer langen Vakanz.

Bedeutung der Fluktuation: Wiederbesetzungsdauer
Da die Wiederbesetzungskosten entscheidend von der Dauer der Wiederbesetzung of-fener Stellen abhängen, zeigt Abb. 11.24 die durchschnittliche Wiederbesetzungsdau-er offener Stellen für Un- und Angelernte, Facharbeiter, Techniker bzw. Meister und Akademiker allgemein und mit technischem Hintergrund an. Über alle Berufsgrup-pen hinweg können etwa 35 % der offenen Stellen innerhalb von zwei Monaten besetzt werden. Allerdings stehen diesen positiven Zahlen die Besetzungsdauer von mehr als sechs Monaten für Techniker und Meister (37 % aller offenen Stellen) bzw. für Akade-miker (27 % aller offenen Stellen) gegenüber.

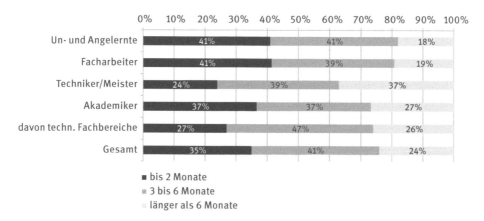

Abb. 11.24: Wiederbesetzungsdauer (vgl. IHK, 2012, S. 29).

Bedeutung der Fluktuation: Wiederbesetzungskosten

Die Kosten der Wiederbesetzung lassen sich in direkte, sichtbare und indirekte, versteckte Kosten sowie in die Phasen vor der Eigenkündigung, der Suche und der Einarbeitung unterscheiden (vgl. Abb. 11.25):

- **Trennungskosten** sind bspw. Kosten für Freistellungen. Diese fallen an, wenn das Unternehmen in der Zeit zwischen der Eigenkündigung und der laufenden Kündigungsfrist den Mitarbeiter von der Arbeit freistellt. Dabei bezahlt der Arbeitgeber die vertragsgemäße Vergütung, entbindet den Arbeitnehmer aber von der Arbeitspflicht. So möchte der Arbeitgeber bspw. vermeiden, dass ein Außendienstmitarbeiter in der Kündigungsfrist bestehende Kunden zu seinem neuen Arbeitgeber umleitet, Führungskräfte für das Unternehmen ungünstige Entscheidungen treffen (bspw. Racheentscheidungen, Günstlinge befördern, ...) oder Mitarbeiter in der Forschungs- und Entwicklungsabteilung Wissen (bspw. in Form von Zeichnungen, Plänen, Studien, ...) für ihren neuen Arbeitgeber in Erfahrung bringen.
- **Suchkosten** ergeben sich aus den Aufwendungen für Zeitungsinserate, Jobbörsen oder Headhunter.
- **Vakanzkosten** können sich durch die Freistellung oder in der Suchphase ergeben. Bspw. müssen Kollegen das anfallende Arbeitspensum der freien Position übernehmen, ggf. wird die Vakanz durch Ersatzkräfte (Leiharbeiter, Werkverträge, Interimsmanager) überbrückt.
- **Auswahl- und Einstellungskosten** entstehen bei der Sichtung der Bewerbungsunterlagen, der Vorgespräche, Bewerbungsgespräche und Abstimmungsrunden sowie bei der Erstellung und Verhandlung der Arbeitsverträge. In den einzelnen Phasen der Auswahl und Einstellung sind meist mehrere Mitarbeiter über Hierarchieebenen hinweg beteiligt, deren zeitlichen Inanspruchnahme Kosten verursachen.
- In der Phase der **Einarbeitung** entstehen Kosten durch die zeitliche Beanspruchung der Kollegen und der Vorgesetzten.
- **Trainingskosten** fallen dann an, wenn der neue Mitarbeiter stellenspezifische Weiterbildungsmaßnahmen absolvieren muss, um die volle Produktivität zu erreichen.
- **Reduzierte Leistung**: Eigenkündigungen gehen häufig Zeiten der Enttäuschung, Demotivation oder Unzufriedenheit voraus, die sich in einer Phase der reduzierten Leistung niederschlagen. Der schleichende Leistungsrückgang wird häufig von anderen Mitarbeitern aufgefangen, die dann ihrerseits weniger Zeit für ihre eigentliche Arbeit haben.
- Der **Wissensverlust**, der mit dem Fortgang eines Mitarbeiters verbunden ist, trifft das Unternehmen doppelt. Zum einen verliert das Unternehmen das spezifische Wissen des Arbeitnehmers, zum anderen erhält ein anderes Unternehmen, ggf. ein Konkurrenzunternehmen, wettbewerbsrelevantes Wissen.
- Während der Einarbeitung steigert der neue Mitarbeiter seine Produktivität erst im Zeitablauf (**geringere Leistung**).

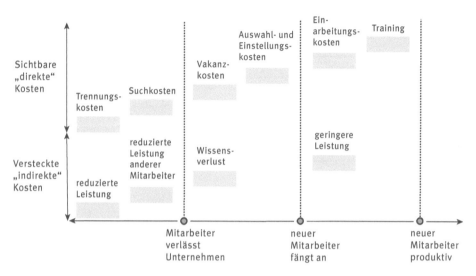

Abb. 11.25: Fluktuationskosten (vgl. Trost, 2014).

Eine grobe Kalkulation führt zu Wiederbesetzungskosten, die höher als ein Jahresgehalt sind (vgl. Tab. 11.15). Die konkreten Wiederbesetzungskosten richten sich nach dem Qualifikationsniveau, der Verfügbarkeit auf dem Arbeitsmarkt und dem mit der Fluktuation verbundenen Wissensverlust.

11.6.3 Kündigungsursachen und -strategien

Die dargelegte Bedeutung der unerwünschten Fluktuation zeigt die Notwendigkeit, Schlüsselmitarbeiter im Unternehmen zu halten. Dies setzt die Kenntnis über maßgebliche Fluktuationsursachen und Kündigungsstrategien voraus (vgl. hierzu und im Folgenden Huf, 2012).

Innerhalb der letzten Jahrzehnte hat die Fluktuationsforschung neue Erklärungsmuster für Fluktuationsursachen bereitgestellt. Wurden anfänglich lediglich Arbeitsunzufriedenheit und die Attraktivität von Alternativen als ursächlich angesehen, so existieren heute schon Modelle mit über 70 arbeitsmarktbezogenen Variablen, die die Fluktuationsentscheidung vorhersagen sollen – allerdings mit keinem eindeutigem Ergebnis.

Die Theorieentwicklung kann aus historischer Perspektive in drei Phasen unterteilt werden. Die erste Phase erklärte Fluktuation als Ergebnis von Unzufriedenheit und **Alternativabwägung**. Die zweite Phase der Fluktuationsforschung erweiterte die Perspektive und etablierte **Pfadmodelle**, die den Prozess bis zur Kündigung in den Mittelpunkt stellen. Die dritte Phase argumentierte soziologisch, in dem sie Fluktuation als Ergebnis unzureichender sozialer Einbettung erklärt (**Einbettungstheorien**).

Tab. 11.15: Beispielhafte Kalkulation der Wiederbesetzungskosten. (Beispielannahmen: 9.000 € monatliche Personalkosten).

	Beispiel	Kalkulation
Direkte Kosten		
Trennungskosten	Freistellung bei vollen Bezügen über 3 Monate	3 * 9.000 € = 27.000 €
Suchkosten	Headhunter (30 % des Jahresentgelts)	33 % von 9.000 € * 12 = 36.000 €
Vakanzkosten	Leiharbeit, Überstunden durch Kollegen bis zur Wiederbesetzung (6 Monate)	5000 € * 6 = 30.000 €
Auswahl- und Einstellungskosten	Zeit für Vorgespräche, Auswahlgespräche, Abstimmungsrunden, ...	Pauschal: 5.000 €
Einarbeitungskosten	Unterweisung, Materialkosten, Visitenkarten, Kennungen	Pauschal: 1.000 €
Trainingskosten	Spezifische Schulungen	Pauschal: 5.000 €
Indirekte Kosten		
Reduzierte Leistung	Leistungsreduktion um 10 % vor der Kündigung im Zeitraum von 6 Monaten vor der Kündigung	6 * 10 % * 9.000 € = 5.400 €
Reduzierte Leistung anderer Mitarbeiter	Auffangen der reduzierter Leistung durch Kollegen	5.400 €
Wissensverlust	Aufbau des verlorenen Wissens, Verlust des Wissens an Wettbewerber	nicht quantifizierbar
Geringere Leistung	In den ersten 3 Monaten nach Arbeitsantritt 10 % Leistungsrückstand	3 * 10 % * 9.000 € = 2.700 €
Summe		**117.500 €**

Fluktuation als Ergebnis von Unzufriedenheit und Alternativabwägungen

Mit Rückgriff auf die Anreiz-Beitrags-Theorie oder das Verkettungsmodell (Mobley, 1977; Hom/Kinicki, 2001) lässt sich die Fluktuationsentscheidung durch den Wunsch des Mitarbeiters nach einem Verlassen der Organisation und den möglichen Alternativen zur Realisation des Wunsches verstehen. Wenn Mitarbeiter unzufrieden mit ihrer Arbeit sind und zudem über attraktivere Jobalternativen verfügen, steigt die Wahrscheinlichkeit, dass sie ihr aktuelles Arbeitsverhältnis kündigen. So wird Arbeitsunzufriedenheit als „Push-Faktor" bzw. als notwendige, den Ablösungsprozess anstoßende Bedingung aufgefasst und Jobalternativen als „Pull-Faktor", die die hinreichende Bedingung für die Kündigung darstellt (vgl. Huf, 2012; Abb. 11.26).

Diese Perspektive prägte die Fachdiskussion über Jahrzehnte. Allerdings konnten diese Erklärungsmuster nicht die Fluktuation von nicht unzufriedenen Mitarbeitern erklären. Diese Erklärungslücke konnte erst durch die Pfadmodelle erklärt werden.

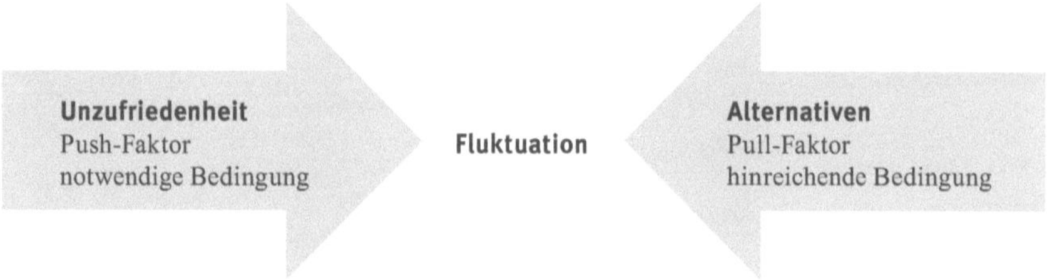

Unzufriedenheit
Push-Faktor
notwendige Bedingung

Fluktuation

Alternativen
Pull-Faktor
hinreichende Bedingung

Abb. 11.26: Grundmuster der Alternativmodelle der Fluktuation.

Fluktuation als sich entwickelnder Pfad

Das Pfadmodell der Fluktuation (Lee et al, 1999) gibt daher die Annahme auf, Arbeitsunzufriedenheit als Auslöser für den Ablösungsprozess zu betrachten. Vielmehr werden fünf Fluktuationspfade unterschieden, die die bisherige Perspektive um Pläne und Schocks erweitern (vgl. Abb. 11.27). Als Plan gilt ein vorgefasstes Handlungsmuster (bspw. die bereits seit Längerem bestehende Absicht, eine Meister- oder Technikerausbildung zu absolvieren, der Wunsch, sich selbstständig zu machen oder eine Familie zu gründen). Als Schock wird ein gravierendes oder erschütterndes Erlebnis bezeichnet, das den Mitarbeiter eine Kündigung in Erwägung ziehen lässt. Schocks können dabei positiv oder negativ sein, erwartet oder unerwartet auftreten bzw. unternehmensintern oder -extern begründet sein (vgl. hierzu und im Folgenden Huf, 2012).

- **Pfad 1 – schockinduzierte Planrealisierung**: Ein Schock rückt einen zuvor gefassten Plan wieder in den Mittelpunkt. Bspw. könnte ein Mitarbeiter, der bei der Beförderung übergangen wurde, den schon länger schwelenden Plan, ein weiterführendes Studium zu absolvieren, wieder aufnehmen und das Unternehmen verlassen.
- **Pfad 2 – schockinduzierter Impuls**: Ausgelöst durch einen Schock erfolgt die Kündigung, allerdings ohne einen Alternativplan zu haben. Bspw. kündigt ein Gruppenleiter einen Tag nachdem der neue Abteilungsleiter benannt wurde, weil dieser in seinen Augen fachlich inkompetent und menschlich unangenehm ist.
- **Pfad 3 – schockinduzierte Alternativenabwägung**: Hier ist der Schock der Auslöser für weitere Aktivitäten. Allerdings erfolgt die Kündigung nicht impulsiv, sondern erst nachdem eine Alternative vorliegt.
- **Pfad 4 – unzufriedenheitsinduzierter Impuls**: Im Unterschied zu den vorgenannten Pfaden wird die Kündigung nicht durch ein plötzlich eintretendes Erlebnis ausgelöst, sondern durch eine aufgestaute, kumulierte Arbeitsunzufriedenheit. Die Arbeitsunzufriedenheit wird so bestimmend, dass eine Kündigung auch ohne Jobalternative erfolgt.
- **Pfad 5 – unzufriedenheitsinduzierte Alternativenabwägung**: Auch hier staut sich die Unzufriedenheit an, bis der Mitarbeiter Alternativen sucht und bei nächster Gelegenheit kündigt.

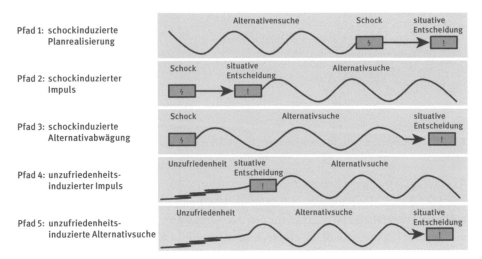

Pfad 1: schockinduzierte Planrealisierung

Pfad 2: schockinduzierter Impuls

Pfad 3: schockinduzierte Alternativabwägung

Pfad 4: unzufriedenheitsinduzierter Impuls

Pfad 5: unzufriedenheitsinduzierte Alternativsuche

Abb. 11.27: Pfadmodelle der Fluktuation.

Empirische Überprüfungen des Modells zeigen, dass über 95 % der Mitarbeiterkündigungen einem der fünf Pfade zugeordnet werden können. Dabei verteilt sich die Erklärungskraft nicht auf alle fünf Pfade gleichmäßig. Etwa die Hälfte der Kündigungen folgen Pfad 3, rund 30 % Pfad 5 und jeweils rund 6 % den Pfaden 1, 2 und 4.

Fluktuation als Ergebnis unzureichender Einbettung

Während die erste Phase nur arbeitsplatzbezogene Faktoren als Erklärung heranzog, erweiterte die zweite Phase der Fluktuationsforschung die Modelle um individuelle und unternehmensexterne Variablen. Die dritte Phase erweitert die Perspektive abermals, indem sie den sozialen Kontext („soziale Einbettung") des Mitarbeiters berücksichtigt.

Die soziologische Kategorie der Einbettung stellt dabei heraus, dass menschliches Handeln immer auch durch soziale Beziehungen beeinflusst wird und nicht ausschließlich autonom-individuell erfolgt.

Als Einbettungsfaktoren (vgl. Abb. 11.28) gelten die formellen und informellen sozialen Beziehungen (links), die wahrgenommene Passung der eigenen Persönlichkeit, der privaten Lebenssituation und der Unternehmenssituation (fit) sowie den Opfern, die man im Falle einer Kündigung in Kauf nehmen muss (sacrifice). Alle drei Faktoren beziehen sich sowohl auf die Arbeitswelt (On-the-Job-Einbettung) als auch auf die private Lebenswelt (Off-the-Job-Einbettung) der Mitarbeiter (vgl. Huf, 2012).

Empirische Befunde

Die Fluktuationsforschung hat auf Basis der Modelle vielfältige Faktoren erfasst, die die Fluktuationsentscheidung beeinflussen. Zur besseren Darstellung wurden die

Tab. 11.16: Erklärungsvariablen für Fluktuation (vgl. Huf, 2012, S. 48).

Mitarbeiterbezogene Faktoren	Alter, Dauer der Unternehmenszugehörigkeit, Familienstand, Anzahl der Kinder, Unterhaltspflichten, Geschlecht, Ausbildungsstand, Gesundheitszustand, Schwangerschaft, sozialer Druck durch soziales Umfeld, berufliche Situation des Ehepartners, Wunsch nach beruflicher Veränderung, Absicht einer beruflichen Höherqualifizierung, Wunsch nach Familiengründung, Intelligenz, potenzielles Leistungsvermögen
Arbeitsplatzbezogene Faktoren	Arbeitszufriedenheit, Rollenklarheit, Rollenkonflikte, Autonomie, Einbezug in Entscheidungen, Aufgabenvielfalt, Stress, emotionale Beanspruchung, wahrgenommene Gefahr einer Degradierung, Einbindung in organisationsinterne Netzwerke, Hierarchielevel, Entgelthöhe, Entgeltzufriedenheit, Beziehungsqualität zu Vorgesetzten und Kollegen, Arbeitsplatzsicherheit
Unternehmensbezogene Faktoren	Unternehmensgröße, Branchenzugehörigkeit, Karriereperspektive, interne Stellenalternativen, organisationsinterne Gerechtigkeit, Unternehmenskultur, Entgeltspreizung, Unternehmensimage, unternehmensbezogene Schocks (Insolvenz, Verkauf, Zukauf von Unternehmen), Anzahl von Freunden und Verwandten in der Organisation, Häufigkeit der Empfehlung der Organisation als Arbeitgeber durch Bekannte und Freunde
Arbeitsmarktbezogene Faktoren	Arbeitslosenquote, wahrgenommene Job-Alternativen, erwarteter Nutzen einer Stellensuche, erwarteter Aufwand für die Stellensuche

Faktoren wiederum zu Oberkategorien (mitarbeiter-, arbeitsplatz-, unternehmens- und arbeitsmarktbezogene Faktoren) zusammengefasst (vgl. Tab. 11.16).

Tab. 11.17 zeigt die Richtung der Zusammenhänge zwischen den Erklärungsvariablen.

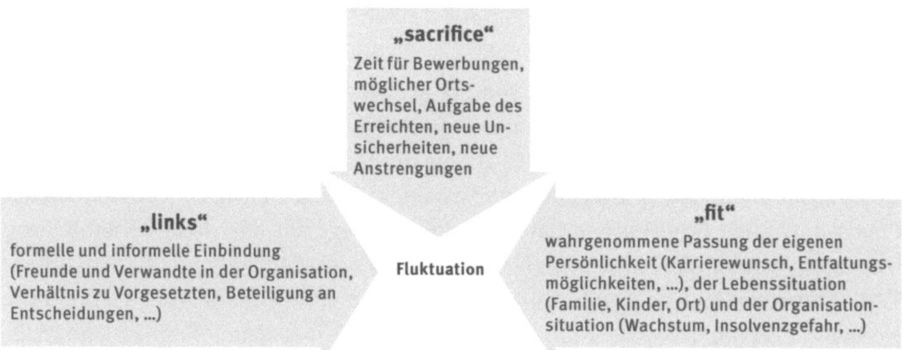

Abb. 11.28: Modell der Sozialen Einbettung.

Tab. 11.17: Tendenzaussagen zu Einflussfaktoren und Fluktuationsverhalten (vgl. Führing, 2006, S. 188).

Variablen	Auswirkungen auf Fluktuation
Mitarbeiterbezogene Faktoren	
Dienstalter	Fluktuationsrate sinkt mit steigender Betriebszugehörigkeit
Lebensalter	Fluktuationsrate sinkt mit steigendem Lebensalter
Geschlecht	Mitarbeiterinnen kündigen häufiger als Mitarbeiter
Familienstand	Ledige wechseln häufiger als verheiratete Mitarbeiter
Wohnverhältnisse	Günstige Verkehrsanbindung führt zu geringerer Fluktuationsrate
Ausbildung	Je höher die Ausbildung, desto geringer die Fluktuationsrate
Berufsstatus	Arbeiter wechseln häufiger als Angestellte, technische Angestellte häufiger als kfm.
Unternehmensbezogene Faktoren	
Standort	Fluktuationsrate steigt in Ballungsgebieten
Betriebsgröße	Großbetriebe weisen eine höhere Fluktuationsrate als Kleinbetriebe auf
Branche	Abnehmende Fluktuationsraten von: Baugewerbe, Dienstleistung, Landwirtschaft, Handel, Geld- und Versicherungswesen, Bergbau zum öffentlichen Dienst
Sozial-ökonomische Bedingungen	Personalentwicklung und Aufstiegschancen lässt Fluktuationsrate sinken
Technisch-organisatorische Bedingungen	Enge Taktzeiten und Schichtarbeit erhöhen Fluktuationsrate
Arbeitsmarktbezogene Faktoren	
Jahreszeit	Frühjahr und Herbst mit hoher Fluktuationsrate
Konjunktur	Im Konjunkturhoch höhere Fluktuationsraten als im Konjunkturtief
Arbeitsmarkt	Je höher die Arbeitslosenquote, desto niedriger die Fluktuationsrate
Staatliche Aktivität	Staatliche Mobilitätsförderung erhöht Fluktuationsrate kaum

11.6.4 Strategien der Mitarbeiterbindung

Die Schwierigkeit, aus der Vielzahl von Erklärungsvariablen Konsequenzen für eine Mitarbeiterbindungsstrategie zu ziehen, ergibt sich nicht nur aus der quantitativen Anzahl der Variablen, sondern auch aus dem unklaren (und teilweise widersprüchlichen) Zusammenhängen zwischen den Variablen. So haben sich im Verständnis der Praxis unzählige Best-Practice-Kataloge etabliert, mit der eine Mitarbeiterbindung hergestellt werden soll. Die Vorschläge reichen hier vom Aufstellen von Obstkörben, Einrichtung von Kaffeeecken bis hin zum Etablieren eines Casual Fridays. Alternativ werden die Ergebnisse von Umfragen publiziert, die belegen sollen, welche Maßnahmen die Mitarbeiterbindung erhöhen. Als wiederkehrende Vorschläge werden die Förderung guter Leistung, die Durchführung von Feedback-Gesprächen, Mentorenmodelle, Weiterbildungsmaßnahmen oder flexible Arbeitszeitmodelle diskutiert.

Auch wenn alle diese Maßnahmen voraussichtlich nicht schaden, so ist doch ihr Erfolg (im Sinne einer höheren Mitarbeiterbindung) nicht belegt bzw. werfen wieder neue Probleme auf (vgl. Scholz, 2011, S. 465).

- Die Vorschläge implizieren **Aktionismus**, bei dem aus dem Problem einer zu geringen Mitarbeiterbindung sofort auf angeblich geeignete Maßnahmen geschlossen wird.
- Die Vorschläge basieren auf der Annahme: „One size fits all" ohne auf die **Besonderheiten** der Situation oder des Unternehmens einzugehen.
- Sie implizieren einen **Maßnahmekatalog**, dem eine sachlogische Begründung fehlt, sodass man das Problem der Fluktuation zwar erkennt, aber nur zufällig bearbeitet.

Im Folgenden sollen die Modelle zur Mitarbeiterbindung aus der Perspektive der Theorie und Praxis erläutert werden.

Theoretische Erklärungen für Mitarbeiterbindung: Commitment

Etzoni (1975) führt Mitarbeiterbindung auf mehrere Faktoren zurück:

- **kalkulative Bindung** (das Ergebnis einer Kosten-Nutzen-Abwägung),
- **normative Bindung** aus einem Pflichtgefühl heraus,
- **affektive Bindung**, die durch emotionale Verbundenheit entsteht und
- **Bindung durch Zwang** als extreme Ausprägung der zuvor genannten Bindungsarten.

Aus der Kreuzung der Bindungsfaktoren und betrieblichen Einflussebenen ergibt sich eine Vielzahl von Aktionsfeldern für ein Bindungsmanagement (vgl. Tab. 11.18).

Tab. 11.18: Bindungsstrategien (verkürzt und verändert nach Klimecki/Gmür, 2005, S. 337).

	Kalkulative Bindung	Normative Bindung	Affektive Bindung	Zwangsbindung
Unternehmensebene	Arbeitsplatzsicherheit garantieren und mit einem hohen Entgeltniveau kombinieren	Betriebszugehörigkeit aufgrund einer Familientradition	Positives Unternehmensimage, gesellschaftliche Wertschätzung	Arbeitsvertragliche Wettbewerbsverbote
Aufgabenebene	Aufgaben und Projekte übertragen, die die Karriere fördern können	Gefühl der Unersetzbarkeit vermitteln	Zufriedenheit durch Freiräume erzeugen	Spezifische Aufgaben, so dass nur Wissen aufgebaut werden kann, das im Unternehmen nutzbar ist
Beziehungsebene	Kontakte ermöglichen, die die Karriere fördern können	Mitarbeiter als Mentor einsetzen	Freundschaften und Beziehungen am Arbeitsplatz	Abhängigkeit zwischen Vorgesetzten und Mitarbeiter erzeugen

Eine solche Vorgehensweise löst aber die oben aufgeführten Probleme nicht grundlegend. Eine Alternative stellt der strategische Ansatz dar. Dieser ermöglicht die Analyse und Entwicklung einer an das Unternehmen angepasste Mitarbeiterbindungsstrategie.

Strategische Mitarbeiterbindung

Will man die oben skizzierten Probleme umgehen (blinder Aktionismus, vorgefertigte Lösungen und standardisierte Maßnahmekataloge), kann man auf die Vorgehensweise aus der Strategielehre zurückgreifen.

Die Entwicklung einer Strategie folgt hier einem Prozess mehrerer aufeinander aufbauenden Schritte (bspw. Situationsanalyse, Problemdefinition, Alternativsuche und -bewertung sowie der Ableitung von Maßnahmen). Überträgt man die Grundüberlegungen der Strategielehre auf den Kontext der Mitarbeiterbindung, lassen sich zur Konkretisierung der einzelnen Schritte folgende Fragen zur Entwicklung einer Mitarbeiterbindungsstrategie ableiten (vgl. Abb. 11.29): Wer verlässt uns (Situationsanalyse)? Warum verlassen uns Mitarbeiter (Problemdefinition)? Die Alternativsuche und -bewertung kann im Kontext der Mitarbeiterbindung umgedeutet werden in die Frage: Wer wird als Nächstes gehen, in welchem Bereich wird die ungewollte Fluktuation eintreten? Aus den so gewonnenen Erkenntnissen können Maßnahmen abgeleitet werden:

– **Situationsanalyse:** Welche Mitarbeitergruppen sollen analysiert werden (bspw. organisational: Unternehmensebene, Länderebene, strategische Geschäftseinheiten, …; funktional: Personalfunktion, Einkauf, Produktion, Logistik, Finanzen, …; Hierarchie: Führungsebene 1, Führungsebene 2, …; Berufsgruppen: technische, kaufmännische, gewerbliche Mitarbeiter, …)? Wie hoch ist die Fluktuation (aufgeteilt in erwünschte und unerwünschte Fluktuation)? Gibt es Vergleichskennzahlen (aus der Vergangenheit, aus anderen Unternehmenszweigen, aus anderen Unternehmen)?
– **Problemdefinition:** Warum verlassen uns Mitarbeiter (interne Gründe: fehlende Perspektive, Vergütung, Unternehmenskultur, Vorgesetzten-Kollegen-Beziehung, …; externe Gründe: Region, Familie, andere Einflüsse)?
– **Wirkungsanalyse:** Folgt man dem erkannten Muster, wer wird als Nächstes gehen? Welche Bereiche werden von ungewollter Fluktuation betroffen sein?
– **Maßnahmendefinition:** Was müssen wir tun? Welche Maßnahmen müssen umgesetzt werden?

Die aufgeworfenen Fragen können durch Rückgriff auf ggf. schon vorhandene Instrumente beantwortet werden (vgl. Tab. 11.19). Bspw. kann das Personalcontrolling durch die Bereitstellung von differenzierten Fluktuationskennzahlen Hinweise für die Problemdefinition liefern. Die Frage „Warum verlassen uns die Mitarbeiter?" (Ursachenanalyse) kann bspw. durch die Auswertung von Austrittsgesprächen (exit interviews) beantwortet werden. In den Austrittsgesprächen werden Mitarbeiter befragt,

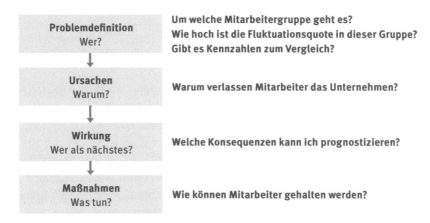

Abb. 11.29: Bausteine für eine Mitarbeiterbindungsstrategie (in Anlehnung an Trost, 2014).

die das Unternehmen verlassen, was die wesentlichen Fluktuationsursachen waren (bspw. auf Unternehmens-, Abteilungs- oder individueller Ebene). Ggf. können die Interviews durch „postexit surveys" ergänzt werden. Hier werden Mitarbeiter, die das Unternehmen schon länger verlassen haben, mit etwas Zeitabstand nochmals befragt, was ursächlich für ihre Kündigungsentscheidung war. Die so gewonnene Datenbasis kann dann analysiert werden, um Prognosen oder Maßnahmen abzuleiten. Zur Prognose (Wirkungsanalyse) können bspw. die Ergebnisse von Mitarbeitergesprächen, Führungskräftebefragungen oder Mitarbeiterbefragungen genutzt werden. Die abgeleiteten Maßnahmen orientieren sich an den Ergebnissen der vorherigen Schritte.

Tab. 11.19: Instrumente der Ursachen- und Maßnahmenanalyse (in Anlehnung an Trost, 2014).

Instrumente zur Problemdefinition	Instrumente zur Ursachenanalyse	Instrumente zur Wirkungsanalyse
– Differenzierte Fluktuationskennzahlen	– Exit-Interviews – Post-Exit-Interviews	– 360-Grad-Beurteilungen – Mitarbeitergespräch – Mitarbeiterbefragungen
	Abgeleitete Maßnahmen	
Unternehmensebene:	**Aufgabenebene:**	**Personenebene:**
– Arbeitgeberimages – Arbeitszeitflexibilität – Gehaltsniveau – …	– Personalentwicklung – Karrieremöglichkeiten – Autonomie erweitern – …	– Neue Aufgaben – Neues Umfeld – Führungskräfteschulungen – …

12 Controlling personeller Ressourcen und Ergebnisse von Arbeit

Das Personalcontrolling hat sich in vielen Unternehmen etabliert und bildet in größeren Unternehmen häufig eine eigenständige Organisationseinheit. Dahinter steht die Idee, rationalere personalwirtschaftliche Entscheidungen auf Basis von Informationen treffen zu können (vgl. Scherm/Pietsch, 2005, S. 43).

Wie und ob dieses Ziel erreicht werden kann, soll Gegenstand des folgenden Kapitels sein. In Kap. 12.1 wird das Themengebiet systematisiert, bevor in Kap. 12.2 die Instrumente und Ansätze vorgestellt und diskutiert werden. Kap. 12.3 geht auf die Grenzen der quantitativen und qualitativen Personalberichterstattung ein.

12.1 Systematisierung des Personalcontrollings

Viele der Aussagen, die für die Personalplanung in Kap. 5 gelten, behalten auch für das Personalcontrolling ihre Gültigkeit. Dies überrascht nicht, da das Personalcontrolling (Erfassung des Ist-Zustands) als gedankliches Gegenstück zur Personalplanung (Konzeption des Soll-Zustands) betrachtet werden kann.

Personalcontrolling ist die auf den Erfolg der Unternehmung ausgerichtete Kontrolle und Steuerung personalwirtschaftlicher Maßnahmen (vgl. Berthel, 2004).

Die Ergebnisse der Abweichungsanalysen können dann wieder zur Grundlage des Planungsprozesses werden und gleichzeitig aber auch zur Steuerung personalwirtschaftlicher Aktivitäten herangezogen werden.

Rückblick

Die Idee des Controllings als betriebswirtschaftliche Funktion wurde in Deutschland in den 1960er-Jahren aufgegriffen und diskutiert. Man folgte damit den Anschauungen aus den USA, die das Controlling bereits Anfang des 20. Jahrhunderts institutionalisierten.

Organisatorisch wurde das Controlling als Teilbereich der Finanzbuchhaltung oder Bilanzierung verortet. So verfestigte sich die Idee des Controllings als Instruments zur vergangenheitsorientierten Ex-post-Beurteilung. Erst langsam wurde der Bezugsrahmen um ex-ante-Steuerungsaufgaben erweitert und das ursprünglich buchhalterisch-orientierte Controlling auf andere Funktionsbereiche ausgedehnt. Das Personalcontrolling stellt daher ein funktionsspezifisches Controlling (bspw. wie das Einkaufs-, Produktions-, Vertriebs- oder Forschungscontrolling auch) dar (vgl. Geber-Ruhland, 2006, S. 6 f.).

https://doi.org/10.1515/9783110541526-012

Funktionen des Personalcontrollings

Während der Personalplanung vornehmlich eine Beobachtungs-, Prüf- und Beitragsfunktion zukommt, zählt zu den Funktionen des Personalcontrollings die Informations- und Steuerungsfunktion.

Dabei besteht die **Informationsfunktion** in der Sammlung, Aufbereitung, Bereitstellung und Kontrolle von Informationen über die Wirkung personeller Ressourcen und personalwirtschaftlichen Maßnahmen. Damit wird deutlich, dass vor allem die Beschaffung und Aufbereitung personalwirtschaftlich relevanter Informationen für die Personalplanung und -kontrolle im Vordergrund steht. Die Informationsfunktion dient so dazu, die vorhandenen personalwirtschaftlichen Informationsdefizite des Unternehmens abzubauen.

Die **Steuerungsfunktion** soll die Personal- und Unternehmensleitung kurzfristig in die Lage versetzen, auf der Basis verfügbarer Informationen (vgl. Scherm, 1992, S. 320)

- in der Gegenwart bestmögliche Entscheidungen treffen zu können,
- auf bereits getroffene Entscheidungen nachträglich reagieren zu können oder
- Entscheidungen für die Zukunft infrage stellen zu können.

Damit dient das Personalcontrolling der Entwicklung, Umsetzung und Kontrolle einer Personalstrategie.

Untersuchungsebenen

Je nach Interessenlage und Informationsverfügbarkeit kann das Personalcontrolling auf unterschiedlichen Ebenen Aussagen über personalwirtschaftliche Zusammenhänge treffen. Dabei nimmt die Unbestimmtheit und Vagheit der Aussagen auf jeder Ebene zu (vgl. zu den Ebenen Gebele-Ruhland, 2006, S. 11; Tab. 12.1; ferner zur Kritik Kap. 12.3).

- **Kosten-Controlling**: Auf dieser Ebene erfolgt die Kontrolle und Steuerung durch eine Betrachtung der Personalkosten und Kosten für eine Personalabteilung (Kernfrage: „Was kostet uns das?").
- **Effizienz-Controlling**: Die zweite Ebene untersucht nicht mehr die periodenbezogenen Aufwände, sondern stellt den personalwirtschaftlichen Wertschöpfungsprozess in den Mittelpunkt. Bspw. werden die einzelnen Schritte des Rekrutierungs- oder Entwicklungsprozesses dahingehend analysiert, ob der Ressourceneinsatz bzw. der benötigte Zeitaufwand im Hinblick auf das verfolgte Ziel ressourcenoptimiert ausgestaltet ist (Kernfrage: „Machen wir das richtig?").
- **Effektivitäts-Controlling**: Die dritte Ebene untersucht einzelne Prozesse und ihre Auswirkungen für den Erfolg des Unternehmens. Dabei sollen Fragen der Notwendigkeit oder Zweckmäßigkeit personalwirtschaftlicher Aktivitäten beantwortet werden (Kernfrage: „Machen wir das Richtige?").

Tab. 12.1: Drei Ebenen des Personalcontrollings (verändert und erweitert nach Wunderer/Sailer, 1987, S. 605).

	Kosten-Controlling	Effizienz-Controlling	Effektivitäts-Controlling
Kernfrage	Was kostet es?	Machen wir die Dinge richtig?	Machen wir die richtigen Dinge?
Zielsystem	Informationen über Entwicklung und Struktur der Personalkosten	Überwachung, Analyse und Optimierung des Ressourceneinsatzes	Legitimation der personalwirtschaftlicher Aktivitäten
Planungsgrößen	Personalkosten, getrennt nach Kostenarten-, -stellen und Periode	Soll- und Ist-Kosten der einzelnen Prozesse	Arbeitsproduktivität (direkt), Indikatoren (indirekt, bspw. Fluktuation, Absentismus, Fehlerquote, …)
Paradigma	Personal als Kostenfaktor	Personalarbeit als innerbetrieblicher Service	Personal als Investition
Erfolgskriterium	Einhaltung des Budgets	Minimierung der Ressourcen für definierte Prozesse	Rentabilität der Investition
Zeitperspektive	Planungsperiode (Monat, Jahr)	Prozessdauer	(meist) mehrere Planungsperioden
Daten	Budgets, Stundenlöhne, Abweichungsanalysen	MTM, REFA, Personalinformationssysteme	Strategy Maps, …

12.2 Instrumente und Ansätze des Personalcontrollings

Instrumente des Personalcontrollings sind darauf ausgerichtet, die betriebswirtschaftliche Bedeutung der Personalarbeit zu erfassen und in allgemein gebräuchlichen ökonomischen Begriffen zum Ausdruck zu bringen (vgl. Wunderer/Sailer, 1987, S. 606). Da die begrenzte Quantifizierbarkeit vieler qualitativer Aspekte der Personalarbeit die Bewertung nach klassischen Rentabilitäts- und Wirtschaftlichkeitskriterien nur unter Inkaufnahme größtmöglicher Abstraktion möglich ist, wurden und werden immer wieder neue Evaluationsmethoden, Maßstäbe und Kennziffern entwickelt (vgl. für die folgenden Darstellungen in Kap. 12.2.1 bis Kap. 12.2.4 ausführlich Scholz/Stein/Bechtel, 2011, S. 60 ff.; Abb. 12.1).

12.2.1 Marktwertorientierte Ansätze

Marktwertorientierte Ansätze bewerten personelle Ressourcen anhand von marktseitigen Einschätzungen. Sie vergleichen Markt- und Buchwerte eines Unternehmens. Übersteigt der Marktwert den Buchwert (also die Sachwerte) eines Unternehmens, so wird dies dem Humankapital zugeschrieben. Bewertet die Börse das Unternehmen da-

Ansätze des Personalcontrollings

Marktwert-orientierte Ansätze	Accounting-orientierte Ansätze	indikatorenbasierte Ansätze	Value Added-Ansätze	prozessorientierte Ansätze
– Markt-Buchwert-Relation – Markt-Buchwert-Differenz – Human Capital Market Value – Tobin's q	– Human Resource Accounting – Entgeltbarwert	– Skandia Navigator – Wissensbilanz – Summenmodell – HR Balanced Scorecard – Saarbrücker Formel	– Economic Value Added – Human Economic Value Added – Human Capital Value Added – Workonomics	– Budgetierung auf Fortschreibungs-basis – Zero Base Budgeting – Prozesskosten-rechnung

Abb. 12.1: Übersicht über die Controlling-Ansätze.

gegen schlechter als in der Bilanz ausgewiesen, so deutet dies auf ein mögliches Defizit im Bereich des Humankapitals hin (vgl. im Folgenden Scholz/Stein/Bechtel, 2011).

Der marktwertorientierte Ansatz überlässt die Wertermittlung des Humankapitals den Shareholdern eines Unternehmens (und nicht dem Management). Dies setzt voraus, dass das zu analysierende Unternehmen börsennotiert ist. Hierzu werden die frei verfügbaren Unternehmensdaten in Bezug gesetzt; als Basisformel ergibt sich:

Humankapital = f(Marktwert, Buchwert, Mitarbeiterzahl)

Markt-Buchwert-Relation

Die Markt-Buchwert-Relation (vgl. Tab. 12.2) ermittelt einen Quotienten aus dem Marktwert (bspw. die Börsen- oder Marktkapitalisierung; Anzahl der Aktien x Börsenkurs) und dem Buchwert (ausgewiesen das durch das auf der Passivseite der Bilanz ausgewiesene Eigenkapital):

Markt-Buchwert-Relation = Marktwert / Buchwert

Die Relation des Marktwerts zum Buchwert eines Unternehmens kann Werte größer als 0 annehmen. Ein Wert größer als 1 signalisiert das durch die Marktbewertung vermutete Humankapital; ein Wert kleiner als 1 soll mögliche Defizite im Kontext humaner Ressourcen aufdecken. Durch die ermittelte Markt-Buchwert-Relation können direkte Vergleiche mit Wettbewerbern, Branchendurchschnitte oder im Zeitablauf gezogen werden.

Der Nutzen liegt vor allem darin begründet, dass das Konzept immaterieller Vermögenswerte veranschaulicht werden kann. Zudem ist die Relation einfach und mit öffentlich verfügbaren Daten zu ermitteln. Auf der anderen Seite ist der Nutzen der Kennzahl beschränkt, da der Marktwert durch den Börsenkurs sachfremden (im Sinne der Kennzahl) Einflüssen unterworfen ist. Darüber hinaus liefert die Kennzahl keine Erkenntnisse für weitere Handlungen. Ursachen, Unterschiede und Wirkmechanismen werden nicht erklärt.

Tab. 12.2: Markt-Buchwert-Relation (Beispiel entnommen aus Scholz/Stein/Bechtel, 2011, S. 61).

	Marktwert (Tsd €)	Buchwert (Tsd €)	HC = $\frac{\text{Marktwert}}{\text{Buchwert}}$
SAP	23.800.000	2.928.270	**8,128**
Adidas-Salomon	3.738.000	1.136.872	**3,288**
Schering	8.145.000	2.949.000	**2,762**
Henkel	8.120.000	3.363.000	**2,415**
Metro	7.510.000	4.246.000	**1,769**
RWE	13.700.000	8.924.000	**1,535**
Deutsche Telekom	51.400.000	35.416.000	**1,451**
BMW	18.991.390	13.871.000	**1,369**
Siemens	30.273.000	24.062.000	**1,258**
BASF	20.580.000	16.942.200	**1,215**
Linde	4.174.000	4.119.000	**1,013**
Bayer	14.900.000	15.455.000	**0,964**
DaimlerChrysler	29.730.000	35.346.000	**0,841**
Deutsche Lufthansa	3.350.450	4.172.000	**0,803**
MAN	1.914.000	2.891.000	**0,662**
Volkswagen	12.300.000	24.691.000	**0,498**

Tab. 12.3: Markt-Buchwert-Differenz (Beispiel entnommen aus Scholz/Stein/Bechtel, 2011, S. 64).

	Marktwert (Tsd €)	Buchwert (Tsd €)	HC = Marktwert – Buchwert
SAP	23.800.000	2.928.270	**20.871.730**
Deutsche Telekom	51.400.000	35.416.000	**15.984.000**
Siemens	30.273.000	24.062.000	**6.211.000**
Schering	8.145.000	2.949.000	**5.196.000**
BMW	18.991.390	13.871.000	**5.120.390**
RWE	13.700.000	8.924.000	**4.776.000**
Henkel	8.120.000	3.363.000	**4.757.000**
BASF	20.580.000	16.942.200	**3.637.800**
Metro	7.510.000	4.246.000	**3.264.000**
Adidas-Salomon	3.738.000	1.136.872	**2.601.128**
Linde	4.174.000	4.119.000	**55.000**
Bayer	14.900.000	15.455.000	**−555.000**
Deutsche Lufthansa	3.350.450	4.172.000	**−821.550**
MAN	1.914.000	2.891.000	**−977.000**
DaimlerChrysler	29.730.000	35.346.000	**−5.616.000**
Volkswagen	12.300.000	24.691.000	**−12.391.000**

Markt-Buchwert-Differenz

Die Markt-Buchwert-Differenz (vgl. Tab. 12.3) stützt sich auf ähnliche Überlegungen wie die Markt-Buchwert-Relation. Im Gegensatz hierzu ergibt sich keine Verhältniszahl, sondern ein absoluter Geldbetrag.

Humankapital = Marktwert – Buchwert

Er soll den Wert des immateriellen Vermögens darstellen. Ein positiver Wert signalisiert das Vorhandensein von Humankapital, ein negativer Wert verdeutlicht ein Defizit.

Die Vorteile und Probleme dieses Ansatzes decken sich mit denen der Markt-Buchwert-Relation.

Human Capital Market Value

Die beiden angesprochenen Verfahren wurden von Fitz-Enz weiterentwickelt. Sein Ansatz des Human Capital Market Value (HCMV) schlägt die Umrechnung der global ermittelten Werte in mitarbeiterbezogene Kennzahlen vor (vgl. Tab. 12.4). Hierzu dividiert er die Differenz zwischen Markt- und Buchwert durch die Mitarbeiter eines Unternehmens.

Humankapital = (Marktwert – Buchwert)/FTE

Als Mitarbeitergröße bezieht sich der HCMV auf das „Full Time Equivalent" (FTE), der die Mitarbeiteranzahl nicht pro Kopf, sondern als Anteil der Vollzeitstellen ausweist (bspw. entsprechen zehn Mitarbeiter mit einer 50 %-igen Teilzeitstelle fünf FTE).

Tab. 12.4: Human Capital Market Value (Beispiel entnommen aus Scholz/Stein/Bechtel, 2011, S. 68).

	Marktwert (Tsd €)	FTE	$HC = \frac{Marktwert - Buchwert}{FTE}$
SAP	23.800.000	28.797	724.788
Schering	8.145.000	26.635	195.082
Adidas-Salomon	3.738.000	14.716	176.755
Henkel	8.120.000	48.638	97.804
Deutsche Telekom	51.400.000	255.969	62.445
BMW	18.991.390	101.395	50.499
BASF	20.580.000	89.389	40.696
RWE	13.700.000	131.765	36.246
Metro	7.510.000	191.152	17.043
Siemens	30.273.000	426.000	14.580
Linde	4.174.000	46.521	1.182
Bayer	14.900.000	120.884	−4.591
Deutsche Lufthansa	3.350.450	85.270	−9.635
MAN	1.914.000	75.054	−13.017
DaimlerChrysler	29.730.000	365.571	−15.362
Volkswagen	12.300.000	324.892	−38.139

Problematisch ist hierbei, dass die individualisierte Kennzahl „eines" Mitarbeiters Fehlschlüsse zulässt. Die Umrechnung globaler Werte auf einen Mitarbeiter ist ggf. in einem kleinen Unternehmen mit homogener Mitarbeiter- und Qualifikationsstruktur noch zulässig, in großen Unternehmen ist die Aussagekraft gering.

Tobins q

Die von dem Nobelpreisträger Tobin entwickelte Kennzahl (vgl. Tab. 12.5) wurde ursprünglich zur Beurteilung von Investitionsentscheidungen herangezogen. Die Verhältniszahl q gibt die Relation zwischen dem Marktwert und den (imaginären) Wiederbeschaffungskosten einer Investition wieder.

Humankapital = Marktwert/Wiederbeschaffungskosten

Die Wiederbeschaffungskosten des Anlagevermögens eines Unternehmens lassen sich ggf. bilanziell (unter Inkaufnahme abschreibungsbedingter Verzerrungen) ermitteln.

Ein hohes q soll dabei auf ein marktseitig eingeschätztes, aber nicht bilanziell ausgewiesenes Humanressourcenpotenzial hinweisen.

Tab. 12.6 fasst die Vor- und Nachteile der marktwertorientierten Bewertungsverfahren zusammen.

Tab. 12.5: Tobins q (Beispiel entnommen aus Scholz/Stein/Bechtel, 2011, S. 74).

	Marktwert (Tsd €)	Anlagevermögen (Tsd €)	HC = Tobins q
SAP	23.800.000	1.638.563	14,525
Schering	8.145.000	2.196.000	3,709
Adidas-Salomon	3.738.000	1.207.467	3,096
Henkel	8.120.000	4.927.000	1,648
Siemens	30.273.000	26.234.000	1,154
BMW	18.991.390	18.829.000	1,009
BASF	20.580.000	20.458.200	1,006
Metro	7.510.000	11.688.000	0,643
Bayer	14.900.000	23.513.000	0,634
Linde	4.174.000	8.037.000	0,519
MAN	1.914.000	3.762.000	0,509
Deutsche Telekom	51.400.000	111.526.000	0,461
DaimlerChrysler	29.730.000	78.729.000	0,378
Volkswagen	12.300.000	34.563.000	0,356
Deutsche Lufthansa	3.350.450	11.713.700	0,286
RWE	13.700.000	61.577.000	0,222

Tab. 12.6: 12.6: Vor- und Nachteile marktwertorientierter Bewertungsverfahren.

Vorteile	Nachteile
– Einfache Datenbeschaffung	– Unternehmen muss börsennotiert sein
– Ermittlung wird nicht dem Management überantwortet	– Marktwert unterliegt Einflüssen, die weit über das Humankapital hinausgehen
– Breite Vergleichsbasis	– Scheingenauigkeit durch „exakte" Daten
– Idee der immateriellen Vermögenswerte wird deutlich	– Branchen- oder produktionsbedingte (bspw. teurer Maschinenpark) Verzerrungen

12.2.2 Accountingorientierte Ansätze

Accountingorientierte Ansätze (vgl. Flamholtz, 1999) stellen darauf ab, das Humankapital über Investitionen und entsprechende Abschreibungen bilanziell zu erfassen. Dabei erfolgt die Bewertung des Humankapitals entweder nach dem Kosten- oder nach dem Wertprinzip. Beim Aufwandsprinzip wird das Personal aufgrund der angefallenen Aufwendungen bewertet. Diese Aufwendungen werden kapitalisiert und über ihre Nutzungsdauer hinweg abgeschrieben. Beim Wertprinzip werden zukünftige Leistungsbeiträge einzelner Mitarbeiter prognostiziert und monetär bewertet (vgl. im Folgenden Scholz/Stein/Bechtel, 2011).

Als Basisformel für diese Ansätze ergibt sich:

Humankapital = f(Personalaufwand, Abschreibungen)

Human Resource Accounting

Die Entstehungsgeschichte des Human Resource Accounting reicht bis zu den 1960er-Jahren zurück. Der Grundgedanke ist, dass personalbezogene Aufwendungen Investitionscharakter haben (bspw. eine Aufwendung für eine Weiterbildungsmaßnahme). Im Unterschied zu Investitionen in Sachanlagen wird der geschaffene Wert aber weder erfasst noch periodisch verursachungsgerecht zugerechnet.

Das Beispiel in Tab. 12.7 zeigt eine bilanzielle Erfassung des Humanvermögens eines Mitarbeiters vom Zeitpunkt des Eintritts in t_1 bis zum Zeitpunkt t_3. Seine eingebrachte Grundqualifikation (Abschluss als Bachelor in BWL) wurde mit 450.000 Euro und einer Nutzungsdauer von 30 Jahren bewertet (= jährliche Abschreibungen i. H. v. 15.000 Euro). In t_2 hat der Mitarbeiter an diversen Qualifikationsmaßnahmen teilgenommen (angenommene Nutzungsdauer für die SAP-Schulung und das Führungsseminar zwei Jahre, für die Projektmanagement-Schulung vier Jahre und für die Auslandserfahrung fünf Jahre). Aus dem Anfangsbestand sowie den Zu- und Abgängen errechnet sich ein Humanvermögen in t_3 von 437.000 Euro.

Tab. 12.7: Beispiel eines Humanvermögenskontos (vgl. Scholz/Stein/Bechtel, 2011, S. 83).

SOLL		HABEN	
Abschluss Bachelor	450.000 €	Abschreibung für Abschluss	45.000 € (= 3 × 15.000 €)
SAP-Schulung	15.000 €	Abschreibung SAP	7.500 €
Führungsseminar	10.000 €	Abschreibung Führungsseminar	5.000 €
Projektmanagement	10.000 €	Abschreibung Projektmanagement	2.500 €
Auslandseinsatz	15.000 €	Abschreibung Auslandseinsatz	3.000 €
		SALDO (=Humanvermögen)	**437.000 €**
	500.000 €		**500.000 €**

Entgeltbarwert-Ansatz

Eine weitere Analogie aus der Investitionsrechnung stellt der Entgeltbarwert-Ansatz dar. Ausgangspunkt ist der jährliche Personalaufwand aller Mitarbeiter (bspw. Löhne und Gehälter, Aufwendungen für Ausbildung und Qualifikation, …) und ein Konversionsfaktor, der die im Zeitablauf eintretenden Personalaufwandsveränderungen mit einem Diskontierungsfaktor verrechnet. Zur Berechnung des Konversionsfaktors benötigt man die jährlichen Gehaltssteigerungsraten, den Langfristzinssatz und die durchschnittliche Restzeit bis zum Renteneintritt.

Auf der Basis des Durchschnittsalters der Belegschaft wird berechnet, wie viele Jahre der Personalaufwand noch (bis zum durchschnittlichen Renteneintritt) anfällt. Der Ansatz schätzt so den kumulierten Personalaufwand für die restliche durchschnittliche Verweildauer im Unternehmen und zinst diesen auf einen Barwert ab.

Für die Darstellung eines Beispiels (vgl. Tab. 12.8) wurden folgende Annahmen getroffen. Der Personalaufwand beträgt p. a. 36 Mio. Euro, Die Steigerungsrate (bspw. Tarifveränderungen, sonstige Gehaltserhöhungen) beträgt 3 %. Der Langfristzinssatz (= Diskontierungsfaktor) wird mit 7 % angegeben und die Laufzeit (= Rentenalter – Durchschnittsalter) beträgt 25 Jahre.

Tab. 12.8: Entgeltbarwert-Ansatz (vgl. Scholz/Stein/Bechtel, 2011, S. 87).

Zeitpunkt (t)	Personalaufwand	Diskontierter Personalaufwand
1	100	100
2	103	$\frac{1}{(1+0{,}07)^1} \times 103 \cong 96$
…	…	
24	203	$\frac{1}{(1+0{,}07)^{24}} \times 203 \cong 37$
25	209	$\frac{1}{(1+0{,}07)^{25}} \times 209 \cong 35$

Konversionsfaktor Σ Personalaufwendungen / 100 = 1.518 / 100 = 15,18

Humankapital = Personalaufwand × Konversionsfaktor = 36 Mio € *15,18 = 546 Mio €

Es ist der Verdienst accountingorientierter Ansätze, einen Bewusstseinswandel eingeleitet zu haben. Die Analogie zur Investitionstheorie bzw. zur Bilanzierung hat ein grundlegendes Verständnis dafür geschaffen, dass bspw. Maßnahmen der Personalentwicklung nicht nur als Kostenfaktoren, sondern auch als Investitionsobjekt aufgefasst werden können.

Allerdings sind in der personalwirtschaftlichen Praxis auch die Ansätze der accountingorientierten Bewertung nur bedingt von Nutzen. So fehlen nachvollziehbare Rechenregeln, die die vergangenheitsorientierten Informationen buchhalterisch dokumentieren. So werden Ergebnisse beliebig generierbar.

12.2.3 Indikatorenbasierte Ansätze

Indikatorenbasierte Ansätze ermitteln Kennzahlen und weisen diese entweder in einem bestimmten Index oder aggregiert zu einer neuen Kennzahl aus. Kennzahlen wie Fluktuationsrate, Trainings- und Weiterbildungszeit sowie -kosten und Wertschöpfung pro Mitarbeiter werden dabei häufig in Indizes zur Bewertung des Humankapitals zusammengefasst. In der Praxis stehen verschiedene, mehr oder weniger standardisierte Indizes zur Verfügung, die im Sinne eines strategischen Personalmanagements jeweils den strategischen Zielen des Unternehmens angepasst werden sollten (vgl. im Folgenden Scholz/Stein/Bechtel, 2011). Die Basisformel lautet:

Humankapital = $\sum$ Indikatoren

Skandia Navigator

Der Skandia Navigator der schwedischen Versicherungsgruppe Skandia wurde zur Managementunterstützung und Unternehmensentwicklung Mitte der 1980er-Jahre konzipiert. Seit 1991 wurden bei Skandia alle immateriellen Vermögen, die nicht in der Bilanz berücksichtigt werden (bspw. Datenbanken, IT-Systeme, Partner, Allianzen oder Kundenbeziehungen), systematisch erfasst.

Die Ermittlung konkreter Werte konzentriert sich auf fünf Dimensionen:
- Financial Focus,
- Customer Focus,
- Process Focus,
- Renewal and Development Focus und
- Human Focus.

Die einzelnen Dimensionen werden weiter in Kennzahlen aufgespalten. Zur Erfassung des Dimension Human Focus werden bspw. folgende Kennzahlen vorgeschlagen:
- Durchschnittsalter der Mitarbeiter,
- Mitarbeiterzahl,

- Ausbildungsstand,
- Betriebszugehörigkeit,
- Fluktuationsrate,
- Qualifikationszeit und
- Gegenwartswert aller künftigen Lohn- und Gehaltszahlungen.

Die einzelnen Indikatoren werden zu einer Maßzahl verdichtet und als Wertbeitrag in Euro ausgewiesen.

Die Bedeutung des Skandia Navigators liegt in seiner Vorreiterrolle. Die detaillierte Darstellung im Anhang des Geschäftsberichts hat zahlreiche Nachahmer gefunden, sodass der Navigator jahrelang als Standard der Berichterstattung über immaterielle Werte galt.

Wissensbilanz

Die Wissensbilanz ist eine Zusammenstellung unterschiedlicher Kennziffern (vgl. Tab. 12.9). Es existiert kein einheitliches Konzept, sodass die Ausgestaltung den jeweiligen Unternehmen überlassen wird. Da die Wissensbilanz nicht zum Ziel hat, eine Maßzahl auszuweisen, wird sie auch als Kennzahlencockpit gesehen, das dem

Tab. 12.9: Beispiel für eine Wissensbilanz.

Humankapital	Ist	Soll	
Anzahl der MA	481	482	▫
Anzahl FTE	366	350	■
Frauenanteil	43 %	45 %	▫
Altersschnitt	44,2	43,5	■
Fluktuation	2,67	3,6	▫
Fehlzeiten	4,7	4,7	▫
Ausbildungsquote	5,8 %	7 %	▫
Weiterbildungstage	2,2	3,0	■
Übernahmequote	85 %	90 %	■
Strukturkapital	**Ist**	**Soll**	
Prozesse auditiert	75	77	▫
Durchlaufzeit h	11	9	■
Investitionen (Mio)	27	26	▫
Verfügbarkeit %	92 %	97 %	■
Beziehungskapital	**Ist**	**Soll**	
Bestandskunden	9.700	9.200	▫
Aufwand Marketing/Kunde	3,92	2,8	■
Neukundenquote	9 %	10 %	▫
Reklamationen	7 %	5 %	■

Betrachter die Möglichkeit eröffnet, wesentliche personalrelevante Kennzahlen in einem Soll-Ist-Vergleich überblicksartig zu erfassen.

Dabei existieren unterschiedliche Vorschläge zur Darstellung. Üblicherweise werden die Kennzahlen der Dimension Humankapital, Beziehungskapital und Strukturkapital zugeordnet. Die Auswahl der Kennzahlen, die Festlegung der Soll- und Ist-Werte, die farbliche Differenzierung (bspw. rot, gelb, grün) bleibt dem Unternehmen überlassen.

Summenmodell des Humankapitals

Das von Wucknitz konzipierte Summenmodell setzt das Humankapital aus drei Dimensionen additiv zusammen (vgl. Tab. 12.10):

Humankapital = Individuelles Kapital + Dynamisches Kapital + Strukturelles Kapital

Tab. 12.10: Matrix der Werttreiber und Kapitaldimensionen (vgl. Scholz/Stein/Bechtel, 2011, S. 137).

	Individuelles Kapital	Dynamisches Kapital	Strukturelles Kapital
Unternehmensumfeld	Gesellschaft Ökonomie		Politik und Recht
Unternehmensstruktur	Informelle Struktur	Inhaltliche Struktur	Formale Struktur
Teamprozesse		Informations-, Kommunikations-, Entscheidungsprozesse	
Führung	Führungsverhalten	Führungsprozess	
Personalmanagement	Personal im Personalbereich	HRM-Strategie HRM-Systeme HRM-Abläufe	Struktur des Personalbereichs
Arbeitsrechtliche Regelungen			Umfang Veränderbarkeit
Personalkosten			Höhe Struktur Flexibilität
Personalstruktur	Qualität		Umfang Zusammensetzung
Schlüsselkräfte	Anzahl Einsatz Verhalten		
Unternehmenskultur	Werte	Verhaltensnormen Standards	

- Das individuelle Humankapital enthält personenbezogene Faktoren (bspw. Leistungsbereitschaft, Potenzial, Führungsqualität, …).
- Das dynamische Humankapital enthält personalprozessbezogene Faktoren (bspw. Art der Zusammenarbeit im Unternehmen, Ablauforganisation, Kultur, …).
- Das strukturelle Kapital enthält personalstrukturbezogene Faktoren (bspw. Aufbauorganisation, Personalverhalten, Fluktuation, Krankenstand).

Den Dimensionen werden zehn personalwirtschaftliche Werttreiber zugeordnet. Je Werttreiber (bspw. Unternehmensumfeld, Unternehmensstruktur, Teamprozesse, Führung, …) sollen mehrere Kennzahlen ausgewählt werden, die am Ende zu einem Dimensionsindex verdichtet werden. Wucknitz stellt dafür eine Liste mit über 1.000 Messgrößen vor, die für die Ausgestaltung herangezogen werden können. Dabei gilt aus Faustregel, dass für jeden Werttreiber in jeder Dimension zwischen drei und fünf Messgrößen erhoben werden sollen.

HR Balanced Scorecard

Die HR Balanced Scorecard (vgl. Abb. 12.2) orientiert sich an der „normalen" Scorecard, wie sie Kaplan und Norten Anfang der 1990er-Jahre entwickelten. Sie zeigten mit ihrer 1990 durchgeführten Studie, dass eine Erfolgsmessung, die alleine auf finanziellen Kennzahlen beruht, nicht den Anforderungen einer sich wandelnden Unternehmenswelt gerecht werden kann. Sie schlugen daher vor, eine kennzahlengestützte Verbindung zwischen der Unternehmensstrategie und wichtigen Leistungsdimensionen herzustellen. Die Leistungsdimensionen können mit vier Fragen beschrieben werden:
- **Finanzdimension**: Welche Interessen haben die Anteilseigner? Die Finanzdimension der Scorecard bezieht demnach Kennzahlen wie bspw. Umsatzwachstum, Rentabilität oder Cashflow ein.
- **Kundendimension**: Welche Interessen haben die Kunden? Die Kundendimension wird durch Kennzahlen wie bspw. Produktqualität, Produktinnovationen oder Liefertreue und -geschwindigkeit beschrieben.
- **Interne Kundendimension**: Welche Interessen haben interne Kunden? Die Dimension betrachtet die Qualität und Geschwindigkeit der internen Geschäftsprozesse. Als Kennzahlen werden bspw. Produktivität, Ausschussraten oder Kostenkennzahlen genannt.
- **Mitarbeiterdimension**: Welche Interessen haben unsere Mitarbeiter? Hier sollen bspw. Mitarbeiterbefragungen Auskunft darüber geben, wie motiviert oder zufrieden die Mitarbeiter sind; darüber hinaus können hier personalbezogene Kennzahlen wie Fluktuation, Krankheitsquoten oder die Anzahl der Schulungstage weitere Erkenntnisse bringen.

Die Idee der HR Balanced Scorecard beruht darauf, dass das Topmanagement die Leistungsdimensionen mit Zielen füllt, die dann auf Geschäftsbereichs- oder Funktionsebene weiter konkretisiert werden.

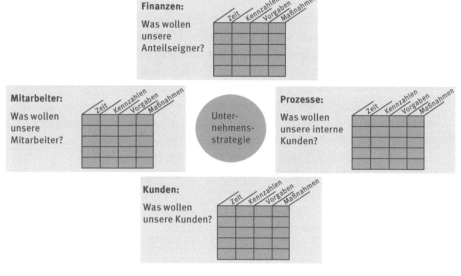

Abb. 12.2: HR Balanced Scorecard.

In der Literatur finden sich viele Vorschläge für die Gestaltung einer Balanced Scorecard für den Personalbereich. Dabei werden meist leichte Anpassungen, entweder in der Dimensionsauswahl oder in der Ausgestaltung der Inhalte vorgenommen. Tab. 12.11 zeigt ein Beispiel für eine HR Scorecard.

Tab. 12.11: Beispiel einer HR Scorecard.

Dimension	Ziel	Kennzahl	Vorgabe	Maßnahme
Finanzen	Kosten für Trainee-programm optimieren	Kosten der Kostenstelle Trainee	max. 75.000 bei 5 Trainees	Verhandlungen mit Seminaranbieter
Kunden	Zufriedenheit mit der Personalabteilung erhöhen	Zufriedenheit mit der Personalabteilung (aus Mitarbeiterbefragung)	Zielkorridor für die Bewertung: 1,9 – 2,3	Antwortverhalten überprüfen
Prozess	Bewerbungsprozess beschleunigen	Dauer zwischen Ausschreibung und Vertragsangebot	max. 12 Wochen	Standardisieren von Prozessschritten
Lernen	interne Weiterbildung stärken	Train-the-Trainer-Ausbildungen	mind. 12 neue Ausbildungen	Attraktivität der Ausbildung erhöhen

Saarbrücker Formel

Die Saarbrücker Formel wurde 2004 von Scholz/Stein/Bechtel entwickelt und soll das Humankapital eines Unternehmens in Geldeinheiten beziffern. Durch die einheitliche Zielgröße soll ein Vergleich zwischen Unternehmen oder innerhalb eines Unternehmens im Zeitablauf möglich werden. Die Operationalisierung beruht auf vier Komponenten:

- HC-Wertbasis als marktlicher Referenzwert der im Unternehmen vorhandenen Beschäftigungsgruppen (bezogen auf die Organisation – bspw. die Gesamtbelegschaft oder die Mitarbeiter von Geschäftseinheiten – oder bezogen auf Mitarbeitergruppen – bspw. kaufmännische oder technische Mitarbeiter),
- HC-Wertverlust als Wert, der im Zeitablauf, bspw. durch Überalterung oder Vergessen verloren geht,
- HC-Wertkompensation als Wert, der durch Personalentwicklung in Form von Investitionen in Humankapital kompensiert wird und
- HC-Wertveränderung als Wertsteigerung bzw. Wertminderung durch einen Index, in dem qualitative Faktoren wie Motivation, Demotivation oder die Unternehmenskultur als Einflussfaktoren zusammengefasst werden.

Der Zusammenhang der einzelnen Komponenten ist in Abb. 12.3 dargestellt.

Der ermittelte Wert eines Unternehmens kann Werte größer oder gleich 0 annehmen. Ein Wert von 0 ergibt sich allerdings nur dann, wenn der Motivationsindex 0 wird. Der ermittelte Wert wird dabei größer, wenn ein Unternehmen mehr Mitarbeiter einstellt, sich die Marktgehälter erhöhen, die Wissensbasis durch Personalentwicklungsmaßnahmen vergrößert wird bzw. wenn die Wissenskurve langsamer abfällt und die Mitarbeiter länger im Unternehmen bleiben.

In einer zusammenfassenden Bewertung (vgl. Tab. 12.12) lässt sich festhalten, dass sich die indikatorenbasierten Konzepte bemühen, den Personalbereich durch Rückgriff auf Soll- und Ist-Vergleiche aus der Beliebigkeit herauszuführen. Dadurch

---

$$\sum_{i=1}^{n} = (FTE_i * l_i * w_i / b_i + PE_i) * M_i$$

i	Beschäftigungsgruppen
FTE_i	Full Time Equivalent der Beschäftigungsgruppe i
l_i	branchenübliche Markt- und Durchschnittsentgelte der Beschäftigungsgruppe i
w_i	branchenübliche Wissensrelevanzzeit der Beschäftigungsgruppe i
b_i	durchschnittliche Betriebszugehörigkeit der Beschäftigungsgruppe i
PE_i	aufgewendete Kosten der Personalentwicklung innerhalb der letzten Periode
M_i	Motivationsindex der Beschäftigungsgruppe i

Abb. 12.3: Saarbrücker Formel.

Tab. 12.12: Vor- und Nachteile indikatorenbasierter Ansätze.

Vorteile	Nachteile
– Versuch, den Personalbereich aus der Beliebigkeit zu führen – Legitimationsgrundlage	– Ursache-Wirkungs-Zusammenhänge zwischen Kennzahl und verfolgtem Ziel teilweise sehr spekulativ – Beliebigkeit in der Auswahl, Gewichtung, Clusterung, Indizierung und Aggregation der Kennzahlen – Gefahr, dass nur das gemessen wird, was einfach messbar ist – Gehen konzeptionell kaum über Kennzahlenkataloge hinaus

soll die Personalabteilung in die Lage versetzt werden, sich selbst und ihre Aktivitäten zu legitimieren.

Die Verwendung und Verdichtung von Kennzahlen beruht immer auf einer Vielzahl von (teilweise sehr spekulativen) Annahmen zu Ursache-Wirkungs-Zusammenhängen. Die dadurch entstehende Beliebigkeit lässt sich situativ interpretieren und macht eine Vergleichbarkeit schwer. Die eigentlich plausible Idee, Kennzahlen in Dimensionen zu clustern und in einen Indexwert zu überführen, findet sich auch immer wieder in der Praxis, doch stehen der sinnvollen Interpretation große methodische Probleme entgegen (bspw. ein Index, der Mitarbeiteranzahl, Beschäftigungsdauer, Umsatz pro Mitarbeiter, weibliche Führungskräfte, ... zusammenfasst). Darüber hinaus gehen die Zusammenstellungen von Informationen selten über katalogartige Kennzahlensammlungen hinaus. So bleibt die Gefahr, dass häufig nur das gemessen wird, was einfach zu messen ist (und dann letztlich dem gewünschten Ergebnis zugeschrieben wird).

12.2.4 Value-Added-Ansätze

Die Value-Added-Ansätze interpretieren die Differenz zwischen einem Output (meist Marktwerte) und einem Input als Mehrwert, den humane Ressourcen geschaffen haben. Als Basisformel ergibt sich daher (vgl. im Folgenden Scholz/Stein/Bechtel, 2011):

$$\text{Humankapital} = \text{Output} - \text{Input}$$

Economic Value Added

Die Grundüberlegung des Economic-Value-Added-Ansatzes fußt auf der Überlegung des Residualgewinns. Das heißt, erst wenn alle Produktionsfaktoren (bspw. finanzielle Kapital, humane Ressourcen, ...) entlohnt wurden, entsteht ökonomischer Gewinn.

Der Economic Value Added ergibt sich aus folgendem Zusammenhang:

$$\text{Humankapital} = \text{Geschäftsergebnis} - \text{Kapitalkosten} = \text{NOPAT}_t - k * iV_{t-1}.$$

Tab. 12.13: EVA-Kennzahlen der Metro Gruppe (vgl. Scholz/Stein/Bechtel, 2011, S. 163).

(Mio €)	Geschäfts-ergebnis (2002)	Geschäfts-vermögen (2002)	Kapitalkosten (2002)	EVA (2002)	EVA (2001)	Δ EVA
Metro C&C	693,9	5.014	366,0	327,9	262,1	**65,8**
Real	294,0	4.897	357,5	−63,5	−88,7	**25,2**
Extra	18,0	1.487	108,6	−90,6	−76,3	**−14,3**
Media Markt	243,9	1.282	93,6	150,3	129,8	**20,5**
Praktiker	67,5	2.589	189,0	−121,5	−82,5	**−39,0**
Kaufhof	112,5	2.202	160,7	−48,2	−14,1	**−34,1**

Dabei wird $NOPAT_t$ als Net Operating Profit After Taxis (in t) (Netto-Betriebsergebnis nach Steuern), k als Kapitalkostensatz und iV_{t-1} als in t-1 investiertes Vermögen verwendet.

Das Geschäftsergebnis und die Kapitalkosten sind intern zu ermitteln. Durch die Subtraktion wird der operative Gewinn nach Steuern, jedoch vor den Kosten der Finanzierung ausgewiesen. Die Kosten der Finanzierung ergeben sich aus dem Produkt des Kapitalkostensatzes und des investierten Vermögens (Summe des gebundenen Anlage- und Nettoumlaufvermögens).

Die positive Veränderung des Economic Value Added im Vergleich zweier Zeitpunkte wird dann als positiver Return on Human Capital interpretiert (vgl. Tab. 12.13). Das heißt, eine positive Veränderung impliziert eine Zunahme an Humankapital, eine negative Veränderung soll hingegen eine Abnahme an Humanvermögen dokumentieren.

Human Economic Value Added (HEVA)

Eine einfache Erweiterung des EVA-Konzepts wurde von Fitz-Enz vorgenommen. Der Human Economic Value Added ergibt sich durch die Division des Economic Value Added durch die Größe FTE (Full Time Equivalent). Durch die Erweiterung wird ein mitarbeiterbezogener EVA-Wert errechnet.

Humankapital = EVA/FTE

Die erweiterten Ergebnisse sind in Tab. 12.14 dargestellt.

Human Capital Value Added (HCVA)

Die Kennzahl des Human Capital Value Added greift ebenfalls auf finanzwirtschaftliche Kennzahlen zurück und ergibt sich aus:

Humankapital = Umsatzertrag − (Aufwand − Personalkosten)/FTE

Tab. 12.14: HEVA-Kennzahlen der Metro Gruppe (vgl. Scholz/Stein/Bechtel, 2011, S. 165).

	EVA (2002)	FTE	HEVA (2002)
Metro C&C	327.900.000	72.010	**4.553,53**
Real	−63.500.000	34.526	**−1.839,19**
Extra	−90.600.000	13.311	**−6.806,40**
Media Markt	150.300.000	25.398	**5.918,79**
Praktiker	−121.500.000	14.861	**−8.176,76**
Kaufhof	−48.200.000	21.270	**−2.266,10**
Sonstige Gesellschaften	−163.900.000	10.136	**−16.170,09**
Metro Gruppe	−9.500.000	191.512	**−49,61**

Die Personalkosten beziehen sich entweder nur auf die Löhne und Gehälter (enges Verständnis) oder auf alle anfallenden Kosten, die im Zusammenhang mit der Arbeitserbringung stehen (weites Verständnis, hierunter fallen dann bspw. die Kosten für Leiharbeiter, Absentismus- oder Fluktuationskosten).

Der HCVA repräsentiert dann den durchschnittlichen Wertbeitrag pro Mitarbeiter. Der Wert ist größer als 0, wenn der Umsatzertrag den um die Personalkosten reduzierten Aufwand übersteigt.

Eine Beispielsrechnung ist in Abb. 12.4 dargestellt.

Umsatzertrag	100.000.000
Aufwand	80.000.000
Löhne und Gehälter	24.000.000
Leih- und Zeitarbeitskosten	3.750.000
Absentismuskosten	200.000
Fluktuationskosten	3.600.000
FTE (1) (Mitarbeiter des Unternehmens)	500
FTE (2) (Leiharbeitskräfte)	100

HCVA = Umsatzertrag −(Aufwand −Personalkosten)/FTE
Weite Definition: 100.000.000 −(80.000.000 −(24.000.000+3.750.000+200.000+3.600.000))
/(500+100) = 85.917
Enge Definition: 100.000.000 −(80.000.000 −24.000.000/500 = 88.000

Abb. 12.4: Beispiel für eine HCVA-Berechnung (vgl. Scholz/Stein/Bechtel, 2011, S. 169).

Workonomics

Der Workonomics-Ansatz (vgl. Tab. 12.15) wurde von der Boston Consulting Group entwickelt. Die Beziehung der Kennzahlen ergibt sich aus den Gleichungen:

VAP = VA/P = (U − MC − OÄ − KK × IK)/P
ACP = PC/P

Tab. 12.15: Kenngrößen des Workonomics-Konzepts.

CVA	Cash Value Added (Übergewinn)
CVA/P	Cash Value Added per Person
VAP	Value Added per Person, drückt die durchschnittliche Wertschöpfung des Mitarbeiters aus
ACP	Average Cost per Person (durchschnittliche Personalkosten pro Mitarbeiter)
P	Anzahl der Mitarbeiter
VA	Value Added (Wertschöpfung)
U	Umsatzerlöse
MC	Materialaufwand
ÖA	Abschreibungen
KK	Kapitalkostensatz (%)
IK	Investiertes Kapital
PC	Personnel Cost (Personalaufwand)

Tab. 12.16: Workonomics-Kennzahlen (vgl. Scholz/Stein/Bechtel, 2011, S. 173).

	Wertschöpfung pro Mitarbeiter (VAP)	Kosten pro Mitarbeiter (ACP)	CVA/P
SAP	136.000	89.000	**47.000**
Volkswagen	75.000	45.000	**30.000**
Metro	29.000	24.000	**5.000**
Linde	54.000	51.000	**3.000**
Bayer	59.000	63.000	**−4.000**
BASF	50.000	62.000	**−12.000**

Durch Umformung ergibt sich der Übergewinn pro Mitarbeiter aus

$$\text{Humankapital} = \text{VA}/\text{P} - \text{PC}/\text{P}$$

Tab. 12.16 zeigt den Übergewinn pro Mitarbeiter für ausgewählte Unternehmen.

Die Vorteile der Value-Added-Kennzahlen ergeben sich daraus, dass die Berechnung mit finanzwirtschaftlich verfügbaren Größen erfolgt. Damit ist eine Anschlussfähigkeit zu anderen finanzorientierten Kennzahlen möglich.

Gleichzeitig sollte die Aussagekraft nicht allzu hoch eingeschätzt werden, da die Kennzahl (auch bei anschließender Überleitung pro Mitarbeiter) hoch aggregiert und unter dem Einfluss vielfältiger anderer Faktoren steht (Umsatz, Kapitalmarktzins, …).

12.2.5 Prozessorientierte Ansätze

Prozessorientierte Ansätze stellen das verfügbare Budget für Personalkosten in den Mittelpunkt der Betrachtung. Im Folgenden sollen die typischen Vorgehensweisen bei der Erstellung des Personalkostenbudgets vorgestellt werden.

Budgetierung auf Fortschreibungsbasis

Die Budgetierung auf Fortschreibungsbasis orientiert sich als Basis an den Vorjahreswerten und passt Mengen- und Preiskomponenten situativ an. Die Anpassung der Mengenkomponente stützt sich auf Überlegungen in welchem Bereich mehr oder weniger Personal erwartet wird (bspw. aufgrund von Stellensperren, Fluktuationsprozessen, Wachstumserwartungen, Anzahl der Leiharbeiter oder internen Versetzungen). Die Fortschreibung oder Veränderung Preiskomponente bezieht Überlegungen zu Tarifsteigerungen oder anderen entgeltlichen Leistungen (Zielvereinbarungen, Firmenfahrzeuge, Abfindungen) mit ein.

Zero Base Budgeting

Im Gegensatz zur Budgetierung auf Fortschreibungsbasis baut die Nullbasisplanung nicht auf Vergangenheitsdaten auf. Somit wird in jeder Budgetierungsphase die vollständige Durchdringung der analytischen Kosten- und Mengenbeziehungen aller Prozesse und Abteilungen notwendig. Aufgrund des hohen Aufwands wird das Zero Base Budgeting (in Reinform) nur selten durchgeführt.

Prozesskostenrechnung

Die Prozesskostenrechnung verfolgt das Ziel, die personalwirtschaftlichen Leistungsprozesse, die meist zu Gemeinkostenblöcken zusammengefasst werden, verursachungsgerecht zu verteilen. Aus diesem Grund wird im Sinne einer „Make or Buy"-Entscheidung analysiert, wer (= welche Abteilung) welche Leistungen des Personalbereichs in welchem Umfang in Anspruch nimmt. Alternativ kann auch die Frage untersucht werden, welche Leistungen selbst erstellt bzw. extern bezogen werden sollen (vgl. Bühner, 2005, S. 358 ff.).

Im ersten Schritt sind so personalwirtschaftliche Prozesse zu definieren, die das Gemeinkostenvolumen beeinflussen. Diese setzen sich aus einer Vielzahl von Aktivitäten zusammen, die in verschiedenen Kostenstellen aufgeführt werden. Die einzelnen Prozesse werden aufgeteilt nach leistungsmengenneutralen Prozessen (bspw. die Leitung der Personalabteilung) und leistungsmengeninduzierten Prozessen (bspw. Bestätigung von Bewerbungseingängen). Leistungsmengenneutrale Prozesse stehen nicht im direkten Zusammenhang mit der zu erbringenden Leistung und werden im Folgenden nicht berücksichtigt. Für die leistungsmengeninduzierten Prozesse sind Maßgrößen für die jeweiligen Aktivitäten zu bestimmen. Danach werden die Prozessmengen je Prozess festgelegt, und es erfolgt eine Bestimmung der Prozesskosten über entsprechende Planprozesskosten.

Durch eine prozessbezogene Kostenverrechnung werden zum Beispiel tatsächlich anfallende Personalbeschaffungskosten in Bezug auf die jeweils zu besetzende Stelle differenziert. Den einzelnen Führungskräften als Kostenverursachern wird durch die höhere Kostenzurechnung der Zusammenhang zwischen eigenem Handeln und den dadurch anfallenden Kosten deutlich. Die Zuordnung der einzelnen Kosten auf die betreffenden Kostenstellen soll dazu beitragen, dass die Führungskräfte ihr eigenes Handeln hinterfragen und dieses ggf. ändern. Das hat zur Folge, dass auch eine übermäßige Nachfrage der Führungskräfte nach nicht ökonomischen Leistungen der Personalabteilung mittels der Prozesskostenrechnung eingedämmt werden kann.

12.3 Grenzen des Personalcontrollings

Die Vorstellungen über die Zusammenarbeit zwischen Personalbereich und Personalcontrolling sind überwiegend rationalistisch geprägt. Das Personalcontrolling soll durch sachgerecht aufbereitete Informationen zu einer rationalen personalwirtschaftlichen Entscheidungsfindung der Akteure im Personalmanagement und im Topmanagement beitragen (vgl. Scherm/Pietsch, 2005, S. 44).

Dabei stößt das Personalcontrolling schnell an seine Grenzen. Die Besonderheiten humaner Ressourcen entziehen sich der rational-mechanistischen Controlling-Perspektive (Kap. 12.3.1) bzw. führen zu Verhaltensverzerrungen, die die Wirksamkeit eines Personalcontrollings gänzlich infrage stellen (Kap. 12.3.2).

12.3.1 Konzeptionelle Argumente

Die vorgestellten Ansätze versuchen, den (ökonomischen) Beitrag humaner Ressourcen transparent zu machen. Dies folgt aus dem Bemühen der Personalabteilungen, ihren Wertbeitrag zum Unternehmenserfolg zu legitimieren und ihrer Rolle als Business Partner zu verdeutlichen. Dabei wird häufig eine Analogie zwischen Humankapital und physischem Kapital hergestellt. Die Idee der Analogie ist, dass Investitionen in Humankapital ebenso wie Investitionen in materielles Kapital Kosten und Erträge zugeschrieben werden, deren Gegenüberstellung Auskunft über einen ökonomischen Gewinn zulassen.

So plausibel die Idee ist, so schnell stoßen die Überlegungen an ihre Grenzen. Besonders drei Problembereiche, die für die Besonderheiten humaner Ressourcen (vgl. Tab. 12.17) ursächlich sind, werden aufgeführt (diffuse Wertzuschreibung, Unsicherheit menschlichen Handelns und Mehrdeutigkeit).

Die **diffuse Wertzuschreibung** beschreibt die Tatsache, dass es – anders als bei Finanztiteln, Produkten oder Währungen – nicht möglich ist, humanen Ressourcen eine eindeutige monetäre Messgröße zuzuordnen. Dies liegt darin begründet, dass jede Investition in das Humankapital in der Regel nur mittelbare und kaum bestimmbare finanzielle Konsequenzen nach sich zieht. Darüber hinaus nutzen sich im Gegensatz zu materiellen Ressourcen Fähigkeiten, Kompetenzen und Wissen nicht ab, sondern erfahren durch ihren Gebrauch (bspw. durch Wissensakkumulation) ggf. eine Wertsteigerung. Während eine Maschine beim Auftreten neuer Voraussetzungen „handlungsunfähig" wird, zeichnet sich ein Mensch durch seine Veränderbarkeit aus. Diese

Tab. 12.17: Besonderheiten humaner Ressourcen.

Diffuse Wertzuschreibung	Unsicherheit menschlichen Handelns	Mehrdeutigkeit
– Nur mittelbare finanzielle Konsequenzen – Fehlende Abnutzung – Veränderbarkeit – Zeitverzug zwischen Aktion und Reaktion – Subjekt- und Objektcharakter	– Eigenhandeln – Opportunismus – Mikropolitik	– Entwicklungsgeschichte – Kausale Ambiguität – Soziale Komplexität

versetzt ihn in die Lage, seine Denk- und Handlungsmuster neu auszurichten bzw. weiterzuentwickeln und sich so auf veränderte Situationen einzustellen. Außerdem entwickeln Maßnahmen im Humanbereich erst mit Zeitverzug ihre Reaktion (vgl. Ridder et al., 2001, S. 16). Anreiz-, Bewertungs- und Personalentwicklungssysteme können zwar kurzfristig geändert werden, entfalten jedoch erst langfristig ihre Wirkung. Anders als Sach- oder Finanzgüter zeichnen sich Mitarbeiter durch ihren Objekt- und Subjektcharakter aus. Demnach ist der Mensch zum einen eigenständig handelnder Entscheidungsträger, weil er Art und Ablauf der Konsequenzen seiner Entscheidungen frei bestimmen kann. Zum anderen ist er selbst eine Ressource, da er Objekt betrieblicher Entscheidungen ist.

Eine zweite Besonderheit ergibt sich durch die prinzipielle **Unsicherheit** über die Zielsetzung menschlichen Handelns. Auch wenn Menschen in Strukturen und Prozesse eingebunden sind, zeigen sie immer auch ein „Eigenhandeln", das auf überdauernden Werten, Erziehung, Sozialisation oder Erfahrungen beruht. Dieses ist, häufig auch durch den jeweiligen Mitarbeiter, nicht immer rational begründbar. Darüber hinaus werden die formalen Organisationsstrukturen durch unterschiedlichste Formen der Einflussnahme aller Organisationsmitglieder überlagert. Mitarbeiter können im Umgang mit anderen verschiedene mikropolitische Spielregeln anwenden, die sich durch Opportunismus seitens der Mitarbeiter begründen lassen (vgl. Klimecki/Gmür, 2005, S. 99 ff.).

Mitarbeiter lassen sich zudem nicht eindimensional bewerten. Sie selbst oder die Situationen, in denen sie agieren sind durch eine **Mehrdeutigkeit** gekennzeichnet. So lassen sich ex-ante (und häufig auch ex-post) zwar Plausibilitäten, aber keine mechanistisch-eindeutigen Ursache-Wirkungszusammenhänge formulieren (kausale Ambiguität). Mitarbeiter bewegen sich in historischen und aktuellen Zusammenhängen. So ist der spezifische Personalbestand letztlich das Ergebnis einer, durch viele Entscheidungen beeinflussten, spezifischen Entwicklungsgeschichte (vgl. Rasche/Wolfrum, 1994, S. 504).

12.3.2 Praktische Probleme

Mögliche Nebenwirkungen von Controlling-Ansätzen (vgl. Tab. 12.18) werden sowohl in der Praxis als auch in der theoretischen Literatur breit diskutiert. Hierbei kann zwischen Nebenwirkungen für das Personalmanagement und für das Management im Allgemeinen sowie der Funktionsverlust von kennzahlengestützte Controlling-Ansätzen unterschieden werden (vgl. im Folgenden Schneider, 2005, S. 35 ff.; Pietsch, 2006).

Tab. 12.18: Nebenwirkungen von Kennzahlensystemen.

Nebenwirkungen für das Personalmanagement	Nebenwirkungen für das Management	Funktionsverlust
– Tunnelblick – Manipulation – Gaming	– Fehlinterpretation – Illusion der Kontrolle – Ursache-Wirkungs-Zusammenhänge unklar	– Funktionsloses Ritual – Datenfriedhöfe

Nebenwirkungen für das Personalmanagement

Kennzahlensysteme, insb. wenn sie mit Zielvereinbarungen zur Bestimmung variabler Entgelte gekoppelt werden, fördern einen sog. **Tunnelblick**. Zielvorgaben rufen hier eine einseitige Verhaltensanpassung hervor, sodass die (notwendigerweise selektiven) Ziele auch zuungsten einer Gesamtzielsetzung verfolgt werden. In der Folge wird der kurzfristigen Optimierung eine höhere Priorität als der langfristigen Wettbewerbsfähigkeit eingeräumt.

Da die Kennzahlen für den Personalbereich selten an objektiv feststellbare Ziele gekoppelt sind, besteht die Gefahr der **Manipulation**. Im schlimmsten Fall kommt es zur Datenfälschung, die immer dann vorkommen kann, wenn die Kennzahlen durch Dokumentation von Arbeitsgängen erhoben werden. Die subtilere Form der Manipulation stellt die opportunistische Zielverfolgung dar. Ist der Personalabteilung bspw. das Ziel vorgegeben, die Partizipationsquote im betrieblichen Vorschlagswesen zu erhöhen, so bestehen Anreize, alle Verbesserungen, die Mitarbeiter tagtäglich informell initiieren, als Verbesserungsvorschläge zu verbuchen. Auch wenn die eigentliche Zielsetzung nicht erreicht wird, steigt die Kennzahl.

Ein drittes Problemfeld ergibt sich durch das sog. **Gaming**. Dies tritt immer dann ein, wenn die Akteure die Erfahrung gemacht haben, dass das Erreichen einer Kennzahl zu einer ambitionierteren Zielvorgabe in der Folgeperiode führt (ratchet effect). Die Erfahrung fördert strategisches Verhalten, sodass bspw. die Zielvorgaben immer leicht unterschritten werden oder dass bei vorfristiger Erreichung der Ziele, weitere Anstrengungen für die Restlaufzeit aufgegeben werden.

Nebenwirkungen für das Management

Auch aufseiten des Managements können Kennzahlensysteme zu unerwünschten Nebenwirkungen führen, insb. dann, wenn die Kennzahlen einer **Fehlinterpretation** zugänglich sind. Die Aufgabenerfüllung der Personalabteilung lässt sich, anders als bspw. in der Produktion oder im Vertrieb, nicht mit einer übergeordneten Kennzahl erfassen (im Beispielfall Ausbringungsmenge oder Umsatz). So kann im Personalbereich bspw. die Annahmequote von Vertragsangeboten an externe Bewerber entweder deshalb fallen, weil die Personalabteilung schlecht gearbeitet hat, weil der Bewerber andere Angebote hatte oder weil die unternehmensinterne Kostenvorgabe kein besseres Angebot zugelassen hat.

Je detaillierter ein Kennzahlensystem ist, desto eher stellt sich die **Illusion der Kontrolle** ein. Ein Kennzahlenbündel suggeriert, dass die Arbeit und der Erfolg der Personalabteilung zutreffend abgebildet werden.

Die Verfügbarkeit bzw. die Messbarkeit von Kennzahlen stellt häufig die Restriktion bei der Erstellung von Kennzahlensystemen dar. Dies führt dazu, dass häufig nur das gemessen wird, was auch messbar ist. So werden Kennzahlen aufgenommen, die entweder keinen strategischen Bezug aufweisen oder die Kennzahl wird so uminterpretiert, dass die Kennzahl, unter Missachtung von **Ursache-Wirkungs-Zusammenhängen** für den validen Indikator eines Sachverhalts gehalten wird. Beispielsweise wird die Kennzahl der Fluktuation häufig als Indikator für die Mitarbeitermotivation gesehen. Auch wenn es hierfür gute Gründe gibt, so existieren noch viele weitere, ebenso stichhaltige Gründe, warum die Fluktuationsquote steigen oder fallen kann. So kann die Fluktuationsquote bspw. deshalb sinken, weil der Arbeitsmarkt keine Gelegenheit zum Wechseln bietet, weil das Unternehmen überdurchschnittlich hohe Löhne zahlt und ein Wechsel, ggf. trotz niedriger Motivation, keinen Vorteil brächte oder weil die Mitarbeiter überaltert sind (und die Wechselneigung trotz geringer Arbeitsmotivation abnimmt).

Funktionsverlust des Kennzahlensystems

Der Verlust an Aussagekraft eines Kennzahlensystems und die unerwünschten Nebenwirkungen von Kennzahlen können zu zwei alternativen Entwicklungen führen. So ist es denkbar, dass ein Kennzahlensystem nach einer kurzen Phase des geteilten Glaubens an die Funktionstüchtigkeit eines Kennzahlensystems, zu einem **funktionslosen Ritual** verkommt. Die Kennzahlen, die ihre Aussagekraft verloren haben, werden fortgeschrieben, ohne dass sie die ursprünglich intendierte verhaltenssteuernde Wirkung entfalten (vgl. Pietsch, 2006).

Alternativ sieht sich das Management dazu veranlasst, das System um neue Kennzahlen und Zielvorgaben zu erweitern. Selbst wenn ein System das Nebeneinander neuer, zum Teil auch unverbundener Kennzahlen verkraftet, so entstehen im Laufe der Zeit **Datenfriedhöfe**, die sich der ursprünglich gewünschten Steuerungswirkung entziehen.

Literatur

Adams, E. R.: Toward an understanding of inequity, in: Journal of Abnormal and Social Psychology, Heft 5, 1963, S. 422–436.

Adams, J. S.: Inequity in social exchange, in: Berkowitz, L. (Hrsg.): Advances in experimental social psychology, Vol. 2, New York 1965, S. 267–299.

Ahn, H.: Applying the Balanced Scorecard Concept: An experience report, Long Range Planning, Heft 8, 2001, S. 441–461.

Akerlof, G.: The Market for „Lemons": Quality Uncertainty and the Market Mechanism, in: The Quarterly Journal of Economics, Heft 3, 1970, S. 488–500.

Alchian, A. A., Demsetz, H.: Production, information costs and economic organization, in: American Economic Review, Heft 5, S. 777–795.

Alderfer, C.: Existence, relatedness and growth. Human needs in organizational settings, New York 1972.

Antonakis, J., Dalgas, O.: Predicting elections: Child's play!, in: Science, 2009, Heft 323, S. 1183.

Antoni, M.: Arbeit als betriebswirtschaftlicher Grundbegriff, Frankfurt a. M., 1982.

AOEWL, Grundelemente einer arbeitsorientierten Einzelwirtschaftslehre, Projektgruppe im WSI, Heft 23, Köln 1974.

Argyris, C., Schön, D. A.: Organizational Learning: A Theory of Action Perspective, Reading 1978.

Armutat, S.: HR Shared Service Center. Anforderungen und Erfahrungen. Düsseldorf 2015.

Backes-Gellner, U., Lazear, E. P., Wolff, B.: Personalökonomik. Fortgeschrittene Anwendungen für das Management, Stuttgart 2001.

Bandura, A., Ross, D., Ross, S. A.: Transmission of aggressions through imitation of aggressive models. Journal of Abnormal and Social Psychology, 1961, Heft 3, S. 575–582.

Barney, J. B.: Firm Resources and Sustained Competitive Advantage, in: Journal of Management, Heft 1, 1991, S. 99–120.

Bass, B. M., Bass, R.: The Bass handbook of leadership: Theory, research, and managerial applications, 4. Aufl., New York 2008.

Bass, B. M.: Two decades of research and development in transformational leadership, in: European Journal of Work and Organizational Psychology, Heft 1, 1999, S. 9–32.

Bass, B. M.: Leadership and performance beyond expectations, New York 1985.

Bayreuther, F.: Der Streik um einen Tarifsozialplan. Konsequenzen des Urteils des BAG vom 24.4.2007 für die Tarifrechtspraxis, NZA, 2007, S. 1017–1023.

BCG (Hrsg.): The Future of HR in Europe. Key Challenges through 2015, Berlin 2015.

Beamer, L.: Learning Intercultural Communication Competence, in: The Journal of Business Communication, Heft 8, 1992, S. 285–303.

Beblo, M., Wolf, E., Zwick, T.: Erfolgsabhängige Vergütung: Welche Faktoren führen zu einer Motivationssteigerung bei Topmanagern?, in: ZfO, Heft 2, 2005, S. 78–84.

Beck, M.: Grundsätze der Personalplanung, Wiesbaden 2002.

Becker, F. G., Holzer, H. P.: Erfolgsbeteiligung und strategisches Management in den USA. Darstellung verschiedener Systeme zur Beteiligung von Führungskräften am langfristigen und strategischen Unternehmenserfolg, in: DBW, Heft 4, 1986, S 438–459.

Becker, F. G.: Grundlagen betrieblicher Leistungsbeurteilungen: Leistungsverständnis und -prinzip, Beurteilungsproblematik und Verfahrensprobleme, 5. Aufl., Stuttgart 2009.

Becker, F. G.: Personaleinführung, in: WiSt, Heft 9, 2004, S. 514–519.

Becker, F. G.: Lexikon des Personalmanagements, 2. Aufl., München 2002.

Becker, F. G.: Anreizsysteme für Führungskräfte. Möglichkeiten zur strategisch-orientierten Steuerung des Managements, Stuttgart 1990.

https://doi.org/10.1515/9783110541526-013

Becker, M.: Personalentwicklung. Bildung, Förderung und Organisationsentwicklung in Theorie und Praxis, 6. Aufl., Stuttgart 2013.

Beer, M., Spector, B., Lawrence, P. R., Mills, D. Q., Walton, R. E.: Human Resource Management. A General Manager's Perspective, New York 1985.

Beisel, R.: Synergetik und Organisationsentwicklung. Eine Synthese auf der Basis einer Fallstudie aus der Automobilindustrie, 2. Aufl., München 1996.

Berger, U., Bernhard-Mehlich, I.: Die Verhaltenswissenschaftliche Entscheidungstheorie, in: Kieser, A., Ebers, M. (Hrsg.): Organisationstheorie, 7. Aufl., Stuttgart 2014.

Bersheim, S., Oschmiansky, F., Sell, S.: Wie wird Arbeitslosigkeit gemessen, http://www.bpb.de/politik/innenpolitik/arbeitsmarktpolitik/54909/arbeitslosigkeit-messen?p=all (letzter Aufruf: 15.04.2014).

Bertelsmann Stiftung (Hrsg.): Systematisches Beschäftigungs-Management in der Praxis. Kosten senken – Beschäftigung sichern, Gütersloh 1999.

Berthel, J., Becker, F. G.: Personal-Management, Grundzüge für Konzeptionen betrieblicher Personalarbeit, 11. Aufl., Stuttgart 2017.

Berthel, J.: Personalcontrolling, in: Gaugler, E., Oechsler, W. A., Weber, W. (Hrsg.): Handwörterbuch des Personalwesens, 3. Aufl., Stuttgart 2004, Sp. 1441–1555.

Bewernick, M., Schreyögg, G., Costas, J.: Charismatische Führung: die Konstruktion von Charisma durch die deutsche Wirtschaftspresse am Beispiel von Ferdinand Piech, in: ZfBf, Heft 6, 2013, S. 434–465.

BiBB (Hrsg.): Schaubilder zur Berufsausbildung, Bonn, 2014.

Biemann, T., Weckmüller, H.: Generation Y. Viel Lärm um fast nichts, in: Personal quarterly, Heft 1, 2013, S. 46–49.

Biswas, N.: Vertrauensarbeitszeit und Arbeitszeitfreiheit im arbeitszeitrechtlichen und betriebsverfassungsrechtlichen Kontext, in: Weiss, M., Simitis, S. (Hrsg.): Studien zum Arbeitsrecht und zur Arbeitsrechtsvergleichung, Band 9, Frankfurt a. M. 2004, S. 7–41.

Blake, R. R., Mouton, J. S.: Verhaltenspsychologie im Betrieb, Düsseldorf et al. 1968.

Blake, R. R., Mouton, J. S.: The Managerial Grid, Houston 1964.

Bleich, T., Paul, C.: Spartengewerkschaften, in: WISU, Heft 3, 2013, S. 312–316.

Bleich, T., Paul, C.: Entlohnung und Gerechtigkeit, in: WISU, Heft 12, 2013, S. 1525–1528.

Blessin, B., Wick, A.: Führen und führen lassen, 7. Aufl., Konstanz 2014.

Blom, H., Meier, H.: Interkulturelles Management. Interkulturelle Kommunikation, Internationales Personalmanagement, Diversity-Ansätze im Unternehmen, 2. Aufl. Herne/Berlin 2004.

Böcker, M.: HR-PR – Nach dem Ende der Personalwerbung, in: Trost, A. (Hrsg.): Employer Branding, 2. Aufl., Köln 2013, S. 159–174.

Bode, J., Alfter, S.: Interkulturelles Dienstleistungsmanagement, in: WISU, 2011, Heft 2, S. 221–225.

Bögel, R.: Organisationsklima und Unternehmenskultur, in: Rosenstiel, L. v./Regnet, E., Domsch, M. (Hrsg.): Führung von Mitarbeitern. Handbuch für erfolgreiches Personalmanagement, 5. Aufl., Stuttgart 2003, S. 707–720.

Bongers, F., Hoppe, C.: Konfliktfeld Homeoffice, in: Arbeit und Arbeitsrecht, Heft 3, 2014, S. 148–150.

Bookmann, B.: Internationale Arbeitsorganisation, in: Gaugler, E., Oechsler, W. A., Weber, W. (Hrsg.): Handwörterbuch des Personalwesens, 3. Aufl., Stuttgart 2004, Sp. 955–963.

Boxall, P., Purcell, J.: Strategy and Human Resource Management, 3. Aufl., Basingstoke/New York et al. 2011.

Brannigan, A., Zwerman, W.: The real „Hawthorne Effect", in: Society, Heft 2, 2001, S. 55–60.

Brast, C., Hendriks, J.: … wie ein Ei dem anderen? Ein empirischer Vergleich von Arbeitgeberversprechen, in: PERSONALquarterly, Heft 4, 2013, S. 36–40.

Bräuninger, M., Michaelis, J., Sode, M.: 10 Jahre Hartz-Reformen, in: WiSt, Heft 10, 2013, S. 554–559.

Breisig, T.: Zielvereinbarungssysteme, in: Gaugler, E., Oechsler, W. A., Weber, W. (Hrsg.): Handwörterbuch des Personalwesens, 3. Aufl., Stuttgart 2004, Sp. 2053–2064.

Brewster, C.: Towards a „European" Model of Human Resource Management, in: Journal of International Business Studies, Heft 1, 1995, S. 1–21.

Bröckermann, R.: Personalwirtschaft, 6. Aufl., Stuttgart 2012.

Burda, M. C., Kvasnicka, M.: Zeitarbeit in Deutschland – Trends und Perspektiven, SFB 649 Arbeitspapier 2005-048, Humboldt Universität Berlin 2005.

Burmann, C.: Strategische Flexibilität und Strategiewechsel als Determinanten das Unternehmenswertes, Wiesbaden 2002.

Burr, W., Stephan, M.: Dienstleistungsmanagement, Stuttgart 2006.

CapGemini (Hrsg.): Digitale Revolution, Berlin 2012.

CapGemini (Hrsg.): Change Management Studie 2010, Berlin 2010.

Chandler, A.: Strategy and Structure. Chapters in the History of the Industrial Enterprise, Cambridge 1962.

Claßen, M., Kern, D.: HR Business Partner, Köln 2010.

Costa, P. T., McCrae, R. R.: Multiple uses for longitudinal personality data, in: European Journal of Personality, Heft 2, 1992, S. 85–102.

Costa, P. T., McCrae, R. R.: The NEO personality inventory manual, Odessa 1985.

Cyert, R. M., March, J. G.: A Behavioral Theory of the Firm, New York 1963.

Daft, R. L., Lengel, R. H.: Organizational information Requirements, Media Richness and Structural Design, in: Management Science, Heft 5, 1986, S. 554–571.

Deal, T. E., Kennedy, A.: Unternehmenserfolg durch Unternehmenskultur, in: Deal, T. E., Kennedy, A.: Unternehmenserfolg durch Unternehmenskultur, Bonn 1987, S. 71–219.

Delery, J. E., Doty, D. H.: Modes of Theorizing in Strategic Human Resource Management: Tests of Universalistic, Contingency, and Configurational Performance Predictions, in: Academy of Management Journal, Heft 4, 1996, S. 802–835.

Devanna, M. A., Fombrun, C. J., Tichy, N. M.: A Framework for Strategic Human Resource Management, in: Fombrun, C. J., Tichy, N. M., Devanna, M. A. (Hrsg.): Human Resource Management, New York et al. 1984, S. 33–56.

DiMaggio, P. J., Powell, W. W.: The iron cage revisited: Institutional isomorphism and collective rationality in organizational fields, Heft 2, 1983, S. 147–160.

Domsch, M., Gerpott, T. J.: Verhaltensorientierte Beurteilungsskalen, in: DBW, Heft 6, 1985, S. 666–680.

Domsch, M., Lichtenberger, B.: Der internationale Personaleinsatz, in: Rosenstiel, L. v./Regnet, E., Domsch, M. (Hrsg.): Führung von Mitarbeitern. Handbuch für erfolgreiches Personalmanagement, 5. Aufl., Stuttgart 2003, S. 513–523.

Domsch, M., Lichtenberger, B.: Vorbereitungsmaßnahmen für den Auslandseinsatz – Explorative Studie am Beispiel Brasiliens und China, in: Betriebswirtschaftliche Forschung und Praxis, Heft 5, 1990, S. 400–413.

Doyle, C. E.: Work and organizational psychology: an introduction with attitude, Hove et al. 2003.

Drumm, H. J.: Personalwirtschaft, 6. Aufl., Berlin/Heidelberg 2008.

Dülfer, E.: Internationales Management in unterschiedlichen Kulturbereichen, 7. Aufl., München/Wien 2008.

Duncan, R., Weiss, A.: Organizational Learning: Implications for Organizational Design, in: Research in Organizational Behaviour, Heft 1, 1979, S. 75–123.

Dunlop, J. T.: Industrial Relations Systems, New York 1958.

Duschek, S.: Strategisches Pfadmanagement: „Beyond Path Dependence", in: Schreyögg, G., Conrad, P. (Hrsg.) Managementforschung 20, Wiesbaden 2010, S. 223–260.

Dütz, W.: Arbeitsrecht, 13. Aufl., München 2008.

Dyer, W. G.: The Cycle of Cultural Evolution in Organizations, in: Kilmann, R., Saxton, M., Serpa, R. (Hrsg.): Gaining Control of the Corporate Culture, San Francisco, S. 200–229.

Ebers, M., Gotsch, W.: Institutionenökonomische Theorien der Organisation, in: Kieser, A., Ebers, M. (Hrsg.), Organisationstheorien, 7. Aufl., Stuttgart 2014, S. 195–255.

Eckardstein, D. v.: Von der anforderungsabhängigen zur qualifikationsorientierten Entlohnung?, in: Schanz, G. (Hrsg.): Handbuch Anreizsysteme in Wirtschaft und Verwaltung, Stuttgart 1991, S. 215–232.

Eisenhardt, K.: Agency and institutional explanations of compensation in retail sales, in: Academy of Management Review, Heft 3, 1988, S. 488–511.

Erlwein, M., Hofmann, A.: Arbeitszeit. Institut für angewandte Arbeitswissenschaften, Köln 2001.

Etzel, G., Kellner, W., Worch, A.: Flexibler Personaleinsatz in der Praxis, Memento Rechtshandbücher, Freiburg 2001.

Etzoni, A.: A Comparative Analysis of Complex Organizations, 2. Aufl., New York 1975.

EU (Hrsg.): Frauen in wirtschaftlichen Entscheidungspositionen in der EU: Fortschrittsbericht, Luxemburg 2012.

Evans, M. G.: The Effects of Supervisory Behavior on the Path-goal-Relationship, in: Organizational Behavior and Human Performance, Heft 5, 1970, S. 277–298.

Fallgatter, M. J.: Variable Vergütung von Mitgliedern des Aufsichtsrates, in: Die Betriebswirtschaft, Heft 6, 2003, S. 703–713.

Fama, E.: Agency problems and the theory of firm, in: Journal of Political Economy, Heft 2, 1980, S. 288–307.

Festing, M/Weber, W.: Internationales Personalmanagement, in: WiSt, 2000, Heft 8, S. 428–433.

Fiedler, F. E.: A Theory of Leadership Effectiveness, New York et al. 1967.

Fleishman, E. A.: The Description of Supervisory Behavior, in: Journal of Applied Psychology, Heft 1, 1953, S. 1–6.

Foss, N. J.: The Resource-Based Perspective: An Assessment and Diagnosis of Problems, in: Copenhagen Business School, Department of Industrial Economics and Strategy: DRUID Working Papers series, No. 1, 1997.

Franken, R., Franken, S.: Integriertes Wissens- und Innovationsmanagement, Wiesbaden 2011.

Franz, W.: Arbeitsmarktökonomik, 6. Aufl., Berlin/Heidelberg/New York 2006.

Fraunhofer Institut (Hrsg.): Elektromobilität und Beschäftigung. Wirkung der Elektrifizierung des Antriebsstrangs auf Beschäftigung und Standortumgebung (ELAB), Abschlussbericht, Stuttgart 2012.

Freiling, J.: Resource-based view und ökonomische Theorie – Grundlagen und Positionierung des Ressourcenansatzes, Wiesbaden 2001.

French, W. L., Bell jr. C. H.: Organisationsentwicklung, 4. Aufl., Bern/Stuttgart 1994.

Frey, B. S., Osterloh, M.: Motivation – der zwiespältige Produktionsfaktor, in: Frey, B. S., Osterloh, M. (Hrsg.): Managing Motivation. Wie Sie die neue Motivationsforschung für Ihr Unternehmen nutzen können, 2. Aufl., Wiesbaden 2002, S. 19–40.

Frey, B. S.: Markt und Motivation, München 1997.

Frieling, E., Buch, M.: Arbeitsanalyse, in: Gaugler, E., Oechsler, W. A., Weber, W. (Hrsg.): Handwörterbuch des Personalwesens, 3. Aufl., Stuttgart 2004, Sp. 178–189.

Frieling, E.: Einführung in die psychologische Arbeitsanalyse, in: Macharzina, K., Oechsler, W. A. (Hrsg.): Personalmanagement II. Organisations- und Mitarbeiterentwicklung, Wiesbaden 1977, S. 143–160.

Führing, M.: Risikomanagement und Personal, Wiesbaden 2006.

Furubotn, E. G., Pejovic, S.: Property rights and economic theory. A survey of recent literature, in: Journal of Economic Literature, Heft 4, 1972, S. 1137–1162.

Gaugler, E.: Geschichte des Personalwesens, in: Gaugler, E., Oechsler, W. A., Weber, W. (Hrsg.): Handwörterbuch des Personalwesens, 3. Aufl., Stuttgart 2004, Sp. 837–853.

Gaugler, E.: Personalmanagement seit dem Ende des Zweiten Weltkriegs, in: Gaugler, E., Oechsler, W. A.: Herausforderungen an das Personalmanagement in Gegenwart und Zukunft, Mannheim 1997, S. 1–30.

Gebele-Ruhland, M.: Stochastisches Personalcontrolling, Regensburg, 2006.

Gehle, F.: Internationale Tagung über Arbeitsbewertung in Genf, in: REFA-Nachrichten, 1950, S. 32–34.

Gersemann, O., Wisdorff, F.: Telearbeit: Der Trend zum „Home Office" ist eine Illusion, in: Die Welt vom 12.01.2014.

Gerum, E., Steinmann, H.: Unternehmensordnung und tarifvertragliche Mitbestimmung, Berlin 1984.

Gerum, E.: Property Rights, in: Schreyögg, G. (Hrsg.): Handwörterbuch der Organisation, 4. Aufl., Stuttgart 2004, Sp. 1566–1572.

Gerum, E.: Corporate Governance in Europa: Konvergenz trotz Varianz, in: Berger, R., Steger, U. (Hrsg.): Auf dem Weg zur Europäischen Unternehmensführung, München 1998, S. 87–1001.

Giddens, A.: The Constitution of Society, Cambridge 1984.

Giddens, A.: Central Problems in Social Theory, Berkeley 1979.

Glasl, F., Houssaye, L. de la (Hrsg.): Organisationsentwicklung, Bern/Stuttgart 1975.

Gniech, G.: Motivation, in: Schorr, A. (Hrsg.): Handwörterbuch der Angewandten Psychologie, Bonn 1993, S. 467–469.

Goffmann, E.: The Presentation of Self in Everyday Life, New York 1959.

Graen, G. B., Uhl-Bien, M.: Relationship-based approach to leadership: Development of leader-member exchange (LMX) theory of leadership over 25 years: Applying multi-level multi-domain perspective, in: The Leadership Quarterly, Heft 2, 1995, S. 219–247.

Grawert, A.: Deferred Compensation, in: Gaugler, E., Oechsler, W. A., Weber, W. (Hrsg.): Handwörterbuch des Personalwesens, 3. Aufl., Stuttgart 2004, Sp. 673–682.

Greiner, L. E.: Evolution and Revolution as Organizations Grow, in: Harvard Business Review, Heft 7/8, 1972, S. 37–46.

Groenewald, H.: Auslandsbeteiligungen im Spannungsfeld von Landes- und Unternehmenskulturen. Das Beispiel Skoda – Volkswagen, in: Groenewald, H., Leblanc, B. (Hrsg.): Personalarbeit auf Marktwirtschaftskurs. Transformationsprozesse im Joint Venture Skoda-Volkswagen, Neuwied 1996, S. 197–220.

Grohnert, A.-C.: EY Studentenstudie 2014, Berlin 2014.

Größler, A., Zock, A.: Simulations-basierte Planung des Personalbestands, in: WiSt, Heft 2, 2012, S. 71–76.

Grötzinger, M., Hohmann, R.: Zeitgemäße Gestaltung von Anreizsystemen, in: Arbeit und Arbeitsrecht, Heft 4, 2004, S. 36–39.

Günther, E. /Endrikat, J.: Die Delphi-Methode, in: WISU, Heft 2, S. 202–203.

Guski, H. G., Schneider H. J.: Betriebliche Vermögensbeteiligung in der Bundesrepublik Deutschland, Köln 1977.

Gutenberg, E.: Einführung in die Betriebswirtschaft, Wiesbaden 1975.

Hackman, J. R., Oldham, G. R.: Work redesign, Reading (Mass.) 1980.

Hahn, D.: Produktionsverfahren, in: Grochla, E., Wittmann, W. (Hrsg.): Handwörterbuch der Betriebswirtschaft, 4. Aufl., Stuttgart 1975, Sp. 3156–3164.

Hammer, R.: Unternehmensplanung. Lehrbuch der Planung und der strategischen Unternehmensführung, 7. Aufl., München et al. 1998.

Hanau, P., Adomeit, K.: Arbeitsrecht, 14. Aufl., Frankfurt a. M. 2007.

Hanau, P.: Gesetzliche und kollektivvertragliche Mitbestimmung in der Privatwirtschaft nach schwedischem Recht, in: Gamillscheg, F. et al. (Hrsg.): Mitbestimmung der Arbeitnehmer, Frankfurt a. M. 1978, S. 89–122.

Hanisch, D.: Über den Gemeinspruch „Das mag in der Theorie richtig sein, taugt aber nicht für die Praxis", in: WiSt, Heft 8, 2008, S. 452–454.

Hannan, M. T., Freeman, J. H.: The Population Ecology of Organizations, in: American Journal of Sociology, Heft 5, 1977, S. 13–18.

Hatch, M. J.: The dynamics of organizational culture, in: Academy of Management Review, Heft 4, 1993, S. 657–693.

Hecht, H., Desnizza, W.: Psychologie als empirische Wissenschaft, Heidelberg 2012.

Heilmann, J.: Schwedisches Arbeitsrecht, in: Arbeit und Arbeitsrecht, Heft 7, 1993, S. 206–210.

Hentze, J., Graf, A., Kammel, A., Lindert, K.: Personalführungslehre, Grundlagen, Funktionen und Modelle der Führung, 4. Aufl., Bern/Stuttgart/Wien 2005.

Hentze, J.: Personalwirtschaftslehre 2. Personalerhaltung und Leistungsstimulation, Personalfreistellung und Personalinformationswirtschaft, 7. Aufl., Bern/Stuttgart/Wien 2005.

Hentze, J.: Lohnformen, in: Gaugler, E., Oechsler, W. A., Weber, W. (Hrsg.): Handwörterbuch des Personalwesens, 3. Aufl., Stuttgart 2004, Sp. 1104–1114.

Hentze, J.: Arbeitsbewertung und Personalbeurteilung, Stuttgart 1980.

Hersey, P., Blanchard, K. H.: Management of Organizational Behavior, 4. Aufl., Englewood Cliffs 1982.

Herzberg, F.: Die Motivations-Hygiene-Theorie, in: Ackermann, K. F., Reber, G. (Hrsg.): Personalwirtschaft. Motivationale und kognitive Grundlagen, Stuttgart 1981, S. 109–126.

Herzberg, F., Mausner, B., Synderman, B.: The Motivation to Work, New York 1967.

Hofstede, G.: Lokales Denken, Globales Handeln. Interkulturelle Zusammenarbeit und globales Management, 3. Aufl., München 2006.

Hofstede, G.: Interkulturelle Zusammenarbeit. Kulturen – Organisationen – Management, Wiesbaden 1993.

Holtbrügge, D.: Personalmanagement, 5. Aufl., Berlin/Heidelberg 2013.

Holtmann, D.: Funktionen und Folgen von Leistungsbeurteilungen: Eine Studie zur Einführung eines personalwirtschaftlichen Standardinstrumentariums in öffentlichen Verwaltungen. München/Mering 2008.

Hom, P. W., Kinicki, A. J.: Toward a greater understanding of how dissatisfaction drives employee turnover, in: Academy of Management Journal, Heft 5, 2001, S. 975–987.

Homburg, C.: Marketingmanagement, 4. Aufl., Wiesbaden 2012.

Homburg, C.: Quantitative Betriebswirtschaftslehre, 3. Aufl., Wiesbaden 2000.

Hopt, K. J., Prigge, S.: Preface, in: Hopt, K. J. et al. (Hrsg.): Comparative Corporate Governance. The state of the art of emerging research, Oxford 1998, S. V–X.

Hörisch, F.: Unternehmensmitbestimmung im nationalen und internationalen Vergleich: Entstehung und ökonomische Auswirkungen, Münster 2009.

House, R. J.: A Path Goal Theory of Leader Effectiveness, in: Administrative Science Quarterly, Vol. 16, Heft 3, 1971, S. 321–388.

HRK (Hrsg.): Statistische Daten zu Studienangeboten an Hochschulen in Deutschland, Bonn 2013.

Hromadka, W., Maschmann, F.: Arbeitsrecht Band II, Kollektivarbeitsrecht + Arbeitsstreitigkeiten, 6. Aufl., Berlin/Heidelberg 2014.

Hromadka, W., Maschmann, F.: Arbeitsrecht Band I, Individualarbeitsrecht, 5. Aufl., Berlin/Heidelberg 2012.

Huf, S.: Fluktuation und Retention – Mitarbeiter im Unternehmen halten, in: PERSONALquarterly, Heft 4, 2012, S. 46–49.

Huf, S.: Strategisches Personalmanagement, in: WISU, Heft 7, 2006, S. 912–916.

Huf, S.: Wie weiter nach dem HR Business Partner? Fünf personalwirtschaftliche Handlungsfelder, in: Personalführung, Heft 2, 2018, S. 58–63.

Hünninghausen, L., Hören, M. v.: Marktdaten – Notwendige Basis der Vergütungspolitik, in: Hünninghausen, L., Hören, M. v. (Hrsg.): Vergütungsvergleiche – Vergütungsstudien, Düsseldorf 2006.

IHK (Hrsg.): Fachkräftebedarf. Monitoring, Dresden 2012.

Ilbertz, W., Widmaier, U., Bundespersonalvertretungsgesetz mit Wahlordnung unter Einbeziehung der Landespersonalvertretungsgesetze. Kommentar, 11. Aufl., Stuttgart 2008.

iwd (Hrsg.): iw-dienst, Nr. 22, 2012a.

iwd (Hrsg.): iw-dienst, Nr. 34, 2012b.

iwd (Hrsg.): iw-dienst, Nr. 10, 2011a.

iwd (Hrsg.): iw-dienst, Nr. 32, 2011b.

iwd (Hrsg.): iw-dienst, Nr. 51, 2009.

iwd (Hrsg.): iw-dienst, Nr. 51, 2007.

iwd (Hrsg.): iw-dienst, Nr. 8, 2006a.

iwd (Hrsg.): iw-dienst, Nr. 7, 2006b.

Jäger, A. O., Süß, H.-M., Beauducel, A.: Berliner Intelligenzstruktur-Test, in: Sarges, W., Wottawa, H. (Hrsg.): Handbuch wirtschaftspsychologischer Testverfahren, Lengerich, 1997, S. 95–101.

Jahns, C.: Unternehmensstrategie und Unternehmenskultur, in: WISU, Heft 2, 2002, S. 212–216.

Janis, J.: Groupthink, 2. Aufl., Boston 1982.

Jenner, T.: Szenario-Technik und Unternehmensplanung, in: WISU, Heft 5, 2006, S. 650–653.

Jensen, M. C., Meckling, W. H.: Theory of the firm. Managerial Behaviour, Agency Costs and Ownership Structure, in: Journal of Financial Economics, Heft 3, 1976, S. 305–360.

Jochmann-Döll, A.: Gleicher Lohn für gleichwertige Arbeit. Ausländische und deutsche Konzepte und Erfahrungen, München/Mering 1990.

Jourard, S. M., Lasakow, P.: Some Factors in Self-Disclosure, in: Journal of Abnormal Psychology, Heft 1, 1958, S. 91–98.

Jung, H.: Personalwirtschaft, 6. Aufl., München/Wien 2005.

Kadel, P.: Gedanken zum Business-Partner-Prinzip – ist es wirklich allein Erfolg versprechend für die Zukunft?, in: Personalführung, Heft 10, 2017, S. 10–12.

Kaiser, S., Müller-Seitz, G., Ringlstetter, M.: Der Beitrag eines flexibilitätsorientierten Humanressourcen-Managements in Unternehmenskrisen: Eine kritische Betrachtung, in: ZfP, Heft 3, 2005, S. 252–272.

Kammel, A., Teichelmann, D.: Internationaler Personaleinsatz. Konzeptionelle und instrumentelle Grundlagen, München/Wien 1994.

Kaplan, A. M., Haenlein, M.: Users of the World, Unite! The Challenges and Opportunities of Social Media, in: Business Horizons, Heft 1, 2010, S. 59–68.

Kasper, H., Meyer, M., Schmidt, A.: ManagerInnen – zwischen Berufs- und Privatleben. Eine empirische Analyse des Umgangs mit einer Konfliktsituation, in: ZfP, Heft 3, 2003, S. 304–333.

Kaumanns, R., Siegenheim, V.: Die Google-Ökonomie, Norderstedt 2010.

Kerr, S.: Substitutes for leadership: Some implications for organizational design, in: Organization and Administrative Science, Heft 1, 1977, S. 135–146.

Kieser, A., Hegele, C., Klimmer, M.: Kommunikation im organisatorischen Wandel, Stuttgart 1998.

Kieser, A., Leiner, L.: Why the Rigour-Relevance Gap in Management Research is Unbridgeable, in: Journal of Management Studies, Heft 3, 2009, S. 516–533.

Kieser, A., Woywode, M.: Evolutionstheoretische Ansätze, in: Kieser, A. (Hrsg.): Organisationstheorien, 7. Aufl., Stuttgart 2014, S. 256–294.

Kieser, A.: Max Webers Analyse der Bürokratie, in: Kieser, A., Ebers, M. (Hrsg.): Organisationstheorien, 7. Aufl., Stuttgart 2014a, S. 43–72.

Kieser, A.: Managementlehren – von Regeln guter Praxis über den Taylorismus zur Human Relations-Bewegung, in: Kieser, A., Ebers, M.: Organisationstheorien, 7. Aufl., Stuttgart 2014b, S. 73–117.

Kirkpatrick, D. L., Kirkpatrick, J. D.: Evaluating training programs. The four levels, 3. Aufl., San Francisco 2006.

Kirsch, W., Esser, W.-M., Gabele, E.: Das Management des geplanten Wandels von Organisationen, Stuttgart 1979.

Klimecki, R. G., Gmür, M.: Personalmanagement, 3. Aufl., Stuttgart 2005.

Klimecki, R. G., Gmür, M.: Evolutionstheoretische Ansätze des Personalmanagements, in: Gaugler, E., Oechsler, W. A., Weber, W. (Hrsg.): Handwörterbuch des Personalwesens, 3. Aufl., Stuttgart 2004, Sp. 742–750.

Klimecki, R. G., Thomae, M.: Organisationales Lernen. Eine Bestandsaufnahme der Forschung, in: Management Forschung und Praxis, Nr. 18, 1997.

Klopfer, B., Davidson, H. H.: Das Rorschach-Verfahren, Eine Einführung, Bern 1967.

Knaese, B.: Kernkompetenzen im strategischen Management von Banken. Der ‚Resource-based View‘ in Kreditinstituten, Wiesbaden 1996.

Knorr, A., Arndt, A.: Wal-Mart in Deutschland – eine verfehlte Internationalisierungsstrategie, in: Materialien des Wissenschaftsschwerpunkts „Globalisierung der Weltwirtschaft", Band 25, Universität Bremen 2004.

Kochan, T. A., Katz, H. C., McKersie, R. B.: The Transformation of American Industrial Relations, 2. Aufl., New York 1994.

Kohnke, O.: Die Anwendung der Zielsetzungstheorie zur Mitarbeitermotivation und -steuerung, in: Bungard, W., Kohnke, O. (Hrsg.): Zielvereinbarungen erfolgreich umsetzen. Konzepte, Ideen und Praxisbeispiele auf Gruppen- und Organisationsebene, Wiesbaden 2000, S. 35–65.

Kolb, M., Ling, B.: Informationsbeschaffung für die betriebliche Personalplanung, Mannheim 1978.

Kolb, M.: Personalmanagement, 2. Aufl. Wiesbaden 2010.

Kolbinger, J.: Das betriebliche Personalwesen, Stuttgart 1962.

Kommission Mitbestimmung (BDI/BDA) (Hrsg.): Mitbestimmung modernisieren, Bericht der Kommission Mitbestimmung, Berlin 2004.

Kompa, A.: Demontage des Assessment Center. Kritik an einem modernen personalwirtschaftlichen Verfahren, in: Die Betriebswirtschaft, Heft 5, 1990, S. 587–609.

Kondratieff, N. D.: Die langen Wellen der Konjunktur, in: Archiv für Sozialwissenschaft und Sozialpolitik, Heft 3, 1926, S. 573–609.

Kotter, J. P.: Leading Change, München 2013.

Kotthoff, H.: Betriebsräte und Bürgerstatus: Wandel und Kontinuität betrieblicher Mitbestimmung, München/Mering 1994.

Koubek, N.: Arbeitsorientierte Einzelwirtschaftslehre (AOEWL), Mitbestimmung und Gewerkschaftspolitik, in: Gewerkschaftliche Monatshefte, Heft 11, 1973, S. 687–697.

Krahl, C.: Lernmodelle, http://www.plusminusr.de/blog/pdf/Wiki_Lerntheorien.pdf (letzter Aufruf: 11.06.2014).

Kramarsch, M. H.: Aktienbasierte Managementvergütung, 2. Aufl., Stuttgart 2004.

Krüger, J.: Kooperation und Wettbewerb, Heidelberg 2012.

Krulis-Randa, J. S.: Einführung in die Unternehmenskultur, in: Lattmann, C. (Hrsg.): Die Unternehmenskultur, Heidelberg 1990, S. 1–20.

Krycha, K. T.: Produktionstypologien, in: Kern, W. (Hrsg.): Handwörterbuch der Produktionswirtschaft, 2. Aufl., Stuttgart 1996, Sp. 1617–1629.

Kulturgut Mobilität (Hrsg): Ausbildung bei Daimler, in: http://www.kulturgut-mobilitaet.de/aktuell/hist-mobilitaet/1591-ausbildung-bei-daimler-qgerade-glieder-einen-guten-leumund-und-ein-befriedigendes-schulzeugnisq (letzter Aufruf: 03.07.2014).

Landau, K., Rohmert, W.: Stellenbeschreibung mit dem AET, in: Zeitschrift für Organisation, Heft 3, 1980, S. 169–174.

Landwehr, N., Müller, E.: Begleitetes Selbststudium. Didaktische Grundlagen und Umsetzungshilfen, 2. Aufl., Bern 2008.

Lawler, E. E.: Motivierung in Organisationen, Bern 1977.

Lee, T. W., Mitchell, T. R., Sablynski, C. J., Burton, J. P., Holtom, B. C.: The effects of job embeddedness on organizational citizenship, job performance, volitional absence, and voluntary turnover, in: Academy of Management Journal, Heft 5, 2004, S. 711–722.

Leonhardt, W.: Das Mitarbeitergespräch als Alternative zu formalisierten Beurteilungssystemen, in: Schuler, H. (Hrsg.): Beurteilung und Förderung beruflicher Leistung, 2. Aufl., Göttingen 2004, S. 91–105.

Lewin, K., Lippitt, R., White, R. K.: Patterns of Aggressive Behavior in Experimentally Created „Social Climates", in: Journal of Social Psychology, Heft 10, 1939, S. 271–299.

Lindner-Lohmann, D., Lohmann, F., Schirmer, U.: Personalmanagement, 2. Aufl., Berlin/Heidelberg 2012.

Locke, E. A., Latham, G. P.: Goal Setting – a motivational Technique that Works, Engelwood Cliffs 1984a.

Locke, E. A., Latham, G. P.: A Theory of Goal Setting & Task Performance, Englewood Cliffs 1984b.

Locke, E. A.: Toward a theory of task motivation and incentives, in: Organizational and Human Performance, Heft 2, 1968, S. 157–189.

Locke, R., Piore, M., Kochan, T. A.: Introduction: Employment Relations in a Changing World Economy, in: Locke, R., Kochan, T. A., Piore, M. (Hrsg.): Employment Relations in a Changing World Economy, Cambridge/London 1995, S. xii–xxix.

Lohaus, D., Habermann, W.: Outplacement, in: WiSt, Heft 12, 2009, S. 650–652.

Lord, R., Foti, R., DeVader, C.: A Test of Leadership Categorization Theoriy: Internal Structure, Information Processing, and Leadership Perceptions, in: Organizational Behavior and Human Performance, Heft 3, 1984, S. 343–378.

Löwisch, M.: Arbeitsrecht. Ein Studienbuch, 8. Aufl., Düsseldorf/Köln 2007.

Lucht, T.: Strategisches Human Resource Management. Ein Beitrag zur Revision des Michigang-Ansatzes unter besonderer Berücksichtigung der Leistungsbeurteilung, München 2008.

Lützeler, M., Bissels, A.: Entwicklungen, Trends, Entscheidungen – Zeitarbeit im Fokus, in: Arbeit und Arbeitsrecht, Heft 9, 2012, S. 510–513.

Macharzina, K., Rief, A.: Personalmanagement in multinationalen (internationalen) Unternehmen, in: Gaugler, E., Oechsler, W. A., Weber, W. (Hrsg.): Handwörterbuch des Personalwesens, 3. Aufl., Stuttgart 2004, Sp. 1583–1591.

Macharzina, K., Wolf, J.: Unternehmensführung. Das internationale Managementwissen, 8. Aufl., Wiesbaden 2012.

Mag, W.: Personalplanung und Mitbestimmung, Teil 2, in: WiSt, Heft 3, 2003, S. 148–153.

March, J. G., Simon, H. A.: Orgnizations, New York 1958.

March, J. G/Olsen, J. P.: The uncertainty of the past: Organizational learning under ambiguity, in: European Journal of Political Research, Heft 3, S. 147–171.

Marr, R., Stitzel, M.: Personalwirtschaft. Ein konfliktorientierter Ansatz, München 1979.

Martin, A.: Beschäftigungsmanagement, in: Gaugler, E., Oechsler, W. A., Weber, W. (Hrsg.): Handwörterbuch des Personalwesens, 3. Aufl., Stuttgart 2004, Sp. 518–531.

Maslow, A. H.: Motivation und Persönlichkeit, Reinbek/Hamburg 1987.

Maslow, A. H.: Eine Theorie der menschlichen Motivation, in: Ackermann, K. F., Reber, G. (Hrsg.): Personalwirtschaft. Motivationale und kognitive Grundlagen, Stuttgart 1981, S. 152–160.

Maslow, A. H.: Motivation and personality, New York 1954.

McClelland, D. C.: Macht als Motiv. Entwicklungswandel und Ausdrucksformen, Stuttgart 1978.

McClelland, D. C.: The Achievement motive, New York 1953.

McCormick, E. J., Jeanneret, P. R., Mecham, R. C.: The Development and Background of the Position Analysis Questionnaire (PAQ), Purdue University 1969.

McGregor, D.: The Human Side of Enterprise, New York 1960.

McKelvey, B., Aldrich, H. E.: Populations, Natural Selection and Applied Organizational Science, in: Administrative Science Quaterly, Heft 3, 1983, S. 101–128.

Meier, H., Schindler, U.: Laufbahn- und Nachfolgeplanung von Fach- und Führungskräften, in: Gaugler, E., Oechsler, W. A., Weber, W. (Hrsg.): Handwörterbuch des Personalwesens, 3. Aufl., Stuttgart 2004, Sp. 1053–1063.

Meier, H.: Handwörterbuch der Aus- und Weiterbildung: 425 Methoden und Konzepte des betrieblichen Lernens mit Praxisbeispielen und Checklisten, Neuwied/Kriftel/Berlin 1995.

Meine, H.: „Arbeiter und Angestellte": Vom Ende und Beharrungsvermögen alter Scheidelinien, WSI-Mitteilungen, Heft 2, 2005, S. 76–81.

Meinhövel, H: Grundlagen der Principal-Agent-Theorie, in: WiSt, Heft 7, 2004, S. 470–475.

Meinhövel, H.: Defizite der Principal-Agent-Theorie, Köln/Lohmar 1999.

Mentzel, W.: Unternehmenssicherung durch Personalentwicklung, 7. Aufl., Freiburg 1997.

Mercedes-Benz Classic: Gerade Glieder und einen guten Leumund, http://media.daimler.com/dcmedia/0-921-614822-49-1294542-1-0-1-0-0-1-12639-0-0-3842-0-0-0-0-0.html?TS=1420661945661 (letzter Aufruf: 25.06.2018).

Meyer, J. W., Rowan, B.: Institutionalized organizations: Formal structure as myth and ceremony, in: American Journal of Sociology, Heft 2, 1977, S. 340–363.

Mez, B.: Effizienz der Mitarbeiter-Kapitalbeteiligung. Eine empirische Untersuchung aus verhaltenstheoretischer Sicht, Wiesbaden 1991.

Milkovich, G., Dyer, L., Mahoney, T.: The State of Practise and Research in Human Resource Planning, in: Carrol, S., Schuler, R. (Hrsg.): Human Resource Management in the 1980s, Washington 1983, S. 2/1–2/21.

Milling, P.: Automatisierung der Produktion, in: Wittmann, W., Kern, W., Köhler, R., Küpper, H. U., Wysocki, K. (Hrsg.): Handwörterbuch der Betriebswirtschaft, 5. Aufl., Stuttgart 1993, Sp. 3367–3375.

Mintzberg, H., Waters, J. A.: Of Strategies, Deliberate and Emergent, in: Strategic Management Journal, Heft 3, 1985, S. 257–272.

Mitlacher, L. W.: Zeitarbeit in Deutschland und den USA, Köln/Lohmar 2004.

Mobley, W. H.: Intermediate linkages in the relationship between job satisfaction and employee turnover, in: Journal of Applied Psychology, Heft 2, 1977, S. 237–240.

Motzko, C.: Generation Y. Lost in „Generation Y", in: personalwirtschaft, Heft 5, 2004, S. 34–36.

Müller-Jentsch, W.: Theorien Industrieller Beziehungen, in: Industrielle Beziehungen, Heft 1, 1996, S. 36–63.

Nagel, B.: Die Europäische Aktiengesellschaft (SE) und die Beteiligung der Arbeitnehmer, in: Arbeit und Recht, Heft 8, 2004, S. 281–286.

Naundorf, J., Spengler, T.: Notwendige Bedingungen für die Aussagekraft von Employer-Award-Ergebnissen, in: PERSONALquarterly, Heft 3, 2012, S. 28–33.

Nerdinger, F. W.: Motivation und Handeln in Organisationen, Stuttgart 1995.

Neuberger, O.: Führen und führen lassen, 6. Aufl., Stuttgart 2002.

Neuberger, O.: Das Mitarbeitergespräch, 5. Aufl., Leonberg 2001.

Neuberger, O.: Personalentwicklung, 2. Aufl., Stuttgart 1994.

Neuberger, O.: Führungsverhalten und Führungserfolg, Berlin 1976.

Nieder, P.: Fluktuation, in: Gaugler, E., Oechsler, W. A., Weber, W. (Hrsg.): Handwörterbuch des Personalwesens, 3. Aufl., Stuttgart 2004, Sp. 757–767

Nonaka, I., Takeuchi, H.: Die Organisation des Wissens. Wie japanische Unternehmen eine brachlie-
gende Ressource nutzbar machen, Frankfurt a. M. 1997.

Novak, E.: Personal in der Verwaltung in: Mattern, K.-H. (Hrsg.): Allgemeine Verwaltungslehre,
4. Aufl., Regensburg 1994, S. 169–198.

NZA (Hrsg.): Streik um Tarifsozialplan, in: NZA, Heft 19, 2007, S. 987–998.

o. V.: A field is born, in: Harvard Business Review, Heft 7/8, 2008, S. 164.

o. V.: Lieber klare Niederlage als schwammiger Sieg, Interview mit Eric Schmidt, in: Stern,
19.05.2006.

Oechsler, W. A., Kastura, B.: Betriebliche Sozialleistungen. Entwicklungen und Perspektiven, in:
Weber, W. (Hrsg.): Entgeltsysteme, Stuttgart 1993, S. 341–363.

Oechsler, W. A., Mitlacher, L.: Motivations- und Anreizsysteme bei Sparkassen: strategieorientierte
Entgeltsysteme planen und gestalten, Stuttgart 2004.

Oechsler, W. A., Strohmeier, S.: Grundlagen der Personalplanung, in: Mülder, W., Seibt, D. (Hrsg.):
Methoden- und computergestützte Personalplanung, 2. Aufl., Köln 1994, S. 13–34.

Oechsler, W. A., Trautwein, G., Schwab, M.: Internationales Personalmanagement – Auslandsde-
legation bei der BASF AG, in: Zentes, J., Swoboda, B., Morschett, D. (Hrsg.): Fallstudien zum
Internationalen Management, 4. Aufl., Wiesbaden 2011, S. 751–768.

Oechsler, W. A., Wiskemann, G.: Entlohnungsmodelle der Zukunft – Entwicklungstendenzen im Bereich der Entgeltgestaltung.: in: Wirtschaftspolitische Blätter, Heft 2/3, 1998, S. 237–244.

Oechsler, W. A., Wiskemann, G.: Moderne Vergütung – leistungsgerecht, motivierend und rechtssi-
cher; in: Maschmann, F. (Hrsg.): Mitarbeitervergütung auf dem Prüfstand, Mannheimer Arbeits-
rechtstag 2008, Band 1, Baden-Baden 2008, S. 13–28.

Oechsler, W. A.: Leistungsentgelt im öffentlichen Dienst – Bestandsaufnahme und Perspektiven, in:
Bräuning, D., Greiling, D. (Hrsg.): Stand und Perspektiven der Öffentlichen Betriebswirtschaftslehre II, Berlin 2007, S. 546–560.

Oechsler, W. A.: Der Tarifvertrag für den öffentlichen Dienst (TDöD) – eine Beurteilung aus personalwirtschaftlicher Sicht, in: ifo Schnelldienst, Institut für Wirtschaftsforschung an der Universität
München, Heft 7, 2005, S. 8–11.

Oechsler, W. A.: Gesellschaftliche Rahmenbedingungen des Beschäftigungsmanagement. Zur Nach-
haltigkeit von Problemen im Bereich Arbeit und Beschäftigung, in: Schneider, U., Steiner, P.
(Hrsg.): Betriebswirtschaftslehre und gesellschaftliche Verantwortung. Mit Corporate Social
Responsibility zu mehr Engagement, Wiesbaden 2004, S. 85–103.

Oechsler, W. A.: Leistungsorientierte Führung und Vergütung in der öffentlichen Verwaltung, in:
Horváth, P. (Hrsg.): Performance Controlling – Strategie, Leistung und Anreizsystem effektiv
verbinden, Stuttgart 2002, S. 363–377.

Oechsler, W. A.: Unternehmenskultur und Human Resource Management, in: Bertelsmann Stiftung/
Hans Böckler Stiftung (Hrsg.): Praxis Unternehmenskultur, Band 1, Gütersloh 2001, S. 81–101.

Oechsler, W. A.: Der Einfluß des Arbeitsrechts auf die Personalpolitik von Unternehmen – Rekonstruktion von Theoriefragmenten und alternativer Entwurf, in: Martin, A., Nienhüser, W. (Hrsg.):
Personalpolitik, Wissenschaftliche Erklärung der Personalpraxis, München 1998a, S. 466–482.

Oechsler, W. A.: Sozialplan statt Beschäftigungsplan. Paradoxe Konsequenzen eines Arbeitsrechts
aus der stabilen Industriegesellschaft, in: Gutschelhofer, A., Scheff, J. (Hrsg.): Paradoxes
Management. Widersprüche im Management – Management der Widersprüche, Wien 1996,
S. 321–341.

Oechsler, W. A.: Historische Entwicklungen zum Human Resource Management, in: Knauth, P.,
Wollert, A. (Hrsg.): Human Resource Management. Neue Formen betrieblicher Arbeitsorganisationen und Mitarbeiterführung. Strategien. Konzepte. Praxisbeispiele, Köln 1996.

Oechsler, W. A.: Personalentwicklung im öffentlichen Dienst, in: Kossbiel, H. (Hrsg.): Personalentwicklung, in: Schmalenbachs Zeitschrift für betriebswirtschaftliche Forschung, Sonderheft 14, 1982, S. 96–106.

Oechsler, W. A.: Konfliktmanagement. Theorie und Praxis industrieller Arbeitskonflikte, Wiesbaden 1979.

Oelsnitz, D. v. d.: Max Webers Bürokratiemodell – noch gültig in der globalen Wissensgesellschaft?, in: WISU, Heft 11, 2005, S. 1384–1389.

Oelsnitz, D. v. d.: Mikropolitik in Organisationen, in: WISU, Heft 5, 1999, S. 710–716.

Olfert, K.: Personalwirtschaft, 15. Aufl., Ludwigshafen, 2012.

Oppolzer, U.: Super lernen. Tipps & Tricks von A – Z. Effektiver Lernen. Mit vielen Übungen, 6. Aufl., Hannover 2006.

Ortmann, G., Formen der Produktion. Organisation und Rekursivität, Opladen 1995.

Oschmiansky, F.: Arten der Arbeitslosigkeit, http://www.bpb.de/politik/innenpolitik/arbeitsmarktpolitik/54892/arten-der-arbeitslosigkeit (letzter Aufruf: 15.04.2014).

Park, T.-Y., Shaw, J. D.: Turnover rates and organizational performance: A meta-analysis, in: Journal of Applied Psychology, Heft 2, 2013, S. 268–309.

Paul, C., Schaefer, S.: Entgeltgerechtigkeit, in: WiSt, Heft 3, 2009, S. 149–153.

Paul, C.: Personalrisikomanagement aus ressourcentheoretischer Perspektive, Köln/Lohmar, 2011.

Perlmutter, H. V.: The Tortuous Evolution of the Multinational Corporation, in: Columbia Journal of World Business, Heft 3, 1969, S. 9–18.

Peters, T., Waterman, R.: In the Search of Excellence, New York 1982.

Pfeffer, J.: Competitive Advantage through People, Boston 1994.

Pietsch, G.: Wertorientierte Personalarbeit zwischen Mythos und Mikropolitik, in: Zeitschrift für Personalforschung, Heft 2, 2006, S. 160–182.

Plag, M.: Veränderungsmanagement in Bundesministerien: Eine empirische Untersuchung auf Basis multipler Fallstudien, Wiesbaden 2007.

Prahalad, C. K., Hamel, G.: Nur Kernkompetenzen sichern das Überleben, in: Harvard Manager, Heft 2, 1991, S. 66–78.

Prange, S.: Schmierige Geschäfts auf Kosten der Hoffnung, in: Handelsblatt, 17.02.2010.

Psychonomy (2014): http://psychonomie.de/sozialpsychologie/Impression_Management.htm (letzter Aufruf: 25.05.2014).

Rasche, C., Wolfrum, B.: Ressourcenorientierte Unternehmensführung, in: Die Betriebswirtschaft, Heft 4, 1994, S. 501–517.

REFA-Verband für Arbeitsstudien e. V. (Hrsg.), Methodenlehre des Arbeitsstudiums. Teil 2. Datenermittlung, 7. Aufl., München 1992.

Reichwald, R.: Arbeit als Produktionsfaktor, München 1977.

Richenhagen, G/Wagner, J.: Telearbeit als Arbeitsform der Zukunft, in: Personalwirtschaft, Heft 10, 2000, S. 97–104.

Ridder, H.-G., Conrad, P., Schirmer, F., Bruns, H.-J.: Strategisches Personalmanagement, Landsberg 2001.

Ridder, H.-G.: Personalwirtschaftslehre, 4. Aufl., Stuttgart 2013.

Ridder, H.-G.: Arbeitsbewertung, in: Gaugler, E., Oechsler, W. A., Weber, W. (Hrsg.): Handwörterbuch des Personalwesens, 3. Aufl., Stuttgart 2004, Sp. 197–206.

Ridder, H.-G.: Vom Faktoransatz zum Human Resource Management. In: Schreyögg, G.; Conrad, P. (Hrsg.): Managementforschung 12 – Theorien des Managements, Berlin 2002, S. 211–240.

Ridder, H.-G.: Personalwirtschaftslehre als ökonomische Theorie, in: Weber, W. (Hrsg.): Grundlagen der Personalwirtschaft, Theorien und Konzepte, Wiesbaden 1996.

Ringle, C. M., Ladwig, T. J., Richter, N. F.: Konvergenz von Kulturen, in: WISU, Heft 7, 2013, S. 925–931.

RKW (Hrsg.): RKW-Handbuch Personalplanung, 3. Aufl., Neuwied 1996.

Rosenstiel, L. v.: Die motivationalen Grundlagen des Verhaltens in Organisationen, Leistung und Zufriedenheit, Berlin 1975.

Rost, K., Osterloh, M.: Management fashion pay-for-performance for CEOs, in: Vartiainen, M. et al. (Hrsg.): Reward management – facts and trends in Europe, Lengerich 2008, S. 139–163.

Rump, J., Eilers, S.: Lebensphasenorientierte Personalpolitik – alle Potenziale ausschöpfen, in: Papmehl, A., Tümmers, H. J. (Hrsg.): Die Arbeitswelt im 21. Jahrhundert. Herausforderungen, Perspektiven, Lösungsansätze, Wiesbaden 2013, S. 137–145.

RWE (Hrsg.): Traineeprogramme, in: http://www.rwe.com/web/cms/de/108080/rwe/karriere/ einstiegs-level/absolventen/traineeprogramme (letzter Aufruf: 12.06.2014).

Sackmann, S.: Erfolgsfaktor Unternehmenskultur, Wiesbaden 2004.

Salancik, G. R., Pfeffer, J.: An Examination of Need-Satisfaction Models of Job Attitudes, in: Administrative Science Quarterly, Heft 3, 1977, S. 427–456.

Salgado, J. E., Anderson, N., Moscoso, S., Berua, C., DeFruyt, E.: International validity generalization of GMA and cognitive abilities and the predicition of work behaviors, in: Personnel Psychology, Heft 3, 2003, S. 573–606.

Schaub, G. Arbeitsrechtliches Formular- und Verfahrenshandbuch, 10. Aufl., München 2013.

Scheerbarth, H. W., Höffken, H., Bauschke, H.-J., Schmidt, L.: Beamtenrecht, 6. Aufl., Siegburg 1992.

Schein, E. H.: Unternehmenskultur. Ein Handbuch für Führungskräfte, Frankfurt a. M. 1995.

Schein, E. H.: Coming to a new Awareness of organizational Culture, in: Sloan Management Review, Heft 2, 1984, S. 3–16.

Schein, E. H.: Organizational Psychology, 3. Aufl., Englewood Cliffs 1980.

Schein, E. H.: Process consultation. Its role in organization development, Reading 1969.

Scherm, E., Pietsch, G.: Organisation, München/Wien 2007.

Scherm, E., Pietsch, G.: Erfolgsmessung im Personalcontrolling – Reflexionsinput oder Rationalitätsmythos?, in: BFuP, Heft 1, 2005, S. 43–57.

Scherm, E., Süß, S.: Personalmanagement, 2. Aufl., München 2010.

Scherm, E.: Internationales Personalmanagment, 2. Aufl., München/Wien 1999.

Schlönz, H.: Unternehmensübernahmen in Theorie und Praxis, in: http://de.scribd.com/doc/ 44834404/Unternehmensubernahmen-in-Theorie-und-Praxis (letzter Aufruf: 01.07.2014).

Schmeisser, W.: Finanzorientierte Personalwirtschaft, München 2008.

Schmidt, S., Dost, R.: Management in unterschiedlichen Kulturen – zentrale Ergebnisse der GLOBE-Studie, in: WISU, Heft 11, 2009, S. 1467–1472.

Schmidt, S., Kotulla, T.: Die GLOBE-Studie: Kultur und erfolgreiches Leadership in Zeiten der Globalisierung, in: WiSt, Heft 1, 2010, S. 61–67.

Schneider, H.: Erfolgsbeteiligung der Arbeitnehmer, in: Gaugler, E., Weber, W., Oechsler, W. A. (Hrsg.): Handwörterbuch des Personalwesens, 3. Aufl., Stuttgart 2004, Sp. 712–723.

Schneider, M.: Organisationskapital und Humankapital als strategische Ressourcen, in: Zeitschrift für Personalforschung, Heft 1, 2008, S. 12–34.

Schneider, M.: Gestaltungsprinzipien für Personal-Kennzahlensysteme: Abschied von der Zahlengläubigkeit, in: BFuP, Heft 1, 2005, S. 30–42.

Schneider, O.: Das schwedische Mitbestimmungsgesetz und seine Entstehungsgeschichte. Wandel einer Gesellschaft, in: Diefenbacher, H., Nutzinger, H. G. (Hrsg.): Gewerkschaften und Arbeitsbeziehungen im internationalen Vergleich. Konzepte und Formen der Arbeitnehmerpartizipation, Bd. 2, Heidelberg 1984, S. 45–72.

Schnellenbach, H.: Beamtenrecht in der Praxis, 6. Aufl., München 2005.

Scholz, C., Hofbauer, W.: Unternehmenskultur und Personalführung, in: ZfP, Heft 4, 1987, S. 461–482.

Scholz, C., Stein, V., Bechtel, R., Human Capital Management. Wege aus der Unverbindlichkeit, 3. Aufl., München/Unterschleißheim 2011.

Scholz, C.: Personalmanagement, Informationsorientierte und verhaltenstheoretische Grundlagen, 6. Aufl., München 2014.

Scholz, C.: Strategielosigkeit als zukünftige Strategie, in: personalwirtschaft, Heft 8, 2014, S. 33–35.

Scholz, C.: Wenn Giganten stolpern. Die wundersamen Wandlungen der Daimler AG, in: OrganisationsEntwicklung, Heft 2, 2014, S. 36–43.

Scholz, C.: Grundzüge des Personalmanagements, München 2011.

Scholz, C.: Unternehmenskultur, in: Köhler, R., Küpper, H.-U., Pfingsten, A. (Hrsg.): Handwörterbuch Unternehmensführung und Organisation, 6. Aufl., 2007, Sp. 1831–1840.

Scholz, C.: Virtuelle Personalabteilung, in: Scholz, C. (Hrsg.): Innovative Personalorganisation – Center-Modelle für Wertschöpfung, Strategie, Intelligenz und Virtualisierung, Neuwied/Kriftel 1999, S. 232–253.

Scholz, C.: Strategisches Management. Ein integrativer Ansatz, Berlin et al. 1987.

Schraft, R. D.: Automatisierung und Robotik, in: Kern, W. (Hrsg.): Handwörterbuch der Produktionswirtschaft, 2. Aufl., Stuttgart 1996, Sp. 203–218.

Schreyögg, G., Organisation. Grundlagen moderner Organisationsgestaltung, 6. Aufl., Wiesbaden 2012.

Schreyögg, G., Kliesch, M.: Zur Dynamisierung Organisationaler Kompetenzen – „Dynamic Capabilities" als Lösungsansatz?, in: Zeitschrift für betriebswirtschaftliche Forschung, Heft 6, 2006, S. 455–476.

Schreyögg, G., Sydow, J., Koch, J.: Organizational path dependence: Opening the black box, in: Academy of Management Review, Heft 4, 2009, S. 689–709.

Schreyögg, J.: Pfadabhängigkeit der Entscheidungsprozesse am Beispiel des deutschen Gesundheitswesens, in: WiSt, Heft 6, S. 359–363.

Schuler, H., Psychologische Personalauswahl, Einführung in die Berufseignungsdiagnostik, 3. Aufl., Göttingen 2000.

Schuler, H., Höft, S., Hell, B.: Eigenschaftsorientierte Verfahren der PErsonalauswahl, in: Schuler, H., Kanning, U. P. (Hrsg.): Lehrbuch der Personalpsychologie, 3. Aufl., Berlin 2014, S. 149–214.

Schuler, H.: Personalauswahl, in: Gaugler, E., Oechsler, W. A., Weber, W. (Hrsg.): Handwörterbuch des Personalwesens, 3. Aufl., Stuttgart 2004, Sp. 1366–1379.

Schuler, H.: Leistungsbeurteilung, in: Roth, E. (Hrsg.): Organisationspsychologie. Enzyklopädie der Psychologie, Themenbereich D, Serie III, Bd.3, Göttingen/Toronto/Zürich 1989, S. 390–430.

Schuler, H.: Die Mitarbeiterbeurteilung, in: Macharzina, K., Oechsler, W. A. (Hrsg.): Personalmanagement II. Organisations- und Mitarbeiterentwicklung, Wiesbaden 1977, S. 161–199.

Schuler, R. S., Jackson, S. E.: Linking Competitive Strategies with Human Resource Management Practices, in: Academy of Management Executive, Heft 3, 1987, S. 207–219.

Schulte-Zurhausen, M.: Organisation, 5. Aufl., München 2010.

Schumpeter, J.: Theorie der wirtschaftlichen Entwicklung. Nachdruck der 1. Auflage von 1912, Berlin 2006.

Scott-Morgan, P.: Die heimlichen Spielregeln, Frankfurt a. M. 2008.

Scott-Morgan, P.: The Unwritten Rules of the Game, New York 1994.

Seifert, H.: Zeitkonten: Von der Normalarbeitszeit zu kontrollierter Flexibilität, in: Marr, R. (Hrsg.): Arbeitszeitmanagement: Grundlagen und Perspektiven der Gestaltung flexibler Arbeitszeitsysteme, 3. Aufl., Berlin 2001.

Senge, K.: Der Fall Wal-Mart: Institutionelle Grenzen ökonomischer Globalisierung, Arbeitspapier Nr. 4, Universität Dortmund 2004.

Short, J. A., Williams, E., Christie, B.: The Social Psychology of Telecommunications, New York 1976.

Simon, H. A.: Administrative Behavior, New York/London 1948.

Soramäki, A.: Mit Wissensmanagement zur Lernenden Organisation, Dissertation, Universität Freiburg, 2005.

Sozialpolitik Aktuell (Hrsg.): http://www.sozialpolitik-aktuell.de/tl_files/sozialpolitik-aktuell/_Politikfelder/Arbeitsmarkt/Datensammlung/PDF-Dateien/abbV9.pdf (letzter Aufruf: 22.09.2014).

Spitznagel, A.: Projektive Verfahren, in: Sarges, W. (Hrsg.), Management-Diagnostik, 3. Aufl., Göttingen 2000, S. 515–525.

Staehle, W. H.: Management. Eine verhaltenswissenschaftliche Perspektive, 8. Aufl., München 1999.

Stahl, G., Mayrhofer W., Kühlmann T. M.: Internationales Personalmanagement. Neue Aufgaben, neue Lösungen, Mering 2005.

Steinle, C., Ahlers, F.: Menschenbilder, in: Gaugler, E., Oechsler, W. A., Weber, W. (Hrsg.): Handwörterbuch des Personalwesens, 3. Aufl., Stuttgart 2004, Sp. 1142–1151.

Steinmann, H., Schreyögg, G., Koch, J.: Management. Grundlagen der Unternehmensführung. Konzepte – Funktionen – Fallstudien, 7. Aufl., Wiesbaden 2013.

Stitzel, M.: Werte und Wertewandel, in: Gaugler, E., Oechsler, W. A., Weber, W. (Hrsg.): Handwörterbuch des Personalwesens, 3. Aufl., Stuttgart 2004, Sp. 1989–1998.

Stock-Homburg, R., Herrmann, L., Bieling, G.: Erfolgsrelevanz des Personalmanagements. Ein Überblick über 17 Jahre empirische Forschung, in: Die Unternehmung, Heft 2, S. 8–74.

Stock-Homburg, R., Özbek-Potthoff, G., Wagner, M. M.: Soziale Medien im Personalmanagement, in: Die Unternehmung, Heft 1, 2012, S. 28–48.

Stock-Homburg, R.: Personalmanagement. Theorien – Konzepte – Instrumente, 3. Aufl., Heidelberg 2014.

Stogdill, R. M., Coons, A. E.: Leader Behavior. Its Description and Measurement, in: Research Monograph, Bureau of Business Research, The Ohio University, Columbus/Ohio 1957.

Südwestmetall (Hrsg.), Entgeltrahmentarifvertrag, 2003.

Süß, S.: Strukturationstheorie, in: WiSt, Heft 9, 2009, S. 458–462.

Süß, S.: Soziologischer Neoinstitutionalismus, in: WiSt, Heft 2, 2008, S. 63–68.

Süß, S.: Internationales Personalmanagement. Eine theoretische Betrachtung, München/Mering 2004.

Szyperski, N., Mußhoff, H. J.: Planung und Plan, in: Szyperski, N. (Hrsg.): Handwörterbuch der Planung, Stuttgart 1989, Sp. 1426–1438.

Tannenbaum, R., Schmidt, W. H.: How to Choose a Leadership Pattern, in: Harvard Business Review, Heft 3, 1958, S. 162–180.

Taylor, F. W.: Die Grundsätze der wissenschaftlichen Betriebsführung, deutsche autorisierte Übersetzung von Roesler, R. (1913), Volpert, W., Vahlenkamp, R. (Hrsg.), Weinheim/Basel 1977.

Taylor, F. W.: Die Grundsätze der wissenschaftlichen Betriebsführung, Berlin/München 1917.

Taylor, F. W.: Principles of Scientific Management, New York 1911.

Tedeschi, J. T., Lindskold, S., Rosenfeld, P.: An Introduction to Social Psychology, St. Paul 1985.

Teece, D. J., Pisano, G., Shuen, A.: Dynamic Capabilities and Strategic Fit, in: Strategic Management Journal, Heft 18, 1997, S. 510–533.

Theuvsen, L.: Kernkompetenzorientierte Unternehmensführung, in: WISU, Heft 12, 2001, S. 1644–1650.

Thomas, A.: Interkulturelles Handlungstraining in der Managerausbildung, in: WiSt, Heft 6, 1989, S. 281–287.

Thüsing, G.: Tarifvertrag, in: Gaugler, E., Oechsler, W. A., Weber, W. (Hrsg.): Handwörterbuch des Personalwesens, 3. Aufl., Stuttgart 2004, S. 1874–1881.

Tichy, N. M., Fombrun, C. J., Devanna, M. A.: Strategic Human Resource Management, in: Sloan Management Review, Winter 1982, S. 47–60.

Tiedge, A.: Nichts als Lyrik und Chichi, in: Spiegel, 04.04.2011.

Tisdale, T.: Führungstheorien, in: Gaugler, E., Oechsler, W. A., Weber, W. (Hrsg.): Handwörterbuch des Personalwesens, 3. Aufl., Stuttgart 2004, Sp. 824–836.

Titzrath, A.: Strategische Führungskräfteentwicklung, in: Stock-Homburg, R. (Hrsg.): Handbuch Strategisches Personalmanagement, 2. Aufl., Wiesbaden 2013, S. 265–282.

Trost, A.: http://de.slideshare.net/ArminTrost/human-resource-management-deutsche-version (letzter Aufruf: 31.07.2014).

Trost, A.: Employer Branding, in: Trost, A. (Hrsg.): Employer Branding, 2. Aufl., Köln 2013, S. 13–78.

Trost, A.: Talent Relationship Management, Heidelberg 2012.

Trumpf (Hrsg.): Zeitgemäß, Präsentation der TRUMPF-Gruppe, Ditzingen 2011.

Tsui, A. S., Pearce, J. I., Porter, L. W., Tripoli, A. M.: Alternative approaches to the employee-organization relationship: does investment in employees pay off?, in: Academy of Management Journal, Heft 5, 1997, S. 1089–1121.

Tucke, M.: Grundlagen der Psychologie für (zukünftige) Lehrer, 2. Aufl., Münster 2003.

Tuckman, B.: Development Sequence in Small Groups, in: Psychological Bulletin, Heft 6, 1965, S. 384–399.

Ulich, E.: Arbeitspsychologie, 6. Aufl., Zürich/Stuttgart 2005.

Ulrich, D.: Human Resource Champions. The Next Agenda for Adding Value and Delivering Results, Boston 1997.

Vahs, D.: Organisation, 8. Aufl., Stuttgart 2012.

Vroom, V. H., Yetton, P. W.: Leadership and decision-making, Pittsburgh 1973.

Vroom, V. H.: Work and Motivation, New York 1964.

Wächter, H., Metz, T.: Das kritische Vermächtnis der AOEWL, in: Baumann, W., Braukmann, U., Matthes, W. (Hrsg.): Innovation und Internationalisierung, Heidelberg 2010, S. 29–44.

Wächter, H.: Human Resource Management – Eine Annäherung in kritischer Absicht, in: Industrielle Beziehungen, Heft 4, 2013, S. 343–366.

Wächter, H.: Vom Personalwesen zum Strategic Human Resource Management, in: Staehle, W H., Conrad, P. (Hrsg.): Managementforschung, Band 2, Berlin/New York 1992, S. 313–340.

Wächter, H.: Einführung in das Personalwesen. Darstellung, Kontrollfragen und Lösungen, Herne 1979.

Wagner, D.: Cafeteria-Systme, in: Gaugler, E., Oechsler, W. A., Weber, W. (Hrsg.): Handwörterbuch des Personalwesens, 3. Aufl., Stuttgart 2004, Sp. 631–639.

Waldschütz, S.: Methoden der Personalbedarfsplanung, in: Seibt, D., Mülder, W. (Hrsg.): Methoden- und computergestützte Personalplanung, 2. Aufl., Köln 1994, S. 35–77.

Walgenbach, P., Beck, N.: Effizienz und Anpassung. Das Erklärungspotenzial der neoinstitutionalistischen Organisationstheorie am Beispiel ISO 9000, in: DBW, Heft 5, 2003, S. 497–515.

Walgenbach, P.: Die normgerechte Organisation, Stuttgart 2000.

Walgenbach, P.: Personalpolitik aus der Perspektive des Institutionalistischen Ansatzes, in: Martin, A., Nienhüser, W. (Hrsg.): Personalpolitik. Wissenschaftliche Erklärungen der Personalpolitik, München/Mering 1999, S. 267–290.

Weber, M.: Wirtschaft und Gesellschaft, Grundriß der verstehenden Soziologie, Tübingen 1922.

Weber, W., Festing, M., Dowling, P., Schuler, R. S.: Internationales Personalmanagement, 2. Aufl., Wiesbaden 2001.

Weber, W., Festing, M.: Entwicklungstendenzen im internationalen Personalmanagement, in: Gablers Magazin, Heft 2, 1991, S. 11–17.

Weckmüller, H., Biemann, T.: Mentoring: Wann nützt es und wem nützt es?, in: Personalquarterly, Heft 2, 2014, S. 46–49.

Wehrmann, H.: System- und evolutionstheoretische Betrachtungen der Organisationsentwicklung, Frankfurt a. M. et al. 1995.

Weibler, J.: Personalführung, 2. Aufl., München 2011.

Weinert, A. B., Scheffer, D.: Arbeitsmotivation und Motivationstheorien, in: Gaugler, E., Oechsler, W. A., Weber, W. (Hrsg.): Handwörterbuch des Personalwesens, 3. Aufl., Stuttgart 2004, Sp. 326–339.

Weinert, A. B.: Organisations- und Personalpsychologie, 5. Aufl., Weinheim/Basel 2004.

Welge, M. K., Al-Laham, A., Strategisches Management: Grundlagen – Prozess – Implementierung, 6. Aufl., Wiesbaden, 2012.

Werder, A. v.: Modernisierung der Mitbestimmung, in: DBW, Heft 2, 2004, S. 229–243.

Wernerfelt, B.: A Resource-based View of the Firm, in: Strategic Management Journal, Heft 5, 1984, S. 171–180.

Weuster, A.: Personalauswahl I, 3. Aufl., Heidelberg 2012.

Whitmore, J.: Coaching for Performance, 4. Aufl., London 2009.

Whyte, W. H.: The Organizing Man, New York 1956.

Wiersma, U., Lathman, G. P.: The Practicability of Behavioral Observation Scales, Behavioral Expectation Scales and Trait Scales, in: Personnel Psychology, Heft 3, 1986, S. 619–628.

Williamson, O. E.: The Economic Institution of Capitalism, New York 1985.

Wimmer, R.: Organisationsentwicklung, in: Gaugler, E., Oechsler, W. A., Weber, W. (Hrsg.): Handwörterbuch des Personalwesens, 3. Aufl., Stuttgart 2004, Sp. 1305–1318.

Winter, S.: Möglichkeiten der Gestaltung von Anreizsystemen für Führungskräfte, in: DBW, Heft 5, 1997, S. 615–629.

Witt, P.: Corporate Governance-Systeme im Wettbewerb, Wiesbaden 2003.

Wobbe, G.: Arbeitswissenschaft als System. Bedeutung, Abgrenzung, Gesamtsystem, in: Wobbe, G. (Hrsg.): Kompendium der Arbeitswissenschaft, Ludwigshafen/Rhein 1993, S. 13–21.

Wohlrab, S.: Sicher und erfolgreich führen im Generationen-Mix, in: www.haufe-akademie.de/downloadserver/FB/Sicher_fuehren_im_Generationen-Mix.pdf (letzter Aufruf: 20.05.2014).

Wolf, J.: Organisation, Management, Unternehmensführung, 5. Aufl., Wiesbaden 2012.

Wolf, J.: Strategieorientierte Ansätze des Personalmanagements, in: Gaugler, E., Oechsler, W. A., Weber, W. (Hrsg.): Handwörterbuch des Personalwesens, 3. Aufl., Stuttgart 2004, Sp. 1826–1837.

Wright, P. M., Dunford, B. B., Snell, S. A.: Human resources and the resource based view of the firm, in: Journal of Management, Heft 6, 2001, S. 701–721.

Wright, P. M., Snell, S. A.: Toward an integrative view of strategic human resource management, in: Human Resource Management Review, Heft 3, 1991, S. 203–225.

Wunderer, R., Arx, S. v.: Personalmanagement als Wertschöpfungs-Center: integriertes Organisations- und Personalentwicklungskonzept, 3. Aufl., Wiesbaden 2002.

Wunderer, R.: Das Personalwesen auf dem Weg zu einem Wertschöpfungs-Center, in: Personal, Heft 4, 1992, S. 148–154.

Zachert, U.: Arbeitsrechtkodifikationen in Europa. Eine rechtsvergleichende Skizze, in: AuR, Heft 7, 1993, S. 193–200.

Zimbardo, P. G., Gerrig, R. J.: Psychologie, 18. Aufl., München 2008.

Zöllner, W., Loritz, K.-G.: Arbeitsrecht: ein Studienbuch, 6. Aufl., München 2008.

Zucker, L. G.: The role of institutionalization in cultural persistence, in: American Sociological Review, Heft 5, 1977, S. 726–743.

Stichwortverzeichnis

https://doi.org/10.1515/9783110541526-014